BIBLIA DE BOSQUEJOS Y SERMONES

TOMO 11

Hebreos
Santiago

PORTAVOZ

La misión de *Editorial Portavoz* consiste en proporcionar productos de calidad —con integridad y excelencia—, desde una perspectiva bíblica y confiable, que animen a las personas en su vida espiritual y servicio cristiano.

Título del original: *The Preacher's Outline and Sermon Bible,* Vol. 11, Hebrews & James, © 1991 por Alpha-Omega Ministries, Inc. y publicado por Leadership Ministries Worldwide, P.O. Box 21310, Chattanooga, TN 37424. Todos los derechos reservados.

Edición en castellano: *Biblia de bosquejos y sermones,* tomo 11, Hebreos y Santiago, © 2004 por Alpha-Omega Ministries, Inc. y publicado con permiso por Editorial Portavoz, filial de Kregel Publications, Grand Rapids, Michigan 49501. Todos los derechos reservados.

Ninguna parte de esta publicación podrá reproducirse de cualquier forma sin permiso escrito previo de los editores, con la excepción de citas breves en revistas o reseñas.

A menos que se indique lo contrario, todas las citas bíblicas han sido tomadas de la versión Reina-Valera 1960, © Sociedades Bíblicas Unidas. Todos los derechos reservados.

La *Biblia de bosquejos y sermones* fue escrita para que el pueblo de Dios la use tanto en sus vidas personales como en la predicación y enseñanza.

EDITORIAL PORTAVOZ
P.O. Box 2607
Grand Rapids, Michigan 49501 USA

Visítenos en: www.portavoz.com

ISBN 0-8254-1016-9

1 2 3 4 5 edición / año 09 08 07 06 05

Impreso en los Estados Unidos de América
Printed in the United States of America

CONTENIDO

Abreviaturas varias 3

Cómo usar la Biblia de bosquejos y sermones 4

EPÍSTOLA A LOS HEBREOS 5
Índice de bosquejos y temas Hebreos 224

LA EPÍSTOLA DE SANTIAGO 229
Índice de bosquejos y temas Santiago 318

ABREVIATURAS VARIAS

a.C.	=	antes de Cristo	p.	=	página
AT	=	Antiguo Testamento	p.ej.	=	por ejemplo
caps.	=	capítulos	pp.	=	páginas
concl.	=	conclusión	pto.	=	punto
cp.	=	compárese	s.	=	siguiente
d.C.	=	después de Cristo	ss.	=	siguientes
EF	=	Estudio a fondo	v.	=	versículo
N°	=	número	vs.	=	versus
NT	=	Nuevo Testamento	vv.	=	versículos

Cómo usar la *Biblia de bosquejos y sermones*

A	**El pasaje bíblico** siempre impreso
B	**El bosquejo para predicar** aparece cerca de cada versículo
C	Abundante material de **comentario práctico**
D	**Ilustraciones** y **aplicaciones** para cualquier auditorio
E	**Pasajes bíblicos de apoyo** minuciosamente seleccionados e impresos por completo

En primer lugar: Observe el **tema general**. Piense en él por un momento.

Después: Preste atención al **tema general** y a los **puntos principales** en conjunto.

Luego: Ponga atención a los **puntos principales** y a los **subpuntos** mientras lee las Escrituras. Note que los puntos se encuentran en forma bosquejada al lado del versículo correspondiente; sencillamente exponen lo que la Biblia quiere decir.

Por último: Lea el **comentario.** Importante: Note que los *números de los puntos principales* en el *bosquejo* se corresponden con los del *comentario.*

HECHOS DE LOS APÓSTOLES

CAPÍTULO 1

I. Los grandes días de expectación, 1:1-26

A. El ministerio de Jesús en la tierra, 1: **A**

1 En el primer tratado, oh Teófilo, hablé acerca de todas las cosas que Jesús comenzó a hacer y a enseñar, 2 hasta el día en que fue recibido arriba, después de haber

① Lucas le escribe a Teófilo, le recuerda del ministerio de Jesús
2 Obras y enseñanzas de Jesús
  a. Hasta que fue tomado

3 a quienes también, después de haber padecido, se presentó vivo con muchas pruebas indubitables, apareciéndoseles durante cuarenta días y hablándoles acerca del reino de Dios.

4 Y estando juntos, les mandó que no se fueran de Jerusalén, sino que esperasen la promesa del Padre, la cual, les dijo, oísteis de mí.

3 **Muerte y resurrección de Jesús**
  a. Prueba 1: Se mostró vivo a ellos **B**
  b. Prueba 2: Diversas pruebas, vistas durante cuarenta días
4 **Jesús promete el reino**
5 **Jesús promete el Espíritu**
  a. Los discípulos tenían que "esperar"
  b. Los discípulos tenían

DIVISIÓN I

LOS GRANDES DÍAS DE EXPECTACIÓN, 1:1-26

A. El ministerio de Jesús en la tierra, 1:1-5

(1:1-5) *Introducción:* Fíjese en las palabras "en el primer tratado" o libro. Lucas está haciendo referencia a su evangelio. Él le estaba escribiendo nuevamente al mismo hombre para quién había escrito su evangelio, Teófilo. Le estaba recordando a Teófilo que en su evangelio él había abarcado la vida y ministerio terrenal de Jesucristo. Note la palabra "comenzó". La vida y obra de Jesús en la tierra fue únicamente el comienzo. Aunque él está en el cielo, continúa su obra y ministerio mediante la presencia del Espíritu en los corazones y vidas de los creyentes. El libro de los Hechos muy bien podría titularse...

① (1:1) **Teófilo:** Lucas le escribió a Teófilo, recordándole el primer evangelio que le había escrito, el evangelio que abarcaba la vida y ministerio de Jesús. **C**

    ¿Quién es Teófilo? No se nos dice, pero fíjese en varios

Pensamiento 1: Este pensamiento encierra una gran lección, una lección de amor y humildad que tanto se necesita en este mundo y en medio del pueblo de Dios (cp. Mt. 23:7-12). **D**

    "¿No decís vosotros: Aún faltan cuatro meses para que llegue la siega? He aquí os digo: Alzad vuestros ojos y mirad los campos, porque ya están blancos para la siega" (Jn. 4:35).

    "Me es necesario hacer las obras del que me envió, entre tanto que el día dura; la noche viene, cuando nadie puede trabajar" (Jn. 9:4). **E**

    "Ahora bien, se requiere de los administradores, que cada uno sea hallado fiel" (1 Co. 4:2).

    "Porque habéis sido comprados por precio; glorificad, pues, a Dios en vuestro cuerpo y en vuestro espíritu, los cuales son de Dios" (1 Co. 6:20).

EPÍSTOLA A LOS HEBREOS

EPÍSTOLA A LOS HEBREOS

INTRODUCCIÓN

AUTOR: Desconocido.

El autor no expresa su nombre, y nada en la epístola apunta de manera concluyente a un hombre en específico. Los criterios difieren, apuntando a personas como Pablo, Apolos, Bernabé, Lucas, entre otros. Sin embargo, debiera considerarse algo:

La poca evidencia existente definitivamente apunta a Pablo.

1. El autor era amigo de Timoteo, Hebreos 13:23.

2. El autor era muy versado en las Escrituras del Antiguo Testamento.

3. El autor usó la misma cita del Antiguo Testamento que usó Pablo en dos ocasiones: "El justo por su fe vivirá" (Hab. 2:4 citado en He. 10:38; Cp. Ro. 1:17; Gá. 3:11).

4. El autor concluye Hebreos con la misma *expresión* o sello que Pablo dice es su expresión especial para concluir sus escrituras. Fíjese en lo que Pablo dice en 2 Tesalonicenses 3:17-18 y compare Hebreos 13:25 con el cierre de las epístolas de Pablo.

5. Evidentemente Pedro conocía al autor. Pedro era el discípulo de la circuncisión, es decir, de los judíos (Gá. 2:7). Sus dos epístolas se escribieron a los judíos, quienes se encontraban dispersos, los judíos de la dispersión (1 P. 1:1; 2 P. 3:1). Él dice: "como también nuestro amado hermano Pablo… os ha escrito" (2 P. 3:15). Pedro tenía conocimiento de alguna escritura de Pablo que estaba dirigida a los mismos judíos dispersos a quienes él les escribía. ¿Es Hebreos la epístola que Pablo escribió? La evidencia es inconcluyente, pero sí apunta a Pablo.

6. El autor escribió sobre "muchas cosas… difíciles de explicar" (He. 5:11). Pedro dice lo mismo sobre la epístola de Pablo a los judíos: "Pablo… os ha escrito… algunas cosas difíciles de entender" (2 P. 3:15-16).

FECHA: Incierta. Antes del 70 d.C. Probablemente del 64-67 d.C.

1. No se hace mención de la destrucción de Jerusalén ni del templo, que ocurrieron en el 70 d.C. Las referencias al sacerdocio y al templo apuntan a ambos aún en existencia (He. 10:11). Aún así la persecución parecía ser inminente (He. 10:32-36; 12:4). Y la época parecía apuntar a la destrucción de las instituciones judías (He. 12:27). Parece indicarse una fecha cercana al 70 d.C.

2. Los cristianos hebreos eran creyentes de segunda generación (He. 2:1-4), y ellos habían sido salvos hacía ya algún tiempo (He. 5:12; 10:32; 13:7). Esto también apunta a una fecha cercana al 70 d.C.

3. Timoteo había estado preso, pero ya se encontraba en libertad (He. 13:23).

4. Clemente de Roma conocía de la epístola cuando él escribió su carta a los corintios (95 d.C.) La epístola se escribió algún tiempo antes que hubiese llegado a él.

A QUIÉN SE ESCRIBIÓ: Incierto. No se nombran los destinatarios específicos. Pero la epístola se escribió definitivamente para *creyentes judíos*.

Hay un indicio. "Los de Italia os saludan [apo]" (He. 13:24). ¿Esto quiere decir que el autor está en Italia enviando saludos a los judíos de otros lugares? O, ¿quiere decir que el autor se encuentra en otro lugar, enviando saludos a la iglesia de Roma? Es imposible determinarlo. Pero Italia o Roma era el lugar al que iba dirigida la epístola o el lugar desde donde se escribió la epístola.

PROPÓSITO: El autor escribe por tres razones:

1. Para demostrar que Dios cumple su antiguo pacto al proporcionarle a todos los hombres un nuevo pacto. (Vea las *Características especiales,* punto 3.)

2. Para hacer una exhortación fuerte (He. 13:22). (Vea las *Características especiales,* punto 4.)

3. Para hacer una advertencia fuerte. (Vea las *Características especiales,* punto 4.)

Nota: El antecedente que da lugar a estos propósitos resulta importante. Los creyentes judíos tenían una situación extremadamente difícil. Siempre intuyeron una tensión terrible entre su nueva fe cristiana y el mundo y sus años de adoctrinamiento en la fe judía. No solo se enfrentaban a la mundanalidad y egoísmo cotidiano de este mundo, sino que se enfrentaban a la esclavitud de una religión sumida en rituales y formalismos. De acuerdo con su religión judía, había al menos tres áreas críticas de tensión:

⇒ Primero, existía la identidad nacional y religiosa de los judíos. El sistema político y la religión de los judíos eran uno. Que un judío se convirtiera a otra religión era casi renegar de su nacionalidad, y a los ojos de muchos era un acto de traición. (Vea el *Estudio a fondo 1, Religiosos,* Mateo 12:10 para un mayor análisis.)

⇒ Segundo, existía un prejuicio extremo entre el judío y el gentil. Después de tantos siglos de odio implacable, se le hacía extremadamente difícil a un judío llevarse bien de repente con los gentiles y confraternizar con ellos a diario.

⇒ Tercero, existían las enseñanzas de Jesús. Jesús había predicho la destrucción de la nación judía y el centro de su adoración, el templo mismo (Mt. 24–25). Al aceptar a Cristo, un judío aceptaba el derrocamiento de su nación y de la adoración que había conocido toda su vida. (Vea la nota y el *Estudio a fondo 1, Religiosos,* Mateo 12:10 para un mayor análisis.)

El dilema debe haber parecido insoportable para algunos judíos conversos. Tenían familiares y amigos de toda la vida que no podían comprender el porqué de su conversión al cristianismo. Ellos llevaban una vida que era muy diferente a la de aquellos que vivían para este mundo. Además, se les miraba como si hubiesen traicionado su propia nación y religión. Por otra parte, tenían que vivir con la presión de saber que si regresaban al mundo, al formalismo y legalidad de su religión, estarían abandonando a Cristo.

¿Qué debían hacer? Algunos flaquearon. Algunos comenzaron a retirarse. Algunos se encontraban al borde de la apostasía. Necesitaban una exhortación y una advertencia. Y necesitaban confirmar que el antiguo pacto se cumplía en el nuevo. Ellos no abandonaban su nación ni su religión, más bien cumplían el antiguo pacto de Dios con sus antepasados.

CARACTERÍSTICAS ESPECIALES:

1. Hebreos es: *La epístola de la revelación suprema de Dios* o *La epístola de la mejor revelación de Dios.* La revelación suprema la constituye el propio Jesucristo. Una ojeada a los puntos principales del índice lo demostrará de inmediato. Lo que el autor hace es demostrar la supremacía ("las mejores cosas") de Cristo en comparación con una religión de rituales y formalismos, en particular comparado con el judaísmo. Para darle énfasis al planteamiento, el autor usa la palabra *mejor* una y otra vez. Él dice que Cristo:
- es "mucho mejor" (He. 1:4).
- nos da "mejores cosas" (He. 6:9).
- es la "mejor persona" (He. 7:7).
- nos da la "mejor esperanza" (He. 7:19).
- garantiza el "mejor pacto" (He. 7:22).
- es el mediador de un "mejor pacto… y mejores promesas" (He. 8:6).
- nos purifica con "mejores sacrificios" (He. 9:23).
- nos da el cielo, una "mejor herencia" (He. 10:34).
- nos da una "mejor patria [el cielo]" (He. 11:16).
- nos da una "mejor resurrección" (He. 11:35).
- provee "mejores cosas" (He. 11:35; 11:40; 12:24).

2. Hebreos es *La epístola del sumo sacerdocio de Cristo* o *La epístola del ministerio celestial de Cristo.* En todo el Nuevo Testamento se dice muy poco acerca del ministerio actual de Cristo en presencia de Dios. Pero su sumo sacerdocio es el aspecto principal de Hebreos.

3. Hebreos es *La epístola del nuevo pacto.* El antiguo pacto requería el sacrificio de un animal por el pecado y un sumo sacerdote que ofreciera a Dios la sangre del sacrificio. Pero un animal no es un hombre, y el sumo sacerdote no es el hombre ideal y perfecto cuya perfección ideal puede cubrir y representar al hombre. Por lo tanto, la sangre de los animales nunca puede borrar los pecados del hombre. Sucede lo mismo con un sacerdote humano. Ningún sacerdote humano es perfecto o ideal; por ende, ningún sacerdote humano puede pararse ante Dios y ofrecer a Dios el sacrificio perfecto, tampoco hacer una entrada eterna ante la presencia de Dios. Lo que se necesita es el sacrificio eterno y perfecto y el sacerdote eterno y perfecto. Quien es, por supuesto, Jesucristo. Y eso es lo que hacía el *antiguo pacto,* apuntar a ese pacto eterno y perfecto, el propio Jesucristo. El antiguo pacto era solo un ejemplo, un patrón, una imagen del nuevo pacto eterno y perfecto que habría de cumplir el propio Cristo. Los hebreos, los creyentes judíos de todo el mundo, necesitaban saber esta verdad gloriosa.

4. Hebreos es *La epístola de la exhortación.* La exhortación tiene cinco aspectos (He. 13:22). (Vea el *Propósito,* Nota.)

a. La exhortación a "retener con firmeza" (He. 3:6).
b. La exhortación a "ir adelante a la perfección o madurez" (He. 6:1).
c. La exhortación a "considerar al apóstol y sumo sacerdote de nuestra profesión" (He. 3:1).
d. La exhortación a "considerar a aquel que sufrió" (He. 12:3).
e. La exhortación a "que nosotros…"
   - temamos (He. 4:1)
   - nos esforcemos (He. 4:11)
   - nos acerquemos confiados (He. 4:16)
   - vayamos adelante (He. 6:1)
   - nos aproximemos (He. 10:22)
   - nos mantengamos firmes (He. 10:23)
   - nos consideremos unos a otros (He. 10:24)
   - nos despojemos de todo peso (He. 12:1)
   - tengamos gratitud (He. 12:28)
   - salgamos a Él (He. 13:13)
   - ofrezcamos sacrificio de alabanza (He. 13:15)

5. Hebreos es *La epístola de las advertencias severas.*
a. Advertencia uno: El peligro de descuidar la salvación, de alejarse de la salvación (He. 2:1-4).
b. Advertencia dos (Parte 1): El peligro de la incredulidad, endurecimiento del corazón (He. 3:7-19).
c. Advertencia dos (Parte 2): Teman, no sea que no alcancen el reposo de Dios (He. 4:1-13).
d. Advertencia tres (Parte 1): El peligro de la inmadurez, de la caída del estado de gracia (He. 5:11-6:3).
e. Advertencia tres (Parte 2): Teman, para no caer del estado de gracia (He. 6:4-8).
f. Advertencia tres (Parte 3): Precauciones contra la caída del estado de gracia (He. 6:9-20).
g. Advertencia cuatro: El peligro de la apostasía, de alejarse de Cristo (He. 10:26-39).
h. Advertencia cinco: El peligro de negarse a escuchar a Jesucristo, de cerrar los oídos al llamado de su amado (He. 12:25-29).

6. Hebreos es *La epístola del "Salón de la fama" de Dios.* (Vea He. 11:1-40.)

BOSQUEJO DE HEBREOS

LA BIBLIA DE BOSQUEJOS Y SERMONES es *única.* Difiere de todo otro material de estudios bíblicos y recursos de sermones en cuanto a que cada pasaje y tema es bosquejado justo al lado de las Escrituras correspondientes. Cuando usted elija cualquier tema mencionado más adelante y se remita a la referencia, no solo contará con el pasaje de las Escrituras, sino que también descubrirá el pasaje de las Escrituras y el tema *ya bosquejado para usted, versículo por versículo.*

A modo de ejemplo rápido, escoja uno de los temas mencionados más adelante y remítase a las Escrituras y hallará esta maravillosa ayuda para un empleo más rápido, más sencillo y más preciso.

Además, cada punto de las Escrituras y el tema está totalmente desarrollado en un Comentario con un pasaje de apoyo de las Escrituras en el final de la página.

Note algo más: los temas de Hebreos tienen títulos que son a la vez bíblicos y prácticos. Los títulos prácticos a veces tienen más atracción para la gente. Este beneficio se ve claramente en el empleo de folletos, boletines, comunicados de la iglesia, etc.

Una sugerencia: para una visión más rápida de Hebreos, primero lea todos los títulos principales (I, II, III, etc.), y luego vuelva y lea los subtítulos.

BOSQUEJO DE HEBREOS

I. **LA REVELACIÓN SUPREMA: JESUCRISTO, EL HIJO DE DIOS, 1:1—4:13**
   - A. **Cristo es superior a los profetas, 1:1-3**
   - B. **Cristo es superior a los ángeles, 1:4-14**
   - C. **Advertencia uno: El peligro de descuidar la salvación, de alejarse de la salvación, 2:1-4**
   - D. **Cristo le garantiza al hombre la supremacía, 2:5-13**
   - E. **Cristo le garantiza al hombre la victoria triunfante, 2:14-18**
   - F. **Cristo superior a Moisés, 3:1-6**
   - G. **Advertencia dos (Parte 1): El peligro de la incredulidad, endurecimiento del corazón, 3:7-19**
   - H. **Advertencia dos (Parte 2): Teman, no sea que no alcancen el reposo de Dios, 4:1-13**

II. **EL SUPREMO SUMO SACERDOTE: JESUCRISTO, EL HIJO DE DIOS, 4:14—7:28**
   - A. **Cristo es el gran sumo sacerdote (Parte 1): El sumo sacerdote compasivo, 4:14-16**
   - B. **Cristo es el gran sumo sacerdote (Parte 2): Los requisitos de un verdadero sacerdote, 5:1-10**
   - C. **Advertencia tres (Parte 1): El peligro de la inmadurez o de la caída del estado de gracia, 5:11—6:3**
   - D. **Advertencia tres (Parte 2): Teman, para no caer del estado de gracia, 6:4-8**
   - E. **Advertencia tres (Parte 3): Precauciones contra la caída del estado de gracia, 6:9-20**
   - F. **Jesucristo es el más grande sumo sacerdote: Ahora el camino hacia Dios ha cambiado para siempre, 7:1-24**
   - G. **Cristo es el sumo sacerdote perfecto: Una salvación completa, 7:25-28**

III. **EL MINISTRO SUPREMO: JESUCRISTO, EL HIJO DE DIOS, 8:1—10:18**
   - A. **Cristo es el sumo sacerdote exaltado: Un ministerio celestial y espiritual, 8:1-5**
   - B. **Cristo es el mediador de un pacto nuevo y superior, 8:6-13**
   - C. **Cristo es el ministro del más grande y más perfecto tabernáculo o santuario, 9:1-14**
   - D. **Cristo es el ministro y mediador del nuevo pacto, 9:15-22**
   - E. **Cristo es el ministro y mediador del sacrificio perfecto por los pecados (Parte 1), 9:23-28**
   - F. **Cristo es el ministro y mediador del sacrificio perfecto por los pecados (Parte 2), 10:1-18**

IV. **EL AUTOR SUPREMO DE LA FE: JESUCRISTO, EL HIJO DE DIOS, 10:19—11:40**
   - A. **La fe nueva y viva, 10:19-21**
   - B. **El camino para garantizar la fe nueva y viva, 10:22-25**
   - C. **Advertencia cuatro: El peligro de la apostasía, de alejarse de Cristo, 10:26-39**
   - D. **La descripción de la fe, 11:1-6**
   - E. **La fe de Noé: Una fe temerosa y reverente, 11:7**
   - F. **La fe de Abraham (Parte 1): Una fe obediente y confiada, 11:8-10**
   - G. **La fe de Sara: Una fe imposible, 11:11-12**
   - H. **La fe del patriarca: La fe de un peregrino, 11:13-16**
   - I. **La fe de Abraham (Parte 2): Una fe expiatoria, 11:17-19**
   - J. **La fe de Isaac: Una fe de arrepentimiento, 11:20**
   - K. **La fe de Jacob: Una fe de adoración, 11:21**
   - L. **La fe de José: Una fe imperecedera, 11:22**
   - M. **La fe de los padres de Moisés: Una fe audaz y amorosa, 11:23**
   - N. **La fe de Moisés: Una fe abnegada, 11:24-28**
   - O. **La fe de Israel (Parte 1): Una fe de liberación, 11:29**
   - P. **La fe de Israel (Parte 2): Una fe conquistadora, 11:30**
   - Q. **La fe de Rahab: Una fe salvadora, 11:31**
   - R. **La fe de los grandes creyentes (Parte 1): Una fe heroica, 11:32-34**
   - S. **La fe de los grandes creyentes (Parte 2): Una fe perdurable, 11:35-40**

V. **EL EJEMPLO SUPREMO DE SUFRIMIENTO: JESUCRISTO, EL HIJO DE DIOS, 12:1-29**
   - A. **La gran carrera cristiana, 12:1-4**
   - B. **La gran disciplina de Dios, 12:5-13**
   - C. **El gran deber y los grandes peligros de los creyentes, 12:14-17**
   - D. **La gran motivación: Los dos acercamientos a Dios: El viejo y el nuevo pacto, 12:18-24**
   - E. **Advertencia cinco: El peligro de negarse a escuchar a Jesucristo, de taparse los oídos al llamado de su sangre, 12:25-29**

VI. **LOS REQUISITOS SUPREMOS DE LA CONDUCTA CRISTIANA, 13:1-25**
   - A. **Requisito uno: El control de la propia conducta personal, 13:1-8**
   - B. **Requisito dos: La protección contra doctrinas extrañas, 13:9-16**
   - C. **Requisito tres: La obediencia y oración por los líderes y la perfección por medio de buenas obras, 13:17-25**

	CAPÍTULO 1	quien constituyó heredero de todo, y por quien asimismo hizo el universo;	3 **Jesucristo es el Creador y hacedor de los mundos**
	I. La revelación suprema: Jesucristo, el hijo de Dios, 1:1—4:13		4 **Jesucristo es la propia gloria de Dios mismo**
	A. Cristo es superior a los profetas, 1:1-3	3 el cual, siendo el resplandor de su gloria, y la imagen misma de su sustancia, y quien sustenta todas las cosas con la palabra de su poder, habiendo efectuado la purificación de nuestros pecados por medio de sí mismo, se sentó a la diestra de la Majestad en las alturas.	5 **Jesucristo es la imagen expresa de Dios**
1 **Jesucristo es el vocero supremo**	1 Dios, habiendo hablado muchas veces y de muchas maneras en otro tiempo a los padres por los profetas;		6 **Jesucristo es quien sustenta el universo**
			7 **Jesucristo es el Redentor de la humanidad**
2 **Jesucristo es el heredero constituido de todo**	2 en estos postreros días nos ha hablado por el Hijo, a		8 **Jesucristo es el mediador supremo**

DIVISIÓN I

LA REVELACIÓN SUPREMA: JESUCRISTO, EL HIJO DE DIOS, 1:1—4:13

A. Cristo es superior a los profetas, 1:1-3

(1:1—4:13) *Perspectiva general de la división: Revelación — Dios:* El hombre siempre ha sentido un deseo interno de vivir eternamente en un mundo perfecto. Por tanto, ha experimentado una necesidad interna de buscar e indagar si existe un Dios, y si existe, complacerlo y ganar su aprobación y aceptación. De ahí han provenido tantas religiones, de la lucha interna de los hombres por encontrar a Dios.

La gran tragedia es la siguiente: "Los hombres han buscado a Dios a tientas como si se encontrasen en un mundo oscuro que no ha mostrado evidencia alguna de la existencia de Dios". Pero eso sencillamente no es así; no hay necesidad de que el hombre esté a oscuras acerca de Dios. ¿Por qué? Porque Dios se ha revelado a sí mismo, y se ha revelado de muchas y diferentes formas.

⇒ A través de la naturaleza o lo que podría denominarse una revelación de su suprema deidad y poder. Una persona puede mirar la naturaleza y comprobar claramente la deidad y poder de Dios.

⇒ A través de la conciencia o lo que podría denominarse un testigo interno o un sentido del deber para con Dios.

⇒ A través de la ley o lo que podría denominarse una revelación de justicia suprema.

⇒ A través de la religión o lo que podría denominarse una revelación de cómo adorar y ser aceptados delante de Dios.

⇒ A través de los profetas y sacerdotes o lo que podría denominarse la revelación de Dios por medio de los mediadores o voceros humanos.

La lista podría ser interminable, pero la verdad es que Dios se le ha revelado al hombre, y cada revelación ha sido muy importante para el entendimiento del hombre acerca de Dios. Pero a pesar de todas estas revelaciones, aún falta algo vital. Si el hombre ha de conocer a Dios, solo hay una forma, la misma forma en la que el hombre llega a conocer a alguien. El hombre puede conocer *acerca de una persona*, conocer la realidad acerca de la vida de una persona; pero hasta que no se encuentra personalmente con ella y se asocia y confraterniza con ella, no la conoce personalmente. Por ende, si el hombre hubo de conocer a Dios alguna vez, Dios tuvo que revelársele de la manera más suprema posible: Él tuvo que venir a la tierra y mostrárselo al hombre, revelándole exactamente quién es Él y cómo es Él. En esto consisten estos cuatro capítulos. De hecho, en eso consiste por entero la Epístola a los Hebreos: La suprema revelación de Dios es Jesucristo, el propio Hijo de Dios. Dios se ha revelado a sí mismo de la manera más gloriosa posible: Él ha enviado a su propio Hijo al mundo.

(1:1-3) *Introducción:* Los hombres por lo general consideran a los profetas de la religión como grandes hombres de Dios. Ellos han visto a los profetas de Dios...

* como siervos muy especiales de Dios.
* como hombres que recibieron de Dios un mensaje especial.
* como hombres que podían decir a otros cómo ser aceptados ante Dios.
* como hombres que podían decir a otros cómo vivir y agradar a Dios.

Este concepto es acertado, igualmente el profeta era uno de los profetas elegidos del Antiguo Testamento. Los profetas del Antiguo Testamento eran grandes hombres de Dios. Eran hombres a quienes Dios les habló y a quienes Dios les confió su mensaje. Pero por grande que fueran los profetas del Antiguo Testamento, pierden relevancia al compararlos con Jesucristo, el propio Hijo de Dios. Jesucristo es muy, muy superior a los profetas.

1. Jesucristo es el vocero supremo (v. 1).
2. Jesucristo es el heredero constituido de todo (v. 2).
3. Jesucristo es el Creador y hacedor de los mundos (v. 2).
4. Jesucristo es la propia gloria de Dios mismo (v. 3).

5. Jesucristo es la imagen expresa de Dios (v. 3).
6. Jesucristo es quien sustenta el universo (v. 3).
7. Jesucristo es el Redentor de la humanidad (v. 3).
8. Jesucristo es el mediador supremo (v. 3).

1 (1:1-2) *Revelación — Jesucristo, deidad:* Jesucristo es el vocero supremo de Dios. Esta es la *primera* razón por la que Él es superior a los profetas. Téngase en cuenta la gloriosa verdad: Dios le ha hablado al hombre. La mayoría de las personas se equivocan en cuanto a Dios, Él no se encuentra muy lejos, en alguna parte del espacio exterior, tan lejos que lo que le sucede al hombre y a su mundo le es indiferente. Lo cierto es todo lo contrario: Dios se preocupa por la vida de cada uno de nosotros, por las pruebas y problemas, el pecado y el mal, el sufrimiento y la enfermedad, la muerte y la destrucción, por todo lo que nos sucede. Por tanto, Dios nos ha hablado; Él nos ha dado las maravillosas palabras de vida y de liberación. Él nos ha dicho exactamente cómo vencer las pruebas y tentaciones, la corrupción y la muerte de este mundo. ¿Cuándo Dios le habló al hombre, y dónde podemos encontrar el testimonio de la palabra de Dios? Si en verdad Dios no se encuentra en un lugar muy lejano, si Dios en verdad le ha hablado al hombre, entonces debemos hallar su Palabra y prestarle atención. Porque su Palabra significa vida eterna y victoria sobre todo el mal, las pruebas y la corrupción y muerte de esta vida. ¿Dónde se encuentra la Palabra de Dios? Se encuentra en dos lugares.

1. Primero, la Palabra de Dios se encuentra en los profetas. En tiempos remotos Dios le habló al hombre por medio de sus profetas, es decir, por medio de personas a quien él eligió para proclamar su Palabra al mundo. ¿Quiénes son estas personas? Son los hombres y mujeres de las Escrituras del Antiguo Testamento. Pero considérese un aspecto significativo: Dios habló a través de los profetas…
   • 'en diversos momentos': Es decir, en muchas partes (polumeros); en muchas revelaciones separadas, en muchos momentos diferentes.
   • de muchas maneras (polutropos).

¿Qué quiere decir esto? Ningún hombre podría recibir y comprender o explicar la revelación completa de Dios. Dios y la verdad de Dios son demasiado grandes para cualquier hombre. Por lo tanto, Dios tuvo que revelarse ante muchas personas diferentes, y tuvo que usar muchas formas diferentes para hablarles a los hombres. Ningún hombre podría jamás retener o manifestar toda la revelación de Dios.

Matthew Henry lo argumenta bien al decir que tuvo que darse una *apertura gradual* de la mente del hombre en lo concerniente al Mesías, el Salvador del mundo. (Vea el *Estudio a fondo 3,* Jn. 1:45 para una lista completa de las profecías de Jesucristo y su cumplimiento.) (*Comentario de Matthew Henry,* vol. 6. Old Tappan, NJ: Fleming H. Revell, p. 888.)
   ⇒ Dios le habló a Adán y le dijo que el Salvador vendría de la simiente de la mujer (Gn. 3:15).
   ⇒ Dios le habló a Abraham y le dijo que el Salvador vendría de su simiente (Gn. 12:3; 18:18; 22:18).
   ⇒ Dios le habló a Jacob y le dijo que el Salvador vendría de la tribu de Judá (Gn. 49: 10).

   ⇒ Dios le habló a David y le dijo que el Salvador nacería de su casa (2 S. 7: 13).
   ⇒ Dios le habló a Miqueas y le dijo que el Salvador nacería en Belén (Mi. 5:2).
   ⇒ Dios le habló a Isaías y le dijo que el Salvador nacería de una virgen (Is. 7:14).

Note también en las diferentes formas en las que Dios le habló a los profetas:
   ⇒ Él le habló a Moisés con una gran voz tronante en medio de una tormenta (Éx. 19:19; Dt. 5:22).
   ⇒ Él le habló a Elías con una voz apacible (1 R. 19:12).
   ⇒ Él le habló a Isaías en una visión (Is. 1:1).
   ⇒ Él le habló a Samuel en un sueño (1 S. 3:5).

Y así podría continuar la lista, porque Dios le habló a sus profetas de muchas formas diferentes. Pero debemos entender lo siguiente: "Cada profeta podía transmitir solo una parte de la revelación de Dios". Ninguno de ellos podría transmitir toda la revelación de Dios. La entera revelación de Dios no se encuentra en los profetas. ¿Entonces dónde se encuentra? Esto nos refiere al segundo aspecto.

2. Segundo, la Palabra de Dios, su entera revelación, se encuentra en su Hijo, el Señor Jesucristo. "En estos últimos días [Dios nos ha] hablado por medio de su Hijo". ¡Esta es la verdad más increíble que se pueda imaginar! Porque Dios no pudo enviar un mensajero mejor con su Palabra que su propio Hijo. Y esta es la increíble declaración de este pasaje: Dios ha enviado a su Hijo para que proclame su Palabra a los hombres.

Antes de Cristo, ningún hombre podía captar y comprender a Dios cabalmente, y ningún hombre podía proclamar cabalmente la Palabra de Dios. Los hombres solo podían comprender una parte o un fragmento de Dios. Pero ahora el propio Hijo de Dios ha venido a la Tierra y ha revelado a Dios, proclamando todo cuanto Dios es. Note: "Es Él mismo quien constituye la revelación de Dios". Él personifica la Palabra de Dios. De hecho, Él es la Palabra de Dios. Todo lo que Dios haya querido decirle al hombre está dicho en la persona de Jesucristo. Él es la expresión perfecta de la mente de Dios. Todo lo que el hombre necesita conocer acerca de Dios y la conquista de la vida con todas sus pruebas, corrupción y muerte se ve en Jesucristo. (Vea el *Estudio a fondo 1, La Palabra,* Jn. 1:1-5 para un mayor análisis.)

Pensamiento 1. Esto significa varias cosas maravillosas:
1) Dios ama al hombre. Él no ha dejado al hombre a oscuras, buscando a tientas y tratando de encontrar la verdad de la vida y la muerte y después de la muerte. Dios le ha hablado al hombre y le ha revelado la verdad sobre…
   • de dónde venimos.
   • por qué estamos aquí.
   • adónde vamos.
   • cómo podemos vencer las pruebas, el mal y la muerte de esta vida y el mundo.
2) Si queremos saber la verdad acerca de Dios y nosotros mismos, tenemos que volver nuestros ojos al Hijo de Dios, el Señor Jesucristo. Él y solo Él es la

revelación completa de Dios.

3) Jesucristo es superior a todos los profetas; Él solo es la suprema revelación de Dios. Por grande que hayan sido los profetas del Antiguo Testamento, no eran superiores al Hijo de Dios. El Señor Jesucristo es superior a los profetas; Él es el, verdadero e inigualable, vocero supremo de Dios. No puede haber más grande vocero que el propio Hijo de Dios.

2 (1:2) *Jesucristo, deidad — Heredero:* Jesucristo es constituido heredero de todo. Esta es la segunda razón por la que Él es superior a los profetas. ¿Qué se entiende por heredero? Se entiende que Jesucristo debe recibir y debe ser el dueño legítimo de todo. Solo Jesucristo ha heredado todo cuanto Dios es y posee. Ningún hombre es suficientemente grande ni suficientemente digno de ser el heredero de Dios; solo Cristo. Solo Él ha *vivido y andado en perfección* ante Dios. Entre los hombres, solo Él ha obedecido a Dios perfectamente, por ende, solo Él ha heredado todo cuando Dios es y posee; solo Él ha sido nombrado Dueño de todas las cosas. ¿Qué es lo que Jesucristo debe heredar y recibir?

⇒ Jesucristo debe heredar todo poder en el cielo y la tierra.

"Y Jesús se acercó y les habló diciendo: Toda potestad me es dada en el cielo y en la tierra" (Mt. 28:18).

⇒ Jesucristo ha heredado toda la autoridad para ejecutar todo juicio sobre los hombres.

"Porque el Padre a nadie juzga, sino que todo el juicio dio al Hijo" (Jn. 5:22).

⇒ Jesucristo va a heredar el dominio sobre los muertos y sobre los vivos.

"Porque Cristo para esto murió y resucitó, y volvió a vivir, para ser Señor así de los muertos como de los que viven" (Ro. 14:9).

⇒ Jesucristo va a heredar todo el universo: "Un cielo nuevo y una tierra nueva y una nueva capital del mundo".

"Pero el día del Señor vendrá como ladrón en la noche; en el cual los cielos pasarán con grande estruendo, y los elementos ardiendo serán deshechos, y la tierra y las obras que en ella hay serán quemadas. Puesto que todas estas cosas han de ser deshechas, ¡cómo no debéis vosotros andar en santa y piadosa manera de vivir, esperando y apresurándoos para la venida del día de Dios, en el cual los cielos, encendiéndose, serán deshechos, y los elementos, siendo quemados, se fundirán! Pero nosotros esperamos, según sus promesas, cielos nuevos y tierra nueva, en los cuales mora la justicia" (2 P. 3:10-13).

"Vi un cielo nuevo y una tierra nueva; porque el primer cielo y la primera tierra pasaron, y el mar ya no existía más. Y yo Juan vi la santa ciudad, la nueva Jerusalén, descender del cielo, de Dios, dispuesta como una esposa ataviada para su marido… La ciudad no tiene necesidad de sol ni de luna que brillen en ella; porque la gloria de Dios la ilumina, y el Cordero es su lumbrera. Y las naciones que hubieren sido salvas andarán a la luz de ella; y los reyes de la tierra traerán su gloria y honor a ella. Sus puertas nunca serán cerradas de día, pues allí no habrá noche. Y llevarán la gloria y la honra de las naciones a ella" (Ap. 21:1-2, 23-26).

⇒ Jesucristo va a heredar todo gobierno, un gobierno eterno.

"Porque un niño nos es nacido, hijo nos es dado, y el principado sobre su hombro; y se llamará su nombre Admirable, Consejero, Dios Fuerte, Padre Eterno, Príncipe de Paz. Lo dilatado de su imperio y la paz no tendrán límite, sobre el trono de David y sobre su reino, disponiéndolo y confirmándolo en juicio y en justicia desde ahora y para siempre. El celo de Jehová de los ejércitos hará esto" (Is. 9:6-7).

"Mas del Hijo dice: Tu trono, oh Dios, por el siglo del siglo; cetro de equidad es el cetro de tu reino" (He. 1:8).

⇒ Jesucristo va a heredar todo poder y riqueza, sabiduría y fuerza, honor y gloria y bendición.

"que decían a gran voz: El Cordero que fue inmolado es digno de tomar el poder, las riquezas, la sabiduría, la fortaleza, la honra, la gloria y la alabanza" (Ap. 5:12).

⇒ Jesucristo va a heredar todos los ángeles y todas las otras autoridades y potestades espirituales.

"quien habiendo subido al cielo está a la diestra de Dios; y a él están sujetos ángeles, autoridades y potestades" (1 P. 3:22).

⇒ Jesucristo va a heredar un nombre superior a todo nombre y toda rodilla se doblará ante Él vindicando su derecho como Señor y Salvador.

"Por lo cual Dios también le exaltó hasta lo sumo, y le dio un nombre que es sobre todo nombre, para que en el nombre de Jesús se doble toda rodilla de los que están en los cielos, y en la tierra, y debajo de la tierra" (Fil. 2:9-10).

3 (1:2) *Jesucristo, Creador — Creación:* Jesucristo es el Creador y hacedor de los mundos, de todos los mundos. Esta es la tercera razón por la que Jesucristo es superior a los profetas. La palabra "mundos" (aiones) también puede traducirse como siglos. Jesucristo es el Creador tanto del universo como de los siglos que transcurren uno tras otro, Creador de los mundos y del tiempo que transcurre de suceso en suceso, y de generación en generación. La versión *Dios habla hoy* lo argumenta bien:

"Ahora, en estos tiempos últimos, nos ha hablado por su Hijo, mediante el cual creó los mundos y al cual ha hecho heredero de todas las cosas" (He. 1:2).

En la carta a los colosenses se establece aún mejor:

"Porque en él fueron creadas todas las cosas, las que hay en los cielos y las que hay en la tierra, visibles e invisibles; sean tronos, sean dominios, sean principados, sean potestades; todo fue creado por medio de él y para él" (Col. 1:16).

El asunto es el siguiente: La creación de Cristo incluye todos los mundos (plural) de todas las dimensiones del ser, dondequiera que estén y cuantos pueda haber. Esto es exactamente lo que se entiende por el plural "mundos". Es también lo que se entiende cuando Colosenses dice que Cristo creó todas las cosas "las que hay en los cielos y las que hay en la tierra, visibles e invisibles, sean tronos, sean dominios, sean principados, sean potestades".

⇒ Si existen otros *planetas y seres vivientes visibles* en el espacio exterior, Cristo los creó.

⇒ Si existen *mundos y seres invisibles* en otras dimensiones, Cristo los creó.

No importa qué tipo de mundo o criaturas pueda haber, tronos, dominios, principados, o potestades, Cristo los creó a todos. No existe nada que Él no haya creado.

- ni planeta
- ni estrella
- ni criatura
- ni dimensión
- ni vegetación
- ni mineral
- ni elemento
- ni cosa

"Todas las cosas por él fueron hechas, y sin él nada de lo que ha sido hecho, fue hecho" (Jn. 1:3).

"para nosotros, sin embargo, sólo hay un Dios, el Padre, del cual proceden todas las cosas, y nosotros somos para él; y un Señor, Jesucristo, por medio del cual son todas las cosas, y nosotros por medio de él" (1 Co. 8:6).

"y de aclarar a todos cuál sea la dispensación del misterio escondido desde los siglos en Dios, que creó todas las cosas" (Ef. 3:9).

"Porque en él fueron creadas todas las cosas, las que hay en los cielos y las que hay en la tierra, visibles e invisibles; sean tronos, sean dominios, sean principados, sean potestades; todo fue creado por medio de él y para él" (Col. 1:16).

4 (1:3) *Jesucristo, gloria:* Jesucristo posee la gloria misma de Dios. Esta es la cuarta razón por la que Jesucristo es superior a los profetas. Note la palabra "ser" (en lo adelante). Significa "existencia absoluta y eterna" (A. T. Robertson. *Metáforas del Nuevo Testamento*), vol. 5. Nashville, TN: Broadman Press, 1932, p. 335). Esto quiere decir que el propio Jesucristo poseía la gloria de Dios antes de que Él viniera al mundo. Él siempre ha existido en la gloria de Dios; Él es eterno.

¿Qué se entiende por gloria? Se entiende todo el brillo de Dios, toda la brillantez, resplandor, esplendor, y luz del Ser de Dios. Quiere decir que la presencia misma de Dios, en toda su luz y pureza, mora entre nosotros en la persona de Jesucristo. Quiso decir que en Cristo "moró toda la plenitud [gloria] de Dios" (Col. 2:9). Los hombres podían mirar a Jesucristo y contemplar la gloria de Dios en Él, la luz y el resplandor mismos del Ser de Dios.

"Y aquel Verbo fue hecho carne, y habitó entre nosotros (y vimos su gloria, gloria como del unigénito del Padre), lleno de gracia y de verdad" (Jn. 1:14).

"Ahora pues, Padre, glorifícame tú al lado tuyo, con aquella gloria que tuve contigo antes que el mundo fuese" (Jn. 17:5).

"Padre, aquellos que me has dado, quiero que donde yo estoy, también ellos estén conmigo, para que vean mi gloria que me has dado; porque me has amado desde antes de la fundación del mundo" (Jn. 17:24).

Pensamiento 1. Muchos comentaristas señalan que el sol es una buena ilustración. De la misma manera que la gloria de la luz del sol incide sobre la tierra y toca la vida de cada uno de los hombres, Jesucristo, quien es la gloria de Dios, incide y toca la vida de los hombres.

5 (1:3) *Jesucristo, deidad — Imagen de Dios:* Jesucristo es la imagen expresa de Dios. Esta es la quinta razón por la que Jesucristo es superior a los profetas.

⇒ La palabra "expresa" (charakter) significa la viva estampa, marca, e impresión, la reproducción misma de Dios. Jesucristo es "la impresión perfecta y la imagen misma de la naturaleza [de Dios]".

⇒ La palabra "imagen" (hypostasis) significa sustancia. Jesucristo es la sustancia misma, el ser, persona, y encarnación misma de Dios.

"Yo y el Padre uno somos" (Jn. 10:30).

"Jesús le dijo: ¿Tanto tiempo hace que estoy con vosotros, y no me has conocido, Felipe? El que me ha visto a mí, ha visto al Padre; ¿cómo, pues, dices tú: Muéstranos el Padre? ¿No crees que yo soy en el Padre, y el Padre en mí? Las palabras que yo os hablo, no las hablo por mi propia cuenta, sino que el Padre que mora en mí, él hace las obras" (Jn. 14:9-10).

"en los cuales el dios de este siglo cegó el entendimiento de los incrédulos, para que no les resplandezca la luz del evangelio de la gloria de Cristo, el cual es la imagen de Dios" (2 Co. 4:4).

"[Cristo] el cual, siendo en forma de Dios, no estimó el ser igual a Dios como cosa a que aferrarse" (Fil. 2:6).

"[Cristo] el cual, siendo el resplandor de su gloria, y la imagen misma de su sustancia, y quien sustenta todas las cosas con la palabra de su poder, habiendo efectuado la purificación de nuestros pecados por medio de sí mismo, se sentó a la diestra de la Majestad en las alturas" (He. 1:3).

6 (1:3) *Jesucristo, deidad:* Jesucristo es quien sustenta el universo. Esta es la sexta razón por la que Él es superior a los profetas. Ningún hombre sostiene el universo, pero Cristo sí. Dios no ha creado el mundo y lo ha dejado volar por el espacio tomando el curso que quiera tomar. Dios no va a permitir que el mundo se destruya por sí solo. Dios lo controla. Su Hijo, el Señor Jesucristo, controla el mundo y lo mueve a un momento climático de renovación y recreación — lo que la Biblia denomina el *gran día de la redención*. Y téngase en cuenta cómo lo sustenta: por el poder de su Palabra. Él solo habla y las leyes que lo mantienen unido se ponen en marcha (comparar la ley de la gravedad. Vea el índice y notas, Col. 1:16-17 para un mayor análisis). La Palabra de Jesucristo es...

- energía perfecta y pura
- fuerza perfecta y pura
- poder perfecto y pura
- orden perfecto y puro
- unidad perfecta y pura
- solidaridad perfecta y pura
- cohesión perfecta y pura

Es su Palabra la que lo sostiene todo. Es su amor y poder…

- lo que evita que el universo se descomponga y se desintegre.
- lo que impide que el mal conquiste completamente y destruya por entero todas las cosas.

"Y él es antes de todas las cosas, y todas las cosas en él subsisten" (Col. 1:17).

"el cual, siendo el resplandor de su gloria, y la imagen misma de su sustancia, y *quien sustenta todas las cosas con la palabra de su poder,* habiendo efectuado la purificación de nuestros pecados por medio de sí mismo, se sentó a la diestra de la Majestad en las alturas" (He. 1:3).

7 (1:3) *Jesucristo, deidad — Redención:* Jesucristo es el redentor de la humanidad. Esta es la séptima razón por la que Él es superior a los profetas. La redención no ha venido de algún gran profeta que ha purificado nuestros pecados. Cristo y solo Cristo podía sacrificarse por nuestros pecados. ¿Cómo podía hacer eso? De hecho, ¿cómo podría cualquier hombre hacer eso? Ningún hombre puede hacerlo; este es el tema central de este pasaje. Solo una persona perfecta podía purificar y limpiar a los hombres de sus pecados. Esta es la razón que tuvo Jesucristo para venir a la tierra y llevar una vida perfecta. Él tuvo que garantizarle al hombre la justicia perfecta y morir como el sustituto perfecto del hombre. Al hacer eso, Él representa a todos los hombres…

- su justicia perfecta representa a todos los hombres.
- su muerte expiatoria representa a todos los hombres.

Cuando un hombre cree en Jesucristo, cree realmente, la justicia y muerte de Jesucristo lo cubre. Dios toma la fe del hombre y la honra; Él la honra *considerando* al hombre por estar en la justicia y muerte de Cristo. El hombre es justo en Cristo, y ya ha muerto a causa de los pecados en Cristo. Por consiguiente, el hombre está purificado; se limpian y se borran sus pecados.

"pero si andamos en luz, como él está en luz, tenemos comunión unos con otros, y la sangre de Jesucristo su Hijo nos limpia de todo pecado" (1 Jn. 1:7).

"y de Jesucristo el testigo fiel, el primogénito de los muertos, y el soberano de los reyes de la tierra. Al que nos amó, y nos lavó de nuestros pecados con su sangre" (Ap. 1:5).

8 (1:3) *Jesucristo, deidad:* Jesucristo es el mediador e intercesor supremo. Esta es la octava razón por la que Él es superior a los profetas. Él se sentó a la diestra de la Majestad en los cielos, sentado allí como el gran Mediador e Intercesor del hombre. Ninguna otra persona podría acercarse jamás a sentarse a la diestra de Dios; ninguna otra persona podría ser aceptada por Dios como el mediador e intercesor del hombre. Cristo y solo Cristo puede sentarse a la diestra de Dios. Note dos aspectos significativos.

1. Jesucristo se sienta a la diestra de Dios como el Señor exaltado y como la Majestad soberana del universo. Él es ser supremo del universo, la persona a quien se debe respetar y honrar de forma suprema, adorada y servida por todos los seres en la tierra y en el cielo.

"El que descendió, es el mismo que también subió por encima de todos los cielos para llenarlo todo" (Ef. 4:10).

"Por lo cual Dios también le exaltó hasta lo sumo, y le dio un nombre que es sobre todo nombre" (Fil. 2:9).

2. Jesucristo es en presencia de Dios nuestro mediador e intercesor, la única persona que tiene el derecho de representar al hombre ante Dios. Nota: Cristo no es exaltado para fungir como nuestro fiscal y juez; por el contrario, Él está ante Dios para representarnos, para abogar por nosotros, para ofrecer su justicia y muerte expiatoria por nosotros. Esto representa algo muy hermoso: Algún día cuando nos mostremos ante Dios, si hemos confiado en Jesucristo como nuestro Salvador, Dios podrá lidiar con nosotros en amor y no en juicio. Porque Jesucristo nos representa ante Dios como nuestro mediador, Dios aceptará a todos aquellos que han confiado en Cristo como su mediador. Sin embargo, recuerden: Todos aquellos que han rechazado a Jesucristo como el mediador se enfrentarán a Jesucristo como el Señor y Juez soberano.

"¿Quién es el que condenará? Cristo es el que murió; más aun, el que también resucitó, el que además está a la diestra de Dios, el que también intercede por nosotros" (Ro. 8:34).

"por lo cual puede también salvar perpetuamente a los que por él se acercan a Dios, viviendo siempre para interceder por ellos. Porque tal sumo sacerdote nos convenía: santo, inocente, sin mancha, apartado de los pecadores, y hecho más sublime que los cielos" (He. 7:25-26).

"Ahora bien, el punto principal de lo que venimos diciendo es que tenemos tal sumo sacerdote, el cual se sentó a la diestra del trono de la Majestad en los cielos" (He. 8:1).

"Porque hay un solo Dios, y un solo mediador entre Dios y los hombres, Jesucristo hombre" (1 Ti. 2:5).

"Pero ahora tanto mejor ministerio es el suyo, cuanto es mediador de un mejor pacto, establecido sobre mejores promesas" (He. 8:6).

"Así que, por eso es mediador de un nuevo pacto, para que interviniendo muerte para la remisión de las transgresiones que había bajo el primer pacto, los llamados reciban la promesa de la herencia eterna" (He. 9:15).

"Porque no entró Cristo en el santuario hecho de mano, figura del verdadero, sino en el cielo mismo para presentarse ahora por nosotros ante Dios" (He. 9:24).

"a Jesús el Mediador del nuevo pacto, y a la sangre rociada que habla mejor que la de Abel" (He. 12:24).

"Hijitos míos, estas cosas os escribo para que no pequéis; y si alguno hubiere pecado, abogado tenemos para con el Padre, a Jesucristo el justo" (1 Jn. 2:1).

	B. Cristo es superior a los ángeles, 1:4-14	tuyo, Con óleo de alegría más que a tus compañeros.	
1 Cristo tiene un nombre más excelente, el nombre de Hijo Unigénito de Dios; los ángeles tienen un nombre inferior a. Cristo es el Hijo de Dios; los ángeles no b. Cristo tiene una relación de Padre-Hijo con Dios; los ángeles no c. Cristo recibe la adoración de los ángeles; Él no adora a los ángeles	4 hecho tanto superior a los ángeles, cuanto heredó más excelente nombre que ellos. 5 Porque ¿a cuál de los ángeles dijo Dios jamás: Mi Hijo eres tú, Yo te he engendrado hoy, y otra vez: Yo seré a él Padre, Y él me será a mí hijo? 6 Y otra vez, cuando introduce al Primogénito en el mundo, dice: Adórenle todos los ángeles de Dios.	10 Y: Tú, oh Señor, en el principio fundaste la tierra, Y los cielos son obra de tus manos. 11 Ellos perecerán, mas tú permaneces; Y todos ellos se envejecerán como una vestidura,	**3 Cristo es el Creador y Señor soberano; los ángeles son creados como súbditos y espíritus ministradores** a. Cristo creó la tierra y el cielo; los ángeles no 1) Ellos envejecen y perecen, pero Cristo es eterno 2) Ellos cambian, pero Cristo es invariable
2 Cristo es el heredero de Dios; los ángeles son solo creados como súbditos de Dios a. Cristo es Dios, la majestad soberana que se sienta en el trono de Dios b. Cristo ha recibido exaltación por encima de todas las criaturas	7 Ciertamente de los ángeles dice: El que hace a sus ángeles espíritus, Y a sus ministros llama de fuego. 8 Mas del Hijo dice: Tu trono, oh Dios, por el siglo del siglo; Cetro de equidad es el cetro de tu reino. 9 Has amado la justicia, y aborrecido la maldad, Por lo cual te ungió Dios, el Dios	12 Y como un vestido los envolverás, y serán mudados; Pero tú eres el mismo, Y tus años no acabarán. 13 Pues, ¿a cuál de los ángeles dijo Dios jamás: Siéntate a mi diestra, Hasta que ponga a tus enemigos por estrado de tus pies? 14 ¿No son todos espíritus ministradores, enviados para servicio a favor de los que serán herederos de la salvación?	b. Cristo es el Señor soberano y exaltado del cielo y la tierra c. Los ángeles son los espíritus ministradores de Cristo: enviados para ministrar a los creyentes, los herederos de la salvación

DIVISIÓN I

LA REVELACIÓN SUPREMA: JESUCRISTO, EL HIJO DE DIOS, 1:1—4:13

B. Cristo es superior a los ángeles, 1:4-14

(1:4-14) *Introducción:* Los ángeles existen realmente. Conforman un orden magnífico y glorioso de seres que Dios ha creado para que sean sus mensajeros y siervos. Son seres espirituales que viven en otra dimensión, la dimensión espiritual. Ellos tienen el privilegio glorioso de vivir ante la presencia de Dios y de servirle día y noche. Por su posición elevada y exaltada, algunas personas han tendido a admirar a los ángeles en lugar de admirar a Cristo. Tienden a dar a los ángeles la consideración y atención que le deben a Cristo. Tienden a considerar a los ángeles como *intermediarios* entre ellos y Dios. Son cuatro, por lo general, las razones que causan esto.

⇒ Una persona no se siente digna de acercarse a Dios. Necesita a alguien que se acerque a Dios por ella, alguien que sirva como intermediario y mediador por ella. Sabe que los ángeles son los ministros de Dios: por lo que al sentirse indigna, la persona comienza a contar con un ángel. Quiere que el ángel…
• se comunique con Dios por ella.

• le presente a Dios sus necesidades y deseos.
• la proteja.
• le garantice el cuidado y bendiciones de Dios.

⇒ Otra persona puede pensar que Dios sencillamente se encuentra muy lejos de su alcance. Dios es sencillamente demasiado inhumano, demasiado grande, y demasiado abarcador. Dios tiene acceso a todos los mundos del espacio exterior. Por consiguiente, la persona cree que Dios está demasiado ocupado con los grandes asuntos del universo para preocuparse por una pequeña persona en la tierra. La persona siente necesidad de algún intermediario, algún mediador que no sea tan grande y no esté tan ocupado como Dios, pero quién tiene acceso a Dios. Por ende, comienza a contar con un ángel para que la cuide y la proteja y abogue en su favor y presente sus necesidades ante Dios.

⇒ Algunas personas tratan de vivir experiencias con ángeles ya sea frente a frente o a través de visiones y sueños. Creen que tales experiencias espirituales son un privilegio y que la experiencia las fortalece y las vuelve más espirituales. En su mente el ángel es un intermediario entre ellos y Dios, un mensajero de Dios enviado para comunicarle algún mensaje especial de Dios.

⇒ Aún así otros no creen en Cristo, que Él es el Hijo de Dios. No creen que Él sea el único Mediador entre Dios y el hombre. Es por eso que tratan de comunicarse con el mundo espiritual a través de algún ángel o persona en el mundo espiritual.

Lo que debemos tener en cuenta sobre estos enfoques acerca de Dios y el mundo espiritual es lo siguiente: Los ángeles son exaltados como seres magníficos y gloriosos, tan gloriosos y magníficos que son mediadores o intermediarios entre los hombres y Dios. En todos los casos se ve a Dios enviando un ángel o se busca un ángel para llevar un mensaje entre Dios y el hombre. Se cree que Dios está demasiado ocupado o sea demasiado grande o incapaz de comunicarse y relacionarse con el hombre.

Note lo que sucede cuando los hombres hacen más énfasis en los ángeles que en Cristo y que en su Espíritu y en su Palabra

⇒ Note cuánto se aleja a Cristo de la relación con la vida de una persona.
⇒ Note cómo se coloca otro mediador o intermediario entre los hombres y Dios, a otra persona que no sea Cristo y su Espíritu.
⇒ Note cómo se relega y se rebaja a Cristo a una posición inferior a los ángeles.

Esto es lo que combate este pasaje. No niega a los ángeles, porque sí existen. No niega la gloria y magnificencia de los ángeles, porque son seres gloriosos y magníficos. No niega el ministerio y servicio de los ángeles para con Dios, porque ellos son sus espíritus ministradores. Lo que combate este pasaje es lo siguiente: "El énfasis de algunas personas que exaltan a los ángeles por buscar experiencias con ellos y por centrar su atención, pensamiento y oración en ellos". Los ángeles no son intermediarios y mediadores de Dios entre Él y nosotros. El único intermediario y mediador entre Dios y nosotros es el Hijo de Dios, el Señor Jesucristo. Cristo es la única persona que puede acercarse a Dios por nosotros. Él es la única persona que puede oír y contestar nuestras oraciones y cuidarnos y protegernos. Esto no quiere decir que Él no pueda usar un ángel para ayudarnos. Él sí usa ángeles en nuestra vida para guiarnos, protegernos, y alentarnos (vea el *Estudio a fondo 1, Ángeles,* He. 1:4-14 para un mayor análisis). Pero el ángel sirve a Cristo; el ángel no debe ser el centro de nuestra atención y de nuestros pensamientos tampoco de alabanza ni honra. El ángel es el siervo, no el Señor de Jesús ni el Señor de nuestra vida. Solo Cristo es el Señor, tanto de los ángeles como de nosotros. Por consiguiente, Él y solo Él dcbc scr el centro de nuestros pensamientos y nuestra atención, honra y adoración.

Esta es la idea central de este pasaje: Cristo es superior, muy, muy superior a los ángeles.

1. Cristo tiene un nombre más excelente, el nombre de Hijo Unigénito de Dios; los ángeles tienen un nombre inferior (vv. 4-6).

2. Cristo es el heredero de Dios; los ángeles son creados como súbditos de Dios (vv. 7-9).

3. Cristo es el Creador y Señor soberano; los ángeles son creados como súbditos y espíritus ministradores (vv. 10-14).

ESTUDIO A FONDO 1

(1:4-14) *Ángeles (angelos):* La palabra ángel sencillamente significa *mensajero.* La palabra se usa al menos en cinco formas diferentes en las Escrituras.

⇒ Se usa para hombres (Lc. 7:24; Stg. 2:25; Ap. 1:20; 2:1,8, 12, 18; 3:1,7, 14).
⇒ Se usa para Cristo (Ap. 8:3-5).
⇒ Se usa para el "ángel del Señor" o el "ángel de Dios", lo que significa la presencia de una deidad en forma angelical (Gn. 16:1-13; 21:17-19; 22:11-16; 31:11-13; Éx. 3:2-4; Jue. 2:l; 6:12-16; 13:3-22).
⇒ Se usa para profetas (Hag. 1:13).
⇒ Se usa para seres espirituales que sirven a Dios (Sal. 104:4; He. 1:14; 2:2, 5).

1. Los aspectos importantes acerca de los ángeles parecen ser los siguientes:

a. Los ángeles son seres creados, superiores a los hombres (Sal. 104:4; comparar He. 1:14; Col. 1:16).
b. Los ángeles son numerosos (Sal. 68:17; Mt. 26:53; He. 12:22; Ap. 5:1l).
c. Los ángeles son extremadamente superiores a los hombres en inteligencia y conocimiento (2 S. 14:20; Sal. 103:20; 104:4).
d. Los ángeles tienen gran poder (2 R. 19:35; Mt. 28:3; 2 P. 2:11; Ap. 20:1-2).
e. Los ángeles observan a los hombres (Ec. 5:6; 1 Co. 4:9; Ef. 3:10).
f. Algunos ángeles han caído (conjuntamente) con Satanás de su estado original (2 P. 2:4; Jud. 6; Ap. 20: 10. Ver Índice de temas maestros, Satanás; Espíritus demoníacos.)

2. Al parecer, a los ángeles se les creó en varios rangos y para desempeñar funciones específicas ante *Dios mismo.*

a. Existe el arcángel Miguel que sobresale de entre todos los otros ángeles. Él es el administrador principal de Dios (Da. l0:21; 12:1, 7-12; 1 Ts. 4:16; Jud. 9). Algunos creen que Satanás era un arcángel, superior incluso a Miguel, antes de su caída (vea la nota, Ap. 12:7).
b. Existe el ángel Gabriel quien es un mensajero muy especial de la misericordia de Dios (Da. 8:15-16; 9:21; Lc. 1:19-33). Nunca se ha denominado arcángel.
c. Las Escrituras proporcionan los títulos de otras órdenes angelicales.
⇒ Existen los serafines, cuya función parece ser alabar a Dios (Is. 6: 1-6, la única referencia de ellos).
⇒ Existen los querubines, cuya función parece ser proclamar la gloria de Dios (Gn. 3:24; Éx. 25:18; Sal. 80:1; 99:2).

d. Se dice que otros ángeles tienen varias funciones...
   • adorar a Dios (Neh. 9:6; Lc. 2:13-14).
   • regocijarse por el arrepentimiento de un pecador (Lc. 15:10).
   • acompañar a Cristo en su segunda venida (Mt. 24:31; 25:31; Mr. 8:38; 1 Ts. 4:16).
   • ejecutar los juicios de Dios (Gn. 3:24; 19:1; Jue. 5:23; 2 S. 24d6; 1 Cr. 2:15; 2 Cr. 32:32; Hch. 12:23; 2 P. 2:4; Jud. 6; Ap. 12:9).

3. Los ángeles tienen una función muy importante en el trato de Dios con los creyentes. Note lo que dice en las Escrituras: "Ellos son espíritus ministradores, *enviados* para ministrar a los que son herederos de la salvación" (He. 1:14).

a. Ellos protegen y liberan a los creyentes tanto durante las pruebas como de las pruebas (Sal. 34:7; Sal. 91:1l; Is. 63:9; Da. 3:28; 6:22; Hch. 12:7-11).

b. Ellos guían y dirigen a los creyentes en su ministerio (1 R. 19:5; Mt. 2:13, 19-20; Hch. 5:19; 8:26).

c. Ellos escoltan a los creyentes al cielo (Lc. 16:22).

d. Ellos alientan a los creyentes (Hch. 27:23-25). Nota: al parecer esta ayuda comienza en la niñez y continua a través de la vida (He. 1:14; comparar Mt. 18:10; Sal. 91:11).

ESTUDIO A FONDO 2

(1:4-14) *Referencias del Antiguo Testamento:* El autor demuestra la superioridad de Cristo al citar siete pasajes del Antiguo Testamento y aplicarlos a Cristo. Los pasajes del Antiguo Testamento representan ejemplos que simbolizaron la venida del Mesías o Salvador del mundo. Los pasajes son: He. 1:5 (2 S. 7:14 Sal. 2:7); He. l:6 (Dt. 32:43; Sal. 89:27; 97:7; comparar Lc. 2:13s); He. l:7 (Sal. 104:4); He. 1:8-9 (Sal. 45:6-7); He. 1:10-12 (Sal. 102:25-27); He. 1:13 (Sal. 110:1).

1 (1:4-6) *Ángeles — Jesucristo, deidad:* Jesucristo tiene un nombre más excelente, el nombre de Hijo Unigénito de Dios; los ángeles tienen un nombre inferior. Esta es la primera prueba de que Cristo es superior a los ángeles. Él es *mucho mejor que, muy superior a,* los ángeles. Y téngase en cuenta qué es lo que lo hace superior: su nombre. Su nombre es más excelente que el nombre de ellos; en lo que a Dios se refiere su nombre tiene un rango más alto que el nombre de los ángeles.

1. Cristo es el Hijo de Dios; los ángeles no son hijos de Dios. "Mi Hijo eres Tú, yo te engendré hoy" (v. 5; cp. Sal. 2:8).

Dios le dijo esto a Cristo, no a los ángeles. Jesucristo es el Hijo de Dios; Él y solo Él ha sido "engendrado (gegenneka), es decir, nació o lo envió Dios al mundo. Dios no envió ni hizo que un ángel naciera en el mundo; Él envió a su Hijo Unigénito.

⇒ Jesucristo es el Hijo Unigénito de Dios que fue enviado al mundo.

   "Y aquel Verbo fue hecho carne, y habitó entre nosotros (y vimos su gloria, gloria como del unigénito del Padre), lleno de gracia y de verdad" (Jn. 1:14).
   "Porque de tal manera amó Dios al mundo, que ha dado a su Hijo unigénito, para que todo aquel que en él cree, no se pierda, mas tenga vida eterna" (Jn. 3:16).

⇒ Jesucristo es el Hijo Unigénito de Dios que se declaró como Hijo de Dios *por la resurrección de entre los muertos.*

   "que fue declarado Hijo de Dios con poder, según el Espíritu de santidad, por la resurrección de entre los muertos" (Ro. 1:4).

Jesucristo es muy, muy superior a los ángeles. Él es superior porque Él es el Hijo Unigénito de Dios. Su nombre es mucho más excelente que el nombre de los ángeles.

Pensamiento 1. Cristo y solo Cristo es el Hijo Unigénito de Dios. Él y solo Él puede salvarnos y evitar que perezcamos (Jn. 3:16). Ningún ángel puede hacer esto. Por ende, debemos volver nuestros ojos a Cristo y solo a Él.

2. Cristo tiene una relación Padre-Hijo con Dios Padre.

   "Yo [Dios] seré a él Padre, y él me será a mí hijo?" (v. 5; cp. 2 S. 7:14).

Solo Cristo es el Hijo Unigénito de Dios; solo a Él se envió al mundo a establecer una relación entre Dios y los hombres; solo Él funge como Mediador e intermediario entre Dios y los hombres. Solo Él llama a Dios Padre del Hijo Unigénito, y solo Dios llama a Cristo su Hijo Unigénito. Dios tiene un solo Hijo que lo obedece con perfección y ese es Cristo.

Dios dijo esto de Cristo, no de los ángeles. Solo Cristo es el Hijo Unigénito de Dios; Solo Él fue enviado al mundo para establecer una relación entre Dios y el hombre; solo Él funge como Mediador e intermediario entre Dios y los hombres. Dios tiene solo un Hijo perfectamente obediente y ese es Cristo. Dios envió a Cristo al mundo para garantizarles a los hombres la perfección y la justicia, y Cristo obedeció a Dios. Con su obediencia Él estableció una relación para siempre entre los hombres y Dios. Por consiguiente, Dios es un Padre para Cristo, un Padre que ama y honra a su Hijo obediente, y Cristo es un Hijo para Dios, un Hijo que obedece y honra a su Padre.

Jesucristo es muy, muy superior a los ángeles. Él es superior porque Dios es un Padre para Cristo y Cristo es un Hijo para Dios. El nombre de Jesucristo es mucho más excelente para Dios que el nombre de los ángeles.

Pensamiento 1. Jesucristo le ha abierto al hombre el camino a Dios; Él y solo Él provee una relación con Dios; Él y solo Él fue perfectamente justo y obediente con Dios; Él y solo Él provee al hombre perfección y justicia. Ningún ángel puede hacer eso. Por tanto, debemos buscar a Cristo para que nos lleve a Dios.

"Al que no conoció pecado, por nosotros lo hizo pecado, para que nosotros fuésemos hechos justicia de Dios en él" (2 Co. 5:21).

"Porque convenía a aquel por cuya causa son todas las cosas, y por quien todas las cosas subsisten, que habiendo de llevar muchos hijos a la gloria, perfeccionase por aflicciones al autor de la salvación de ellos" (He. 2:10).

"Porque no tenemos un sumo sacerdote que no pueda compadecerse de nuestras debilidades, sino uno que fue tentado en todo según nuestra semejanza, pero sin pecado" (He. 4:15).

"y habiendo sido perfeccionado, vino a ser autor de eterna salvación para todos los que le obedecen" (He. 5:9).

"Porque tal sumo sacerdote nos convenía: santo, inocente, sin mancha, apartado de los pecadores, y hecho más sublime que los cielos" (He. 7:26).

"sino con la sangre preciosa de Cristo, como de un cordero sin mancha y sin contaminación" (1 P. 1:19).

"el cual no hizo pecado, ni se halló engaño en su boca" (1 P. 2:22).

3. Jesucristo es adorado por los ángeles; Él no los adora a ellos.

"Y otra vez, cuando introduce al Primogénito en el mundo, dice: Adórenle todos los ángeles de Dios" (v. 6. Cp. Dt. 32:43; Sal. 89:27; 97:7).

Analícese la palabra "primogénito" (prototokos). Significa *primero* en el sentido de prioridad y superioridad, de estar por encima de alguien más. Es una palabra que demuestra dignidad, honra, valía; que alguien merece alabanza. Jesucristo es el Único a quien debe adorarse y alabarse, no a los ángeles.

⇒ Cuando Jesucristo nació en este mundo, fue acompañado y adorado por ángeles. (Lc. 2: 130.

⇒ Cuando Jesucristo se fue al cielo, en su resurrección y ascenso, fue acompañado y adorado por ángeles (Hch. 1:10).

⇒ Cuando Jesucristo regrese a la tierra nuevamente, vendrá acompañado y adorado por ángeles (Mt. 13:41; 16:27; 24:31).

Pensamiento 1. Jesucristo es la persona que vino al mundo como Hombre, para salvar al hombre. Él es la persona a quien se resucitó de entre los muertos y quien ascendió al cielo para vencer la muerte eternamente. Él es la persona que debe regresar y llevarnos a casa en los cielos para estar con Dios eternamente. Los ángeles no hacen eso. Por consiguiente nuestra adoración, nuestra esperanza y atención y alabanza, debe ser para Cristo. Nosotros debemos buscar a Cristo como nuestro camino hacia Dios, no a los ángeles ni a ningún otro intermediario. Jesucristo tiene un nombre que es mucho más excelente que el de los ángeles.

"Por lo cual Dios también le exaltó hasta lo sumo, y le dio un nombre que es sobre todo nombre, para que en el nombre de Jesús se doble toda rodilla de los que están en los cielos, y en la tierra, y debajo de la tierra; y toda lengua confiese que Jesucristo es el Señor, para gloria de Dios Padre" (Fil. 2:9-11).

"Acerca de esto tenemos mucho que decir, y difícil de explicar, por cuanto os habéis hecho tardos para oír. Porque debiendo ser ya maestros, después de tanto tiempo, tenéis necesidad de que se os vuelva a enseñar cuáles son los primeros rudimentos de las palabras de Dios; y habéis llegado a ser tales que tenéis necesidad de leche, y no de alimento sólido" (He. 5:11-12).

"Y en su vestidura y en su muslo tiene escrito este nombre: REY DE REYES Y SEÑOR DE SEÑORES" (Ap. 19:16).

"Porque un niño nos es nacido, hijo nos es dado, y el principado sobre su hombro; y se llamará su nombre Admirable, Consejero, Dios Fuerte, Padre Eterno, Príncipe de Paz" (Is. 9:6).

2 (1:7-9) *Jesucristo, deidad — Ángeles:* Jesucristo es el heredero de Dios; los ángeles solo son creados como súbditos de Dios. Las Escrituras expresan lo siguiente acerca de los ángeles:

"Ciertamente de los ángeles dice: El que hace a sus ángeles espíritus, y a sus ministros llama de fuego" (v. 7).

Considere la palabra *hace*: Los ángeles se hacen, es decir los crea y controla Dios. Son espíritus creados para servir a Dios en el funcionamiento del universo. De la misma manera que se usa el viento y el fuego para servir a Dios y a los hombres, los ángeles se usan para servir a Dios. Pero no sucede así con Cristo. Ténganse en cuenta dos aspectos de Cristo.

1. Jesucristo es Dios, la Majestad soberana que se sienta en el trono de Dios (v. 8. cp. Sal. 45:6.) Note tres aspectos.

⇒ Al Hijo le llama "Dios" Dios Padre; es decir, Dios Padre llama *Dios* a Jesucristo. Dios Padre dice que Jesucristo tiene la misma naturaleza, ser, y carácter que Él. En el cielo existe Dios Padre y Dios Hijo y Dios Espíritu Santo.

⇒ El Hijo tiene un trono que es para siempre y por toda la eternidad.

⇒ El Hijo tiene un reino eterno que rige con el cetro de la justicia.

Todo está claro: el Hijo de Dios, el Señor Jesucristo, no es un siervo que ha sido creado para servir a Dios; Él es la Majestad soberana del universo. Él es Dios mismo quien rige y reina en el universo. Él es quien se sienta con dignidad y dominio sobre el universo, no los ángeles. Ellos son seres creados, hechos para servir a Dios de la misma manera que se hicieron el viento y el fuego para servir a Dios y a los hombres.

"El que de arriba viene, es sobre todos; el que es de la tierra, es terrenal, y cosas terrenales habla; el que viene del cielo, es sobre todos" (Jn. 3:31).

"y cuál la supereminente grandeza de su poder para con nosotros los que creemos, según la operación del poder de su fuerza, la cual operó en Cristo, resucitándole de los muertos y sentándole a su diestra en los lugares celestiales, sobre todo principado y autoridad y poder y señorío, y sobre todo nombre que se nombra, no sólo en este siglo, sino también en el venidero; y sometió todas las cosas bajo sus pies, y lo dio por cabeza sobre todas las cosas a la iglesia" (Ef. 1:19-22).

"Por lo cual Dios también le exaltó hasta lo sumo, y le dio un nombre que es sobre todo nombre" (Fil. 2:9).

"quien habiendo subido al cielo está a la diestra de Dios; y a él están sujetos ángeles, autoridades y potestades" (1 P. 3:22).

2. Jesucristo ha sido ungido con óleo de alegría más que a sus compañeros.

"Has amado la justicia, y aborrecido la maldad, por lo cual te ungió Dios, el Dios tuyo, con óleo de alegría más que a tus compañeros" (v. 9. cp. Sal. 45:7-8).

¿A quién se entiende por "compañeros"? Se entiende a todas las criaturas tanto del cielo como de la tierra, porque ningún ser o persona, ni grupo de seres o personas son iguales a Él. Él ha sido ungido.

⇒ Más que a todos los ángeles.
⇒ Más que a todos los profetas, sacerdotes, y reyes.
⇒ Más que a todos los creyentes, vivos y muertos.

Y considérese por qué se le exalta tan grandemente. Porque Él es Dios; Él ama la justicia y aborrece la iniquidad. Esto quiere decir dos cosas.

⇒ Jesucristo está totalmente dedicado a la justicia y la perfección. Él rige y reina en justicia; su naturaleza y ser mismos son la justicia. El amor de la justicia penetra y fluye a través de su propio ser. La justicia es todo cuanto practica.

⇒ Jesucristo vino a la tierra para poner en práctica y garantizar la justicia para los hombres. Él lo logró al no pecar nunca y al llevar una vida perfecta y justa ante Dios. Por ende, Él representa al hombre ideal, perfecto y justo. Como hombre ideal, su justicia puede cubrir a todos los hombres que le confíen a Él la justicia.

Pensamiento 1. Resulta asombroso: Ningún ángel ha sido ungido más que a otros como lo ha sido Dios. Ningún ángel ha venido a la tierra y le ha garantizado al hombre la justicia; solo Jesucristo lo ha hecho. Por lo tanto, debemos buscar justicia en Jesucristo no en los ángeles. Jesucristo es la única persona que puede hacernos aceptos ante Dios. Jesucristo es la única persona que puede instar a Dios a que nos crea justos y nos acepte.

"Justificados, pues, por la fe, tenemos paz para con Dios por medio de nuestro Señor Jesucristo" (Ro. 5:1).

"Al que no conoció pecado, por nosotros lo hizo pecado, para que nosotros fuésemos hechos justicia de Dios en él" (2 Co. 5:21).

"Así Abraham creyó a Dios, y le fue contado por justicia" (Gá. 3:6).

"llenos de frutos de justicia *que son por medio de Jesucristo,* para gloria y alabanza de Dios" (Fil. 1:11).

3 (1:10-14) *Jesucristo, deidad — Ángeles:* Jesucristo es el Creador y Señor soberano; los ángeles son creados como súbditos y espíritus ministradores. Note tres aspectos significativos:

1. Jesucristo es el Creador del cielo y la tierra.

"Y: Tú, oh Señor, en el principio fundaste la tierra, y los cielos son obra de tus manos. Ellos perecerán, mas tú permaneces; y todos ellos se envejecerán como una vestidura, y como un vestido los envolverás, y serán mudados; pero tú eres el mismo, y tus años no acabarán" (vv. 10-12. Cp. Sal. 102:25-27).

Jesucristo creó el universo; los ángeles no. Como Creador, Jesucristo está por encima del mundo; Él es el Rey soberano del mundo. Es cierto que el mundo está cambiando y que atraviesa muchas etapas. Envejece, se deteriora y se disuelve, pero Cristo no. Él es invariable. La tierra perecerá, pero Jesucristo seguirá siendo eterno. Él es inaccesible al cambio. Por ende, Él gobierna el mundo. Él es soberano sobre su destino. Realmente el mundo se destruirá por un holocausto de fuego y se recreará como un cielo nuevo y una tierra nueva. Pero esto es tema de discusión para otros pasajes. (Vea los subíndices y las notas, 2 P. 3: 10-13; Ap. 21:2 para un análisis de lo que le sucederá a este mundo.) El objetivo del presente pasaje es demostrar que Jesucristo es superior a los ángeles porque Él es el Creador y Rey soberano que es invariable. Esto lo hace superior aún a los ángeles. En verdad ellos le deben a Él su existencia y lealtad al igual que su destino.

"Todas las cosas por él fueron hechas, y sin él nada de lo que ha sido hecho, fue hecho" (Jn. 1:3).

"para nosotros, sin embargo, sólo hay un Dios, el Padre, del cual proceden todas las cosas, y nosotros somos para él; y un Señor, Jesucristo, por medio del cual son todas las cosas, y nosotros por medio de él" (1 Co. 8:6).

"y de aclarar a todos cuál sea la dispensación del misterio escondido desde los siglos en Dios, que creó todas las cosas" (Ef. 3:9).

"Porque en él fueron creadas todas las cosas, las que hay en los cielos y las que hay en la tierra, visibles e invisibles; sean tronos, sean dominios, sean principados, sean potestades; todo fue creado por medio de él y para él" (Col. 1:16).

"Dios, habiendo hablado muchas veces y de muchas maneras en otro tiempo a los padres por los profetas, en estos postreros días nos ha hablado por el Hijo, a quien constituyó heredero de todo, y por quien asimismo hizo el universo" (He. 1:1-2).

2. Jesucristo es el Señor soberano y exaltado; los ángeles no.

"Pues, ¿a cuál de los ángeles dijo Dios jamás: Siéntate a mi diestra, hasta que ponga a tus enemigos por estrado de tus pies?" (v. 13. Cp. Sal. 110:1).

Él fue exaltado a la diestra de Dios, una posición de...

• amor y gozo
• honra y dignidad
• triunfo y victoria
• dominio y autoridad
• poder y soberanía
• responsabilidad y deber
• justicia y juicio

Cristo ha terminado su labor en la tierra como el Hijo

obediente y fiel de Dios, perfectamente fiel y obediente al morir por los pecados de los hombres. Él ha conquistado y triunfado por el hombre sobre las fuerzas del pecado y la muerte e hizo posible que fuera salvo y que viviera eternamente con Dios. Por eso, Dios ha exaltado grandemente a Cristo a su diestra. Y Cristo se sentará allí hasta que deba regresar a juzgar y someter a sus enemigos (ponerlos bajo sus pies).

Pensamiento 1. Sucede lo siguiente: Nunca Dios le ha dicho a un ángel que se siente a su diestra ni que venza los enemigos de los hombres. Pero Él le ha dado este derecho y autoridad a Cristo. Por ende, Cristo es al único al que los hombres deben volver sus ojos. Cristo debe ser el centro de la atención y el pensamiento de los hombres, el único al que los hombres deben recurrir en busca de salvación y vida, no a los ángeles.

> "Porque Cristo para esto murió y resucitó, y volvió a vivir, para ser Señor así de los muertos como de los que viven" (Ro. 14:9).
> "Y mirando a Jesús que andaba por allí, dijo: He aquí el Cordero de Dios" (Jn. 1:36).
> "que decían a gran voz: El Cordero que fue inmolado es digno de tomar el poder, las riquezas, la sabiduría, la fortaleza, la honra, la gloria y la alabanza" (Ap. 5:12).

3.   Los ángeles son los espíritus ministradores de Cristo enviados para ministrar a los creyentes. Los herederos de la salvación son aquellos que creen en Jesucristo. Note que los ángeles no son los *señores*, sino los siervos. Ellos son siervos de Cristo. Son espíritus, seres espirituales del mundo espiritual, y existen para llevar a cabo la voluntad de Cristo. La voluntad de Cristo para los ángeles es que ministren a los creyentes, que ministren a los hombres y mujeres para quienes Cristo ha hecho tanto: "Compró su salvación y les dio vida eterna".

Pensamiento 1. La idea central es que los ángeles son siervos, no señores. Cristo y solo Cristo es el Señor a quien los hombres deben buscar y a quien deben confiar su salvación.

> "Y he aquí que se presentó *un ángel del Señor,* y una luz resplandeció en la cárcel; y tocando a Pedro en el costado, le despertó, diciendo: Levántate pronto. Y las cadenas se le cayeron de las manos" (Hch. 12:7).
> "Porque esta noche ha estado conmigo *el ángel del Dios* de quien soy y a quien sirvo" (Hch. 27:23).
> "¿No son todos espíritus ministradores, enviados para servicio a favor de los que serán herederos de la salvación?" (He. 1:14).
> "Y *el ángel de Dios* que iba delante del campamento de Israel, se apartó e iba en pos de ellos; y asimismo la columna de nube que iba delante de ellos se apartó y se puso a sus espaldas" (Éx. 14:19).
> "Pues a *sus ángeles* mandará acerca de ti, que te guarden en todos tus caminos" (Sal. 91:11).
> "Mi Dios envió *su ángel,* el cual cerró la boca de los leones, para que no me hiciesen daño, porque ante él fui hallado inocente; y aun delante de ti, oh rey, yo no he hecho nada malo" (Dn. 6:22).

	CAPÍTULO 2	3 ¿cómo escaparemos nosotros, si descuidamos una salvación tan grande? La cual, habiendo sido anunciada primeramente por el Señor, nos fue confirmada por los que oyeron,	**3. Razón 2: El juicio bajo la salvación con certeza será mucho más severo**
1. La advertencia: Debemos prestar atención a lo que hemos oído para no alejarnos de ella	**C. Advertencia uno: El peligro de descuidar la salvación, de alejarse de la salvación, 2:1-4** 1 Por tanto, es necesario que con más diligencia atendamos a las cosas que hemos oído, no sea que nos deslicemos.		a. Porque la salvación es muy grande b. Porque la palabra de Salvación la ministró el Señor mismo c. Porque hay muchos testigos
2. Razón 1: El juicio según la ley era estricto a. La ley era proporcionada por grandes seres, ángeles b. Se juzgaban las transgresiones y la desobediencia	2 Porque si la palabra dicha por medio de los ángeles fue firme, y toda transgresión y desobediencia recibió justa retribución,	4 testificando Dios juntamente con ellos, con señales y prodigios y diversos milagros y repartimientos del Espíritu Santo según su voluntad.	1) El Señor mismo 2) Los testigos oculares 3) El Espíritu Santo y Dios

DIVISIÓN I

LA REVELACIÓN SUPREMA: JESUCRISTO, EL HIJO DE DIOS, 1:1—4:13

C. Advertencia uno: El peligro de descuidar la salvación, de alejarse de la salvación, 2:1-4

(2:1-4) *Introducción:* Esta es la primera de varias advertencias emitidas en esta epístola a los Hebreos. Es una advertencia a los creyentes: "Existe el peligro de descuidarse, de alejarse de la salvación.

1. La advertencia: Debemos prestar atención a lo que hemos oído para no alejarnos de ella (v. 1).
2. Razón 1: El juicio según la ley era estricto (v. 2).
3. Razón 2: El juicio bajo la salvación con certeza será mucho más severo (vv. 3-4).

1 (2:1) *Advertencia — Recaída:* La advertencia es fuerte. Debemos prestar atención a las verdades que hemos escuchado no sea que nos alejemos de ella. ¿Cuáles son las verdades que hemos escuchado? Vea el versículo tres: "Son las verdades de la salvación, del evangelio de nuestro Señor Jesucristo".

La palabra "atender" (prosechein) significa prestar atención a; escuchar cuidadosamente. Note cuán intensa es la advertencia: "No solo debemos prestar atención al evangelio, debemos instigarlo". Incluso más que eso, debemos *prestar la más ferviente atención* al evangelio. Debemos prestar la mayor atención al evangelio de la salvación:

⇒ Escuchar el evangelio con más fuerza que nunca.
⇒ Prestar más atención que nunca al evangelio.

La revelación final de Dios, la última palabra que haya dicho al hombre, se ha transmitido en su Hijo, el Señor Jesucristo. Ahora se le ha ofrecido la salvación al hombre; ahora el hombre puede ser aceptado ante Dios y vivir eternamente

con Dios. Ahora el hombre puede vivir con sensatez, con justicia y con devoción en este mundo actual; él ahora puede vencer las pruebas y tentaciones, opresiones y ataduras, pecados y la muerte de este mundo. El hombre ahora puede vivir con triunfo y abundancia en este mundo y vivir eternamente en perfección en el otro mundo. Pero debemos atender más seriamente al evangelio de la salvación o nos alejaremos de las verdades de la salvación.

¿Qué quiere decir alejarse del evangelio de la salvación? La palabra "deslizarse" (pararuomen) significa ir lejos de, evadirse, escaparse. Es el ejemplo de…

• un anillo deslizándose por un dedo hasta caer.
• alguna verdad apartándose de la mente y olvidándose. La persona no puede recordarla.
• algún líquido en un recipiente, agua, gas, fluido, que se ha filtrado hacia afuera y se ha escapado.

William Barclay expresa: "Se usa generalmente como algo que se ha permitido que se aleje o se pierda descuidada y desconsideradamente" (*La Epístola a los Hebreos,* "The Daily Study Bible", [La Biblia de estudio diario], Filadelfia, PA: The Westminister Press, Editorial Westminister, 1955, p. 13). Pero hay otra acepción de la palabra *deslizarse* que resulta aún más descriptiva. *Deslizarse* puede significar alejarse o apartarse. Es el ejemplo de un barco que se aleja de un puerto. Se aleja del puerto por…

• errores de cálculo
• aletargamiento o complacencia
• somnolencia
• descuido
• distracción
• embriaguez

… del capitán.

Pudiera nombrarse una lista innumerable de factores de por qué el capitán se alejaría de la seguridad del puerto. Pero el mensaje está bien redactado: "Nosotros debemos anclar nuestra vida a las verdades de la salvación. Debemos prestar-le atención seriamente. Debemos prestarle atención no sea que el barco de nuestra vida se aleje de la seguridad de la salvación".

Pensamiento 1. Barclay hace un comentario excelente acerca de este versículo:

"Para muchos de nosotros la amenaza de la vida no es tanto que nos lancemos al desastre, sino que caigamos en el pecado. Hay unas cuantas personas que delibera-damente y en cierto momento le vuelven la espalda a Dios; hay muchos que día tras día se alejan cada vez más de Él. No hay muchos que en cierto momento de su vida pecan de modo desastroso; hay muchos que, poco a poco y de modo casi imperceptible, se involucran en cier-ta situación, y de repente despiertan y se dan cuenta de que ellos mismos han arruinado su vida y han des-garrado el corazón de alguien. Haríamos bien mante-niéndonos siempre en alerta contra los peligros de la vida desviada" (La *Epístola a los Hebreos*, p. 13s).

"Jesús le dijo: Si quieres ser perfecto, anda, vende lo que tienes, y dalo a los pobres, y tendrás tesoro en el cielo; y ven y sígueme. Oyendo el joven esta palabra, se fue triste, porque tenía muchas posesiones" (Mt. 19:21-22).

"Y Jesús le dijo: Ninguno que poniendo su mano en el arado mira hacia atrás, es apto para el reino de Dios" (Lc. 9:62).

"El espíritu es el que da vida; la carne para nada aprovecha; las palabras que yo os he hablado son espíritu y son vida. Pero hay algunos de vosotros que no creen. Porque Jesús sabía desde el principio quiénes eran los que no creían, y quién le había de entregar. Y dijo: Por eso os he dicho que ninguno puede venir a mí, si no le fuere dado del Padre" (Jn. 6:63-65).

"Mas el justo vivirá por fe; y si retrocediere, no agradará a mi alma" (He. 10:38).

"Han dejado el camino recto, y se han extraviado siguiendo el camino de Balaam hijo de Beor, el cual amó el premio de la maldad" (2 P. 2:15).

"Ciertamente, si habiéndose ellos escapado de las contaminaciones del mundo, por el conocimiento del Señor y Salvador Jesucristo, enredándose otra vez en ellas son vencidos, su postrer estado viene a ser peor que el primero" (2 P. 2:20).

"Pero tengo contra ti, que has dejado tu primer amor" (Ap. 2:4).

"Por tanto, guárdate, y guarda tu alma con dili-gencia, para que no te olvides de las cosas que tus ojos han visto, ni se aparten de tu corazón todos los días de tu vida; antes bien, las enseñarás a tus hijos, y a los hijos de tus hijos" (Dt. 4:9).

"cuídate de no olvidarte de Jehová, que te sacó de la tierra de Egipto, de casa de servidumbre" (Dt. 6:12).

"Cuídate de no olvidarte de Jehová tu Dios, para cumplir sus mandamientos, sus decretos y sus estatutos que yo te ordeno hoy" (Dt. 8:11).

"Los malos serán trasladados al Seol, todas las gentes que se olvidan de Dios" (Sal. 9:17).

"No guardaron el pacto de Dios, ni quisieron andar en su ley; sino que se olvidaron de sus obras, y de sus maravillas que les había mostrado" (Sal. 78:10-11).

"Porque te olvidaste del Dios de tu salvación, y no te acordaste de la roca de tu refugio; por tanto, sem-brarás plantas hermosas, y plantarás sarmiento extraño. El día que las plantes, las harás crecer, y harás que su simiente brote de mañana; pero la cosecha será arrebatada en el día de la angustia, y del dolor deses-perado" (Is. 17:10-11).

"Porque dos males ha hecho mi pueblo: me dejaron a mí, fuente de agua viva, y cavaron para sí cis-ternas, cisternas rotas que no retienen agua" (Jer. 2:13).

"Voz fue oída sobre las alturas, llanto de los rue-gos de los hijos de Israel; porque han torcido su ca-mino, de Jehová su Dios se han olvidado" (Jer. 3:21).

"Tú me dejaste, dice Jehová; te volviste atrás; por tanto, yo extenderé sobre ti mi mano y te destruiré; estoy cansado de arrepentirme" (Jer. 15:6).

2 (2:2) ***Juicio — Ley — Ángeles:*** Esta es la primera razón por la que no debemos alejarnos de la salvación, y téngase en cuenta cuán fuerte es la advertencia. El juicio según la ley de Dios era muy estricto; por tanto, cuidado, estén alertas. "El mensaje de los ángeles" se refiere a la ley de Dios que le fue dada a Moisés en el monte Sinaí (Éx. 19:10. Estas grandes y magníficas criaturas fungieron como mediadores entre los hombres y Dios. Este fue un gran momento y le proporcionó algo muy grande al hombre, la ley de Dios.

Sucede lo siguiente: El juicio según la ley era muy estric-to. Toda transgresión y desobediencia recibía justa retri-bución. Si una persona quebrantaba una ley, era juzgado, condenado, y soportaba el castigo estipulado por la ley.

⇒ Transgresión (parabasis) significa apartarse, sobrepasar los límites. Significa ir contra lo que la ley estipula y hacer lo que prohíbe. Quebrantar la ley de Dios es pecado y quien la quebranta debe recibir castigo.

⇒ Desobediencia (parakoe) quiere decir descuidarse, negarse, y no obedecer la ley de Dios. Desobedecer a Dios es pecado y quien desobedece debe recibir cas-tigo.

El gran peligro era rechazar deliberadamente la ley de Dios. Si una persona rechazaba deliberadamente la ley de Dios, era sentenciado a muerte, y el castigo era irrevocable.

"Mas la persona que hiciere algo con soberbia, así el natural como el extranjero, ultraja a Jehová; esa persona será cortada de en medio de su pueblo" (Nm. 15:30).

"Porque la paga del pecado es muerte, mas la dádiva de Dios es vida eterna en Cristo Jesús Señor nuestro" (Ro. 6:23).

"Y castigaré al mundo por su maldad, y a los impíos por su iniquidad; y haré que cese la arrogancia de los soberbios, y abatiré la altivez de los fuertes" (Is. 13:11).

"Porque he aquí que Jehová sale de su lugar para castigar al morador de la tierra por su maldad contra él; y la tierra descubrirá la sangre derramada sobre ella, y no encubrirá ya más a sus muertos" (Is. 26:21).

"como para vindicación, como para retribuir con

ira a sus enemigos, y dar el pago a sus adversarios; el pago dará a los de la costa" (Is. 59:18).

"Yo os castigaré conforme al fruto de vuestras obras, dice Jehová, y haré encender fuego en su bosque, y consumirá todo lo que está alrededor de él" (Jer. 21:14).

3 (2:3-4) *Juicio — Salvación:* Esta es la segunda razón por la que no debemos alejarnos de la salvación. El juicio según la Palabra del Señor debe ser mucho más severo que el juicio según la ley. ¿Por qué? Existen tres razones.

1. No habrá escape del juicio porque la salvación es muy grande. Piense en todo el pecado y maldad que existe en la tierra: La mentira, el engaño, el robo, y el asesinato; los hechos de terror, matanza, y guerra; la inmoralidad, el adulterio, y las obscenidades; la suciedad, la inmundicia, y la corrupción de la conducta; los hogares deshechos, las laceraciones, y el dolor; la enfermedad, los accidentes, y el sufrimiento. Piense en la muerte. Piense en toda esta maldad, y aún así hay mucha más maldad en el mundo que nunca podremos enumerarla.

En eso consiste la salvación; eso es lo que hace tan grande la salvación.

⇒ La salvación es la liberación de todo el mal y sufrimiento y muerte de este mundo. ¡Imagínese librado de toda la corrupción de este mundo! En eso consiste la salvación. Pero además de eso es mucho más.

⇒ La salvación nos salva por Dios y nos libera a Dios. La salvación nos gana la aceptación de Dios, y nos proporciona la vida eterna, el privilegio glorioso de vivir para siempre con Dios. Pero la salvación es incluso más que eso.

⇒ La salvación nos da un cielo nuevo y una tierra nueva, un mundo perfecto para vivir y trabajar en él para toda la eternidad, un mundo en el que no habrá sufrimiento ni muerte (vea las notas, He. 2:5-8 para un mayor análisis). Pero la salvación es incluso más que eso.

⇒ La salvación debe ser una recompensa tras la otra. Debe haber mansiones y enormes moradas. Debe haber coronas, y gobiernos y reinados, deberes y responsabilidades, una vida gloriosa de servicio y adoración al Señor Dios mismo, para la eternidad. Pero luego de haber dicho esto, la salvación es mucho más.

⇒ La salvación nos proporciona un Salvador, el propio Hijo de Dios, incluso el Señor Jesucristo. Nos proporciona un Salvador que nos ama, que nos ha amado tanto que sacrificó su vida y murió por nosotros. Nos proporciona un Salvador a quien podemos amar y servir, un Salvador a quien podemos entregar nuestra vida y nuestra lealtad y saber que es por nuestro bien.

Se pudiera decir mucho más, pero el asunto queda claro. Si descuidamos una salvación tan grande, ¿cómo nos escaparemos? No podemos. No hay forma que Dios nos deje escapar si descuidamos la salvación de su propio Hijo.

2. No habrá escape del juicio porque el mensaje de salvación lo proclamó el Señor mismo. Él no envió el evangelio de la salvación a la tierra por medio de ángeles. Él mismo le trajo el evangelio de la salvación a los hombres. Él, el Señor soberano y la Majestad del universo, es la persona que nos ha traído la salvación; y Él lo hizo al morir por nosotros. Él, el Hijo de Dios, sacrificó su vida por nosotros. Si descuidamos una salvación tan grande, el juicio que caerá sobre nosotros será mucho más severo. Imagínese un hombre que descuida la salvación de Cristo, que…

- ignora a Cristo
- muestra desprecio por Cristo
- menosprecia a Cristo
- no cree que Cristo sea digno de tal compromiso
- se rebela contra Cristo
- niega a Cristo
- rechaza a Cristo
- maldice a Cristo

Si Dios le ha regalado su propio Hijo al mundo y los hombres lo tratan de esa manera, ¿qué puede esperar el hombre? Todos saben la respuesta. No habrá escape para la persona que descuida y maldice una salvación tan grande.

3. No habrá escape del juicio porque ha habido muchos testigos de la salvación. El propio Señor fue el primer testigo de la salvación; luego los testigos oculares de su vida en la tierra proclamaron la salvación que hay en Él. Note: Dios mismo dio testimonio al proveer a los discípulos con poder para obrar señales y maravillas y muchos milagros. Además de esto, Dios dotó a los creyentes con los dones del Espíritu Santo. Dios cambió la vida de muchos creyentes y les dio el poder y los dones para vivir para Él y para servirlo a Él transmitiendo el mensaje de salvación a un mundo que está perdido y agonizando.

Sucede lo siguiente: Con tantos testigos, ninguna persona puede esperar poder escapar del juicio de Dios si descuida la salvación de Cristo, no cuando los dos testigos fundamentales son el propio Dios y el Señor Jesucristo, el propio Hijo de Dios.

"¿Y piensas esto, oh hombre, tú que juzgas a los que tal hacen, y haces lo mismo, que tú escaparás del juicio de Dios?" (Ro. 2:3).

"que cuando digan: Paz y seguridad, entonces vendrá sobre ellos destrucción repentina, como los dolores a la mujer encinta, y no escaparán" (1 Ts. 5:3).

"¿cómo escaparemos nosotros, si descuidamos una salvación tan grande? La cual, habiendo sido anunciada primeramente por el Señor, nos fue confirmada por los que oyeron" (He. 2:3).

"Pues conocemos al que dijo: Mía es la venganza, yo daré el pago, dice el Señor. Y otra vez: El Señor juzgará a su pueblo" (He. 10:30).

"Mirad que no desechéis al que habla. Porque si no escaparon aquellos que desecharon al que los amonestaba en la tierra, mucho menos nosotros, si desecháremos al que amonesta desde los cielos" (He. 12:25).

"Por tanto, así ha dicho Jehová: He aquí yo traigo sobre ellos mal del que no podrán salir; y clamarán a mí, y no los oiré" (Jer. 11:11).

"Y si tú avisares al impío de su camino para que se aparte de él, y él no se apartare de su camino, él morirá por su pecado, pero tú libraste tu vida" (Ez. 33:9).

	D. Cristo le garantiza al hombre la supremacía, 2:5-13		

1 El plan de Dios para el mundo venidero
a. No pertenece a los ángeles
b. Pertenece al hombre
2 El plan de Dios para el hombre
a. Crear al hombre inferior a los ángeles por un período corto
b. Coronar al hombre con gloria, honra y autoridad
 	
c. El hombre se encuentra actualmente en un estado de caída
 	
3 El plan de Dios para Cristo
a. Hacer a Cristo un
	5 Porque no sujetó a los ángeles el mundo venidero, acerca del cual estamos hablando;
	6 pero alguien testificó en cierto lugar, diciendo: ¿Qué es el hombre, para que te acuerdes de él, O el hijo del hombre, para que le visites?
	7 Le hiciste un poco menor que los ángeles, Le coronaste de gloria y de honra, Y le pusiste sobre las obras de tus manos;
	8 Todo lo sujetaste bajo sus pies. Porque en cuanto le sujetó todas las cosas, nada dejó que no sea sujeto a él; pero todavía no vemos que todas las cosas le sean sujetas.
	9 Pero vemos a aquel que fue hecho un poco menor que los ángeles, a Jesús, coronado de
		gloria y de honra, a causa del padecimiento de la muerte, para que por la gracia de Dios gustase la muerte por todos.
		
		10 Porque convenía a aquel por cuya causa son todas las cosas, y por quien todas las cosas subsisten, que habiendo de llevar muchos hijos a la gloria, perfeccionase por aflicciones al autor de la salvación de ellos.
		
		11 Porque el que santifica y los que son santificados, de uno son todos; por lo cual no se avergüenza de llamarlos hermanos,
		12 diciendo: Anunciaré a mis hermanos tu nombre, En medio de la congregación te alabaré.
		13 Y otra vez: Yo confiaré en él. Y de nuevo: He aquí, yo y los hijos que Dios me dio.
			poco menor que los ángeles; para que sufriera y gustase la muerte por todos
			b. Ser exaltado, coronado con honra y gloria
			c. Para mostrar la verdadera naturaleza de Dios
			  1) Al traer a muchos hijos a la gloria
			  2) Al perfeccionar por aflicciones al capitán de la salvación
			d. Compartir por igual con los santificados, es decir, los creyentes
			  1) El mismo Padre
			  2) La misma posición: Hermandad
			  3) La misma adoración
			  4) La misma manera de confiar

DIVISIÓN I

LA REVELACIÓN SUPREMA: JESUCRISTO, EL HIJO DE DIOS, 1:1—4:13

D. Cristo le garantiza al hombre la supremacía, 2:5-13

(2:5-13) *Introducción:* Este es un gran pasaje de las Escrituras. Revela el plan eterno de Dios para el mundo, su plan para el hombre y para Jesucristo. Ofrece una esperanza gloriosa para el hombre y su mundo.

Note los versículos del seis al ocho; son una cita del Salmo 8:4-6. El Salmo se escribió haciendo referencia al hombre, la gran gloria que Dios le ha dado al hombre. Pero el mensaje se puede aplicar al hombre y a Cristo. Lo que se dice de los dos es cierto. ¿Pero a quién se aplica? ¿De quién hablan las Escrituras, del hombre o de Cristo?

El científico griego Kenneth Wuest expresa:

"La polémica en cuanto a si los versículos 6-8 [Salmo 8] hablan del hombre o del Mesías, se define fácil y definitoriamente con el vocablo griego traducido 'visitar'. El salmista exclama sobre la insignificancia del hombre en la pregunta: ¿Qué es el hombre, para que tengas de él memoria? Eso está claro. ¿Pero a quién se refieren las palabras 'el hijo del hombre', al Mesías que se le denomina el Hijo del hombre, o a la humanidad? El vocablo griego 'visitar' es episkeptomai. La palabra significa 'velar con el fin de ayudar o beneficiar, prote-

ger, cuidar de'. Esto demuestra claramente que el hijo del hombre del que se habla aquí es la raza humana. Dios vela por la raza humana con el fin de ayudarla o beneficiarla. Por eso, la metáfora de los versículos 6-8 es la de la raza humana en Adán (Hebreos, "Estudios lexicológicos de Wuest", vol. 2. Grand Rapids, MI: Eerdmans, 1947, p. 55).

A. T. Robertson, otro científico griego, señala que "hijo de hombre" en este pasaje no tiene el artículo definido "el". No dice: "El Hijo de Hombre" el cual es el título usado por Jesús tan a menudo para referirse a Él mismo. Pero dice "hijo de hombre" lo que significa hombre, al igual que en Ezequiel. Dios se dirigió a Ezequiel como "hijo de hombre" alrededor de ochenta veces (cp. Ez. 21:2; 30:2) (*Metáforas del Nuevo Testamento,* vol. 5, p. 344).

William Barclay, el gran expositor del Nuevo Testamento, expresa:

"El significado normal de hijo de hombre en Hebreos no es otro que hombre, como también significa eso en inglés. En el salmo citado aquí las dos frases paralelas: '¿Qué es el hombre para que tengas de él memoria?' y '¿o el hijo del hombre para que le visites?' son formas diferentes de decir exactamente lo mismo. El salmo es un gran grito lírico de la gloria del hombre como quiso Dios que fuese" (La Epístola a los Hebreos, p. 16).

El científico griego Marvin Vincent expresa:

```
"El 'hijo de(l) hombre' [es el] hijo hebreo
de Adán, en referencia a su naturaleza tem-
prana al ser formado del polvo… La referencia
directa de las palabras no puede ser al
Mesías…" (Estudios lexicológicos del Nuevo
Testamento, vol. 4. Grand Rapids, MI: Eerdmans,
1957, p. 397).
```

Al parecer todo esto apunta a los versículos del seis al ocho que se aplican al hombre. El plan eterno de Dios para el hombre, su propósito glorioso para crear al hombre, es lo que se revela. Dios ha planificado que el hombre gobierne y reine con su Hijo, el Señor Jesucristo. Con Cristo *el hombre* debe tener dominio sobre todo el universo. Pero note: "Solo con Cristo". Es Cristo Jesús quien le ha garantizado al hombre la supremacía.

1. El plan de Dios para el mundo venidero (vv. 5-6).
2. El plan de Dios para el hombre (vv. 6-8).
3. El plan de Dios para Cristo (vv. 9-13).

1 (2:5-6) *Dios — Mundo — Historia — Hombre:* El plan de Dios para el mundo venidero es sujetar el mundo al hombre. Este es un planteamiento asombroso que deja pasmada la mente humana. Pensar que el mundo futuro quedará sujeto al hombre, que el hombre gobernará y reinará sobre el mundo es casi increíble para la mente natural. Como dice el versículo seis con tanta precisión: "¿Qué es el hombre, qué es el hombre para que Dios tenga memoria de él? ¿Por qué Dios debe exaltar tanto a una criatura como el hombre…

* que maldice, se rebela, ignora, descuida, y rechaza a Dios?
* que es una criatura tan pequeña que es apenas una partícula microscópica en un universo de estrellas y planetas que tiene miles de millones de cuerpos y que parece casi ilimitado?

Si nosotros hemos maldecido a Dios y lo hemos rechazado y nos hemos rebelado tanto contra Él, ¿por qué Él sencillamente no nos condena a una eternidad de infierno? ¿Por qué Él sencillamente no le entrega el mundo futuro a los ángeles y les permite gobernarlo y reinar en el mundo por Él? La respuesta es el tema de los dos próximos puntos, de los versículos 6-13. El punto actual consiste en declarar una verdad asombrosa: Dios no ha sujetado el mundo a los ángeles, sino al hombre. Nosotros gobernaremos y reinaremos el mundo futuro, gobernaremos y reinaremos con el propio Hijo de Dios, el Señor Jesucristo.

Note otra cosa: Gobernar y reinar con Cristo, tener dominio sobre el mundo futuro, es parte de la *gran salvación* que Cristo nos ha proporcionado, y es una gran parte. En esto consiste este pasaje: Elaborar y explicar de forma más completa la gran salvación que Cristo nos ha conseguido. Una salvación tan grande incluye un nuevo mundo, un mundo que gobernará Cristo y sus seguidores. Gobernaremos y reinaremos con Cristo. Tendremos dominio sobre el mundo venidero, gobernando y reinando y sirviendo a Cristo por toda la eternidad.

"¿Qué es el hombre, para que lo engrandezcas, y para que pongas sobre él tu corazón, y lo visites todas las mañanas, y todos los momentos lo pruebes?" (Job 7:17-18).

"Cuando veo tus cielos, obra de tus dedos, la luna y las estrellas que tú formaste, digo: ¿Qué es el hombre, para que tengas de él memoria, y el hijo del hombre, para que lo visites? Le has hecho poco menor que los ángeles, y lo coronaste de gloria y de honra. Le hiciste señorear sobre las obras de tus manos; todo lo pusiste debajo de sus pies" (Sal. 8:3-6).

2 (2:6-8) *Hombre — Dios — Historia:* La creación y el plan de Dios para el hombre se cubre en tres aspectos claros.

1. Dios creó al hombre para ser menor que los ángeles por un corto tiempo. *Corto* probablemente se refiera a tiempo, no a existencia o estado y posición. Cuando Dios creó a Adán o al hombre en el huerto del Edén, fue creado menor que los seres celestiales, pero mayor que las criaturas terrenales. El hombre fue creado menor que los ángeles, pero note: "El hombre debía ser menor que los ángeles solamente por un corto tiempo". Desde el principio Dios ha planificado exaltar al hombre.

2. Dios creó al hombre para coronarlo con gloria y honra. En su estado original antes de la caída, el hombre era un ser glorioso con…

* un cuerpo noble
* una mente excelente
* una habilidad increíble
* un poder inusual

El hombre tenía todo lo necesario para controlar y gobernar en la tierra, y más importante aún podía andar y relacionarse con Dios en una comunión y adoración inquebrantables. Tal y como dicen las Escrituras…

* Dios colocó al hombre sobre la creación, sobre las obras de sus manos.
* Dios puso todas las cosas sujetas bajos los pies o el control del hombre.
* Dios no dejó nada que no estuviese bajo el control del hombre.

¿Qué quiere decir esto? Significa que en la creación original el hombre (Adán) fue coronado con gloria y honra, y él ocupaba la más alta de las posiciones en la tierra. El hombre tenía control de todas las cosas sobre la tierra, siempre exaltado de forma tan grande. Había paz en la tierra, amor entre el hombre y los animales, y toda la naturaleza se encontraba bajo control. No había destrucción debido a violencia entre el hombre y los animales o debido a trastornos de la naturaleza como por ejemplo tormentas, huracanes, o terremotos. El huerto del Edén era un lugar perfecto desde el cual el hombre podía gobernar una tierra perfecta, si solo le hubiera demostrado fidelidad a Dios y hubiera hecho lo que Dios ordenaba.

El hombre era la criatura más noble y excelente que se pudiera imaginar. El hombre caído no logra imaginarse cómo era en el huerto del Edén. Pero esto nos ubica en la terrible tragedia del hombre.

"Entonces dijo Dios: Hagamos al hombre a nuestra imagen, conforme a nuestra semejanza; y señoree en los peces del mar, en las aves de los cielos, en las bestias, en toda la tierra, y en todo animal que se arrastra sobre la tierra. Y creó Dios al hombre a su imagen, a imagen de Dios lo creó; varón y hembra los creó. Y los bendijo Dios, y les dijo: Fructificad y multiplicaos; llenad la tierra, y *sojuzgadla*, y *señoread* en los peces del mar, en las aves de los cielos, y en todas las bestias que se mueven sobre la tierra" (Gn. 1:26-28).

"Entonces Jehová Dios formó al hombre del polvo de la tierra, y sopló en su nariz aliento de vida, y fue el hombre un ser viviente" (Gn. 2:7).

"El espíritu de Dios me hizo, y el soplo del Omnipotente me dio vida" (Job 33:4).

"Le has hecho poco menor que los ángeles, y lo coronaste de gloria y de honra" (Sal. 8:5).

"Reconoced que Jehová es Dios; él nos hizo, y no nosotros a nosotros mismos; pueblo suyo somos, y ovejas de su prado" (Sal. 100:3).

3.   El hombre se encuentra actualmente en un estado de caída. Su autoridad y control sobre el mundo no se percibe hoy, todavía no. Él se encuentra muy lejos de ser la criatura noble que debía ser, que se tiene a sí mismo y al mundo sometido y bajo control. De hecho, todo lo contrario es cierto: El hombre no controla al mundo; el mundo lo controla a él. El hombre está esclavizado por el mal, el mal de la naturaleza y de su propio corazón, el mal de cada cosa que se pueda imaginar…

• asesinato	• egoísmo	• sufrimiento
• odio	• envidia	• adulterio
• guerra	• celos	• miedo
• avaricia	• prejuicio	• enfermedad
• poder	• orgullo	• gula
• embriaguez	• inmoralidad	• maldición

Además de estas ataduras hay muchas más, pero la peor esclavitud es la muerte. El hombre está condenado a morir. Y esta es la tragedia más terrible de todas, porque el hombre fue creado originalmente para controlar y tener dominio sobre la tierra. Pero ya él no controla la tierra; él muere y abandona la tierra.

¿Qué sucedió para causar tal caída del hombre? ¿Qué lo hizo perder su gloria y honra y su gobierno y dominio sobre la tierra? El pecado, no hacer *lo que Dios ordenó, hizo que Adán cayera.* Y el pecado, sencillamente no hacer lo que Dios ordena, destruirá a cualquier persona. Dios sabe lo que se debe hacer; Él sabe lo que le proporciona vida a una persona. Por consiguiente, si una persona no hace lo que Dios ordena, pierde la vida. Queda esclavizado al desobedecer a Dios, y desobedecer a Dios termina en la muerte. Kenneth Wuest describe el resultado del pecado en Adán tan bien como se puede describir:

"Adán a través de su caída en el pecado, perdió el dominio del que antes había gozado. Dejó de ser su propio amo. Se había convertido en una criatura caída, con una naturaleza totalmente depravada. Fue esclavo del pecado. El reino animal estaba a su servicio, ahora no por amor, sino por temor. La tierra, en lugar de producir

buenas cosas, ahora producía también espinas, hierba mala, y otros productos dañinos. Extremos de calor y frío, reptiles venenosos, terremotos, tifones, huracanes, todo conspiraba para convertir su vida en una batalla constante por la supervivencia. El había perdido el dominio sobre todas las cosas" (Hebreos, vol. 2, p. 56s).

"Entonces dijo Dios: Hagamos al hombre a nuestra imagen, conforme a nuestra semejanza; y señoree en los peces del mar, en las aves de los cielos, en las bestias, en toda la tierra, y en todo animal que se arrastra sobre la tierra. Y creó Dios al hombre a su imagen, a imagen de Dios lo creó; varón y hembra los creó. Y los bendijo Dios, y les dijo: Fructificad y multiplicaos; llenad la tierra, y sojuzgadla, y señoread en los peces del mar, en las aves de los cielos, y en todas las bestias que se mueven sobre la tierra. Y dijo Dios: He aquí que os he dado toda planta que da semilla, que está sobre toda la tierra, y todo árbol en que hay fruto y que da semilla; os serán para comer. Y a toda bestia de la tierra, y a todas las aves de los cielos, y a todo lo que se arrastra sobre la tierra, en que hay vida, toda planta verde les será para comer. Y fue así" (Gn. 1:26-30).

"mas del árbol de la ciencia del bien y del mal no comerás; porque el día que de él comieres, ciertamente morirás" (Gn. 2:17).

"Con el sudor de tu rostro comerás el pan hasta que vuelvas a la tierra, porque de ella fuiste tomado; pues polvo eres, y al polvo volverás" (Gn. 3:19).

"Por tanto, como el pecado entró en el mundo por un hombre, y por el pecado la muerte, así la muerte pasó a todos los hombres, por cuanto todos pecaron" (Ro. 5:12).

"Porque la paga del pecado es muerte, mas la dádiva de Dios es vida eterna en Cristo Jesús Señor nuestro" (Ro. 6:23).

"Porque el ocuparse de la carne es muerte, pero el ocuparse del Espíritu es vida y paz" (Ro. 8:6).

"Pero la que se entrega a los placeres, viviendo está muerta" (1 Ti. 5:6).

"Amontonar tesoros con lengua mentirosa es aliento fugaz de aquellos que buscan la muerte" (Pr. 21:6).

"pero vuestras iniquidades han hecho división entre vosotros y vuestro Dios, y vuestros pecados han hecho ocultar de vosotros su rostro para no oír" (Is. 59:2).

"Nadie hay que invoque tu nombre, que se despierte para apoyarse en ti; por lo cual escondiste de nosotros tu rostro, y nos dejaste marchitar en poder de nuestras maldades" (Is. 64:7).

"He aquí que todas las almas son mías; como el alma del padre, así el alma del hijo es mía; el alma que pecare, esa morirá" (Ez. 18:4).

3 (2:9-13) *Jesucristo — Dios — Historia:* El plan de Dios para Cristo es lo más hermoso en todo el mundo. Proporciona la única esperanza que el hombre tiene de cumplir su propósito en la tierra. El hombre se encuentra caído y esclavizado por el mal, y vive en un mundo corruptible y agonizante que se encuentra sumido en sufrimiento. Pero en medio de todo el sufrimiento y la muerte, él ve a Jesús. Y al ver a Jesús, él ve la esperanza, la esperanza de poder vencer y superar todo el pecado y maldad, muerte y sufrimiento de este mundo. ¿Cómo? Por medio de lo que Dios ha planificado en Cristo; por medio de lo que Dios ha hecho en Cristo.

1. Dios hizo a Cristo un poco menor que los ángeles para que padeciera y gustase la muerte por todos. La palabra "gustar" significa experimentar o participar de. Dios envió a Cristo al mundo para que experimentara la muerte por todos los hombres.

Note las palabras "coronado con gloria y honra". Incluso cuando Jesús estuvo en la tierra. Él poseyó la gloria y honra de Dios. Él tenía la misma medida del Espíritu de Dios. Él obedeció a Dios de modo perfecto, y nunca pecó. Por ende, Él garantizó la justicia perfecta; Él fungió como Hombre perfecto e ideal ante Dios. Esto significó algo maravilloso: como el Hombre ideal y perfecto, cualquier cosa que Cristo hiciese representaría al hombre. Al ser el Hombre perfecto e ideal…

- cuando Él murió, su muerte cubrió al hombre y lo liberó para siempre de la muerte.
- cuando Él resucitó, su resurrección cubrió al hombre y le reafirmó al hombre que él, también, resucitaría y viviría eternamente.
- cuando fue exaltado al cielo, su exaltación cubrió al hombre y posibilitó que el hombre fuera exaltado al cielo y que gobernara y reinara para Dios sobre el universo.

Jesucristo padeció y probó la muerte por todos, y porque Él ha muerto, Dios lo ha coronado con la gloria y la honra del cielo. Dios lo ha exaltado a la altura de los cielos, a su propia diestra de autoridad y poder.

Sucede lo siguiente: Cristo ha hecho posible que al hombre se le restaure su gloria y dominio predestinados. Cristo ha hecho posible que el hombre viva eternamente con Dios y cumpla el propósito de Dios. Cristo ha hecho posible que el hombre recupere su dominio, que recupere su gobierno y reinado en el mundo que ha de venir. Este era parte del plan eterno de Dios para Cristo.

2. Dios envió a Cristo a este mundo para demostrarle al hombre la naturaleza misma de Dios (v. 10). Note lo que dicen las Escrituras: A Dios le conviene, resulta apropiado y conveniente a la propia naturaleza de Dios, crear todas las cosas y crearlas para Él. Este planteamiento es una tremenda y gloriosa verdad. Nos dice por qué Dios creó el mundo y por qué nos creó a nosotros. Él nos creó *para Él*:

⇒ Para que pudiéramos creerle, conocerlo y comprenderlo (Is. 43:10).
⇒ Para que pudiéramos conocer las riquezas de la gloria de su gracia y de su bondad para con nosotros (Ef. 2:7).

Dios quiere que lo conozcamos, que conozcamos su gloria, majestuosidad y dominio, su amor, gracia, y bondad. Esta es la razón por la que Él nos creó y nos ordenó gobernar y reinar por Él en todo el universo. Pero después que Adán cayó y perdió su relación con Dios y su dominio sobre la tierra, ¿cómo Dios iba a revelar quién era Él? ¿Cómo iba a revelar Él su naturaleza de amor, gracia, y bondad? Solo hay una manera: "A través de Cristo". Dios tuvo que enviar a su propio Hijo a la tierra para revelarse a sí mismo, para mostrarle al hombre que Él le profesaba amor, gracia y bondad, que Él quería desbordar su gracia y bondad sobre el hombre. Eso hizo de dos formas.

a. Dios revela quién es Él, revela su amor y bondad, al traer a muchos hijos a la gloria. Cuando una persona cree que Jesucristo murió y resucitó por él, la muerte y resurrección de Cristo cubre a esa persona. Dios acepta la fe de la persona y la toma como la muerte y resurrección de Cristo. Dios identifica a la persona con Cristo. En realidad Él *considera* a la persona como si hubiera muerto y resucitado con Cristo. Por lo tanto, la persona queda ante Dios en la justicia de Cristo; la persona queda ante Dios como justo. Consiguientemente, cuando Dios decide que la persona abandone este mundo, la persona es justa y aceptable ante Dios. Dios puede transferir a la persona a la gloria. Tan rápido que resulta imperceptible al ojo humano, Dios lleva al creyente al cielo, justo ante su propia presencia. A través de Jesucristo, a través de su muerte y resurrección, Dios puede traer muchos hijos a la gloria. Así el propósito eterno de Dios para los hombres se ha cumplido.

⇒ El creyente conocerá a Dios frente a frente; conocerá las riquezas de la gloria de la gracia y bondad de Dios cuando entre en el cielo.

"Entonces los justos resplandecerán como el sol en el reino de su Padre. El que tiene oídos para oír, oiga" (Mt. 13:43).

"En la casa de mi Padre muchas moradas hay; si así no fuera, yo os lo hubiera dicho; voy, pues, a preparar lugar para vosotros. Y si me fuere y os preparare lugar, vendré otra vez, y os tomaré a mí mismo, para que donde yo estoy, vosotros también estéis" (Jn. 14:2-3).

"Padre, aquellos que me has dado, quiero que donde yo estoy, también ellos estén conmigo, para que vean mi gloria que me has dado; porque me has amado desde antes de la fundación del mundo" (Jn. 17:24).

"Porque esta leve tribulación momentánea produce en nosotros un cada vez más excelente y eterno peso de gloria" (2 Co. 4:17).

"pero confiamos, y más quisiéramos estar ausentes del cuerpo, y presentes al Señor" (2 Co. 5:8).

"Mas nuestra ciudadanía está en los cielos, de donde también esperamos al Salvador, al Señor Jesucristo; el cual transformará el cuerpo de la humillación nuestra, para que sea semejante al cuerpo de la gloria suya, por el poder con el cual puede también sujetar a sí mismo todas las cosas" (Fil. 3:20-21).

"Cuando Cristo, vuestra vida, se manifieste, entonces vosotros también seréis manifestados con él en gloria" (Col. 3:4).

"Luego nosotros los que vivimos, los que hayamos quedado, seremos arrebatados juntamente con ellos en las nubes para recibir al Señor en el aire, y así estaremos siempre con el Señor" (1 Ts. 4:17).

"Por tanto, todo lo soporto por amor de los escogidos, para que ellos también obtengan la salvación que es en Cristo Jesús con gloria eterna" (2 Ti. 2:10).

⇒   El creyente vive ante Dios en gloria y alabanza y adoración. Servirá al Señor Jesucristo, gobernando y reinando con Él eternamente en el cielo nuevo y en la tierra nueva.

"Porque el Hijo del Hombre vendrá en la gloria de su Padre con sus ángeles, y entonces pagará a cada uno conforme a sus obras" (Mt. 16:27).

"Su señor le dijo: Bien, buen siervo y fiel; sobre poco has sido fiel, sobre mucho te pondré; entra en el gozo de tu señor" (Mt. 25:23).

"Entonces el Rey dirá a los de su derecha: Venid, benditos de mi Padre, heredad el reino preparado para vosotros desde la fundación del mundo" (Mt. 25:34).

"y reinará sobre la casa de Jacob para siempre, y su reino no tendrá fin" (Lc. 1:33).

"Y dijo el Señor: ¿Quién es el mayordomo fiel y prudente al cual su señor pondrá sobre su casa, para que a tiempo les dé su ración? Bienaventurado aquel siervo al cual, cuando su señor venga, le halle haciendo así. En verdad os digo que le pondrá sobre todos sus bienes" (Lc. 12:42-44).

"El Espíritu mismo da testimonio a nuestro espíritu, de que somos hijos de Dios. Y si hijos, también herederos; herederos de Dios y *coherederos* con Cristo, si es que padecemos juntamente con él, para que juntamente con él seamos glorificados" (Ro. 8:16-17).

"Te encarezco delante de Dios y del Señor Jesucristo, que juzgará a los vivos y a los muertos en su manifestación y en su reino" (2 Ti. 4:1).

"para que justificados por su gracia, viniésemos a ser herederos conforme a la esperanza de la vida eterna" (Tit. 3:7).

"y nos has hecho para nuestro Dios reyes y sacerdotes, y reinaremos sobre la tierra" (Ap. 5:10).

"Y vi tronos, y se sentaron sobre ellos los que recibieron facultad de juzgar; y vi las almas de los decapitados por causa del testimonio de Jesús y por la palabra de Dios, los que no habían adorado a la bestia ni a su imagen, y que no recibieron la marca en sus frentes ni en sus manos; y vivieron y reinaron con Cristo mil años" (Ap. 20:4).

"Vi un cielo nuevo y una tierra nueva; porque el primer cielo y la primera tierra pasaron, y el mar ya no existía más. Y yo Juan vi la santa ciudad, la nueva Jerusalén, descender del cielo, de Dios, dispuesta como una esposa ataviada para su marido. Y oí una gran voz del cielo que decía: He aquí el tabernáculo de Dios con los hombres, y él morará con ellos; y ellos serán su pueblo, y Dios mismo estará con ellos como su Dios. Enjugará Dios toda lágrima de los ojos de ellos; y ya no habrá muerte, ni habrá más llanto, ni clamor, ni dolor; porque las primeras cosas pasaron. Y el que estaba sentado en el trono dijo: He aquí, yo hago nuevas todas las cosas. Y me dijo: Escribe; porque estas palabras son fieles y verdaderas. Y me dijo: Hecho está. Yo soy el Alfa y la Omega, el principio y el fin. Al que tuviere

sed, yo le daré gratuitamente de la fuente del agua de la vida. El que venciere heredará todas las cosas, y yo seré su Dios, y él será mi hijo" (Ap. 21:1-7).

"Lo dilatado de su imperio y la paz no tendrán límite, sobre el trono de David y sobre su reino, disponiéndolo y confirmándolo en juicio y en justicia desde ahora y para siempre. El celo de Jehová de los ejércitos hará esto" (Is. 9:7).

"He aquí que para justicia reinará un rey, y *príncipes* presidirán en juicio" (Is. 32:1).

"He aquí que vienen días, dice Jehová, en que levantaré a David renuevo justo, y reinará como Rey, el cual será dichoso, y hará juicio y justicia en la tierra" (Jer. 23:5).

"Y le fue dado dominio, gloria y reino, para que todos los pueblos, naciones y lenguas le sirvieran; su dominio es dominio eterno, que nunca pasará, y su reino uno que no será destruido" (Dn. 7:14).

b.   Dios revela quien es, su amor y bondad, al perfeccionar por aflicciones al capitán de la salvación. El capitán de nuestra salvación es, claro está, Jesucristo. La palabra "capitán" (archegos) significa el explorador, el pionero, el autor, el fundador, el creador. Significa el que ilumina y abre camino por entre algo de modo que otros lo puedan seguir. Jesucristo abrió el camino o sendero hacia Dios. Esto lo hizo sufriendo todas las experiencias de los hombres, de un modo perfecto. Siguió siendo perfecto a través de todos sus sufrimientos. Él nunca pecó; Él nunca falló, ni una sola vez. Él enseñó la obediencia por medio de las cosas que Él padeció, de un modo perfecto. Y así, Él le garantizó al hombre una justicia perfecta y eterna. Él es el pionero perfecto que ha abierto una senda perfecta hacia Dios. Él es el Hombre ideal y perfecto que representa y cubre a todas las personas…

•   a todos los que creen y confían en Él para que los cubra.

•   a todos los que creen y confían en él para hacerlos aceptos ante Dios.

Dios revela quién es Él en Cristo. Nosotros sabemos que Dios profesa amor, gracia, y bondad porque Él envió a Cristo para que sufriera por nosotros. Son sus padecimientos, todo lo que Él soportó al comprarnos nuestra salvación, los que nos muestran cómo es Dios. Dios es amor.

⇒   Enviar a Cristo para que soportase la culpa y castigo por nuestros pecados nos demuestra que Él es amor.

⇒   Su promesa de exaltarnos a la gloria nos demuestra que Él es amor.

Pero recuerden: "Todo esto es a través de Cristo". Este es parte del plan eterno de Dios para Cristo. Dios planificó que Cristo nos salvara de modo que nosotros pudiéramos ver y conocer que Él es amor, gracia y bondad.

"Mas Dios muestra su amor para con nosotros, en que siendo aún pecadores, Cristo murió por nosotros" (Ro. 5:8).

"Porque de tal manera amó Dios al mundo, que ha dado a su Hijo unigénito, para que todo aquel que en él cree, no se pierda, mas tenga vida eterna" (Jn. 3:16).

"Pero Dios, que es rico en misericordia, por su gran amor con que nos amó, aun estando nosotros muertos en pecados, nos dio vida juntamente con Cristo (por gracia sois salvos), y juntamente con él nos resucitó, y asimismo nos hizo sentar en los lugares celestiales con Cristo Jesús, para mostrar en los *siglos venideros* las abundantes riquezas de su gracia en su bondad para con nosotros en Cristo Jesús" (Ef. 2:4-7).

"Mirad cuál amor nos ha dado el Padre, para que seamos llamados hijos de Dios; por esto el mundo no nos conoce, porque no le conoció a él" (1 Jn. 3:1).

3. Dios envió a Cristo para que se relacionara por igual con los santificados que son creyentes. Nota: La persona que santifica y aparta a los creyentes es Cristo. La palabra *santificar* significa ser apartado y separado para Dios. Significa que una persona se ha alejado del mundo y se ha separado él mismo del mundo y sus pecados y se ha apartado él mismo para vivir por Cristo. Note estas verdades gloriosas.

   a. Tanto Cristo como los creyentes son de Él, es decir, de Dios. Ellos tienen el mismo Padre (v. 11). Por medio de Cristo los creyentes nacen nuevamente, nacen espiritualmente de Dios. Son adoptados en la familia de Dios. Dios se convierte es su Padre de la misma manera que Él es el Padre de Cristo. Por medio de Cristo los creyentes tienen el mismo Padre que Cristo.

   "Pues no habéis recibido el espíritu de esclavitud para estar otra vez en temor, sino que habéis recibido el espíritu de adopción, por el cual clamamos: ¡Abba, Padre!" (Ro. 8:15).

   "Pero cuando vino el cumplimiento del tiempo, Dios envió a su Hijo, nacido de mujer y nacido bajo la ley, para que redimiese a los que estaban bajo la ley, a fin de que recibiésemos la adopción de hijos. Y por cuanto sois hijos, Dios envió a vuestros corazones el Espíritu de su Hijo, el cual clama: ¡Abba, Padre!" (Gá. 4:4-6).

   b. Tanto Cristo como los creyentes gozan de la misma posición, la posición de hermanos (v. 11). Cristo no se avergüenza de llamar hermano a un creyente. Pero recuerden por qué: "Porque los creyentes confían en Él como su Salvador y han apartado su vida para vivir para Él".

   "Porque todo aquel que hace la voluntad de mi Padre que está en los cielos, ése es mi hermano, y hermana, y madre" (Mt. 12:50).

   "El Espíritu mismo da testimonio a nuestro espíritu, de que somos hijos de Dios. Y si hijos, también

herederos; herederos de Dios y coherederos con Cristo, si es que padecemos juntamente con él, para que juntamente con él seamos glorificados" (Ro. 8:16-17).

"Así que ya no sois extranjeros ni advenedizos, sino conciudadanos de los santos, y miembros de la familia de Dios" (Ef. 2:19).

"de quien toma nombre toda familia en los cielos y en la tierra" (Ef. 3:15).

   c. Tanto Cristo como los creyentes comparten la misma adoración (v. 12). Este es un ejemplo de adoración, de la declaración de Cristo del nombre de Dios a sus hermanos en medio de la iglesia o de la congregación (cp. Sal. 22:22). Cristo vive dentro del corazón y la vida de cada creyente, instándolos a aprender más acerca de Dios y a adorarlo cada vez más.

   "para que unánimes, a una voz, glorifiquéis al Dios y Padre de nuestro Señor Jesucristo" (Ro. 15:6).

   "Porque habéis sido comprados por precio; glorificad, pues, a Dios en vuestro cuerpo y en vuestro espíritu, los cuales son de Dios" (1 Co. 6:20).

   "Así que, ofrezcamos siempre a Dios, por medio de él, sacrificio de alabanza, es decir, fruto de labios que confiesan su nombre" (He. 13:15).

   "Mas vosotros sois linaje escogido, real sacerdocio, nación santa, pueblo adquirido por Dios, para que anunciéis las virtudes de aquel que os llamó de las tinieblas a su luz admirable" (1 P. 2:9).

   "Te alaben los pueblos, oh Dios; todos los pueblos te alaben" (Sal. 67:3).

   d. Cristo y los creyentes comparten la misma verdad (v. 13, Comparar, Sal. 18:2; Is. 8:17.) Cuando Cristo estuvo en la tierra, Él confió en Dios de un modo perfecto, nunca pecó ni lo desobedeció. Por lo tanto, Cristo puede presentar a los creyentes ante Dios. Cristo guía a los creyentes a confiar en Dios y a que aprendan a confiar en Él cada vez más.

   "Entonces le dijeron: ¿Qué debemos hacer para poner en práctica las obras de Dios? Respondió Jesús y les dijo: Esta es la obra de Dios, que creáis en el que él ha enviado" (Jn. 6:28-29).

   "Justificados, pues, por la fe, tenemos paz para con Dios por medio de nuestro Señor Jesucristo" (Ro. 5:1).

   "Sobre todo, tomad el escudo de la fe, con que podáis apagar todos los dardos de fuego del maligno" (Ef. 6:16).

   "Pero sin fe es imposible agradar a Dios; porque es necesario que el que se acerca a Dios crea que le hay, y que es galardonador de los que le buscan" (He. 11:6).

   "Y este es su mandamiento: Que creamos en el nombre de su Hijo Jesucristo, y nos amemos unos a otros como nos lo ha mandado" (1 Jn. 3:23).

	E. Cristo le garantiza al hombre la victoria triunfante, 2:14-18	16 Porque ciertamente no socorrió a los ángeles, sino que socorrió a la descendencia de Abraham.	e. Al librarnos de la esclavitud de la carne
1 Cristo se convirtió en el gran libertador del hombre a. Al convertirse en hombre b. Al morir por nosotros c. Al destruir el poder de Satanás sobre el pecado y la muerte d. Al librarnos del miedo a la muerte	14 Así que, por cuanto los hijos participaron de carne y sangre, él también participó de lo mismo, para destruir por medio de la muerte al que tenía el imperio de la muerte, esto es, al diablo, 15 y librar a todos los que por el temor de la muerte estaban durante toda la vida sujetos a servidumbre.	17 Por lo cual debía ser en todo semejante a sus hermanos, para venir a ser misericordioso y fiel sumo sacerdote en lo que a Dios se refiere, para expiar los pecados del pueblo. 18 Pues en cuanto él mismo padeció siendo tentado, es poderoso para socorrer a los que son tentados.	**2 Cristo se convirtió en el gran Sumo sacerdote del hombre** a. Para ser compasivo con los hombres b. Para serle fiel a Dios c. Para lograr reconciliación d. Para socorrer a los que son probados y tentados

DIVISIÓN I

LA REVELACIÓN SUPREMA: JESUCRISTO, EL HIJO DE DIOS, 1:1—4:13

E. Cristo le garantiza al hombre la victoria triunfante, 2:14-18

(2:14-18) *Introducción:* El hombre es un ser derrotado. Ha perdido la gloria y honra y el dominio que Dios le otorgó en la creación. Él ha perdido su huerto del Edén, su mundo perfecto y su control sobre ese mundo. El hombre ha caído de su posición exaltada en la creación original. Y ahora el hombre no solo se encuentra esclavizado por un mundo corruptible, el hombre se encuentra sometido…

- a la muerte y al miedo a la muerte (v. 15).
- a los sufrimientos de este mundo, a los sufrimientos de todo tipo de pruebas y tentaciones como la enfermedad, los accidentes, la edad, la guerra, el asesinato, el abuso, el adulterio, la avaricia, el egoísmo, el descuido, la insensibilidad, la soledad, y el vacío. *Dentro de sí mismo* el hombre es un ser derrotado. Está derrotado y condenado a sufrir todo tipo de pruebas y tentaciones a través de su vida, y después está condenado al destino final de todos los hombres: la muerte. (Vea el subíndice anterior y las notas, He. 2:5-8 para una explicación y un mayor análisis.)

1. Cristo se convirtió en el gran libertador del hombre (vv. 14-16).
2. Cristo se convirtió en el gran Sumo sacerdote del hombre (vv. 17-18).

1 (2:14-16) *Jesucristo — Propósito — Obra — Naturaleza — Salvación:* Jesucristo se convirtió en el gran libertador del hombre. ¿Cómo? Al hacer cinco cosas.

1. Jesucristo liberó al hombre al *convertirse en hombre por voluntad propia:* Cristo "participó" de la carne humana; Él "participó" de la misma carne y sangre que los seres humanos comparten. Pero hay una diferencia entre un bebé recién nacido que se convierte en un "compartidor de carne y sangre" en el nacimiento y Cristo que *participó* de la misma. Cristo por voluntad propia "participó" de carne y sangre, mientras que el niño no tuvo derecho a elegir en el asunto. Cada uno de nosotros ha nacido por un acto de algún otro hombre y mujer; ninguno de nosotros tuvo nada que ver de ninguna manera con ese asunto. Pero Jesucristo decidió, Él deliberadamente determinó y planificó, *participar* de la carne y sangre humana. Él voluntariamente participó de la naturaleza humana, de una naturaleza que no era una parte natural de su ser. Esto se encuentra en las palabras griegas usadas para describir lo que Él hizo.

⇒ "Los hijos son *participantes* [koinonia] de carne y sangre". La palabra significa compartir, ser compañeros de una *naturaleza humana común.*

⇒ La palabra usada para Cristo es totalmente diferente: Cristo *participó* (metecho) de la naturaleza humana. La palabra significa *asirse de.* La idea es que Cristo *se asió de* la naturaleza humana y retuvo la naturaleza humana con el hombre. Él añadió la naturaleza humana a su naturaleza divina. Su naturaleza humana fue una adición a su naturaleza divina. Como Dios Hijo, Jesucristo no tenía parte de carne y sangre en lo absoluto, pero como el Hijo del Hombre, Él tomó la naturaleza del hombre. Sucede lo siguiente: Jesucristo se convirtió en hombre, y como Hombre Él participó de carne y sangre, por voluntad propia. Jesucristo nos ama tanto que pagó el precio máximo por liberarnos. Él se humilló de tal forma que abandonó los cielos con el fin de venir a la tierra como Hombre. (Vea las notas, He. 2: 17-18 para un mayor análisis.) (Kenneth Wuest señala esto en un excelente análisis y Marvin Vincent cita al erudito bíblico B. F. Westcott al haber expresado lo mismo.)

"Por tanto, el Señor mismo os dará señal: He aquí

que la virgen concebirá, y dará a luz un hijo, y llamará su nombre Emanuel" (Is. 7:14).

"Porque un niño nos es nacido, hijo nos es dado, y el principado sobre su hombro; y se llamará su nombre Admirable, Consejero, Dios Fuerte, Padre Eterno, Príncipe de Paz" (Is. 9:6).

"Y ahora, concebirás en tu vientre, y darás a luz un hijo, y llamarás su nombre JESÚS" (Lc. 1:31).

"Y aquel Verbo fue hecho carne, y habitó entre nosotros (y vimos su gloria, gloria como del unigénito del Padre), lleno de gracia y de verdad" (Jn. 1:14).

"Porque lo que era imposible para la ley, por cuanto era débil por la carne, Dios, enviando a su Hijo en semejanza de carne de pecado y a causa del pecado, condenó al pecado en la carne" (Ro. 8:3).

"sino que se despojó a sí mismo, tomando forma de siervo, hecho semejante a los hombres" (Fil. 2:7).

"E indiscutiblemente, grande es el misterio de la piedad: Dios fue manifestado en carne, Justificado en el Espíritu, Visto de los ángeles, Predicado a los gentiles, Creído en el mundo, Recibido arriba en gloria" (1 Ti. 3:16).

2.   Jesucristo nos liberó al morir por nosotros. Nosotros morimos, y nadie puede escaparse de tal realidad. La muerte existe a nuestro alrededor, la muerte de conocidos, amigos, vecinos, parientes y familiares. Nosotros morimos para nunca regresar a este mundo. Solo un *ser perfecto* no muere. Imagínese una persona perfecta, sería completamente perfecta, perfecta por entero. Por ende, nunca moriría. Viviría para siempre. Sería perfecta en moralidad, justicia, y bondad. Perfecta en cuerpo, mente, y espíritu, por ende, nunca moriría. Pero como seres humanos, somos diferentes. Somos imperfectos, en ocasiones inmorales e injustos y malos; y porque somos imperfectos, morimos. Morimos porque carecemos de algo que deberíamos tener; carecemos de moralidad, rectitud, justicia, y bondad.

Debemos entender lo siguiente: Morimos por el pecado, porque carecemos de perfección. La muerte es el resultado del pecado. Si algún día nos vamos a volver perfectos y vivir para siempre, el pecado y la muerte tienen que haberse eliminado. Si el pecado y la muerte pueden eliminarse, entonces podemos vivir eternamente. Esto es lo que Jesucristo ha hecho por nosotros: Él murió por nosotros. Él asumió nuestro pecado e imperfección y sufrió la muerte por nosotros. ¿Cómo pudo hacer eso? Él era perfecto. Cuando Él estuvo en la tierra, Él llevó una vida sin pecados, la vida justa y perfecta. Por ende, Él se convirtió en el Hombre ideal y perfecto, el patrón ideal para cada persona. Como el Hombre ideal Él cubrió a todos los hombres. Todo lo que hizo fue de consideración para todos los hombres. Esto es lo que quiere decir la Biblia cuando dice que Cristo murió por todos los hombres, por el mundo entero. Si una persona cree, realmente confía que Jesucristo ha muerto por ella, entonces Dios identifica a la persona con Cristo. Dios cuenta, considera, y acepta a la persona…

*   por ser justa en Cristo.
*   por ya haber muerto en Cristo.
*   por ya haber resucitado a una vida eterna en Cristo.

Dios acepta a la persona por ser aceptable ante Él; por consiguiente, la persona no tiene que morir nunca. Ha sido liberada del pecado y la muerte a través de Jesucristo. Pero recuerden, es solo a través de Jesucristo. Siempre debemos recordar esto, y debemos recordar por qué Dios nos acepta: Porque creemos, realmente creemos y confiamos en su Hijo. Dios hará cualquier cosa por la persona que honra a su Hijo creyendo en Él. Si una persona honra a Cristo tanto que entrega y dedica su vida a Cristo, Dios liberará esa persona de la muerte.

"Porque de tal manera amó Dios al mundo, que ha dado a su Hijo unigénito, para que todo aquel que en él cree, no se pierda, mas tenga vida eterna" (Jn. 3:16).

"El que cree en el Hijo tiene vida eterna; pero el que rehúsa creer en el Hijo no verá la vida, sino que la ira de Dios está sobre él" (Jn. 3:36).

"Porque la paga del pecado es muerte, mas la dádiva de Dios es vida eterna en Cristo Jesús Señor nuestro" (Ro. 6:23).

"que si confesares con tu boca que Jesús es el Señor, y creyeres en tu corazón que Dios le levantó de los muertos, serás salvo. Porque con el corazón se cree para justicia, pero con la boca se confiesa para salvación" (Ro. 10:9-10).

"quien llevó él mismo nuestros pecados en su cuerpo sobre el madero, para que nosotros, estando muertos a los pecados, vivamos a la justicia; y por cuya herida fuisteis sanados" (1 P. 2:24).

"Porque también Cristo padeció una sola vez por los pecados, el justo por los injustos, para llevarnos a Dios, siendo a la verdad muerto en la carne, pero vivificado en espíritu" (1 P. 3:18).

3.   Jesucristo destruye el poder de Satanás sobre el pecado y la muerte. Como se puede apreciar en el punto anterior, el hombre muere por el pecado. Satanás fue el *primer pecador,* y él es quien tienta a un hombre a pecar. El diablo tiene el poder de tentar y atraer a los hombres al pecado; por ende, él tiene el poder de guiar a los hombres por el camino de la muerte.

¿Por qué Satanás hace esto? Porque su único objetivo es herir y desgarrarle el corazón a Dios, y lo hace alejando a los hombres de Dios. Él sabe que el corazón de Dios sangra por cada hombre que le da la espalda. Por tanto, Satanás hace todo lo que puede para convencer a los hombres de alejarse de la adoración y servicio a Dios, alejarse de una vida con y para Dios. Satanás obra para lograr que los hombres…

*   maldigan y rechacen a Dios
*   ignoren y descuiden a Dios
*   se rebelen y nieguen a Dios

En esto consiste el pecado: En hacer la voluntad propia de uno, sencillamente rebelarse contra Dios y su control y decisión en nuestra vida. El pecado es vivir como uno quiere vivir, vivir de un modo egoísta en lugar de vivir para Dios y estar agradecido a Dios. El pecado es rebelarse contra Dios y su Palabra e ir contra Dios. Cuando una persona hace esto, naturalmente no está viviendo para Dios ni con Dios. Es por eso que los hombres mueren y tienen que afrontar el juicio y separación de Dios. Y note: Esto resulta claramente comprensible:

⇒ Si una persona sigue a Satanás y no tiene nada que ver con Dios en esta vida, ¿cómo puede tener algo que ver con Dios en la próxima vida?

⇒ Si una persona no conoce a Dios en este mundo, ¿cómo puede esperar conocer a Dios en el próximo mundo?

⇒ Si una persona elige vivir sin Dios en este mundo, entonces va a vivir sin Dios en el próximo mundo.

Muy sencillo, Satanás ha decidido llevar su propia vida y no tener nada que ver con Dios. Y él es igual que muchas personas de este mundo: Su único objetivo es atraer y lograr que tantas personas como pueda satisfagan sus lujurias. Él desea lujuria, y quiere que le sacien sus deseos y lujurias. Por ende, él busca personas que se le unan en sus deseos y lujurias. Él tiene el mismo poder que tienen todos los hombres, el poder de confundir y usar a las personas para sus propios propósitos. Como ser angelical, sencillamente tiene más poder que los seres terrenales.

Sucede lo siguiente: Jesucristo ha destruido el poder de Satanás sobre la muerte. Él lo logró al asumir los pecados, la culpa y el juicio del hombre para Él mismo y al morir por el hombre. Ahora Jesucristo ha liberado al hombre tanto del pecado como de la muerte. Si una persona cree que Jesucristo murió por él, si una persona realmente confía en Jesucristo, Dios considera a la persona como alguien que ha muerto en Jesucristo. Porque la persona honra al Hijo de Dios al creer dedicar su vida a Cristo, Dios promete liberar al hombre de la muerte. Dios promete transferir a la persona al cielo en un abrir y cerrar de ojos. El poder de Satanás sobre la muerte queda por ende desecho y destruido.

⇒ Satanás ya no tiene el poder de esclavizar al hombre en pecado y maldad a menos que el hombre rechace a Jesucristo y continúe siguiendo a Satanás y el pecado.

⇒ Satanás ya no tiene el poder de retener al hombre en la muerte a menos que un hombre rechace a Jesucristo.

Jesucristo solo ha quebrantado y destruido el poder de Satanás sobre el pecado y la muerte. La palabra "destruido" (katergazomai) significa convertir en nada, dejar inoperante. El poder de Satanás sobre el pecado y la muerte funciona y opera dentro del hombre, y qué clase de poder, el asombroso poder para separar a los hombres de Dios por la eternidad. Pero Jesucristo ha destruido ese poder. Él ha dejado el poder de Satanás ineficaz e inoperante. El hombre ya no tiene que estar esclavizado por el pecado y su culpa ni por la muerte. El hombre es liberado de la muerte porque Jesucristo ha destruido el poder de Satanás sobre la muerte.

"Ahora es el juicio de este mundo; ahora el príncipe de este mundo será echado fuera. Y yo, si fuere levantado de la tierra, a todos atraeré a mí mismo" (Jn. 12:31-32).

"No hablaré ya mucho con vosotros; porque viene el príncipe de este mundo, y él nada tiene en mí. Mas para que el mundo conozca que amo al Padre, y como el Padre me mandó, así hago. Levantaos, vamos de aquí" (Jn. 14:30-31).

"el cual nos ha librado de la potestad de las tinieblas [Satanás], y trasladado al reino de su amado Hijo, en quien tenemos redención por su sangre, el perdón de pecados" (Col. 1:13-14).

"y despojando a los principados y a las potestades, los exhibió públicamente, triunfando sobre ellos en la cruz" (Col. 2:15).

"El que practica el pecado es del diablo; porque el diablo peca desde el principio. Para esto apareció el Hijo de Dios, para deshacer las obras del diablo" (1 Jn. 3:8).

4. Jesucristo ha liberado a los hombres del miedo a la muerte. Los hombres sienten terror y temor de la muerte. A pesar de los suicidios y de la renuncia de algunos, el terror y temor por la muerte sigue siendo una realidad. Se teme tanto a la muerte que la mayoría de los hombres sencillamente no piensan en eso; desechan de su mente los pensamientos acerca de la muerte. Los hombres sienten terror y temor al…

• preguntarse por lo desconocido de la muerte.

• preguntarse qué hay después de la muerte.

• preguntarse si existe la vida después de la muerte.

• no querer abandonar este mundo y la vida y los placeres de ella.

• no querer abandonar a los seres queridos.

• no querer abandonar sus posesiones.

Y por encima de todo, los hombres sienten pánico por un presentimiento que todo hombre lleva por dentro, el presentimiento de la venida de un juicio final y la sensación de que todo el mal se enderezará. Deténgase a pensar un momento: Un minuto después de la vida, haber estado muerto durante un minuto solamente, ¿dónde se encuentra la persona muerta? ¿A dónde se ha ido? ¿Qué le ha sucedido?…

• diez minutos después de la muerte?

• treinta minutos después de la muerte?

• una hora después de la muerte?

¿Dónde se encuentra la persona muerta? ¿Qué hace? La enseñanza de las Escrituras es que debe temérsele a la muerte. No importa lo que digan los hombres, psicólogos, terapeutas, médicos, filósofos, predicadores, no importa lo que nadie diga, se debe temer a la muerte y al juicio.

⇒ Las Escrituras dicen que la muerte y el juicio son terribles para el pecador: "Es mejor enfrentarse a la persona más diabólica de la tierra que enfrentarse a Dios después de la muerte. Un hombre terrenal, no importa cuán diabólico sea, solo puede quitarnos la vida. No puede destruir nuestra alma. Pero esto no sucede así con la muerte y con Dios. Dios puede destruir tanto el cuerpo como el alma".

"Y no temáis a los que matan el cuerpo, mas el alma no pueden matar; temed más bien a aquel que puede destruir el alma y el cuerpo en el infierno" (Mt. 10:28).

⇒ Las Escrituras dicen que la muerte y el juicio son terribles para el pecador: "Es mejor no haber nacido nunca que nacer y morir como pecador y tener que enfrentarse al juicio venidero".

"A la verdad el Hijo del Hombre va, según está escrito de él, mas ¡ay de aquel hombre por quien el

Hijo del Hombre es entregado! Bueno le fuera a ese hombre no haber nacido" (Mt. 26:24).

⇒ Las Escrituras dicen que la muerte y el juicio son terribles para el pecador: "Sería mejor venir a la vida ciego y sin manos y pies que morir y tener que enfrentar el juicio".

"¡Ay del mundo por los tropiezos! porque es necesario que vengan tropiezos, pero ¡ay de aquel hombre por quien viene el tropiezo! Por tanto, si tu mano o tu pie te es ocasión de caer, córtalo y échalo de ti; mejor te es entrar en la vida cojo o manco, que teniendo dos manos o dos pies ser echado en el fuego eterno. Y si tu ojo te es ocasión de caer, sácalo y échalo de ti; mejor te es entrar con un solo ojo en la vida, que teniendo dos ojos ser echado en el infierno de fuego" (Mt. 18:7-9).

⇒ Las Escrituras dicen que la muerte y el juicio son terribles para el pecador: "Sería mejor escapar de la muerte y del juicio venidero que poseer todas las riquezas del mundo".

"Porque ¿qué aprovechará al hombre, si ganare todo el mundo, y perdiere su alma? ¿O qué recompensa dará el hombre por su alma? Porque el Hijo del Hombre vendrá en la gloria de su Padre con sus ángeles, y entonces pagará a cada uno conforme a sus obras" (Mt. 16:26-27).

"Porque ¿qué aprovechará al hombre si ganare todo el mundo, y perdiere su alma? ¿O qué recompensa dará el hombre por su alma? Porque el que se avergonzare de mí y de mis palabras en esta generación adúltera y pecadora, el Hijo del Hombre se avergonzará también de él, cuando venga en la gloria de su Padre con los santos ángeles" (Mr. 8:36-38).

⇒ Las Escrituras dicen que la muerte y el juicio son terribles para el pecador: "El dolor experimentado es mucho mayor que todo el dolor que se haya experimentado en el mundo. Es decir, si se tomase todo el dolor físico que se haya experimentado en el mundo y se empacara en una caja, ese dolor no sería nada comparado con el dolor de un pecador que muere y tiene que enfrentarse al juicio. ¿Cómo puede suceder eso? Porque la muerte y el juicio para el pecador son eternos; nunca terminan".

"Y ya también el hacha está puesta a la raíz de los árboles; por tanto, todo árbol que no da buen fruto es cortado y echado en el fuego" (Mt. 3:10).

"Todo árbol que no da buen fruto, es cortado y echado en el fuego" (Mt. 7:19).

"mas los hijos del reino serán echados a las tinieblas de afuera; allí será el lloro y el crujir de dientes" (Mt. 8:12).

"y los echarán en el horno de fuego; allí será el lloro y el crujir de dientes" (Mt. 13:42).

"Por tanto, si tu mano o tu pie te es ocasión de caer, córtalo y échalo de ti; mejor te es entrar en la vida cojo o manco, que teniendo dos manos o dos pies ser echado en el fuego eterno" (Mt. 18:8).

"Entonces el rey dijo a los que servían: Atadle de pies y manos, y echadle en las tinieblas de afuera; allí

será el lloro y el crujir de dientes" (Mt. 22:13).

"y lo castigará duramente, y pondrá su parte con los hipócritas; allí será el lloro y el crujir de dientes" (Mt. 24:51).

"Y al siervo inútil echadle en las tinieblas de afuera; allí será el lloro y el crujir de dientes" (Mt. 25:30).

"Entonces dirá también a los de la izquierda: Apartaos de mí, malditos, al fuego eterno preparado para el diablo y sus ángeles" (Mt. 25:41).

"Si tu mano te fuere ocasión de caer, córtala; mejor te es entrar en la vida manco, que teniendo dos manos ir al infierno, al fuego que no puede ser apagado, donde el gusano de ellos no muere, y el fuego nunca se apaga. Y si tu pie te fuere ocasión de caer, córtalo; mejor te es entrar a la vida cojo, que teniendo dos pies ser echado en el infierno, al fuego que no puede ser apagado, donde el gusano de ellos no muere, y el fuego nunca se apaga" (Mr. 9:43-46).

"Y ya también el hacha está puesta a la raíz de los árboles; por tanto, todo árbol que no da buen fruto se corta y se echa en el fuego" (Lc. 3:9).

"Allí será el llanto y el crujir de dientes, cuando veáis a Abraham, a Isaac, a Jacob y a todos los profetas en el reino de Dios, y vosotros estéis excluidos" (Lc. 13:28).

"El que en mí no permanece, será echado fuera como pámpano, y se secará; y los recogen, y los echan en el fuego, y arden" (Jn. 15:6).

Pero en eso consiste el glorioso evangelio del Señor Jesucristo. Jesucristo nos ha liberado del miedo a la muerte. No hay necesidad de temerle a la muerte, porque nunca tendremos que morir. Cuando llegue ese momento de pasar de esta vida a la próxima, Dios nos transportará a su presencia en un abrir y cerrar de ojos. Nunca tendremos que probar la muerte; nunca tendremos que experimentar la muerte. Si creemos, realmente confiamos en Jesucristo como nuestro Salvador, Él nos liberará de la muerte. No hay muerte ni condenación para el creyente, nada que temer, no si realmente creemos y confiamos en el Señor Jesucristo. Jesucristo ha liberado al hombre de la muerte y la condenación, ha liberado a todos los hombres que realmente creerán y dedicarán la vida de cada uno de ellos a Él.

"Destruirá a la muerte para siempre; y enjugará Jehová el Señor toda lágrima de todos los rostros; y quitará la afrenta de su pueblo de toda la tierra; porque Jehová lo ha dicho" (Is. 25:8).

"Y el postrer enemigo que será destruido es la muerte" (1 Co. 15:26).

"Y cuando esto corruptible se haya vestido de incorrupción, y esto mortal se haya vestido de inmortalidad, entonces se cumplirá la palabra que está escrita: Sorbida es la muerte en victoria" (1 Co. 15:54).

"pero que ahora ha sido manifestada por la aparición de nuestro Salvador Jesucristo, el cual quitó la muerte y sacó a luz la vida y la inmortalidad por el evangelio" (2 Ti. 1:10).

"Enjugará Dios toda lágrima de los ojos de ellos; y ya no habrá muerte, ni habrá más llanto, ni clamor, ni dolor; porque las primeras cosas pasaron" (Ap. 21:4).

"Y el Señor me librará de toda obra mala, y me

preservará para su reino celestial. A él sea gloria por los siglos de los siglos. Amén" (2 Ti. 4:18).

"Así que, por cuanto los hijos participaron de carne y sangre, él también participó de lo mismo, para destruir por medio de la muerte al que tenía el imperio de la muerte, esto es, al diablo, y librar a todos los que por el temor de la muerte estaban durante toda la vida sujetos a servidumbre" (He. 2:14-15).

"Confortará mi alma; me guiará por sendas de justicia por amor de su nombre" (Sal. 23:3).

5. Jesucristo nos ha liberado de la esclavitud de la carne. Las palabras "él se asió" (epilambanetai) significan tomar; agarrar; tomar de la mano. Esto nos expresa una verdad maravillosa: Jesucristo no solo se asió de la naturaleza humana, Él tomó al hombre de la mano. Él nos tomó de la mano y nos liberó. La metáfora es la del amor y su cariño tierno, de cómo nos liberó de las ataduras de la carne y de la naturaleza humana. Nota: "No es a los ángeles a quienes tomó de la mano, sino a la simiente de Abraham, es decir, la simiente espiritual de Abraham, aquellos que creen y confían en el Señor Jesucristo como su Salvador".

"Porque nosotros somos la circuncisión, los que en espíritu servimos a Dios y nos gloriamos en Cristo Jesús, no teniendo confianza en la carne" (Fil. 3:3).

"En él también fuisteis circuncidados con circuncisión no hecha a mano, al echar de vosotros el cuerpo pecaminoso carnal, en la circuncisión de Cristo" (Col. 2:11).

"donde no hay griego ni judío, circuncisión ni incircuncisión, bárbaro ni escita, siervo ni libre, sino que Cristo es el todo, y en todos" (Col. 3:11; cp. Ro. 2:28-29).

"echando toda vuestra ansiedad sobre él, porque él tiene cuidado de vosotros" (1 P. 5:7).

"Me diste asimismo el escudo de tu salvación; Tu diestra me sustentó, Y tu benignidad me ha engrandecido" (Sal. 18:35).

"No temas, porque yo estoy contigo; no desmayes, porque yo soy tu Dios que te esfuerzo; siempre te ayudaré, siempre te sustentaré con la diestra de mi justicia" (Is. 41:10).

"Y hasta la vejez yo mismo, y hasta las canas os soportaré yo; yo hice, yo llevaré, yo soportaré y guardaré" (Is. 46:4).

2 (2:17-18) *Jesucristo, Sumo sacerdote — Propiciación:* Jesucristo se convirtió en el gran Sumo sacerdote del hombre. Esta es la verdadera razón por la que fue hecho igual al hombre, para que pudiera ser el Sumo sacerdote misericordioso y fiel. A Jesucristo le "correspondía", se sintió obligado e instado a ser un hombre para que pudiera compadecerse del hombre. Él quería atravesar todas las pruebas y tentaciones del hombre, quería experimentar todo de la vida como lo experimenta un hombre. ¿Por qué? ¿Por qué alguien, precisamente el Hijo de Dios que existía en la gloria de la perfección, querría experimentar todo el dolor y sufrimiento de la vida? Había cuatro razones:

1. Jesucristo se convirtió en el gran Sumo sacerdote de modo que Él pudiera ser misericordioso con el hombre. El hombre necesita misericordia. La misericordia es su única

esperanza de vivir con Dios. Si Dios no amara tanto al hombre que derrama sobre él su misericordia, el hombre estaría perdido y condenado para siempre. Jesucristo fue hecho igual al hombre de manera que Él pudiera ser un Sumo sacerdote misericordioso.

2. Jesucristo se convirtió en el Sumo sacerdote para poderle ser fiel a Dios. Dios ama al hombre, lo ama con un amor eterno. Por consiguiente, fue su voluntad que Cristo viniese a la tierra y liberara al hombre del pecado y la muerte y el juicio venidero. Y Cristo fue fiel. Él vino a la tierra para como Sumo sacerdote *del hombre* poder serle fiel a Dios.

3. Jesucristo se convirtió en el Sumo sacerdote para poder hacer propiciación por los pecados de las personas. La palabra "propiciación" (hilaskomai) significa sacrificar o cubrir, satisfacer, pagar, o apaciguar los pecados.

Claro está, era tarea del Sumo sacerdote ofrecer el animal en sacrificio por los pecados de las personas. Esto es lo que se dice de Cristo. Pero note una diferencia distintiva: Jesucristo mismo es la propiciación de los pecados del hombre. No fueron sus enseñanzas, su poder, su ejemplo, ni su vida lo que convirtieron a Cristo en la propiciación. Fue su sangre: Su sacrificio, su muerte, sus sufrimientos, su cruz lo que hizo que Dios aceptara a Jesús como la propiciación. Es la sangre de Cristo lo que Dios acepta como…

- el *sacrificio* por nuestros pecados.
- la *cobertura* por nuestros pecados.
- la *satisfacción* por nuestros pecados.
- el *pago* por la pena de nuestros pecados.
- el *apaciguamiento* de su ira contra el pecado.

Cuando Cristo murió por el hombre…

- se satisfizo la rectitud de Dios.
- se satisfizo la perfección de Dios.
- se satisfizo la justicia de Dios.

Jesucristo se convirtió en la *propiciación,* la cobertura y satisfacción de los pecados del hombre. Se convirtió en el Sumo sacerdote con el fin de hacer propiciación por nuestros pecados.

"Por lo cual debía ser en todo semejante a sus hermanos, para venir a ser misericordioso y fiel sumo sacerdote en lo que a Dios se refiere, para expiar los pecados del pueblo" (He. 2:17).

"Hijitos míos, estas cosas os escribo para que no pequéis; y si alguno hubiere pecado, abogado tenemos para con el Padre, a Jesucristo el justo. Y él es la propiciación por nuestros pecados; y no solamente por los nuestros, sino también por los de todo el mundo" (1 Jn. 2:1-2).

"En esto consiste el amor: no en que nosotros hayamos amado a Dios, sino en que él nos amó a nosotros, y envió a su Hijo en propiciación por nuestros pecados" (1 Jn. 4:10).

"Mas el publicano, estando lejos, no quería ni aun alzar los ojos al cielo, sino que se golpeaba el pecho, diciendo: Dios, sé propicio a mí, pecador" (Lc. 18:13).

4. Jesucristo se convirtió en el Sumo sacerdote de modo que pudiera socorrer al hombre cuando enfrentara las pruebas y tentaciones de la vida. La palabra "socorrer"

(boetheo) significa ayudar, auxiliar, relevar, asistir; estar tan ansioso por ayudar que uno corre al oír el grito de la persona. ¡Qué imagen de Jesucristo! Él ha escuchado nuestro grito en todo nuestro sufrimiento y dolor, prueba y tentación; y Él ha corrido a ayudarnos y liberarnos. ¡Nada más piense! Ha sido hecho igual al hombre para que sienta lo que sentimos y nos libere. Él se ha convertido en el perfecto Sumo sacerdote. Necesitaba hacer esto para experimentar cada situación, condición, y prueba del hombre. Él experimentó las experiencias más humillantes que se puedan imaginar. Él experimentó…

- nacer de una madre que no estaba casada (Mt. 1:18-19).
- nacer en un establo, en las peores condiciones (Lc. 2:7).
- nacer de padres pobres (Lc. 2:24).
- tener su vida amenazada desde que era un bebé (Mt. 2:13t).
- ser la causa de un pesar de inimaginable (Mt. 2: 160.
- tener que haberse mudado de un lugar a otro cuando era un bebé (Mt. 2: 130.
- ser criado en un lugar despreciable, Nazaret (Lc. 2:39).
- que su padre muriera durante su juventud (vea la nota, punto 3, Mt. 13:53-58).
- tener que mantener a su madre y hermanos y hermanas (vea la nota, punto 3, Mt. 13:53-58).
- no tener hogar, ni siquiera un lugar donde recostar la cabeza (Mt. 8:20; Lc. 9:58).
- ser odiado y tener religiosos como oponentes (Mr. 14:1-2).
- ser acusado de demente (Mr. 3:21).
- ser acusado de posesión demoníaca (Mr. 3:22).
- tener como oponentes a su propia familia (Mr. 3:31-32).
- recibir el rechazo, el odio y la oposición de quienes lo escuchaban (Mt. 13:53-58; Lc. 4:28-29).
- ser traicionado por un amigo íntimo (Mr. 14:l0-11, 18).
- ser abandonado y rechazado por todos sus amigos (Mr. 14:50).
- ser juzgado por el tribunal supremo del territorio por el delito de traición (Jn. 18:33).
- ser ejecutado por crucifixión, la peor muerte posible (Jn. 19:16).

Y Jesucristo sufrió mucho más, pero debe tenerse en cuenta lo siguiente: En cada una de estas experiencias su sufrimiento alcanzó la envergadura de la humillación. Cristo se rebajó al punto más bajo de la experiencia humana en cada condición para convertirse en el *simpatizante perfecto* (Salvador). Esta es la razón por la que él ahora puede identificarse y compadecerse con las circunstancias de cualquier persona. Ninguna persona jamás se acercará a experimentar el sufrimiento y humillación que Él soportó. Jesucristo puede socorrer, ayudar, compadecerse de, cuidar y proteger, a todas las personas sea cual fuere su condición, prueba, o tentación.

"No se turbe vuestro corazón; creéis en Dios, creed también en mí… No os dejaré huérfanos; vendré a vosotros" (Jn. 14:1, 18).

"El que tiene mis mandamientos, y los guarda, ése es el que me ama; y el que me ama, será amado por mi Padre, y yo le amaré, y me manifestaré a él" (Jn. 14:21).

"Porque ciertamente no socorrió a los ángeles, sino que socorrió a la descendencia de Abraham. Por lo cual debía ser en todo semejante a sus hermanos, para venir a ser misericordioso y fiel sumo sacerdote en lo que a Dios se refiere, para expiar los pecados del pueblo. Pues en cuanto él mismo padeció siendo tentado, es poderoso para socorrer a los que son tentados" (He. 2:16-18).

"Por tanto, teniendo un gran sumo sacerdote que traspasó los cielos, Jesús el Hijo de Dios, retengamos nuestra profesión" (He. 4:14).

"Porque no tenemos un sumo sacerdote que no pueda compadecerse de nuestras debilidades, sino uno que fue tentado en todo según nuestra semejanza, pero sin pecado. Acerquémonos, pues, confiadamente al trono de la gracia, para alcanzar misericordia y hallar gracia para el oportuno socorro" (He. 4:15-16).

"Como el padre se compadece de los hijos, se compadece Jehová de los que le temen" (Sal. 103:13).

"En toda angustia de ellos él fue angustiado, y el ángel de su faz los salvó; en su amor y en su clemencia los redimió, y los trajo, y los levantó todos los días de la antigüedad" (Is. 63:9).

	CAPÍTULO 3 **F. Cristo superior a Moisés, 3:1-6**	3 Porque de tanto mayor gloria que Moisés es estimado digno éste, cuanto tiene mayor honra que la casa el que la hizo.	**3 Él fue el constructor de la casa; Moisés fue solo un residente de la casa**
1 Centre su atención en Jesús a. Quiénes son ustedes: Hermanos santos b. De quiénes Cristo es: el apóstol y Sumo sacerdote	1 Por tanto, hermanos santos, participantes del llamamiento celestial, considerad al apóstol y sumo sacerdote de nuestra profesión, Cristo Jesús;	4 Porque toda casa es hecha por alguno; pero el que hizo todas las cosas es Dios. 5 Y Moisés a la verdad fue fiel en toda la casa de Dios, como siervo, para testimonio de lo que se iba a decir;	**4 Él fue el Hijo sobre la casa de Dios; Moisés fue solo un siervo en la casa de Dios**
2 Él fue fiel a Dios, como lo fue Moisés	2 el cual es fiel al que le constituyó, como también lo fue Moisés en toda la casa de Dios.	6 pero Cristo como hijo sobre su casa, la cual casa somos nosotros, si retenemos firme hasta el fin la confianza y el gloriarnos en la esperanza.	**5 Él está construyendo su casa, pero la entrada a su casa es condicional**

DIVISIÓN I

LA REVELACIÓN SUPREMA: JESUCRISTO, EL HIJO DE DIOS, 1:1—4:13

F. Cristo superior a Moisés, 3:1-6

(3:1-6) *Introducción:* Jesucristo es superior a todos los hombres. No importa quién sea la persona, Jesucristo es superior a ella. Los judíos y muchos otros consideran a Moisés como uno de los más grandes hombres que haya existido. Él fue el gran libertador del pueblo judío de la esclavitud egipcia y el gran líder que dio a luz al pueblo judío como nación. Pero por grande que fueran estas hazañas, él fue por encima de todo el gran legislador, no solo de Israel, sino del mundo. Las personas y las naciones que han hallado su libertad han basado su sistema legal en los Diez Mandamientos y otras leyes provistas por Moisés. Sin embargo, por grande que haya sido Moisés, aún existe Uno que es superior a él. Existe una Persona al que toda la humanidad debiera volver sus ojos y en la que debieran basar su vida y gobiernos: Esa Persona es el Señor Jesucristo. Jesucristo es superior a todos los hombres, no importa cuán grandes hayan sido ellos y sus aportes a la sociedad y al mundo. Ninguna persona se acerca a ser tan grande como Jesucristo ni a hacer los aportes que ha hecho Él al mundo.

1. Centre su atención en Jesús (v. 1).
2. Él fue fiel a Dios, como lo fue Moisés (v. 2).
3. Él fue el constructor de la casa; Moisés fue solo un residente de la casa (vv. 3-4).
4. Él fue el Hijo sobre la casa de Dios; Moisés fue solo un siervo en la casa de Dios (v. 5).
5. Él está construyendo su casa, pero la entrada a su casa es condicional (v. 6).

1 (3:1) *Creyentes — Jesucristo:* Consideremos a Cristo Jesús. La palabra "considerar" (katanoeo) significa centrar los pensamientos y la mente de uno, la atención y la vista en Jesucristo. Significa concentrarse, tratar de asimilar, concen-

trarse y atender con el objetivo de aprender acerca de Jesucristo. Nota: "Esta exhortación se hace para los creyentes".

1. Creyentes deben centrar su atención en Jesucristo por quienes son.
   ⇒ Los creyentes son hermanos santos. La palabra "santo" (hagioi) significa estar apartado o separado para Cristo. Significa que le hemos volteado nuestra espalda a las cosas sucias del mundo y a las religiones del mundo y le hemos dado el frente a Cristo. Somos santos, apartados para ser hermanos de Cristo. Por ende, debemos seguir a Cristo y centrar nuestra atención en Cristo.
   ⇒ Los creyentes somos compartidores del llamado celestial. Cristo nos ha llamado a vivir con Dios en el cielo. No debemos vivir para esta tierra, debemos vivir para el cielo. Por ende, nuestra atención debe centrarse en el cielo, fundamentalmente en Cristo que es nuestro Salvador glorioso y nos ha posibilitado la vida en el cielo.
2. Los creyentes debemos centrar nuestra atención en Jesucristo por quien es Cristo.
   a. Jesucristo es el *apóstol* de nuestra confesión. La palabra *apóstol* significa una persona que se envía como embajadora: Enviada por un rey o país en una misión muy especial con un mensaje especial. Note: La persona se envía siempre con la total autoridad y poder del rey y país que representa. Ese es Jesucristo. Note la palabra *profesión* o *confesión:* Nosotros confesamos que Jesucristo es el apóstol supremo de nuestra fe y nuestra vida. Confesamos que Él es a quien Dios envió del cielo a la tierra…
      • como el representante supremo de Dios, quien nos muestra exactamente cómo es Dios.
      • como el mensajero supremo de Dios, quien

nos dice la verdad de Dios y de nosotros mismos y del mundo.

- con toda la autoridad y poder de Dios, quien controla todo el mundo y todas las pruebas y circunstancias de nuestra vida.

b. Jesucristo es el Sumo sacerdote de nuestra confesión (vea el *Estudio a fondo 2, Jesucristo, Sumo sacerdote,* He. 3: 1 para un análisis).

ESTUDIO A FONDO 1

(3:1) *Jesús, apóstol — Sumo sacerdote:* Jesucristo es el supremo apóstol de Dios. Bajo el viejo pacto de la ley (Antiguo Testamento), Moisés ocupó el cargo de apóstol, el cargo de embajador de Dios ante el pueblo. Aarón ocupó el cargo de sumo sacerdote que representaba al hombre ante Dios. Pero bajo el nuevo pacto de gracia (Nuevo Testamento), Jesús ocupa ambos cargos.

⇒ Jesús es el apóstol, mensajero y embajador de Dios. Él posee toda la autoridad y poder del reino de Dios y Él representa perfectamente el reino de Dios.

⇒ Jesús es también el Sumo sacerdote de Dios. Pero su posición como Sumo sacerdote es superior a cualquier otro hombre que haya servido como sumo sacerdote. ¿Por qué? Porque Él es un Hombre perfecto y un Dios perfecto. Él representa perfectamente al hombre ante Dios y a Dios ante el hombre. (Vea el *Estudio a fondo 2,* He. 3:1 para un análisis.)

ESTUDIO A FONDO 2

(3:1) *Jesucristo, Sumo sacerdote:* Jesucristo es *el gran Sumo sacerdote* que media entre el hombre y Dios. Él lleva el nombre de Dios ante el hombre, y Él lleva los nombres de los hombres ante Dios. Con relación a Cristo esto quiere decir dos cosas.

⇒ Cristo debe conocer al hombre y Él debe conocer a Dios.

⇒ Cristo también debe ser capaz de representar a Dios ante el hombre y al hombre ante Dios.

Las Escrituras no dejan espacio para dudas de ningún tipo en cuanto a si Cristo cumple estos requisitos. Cristo es el gran Sumo sacerdote (He. 3:l; 5:10; 7:26; 9:22). William Barclay señala que la palabra sacerdote del latín lo describe claramente. Es pontífice que significa *constructor de puente* (*La Epístola a los Hebreos,* p. 25). Jesucristo es el *constructor del puente* entre Dios y el hombre, el supremo Sumo sacerdote que puede representar a Dios ante los hombres y los hombres ante Dios. El mensaje glorioso del evangelio es que los hombres pueden conocer a Dios y ser traídos ante Dios. Todo es posible porque Jesucristo representa a Dios y al hombre como el supremo Sumo sacerdote.

"¿Quién acusará a los escogidos de Dios? Dios es el que justifica. ¿Quién es el que condenará? Cristo es el que murió; más aun, el que también resucitó, el que además está a la diestra de Dios, el que también intercede por nosotros" (Ro. 8:33-34).

"Por lo cual debía ser en todo semejante a sus hermanos, para venir a ser misericordioso y fiel sumo sacerdote en lo que a Dios se refiere, para expiar los pecados del pueblo" (He. 2:17).

"Por tanto, teniendo un gran sumo sacerdote que traspasó los cielos, Jesús el Hijo de Dios, retengamos nuestra profesión. Porque no tenemos un sumo sacerdote que no pueda compadecerse de nuestras debilidades, sino uno que fue tentado en todo según nuestra semejanza, pero sin pecado" (He. 4:14-15).

"Así tampoco Cristo se glorificó a sí mismo haciéndose sumo sacerdote, sino el que le dijo: Tú eres mi Hijo, yo te he engendrado hoy" (He. 5:5).

"donde Jesús entró por nosotros como precursor, hecho sumo sacerdote para siempre según el orden de Melquisedec" (He. 6:20).

"por lo cual puede también salvar perpetuamente a los que por él se acercan a Dios, viviendo siempre para interceder por ellos. Porque tal sumo sacerdote nos convenía: santo, inocente, sin mancha, apartado de los pecadores, y hecho más sublime que los cielos" (He. 7:25-26).

"Ahora bien, el punto principal de lo que venimos diciendo es que tenemos tal sumo sacerdote, el cual se sentó a la diestra del trono de la Majestad en los cielos" (He. 8:1).

"Hijitos míos, estas cosas os escribo para que no pequéis; y si alguno hubiere pecado, abogado tenemos para con el Padre, a Jesucristo el justo. Y él es la propiciación por nuestros pecados; y no solamente por los nuestros, sino también por los de todo el mundo" (1 Jn. 2:1-2).

2 (3:2) *Moisés — Jesucristo — Fidelidad:* Jesucristo fue fiel a Dios como lo fue Moisés. Dios constituyó a Moisés como el primer gran líder sobre la *casa de Dios.* A los ojos de los judíos a Moisés siempre se le ha visto como uno de los más grandes líderes que haya existido en el mundo.

⇒ Moisés fue el gran *líder de la libertad* quien liberó a los judíos de la esclavitud de Egipto.

⇒ Moisés fue el gran *legislador* a quién Dios le dio los Diez Mandamientos y las otras leyes que han regido a Israel, las leyes que han utilizado tantas naciones y pueblos en su grito de libertad y como cimiento de sus sistemas legales.

⇒ Moisés fue el gran *constructor de naciones* que estructuró a los judíos en una nación.

⇒ Moisés fue el gran *amigo de Dios* ante los ojos de los judíos. Ellos decían que él era el hombre al que Dios había hablado cara a cara cuando Dios le dio la ley. Por ende, Moisés se consideró diferente de todos los otros profetas ya que ellos habían visto a Dios solo en visiones o sueños.

Sucede lo siguiente: Dios había nombrado a Moisés para que hiciera algunas grandes cosas, y él había sido fiel a su llamado. Dios hasta había fortalecido la fidelidad de Moisés:

"Y él les dijo: Oíd ahora mis palabras. Cuando haya entre vosotros profeta de Jehová, le apareceré en visión, en sueños hablaré con él. No así a mi siervo **Moisés, que es fiel en toda mi casa. Cara a cara hablaré con él, y claramente, y no por figuras; y verá la apariencia de Jehová. ¿Por qué, pues, no tuvisteis temor de hablar contra mi siervo Moisés?" (Nm. 12:6-8).**

A los ojos de los judíos nadie era tan grande como Moisés. Moisés era superior al resto de los hombres, porque Dios le había usado de gran manera y él le había sido muy fiel a Dios.

Pero note: Hay otra persona a quien Dios también ha constituido y que ha sido fiel a Dios: El Señor Jesucristo.

⇒ Él fue fiel como el *Apóstol de Dios:* quien representó a Dios y habló de Dios; quien nos reveló y mostró exactamente cómo es Dios y cómo podemos ser aceptados ante Dios. Jesucristo fue fiel al proclamar el mensaje de salvación de Dios al mundo.

⇒ Él fue fiel como el Sumo sacerdote de Dios: quien se convirtió en la propiciación por nuestros pecados; quien representa a Dios ante nosotros y nos representa ante Dios; quien media entre Dios y nosotros.

Moisés fue fiel, y es uno de los hombres más fieles que haya existido. Pero Jesucristo fue mucho más fiel. Él fue la encarnación misma de la fidelidad. Él fue perfectamente fiel al nombramiento de Dios.

⇒ Él es el Apóstol o Embajador supremo y perfecto de Dios.

⇒ Él es el Sumo sacerdote o Mediador supremo y perfecto de Dios.

"Pero fiel es el Señor, que os afirmará y guardará del mal" (2 Ts. 3:3).

"Si fuéremos infieles, él permanece fiel; él no puede negarse a sí mismo" (2 Ti. 2:13).

"Por lo cual debía ser en todo semejante a sus hermanos, para venir a ser misericordioso y fiel sumo sacerdote en lo que a Dios se refiere, para expiar los pecados del pueblo" (He. 2:17).

"Mantengamos firme, sin fluctuar, la profesión de nuestra esperanza, porque fiel es el que prometió" (He. 10:23).

"y de Jesucristo el testigo fiel, el primogénito de los muertos, y el soberano de los reyes de la tierra. Al que nos amó, y nos lavó de nuestros pecados con su sangre" (Ap. 1:5).

3 (3:3-4) *Moisés — Jesucristo — Creador:* Jesucristo es el constructor de la casa; Moisés fue solo un residente de la casa. ¿Cuál es la casa construida por Cristo?

⇒ La casa del universo o el mundo (v. 4).
⇒ La casa de las personas o creyentes en Dios (v. 6).

Toda casa tiene que tener un constructor. Una casa no surge de la nada. Lo mismo es cierto del universo y de los creyentes. El universo no surgió de la nada ni tampoco los creyentes. Los cimientos del universo y de los creyentes los fundó alguien. ¿Quién? lea el versículo cuatro:

"Porque toda casa es hecha por alguno; pero el que hizo todas las cosas es Dios".

Dios construyó la casa del universo y la casa de los creyentes. Pero note lo siguiente: El versículo tres declara que

Jesucristo construyó la casa. Se declara que Jesucristo es Dios, es Dios Hijo, es tan Dios como Dios Padre, que posee la naturaleza misma de Dios, el poder y conocimiento y sabiduría para planificar y crear el mundo. Eso es exactamente lo que el autor de Hebreos declaró en el capítulo uno.

"[Dios] en estos postreros días nos ha hablado por el Hijo, a quien constituyó heredero de todo, y por quien asimismo *hizo el universo*" (He. 1:2).

"Y: Tú, oh Señor, en el principio fundaste la tierra, Y los cielos son obra de tus manos. Ellos perecerán, mas tú permaneces; Y todos ellos se envejecerán como una vestidura, Y como un vestido los envolverás, y serán mudados; Pero tú eres el mismo, Y tus años no acabarán" (He. 1:10-12).

Recuerde: A Moisés se le cuenta como el hombre más grande que haya existido, el más grande líder y más grande religioso. Sucede lo siguiente: Jesucristo es más grande; Él es muy superior, considerado digno de mucho más gloria que Moisés. ¿Por qué? Porque Moisés fue solo un hombre, solo un residente en el universo, solo un creyente en la casa de Dios. ¡Un creyente fiel, sí! No obstante, fue solo un creyente en la casa de Dios. Pero Jesucristo no. Él construyó la casa. Él fundó los cimientos del universo y de la casa del pueblo de Dios.

Pensamiento 1. Todo queda claro. Sea quien sea la persona, un gran líder nacional, un gran fundador, un gran abogado, un gran libertador, un gran líder de pueblo, un gran religioso, de acuerdo con las Escrituras, a Moisés se le considera mayor que cualquiera de ellos. Pero hay alguien que es aún superior a Moisés, el Señor Jesucristo. Por ende, Cristo es mucho más grande que todos los otros hombres, sean ellos quienes sean. Son solo residentes del universo, pero Cristo Jesús es el Señor y constructor del universo.

"Todas las cosas por él fueron hechas, y sin él nada de lo que ha sido hecho, fue hecho" (Jn. 1:3).

"para nosotros, sin embargo, sólo hay un Dios, el Padre, del cual proceden todas las cosas, y nosotros somos para él; y un Señor, Jesucristo, por medio del cual son todas las cosas, y nosotros por medio de él" (1 Co. 8:6).

"y de aclarar a todos cuál sea la dispensación del misterio escondido desde los siglos en Dios, que creó todas las cosas" (Ef. 3:9).

"Porque en él fueron creadas todas las cosas, las que hay en los cielos y las que hay en la tierra, visibles e invisibles; sean tronos, sean dominios, sean principados, sean potestades; todo fue creado por medio de él y para él" (Col. 1:16).

4 (3:5-6) *Jesucristo — Moisés:* Jesucristo es el Hijo sobre la casa de Dios; Moisés fue solo un siervo en la casa de Dios.

Este planteamiento lo explica tan claramente como se podría explicar. Moisés fue fiel a Dios. Dios había llamado a Moisés para que fuera su siervo, para que proclamara aquellas cosas que debían suceder algún día en el futuro. ¿Cuáles eran esas cosas? Las cosas que conciernen a Cristo y las grandes promesas de Dios en cuanto al cielo y el amor de

Dios por el hombre. Dios usó a Moisés para predecir y demostrar por medio de símbolos y señales cómo sería el Salvador del mundo y lo que Él haría cuando viniese al mundo. Cuando Dios le dio a Moisés los mensajes que había de anunciar al mundo, Moisés adquirió una difícil tarea, porque él no siempre entendió el mensaje o el símbolo. Y Dios no se lo explicó, porque no era aún el momento para que el hombre comprendiera todo su significado. No obstante, Moisés fue fiel al anunciar el mensaje, y por eso a él se le estima de tan gran manera. Sin embargo, aún así Moisés sigue siendo solo un siervo en *la casa de Dios*. El es un siervo muy especial, uno de los más grandes siervos que haya existido, pero aún así él sigue siendo un siervo. Pero Jesucristo no. Jesucristo es el Hijo de Dios, y como el Hijo de Dios Él se encuentra colocado sobre la casa de Dios. William Barclay lo argumenta bien:

Moisés fue solo parte del universo de Dios. Él fue un hombre creado y obró en un universo creado. Él fue parte de la casa, participó en la casa. Pero Jesús es el Creador de la casa, y el Creador de la casa está predestinado a estar sobre la casa misma. Moisés no creó la ley; él solo medió en ella. Moisés no creó la casa; él solo sirvió en ella. Moisés no habló de sí mismo; todo y cuanto alguna vez dijo no fue más que una idea de las grandes cosas que Jesucristo diría un día. En breve, Moisés era el siervo; pero Jesús era el Hijo. Moisés conocía un poco acerca de Dios; Jesús era Dios. Ahí yace la grandeza de Jesús y el secreto de su superioridad única" (La Epístola a los Hebreos, p. 25)

"Porque de tal manera amó Dios al mundo, que ha dado a su Hijo unigénito, para que todo aquel que en él cree, no se pierda, mas tenga vida eterna. Porque no envió Dios a su Hijo al mundo para condenar al mundo, sino para que el mundo sea salvo por él" (Jn. 3:16-17).

"Porque el que me envió, conmigo está; no me ha dejado solo el Padre, porque yo hago siempre lo que le agrada" (Jn. 8:29).

"que fue declarado Hijo de Dios con poder, según el Espíritu de santidad, por la resurrección de entre los muertos" (Ro. 1:4).

"para alabanza de la gloria de su gracia, con la cual nos hizo aceptos en el Amado, en quien tenemos redención por su sangre, el perdón de pecados según las riquezas de su gracia" (Ef. 1:6-7).

"el cual nos ha librado de la potestad de las tinieblas, y trasladado al reino de su amado Hijo, en quien tenemos redención por su sangre, el perdón de pecados" (Col. 1:13-14).

"Así tampoco Cristo se glorificó a sí mismo haciéndose sumo sacerdote, sino el que le dijo: Tú eres mi Hijo, yo te he engendrado hoy" (He. 5:5).

5 (3:6) *Jesucristo — Salvación:* Jesucristo está construyendo su casa, pero la entrada a su casa es condicional. ¿Cómo nos volvemos miembros de la casa de Dios? Note exactamente lo que dice este versículo: "Nosotros retenemos [debemos hacerlo] firme… hasta el fin". La metáfora es la de un barco que retiene firme su curso a pesar de las tormentas y turbulencias de la vida, y note: El barco se retiene firme hasta que llegue al fin. De no hacerlo, entonces nunca llegaría a puerto. ¿Qué es lo que debemos retener?

⇒ Nuestra confianza en la esperanza de la salvación. Debemos creer con fuerza, creer al punto de la máxima confianza en que la promesa del cielo y de la vida eterna es cierta. Debemos retener firme nuestra esperanza gloriosa de salvación, retenerla firme con la máxima confianza.

⇒ Nuestro gozo en la esperanza de salvación. La gloriosa esperanza de vivir para siempre y todas las otras promesas de Dios son tan maravillosas que nuestro corazón debiera estar siempre lleno de alegría. Debemos andar en el gozo del Señor a pesar de las circunstancias.

Pensamiento 1. Recuerde la exhortación inicial: "Centre su atención en Jesucristo". Muchos son los que se sientan ante predicadores y maestros…
• medio dormidos
• con mentes desvariadas
• solucionando problemas
• fijándose en otros

Esto es trágico, porque Jesucristo es superior a Moisés, que fue uno de los hombres más grandes que haya existido. Jesucristo se merece nuestra atención. Él es digno de nuestra atención. De hecho, a menos que retengamos firme la esperanza de su salvación, nunca podremos entrar a la casa de Dios. Centrar nuestra atención en Él y retener firme la salvación es la única manera de ser admitido en la casa de Dios.

"Y seréis aborrecidos de todos por causa de mi nombre; mas el que persevere hasta el fin, éste será salvo" (Mt. 10:22).

"No nos cansemos, pues, de hacer bien; porque a su tiempo segaremos, si no desmayamos" (Gá. 6:9).

"Pero persiste tú en lo que has aprendido y te persuadiste, sabiendo de quién has aprendido" (2 Ti. 3:14).

"Por tanto, ceñid los lomos de vuestro entendimiento, sed sobrios, y esperad por completo en la gracia que se os traerá cuando Jesucristo sea manifestado" (1 P. 1:13).

"Así que vosotros, oh amados, sabiéndolo de antemano, guardaos, no sea que arrastrados por el error de los inicuos, caigáis de vuestra firmeza" (2 P. 3:17).

"He aquí, yo vengo pronto; retén lo que tienes, para que ninguno tome tu corona" (Ap. 3:11).

	G. Advertencia dos (Parte 1): El peligro de la incredulidad, endurecimiento del corazón, 3:7-19	13 antes exhortaos los unos a los otros cada día, entre tanto que se dice: Hoy; para que ninguno de vosotros se endurezca por el engaño del pecado.	**3 Exhórtense los unos a los otros cada día**
1 No endurezcan sus corazones	7 Por lo cual, como dice el Espíritu Santo: Si oyereis hoy su voz,		a. Razón 1: Queda poco tiempo
a. Una orden del Espíritu Santo	8 No endurezcáis vuestros corazones, Como en la provocación, en el día de la tentación en el desierto,	14 Porque somos hechos participantes de Cristo, con tal que retengamos firme hasta el fin nuestra confianza del principio,	b. Razón 2: Una persona puede endurecerse
b. Un ejemplo: Israel	9 Donde me tentaron vuestros padres; me probaron, Y vieron mis obras cuarenta años.	15 entre tanto que se dice: Si oyereis hoy su voz, No endurezcáis vuestros corazones, como en la provocación.	c. Razón 3: La salvación es condicional
1) Provocó a Dios			
2) Probaron a Dios durante 40 años	10 A causa de lo cual me disgusté contra esa generación, Y dije: Siempre andan vagando en su corazón, Y no han conocido mis caminos.	16 ¿Quiénes fueron los que, habiendo oído, le provocaron? ¿No fueron todos los que salieron de Egipto por mano de Moisés?	d. Razón 4: Cada día es importante
3) Siempre divagaron			
4) No conocían los caminos de Dios			e. Razón 5: Algunos sí provocan a Dios
c. Resultado: Una ira jurada, no entrarán en mi reposo	11 Por tanto, juré en mi ira: No entrarán en mi reposo.	17 ¿Y con quiénes estuvo él disgustado cuarenta años? ¿No fue con los que pecaron, cuyos cuerpos cayeron en el desierto?	f. Razón 6: El juicio vendrá
2 Presten atención, cuídense de la incredulidad	12 Mirad, hermanos, que no haya en ninguno de vosotros corazón malo de incredulidad para apartarse del Dios vivo;	18 ¿Y a quiénes juró que no entrarían en su reposo, sino a aquellos que desobedecieron?	g. Razón 7: Dios juzga la incredulidad
a. Revela un corazón malo			
b. Tienen como resultado apartarse del Dios Divino vivo		19 Y vemos que no pudieron entrar a causa de incredulidad.	h. Razón 8: La incredulidad margina a una persona

DIVISIÓN I

LA REVELACIÓN SUPREMA: JESUCRISTO, EL HIJO DE DIOS, 1:1—4:13

G. Advertencia dos (Parte 1): El peligro de la incredulidad, endurecimiento del corazón, 3:7-19

(3:7-19) *Introducción — Incredulidad — Advertencia:* La advertencia dos va dirigida al indiferente y al incrédulo. El juicio excluye el reposo de Dios (comparar Sal. 95:7-11). La importancia de esta advertencia y el peligro de la desobediencia se señalan de dos formas. Primero, la palabra "dice" se encuentra en el tiempo gramatical presente simple. ¡El Espíritu Santo aún habla hoy! Segundo, Dios habla hoy a través de su Hijo Jesucristo, a través de alguien superior a los profetas y superior a los ángeles y superior a Moisés. Esto demuestra que se debe obedecer a ese alguien tan supremo de un modo supremo. El hombre debe creer y obedecer a Cristo, creer en su promesa de salvación y de reposo eterno en la tierra prometida del cielo.

1. No endurezcan sus corazones (vv. 7-11).
2. Presten atención, cuídense de la incredulidad (v. 12).
3. Exhórtense los unos a los otros cada día (vv. 13-19).

1 (3:7-11) *Corazón — Endurecimiento — Reposo — Israel:* No endurezcan sus corazones. Esta es una orden del Espíritu Santo mismo, y va dirigida a todas las generaciones de creyentes. No fue solo una orden a Israel. ¿Cómo sabemos esto? Porque la palabra *dice* se encuentra en el tiempo gramatical presente. El Espíritu Santo aún habla hoy. La orden tiene una importancia crítica para todas las personas de todas las generaciones; existe un peligro grande en la desobediencia de la orden.

Ahora bien, ¿qué significa *corazón endurecido*? La experiencia de Israel en el desierto nos lo demuestra. Después de que los judíos fueron liberados de la esclavitud egipcia, vagaron por el desierto dc Sinaí durante cuarenta años. Durante su divagación, cometieron cuatro grandes pecados que endurecieron el corazón de cada uno de ellos.

1. Ellos provocaron a Dios. Note las dos frases "en la provocación" y "en el día de la tentación". En realidad son la traducción de dos palabras hebreas las cuales constituyen dos nombres propios, los nombres de un lugar donde Israel pecó en el desierto, Masah y Meriba (Éx. 17:2-7; Num. 20:1-13). En su divagar por el desierto el pueblo sintió sed, entonces comenzaron…

- a descreer en Dios, a desconfiar de su amor y provisión.
- a murmurar y quejarse contra Dios y su líder (Moisés).
- a lamentarse por haber abandonado el mundo de Egipto.

Ellos se rebelaron contra Dios, no creyeron que Él cuidaría de ellos. Perdieron por completo la confianza en Él y comenzaron a criticar, a murmurar y a quejarse contra Él y Moisés, el líder constituido por Dios.

2. Probaron a Dios durante cuarenta años. Dios cuidó de Israel durante cuarenta largos años mientras la nación divagaba por el árido desierto de Sinaí. Dios les dio alimentos y agua y todas las necesidades de la vida, y Él los protegió de todos los enemigos de los alrededores. Aún así el pueblo continuó endureciendo su corazón contra Dios, continuó descreyendo y desconfiando en Él. Ellos veían a Dios como si Él tuviera que ganar la aceptación de ellos y no ellos la de Él.

⇒ Ellos tentaron (peirazomai) a Dios. Esto quiere decir que lo probaron, lo pusieron a prueba para ver si Él realmente era bueno y satisfaría sus necesidades.

⇒ Ellos probaron a Dios (dokimazo). Esto quiere decir que lo examinaron, lo pusieron a prueba para ver si Él ganaba la aprobación de ellos. Si Dios probara serles fiel, entonces Él sería digno de su obediencia y lealtad. Ellos querían que primero Él probara quién era, luego lo seguirían.

Note la incredulidad y endurecimiento del corazón en todo esto. No hay credulidad ni confianza. Querían que Dios probara quién era dándoles la provisión sin pasar prueba alguna ni padecimiento. No estaban dispuestos a probarse a sí mismos, no estaban dispuestos a probar que creían y confiaban realmente en Dios. Querían que Dios probara quien era, que probara cuán digno era de su confianza y lealtad. ¿Qué audacia! ¿Qué afrenta! Qué incredulidad y endurecimiento del corazón, desobediencia total.

3. Siempre divagaron. Dios había prometido suplir las necesidades de Israel y siempre lo había hecho. Ellos no gozaban de los lujos y bondades de la vida, pero ellos sí gozaron de la provisión y cuidado de Dios, y por encima de todo, gozaron de la promesa gloriosa del reposo y la tierra de Dios. Pero siempre divagaron, siempre decidieron no creer en Dios. Ellos desobedecieron y desconfiaron de Dios durante unos cuarenta años.

4. Ellos no conocían el camino de Dios. El camino de Dios es la fe y la confianza. Dios quiere lo mismo que quiere cualquier padre: "Que se confíe en él". No importa lo mucho o lo poco que pueda proveer un padre, él quiere que se confíe en él pues él sí cuida de sus hijos y siempre proveerá a sus hijos. Con Dios sucede lo mismo. Dios no quiere murmuración, queja, cuestionamientos, desconfianza, incredulidad, ni desobediencia. Dios quiere fe y confianza, porque la fe y la confianza son los caminos por los que Dios enseña a los hombres a confiar más en Él. Si creemos a Dios, realmente le creemos, entonces mientras más suframos necesidad y pruebas, más...

- aprenderemos a acercarnos a Dios
- aprenderemos a relacionarnos con Dios
- aprenderemos a creer en Dios
- aprenderemos a confiar en Dios
- aprenderemos a andar con Dios

Este es el camino de Dios; eso es lo que Dios quiere. Esa es la razón por la que Dios nos creó, para que lo conociéramos y nos relacionáramos con Él. Y de la única manera que podemos llegar a conocerlo y relacionarnos con Él es aprendiendo a confiar en Él cada vez más. Por ende, tenemos que ser puestos a prueba para poder acercarnos cada vez más a Él y así aprender a creer y confiar cada vez más en Él. Eso es lo que Israel no aprendió; ese fue el gran fracaso de Israel: la incredulidad y la desobediencia. Ellos nunca aprendieron que el camino de Dios era la credulidad y la confianza.

El resultado fue, claro está, el juicio. El pueblo decidió no seguir a Dios; por eso, nunca pudieron heredar la Tierra Prometida ni entrar en el reposo de Dios. Ellos perdieron la provisión y paz permanente de Dios mismo. Todos murieron en el desierto, aquellos mismos a quienes habían liberado del mundo y esclavitud de Egipto. Ni uno solo entró en el reposo ni en la Tierra Prometida por Dios. (Vea los subíndices y notas, He. 4:1-13.)

"¡Duros de cerviz, e incircuncisos de corazón y de oídos! Vosotros resistís siempre al Espíritu Santo; como vuestros padres, así también vosotros" (Hch. 7:51).

"Porque el corazón de este pueblo se ha engrosado, Y con los oídos oyeron pesadamente, Y sus ojos han cerrado, Para que no vean con los ojos, Y oigan con los oídos, Y entiendan de corazón, Y se conviertan, Y yo los sane" (Hch. 28:27).

"Pero por tu dureza y por tu corazón no arrepentido, atesoras para ti mismo ira para el día de la ira y de la revelación del justo juicio de Dios" (Ro. 2:5).

"antes exhortaos los unos a los otros cada día, entre tanto que se dice: Hoy; para que ninguno de vosotros se endurezca por el engaño del pecado" (He. 3:13).

"No endurezcáis vuestro corazón, como en Meriba, como en el día de Masah en el desierto" (Sal. 95:8).

"Bienaventurado el hombre que siempre teme a Dios; mas el que endurece su corazón caerá en el mal" (Pr. 28:14).

"El hombre que reprendido endurece la cerviz, de repente será quebrantado, y no habrá para él medicina" (Pr. 29:1).

"a los cuales él dijo: Este es el reposo; dad reposo al cansado; y este es el refrigerio; mas no quisieron oír" (Is. 28:12).

"Porque así dijo Jehová el Señor, el Santo de Israel: En descanso y en reposo seréis salvos; en quietud y en confianza será vuestra fortaleza. Y no quisisteis" (Is. 30:15).

"Pero no quisieron escuchar, antes volvieron la espalda, y taparon sus oídos para no oír" (Zac. 7:11).

2 (3:12) *Cuidado — Error:* Presten atención, cuídense de la incredulidad. Existe un gran peligro de que los creyentes puedan apartarse del Dios vivo. Podrían hacer lo que Israel hizo. Por eso, presten atención (blepete): Estén alertas y manténganse alertas; manténganse atentos y de modo constante; presten atención y continúen prestando atención. Mantengan un ojo en su confianza y obediencia a Dios. Cuídense de un corazón malo de incredulidad. ¿Qué es un corazón malo de incredulidad? Es un corazón que…

- se aparta de Dios
- se distancia de Dios
- renuncia a Dios
- se rebela contra Dios
- no cree en Dios
- no confía en Dios ni en sus promesas
- no sigue a Dios como Él demanda

Pensamiento 1. El gran fracaso de Israel fue el siguiente: Sencillamente no creyeron en Dios, no confiaron en que Él haría lo que había dicho: "Cuidar de ellos, suplir sus necesidades, y darles la Tierra Prometida y el reposo".

El gran fracaso de las personas hoy día es exactamente el mismo, la incredulidad. Las personas sencillamente no creen en Dios, que Él hará lo que dice: "Cuidar de ellos, suplir sus necesidades, y darles la tierra prometida del cielo y el reposo eterno del desierto de este mundo".

"¿Eres tú el Cristo? Dínoslo. Y les dijo: Si os lo dijere, no creeréis" (Lc. 22:67).

"Entonces él les dijo: ¡Oh insensatos, y tardos de corazón para creer todo lo que los profetas han dicho!" (Lc. 24:25).

"De cierto, de cierto te digo, que lo que sabemos hablamos, y lo que hemos visto, testificamos; y no recibís nuestro testimonio" (Jn. 3:11).

"El que cree en el Hijo tiene vida eterna; pero el que rehúsa creer en el Hijo no verá la vida, sino que la ira de Dios está sobre él" (Jn. 3:36).

"Entonces Jesús le dijo: Si no viereis señales y prodigios, no creeréis" (Jn. 4:48).

"Por eso os dije que moriréis en vuestros pecados; porque si no creéis que yo soy, en vuestros pecados moriréis" (Jn. 8:24).

"Y le rodearon los judíos y le dijeron: ¿Hasta cuándo nos turbarás el alma? Si tú eres el Cristo, dínoslo abiertamente. Jesús les respondió: Os lo he dicho, y no creéis; las obras que yo hago en nombre de mi Padre, ellas dan testimonio de mí" (Jn. 10:24-25).

"Pero a pesar de que había hecho tantas señales delante de ellos, no creían en él" (Jn. 12:37).

"Y cuando él venga, convencerá al mundo de pecado, de justicia y de juicio. De pecado, por cuanto no creen en mí" (Jn. 16:8-9).

"Mirad, hermanos, que no haya en ninguno de vosotros corazón malo de incredulidad para apartarse del Dios vivo" (He. 3:12).

"Procuremos, pues, entrar en aquel reposo, para que ninguno caiga en semejante ejemplo de desobediencia" (He. 4:11).

"Mas quiero recordaros, ya que una vez lo habéis sabido, que el Señor, habiendo salvado al pueblo sacándolo de Egipto, después destruyó a los que no creyeron" (Jud. 5).

3 (3:13-19) *Exhortación — Creyente — Advertencia:* Exhórtense unos a los otros cada día. La palabra "exhortar" (parakaleo) significa "implorar, rogar, suplicar, exhortar" (Kenneth Wuest, *Hebreos,* vol. 2, p. 79). Proviene de la misma palabra que el Consolador o Paráclito (el Espíritu Santo). Esto quiere decir que la palabra "exhortar" también incluye consuelo, el tipo de consuelo que "fortalecerá y alentará al creyente cada día de modo que cuando surjan las crisis pueda retenerse con firmeza" (Thomas Hewitt, *La Epístola a los Hebreos*, "Comentarios de Tyndale sobre el Nuevo Testamento" Grand Rapids, MI: Eerdmans, 1960, p. 83). Los creyentes deben exhortarse constantemente unos a otros para protegerse a sí mismos de la incredulidad y el pecado. Existen ocho razones:

1. Primera, queda poco tiempo. *Hoy* es el día para creer y andar en Cristo. Hoy es el día de salvación. Mañana una persona puede ser arrebatada de este mundo por un accidente o convertirse en una persona destruida y sin esperanzas por una mala noticia o un suceso inesperado. A lo sumo, la vida es solo algo parecido al vapor o a una flor: hoy existe y mañana no. Por lo tanto, debemos exhortarnos unos a otros a confiar en Cristo y en sus promesas y a seguirlo como Él ha dictado.

"Mirad, pues, con diligencia cómo andéis, no como necios sino como sabios, aprovechando bien el tiempo, porque los días son malos" (Ef. 5:15-16).

"pero el que es rico, en su humillación; porque él pasará como la flor de la hierba" (Stg. 1:10).

"cuando no sabéis lo que será mañana. Porque ¿qué es vuestra vida? Ciertamente es neblina que se aparece por un poco de tiempo, y luego se desvanece" (Stg. 4:14).

"Porque: Toda carne es como hierba, y toda la gloria del hombre como flor de la hierba. La hierba se seca, y la flor se cae" (1 P. 1:24).

"Y mis días fueron más veloces que la lanzadera del tejedor, y fenecieron sin esperanza" (Job 7:6).

"He aquí, diste a mis días término corto, Y mi edad es como nada delante de ti; Ciertamente es completa vanidad todo hombre que vive" (Sal. 39:5).

"Los arrebatas como con torrente de aguas; son como sueño, Como la hierba que crece en la mañana. En la mañana florece y crece; A la tarde es cortada, y se seca" (Sal. 90:5-6).

"Enséñanos de tal modo a contar nuestros días, que traigamos al corazón sabiduría" (Sal. 90:12).

"El hombre, como la hierba son sus días; Florece como la flor del campo, Que pasó el viento por ella, y pereció, Y su lugar no la conocerá más" (Sal. 103:15-16).

"Yo, yo soy vuestro consolador. ¿Quién eres tú para que tengas temor del hombre, que es mortal, y del hijo de hombre, que es como heno?" (Is. 51:12).

2. Segunda, una persona puede endurecerse por el engaño del pecado. El pecado es engañoso: "Parece bueno, sabe bien, y se siente bien". Pero esclaviza a la vida humana y deja el corazón humano vacío, solitario, inseguro, adolorido, y en ocasiones desgarrado. Devasta familias, amigos, negocios, y a uno mismo. Además de esto, el pecado endu-

rece a la persona. Cuanto más peca una persona, más se endurece y más pecaminosa se vuelve. El pecado engendra pecado; el pecado nutre cada vez más al pecado. Cuanto más peca una persona, más fácil le resulta pecar. Un pecado prepara el corazón para el próximo pecado.

El corazón humano se endurece más mientras más peque. El pecado engaña y parece bueno, pero mientras más peca una persona, más esclavizado queda al pecado. (Comparar las cosas que dañan el cuerpo humano y la personalidad como el tabaquismo, la bebida, la droga, el sexo y los insultos.)

> **"No endurezcáis vuestro corazón, como en Meriba, como en el día de Masah en el desierto"** (Sal. 95:8).
>
> **"Bienaventurado el hombre que siempre teme a Dios; mas el que endurece su corazón caerá en el mal"** (Pr. 28:14).
>
> **"El hombre que reprendido endurece la cerviz, de repente será quebrantado, y no habrá para él medicina"** (Pr. 29:1).
>
> **"Pero por tu dureza y por tu corazón no arrepentido, atesoras para ti mismo ira para el día de la ira y de la revelación del justo juicio de Dios"** (Ro. 2:5).
>
> **"antes exhortaos los unos a los otros cada día, entre tanto que se dice: Hoy; para que ninguno de vosotros se endurezca por el engaño del pecado"** (He. 3:13).

3. Tercera, la salvación es condicional. No basta con decir que somos salvos, que somos "participantes de Cristo". Debemos mantenernos firmes en nuestra confianza o esperanza en Cristo y su salvación. Si decimos con seriedad que hemos participado de Cristo y su salvación, entonces *estamos compartiendo* de Él, estamos haciendo exactamente lo que Él dice: Nos retenemos firme a Él. Pero si no nos retenemos firmes a Cristo, entonces no *estamos compartiendo* de Él. No importa lo que digamos, si no nos retenemos firmes a Cristo, entonces no estamos compartiendo de Él. La salvación es condicional, basada en este único y sencillo requisito: "Una persona debe retenerse firme a Cristo con el fin de compartir de Él".

> **"Y seréis aborrecidos de todos por causa de mi nombre; mas el que persevere hasta el fin, éste será salvo"** (Mt. 10:22).
>
> **"Por tanto, ceñid los lomos de vuestro entendimiento, sed sobrios, y esperad por completo en la gracia que se os traerá cuando Jesucristo sea manifestado"** (1 P. 1:13).
>
> **"Así que vosotros, oh amados, sabiéndolo de antemano, guardaos, no sea que arrastrados por el error de los inicuos, caigáis de vuestra firmeza"** (2 P. 3:17).
>
> **"He aquí, yo vengo pronto; retén lo que tienes, para que ninguno tome tu corona"** (Ap. 3:11).

4. Cuarta, cada día es importante (Hewitt, *La Epístola a los Hebreos*. "Comentarios de Tyndale sobre el Nuevo Testamento", p. 84). Debemos escuchar la voz del Espíritu Santo todos los días. No debemos dejar que el pecado nos engañe ni permitir que nuestro corazón se endurezca. Debemos prestar atención y cuidarnos no sea que nos apartemos de Dios como lo hizo Israel. Es algo peligroso provocar a Dios.

> **"Porque dice: En tiempo aceptable te he oído, y en día de salvación te he socorrido. He aquí ahora el tiempo aceptable; he aquí ahora el día de salvación"** (2 Co. 6:2).
>
> **"Por esto orará a ti todo santo en el tiempo en que puedas ser hallado; ciertamente en la inundación de muchas aguas no llegarán éstas a él"** (Sal. 32:6).
>
> **"Pero yo a ti oraba, oh Jehová, al tiempo de tu buena voluntad; oh Dios, por la abundancia de tu misericordia, por la verdad de tu salvación, escúchame"** (Sal. 69:13).
>
> **"Porque él es nuestro Dios; Nosotros el pueblo de su prado, y ovejas de su mano. Si oyereis hoy su voz"** (Sal. 95:7).
>
> **"Así dijo Jehová: En tiempo aceptable te oí, y en el día de salvación te ayudé; y te guardaré, y te daré por pacto al pueblo, para que restaures la tierra, para que heredes asoladas heredades"** (Is. 49:8).

5. Quinta, algunos sí provocan a Dios. Algunos en Israel habían escuchado al Espíritu Santo de Dios, aún así no prestaron atención a su exhortación. Pecaron, se rebelaron contra Dios e hicieron su propia voluntad. Vivieron como quisieron, no creyeron ni confiaron en Dios. Por ende, lo provocaron. Trágicamente, sucede lo mismo hoy día. Algunos de nosotros pecamos y endurecemos nuestro corazón. Por ende provocamos a Dios.

> **"y Jehová dijo a Moisés: ¿Hasta cuándo me ha de irritar este pueblo? ¿Hasta cuándo no me creerán, con todas las señales que he hecho en medio de ellos? … no verán la tierra de la cual juré a sus padres; no, ninguno de los que me han irritado la verá"** (Nm. 14:11, 23).
>
> **"Acuérdate, no olvides que has provocado la ira de Jehová tu Dios en el desierto; desde el día que saliste de la tierra de Egipto, hasta que entrasteis en este lugar, habéis sido rebeldes a Jehová"** (Dt. 9:7).
>
> **"Porque yo les introduciré en la tierra que juré a sus padres, la cual fluye leche y miel; y comerán y se saciarán, y engordarán; y se volverán a dioses ajenos y les servirán, y me enojarán, e invalidarán mi pacto"** (Dt. 31:20).
>
> **"¡Cuántas veces se rebelaron contra él en el desierto, lo enojaron en el yermo! … Pero ellos tentaron y enojaron al Dios Altísimo, y no guardaron sus testimonios"** (Sal. 78:40, 56).
>
> **"Nuestros padres en Egipto no entendieron tus maravillas; No se acordaron de la muchedumbre de tus misericordias, Sino que se rebelaron junto al mar, el Mar Rojo"** (Sal. 106:7).
>
> **"Pues arruinada está Jerusalén, y Judá ha caído; porque la lengua de ellos y sus obras han sido contra Jehová para irritar los ojos de su majestad"** (Is. 3:8).
>
> **"¿Quiénes fueron los que, habiendo oído, le provocaron? ¿No fueron todos los que salieron de Egipto por mano de Moisés?"** (He. 3:16).

6. Sexta, el juicio vendrá. Dios ha pronunciado una verdad: Aquellos que pecaron y no creyeron ni confiaron en Él serán condenados y juzgados. Y como Él había dicho, aquellos que pecaron en Israel fueron juzgados. Sus huesos cayeron en el desierto. Así sucederá hoy. Todos los que pecan

y no creen en Dios serán condenados y juzgados. No hay escapatoria para ninguno que no crea y siga a Cristo.

"Por tanto, como el pecado entró en el mundo por un hombre, y por el pecado la muerte, así la muerte pasó a todos los hombres, por cuanto todos pecaron" (Ro. 5:12).

"Porque la paga del pecado es muerte, mas la dádiva de Dios es vida eterna en Cristo Jesús Señor nuestro" (Ro. 6:23).

"Porque el ocuparse de la carne es muerte, pero el ocuparse del Espíritu es vida y paz" (Ro. 8:6).

"Como la justicia conduce a la vida, así el que sigue el mal lo hace para su muerte" (Pr. 11:19).

"He aquí que todas las almas son mías; como el alma del padre, así el alma del hijo es mía; el alma que pecare, esa morirá" (Ez. 18:4).

"Y si alguno de vosotros tiene falta de sabiduría, pídala a Dios, el cual da a todos abundantemente y sin reproche, y le será dada" (Stg. 1:5).

"Pero los cobardes e incrédulos, los abominables y homicidas, los fornicarios y hechiceros, los idólatras y todos los mentirosos tendrán su parte en el lago que arde con fuego y azufre, que es la muerte segunda" (Ap. 21:8).

"mas del árbol de la ciencia del bien y del mal no comerás; porque el día que de él comieres, ciertamente morirás" (Gn. 2:17).

"El alma que pecare, esa morirá; el hijo no llevará el pecado del padre, ni el padre llevará el pecado del hijo; la justicia del justo será sobre él, y la impiedad del impío será sobre él" (Ez. 18:20).

7.   Séptima, Dios juzga la incredulidad. Las palabras "no creer" (apeitheo) significa negarse a ser persuadido, negarse a creer, ocultar una creencia, ser desobediente. Es una persona que se niega a ser persuadido a pesar de la evidencia de que Jesucristo es verdaderamente el Salvador del mundo. La clase de persona que decide continuar viviendo para el mundo y para sí mismo a pesar del hecho del juicio venidero. Al incrédulo no se le dará entrada en la tierra prometida del cielo ni en el reposo eterno de Dios.

"Finalmente se apareció a los once mismos, estando ellos sentados a la mesa, y les reprochó su incredulidad y dureza de corazón, porque no habían creído a los que le habían visto resucitado" (Mr. 16:14).

"El que cree en el Hijo tiene vida eterna; pero el que rehúsa creer en el Hijo no verá la vida, sino que la ira de Dios está sobre él" (Jn. 3:36).

"Por eso os dije que moriréis en vuestros pecados; porque si no creéis que yo soy, en vuestros pecados moriréis" (Jn. 8:24).

"Y cuando él venga, convencerá al mundo de pecado, de justicia y de juicio. De pecado, por cuanto no creen en mí" (Jn. 16:8-9).

"Mirad, hermanos, que no haya en ninguno de vosotros corazón malo de incredulidad para apartarse del Dios vivo" (He. 3:12).

"Procuremos, pues, entrar en aquel reposo, para que ninguno caiga en semejante ejemplo de desobediencia" (He. 4:11).

8.   Octava, la incredulidad margina a una persona. Nada cerrará las puertas de la tierra prometida del cielo, nada impedirá que una persona entre en el reposo eterno de Dios, excepto la incredulidad. Negarse a creer y confiar en el Señor Jesucristo y en su promesa de salvación cerrará la puerta de la tierra prometida para siempre. La incredulidad impide que una persona experimente el reposo de Dios, su eterno reposo.

"Porque os digo que si vuestra justicia no fuere mayor que la de los escribas y fariseos, no entraréis en el reino de los cielos" (Mt. 5:20).

"De cierto os digo, que el que no reciba el reino de Dios como un niño, no entrará en él" (Mr. 10:15).

"¿No sabéis que los injustos no heredarán el reino de Dios? No erréis; ni los fornicarios, ni los idólatras, ni los adúlteros, ni los afeminados, ni los que se echan con varones" (1 Co. 6:9).

"Pero esto digo, hermanos: que la carne y la sangre no pueden heredar el reino de Dios, ni la corrupción hereda la incorrupción" (1 Co. 15:50).

"No entrará en ella ninguna cosa inmunda, o que hace abominación y mentira, sino solamente los que están inscritos en el libro de la vida del Cordero" (Ap. 21:27).

	H. Advertencia dos (Parte 2): Teman, no sea que no alcancen el reposo de Dios, 4:1-13	tanto tiempo, por medio de David, como se dijo: Si oyereis hoy su voz, No endurezcáis vuestros corazones.	David demuestra que hay un reposo espiritual (Sal. 95:7-8).
1 La advertencia: Teman, no sea que no alcancen el reposo de Dios.	1 Temamos, pues, no sea que permaneciendo aún la promesa de entrar en su reposo, alguno de vosotros parezca no haberlo alcanzado.	8 Porque si Josué les hubiera dado el reposo, no hablaría después de otro día.	d. La promesa de Dios de otro día a Josué demuestra que hay un reposo espiritual (Jos. 2 1:44; 22:4).
2 Razón 1: Se ha predicado la buena nueva del reposo.	2 Porque también a nosotros se nos ha anunciado la buena nueva como a ellos; pero no les aprovechó el oír la palabra, por no ir acompañada de fe en los que la oyeron.	9 Por tanto, queda un reposo para el pueblo de Dios.	e. Conclusión: Hay un reposo para el pueblo de Dios
3 Razón 2: Dios ha jurado que los incrédulos no entrarán en su reposo.	3 Pero los que hemos creído entramos en el reposo, de la manera que dijo: Por tanto, juré en mi ira, No entrarán en mi reposo; aunque las obras suyas estaban acabadas desde la fundación del mundo.	10 Porque el que ha entrado en su reposo, también ha reposado de sus obras, como Dios de las suyas.	f. El reposo de Jesucristo de toda su obra demuestra que hay un reposo espiritual.
4 Razón 3: Hay un reposo y lo ha habido desde la creación.		11 Procuremos, pues, entrar en aquel reposo, para que ninguno caiga en semejante ejemplo de desobediencia.	5 Razón 4: Una persona puede caer en la incredulidad.
a. El reposo de Dios después de la creación demuestra que hay un reposo espiritual (Gn. 2:2).	4 Porque en cierto lugar dijo así del séptimo día: Y reposó Dios de todas sus obras en el séptimo día.		a. Una persona debe obrar para entrar en el reposo de Dios o caerá en la incredulidad.
b. La promesa de Dios del reposo de Canaán demuestra que existe un reposo espiritual (Sal. 95: 11).	5 Y otra vez aquí: No entrarán en mi reposo. 6 Por lo tanto, puesto que falta que algunos entren en él, y aquellos a quienes primero se les anunció la buena nueva no entraron por causa de desobediencia,	12 Porque la palabra de Dios es viva y eficaz, y más cortante que toda espada de dos filos; y penetra hasta partir el alma y el espíritu, las coyunturas y los tuétanos, y discierne los pensamientos y las intenciones del corazón.	b. La palabra de Dios discierne el corazón.
c. La promesa de Dios de un nuevo día para	7 otra vez determina un día: Hoy, diciendo después de	13 Y no hay cosa creada que no sea manifiesta en su presencia; antes bien todas las cosas están desnudas y abiertas a los ojos de aquel a quien tenemos que dar cuenta.	c. Dios ve todas las cosas.

DIVISIÓN I

LA REVELACIÓN SUPREMA: JESUCRISTO, EL HIJO DE DIOS, 1:1—4:13

H. Advertencia dos (Parte 2): Teman, no sea que no alcancen el reposo de Dios, 4:1-13

(4:1-13) *Introducción:* Este es un pasaje que debiera predicarse a los creyentes una y otra vez. Es un pasaje que analiza la promesa gloriosa del reposo de Dios, pero también es una advertencia, una advertencia desesperadamente necesitada por todos: Teman, no sea que no alcancen el reposo de Dios.

1. La advertencia: Teman, no sea que no alcancen el reposo de Dios (v. 1).
2. Razón 1: Se ha predicado la buena nueva del reposo (v. 2).

3. Razón 2: Dios ha jurado que los incrédulos no entrarán en su reposo (v. 3).
4. Razón 3: Hay un reposo y lo ha habido desde la creación (vv. 3-10).
5. Razón 4: Una persona puede caer en la incredulidad (vv. 11-13).

[1] (4:1) *Advertencia — Reposo — Temor:* La advertencia es directa y contundente, teman no sea que no alcancen el reposo de Dios. ¿Qué es el *reposo de Dios*? ¿Cuál es el reposo que se nos ofrece en Dios? El significado del reposo del creyente se ve al mirar las ilustraciones o los versículos 4-9. Reposo no significa inactividad. Dios no se ha mantenido inactivo desde la creación; Él ha estado muy activo. Él ha estado administrando el universo y obrando la salvación del hombre (cp. Jn. 5: 17; Ro. 8: 18). Por lo tanto, cuando la

Biblia habla de reposo para el creyente, no quiere decir un estado o vida de inactividad para el creyente. No quiere decir que el creyente se siente o se acueste o ande relajándose y haciendo lo que quiera. No quiere decir que el creyente sea liberado del deber y la responsabilidad. Por el contrario, el reposo del creyente quiere decir algo mucho más significativo y esperanzador. De hecho, ofrece la esperanza más gloriosa que se pueda imaginar para el hombre.

1. Existe el reposo de la satisfacción y el placer con la vida y el trabajo de uno. Esto se ve en el reposo de Dios después de la creación (v. 3-4). Después que Dios creó el mundo, el cual le tomó seis días, Él reposó en el séptimo día. Como se dijo anteriormente, esto no quiere decir que Dios cesó toda actividad después de la creación. Lo contrario de esto es cierto: Él ha estado cuidando del universo después de la creación, y Él se ha mantenido muy ocupado obrando en la salvación de los hombres. Este no es un reposo de inactividad, de no hacer nada. Cuando las Escrituras dicen que Dios reposó después de la creación, quiere decir que se complació y satisfizo con la obra de la creación. La obra de la creación se hizo y se completó. Hubo una sensación de satisfacción dentro de Dios; la sensación de satisfacción reposó dentro del alma de Dios. Él se encontraba en reposo y en paz con lo que Él había hecho. Por lo tanto, el reposo del creyente es una sensación de compleción, de satisfacción, de placer con su vida y obra. Cuando un creyente realmente cree y confía en Dios, él recibe el reposo de Dios, una profunda sensación de cumplimiento con su vida y obra.

> "Llevad mi yugo sobre vosotros, y aprended de mí, que soy manso y humilde de corazón; y hallaréis descanso para vuestras almas" (Mt. 11:29).
> "Pero los que hemos creído entramos en el reposo, de la manera que dijo: Por tanto, juré en mi ira, no entrarán en mi reposo; aunque las obras suyas estaban acabadas desde la fundación del mundo. Porque en cierto lugar dijo así del séptimo día: Y reposó Dios de todas sus obras en el séptimo día" (He. 4:3-4).

2. Existe el reposo de la liberación y de la salvación. Este es el reposo de Canaán (v. 5-6). En la Biblia…

- la Tierra Prometida de Canaán es una especie de paraíso y de reposo eterno que Dios ha prometido a los creyentes.
- la esclavitud de los judíos por Egipto es una especie de atadura y esclavitud del mundo sobre el hombre.
- las andanzas y divagaciones por el desierto son una especie de luchas, pruebas, tentaciones y tormentas diarias de la vida que una persona tiene que atravesar en esta vida.

El reposo del creyente quiere decir la liberación y salvación más gloriosa que se pueda imaginar, tan gloriosa que una persona no debe fallar al garantizar este reposo.

⇒ El reposo del creyente quiere decir la liberación y salvación de la esclavitud y atadura de este mundo (Egipto), de su pecado y muerte.

⇒ El reposo del creyente quiere decir el reposo de conciencia cuando uno ha dejado de luchar en las divagaciones de la vida por el desierto, las pruebas,

tentaciones, y tormentas de la vida.

⇒ El reposo del creyente quiere decir el reposo de la conquista y el triunfo mientras uno entra y vence a los enemigos de la tierra prometida del cielo, día tras día.

> "Y él dijo: Mi presencia irá contigo, y te daré descanso" (Éx. 33:14).
> "Y dije: ¡Quién me diese alas como de paloma! Volaría yo, y descansaría" (Sal. 55:6).
> "Vuelve, oh alma mía, a tu reposo, porque Jehová te ha hecho bien" (Sal. 116:7).
> "a los cuales él dijo: Este es el reposo; dad reposo al cansado; y este es el refrigerio; mas no quisieron oír" (Is. 28:12).
> "Porque así dijo Jehová el Señor, el Santo de Israel: En descanso y en reposo seréis salvos; en quietud y en confianza será vuestra fortaleza. Y no quisisteis" (Is. 30:15).

3. Existe el reposo de un nuevo día, de otro día que será mucho mejor que este día, un día que traerá perfección y vida eterna al alma humana (v. 7-8). Es el reposo de la confianza, de la confirmación, del conocimiento, de la esperanza, de la paz perfecta en el futuro. Todas las ataduras y esclavitudes de esta vida se han vencido en Cristo, incluso la muerte. Y ahora hay esperanza de vida eterna, del cielo, de un reposo eterno y perfecto para el pueblo de Dios.

> "Oí una voz que desde el cielo me decía: Escribe: Bienaventurados de aquí en adelante los muertos que mueren en el Señor. Sí, dice el Espíritu, descansarán de sus trabajos, porque sus obras con ellos siguen" (Ap. 14:13).
> "Y en el día que Jehová te dé reposo de tu trabajo y de tu temor, y de la dura servidumbre en que te hicieron servir" (Is. 14:3).

Sucede lo siguiente: Podemos perder el reposo de Dios; podemos no alcanzarlo. A Israel le sucedió y a nosotros nos puede suceder. Por lo tanto, debemos temer no sea que lo perdamos. La palabra *temer* significa que debemos estar activamente atemorizados y preocupados no sea que no alcancemos el reposo de Dios. El asunto es de crítica importancia; es un asunto de vida y muerte, de vida eterna y muerte eterna.

> "Y su misericordia es de generación en generación a los que le temen" (Lc. 1:50).
> "sino que en toda nación se agrada del que le teme y hace justicia" (Hch. 10:35).
> "Por tanto, amados míos, como siempre habéis obedecido, no como en mi presencia solamente, sino mucho más ahora en mi ausencia, ocupaos en vuestra salvación con temor y temblor" (Fil. 2:12).
> "Y si invocáis por Padre a aquel que sin acepción de personas juzga según la obra de cada uno, conducíos en temor todo el tiempo de vuestra peregrinación" (1 P. 1:17).
> "¡Cuán grande es tu bondad, que has guardado para los que te temen, que has mostrado a los que esperan en ti, delante de los hijos de los hombres!" (Sal. 31:19).
> "En el temor de Jehová está la fuerte confianza; y

esperanza tendrán sus hijos. El temor de Jehová es manantial de vida para apartarse de los lazos de la muerte" (Pr. 14:26-27).

2 (4:2) *Reposo del creyente — Advertencia:* Podemos no alcanzar el reposo de Dios porque se ha predicado la buena nueva del reposo. El reposo de Dios se le predicó a Israel, alto y claro. No hubo justificación, porque Israel conocía de la buena nueva gloriosa:

⇒ Existe un reposo profundamente arraigado que podemos poseer dentro de nuestro corazón, una satisfacción con nuestra vida.

⇒ Existe el reposo de la liberación y salvación a través del desierto de esta vida, a través de todas las pruebas y tentaciones y tormentas de la vida.

⇒ Existe un reposo de un nuevo día, de perfección y de vida eterna.

Este evangelio, el mensaje glorioso del reposo de Dios, se le predicó a Israel, y se nos ha predicado a nosotros. Pero note la advertencia: "La Palabra no benefició a Israel". ¿Por qué? Porque Israel no acompañó la Palabra con fe. No creyeron en la Palabra de Dios. Rechazaron la promesa de la Palabra de Dios que prometía un reposo al alma del creyente.

Pensamiento 1. La advertencia queda clara: "Debemos creer en la Palabra, la buena nueva del reposo de Dios, o no alcanzaremos su reposo". Y nunca debemos olvidar: "Somos mucho más responsables por Jesucristo. El propio Hijo de Dios, alguien muy superior a Moisés, es quien nos ha traído el mensaje del reposo de Dios".

"El que cree en el Hijo tiene vida eterna; pero el que rehúsa creer en el Hijo no verá la vida, sino que la ira de Dios está sobre él" (Jn. 3:36).

"Dios envió mensaje a los hijos de Israel, anunciando el evangelio de la paz por medio de Jesucristo; éste es Señor de todos" (Hch. 10:36).

"Mirad, hermanos, que no haya en ninguno de vosotros corazón malo de incredulidad para apartarse del Dios vivo" (He. 3:12).

"Procuremos, pues, entrar en aquel reposo, para que ninguno caiga en semejante ejemplo de desobediencia" (He. 4:11).

3 (4:3) *Reposo del creyente — Advertencia:* Podemos no alcanzar el reposo de Dios porque Dios ha jurado que los incrédulos no entrarán en su reposo. Este versículo está claro: La persona que cree entra en el reposo de Dios, pero la persona que no cree no lo hará. Y el resultado trágico es concluyente: Dios ha jurado que el incrédulo no entrará en su reposo. El incrédulo no tiene esperanza, nada que añorar en esta vida excepto pruebas, sufrimientos, desolación, soledad, enfermedad, accidentes, tentaciones, y muerte, una vida sin sentido, ni significado, ni propósito permanente. No tiene nada que añorar en la vida futura excepto juicio, condenación, y alienación de Dios. Dios ha jurado: La persona que no crea en su Hijo, que el reposo, la liberación y la salvación eterna están en Jesucristo, no entrará en su reposo. No habrá paz, ni liberación, ni salvación, ni nuevo día para el incrédulo.

"El que en él cree, no es condenado; pero el que no

cree, ya ha sido condenado, porque no ha creído en el nombre del unigénito Hijo de Dios" (Jn. 3:18).

"El que cree en el Hijo tiene vida eterna; pero el que rehúsa creer en el Hijo no verá la vida, sino que la ira de Dios está sobre él" (Jn. 3:36).

"Por eso os dije que moriréis en vuestros pecados; porque si no creéis que yo soy, en vuestros pecados moriréis" (Jn. 8:24).

"Mirad, hermanos, que no haya en ninguno de vosotros corazón malo de incredulidad para apartarse del Dios vivo" (He. 3:12).

"Procuremos, pues, entrar en aquel reposo, para que ninguno caiga en semejante ejemplo de desobediencia" (He. 4:11).

4 (4:3-10) *Reposo del creyente — Advertencia:* Podemos no alcanzar el reposo de Dios porque el reposo de Dios realmente existe. La verdad del reposo de Dios es una realidad viva, y el reposo de Dios ha existido desde su creación. La buena nueva del reposo de Dios no es una invención, ni una esperanza falsa creada por la imaginación del hombre. No es un mecanismo de escape usado por algunos para manejar su temor a la muerte. El reposo de Dios es verdad, es una realidad viva que existe en verdad. Por lo tanto si una persona ignora, descuida, o niega el reposo de Dios, puede no alcanzarlo. Según lo planteado, el hombre puede entrar en el reposo de Dios; puede tener abundancia de reposo, una abundancia de vida en este mundo y un reposo y vida eternos en el próximo mundo. ¿Cómo sabemos esto? ¿Cómo sabemos que el reposo de Dios es una realidad, que realmente existe? Existen cinco pruebas.

1. El hecho de que Dios reposó después de la creación demuestra que hay un reposo para el pueblo de Dios (v. 4). Dios trabajó y obró en la creación del mundo y luego Él reposó. Se echó atrás y contempló su obra y experimentó la más profunda sensación de satisfacción. La sensación de satisfacción *reposó* en su alma. Esto claramente nos demuestra que hay un reposo de vida y obra, de satisfacción y placer con quienes somos y con lo que hacemos.

2. La promesa de Dios a Israel de la Tierra Prometida (el reposo de Canaán) es una prueba de que hay un reposo para el pueblo de Dios el pueblo de Dios (v. 5-6 cp. Sal. 95:11). La promesa de Dios no puede fallar. Hubo un reposo para el pueblo de Israel y ellos no entraron (v. 5). Pero note: El hecho de que el reposo de Dios existió y que Él se lo prometió a los creyentes significa que algunos deben entrar en su reposo. El reposo eterno de Dios no existe para permanecer vacío y desolado de personas. Algunos deben entrar al reposo de Canaán en el cielo. Como Israel no entró, la única conclusión que se puede decantar es la siguiente: "El reposo de Dios aún existe". Los creyentes aún pueden entrar en el reposo de Dios.

3. La promesa de Dios de un nuevo día a David demuestra que hay un reposo para el pueblo de Dios (v. 7; cp. Sal. 95:7-8). Como dice el versículo siete, transcurrió *tanto tiempo* para que Israel entrara en Canaán cuando el Espíritu Santo habló a través de David diciendo, "si oyereis hoy su voz, no endurezcáis vuestros corazones", mas entren en el reposo de Dios. El reposo de Dios aún existía en los días de

David; por ende, *la tierra física de Canaán* no podía haber sido el reposo prometido a Israel. El reposo de Dios es espiritual y eterno, el reposo del espíritu del hombre en este mundo y en el mundo eterno. El reposo de Dios aún existe.

4.   La promesa de Dios de otro día incluso después de los días de Josué demuestra que hay un reposo para el pueblo de Dios (v. 8-9; cp. Sal. 94:7-1 1). (La palabra "Jesús" es Josué en griego.) Cuando Josué guió a Israel a Canaán, las personas no entraron en el reposo del que hablaba el Espíritu Santo. (La palabra "él" es el Espíritu Santo.) Si hubieran entrado, entonces el Espíritu Santo no habría dicho que el reposo aún se encuentra disponible en el Salmo 95 el cual se escribió hace quinientos años (Kenneth Wuest, *Hebreos,* vol. 2, p. 87). Josué sí proveyó algún reposo a Israel (Jos. 21:44; 22:4), pero no fue el cumplimiento total de la promesa de Dios. El reposo de Dios es espiritual y eterno, la confianza espiritual y seguridad de paz y vida, tanto para ahora como para siempre. Por ende, sigue existiendo un reposo para el pueblo de Dios.

5.   El reposo de Jesucristo de toda su obra demuestra que hay un reposo para el pueblo de Dios (v. 10). Este versículo igualmente se puede aplicar al hombre y a Cristo. La mayoría de los comentaristas lo aplican al hombre diciendo…

*   cuando el hombre entra en el reposo de Dios, deja de luchar a través de todas las pruebas y tentaciones de la vida. Él los vence y triunfa.

Sin embargo, al parecer el autor de Hebreos está demostrando el hecho de que hay un reposo para el pueblo de Dios. Y no hay mayor prueba que la resurrección y ascenso del Señor Jesucristo después de su obra en la tierra. Cuando Él completó la obra de redención y salvación, Él entró en su reposo, el reposo de la tierra prometida del cielo, para permanecer en la gloria y magnificencia eternamente. Es el reposo de Jesucristo, su resurrección en el reposo eterno de Dios, lo que demuestra por encima de todas las cosas que hay un reposo para el pueblo de Dios.

"Llevad mi yugo sobre vosotros, y aprended de mí, que soy manso y humilde de corazón; y hallaréis descanso para vuestras almas" (Mt. 11:29).

"Pero los que hemos creído entramos en el reposo, de la manera que dijo: Por tanto, juré en mi ira, no entrarán en mi reposo; aunque las obras suyas estaban acabadas desde la fundación del mundo. Porque en cierto lugar dijo así del séptimo día: Y reposó Dios de todas sus obras en el séptimo día" (He. 4:3-4).

"Y él dijo: Mi presencia irá contigo, y te daré descanso" (Éx. 33.14).

"Y dije: ¡Quién me diese alas como de paloma! Volaría yo, y descansaría" (Sal. 55:6).

"Vuelve, oh alma mía, a tu reposo, porque Jehová te ha hecho bien" (Sal. 116:7).

"a los cuales él dijo: Este es el reposo; dad reposo al cansado; y este es el refrigerio; mas no quisieron oír" (Is. 28:12).

"Porque así dijo Jehová el Señor, el Santo de Israel: En descanso y en reposo seréis salvos; en quietud y en confianza será vuestra fortaleza. Y no quisisteis" (Is. 30:15).

"Oí una voz que desde el cielo me decía: Escribe: Bienaventurados de aquí en adelante los muertos que mueren en el Señor. Sí, dice el Espíritu, descansarán de sus trabajos, porque sus obras con ellos siguen" (Ap. 14:13).

"Y en el día que Jehová te dé reposo de tu trabajo y de tu temor, y de la dura servidumbre en que te hicieron servir" (Is. 14:3).

"En el temor de Jehová está la fuerte confianza; y esperanza tendrán sus hijos. El temor de Jehová es manantial de vida para apartarse de los lazos de la muerte" (Pr. 14:26-27).

5 (4:11-13) *Reposo del creyente — Advertencia — Palabra de Dios:* Podemos no alcanzar el reposo de Dios porque una persona puede caer en la incredulidad. Note tres puntos.

1.   Primero, una persona puede obrar para entrar en el reposo de Dios o caerá en la incredulidad. La palabra "procurar" (spoudazzo) significa esforzarse, dar toda diligencia, ser celoso, empeñarse ansiosamente, hacer el esfuerzo de uno mismo, darse prisa. No hay cabida para la somnolencia ni pereza, complacencia ni aletargamiento. A menos que una persona procure con toda diligencia, caerá tanto como cayó Israel. Y recuerden la experiencia de Israel: Las personas procuraron por un tiempo y luego recayeron un tiempo; procuraron nuevamente y luego recayeron nuevamente. Israel vivió una vida de altas y bajas, y a la nación no se le permitió entrar en el reposo de Dios. No hay cabida para la inconsistencia, ni cabida para una vida de altas y bajas, no en el reposo de Dios. La diligencia, la procuración diaria, es un fundamento esencial absoluto. Debemos procurar o caeremos del reposo de Dios como cayó Isracl.

"Esforzaos a entrar por la puerta angosta; porque os digo que muchos procurarán entrar, y no podrán" (Lc. 13:24).

"Todo aquel que lucha, de todo se abstiene; ellos, a la verdad, para recibir una corona corruptible, pero nosotros, una incorruptible" (1 Co. 9:25).

"Solamente que os comportéis como es digno del evangelio de Cristo, para que o sea que vaya a veros, o que esté ausente, oiga de vosotros que estáis firmes en un mismo espíritu, combatiendo unánimes por la fe del evangelio" (Fil. 1:27).

"para lo cual también trabajo, luchando según la potencia de él, la cual actúa poderosamente en mí" (Col. 1:29).

2.   La Palabra de Dios discierne el corazón (vea el *Estudio a fondo 1, Palabra de Dios,* He. 4:12 para un mayor análisis). La Palabra de Dios promete reposo a aquellos que creen. Y note: "Su mensaje de la promesa no es una epístola anodina; no es papel y tinta. La Palabra de Dios y su promesa están vivas, son una realidad viva. Se dicen cuatro cosas acerca de la Palabra de y sus promesas.

a.   La Palabra de Dios es "rápida" (zon): viva y viviente. La idea es que la Palabra de Dios siempre se encuentra activa y viva; siempre está obrando y transmitiendo rápidamente su mensaje al corazón humano. Por lo tanto, el mensaje de reposo de Dios no es una promesa sinsentido y muerta; está viva y llena de vida para el corazón del creyente.

b. La Palabra de Dios es "poderosa" (energes): activa, que obra, vigorizadora. El mensaje de la promesa de Dios, su reposo de salvación, es poderoso. No se encuentra dormido e inactivo. En verdad se encuentra activo y obrando y vigorizando el corazón del creyente.

c. La Palabra de Dios es *más cortante que toda espada de dos filos*. La palabra "cortante" (tomoteros) significa cortar. Es penetrante y condenatoria. No abandona a un alma. La Palabra de Dios no permitirá que un alma que la escuche ignore la promesa del reposo de Dios.

d. La Palabra de Dios es "penetrante" (diiknoumenos): atravesar. Atraviesa directamente el alma y el espíritu del hombre. Es la Palabra de Dios la que toma la naturaleza espiritual y terrenal del hombre y las separa del llamado y promesa espirituales de Dios. Penetra y separa el alma y el espíritu del hombre tal y como una espada penetra las coyunturas y los tuétanos del hombre.

⇒ Separa un alma orgullosa de un espíritu humilde.

⇒ Separa un alma pecadora de un espíritu justo.

⇒ Separa un alma rebelde de un espíritu obediente.

⇒ Separa un alma impía de un espíritu devoto.

e. La Palabra de Dios "discierne los pensamientos y las intenciones [propósito] del corazón". La palabra "discernir" (kritikos) significa juzgar, cernir y analizar. "La Palabra de Dios es capaz de penetrar en los resquicios más apartados del ser espiritual de una persona, cerniendo y analizando los pensamientos y las intenciones del corazón" (Kenneth Wuest, *Hebreos,* vol. 2, p. 89).

La Palabra de Dios ve si una persona cree o no cree en su promesa de reposo. La Palabra de Dios en verdad conoce los pensamientos y los propósitos de una persona.

"Porque no me avergüenzo del evangelio, porque es poder de Dios para salvación a todo aquel que cree; al judío primeramente, y también al griego" (Ro. 1:16).

"Toda la Escritura es inspirada por Dios, y útil para enseñar, para redargüir, para corregir, para instruir en justicia" (2 Ti. 3:16).

"Porque la palabra de Dios es viva y eficaz, y más cortante que toda espada de dos filos; y penetra hasta partir el alma y el espíritu, las coyunturas y los tuétanos, y discierne los pensamientos y las intenciones del corazón" (He. 4:12).

"Por tanto, así ha dicho Jehová Dios de los ejércitos: Porque dijeron esta palabra, he aquí yo pongo mis palabras en tu boca por fuego, y a este pueblo por leña, y los consumirá" (Jer. 5:14).

"¿No es mi palabra como fuego, dice Jehová, y como martillo que quebranta la piedra?" (Jer. 23:29).

3. Dios ve todas las cosas. Él sabe si nosotros creemos en Él y su promesa de reposo eterno o no. Él sabe si estamos haciendo una profesión falsa o si verdaderamente seguimos a Cristo.

"Nada de lo que Dios ha creado puede esconderse de él; todo está claramente expuesto ante aquel a quien tenemos que rendir cuentas" (v. 13, Dios habla hoy).

"Si pequé, tú me has observado, y no me tendrás por limpio de mi iniquidad" (Job 10:14).

"Pero ahora me cuentas los pasos, y no das tregua a mi pecado" (Job 14:16).

"Aunque te laves con lejía, y amontones jabón sobre ti, la mancha de tu pecado permanecerá aún delante de mí, dijo Jehová el Señor" (Jer. 2:22).

"Porque mis ojos están sobre todos sus caminos, los cuales no se me ocultaron, ni su maldad se esconde de la presencia de mis ojos" (Jer. 16:17).

"Y vino sobre mí el Espíritu de Jehová, y me dijo: Di: Así ha dicho Jehová: Así habéis hablado, oh casa de Israel, y las cosas que suben a vuestro espíritu, yo las he entendido" (Ez. 11:5).

"Y no consideran en su corazón que tengo en memoria toda su maldad; ahora les rodearán sus obras; delante de mí están" (Os. 7:2).

"Porque yo sé de vuestras muchas rebeliones, y de vuestros grandes pecados; sé que afligís al justo, y recibís cohecho, y en los tribunales hacéis perder su causa a los pobres" (Am. 5:12).

"Porque nada hay encubierto, que no haya de descubrirse; ni oculto, que no haya de saberse" (Lc. 12:2).

"Pero Jesús mismo no se fiaba de ellos, porque conocía a todos" (Jn. 2:24).

"Así que, no juzguéis nada antes de tiempo, hasta que venga el Señor, el cual aclarará también lo oculto de las tinieblas, y manifestará las intenciones de los corazones; y entonces cada uno recibirá su alabanza de Dios" (1 Co. 4:5).

"Mas si así no lo hacéis, he aquí habréis pecado ante Jehová; y sabed que vuestro pecado os alcanzará" (Nm. 32:23).

"Porque Dios traerá toda obra a juicio, juntamente con toda cosa encubierta, sea buena o sea mala" (Ec. 12:14).

ESTUDIO A FONDO 1

(4:12) *La Palabra de Dios — Biblia:* Las Escrituras dicen varias cosas acerca de cuán viva y poderosa es la Palabra de Dios (comparar Is. 49:2).

1. La Palabra de Dios es la espada penetrante del espíritu (Ef. 6:17). Crea una conciencia del espíritu inmortal de la persona y discierne los pensamientos y propósitos de la persona (He. 4: 12).

2. La Palabra de Dios es el espejo de la vida (Stg. 1:22-25). Refleja y expone la clase de persona que uno es (Ro. 3:9-27).

3. La Palabra de Dios es el fuego ardiente de la condenación (Jer. 23:29). Quema y consume el corazón, la conciencia del hombre (Jer. 5:14; Lc. 24:32).

4. La Palabra de Dios es el martillo pesado que tritura la dureza del corazón del hombre (Jer. 23:29).

5. La Palabra de Dios es la simiente reproductiva de

un nuevo nacimiento (1 P. 2:23). El hombre nace nuevamente de un modo espiritual al escuchar y creer en la Palabra (Ro. 10:17).

6. La Palabra de Dios es el alimento nutritivo del creyente (1 P. 2:2-3). El creyente crece y vive y se perfecciona a través del estudio de la Palabra (Mt. 4:4; Hch. 20:32; He. 5:12-14).

7. La Palabra de Dios es la luz que guía al creyente (Sal. 119:105).

8. La Palabra de Dios es el agua limpiadora de la santificación (Jn. 15:3; 17:17). Dios lava y limpia a los suyos, a la iglesia, a través del uso de la Palabra (Ef. 5:25b-26).

9. La Palabra de Dios es el instrumento de medición por el cual recibimos la aprobación de Dios (2 Ti. 2: 15.

1 La identificación del gran Sumo sacerdote a. Quien atravesó los cielos b. Jesús: El Hijo de Dios **2 El significado para el hombre**	**II. El supremo sumo sacerdote: Jesucristo, el Hijo de Dios, 4:14—7:28** **A. Cristo es el gran Sumo sacerdote (Parte 1): El sumo sacerdote compasivo, 4:14-16** 14 Por tanto, teniendo un gran sumo sacerdote que traspasó los cielos, Jesús el Hijo de Dios, retengamos nuestra profesión. 15 Porque no tenemos un sumo sacerdote que no pueda	compadecerse de nuestras debilidades, sino uno que fue tentado en todo según nuestra semejanza, pero sin pecado. 16 Acerquémonos, pues, confiadamente al trono de la gracia, para alcanzar misericordia y hallar gracia para el oportuno socorro	a. Tenemos a alguien que se compadece de nosotros b. Tenemos a alguien que fue tentado como nosotros, aún así Él no pecó c. Podemos acercarnos a Dios, confiadamente d. Podemos hallar misericordia e. Podemos hallar gracia para el socorro

DIVISIÓN II

EL SUPREMO SUMO SACERDOTE: JESUCRISTO, EL HIJO DE DIOS, 4:14—7:28

A. Cristo es el gran sumo sacerdote (Parte 1): El sumo sacerdote compasivo, 4:14-16

(4:14-16) *Introducción:* Jesucristo, el Hijo de Dios, es el supremo Sumo sacerdote. Esta verdad gloriosa inicia un nuevo análisis acerca de la grandeza y supremacía de Jesucristo. Él es el gran Sumo sacerdote, ampliamente el más grande Sumo sacerdote que haya mediado entre Dios y el hombre. La implicación es increíble: "Como el gran Sumo sacerdote, es capaz de compadecerse, de sentir en verdad cada experiencia que experimentamos, no importa cuán doloroso sea. Jesucristo no solo se compadece de nosotros, Él siente a la par nuestra. Él es nuestro grande y compasivo Sumo sacerdote, quien suple cada necesidad nuestra y nos lleva a través de todos los sufrimientos de esta vida. (Nota: Este pasaje y el próximo pasaje versan sobre el mismo tema, el gran Sumo sacerdote, el Señor Jesucristo. Se dividen en dos partes por su extensión. Sin embargo, alguien puede querer combinarlos y hacer un mensaje o lección y estudio.)

1. La identificación del gran Sumo sacerdote (v. 14).
2. El significado para el hombre (vv. 15-16).

1 (4:14) *Jesucristo, deidad — Sumo sacerdote:* La identidad del gran Sumo sacerdote. Note la palabra gran. Se está usando para separar a Jesucristo de todos los otros sumo sacerdotes. A Aarón, quien fue el primer sumo sacerdote, los judíos lo consideraron el más grande de los sumo Sacerdotes. Pero este pasaje declara que Jesucristo fue el más grande Sumo sacerdote. Se dan dos razones:

1. Jesucristo ha "entrado al cielo". Él se encuentra ante el propio trono de Dios; Él se encuentra en la presencia misma de Dios. Un sumo sacerdote terrenal ministraba y *entraba* en el lugar más santo del templo terrenal. Pero Cristo *entró* o ascendió al cielo y ministra en el cielo. Él ministra en la presencia misma de Dios. Por lo tanto, Él es descansadamente

superior a cualquier sumo sacerdote terrenal incluso Aarón.

2. Jesucristo es "*Jesús* el Hijo de Dios". Su nombre terrenal *Jesús* habla de su naturaleza humana y compasión por el hombre. Jesús fue un hombre tal como los otros sumo sacerdotes. Él sufrió todas las pruebas y las tentaciones que otros hombres y sumo sacerdotes sufren; por ende, Él puede *compadecerse* con todos los que vienen a Él como su Sumo sacerdote.

> **"Por lo cual debía ser en todo semejante a sus hermanos, para venir a ser misericordioso y fiel sumo sacerdote en lo que a Dios se refiere, para expiar los pecados del pueblo" (He. 2:17).**

Pero note: Jesucristo fue también "el Hijo de Dios". Este era su nombre celestial. Él era divino, el mismo Hijo de Dios que vino a la tierra para liberar y salvar a los hombres del pecado, la muerte, y la condenación. Él vino a salvarnos al máximo, para llevarnos ante el mismo trono de Dios. Él vino para que nos fuera posible vivir en presencia de Dios. ¿Cómo podemos hacer eso? Porque Él es el Hijo de Dios. Como Hijo de Dios Él tiene el poder de salvarnos al máximo, para que ganemos la aceptación de Dios. Ningún otro sacerdote puede hacer eso. Por eso, Jesucristo es superior a todos los otros sacerdotes. Solo Jesucristo es el gran Sumo sacerdote.

> **"[El evangelio] acerca de su Hijo, nuestro Señor Jesucristo, que era del linaje de David según la carne, que fue declarado Hijo de Dios con poder, según el Espíritu de santidad, por la resurrección de entre los muertos" (Ro. 1:3-4).**
> **"Porque en él habita corporalmente toda la plenitud de la Deidad" (Col. 2:9).**
> **"el cual, siendo el resplandor de su gloria, y la imagen misma de su sustancia, y quien sustenta todas las cosas con la palabra de su poder, habiendo efectuado la purificación de nuestros pecados por medio de sí mismo, se sentó a la diestra de la Majestad en las alturas" (He. 1:3).**
> **"Ahora bien, el punto principal de lo que venimos diciendo es que tenemos tal sumo sacerdote, el cual se sentó a la diestra del trono de la Majestad en los cielos" (He. 8:1).**

Sucede lo siguiente: "Retengámonos firmes a nuestra confesión". Solo Jesucristo puede salvarnos. Él ha entrado en el cielo. Si deseamos entrar al cielo, debemos confesar a Cristo y retenernos con firmeza en nuestra confesión. Tenemos que ser genuinos; tenemos que retenernos con firmeza si vamos a entrar en el cielo y vivir con Dios.

"pero Cristo como hijo sobre su casa, la cual casa somos nosotros, si retenemos firme hasta el fin la confianza y el gloriarnos en la esperanza" (He. 3:6).

"Mantengamos firme, sin fluctuar, la profesión de nuestra esperanza, porque fiel es el que prometió" (He. 10:23).

"Acuérdate, pues, de lo que has recibido y oído; y guárdalo, y arrepiéntete. Pues si no velas, vendré sobre ti como ladrón, y no sabrás a qué hora vendré sobre ti" (Ap. 3:3).

"He aquí, yo vengo pronto; retén lo que tienes, para que ninguno tome tu corona" (Ap. 3:11).

2 (4:15-16) *Jesucristo, Sumo sacerdote:* El significado del sumo sacerdocio de Jesús para el hombre tiene cinco aspectos:

1. Tenemos un Sumo sacerdote que sufre con nosotros. La palabra "conmovido" (sunpathesai) significa compadecerse, sentir, sufrir con. Significa compadecerse y sentir con una persona al punto que la herida y el dolor se siente en realidad dentro del propio corazón de uno. La idea es que Jesucristo en verdad sufre cuando nosotros sufrimos. Él sabe y sufre junto con nosotros cuando nosotros…

- nos enfermamos
- sufrimos pruebas
- enfrentamos las tentaciones
- caemos en pecado
- tenemos un accidente
- nos sentimos solitarios
- nos sentimos vacíos
- carecemos de propósito
- perdemos un ser querido
- nos golpea el sufrimiento
- carecemos de dinero
- tenemos hambre
- carecemos de ropas
- sufrimos persecución
- nos enfrentamos a la muerte

Cualquier prueba, dolor, tentación, o sufrimiento, cualquier enfermedad o debilidad, cualquiera que sea y todas las experiencias humanas, Jesucristo realmente se compadece y las sufre con nosotros. Él sufre y se duele en verdad junto con nosotros. No podríamos pedir un Salvador más grande; no podríamos añorar un Intercesor más grande; no podríamos desear un Sumo sacerdote más grande para que *nos representase* ante Dios. Jesucristo es nuestro *gran Sumo sacerdote*. Él es nuestro representante ante Dios. Él es quien continúa el ministerio e intercesión gloriosa por nosotros, y Él "está conmovido con los sentimientos de nuestras enfermedades", con todas nuestras debilidades y flaquezas humanas.

"No se turbe vuestro corazón; creéis en Dios, creed también en mí… No os dejaré huérfanos; vendré a vosotros" (Jn. 14:1, 18).

"El que tiene mis mandamientos, y los guarda, ése es el que me ama; y el que me ama, será amado por mi Padre, y yo le amaré, y me manifestaré a él" (Jn. 14:21).

"Por tanto, teniendo un gran sumo sacerdote que

traspasó los cielos, Jesús el Hijo de Dios, retengamos nuestra profesión" (He. 4:14).

"Como el padre se compadece de los hijos, se compadece Jehová de los que le temen" (Sal. 103:13).

"En toda angustia de ellos él fue angustiado, y el ángel de su faz los salvó; en su amor y en su clemencia los redimió, y los trajo, y los levantó todos los días de la antigüedad" (Is. 63:9).

2. Tenemos un Sumo sacerdote que fue tentado en todo según nuestra semejanza, aún así Él no cometía pecado. Debemos recordar esta verdad gloriosa y nunca olvidarla, porque es el fundamento mismo de la salvación del hombre. Ningún hombre será salvo a menos que Jesucristo sí haya vivido una vida sin pecados. ¿Por qué? Porque algún hombre tiene que vivir una vida sin pecado y garantizar la justicia ideal y perfecta que cubre al hombre pecaminoso. Aparte de Cristo no hay justicia ideal que pueda presentarse ante Dios y ganar la aceptación de Dios. Y solo la perfección, solo lo ideal, puede presentarse ante Dios. Por consiguiente si Cristo no nos ha garantizado la justicia ideal y perfecta, entonces no hay justicia que nos cubra, ni justicia en la que podamos creer ni confiar, ni justicia que nos haga ganarnos la aceptación de Dios.

Pero esta es la buena nueva gloriosa, y ese es el objetivo de este versículo: Jesucristo no cometió pecado alguno. Él fue tentado en todo según nuestra semejanza, pero Él nunca pecó. Él sufrió cada experiencia y cada prueba y tentación que nosotros sufrimos. Y Él las soportó todas, sin pecar. William Barclay señala que Cristo hasta soportó más de lo que tendremos que soportar, mucho más:

"Él es como nosotros en todas las cosas — excepto que Él emergió de todo completamente impecable… El hecho de que Jesús no pecara necesariamente significa que Él conoció profundidades y tensiones y asaltos de tentaciones que no conocemos y no podremos conocer. Su batalla lejos de ser fácil fue incalculablemente difícil. ¿Por qué? Por la siguiente razón, nosotros caemos en tentación mucho antes de que el tentador haya desbordado todo su poder. Fácilmente nos derrotan; nunca conocemos la tentación en su faceta más feroz y más terrible, porque caemos mucho antes que se alcance esa etapa. Pero Jesús fue tentado como nosotros, y más allá de como somos tentados nosotros. Porque en su caso el tentador puso todo cuanto tenía en el asalto, y Jesús lo soportó. Piense en ello con relación al dolor. Existe un grado de dolor que el ser humano puede soportar, y cuando se alcanza ese grado la persona se desmaya y pierde el conocimiento; ha llegado a su límite. Existen agonías de dolor que él no conoce, porque hubo un desmayo. Así sucede con la tentación. Nosotros nos desmayamos ante la tentación; pero Jesús alcanzó nuestra etapa de tentación y mucho más allá y aún así no se desmayó. Se puede decir que Él fue tentado en todo según nuestra semejanza; pero también se puede decir que nunca se ha tentado a un hombre como se le tentó a Él" (La Epístola a los Hebreos, p. 38).

"¿Quién de vosotros me redarguye de pecado?

Pues si digo la verdad, ¿por qué vosotros no me creéis?" (Jn. 8:46).

"Al que no conoció pecado, por nosotros lo hizo pecado, para que nosotros fuésemos hechos justicia de Dios en él" (2 Co. 5:21).

"Porque no tenemos un sumo sacerdote que no pueda compadecerse de nuestras debilidades, sino uno que fue tentado en todo según nuestra semejanza, pero sin pecado" (He. 4:15).

"Porque tal sumo sacerdote nos convenía: santo, inocente, sin mancha, apartado de los pecadores, y hecho más sublime que los cielos" (He. 7:26).

"¿cuánto más la sangre de Cristo, el cual mediante el Espíritu eterno se ofreció a sí mismo sin mancha a Dios, limpiará vuestras conciencias de obras muertas para que sirváis al Dios vivo?" (He. 9:14).

"sino con la sangre preciosa de Cristo, como de un cordero sin mancha y sin contaminación" (1 P. 1:19).

"el cual no hizo pecado, ni se halló engaño en su boca" (1 P. 2:22).

"Y sabéis que él apareció para quitar nuestros pecados, y no hay pecado en él" (1 Jn. 3:5).

3. Podemos acercarnos a Dios, confiadamente. Pero note estos dos aspectos:

   a. Dios se sienta en un *trono,* el asiento de la autoridad, del poder, del honor, la gloria, el respeto, y la reverencia. Por lo tanto, debemos acercarnos a Él con respeto y reverencia.

   b. Dios se sienta en un "trono de gracia". Gracia significa que Dios es amor, y que añora desbordar su amor y sus bendiciones sobre el hombre. Pero ¿cómo podría Dios, que se sienta en el trono majestuoso y glorioso del universo, tener tanta gracia para con el hombre? ¿Cómo Dios podría amar al hombre, amar a una criatura que constituye una parte tan pequeña de tan vasto universo? ¿Amar a una criatura que ha maldecido, negado, ignorado y se ha rebelado contra el Señor Soberano del universo? Por Cristo Jesús. Cristo se encuentra allí en la sala del trono de Dios, y Él se encuentra sentado allí como el Salvador del mundo, como el Hombre perfecto e ideal que sacrificó su vida por los pecados del mundo. Él se encuentra allí abogando por nosotros ante Dios. Y todo cuanto Dios hace es escuchar a su Hijo. Lo que Jesús pida, el Padre lo complace. Jesucristo es nuestro representante, nuestro intercesor, nuestro gran Sumo sacerdote ante el trono de Dios. Él ha convertido el trono de Dios de un trono de juicio en un trono de gracia. Por ende, 'acerquémonos confiadamente al trono de la gracia'. Tenemos el derecho, así pues hagámoslo. Acerquémonos a Dios a través de Jesucristo, y Dios concederá cualquier cosa que pidamos por medio de Cristo. El trono de Dios ahora es un trono de gracia; ahora está abierto a cualquier persona que quiera acercarse a él, no importa cuán mala o terrible haya sido la vida que haya vivido.

Dios la recibirá a través de Cristo Jesús.

"en quien tenemos redención por su sangre, el perdón de pecados según las riquezas de su gracia" (Ef. 1:7).

"conforme al propósito eterno que hizo en Cristo Jesús nuestro Señor, en quien tenemos seguridad y acceso con confianza por medio de la fe en él" (Ef. 3:11-12).

"Acerquémonos, pues, confiadamente al trono de la gracia, para alcanzar misericordia y hallar gracia para el oportuno socorro" (He. 4:16).

"Así que, hermanos, teniendo libertad para entrar en el Lugar Santísimo por la sangre de Jesucristo, por el camino nuevo y vivo que él nos abrió a través del velo, esto es, de su carne, y teniendo un gran sacerdote sobre la casa de Dios, acerquémonos con corazón sincero, en plena certidumbre de fe, purificados los corazones de mala conciencia, y lavados los cuerpos con agua pura" (He. 10:19-22).

"En esto se ha perfeccionado el amor en nosotros, para que tengamos confianza en el día del juicio; pues como él es, así somos nosotros en este mundo" (1 Jn. 4:17).

4. Ahora podemos hallar la misericordia de Dios. Necesitamos a Dios para recibir nosotros su misericordia porque hemos pecado contra Él. Hemos hecho contra Dios todo cuanto se pueda imaginar…

*   lo hemos ignorado
*   lo hemos descuidado
*   nos hemos rebelado en su contra
*   lo hemos desobedecido
*   lo hemos rechazado
*   lo hemos negado
*   lo hemos maldecido

Dios perdonará nuestros pecados; Él tendrá misericordia de nosotros. Pero debemos acercarnos al trono de gracia y pedir misericordia. Debemos reconocer que la misericordia solo viene a través de Cristo Jesús, el gran Sumo sacerdote. Él y solo Él conoce nuestra necesidad de misericordia, Él y solo Él soportó nuestros pecados y pagó la pena y la condenación. Él y solo Él puede representarnos ante Dios.

"Pero Dios, que es rico en misericordia, por su gran amor con que nos amó, aun estando nosotros muertos en pecados, nos dio vida juntamente con Cristo (por gracia sois salvos), y juntamente con él nos resucitó, y asimismo nos hizo sentar en los lugares celestiales con Cristo Jesús, para mostrar en los siglos venideros las abundantes riquezas de su gracia en su bondad para con nosotros en Cristo Jesús. Porque por gracia sois salvos por medio de la fe; y esto no de vosotros, pues es don de Dios; no por obras, para que nadie se gloríe. Porque somos hechura suya, creados en Cristo Jesús para buenas obras, las cuales Dios preparó de antemano para que anduviésemos en ellas" (Ef. 2:4-10).

"nos salvó, no por obras de justicia que nosotros hubiéramos hecho, sino por su misericordia, por el lavamiento de la regeneración y por la renovación en el Espíritu Santo" (Tit. 3:5).

"Entesó su arco, y me puso como blanco para la saeta" (Lm. 3:12).

"¿Qué Dios como tú, que perdona la maldad, y olvida el pecado del remanente de su heredad? No retuvo para siempre su enojo, porque se deleita en misericordia" (Mi. 7:18).

5.   Ahora podemos hallar gracia para el socorro en tiempo de necesidad. ¡Qué promesa más gloriosa! Ahora contamos con el socorro para que nos acompañe a través de la vida. No importa qué nos confronte, pruebas, problemas, tribulación, tentación, ahora contamos con el socorro, el socorro de Dios mismo. Dios desbordará su maravillosa gracia sobre nosotros, todas sus fuerzas y bendiciones. La gracia de Dios nos fortalecerá para atravesar las pruebas y problemas. Su gracia nos ayudará a vencer y triunfar sobre todas las circunstancias y situaciones. Pero recuerden por qué Dios puede hacerlo: "Porque Jesucristo ha padecido la misma experiencia. Él ha estado en la tierra, y ha sufrido las mismas pruebas". Por lo tanto, Él sabe cómo andar y vencer las pruebas y padecimientos. Todo cuanto tenemos que hacer es acercarnos confiadamente al *trono de gracia* y pedírselo.

"Gracias doy a mi Dios siempre por vosotros, por la gracia de Dios que os fue dada en Cristo Jesús; porque en todas las cosas fuisteis enriquecidos en él, en toda palabra y en toda ciencia" (1 Co. 1:4-5).

"No os ha sobrevenido ninguna tentación que no sea humana; pero fiel es Dios, que no os dejará ser tentados más de lo que podéis resistir, sino que dará también juntamente con la tentación la salida, para que podáis soportar" (1 Co. 10:13).

"Y poderoso es Dios para hacer que abunde en vosotros toda gracia, a fin de que, teniendo siempre en todas las cosas todo lo suficiente, abundéis para toda buena obra" (2 Co. 9:8).

"Y me ha dicho: Bástate mi gracia; porque mi poder se perfecciona en la debilidad. Por tanto, de buena gana me gloriaré más bien en mis debilidades, para que repose sobre mí el poder de Cristo" (2 Co. 12:9).

"en quien tenemos redención por su sangre, el perdón de pecados según las riquezas de su gracia" (Ef. 1:7).

"para mostrar en los siglos venideros las abundantes riquezas de su gracia en su bondad para con nosotros en Cristo Jesús" (Ef. 2:7).

"Todo lo puedo en Cristo que me fortalece" (Fil. 4:13).

"Mi Dios, pues, suplirá todo lo que os falta conforme a sus riquezas en gloria en Cristo Jesús" (Fil. 4:19).

"Y el Señor me librará de toda obra mala, y me preservará para su reino celestial. A él sea gloria por los siglos de los siglos. Amén" (2 Ti. 4:18).

"de manera que podemos decir confiadamente: El Señor es mi ayudador; no temeré lo que me pueda hacer el hombre" (He. 13:6).

1 Requisitos para que un hombre sea sumo sacerdote:	B. Cristo es el gran sumo sacerdote (Parte 2): Los requisitos de un verdadero sacerdote, 5:1-10	5 Así tampoco Cristo se glorificó a sí mismo haciéndose sumo sacerdote, sino el que le dijo: Tú eres mi Hijo, Yo te he engendrado hoy.	2 Cristo cumplió los requisitos para ser el gran Sumo sacerdote.
a. Debe representar a los hombres ante Dios.	1 Porque todo sumo sacerdote tomado de entre los hombres es constituido a favor de los hombres en lo que a Dios se refiere, para que presente ofrendas y sacrificios por los pecados;		a. Cristo nació, "fue engendrado", como Hombre: Nombrado y enviado por Dios.
b. Debe presentar ofrendas y sacrificios.		6 Como también dice en otro lugar: Tú eres sacerdote para siempre, Según el orden de Melquisedec.	1) Prueba 1: La Palabra de Dios.
c. Debe ser capaz de lidiar cortésmente con los hombres.	2 para que se muestre paciente con los ignorantes y extraviados, puesto que él también está rodeado de debilidad;		2) Prueba 2: El juramento de Dios de que su Hijo sería sacerdote.
	3 y por causa de ella debe ofrecer por los pecados, tanto por sí mismo como también por el pueblo.	7 Y Cristo, en los días de su carne, ofreciendo ruegos y súplicas con gran clamor y lágrimas al que le podía librar de la muerte, fue oído a causa de su temor reverente.	b. Cristo mismo se sacrificó y sufrió amargamente.
d. Debe presentar sacrificios por los pecados, sus propios pecados y los pecados de las personas.		8 Y aunque era Hijo, por lo que padeció aprendió la obediencia;	c. Cristo por voluntad propia sufrió por el hombre: Él mismo se sacrificó.
e. Debe ser nombrado por Dios, no nombrado por sí mismo.	4 Y nadie toma para sí esta honra, sino el que es llamado por Dios, como lo fue Aarón.	9 y habiendo sido perfeccionado, vino a ser autor de eterna salvación para todos los que le obedecen;	d. Cristo fue perfeccionado: Él se convirtió en la fuente de salvación eterna.
		10 y fue declarado por Dios sumo sacerdote según el orden de Melquisedec	e. Cristo fue declarado por Dios Sumo sacerdote.

DIVISIÓN II

EL SUPREMO SUMO SACERDOTE: JESUCRISTO, EL HIJO DE DIOS, 4:14—7:28

B. Cristo es el gran sumo sacerdote (Parte 2): Los requisitos de un verdadero sacerdote, 5:1-10

(5:1-10) *Introducción:* Jesucristo es el gran Sumo sacerdote. Él cumple todos los requisitos del hombre y de Dios para ser el supremo Sumo sacerdote.

Dios es perfecto y el hombre es imperfecto y pecaminoso. Por consiguiente, si el hombre gana la aceptación de Dios, alguna persona perfecta debe mediar entre Dios y el hombre. ¿Por qué? Porque la perfección ideal de esa persona debe cubrir al hombre, y el hombre debe creer y confiar en la perfección ideal de esa persona para que lo cubra. Este es el mensaje glorioso de este gran pasaje. Jesucristo cumple todos los requisitos de la persona perfecta. Jesucristo es el gran Sumo sacerdote que media entre Dios y el hombre. Él cumple todos los requisitos de un verdadero Sumo sacerdote, y Él difiere de todos los otros sacerdotes en un área crítica: Él es perfecto. Él cumple perfectamente todos los requisitos. Él no es sencillamente un Sumo sacerdote; Él es el gran Sumo sacerdote de Dios y el hombre.

1. Requisitos para que un hombre sea sumo sacerdote (vv. 1-4).
2. Cristo cumplió los requisitos para ser el gran Sumo sacerdote (vv. 5-10).

1 (5:1-4) *Sumo sacerdote:* Había cinco requisitos para que un hombre fuera sumo sacerdote. Note cuán claramente se describen, y note que estos requisitos se aplican a todos los sacerdotes que se "escogen de entre los hombres". Se aplican a todas las generaciones de los hombres. Toda persona que sirve a Dios en el ministerio necesita tener en cuenta estos requisitos:

1. El sumo sacerdote debe ser nombrado por Dios para representar a los hombres ante Dios. Esa es su función, la razón misma por la que sirve como sumo sacerdote.

⇒ Se escoge de entre los hombres. Es un hombre que conoce y comprende lo que es ser hombre. Por eso él sabe cómo presentar el caso del hombre ante Dios.

⇒ Representa al hombre en las cosas de Dios. Guía a los hombres en la oración, adoración, justicia, moralidad, testimonio, y en el estudio de las cosas espirituales.

⇒ Es ordenado y nombrado por Dios. No escoge el sacerdocio como un medio de sustento o servicio benevolente y social. Es sacerdote porque Dios lo llamó a que sirviera a las personas en las cosas de Dios.

2. El sumo sacerdote debe presentar ofrendas y sacrificios por los pecados. Guía a las personas a presentar ofrendas y regalos al Señor, la ofrenda de la vida de cada una de ellas y sus posesiones. Pero tiene una función significativa: "Presentar el sacrificio por los pecados". A menos que se perdonen los pecados del hombre, este no puede ser aceptado ante Dios, porque ningún hombre puede borrar sus propios pecados. Por lo tanto, tiene que haber una sustitución, algún sacrificio hecho que pueda ocupar el lugar del pecador y soportar por él el juicio del pecado. Esto, claro está, se refiere a los animales que se sacrificaban para la expiación del pecado en el Antiguo Testamento. El sacrificio animal es también una señal o símbolo que reflejó lo que Jesucristo haría por nosotros: "Convertirse en el cordero de Dios, el sacrificio por nuestros pecados". Sucede lo siguiente: El sumo sacerdote era la persona que presentaba el sacrificio por los pecados del hombre.

3. El sumo sacerdote debe ser capaz de lidiar con los hombres de un modo compasivo. Note que los hombres se incluyen en una de dos clasificaciones:

⇒ Los ignorantes: Aquellos que han pecado y no lo sabían; aquellos que son culpables de pecado por ignorancia.

⇒ Aquellos que deliberadamente se han apartado del camino: Aquellos que pecan intencionalmente, sabiendo que están pecando.

El sumo sacerdote debe recordar que él también es culpable de padecimientos, debilidades, y fracasos. Por ende, él debe ser compasivo con todos los hombres, no importan sus pecados ni sus defectos. Porque él es como son ellos: "Un hombre, siempre débil y carente de la bondad perfecta de Dios".

4. El sumo sacerdote debe presentar los sacrificios por sus propios pecados. Él es tan culpable de pecado y carente de la gloria de Dios como las demás personas. Por consiguiente, primero debe hacer sacrificios por sus propios pecados antes de hacer sacrificios por los pecados de las demás personas.

5. El sumo sacerdote debe ser nombrado por Dios y no por sí mismo. Ningún hombre debe tomarse el honor de ser sacerdote por sí mismo; será sacerdote solo si Dios lo ha llamado y constituido para ser sacerdote. Ninguna persona debe entrar en el ministerio sacerdotal porque lo decida como profesión, como un medio para ganarse la vida, o como un medio para servir a la humanidad. Dios y solo Dios llama a aquellos que le servirán. Solo aquellos a quienes Dios llama pueden servirlo en verdad y desempeñar las verdaderas funciones del sacerdocio.

"No me elegisteis vosotros a mí, sino que yo os elegí a vosotros, y os he puesto para que vayáis y llevéis fruto, y vuestro fruto permanezca; para que todo lo que pidiereis al Padre en mi nombre, él os lo dé" (Jn. 15:16).

"El Señor le dijo: Ve, porque instrumento escogido me es éste, para llevar mi nombre en presencia de los gentiles, y de reyes, y de los hijos de Israel" (Hch. 9:15).

"Pero levántate, y ponte sobre tus pies; porque para esto he aparecido a ti, para ponerte por ministro y testigo de las cosas que has visto, y de aquellas en que me apareceré a ti" (Hch. 26:16).

"Así que, somos embajadores en nombre de Cristo, como si Dios rogase por medio de nosotros; os rogamos en nombre de Cristo: Reconciliaos con Dios" (2 Co. 5:20).

"Doy gracias al que me fortaleció, a Cristo Jesús nuestro Señor, porque me tuvo por fiel, poniéndome en el ministerio" (1 Ti. 1:12).

"Después oí la voz del Señor, que decía: ¿A quién enviaré, y quién irá por nosotros? Entonces respondí yo: Heme aquí, envíame a mí" (Is. 6:8).

2 (5:5-10) *Jesucristo, Sumo sacerdote:* Cristo cumplió los requisitos para ser el gran Sumo sacerdote. Note que los mismos cinco requisitos enumerados para el sumo sacerdote ahora se enumeran para Cristo, pero en orden inverso. Jesucristo cumple los requisitos del Sumo sacerdote, pero hay una diferencia significativa: Jesucristo cumple los requisitos perfectamente. Él es el gran Sumo sacerdote que media en perfección entre Dios y los hombres.

1. Cristo nació, "fue engendrado" como Hombre: Fue constituido y enviado al mundo por Dios (v. 5-6). Hay dos pruebas que demuestran que Jesucristo fue nombrado por Dios:

a. La prueba uno es la Palabra de Dios o profecía. Cientos de años antes de que Cristo viniera al mundo, Dios predijo que Él enviaría a su Hijo al mundo. Dios iba a *engendrar,* es decir, hacer que su Hijo naciera en el mundo. Él debía entrar al mundo como hombre para que pudiera identificarse con el hombre perfectamente y padecer todas las experiencias del hombre; por lo tanto, Dios tuvo que enviarlo al mundo como hombre.

"Tú eres mi Hijo, yo te he engendrado hoy" (v. 5; cp. Sal. 2:7).

b. La prueba dos es el juramento irrevocable de Dios de que su Hijo sería sacerdote. Y note: Él no sería sacerdote como el hombre, es decir, como el sacerdocio de Aarón; Él sería sacerdote según el orden de Melquisedec. ¿Qué quiere decir esto? Se dice que el sacerdocio de Melquisedec se hizo *sin genealogía humana,* sin principio de días ni fin de vida. Es decir, se dice que es eterno (comparar He. 7:3; vea el subíndice y notas, He. 7:1-10 para un mayor análisis). Por lo tanto, Dios hizo una promesa irrevocable al hombre: Él enviaría a su Hijo al mundo para que fuera el gran Sumo sacerdote, el *representante eterno* del hombre ante Dios.

Sucede lo siguiente: Dios constituyó a Jesucristo para que fuera el gran Sumo sacerdote; Cristo no buscaba glorificarse a sí mismo, no buscó la gloria del sacerdocio. Él fue declarado sacerdote por Dios. Por ende, Él ha cumplido el primer requisito del sacerdocio, el requisito de ser constituido por Dios.

"Porque de tal manera amó Dios al mundo, que ha dado a su Hijo unigénito, para que todo aquel que en él cree, no se pierda, mas tenga vida eterna. Porque no envió Dios a su Hijo al mundo para condenar al mundo, sino para que el mundo sea salvo por él" (Jn. 3:16-17).

"Por lo cual debía ser en todo semejante a sus hermanos, para venir a ser misericordioso y fiel sumo sacerdote en lo que a Dios se refiere, para expiar los pecados del pueblo" (He. 2:17).

"Así tampoco Cristo se glorificó a sí mismo haciéndose sumo sacerdote, sino el que le dijo: Tú eres mi Hijo, yo te he engendrado hoy" (He. 5:5).

2. Cristo se sacrificó Él mismo; Él sufrió amargamente como Hombre (v. 7). Ningún sumo sacerdote ha sufrido ni ha conocido las pruebas y sufrimientos que Jesucristo soportó y conoció. Él sufrió mucho más de lo que ninguna persona habrá de sufrir. Él sufrió toda prueba y experiencia humana que los hombres puedan sufrir, las sufrió amargamente, y Él las sufrió para poder ayudarnos a atravesar todas las pruebas de este mundo (vea la nota, punto 4, He. 2: 17-18 para una lista de las experiencias que Jesús sufrió como hombre).

Note este versículo: "Y Cristo, en los días de su carne, ofreciendo ruegos y súplicas con gran clamor y lágrimas al que le podía librar de la muerte, fue oído a causa de su temor reverente" (v. 7).

Probablemente esto sea una ilustración de Getsemaní. Por las terribles pruebas que Cristo soportó, Él debe haber orado y llorado amargamente a través de toda su vida, a menudo. Cualquier persona quedaría aplastada bajo el peso que Él soportó. (Nuevamente, vea la nota, punto 4, He. 2: 17-18 para una lista de las terribles pruebas que Jesús sufrió a través de su vida. También vea la nota, Lc. 2:40 para un análisis más detallado.)

Sin embargo, hay una experiencia que Jesús sufrió que supera ampliamente a todas las otras. La experiencia de la muerte por los pecados del mundo. Esta es la razón por la que el autor de Hebreos se refiere a Getsemaní como la experiencia que demuestra cómo Cristo se identifica con el hombre. Cristo experimentó la muerte tanto como la experimentan los hombres. Por lo tanto, Cristo puede compadecerse, sentir, ayudar y fortalecer al hombre cuando se enfrente a la muerte. De hecho, note lo que dice el versículo: Dios salvó a Cristo de la muerte. Esto quiere decir que Dios lo resucitó de entre los muertos y que Él vive para siempre con Dios, al ser exaltado a la diestra de Dios. Este es el evangelio glorioso, la compasión suprema: Jesucristo puede liberarnos de la muerte y llevarnos a la presencia de Dios para siempre. Como nuestro gran Sumo sacerdote, Él puede salvarnos al máximo. Él puede salvarnos de la muerte y escoltarnos ante la presencia eterna de Dios para vivir eternamente.

"Y a la hora novena Jesús clamó a gran voz, diciendo: Eloi, Eloi, ¿lama sabactani? que traducido es: Dios mío, Dios mío, ¿por qué me has desamparado?" (Mr. 15:34).

"Y estando en agonía, oraba más intensamente; y era su sudor como grandes gotas de sangre que caían hasta la tierra" (Lc. 22:44).

"Porque convenía a aquel por cuya causa son todas las cosas, y por quien todas las cosas subsisten, que habiendo de llevar muchos hijos a la gloria, perfeccionase por aflicciones al autor de la salvación de ellos" (He. 2:10).

"Por lo cual también Jesús, para santificar al pueblo mediante su propia sangre, padeció fuera de la puerta" (He. 13:12).

"quien llevó él mismo nuestros pecados en su cuerpo sobre el madero, para que nosotros, estando muertos a los pecados, vivamos a la justicia; y por cuya herida fuisteis sanados" (1 P. 2:24).

"Porque también Cristo padeció una sola vez por los pecados, el justo por los injustos, para llevarnos a Dios, siendo a la verdad muerto en la carne, pero vivificado en espíritu" (1 P. 3:18).

"Di mi cuerpo a los heridores, y mis mejillas a los que me mesaban la barba; no escondí mi rostro de injurias y de esputos" (Is. 50:6).

"Mas él herido fue por nuestras rebeliones, molido por nuestros pecados; el castigo de nuestra paz fue sobre él, y por su llaga fuimos nosotros curados" (Is. 53:5).

3. Cristo por voluntad propia se sacrificó y sufrió por el hombre (v. 8). Jesucristo era el Hijo de Dios; por ende, Él no tenía que venir a la tierra para salvar al hombre. Pero esa fue la voluntad de Dios, y de la única forma en la que Cristo podía obedecer a Dios era humillándose y viniendo a sufrir como Hombre. Él obedeció a Dios, experimentó la obediencia, al sufrir como Hombre. Él aprendió lo que es obedecer a Dios como Hombre; Él aprendió al convertirse en hombre y sufrir como Hombre.

Sucede lo siguiente: Cristo por voluntad propia vino a la tierra a sufrir por el hombre. Él lo hizo porque era la voluntad de Dios, y Él ama a su Padre. Jesucristo es el gran Sumo sacerdote. Él ha cumplido todos los requisitos para el sacerdocio, los cumplió perfectamente.

"Yo soy el buen pastor; el buen pastor su vida da por las ovejas" (Jn. 10:11).

"así como el Padre me conoce, y yo conozco al Padre; y pongo mi vida por las ovejas" (Jn. 10:15).

"Por eso me ama el Padre, porque yo pongo mi vida, para volverla a tomar. Nadie me la quita, sino que yo de mí mismo la pongo. Tengo poder para ponerla, y tengo poder para volverla a tomar. Este mandamiento recibí de mi Padre" (Jn. 10:17-18).

"el cual se dio a sí mismo por nuestros pecados para librarnos del presente siglo malo, conforme a la voluntad de nuestro Dios y Padre" (Gá. 1:4).

"Y andad en amor, como también Cristo nos amó, y se entregó a sí mismo por nosotros, ofrenda y sacrificio a Dios en olor fragante" (Ef. 5:2).

"quien se dio a sí mismo por nosotros para redimirnos de toda iniquidad y purificar para sí un pueblo propio, celoso de buenas obras" (Tit. 2:14).

"En esto hemos conocido el amor, en que él puso su vida por nosotros; también nosotros debemos poner nuestras vidas por los hermanos" (1 Jn. 3:16).

"y de Jesucristo el testigo fiel, el primogénito de los muertos, y el soberano de los reyes de la tierra. Al que nos amó, y nos lavó de nuestros pecados con su sangre" (Ap. 1:5).

4. Cristo fue hecho perfecto: Él se convirtió en la Fuente de salvación eterna (v. 9). Jesucristo tuvo que venir a la tierra y sufrir como Hombre. ¿Por qué? Con el fin de garantizar la obediencia perfecta a Dios. Obediencia, la obediencia perfecta e ideal a Dios, es lo mismo que justicia. Obediencia perfecta significa justicia perfecta, y justicia perfecta significa obediencia perfecta. Si una persona obedece a Dios, esa persona es justa, y si la persona es justa, es obediente. Son la misma cosa. Por lo tanto, Cristo garantizó (enseñó) la obediencia y la justicia al vivir en la tierra como Hombre y al sufrir a través de todas las experiencias del hombre pero sin pecado.

Resulta crítico notar la frase "sin pecado". Significa que Jesucristo mismo se convirtió en la justicia ideal y perfecta para el hombre. Por lo tanto, su justicia puede cubrir al hombre. Él es el Autor y Fuente de perfección y justicia. Él es el Autor y Fuente de salvación eterna. Nota: La salvación de Cristo es eterna: Jesucristo nos salva ahora, nos libera de todas las pruebas de la vida y nos lleva a la vida eterna, es decir, al cielo donde la vida continúa eternamente ante la presencia de Dios.

Si una persona obedece a Cristo, lo cree y lo sigue, entonces la justicia perfecta de Cristo cubre a esa persona. Si una persona se acerca a Dios por medio de Cristo, confía y vive para Cristo, entonces la justicia de Cristo lo salva y lo mantiene salvo, tanto ahora como para siempre.

"¿Quién de vosotros me redarguye de pecado? Pues si digo la verdad, ¿por qué vosotros no me creéis?" (Jn. 8:46).

"Porque todas estas cosas padecemos por amor a vosotros, para que abundando la gracia por medio de muchos, la acción de gracias sobreabunde para gloria de Dios" (2 Co. 4:15).

"Al que no conoció pecado, por nosotros lo hizo pecado, para que nosotros fuésemos hechos justicia de Dios en él" (2 Co. 5:21).

"Porque convenía a aquel por cuya causa son todas las cosas, y por quien todas las cosas subsisten, que habiendo de llevar muchos hijos a la gloria, perfeccionase por aflicciones al autor de la salvación de ellos" (He. 2:10).

"y habiendo sido perfeccionado, vino a ser autor de eterna salvación para todos los que le obedecen" (He. 5:9).

"Porque tal sumo sacerdote nos convenía: santo, inocente, sin mancha, apartado de los pecadores, y hecho más sublime que los cielos" (He. 7:26).

"sino con la sangre preciosa de Cristo, como de un cordero sin mancha y sin contaminación" (1 P. 1:19).

"el cual no hizo pecado, ni se halló engaño en su boca" (1 P. 2:22).

5. Cristo fue declarado Sumo sacerdote por Dios. La salvación es de Dios. El sumo sacerdocio de Cristo con todo lo que significa es de Dios. Dios es el constituyó y envió a Cristo al mundo. Y lo hizo según el orden eterno de Melquisedec, no según el orden humano y moribundo de Aarón. Jesucristo es el gran Sumo sacerdote, el Sumo sacerdote que puede representarnos y presentarnos perfectamente ante Dios.

"Por lo cual debía ser en todo semejante a sus hermanos, para venir a ser misericordioso y fiel sumo sacerdote en lo que a Dios se refiere, para expiar los pecados del pueblo. Pues en cuanto él mismo padeció siendo tentado, es poderoso para socorrer a los que son tentados" (He. 2:17-18).

"Por tanto, teniendo un gran sumo sacerdote que traspasó los cielos, Jesús el Hijo de Dios, retengamos nuestra profesión. Porque no tenemos un sumo sacerdote que no pueda compadecerse de nuestras debilidades, sino uno que fue tentado en todo según nuestra semejanza, pero sin pecado" (He. 4:14-15).

"donde Jesús entró por nosotros como precursor, hecho sumo sacerdote para siempre según el orden de Melquisedec" (He. 6:20).

"Porque tal sumo sacerdote nos convenía: santo, inocente, sin mancha, apartado de los pecadores, y hecho más sublime que los cielos" (He. 7:26).

"Ahora bien, el punto principal de lo que venimos diciendo es que tenemos tal sumo sacerdote, el cual se sentó a la diestra del trono de la Majestad en los cielos" (He. 8:1).

"y teniendo un gran sacerdote sobre la casa de Dios, acerquémonos con corazón sincero, en plena certidumbre de fe, purificados los corazones de mala conciencia, y lavados los cuerpos con agua pura" (He. 10:21-22).

ESTUDIO A FONDO 1

(5:9) *Fe — Obediencia:* La salvación eterna se le da a todos los que obedecen a Cristo. En la Biblia, obedecer a Cristo significa creer en Cristo, y creer en Cristo significa obedecer a Cristo.

⇒ Ninguna persona obedecerá a Cristo a menos que crea en Cristo, crea realmente en Él. Una persona vivirá como quiere, no como dice Cristo, a menos que crea verdaderamente en Cristo. Por lo tanto, la persona que obedece a Cristo es la persona que cree en Cristo.

⇒ Ninguna persona cree en Cristo a menos que obedezca a Cristo. La persona que realmente cree en Cristo obedecerá a Cristo. Si verdaderamente cree que Cristo es el Salvador del mundo, entonces seguirá a Cristo. Él hace lo que Cristo dice: él obedece a Cristo.

Sucede lo siguiente: Creer en Cristo y obedecer a Cristo significan lo mismo. Obedecer y creer son el mismo acto. Por lo tanto, las Escrituras declaran que Cristo es el autor de la salvación eterna para todos aquellos que lo obedezcan. (Vea el *Estudio a fondo 2,* Jn. 2:24 para un mayor análisis.)

	C. Advertencia tres (Parte 1): El peligro de la inmadurez o de la caída del estado de gracia, 5:11—6:3	14 pero el alimento sólido es para los que han alcanzado madurez, para los que por el uso tienen los sentidos ejercitados en el discernimiento del bien y del mal.	4 Una persona se vuelve inmadura por no ejercitar sus sentidos mentales y espirituales.
1 Una persona se vuelve inmadura porque se ha hecho tarda para oír.	11 Acerca de esto tenemos mucho que decir, y difícil de explicar, por cuanto os habéis hecho tardos para oír.	**CAPÍTULO 6**	
2 Una persona se vuelve inmadura porque se ha negado a crecer.	12 Porque debiendo ser ya maestros, después de tanto tiempo, tenéis necesidad de que se os vuelva a enseñar cuáles son los primeros rudimentos de las palabras de Dios; y habéis llegado a ser tales que tenéis necesidad de leche, y no de alimento sólido.	1 Por tanto, dejando ya los rudimentos de la doctrina de Cristo, vamos adelante a la perfección; no echando otra vez el fundamento del arrepentimiento de obras muertas, de la fe en Dios, 2 de la doctrina de bautismos, de la imposición de manos, de la resurrección de los muertos y del juicio eterno.	5 Una persona necesita ir más allá del ABC de la doctrina.
3 Una persona se vuelve inmadura por falta de conocimiento de la Palabra.	13 Y todo aquel que participa de la leche es inexperto en la palabra de justicia, porque es niño;	3 Y esto haremos, si Dios en verdad lo permite.	6 Una persona debe estar determinada a crecer en Cristo.

DIVISIÓN II

EL SUPREMO SUMO SACERDOTE: JESUCRISTO, EL HIJO DE DIOS, 4:14—7:28

C. Advertencia tres (Parte 1): El peligro de la inmadurez o de la caída del estado de gracia, 5:11—6:3

(5:11—6:3) *Introducción:* Este el comienzo de la tercera advertencia en la Epístola a los Hebreos, una advertencia que debe tener en cuenta todo creyente y miembro de la iglesia. Es una advertencia que golpea en el mismo cimiento de millones de vidas. Millones de creyentes profesos y miles de iglesias que son culpables de este mismo fracaso: "La inmadurez o la caída del estado de gracia". Hoy día existe el peligro de la inmadurez, de la caída del estado de la gracia de Cristo.

1. Una persona se vuelve inmadura porque se ha hecho tarda para oír (v. 11).
2. Una persona se vuelve inmadura porque se ha negado a crecer (v. 12).
3. Una persona se vuelve inmadura por falta de conocimiento de la Palabra (v. 13).
4. Una persona se vuelve inmadura por no ejercitar sus sentidos mentales y espirituales (v. 14).
5. Una persona necesita ir más allá del ABC de la doctrina (cap. 6, vv. 1-2).
6. Una persona debe estar determinada a crecer en Cristo (v. 3).

1 (5:11) *Inmadurez, espirical — Palabra de Dios — Oído:* Una persona se vuelve inmadura porque se ha hecho tarda para oír. La palabra "tarda" (nothroi) significa perezoso, lento, holgazán, aletargado, olvidadizo. El autor de Hebreos tenía mucho qué enseñar, fundamentalmente acerca del Señor Jesucristo y su ministerio sacerdotal, pero no podía. ¿Por qué? Por la fe cristiana, la Palabra de Dios y la Biblia, resulta difícil de entender. Ninguna persona puede entender la Palabra de Dios y sus verdades de solo leerla. Una persona debe estudiar, meditar, y practicar la Palabra de Dios con el objetivo de comprenderla.

Los creyentes hebreos se habían vuelto mentalmente lentos y holgazanes y espiritualmente confiados y perezosos. Se sentaban a escuchar a los predicadores y a los maestros, y leían las Escrituras, pero no hacían caso ni prestaban atención. La mente de cada uno de ellos divagaba y no querían hacer un esfuerzo por concentrarse y estudiar.

Nota: Algunos de los creyentes hebreos ya eran tardos para oír. Algunos ya se habían vuelto inmaduros; ya habían caído del estado de gracia y no estaban creciendo espiritualmente.

Pensamiento 1. Si una persona va a comprender la Palabra de Dios, tiene que estudiarla…

⇒ tiene que leer y concentrarse

⇒ tiene que oír y concentrarse

⇒ tiene que leer y meditar

⇒ tiene que oír y meditar

⇒ tiene que leer y analizar

⇒ tiene que oír y analizar

⇒ tiene que leer y tomar notas

⇒ tiene que oír y tomar notas

⇒ tiene que leer y memorizar

⇒ tiene que oír y memorizar

"para que andéis como es digno del Señor, agradándole en todo, llevando fruto en toda buena obra, y *creciendo en el conocimiento de Dios*" (Col. 1:10).

"Procura con diligencia presentarte a Dios aprobado, como obrero que no tiene de qué avergonzarse, que usa bien la palabra de verdad" (2 Ti. 2:15).

"Toda la Escritura es inspirada por Dios, y útil para enseñar, para redargüir, para corregir, para instruir en justicia" (2 Ti. 3:16).

"Por tanto, ceñid los lomos de vuestro entendimiento, sed sobrios, y esperad por completo en la gracia que se os traerá cuando Jesucristo sea manifestado" (1 P. 1:13).

"Desechando, pues, toda malicia, todo engaño, hipocresía, envidias, y todas las detracciones, desead, como niños recién nacidos, la leche espiritual no adulterada, para que por ella crezcáis para salvación" (1 P. 2:1-2).

"Por lo cual, hermanos, tanto más procurad hacer firme vuestra vocación y elección; porque haciendo estas cosas, no caeréis jamás" (2 P. 1:10).

"Bienaventurado el varón que no anduvo en consejo de malos, Ni estuvo en camino de pecadores, Ni en silla de escarnecedores se ha sentado; Sino que en la ley de Jehová está su delicia, Y en su ley medita de día y de noche" (Sal. 1:1-2).

"El alma del perezoso desea, y nada alcanza; mas el alma de los diligentes será prosperada" (Pr. 13:4).

Pensamiento 2. Este punto es significativo para el predicador así como para el maestro. William Barclay lo argumenta bien:

"Aquí hay algo que deben escuchar todos cuyo deber y cuyo oficio es predicar y enseñar; de hecho algo que deben escuchar todos aquellos cuyo oficio es pensar, en verdad esto tiene que ver con todo aquel que sea una persona real, y es decir, que tiene algo que ver con todo aquel que sea una persona real. Con frecuencia sucede que evadimos la enseñanza de algo porque nos resulta muy difícil; nunca tratamos de explicarlo porque la exposición y la explicación resultan difíciles. Con frecuencia sucede que nos defendemos diciendo que nuestros oyentes, o nuestra congregación o nuestros alumnos nunca lo entenderían ni lo asimilarían. De hecho, una de las tragedias de las iglesias es que se hacen muy pocos esfuerzos por impartirle a las personas conocimientos nuevos, enfoques nuevos, y pensamientos nuevos. Es cierto que la tarea de tal enseñanza es difícil. Es cierto que a menudo enseñar de tal modo implica enfrentarse al aletargamiento del holgazán y el prejuicio asediado de la mente cerrada. Pero la tarea se mantiene. El escritor de Hebreos no se demoró en traerle su mensaje a los hombres, aunque su mensaje fuese difícil y la mente de sus oyentes fuese lenta para el aprendizaje. Él consideró que transmitir la verdad que conocía era su suprema responsabilidad" (*La Epístola a los Hebreos*, p. 48)

"Entonces él les dijo: ¡Oh insensatos, y tardos de corazón para creer todo lo que los profetas han dicho!" (Lc. 24:25).

"¿Por qué no entendéis mi lenguaje? Porque no podéis escuchar mi palabra" (Jn. 8:43).

"Porque el corazón de este pueblo se ha engrosado, Y con los oídos oyeron pesadamente, Y sus ojos han cerrado, Para que no vean con los ojos, Y oigan con los oídos, Y entiendan de corazón, Y se conviertan, Y yo los sane" (Hch. 28:27).

"No hay quien entienda, no hay quien busque a Dios" (Ro. 3:11).

"Pero el hombre natural no percibe las cosas que son del Espíritu de Dios, porque para él son locura, y no las puede entender, porque se han de discernir espiritualmente" (1 Co. 2:14).

"Acerca de esto tenemos mucho que decir, y difícil de explicar, por cuanto os habéis hecho tardos para oír" (He. 5:11).

"Te haré entender, y te enseñaré el camino en que debes andar; Sobre ti fijaré mis ojos. No seáis como el caballo, o como el mulo, sin entendimiento, Que han de ser sujetados con cabestro y con freno, Porque si no, no se acercan a ti" (Sal. 32:8-9).

"El hombre que está en honra y no entiende, semejante es a las bestias que perecen" (Sal. 49:20).

"Cuando sus ramas se sequen, serán quebradas; mujeres vendrán a encenderlas; porque aquel no es pueblo de entendimiento; por tanto, su Hacedor no tendrá de él misericordia, ni se compadecerá de él el que lo formó" (Is. 27:11).

"Porque mi pueblo es necio, no me conocieron; son hijos ignorantes y no son entendidos; sabios para hacer el mal, pero hacer el bien no supieron" (Jer. 4:22).

"Oíd ahora esto, pueblo necio y sin corazón, que tiene ojos y no ve, que tiene oídos y no oye: ¿A mí no me temeréis? dice Jehová. ¿No os amedrentaréis ante mí, que puse arena por término al mar, por ordenación eterna la cual no quebrantará? Se levantarán tempestades, mas no prevalecerán; bramarán sus ondas, mas no lo pasarán. No obstante, este pueblo tiene corazón falso y rebelde; se apartaron y se fueron. Y no dijeron en su corazón: Temamos ahora a Jehová Dios nuestro, que da lluvia temprana y tardía en su tiempo, y nos guarda los tiempos establecidos de la siega" (Jer. 5:21-24).

"Mas ellos no conocieron los pensamientos de Jehová, ni entendieron su consejo; por lo cual los juntó como gavillas en la era" (Mi. 4:12).

2 **(5:12)** *Recaída — Palabra de Dios — Inmadurez, espiritual:* Una persona se vuelve inmadura porque se niega a crecer espiritualmente. Los creyentes hebreos se negaron a pasar más allá de los rudimentos de la Palabra de Dios. "Rudimentos" (stoicheion) significa los principios básicos de la Palabra de Dios, las enseñanzas elementales, el ABC de la Palabra de Dios. Son las enseñanzas básicas de la salvación y el crecimiento espiritual, enseñanzas como por ejemplo…

* una persona debe ser salva
* una persona debe crecer espiritualmente
* una persona debe vivir justamente
* una persona debe adorar
* una persona debe cumplir los rituales y ceremonias de la religión

Rudimentos básicos como estos son la leche de la

Palabra de Dios. Son rudimentos que deben predicarse y enseñarse, pero son rudimentos para el que no es salvo y para los creyentes jóvenes, para los bebés en Cristo. Los creyentes deben aprenderlos y aprenderlos rápidamente, y después el creyente debe continuar a la madurez. Note que la vida cristiana se compara con el crecimiento físico. Se dice que un creyente joven es un bebé en Cristo y se dice que los rudimentos de la Palabra de Dios son la leche de la que se alimenta. Un creyente joven debe alimentarse de la leche de la Palabra, los rudimentos, pero debe crecer hasta que se alimente de la carne de la Palabra, estudiando y cultivando un entendimiento maduro de la vida cristiana.

La situación entre los creyentes hebreos era trágica: eran enanos espirituales, deformes y subdesarrollados. Debían haber madurado y desarrollado completamente. Note el versículo: Debían haber sido maestros, es decir, dar testimonio de Cristo, transmitiéndole el mensaje glorioso de Jesucristo a sus amigos, vecinos, y colaboradores. Pero no podían. ¿Por qué? Porque eran inmaduros, tan inmaduros que ellos mismos necesitaban que alguien les enseñara nuevamente los rudimentos de la Palabra de Dios.

Pensamiento 1. ¿Cuántas personas han profesado a Cristo y nunca han crecido? Profesaron a Cristo años atrás y han seguido siendo bebés espirituales durante años. Imagínense "cero" crecimiento durante cinco, diez, veinte, treinta, cincuenta años. Aún así, trágicamente esta es la vida espiritual de muchas personas en la iglesia. Deberían enseñar, es decir, compartir a Cristo; pero en su lugar necesitan que se les enseñen los rudimentos de nuevo.

> **"De manera que yo, hermanos, no pude hablaros como a espirituales, sino como a carnales, como a niños en Cristo. Os di a beber leche, y no vianda; porque aún no erais capaces, ni sois capaces todavía," (1 Co. 3:1-2).**
> **"Hermanos, no seáis niños en el modo de pensar, sino sed niños en la malicia, pero maduros en el modo de pensar" (1 Co. 14:20).**
> **"para que ya no seamos niños fluctuantes, llevados por doquiera de todo viento de doctrina, por estratagema de hombres que para engañar emplean con astucia las artimañas del error" (Ef. 4:14).**
> **"vosotros también, poniendo toda diligencia por esto mismo, añadid a vuestra fe virtud; a la virtud, conocimiento; al conocimiento, dominio propio; al dominio propio, paciencia; a la paciencia, piedad; a la piedad, afecto fraternal; y al afecto fraternal, amor. Porque si estas cosas están en vosotros, y abundan, no os dejarán estar ociosos ni sin fruto en cuanto al conocimiento de nuestro Señor Jesucristo. Pero el que no tiene estas cosas tiene la vista muy corta; es ciego, habiendo olvidado la purificación de sus antiguos pecados. Por lo cual, hermanos, tanto más procurad hacer firme vuestra vocación y elección; porque haciendo estas cosas, no caeréis jamás" (2 P. 1:5-10).**
> **"Porque debiendo ser ya maestros, después de tanto tiempo, tenéis necesidad de que se os vuelva a enseñar cuáles son los primeros rudimentos de las palabras de Dios; y habéis llegado a ser tales que tenéis necesidad de leche, y no de alimento sólido" (He. 5:12).**

> **"y las repetirás a tus hijos, y hablarás de ellas estando en tu casa, y andando por el camino, y al acostarte, y cuando te levantes" (Dt. 6:7).**

3 (5:13) ***Palabra de Dios — Justicia, significado:*** Una persona se vuelve inmadura por falta de conocimiento de la Palabra. Los creyentes hebreos siguieron siendo inexpertos en la Palabra de justicia. Esto quiere decir dos cosas.

a. Jesucristo es "la Palabra de justicia". Él es la justicia de Dios. Una persona debe creer y permanecer en la justicia de Cristo. Una persona tiene que creer, confiar, y entregarse a la justicia del Señor. La justicia de Jesucristo es la única esperanza de una persona de ganar la aceptación de Dios.

Note algo: Este es el mensaje mismo del evangelio; es el evangelio de la salvación. Pero los creyentes hebreos, algunos de ellos, no comprendían cabalmente el mensaje. Ellos no comprendían y no habían experimentado la justicia de Jesucristo. La palabra "inexperto" (apeiros) significa que no tiene experiencia. Ellos profesaron a Cristo y su justicia, pero nunca lo habían interiorizado ni experimentado, no completamente, no en un sentido maduro. Note el versículo: aunque esta persona sea un miembro de la iglesia, "él es un bebé".

> **"y ser hallado en él, no teniendo mi propia justicia, que es por la ley, sino la que es por la fe de Cristo, la justicia que es de Dios por la fe" (Fil. 3:9).**
> **"Pero ahora, aparte de la ley, se ha manifestado la justicia de Dios, testificada por la ley y por los profetas; la justicia de Dios por medio de la fe en Jesucristo, para todos los que creen en él. Porque no hay diferencia" (Ro. 3:21-22).**
> **"Porque ignorando la justicia de Dios, y procurando establecer la suya propia, no se han sujetado a la justicia de Dios; porque el fin de la ley es Cristo, para justicia a todo aquel que cree" (Ro. 10:3-4).**
> **"Mas por él estáis vosotros en Cristo Jesús, el cual nos ha sido hecho por Dios sabiduría, justificación, santificación y redención" (1 Co. 1:30).**

b. La Palabra de Dios es "la Palabra de justicia". Justicia significa todas las enseñanzas y doctrinas de la Palabra de Dios. Es la Biblia la que nos enseña todo acerca de Dios, Cristo, el hombre, la vida, el mundo, y cómo llevar una vida justa y religiosa. Pero piense un momento: Piense en Dios, en solo uno de estos temas. Piense en cuán vasto y glorioso es Dios. ¿Cuánto estudio y cuánto tiempo tomaría estudiar e interiorizar la verdad de Dios? Los creyentes hebreos no estaban dispuestos a invertir el tiempo y el esfuerzo en el aprendizaje acerca de Dios. No estaban dispuestos a estudiar y aprender la Palabra de justicia. Por lo tanto, nunca experimentaron la justicia de la Palabra de Dios. No llevaban una vida justa ni religiosa; no experimentaban la abundancia de vida que

Cristo les había dado. Como dice el versículo acerca de cada creyente profeso: "es un bebé".

"El respondió y dijo: Escrito está: No sólo de pan vivirá el hombre, sino de toda palabra que sale de la boca de Dios" (Mt. 4:4).

"Y ahora, hermanos, os encomiendo a Dios, y a la palabra de su gracia, que tiene poder para sobreedificaros y daros herencia con todos los santificados" (Hch. 20:32).

"desead, como niños recién nacidos, la leche espiritual no adulterada, para que por ella crezcáis para salvación, si es que habéis gustado la benignidad del Señor" (1 P. 2:2-3).

"Del mandamiento de sus labios nunca me separé; guardé las palabras de su boca más que mi comida" (Job 23:12).

"Fueron halladas tus palabras, y yo las comí; y tu palabra me fue por gozo y por alegría de mi corazón; porque tu nombre se invocó sobre mí, oh Jehová Dios de los ejércitos" (Jer. 15:16).

"Me dijo: Hijo de hombre, come lo que hallas; come este rollo, y ve y habla a la casa de Israel" (Ez. 3:1).

4 (5:14) *Madurez, espiritual:* Una persona se vuelve inmadura porque no ejercita sus sentidos mentales y espirituales. Note estos elementos:

1. Note que es posible llegar a la "adultez" en la vida cristiana; es posible alcanzar la madurez en Cristo. Una persona puede crecer espiritualmente hasta que haya crecido y madurado completamente en Cristo. Esto es lo que Dios espera de todos nosotros.

2. Note lo que es una persona madura. Una persona madura y crecida es una persona que discierne entre el bien y el mal. Es una persona que lleva una vida justa y religiosa. Ha sobrepasado…

• el solo asistir a la adoración y estudios bíblicos
• el solo cumplir con los rituales y ceremonias de la religión
• el solo ofrendar dinero
• el solo leer la Biblia
• el solo orar

El creyente maduro hace todas estas cosas, sí, pero hace más, mucho más:

⇒ Estudia la Palabra de Dios.
⇒ Separa espacios de tiempo todos los días para la oración y la adoración.
⇒ Vive y se mueve y tiene su ser en oración; es decir, ora continuamente.
⇒ Mantiene sus pensamientos y su mente en Cristo y en la obediencia hacia Él.
⇒ Da testimonio de Cristo, transmite la salvación gloriosa del mal y de la muerte de este mundo.
⇒ Discierne tanto el bien como el mal, y hace el bien.

El creyente maduro puede discernir entre la religión verdadera y la falsa, argumentos verdaderos y falsos, pecados, y justicia. Él sabe…

• cuándo mirar y cuándo no mirar.
• cuándo comer y cuándo no comer.
• qué beber y qué no beber.
• cuándo ir y cuándo no ir.
• a cuáles eventos sociales asistir y a cuáles no asistir.
• qué escuchar y qué no escuchar.
• dónde se predica y se enseña realmente a Cristo y dónde no.
• con quién confraternizar y con quién no.
• cuándo hablar y cuándo no hablar.
• quién enseña la verdad y quién no.

El creyente maduro vive para Cristo. Él discierne entre el bien y el mal.

3. Note cómo una persona madura alcanza la adultez en Cristo. Al ejercitar sus sentidos o facultades mentales y espirituales. Una persona tiene que ejercitar su mente y su espíritu. No puede ser haragana ni perezosa, cómoda y confiada; mentalmente ni espiritualmente. Tiene que estar alerta para controlarse y disciplinarse a sí misma. Tiene que poner su energía y esfuerzo, concentrarse y centrar su mente y vida en Jesucristo y en su salvación, misión y propósito.

"y renovaos en el espíritu de vuestra mente" (Ef. 4:23).

"Por lo demás, hermanos, todo lo que es verdadero, todo lo honesto, todo lo justo, todo lo puro, todo lo amable, todo lo que es de buen nombre; si hay virtud alguna, si algo digno de alabanza, en esto pensad" (Fil. 4:8).

"derribando argumentos y toda altivez que se levanta contra el conocimiento de Dios, y llevando cautivo todo pensamiento a la obediencia a Cristo" (2 Co. 10:5).

"Esto lo digo para vuestro provecho; no para tenderos lazo, sino para lo honesto y decente, y para que sin impedimento os acerquéis al Señor" (1 Co. 7:35).

"Tú guardarás en completa paz a aquel cuyo pensamiento en ti persevera; porque en ti ha confiado" (Is. 26:3).

"Porque el ocuparse de la carne es muerte, pero el ocuparse del Espíritu es vida y paz" (Ro. 8:6).

"Así que, hermanos, os ruego por las misericordias de Dios, que presentéis vuestros cuerpos en sacrificio vivo, santo, agradable a Dios, que es vuestro culto racional. No os conforméis a este siglo, sino transformaos por medio de la renovación de vuestro entendimiento, para que comprobéis cuál sea la buena voluntad de Dios, agradable y perfecta" (Ro. 12:1-2).

"¿O ignoráis que vuestro cuerpo es templo del Espíritu Santo, el cual está en vosotros, el cual tenéis de Dios, y que no sois vuestros? Porque habéis sido comprados por precio; glorificad, pues, a Dios en vuestro cuerpo y en vuestro espíritu, los cuales son de Dios" (1 Co. 6:19-20).

"Por lo cual, salid de en medio de ellos, y apartaos, dice el Señor, y no toquéis lo inmundo; y yo os recibiré, y seré para vosotros por Padre, y vosotros me seréis hijos e hijas, dice el Señor Todopoderoso" (2 Co. 6:17-18).

5 (6:1-2) *Madurez, espiritual:* Una persona tiene la gran necesidad de ir más allá del ABC de la Palabra de Dios. Las

Escrituras son directas y poderosas: "dejemos los rudimentos de la doctrina, las enseñanzas básicas de Cristo y vayamos adelante a la perfección [madurez]". Esto no quiere decir que debamos olvidar las enseñanzas básicas acerca de Cristo. No debemos ignorar, descuidar, u olvidar nunca cómo somos salvos por Cristo tampoco cómo crecemos en Cristo. Lo que esto quiere decir es que debemos tomar las enseñanzas acerca de Cristo y guardarlas en nuestro corazón. Deben ser parte de nuestra vida, de hecho, el cimiento mismo de nuestra vida. *Pero una vez que se echen los cimientos, debemos construir sobre ellos.* Se debe construir sobre los rudimentos de la salvación en Cristo. Debemos seguir adelante a la perfección, aprendiendo toda la verdad acerca Cristo y la Palabra de Dios. Ningún creyente debe quedarse en el ABC de Cristo; ningún creyente debe echar una y otra vez los cimientos de la salvación. ¿Qué es el ABC de Cristo, las enseñanzas básicas de la salvación que debemos dejar atrás?

1. Debemos ir más allá del arrepentimiento de las obras muertas. Arrepentimiento significa volverse a Dios y darle la espalda al mundo. *Obras* muertas puede significar…

- las obras o conducta del mundo que son pecaminosas y profanas y que llevan a la muerte.
- las obras religiosas formales y ceremoniosas que no proporcionan verdadera vida a los hombres. Tales obras religiosas son obras muertas, que dejan a los hombres "muertos en delitos y pecados" (Ef. 2: 1).

Debemos arrepentirnos de las *obras muertas* de este mundo, pero cuando nos hayamos arrepentido, nos regocijaremos en Cristo por una salvación tan grande e iremos adelante a la madurez.

Pensamiento 1. Piense en cuántas personas se arrepienten una y otra vez porque no comprenden la salvación y no viven para Cristo como debieran. Todas las noches antes de ir a la cama millones de personas mascullan oraciones a Dios para que las perdone y le prometen que van a mejorar. La escena se repite casi todos los días de su vida.

2. Debemos ir más allá de la fe en Dios. Debemos recurrir a la aprobación de Dios, creer en Él y confiar en Él. No debemos recurrir a los hombres ni a su habilidad ni ciencia para salvarnos. Nuestra esperanza de salvación está en Dios y solo en Dios. Pero cuando hayamos puesto nuestra fe en Dios, iremos por la salvación más allá de la fe. Debemos continuar y crecer en todas las enseñanzas de la Palabra de Dios.

3. Debemos ir más allá de la doctrina del bautismo, es decir, del significado del bautismo y de la necesidad de ser bautizados como Cristo demanda. Cuando una persona cree en Jesucristo, será bautizada de inmediato. Es la señal y el sello público de que es un verdadero seguidor del Señor Jesucristo. No es un ritual opcional; el verdadero creyente debe ser bautizado. Pero cuando se haya bautizado, no se detendrá ahí. Seguirá adelante a la madurez aprendiendo y practicando todos los mandamientos de Dios.

4. Debemos ir más allá de la imposición de manos. Este era el símbolo que demostraba que a una persona se la había llamado a servir a Dios. Este siempre ha sido el significado primario de imposición de manos, aunque el acto se ha utilizado para otros propósitos en varias etapas de la historia cristiana. Tanto en las épocas del Antiguo como del Nuevo Testamento cuando a una persona se la llamaba y se la apartaba a servir a Dios, otros creyentes ponían sus manos sobre ella como señal de su llamado. Cuando Dios o la iglesia nos llame a servir, debemos comenzar a servir y no echarnos atrás. No debemos dejar que se nos llame y se nos llame a servir; debemos comenzar a servir. Debemos ir adelante a la perfección.

5. Debemos ir más allá de la resurrección de los muertos. Esta es nuestra gran esperanza y es una de las razones primarias por las que aceptamos a Cristo. Debemos ir más allá de los sermones y de los estudios del *tiempo del fin;* ir más allá del rudimento de la salvación e ir adelante a toda la Palabra de Dios. Es la única manera en la que podemos madurar en Cristo.

6. Debemos ir más allá del juicio eterno. Cuando nos hayamos *salvado realmente,* nos hemos salvado del juicio. Dios no ha designado al creyente a la ira. El *verdadero creyente* es salvo, salvo del juicio eterno. Debemos ir más allá del temor y los pensamientos del juicio y aprender a reposar en la confirmación y seguridad de Cristo. Debemos ir adelante a la madurez, estudiando toda la Palabra de Dios.

> **"Sed, pues, vosotros perfectos, como vuestro Padre que está en los cielos es perfecto" (Mt. 5:48).**
>
> **"Y él mismo constituyó a unos, apóstoles; a otros, profetas; a otros, evangelistas; a otros, pastores y maestros, a fin de perfeccionar a los santos para la obra del ministerio, para la edificación del cuerpo de Cristo, hasta que todos lleguemos a la unidad de la fe y del conocimiento del Hijo de Dios, a un varón perfecto, a la medida de la estatura de la plenitud de Cristo; para que ya no seamos niños fluctuantes, llevados por doquiera de todo viento de doctrina, por estratagema de hombres que para engañar emplean con astucia las artimañas del error, sino que siguiendo la verdad en amor, crezcamos en todo en aquel que es la cabeza, esto es, Cristo" (Ef. 4:11-15).**
>
> **"a quien anunciamos, amonestando a todo hombre, y enseñando a todo hombre en toda sabiduría, a fin de presentar perfecto en Cristo Jesús a todo hombre" (Col. 1:28).**
>
> **"Y ahora, hermanos, os encomiendo a Dios, y a la palabra de su gracia, que tiene poder para sobreedificaros y daros herencia con todos los santificados" (Hch. 20:32).**
>
> **"Y el que da semilla al que siembra, y pan al que come, proveerá y multiplicará vuestra sementera, y aumentará los frutos de vuestra justicia" (2 Co. 9:10).**
>
> **"Por lo cual también nosotros sin cesar damos gracias a Dios, de que cuando recibisteis la palabra de Dios que oísteis de nosotros, la recibisteis no como palabra de hombres, sino según es en verdad, la palabra de Dios, la cual actúa en vosotros los creyentes" (1 Ts. 2:13).**
>
> **"Ocúpate en estas cosas; permanece en ellas, para que tu aprovechamiento sea manifiesto a todos" (1 Ti. 4:15).**

"Procura con diligencia presentarte a Dios aprobado, como obrero que no tiene de qué avergonzarse, que usa bien la palabra de verdad" (2 Ti. 2:15).

"Por tanto, dejando ya los rudimentos de la doctrina de Cristo, vamos adelante a la perfección; no echando otra vez el fundamento del arrepentimiento de obras muertas, de la fe en Dios" (He. 6:1).

"desead, como niños recién nacidos, la leche espiritual no adulterada, para que por ella crezcáis para salvación" (1 P. 2:2).

"vosotros también, poniendo toda diligencia por esto mismo, añadid a vuestra fe virtud; a la virtud, conocimiento; al conocimiento, dominio propio; al dominio propio, paciencia; a la paciencia, piedad" (2 P. 1:5-6).

"Antes bien, creced en la gracia y el conocimiento de nuestro Señor y Salvador Jesucristo. A él sea gloria ahora y hasta el día de la eternidad. Amén" (2 P. 3:18).

"Irán de poder en poder; verán a Dios en Sion" (Sal. 84:7).

6 (6:3) *Madurez, espiritual:* Una persona debe estar determinada a crecer en Cristo. Debemos tener un espíritu que grite junto con el autor de Hebreos: "Esto haremos". Debemos estar determinados a ir adelante a la perfección y la madurez. Debemos dejar atrás el ABC y los rudimentos de la Palabra de Dios. Pero también debemos hacer algo más: debemos gritar "si Dios lo permite". Esto quiere decir sencillamente que debemos expresar una dependencia de Dios, porque somos dependientes de Él. Dios quiere que crezcamos espiritualmente, pero no podemos crecer apartados de su fuerza. Somos totalmente dependientes de Él para el socorro en el entendimiento de su Palabra y para el poder de vivir ya que Él nos dice cómo vivir. Ninguna persona puede hacer nada a menos que Dios lo permita. Nuestro propio aliento, la vida, el entendimiento, la fuerza, y la determinación de seguir creciendo dependen de Dios y su presencia y poder en nuestra vida.

Debemos estar determinados, fuertemente determinados, a ir adelante a la perfección. Debemos madurar y crecer en Cristo. Pero debemos contar con la presencia y el poder de Dios para hacerlo. Por lo tanto, creceremos en Cristo, esto haremos si Dios lo permite, si Dios nos da el entendimiento de su Palabra y la fuerza para vivir para Él.

"Respondió Juan y dijo: No puede el hombre recibir nada, si no le fuere dado del cielo" (Jn. 3:27).

"No que lo haya alcanzado ya, ni que ya sea perfecto; sino que prosigo, por ver si logro asir aquello para lo cual fui también asido por Cristo Jesús. Hermanos, yo mismo no pretendo haberlo ya alcanzado; pero una cosa hago: olvidando ciertamente lo que queda atrás, y extendiéndome a lo que está delante, prosigo a la meta, al premio del supremo llamamiento de Dios en Cristo Jesús" (Fil. 3:12-14).

"Uno solo es el dador de la ley, que puede salvar y perder; pero tú, ¿quién eres para que juzgues a otro? ¡Vamos ahora! los que decís: Hoy y mañana iremos a tal ciudad, y estaremos allá un año, y traficaremos, y ganaremos; cuando no sabéis lo que será mañana. Porque ¿qué es vuestra vida? Ciertamente es neblina que se aparece por un poco de tiempo, y luego se desvanece. En lugar de lo cual deberíais decir: Si el Señor quiere, viviremos y haremos esto o aquello" (Stg. 4:12-15).

"Por tanto, dejando ya los rudimentos de la doctrina de Cristo, vamos adelante a la perfección; no echando otra vez el fundamento del arrepentimiento de obras muertas, de la fe en Dios" (He. 6:1).

"vosotros también, poniendo toda diligencia por esto mismo, añadid a vuestra fe virtud; a la virtud, conocimiento; al conocimiento, dominio propio; al dominio propio, paciencia; a la paciencia, piedad" (2 P. 1:5-6).

"Antes bien, creced en la gracia y el conocimiento de nuestro Señor y Salvador Jesucristo. A él sea gloria ahora y hasta el día de la eternidad. Amén" (2 P. 3:18).

| 1 **Los privilegios de los creyentes**
  a. Habían sido iluminados
  b. Habían gustado del don celestial
  c. Habían sido partícipes del Espíritu Santo
  d. Habían gustado de la Palabra de Dios
  e. Habían gustado del siglo venidero
2 **La advertencia: Es imposible arrepentirse** | **D. Advertencia tres (Parte 2): Teman, para no caer del estado de gracia, 6:4-8**

4 Porque es imposible que los que una vez fueron iluminados y gustaron del don celestial, y fueron hechos partícipes del Espíritu Santo,

5 y asimismo gustaron de la buena palabra de Dios y los poderes del siglo venidero,

6 y recayeron, sean otra vez renovados para arrepenti- | miento, crucificando de nuevo para sí mismos al Hijo de Dios y exponiéndole a vituperio.

7 Porque la tierra que bebe la lluvia que muchas veces cae sobre ella, y produce hierba provechosa a aquellos por los cuales es labrada, recibe bendición de Dios;
8 pero la que produce espinos y abrojos es reprobada, está próxima a ser maldecida, y su fin es el ser quemada. | de la caída del estado de gracia, comparar v. 4
  a. Porque uno continúa crucificando al Hijo de Dios
  b. Porque uno avergüenza a Cristo
3 **El significado ilustrado**
  a. La buena tierra recibe lluvia
    1) Produce fruto
    2) Es bendecida por Dios
  b. La mala tierra recibe lluvia
    1) Produce espinos
    2) Está cerca de ser maldecida |

DIVISIÓN II

EL SUPREMO SUMO SACERDOTE: JESUCRISTO, EL HIJO DE DIOS, 4:14—7:28

D. Advertencia tres (Parte 2): Teman, para no caer del estado de gracia, 6:4-8

(6:4-8) *Introducción:* Esta es una de las advertencias más severas de todas las Escrituras y es una de las más polémicas. Es tan polémica que no importa lo que una persona diga al respecto, hay una gran cantidad de personas que difieren con ella. Lo que debemos mantener presente es lo siguiente: Una de las razones primordiales por las que existen tantas diferencias es porque llegamos a este pasaje con la decisión ya tomada. Ya hemos ocupado una posición teológica y tenemos un sistema teológico por el que seguimos e interpretamos toda la Biblia. Por lo tanto interpretamos este pasaje…

* en vista de lo que ya creemos en lugar de dejar que la Biblia hable por sí sola.
* en vista de nuestra teología en lugar de dejar que el pasaje hable por sí solo.
* en vista de lo que nos han enseñado otros en lugar de dejar que la Biblia hable por sí sola.
* en vista de lo que hemos concluido que la Biblia enseña en alguna otra parte en lugar de dejar que el pasaje hable por sí solo.
* para mantener la coherencia de nuestro sistema en lugar de admitir que hay algunas enseñanzas de la Biblia que se encuentran más allá de nuestro entendimiento y aceptar el significado como una advertencia a todos los creyentes.

Por supuesto, todo el mundo cree que tienen razón, que lo que cree es exactamente lo que enseña la Biblia. Y debe pensar en lo siguiente; debe ser una persona de convicción o debe sentarse y estudiar y encontrar la verdad según sus habilidades y convertirse en una persona de convicción. Sin embargo, se necesitan tres cosas cuando analizamos un pasaje como este donde difieren tantos creyentes verdaderos.

⇒ Debemos dejar que la Biblia hable por sí sola, ser tan objetivo y honesto como podamos y hacer un esfuerzo para no tergiversar la Biblia para que concuerde con nuestras creencias (sistema teológico). Es decir, Debemos, tanto como nos sea posible, ser fieles a la Biblia y dejarla hablar por sí sola.

⇒ Debemos ser humildes y comprensivos unos con otros en la medida que oramos y le pedimos al Señor entendimiento y en la medida que compartimos su Palabra unos con otros y con el mundo. Y debemos aprender unos de otros a pesar de nuestro punto de vista diferente. Ninguno de nosotros tiene la verdad en la mano. Cuanto más somos solo un grano de arena en un universo de verdad. Piense nada más lo enorme que es el universo y lo insondable que es Dios y su Palabra e inescrutables sus caminos (comparar Ro. 11:33-36). Lo que Dios quiere que hagamos es que seamos humildes y aprendamos unos de otros.

⇒ Debemos dejar que la Biblia nos hable, dejar que su mensaje nos guíe y nos advierta, al mayor grado posible. Debemos dejar que la Biblia obre en nuestra vida y no ensimismarnos con interpretaciones y con transmitir nuestro punto de vista. Lo importante es lo que Dios dice y dejar que lo que Él dice surta efecto en nuestra vida. *Debemos* dejar que la Biblia obre en nosotros.

La Biblia de bosquejos y sermones está escrita para los ministros de Dios, para todo verdadero ministro de Dios a pesar de su creencia y denominación. Por esta razón, deliberada, enérgica, y constantemente mantenemos presente la gran necesidad de dejar que la Palabra de Dios hable por sí sola y no presentar posición confesional alguna. Nuestro propósito es estudiar y escribir, primero que todo, para nuestro crecimiento personal en el Señor, y luego para dar a conocer aquello con lo que Dios nos ha alimentado nuestro corazón. En eso consiste por entero *La Biblia de bosquejos y sermones*. Sencillamente surge de nuestros estudios devocionales personales donde nuestro corazón grita a Dios para que nos moldee conforme a Cristo de modo que podamos experimentar mejor su misericordia y gracia, su misericordia y gracia eternas que Él ha vertido sobre nosotros al salvarnos y liberarnos de los pecados y la muerte de este mundo.

Sucede lo siguiente: Se hace un esfuerzo deliberado, incluso al extremo de la fatiga, para dejar que la Biblia hable por sí sola al estudiar este pasaje. De hecho, estamos escribiendo esto incluso antes de comenzar nuestro estudio y exposición acerca del mismo. Que Dios toque nuestro corazón y advierta a todos los que lo lean de ahora en adelante, todo para su gloria y para nuestro crecimiento en Cristo Jesús nuestro Señor. (Los siguientes pasajes deberán estudiarse conjuntamente con este pasaje para una revisión completa de las advertencias severas de las Escrituras. Vea los subíndices y notas 1 Co. 3:11-15; 1 Co. 5:3-5; 9:27; 11:27-30; He. 2:1-4; 3:7-19; 4:1-13; 5:11—6:3; 10:26-39; 12:25-29; *Estudio a fondo 1*, 1 Jn. 5:16.)

1. Los privilegios cristianos (vv. 4-5).
2. La advertencia: Es imposible arrepentirse de la caída del estado de gracia (v. 6).
3. El significado ilustrado (vv. 7-8).

ESTUDIO A FONDO 1

(6:4-8) *Creyente — Advertencia:* Hay cuatro interpretaciones principales de este pasaje.

1. Un caso hipotético. Hay quienes dicen que *caer del estado de la gracia de Cristo* es solo una idea errónea que existe en la mente de algunas personas. Por lo tanto, el escritor solo trata de corregir la idea errónea que estas personas tienen. Estas personas se están provocando una cantidad indebida de ansiedad, tensión, y preocupación al creer en falsas ideas; por consiguiente, se les debe corregir y salvar de su falsa creencia. La mayoría de estos intérpretes sostienen que la caída del estado de la gracia de Cristo es imposible, pero si la creencia la sostienen algunos, entonces se necesita corregirlas. Por tanto, esto es exactamente lo que hace el autor. Note cómo va corrigiendo la falsa idea en esta interpretación:

"*Bien, se dice que una persona puede caer del estado de la gracia de Cristo. ¿Qué sucede ([si lo hace])? Sería imposible renovarla nuevamente, porque Cristo tendría que ser crucificado nuevamente. Y esto es totalmente imposible; Cristo no puede ser crucificado nuevamente. Por ende, la caída del estado de gracia es imposible. Decir que una persona salva puede caer del estado de gracia es una idea incorrecta que no la enseñan las Escrituras*".

2. Una interpretación acerca de salvo-perdido. Una persona salva puede *caer del estado de gracia* en el pecado o la apostasía y perder su salvación. Los que se oponen a esta posición dicen que esta posición debe tener en cuenta dos elementos básicos:

⇒ Hay solo unos cuantos pasajes que lo apoyan y cada uno de los pasajes se puede interpretar de otra manera (comparar Mt. 24:13; Mr. 3:29; Lc. 9:62; He. 10:26; 1 Jn. 5:16).

⇒ Hay innumerables pasajes que enseñan la seguridad eterna del creyente (comparar Jn. 3: 16, 36; 5:24; 6:37; 10:27-30; Ro. 8:1, 35-39; Ef. l:12-14; 4:30; Fil. l:6; He. 8:12; l0:12;14; 1 P. 1:3-5).

3. Una interpretación de una profesión falsa o de un inconverso. Algunos judíos (judaizantes) de la época del escritor profesaron a Cristo y se expusieron a los privilegios de la vida cristiana. Sin embargo, nunca dieron el genuino y decisivo salto de fe. Los que se oponen a esta posición dicen que resulta difícil ver esta posición en vista de los cinco planteamientos de los versículos 4-5.

4. Un creyente marginado. Algunos creyentes pecan tanto deliberadamente que se endurecen y dejan de sentir que hacen algo erróneo (Ef. 4: 18-24). Corren el peligro de caer del estado de gracia y sufrir el castigo y las consecuencias más severas (vea las notas, 1 Co. 9:27; 11:27-30; He. 2:ls; l0:26s; *Estudio a fondo 1*, 1 Jn. 5:16).

1 (6:4-5) *Advertencia — Creyentes:* Los privilegios del creyente. Resulta difícil darse cuenta de cómo se podrían decir estas cinco experiencias de un creyente a menos que fuera un verdadero creyente. Si somos tan honestos y objetivos como nos sea posible, tendríamos que forzar el significado para que se aplicasen a cualquier persona. Las Escrituras griegas definitivamente usan el tiempo gramatical aoristo lo que significa que la persona tuvo una experiencia de 'una vez y por todas', una experiencia que se completó, cumplió y terminó de una vez y por todas. ¿Cómo se podría aplicar esto a cualquier otra persona que no fuera un creyente? Note cómo cada una de estas se encuentra en el tiempo aoristo: la persona…

- *de una vez y por todas* fue iluminada.
- *de una vez y por todas* gustó del don celestial.
- *de una vez y por todas* fue hecha partícipe del Espíritu Santo.
- *de una vez y por todas* gustó de la buena Palabra de Dios.
- *de una vez y por todas* gustó del poder del siglo venidero.

La palabra "gustó" (geusamenous) significa participar de, tomar, experimentar, llegar a conocer. El científico griego Marvin Vincent dice que significa "haber participado concientemente de" (*Estudios lexicológicos del Nuevo Testamento*, vol. 4, p. 445). La misma palabra se usa con Cristo cuando decía que Él "gustó la muerte" por todos (He. 2:9). Y algo es cierto: Cristo gustó, es decir, *experimentó concientemente,* la muerte por todos nosotros. Por lo tanto, este pasaje debe querer decir que esta persona *gustó completamente y experimentó completamente* la salvación. Como se ha planteado, parece que tenemos que tergiversar las Escrituras para hacer que diga cualquier cosa menos una experiencia completa y conciente. Note las gloriosas experiencias y privilegios que las personas recibieron en Cristo:

1. Fueron de una vez y por todas iluminadas. Iluminada significa la luz del evangelio y de la salvación; la luz de Cristo, es decir, ver a Cristo como el Salvador y Señor de los hombres; la luz de la salvación que disipa la oscuridad del pecado y la muerte. Nota: Recibir la luz sucedió de una vez y por todas. Fue una experiencia real de las personas, una experiencia de una vez y por todas. Es decir, realmente sucedió y se cumplió y se completó en la vida de cada uno de nosotros. Recibieron la luz de Cristo, de su evangelio y salvación de una vez y por todas.

2. Habían gustado del don celestial. El "regalo celestial" se refiere a Cristo y su salvación, la que Dios *le regaló* al mundo. Las Escrituras proclaman una y otra vez que Jesucristo y su salvación son los regalos de Dios.

⇒ Cristo es el "regalo inefable" de Dios (2 Co. 9:15).
⇒ Cristo es el regalo de Dios a un mundo perdido (Jn. 3: 16).
⇒ La salvación es "el regalo de Dios" (Ef. 2:8-9).
⇒ Cristo es quien vino del cielo como regalo de Dios a un mundo perdido (Jn. 3:13; 3:16; 3:31-32; 6:32-33, y un sinnúmero de otros versículos. Vea las notas, Jn. 3:32-34; *Estudio a fondo 3,* 3:34 para más referencias y análisis).

Note que ésta es de nuevo una experiencia de una vez y por todas. Habían experimentado a Cristo y su salvación de una vez y por todas.

3. Fueron de una vez y por todas hechos partícipes del Espíritu Santo. La palabra "partícipe" (metochous) significa compartir como compañeros. W. E. Vine dice que significa "el hecho de compartir" (*Diccionario expositivo de las palabras del Nuevo Testamento,* Old Tappan, NJ: Fleming H. Revell, 1966, p. 162). El científico griego A. T Robertson dice: "Estas todas se dan como experiencias espirituales reales (*Metáforas del Nuevo Testamento,* vol. 5, p. 375). Estas personas eran partícipes en el Espíritu Santo. Resulta muy difícil ver cómo se pueden convertir en una falsa profesión sin forzar las Escrituras.

4. Habían de una vez y por todas gustado de la buena Palabra de Dios. Este es el evangelio de Cristo, de su gloriosa salvación. El científico griego Marvin Vincent argumenta que esto significa que recibieron...

- vida (Hch. 5:20)
- limpieza (Ef. 5:26).
- espíritu y vida (Jn. 6:63)
- el Espíritu Santo (Jn. 3:34; Hch. 5:32; 10:44; Ef. 6:17; He. 2:4)
- salvación (Hch. 11:14)

(*Estudios lexicológicos del Nuevo Testamento,* vol. 4, p. 445.)

5. Habían de una vez y por todas gustado de los poderes del siglo venidero. Habían experimentado algo del cielo en la tierra. Habían experimentado realmente la presencia y el poder de Cristo en la vida de cada uno de ellos...

- el poder de Cristo al vencer las pruebas y tentaciones y sufrimientos de este mundo.
- el poder curativo de Cristo al tocar tanto el cuerpo de cada uno de ellos así como su espíritu.

"Y el que guarda sus mandamientos, permanece en Dios, y Dios en él. Y en esto sabemos que él permanece en nosotros, por el Espíritu que nos ha dado" (1 Jn. 3:24).

"En esto conocemos que permanecemos en él, y él en nosotros, en que nos ha dado de su Espíritu" (1 Jn. 4:13).

2 (6:6) *Advertencia:* La advertencia es severa y aterrorizante para cualquier corazón que la escuche.

"Porque es imposible *que los que una vez fueron iluminados... y* recayeron, *sean otra vez renovados para arrepentimiento" (vv. 4, 6). Según se analizó en el punto anterior, este va a hablar de los creyentes. ¿Pero qué quiere decir? Note exactamente lo que dicen las Escrituras y solo lo que dicen.*

Primero, las Escrituras dicen "imposible": si un creyente "cae del estado de gracia", es imposible que se vuelva a arrepentir. No puede hacerse que la palabra *imposible* signifique otra cosa que imposible, no sin forzar ni tergiversar las Escrituras. Como expresa Marvin Vincent: "Imposible (aduvaton). Es imposible diluir esta palabra en *difícil*" (*Estudios lexicológicos del Nuevo Testamento,* vol. 4, p. 444).

Segundo, las Escrituras usan la palabra "caer" (parapesontas). Esto significa alejarse de, apartarse de, desviarse. Significa...

- alejarse de Cristo.
- apartarse de Cristo.
- desviarse de Cristo.

Tercero, las Escrituras hablan de renovación y renovar a las personas para arrepentimiento. Estas personas habían ido más allá del punto del arrepentimiento. No importa cuán fuerte se les hubiera hecho una apelación, no importa cuán a menudo se les hubiera señalado el pecado, no importa cuánto el amor y la cruz de Cristo se les hubiera proclamado, nunca más se arrepentirían. Habían ido demasiado lejos en el pecado y la rebelión contra Cristo para que se les volviera a tocar el corazón. Nunca se arrepentirían, no importaba lo que hicieran.

En cuanto a la cuestión crítica: ¿Qué podría provocar que un creyente alcanzara tal etapa en la vida? ¿Qué podría hacer un creyente que endureciera su corazón tanto como para nunca más arrepentirse? Note de nuevo lo que dicen exactamente las Escrituras:

"crucificando de nuevo para sí mismos al Hijo de Dios y exponiéndole a vituperio" (v. 6).

La acción está presente: Ellos continúan crucificando a Cristo y avergonzándolo. Ellos continúan en su pecado, desobediencia, y rebelión contra Cristo. Es importante notar la acción continua.

El creyente se vuelve al mundo, vuelve a una vida de pecado, desobediencia, y rebelión; y *continúa, sin arrepentirse nunca y sin volver nunca a Cristo.* Esto, por supuesto, desgarra el corazón de Cristo y suma sufrimiento al sufrimiento para que Él lo soporte.

⇒ Remueve y provoca el dolor de la crucifixión de nuevo. De hecho, continúa crucificándolo una y otra vez;

lo pone en una continua experiencia de sufrimiento en la cruz.

⇒ También lo avergüenza. Ser un creyente profeso y regresar al mundo y continuar viviendo en pecado día tras día y mes tras mes avergüenza a Cristo y a su santo nombre.

Note una realidad crítica en este punto: La persona continúa en el pecado sin arrepentirse nunca. Ha regresado al mundo y sus pecados y nunca se va a arrepentir. Ha ido tan lejos en el pecado que su corazón se ha endurecido tanto que nunca se arrepentirá, no importa cuánto se le transmita el amor y el perdón de Cristo, nunca se arrepentirá. Nunca más andará con Cristo, no mientras esté en la tierra. Las Escrituras dicen que ha ido más allá del arrepentimiento. Ha regresado al mundo y *caído del estado de la gracia de Cristo.* Y trágicamente, está dañando a Cristo y su misión. Está desgarrando el corazón de Cristo al crucificar a Cristo de nuevo, al sumar más sufrimiento al su sufrimiento. Y está deshonrando el nombre de Cristo entre los hombres al vivir una vida hipócrita.

Pensamiento 1. Note una realidad crítica. Esto no puede referirse a lo que normalmente se le llama *recaída.* ¿Por qué? Porque las Escrituras son claras: "Una persona que recae puede arrepentirse. Una persona que recae nunca se encuentra fuera del alcance del arrepentimiento". Este pasaje va a hablar de una persona que recae y comienza a amar cada vez más su pecado. Por lo tanto, se mantiene en su pecado, pecando y pecando y pecando, hasta que se endurece tanto su corazón en su pecado que nunca se arrepentirá. Se mantiene crucificando a Cristo y avergonzándolo y nada lo incita al arrepentimiento. ¿Los creyentes pueden alcanzar este punto? F. F. Bruce lo plantea bien:

"Dios ha prometido perdonar a todos aquellos que se arrepientan de verdad, pero las Escrituras y experiencias afines sugieren que es posible que los seres humanos alcancen un estado de corazón y de vida donde ya no se puedan arrepentir" (La Epístola a los Hebreos, Grand Rapids, MI: Eerdmans, 1964, p. 124).

"pero cualquiera que blasfeme contra el Espíritu Santo, no tiene jamás perdón, sino que es reo de juicio eterno" (Mr. 3:29).

"sino que golpeo mi cuerpo, y lo pongo en servidumbre, no sea que habiendo sido heraldo para otros, yo mismo venga a ser eliminado" (1 Co. 9:27).

"Mirad, hermanos, que no haya en ninguno de vosotros corazón malo de incredulidad para apartarse del Dios vivo" (He. 3:12).

"y recayeron, sean otra vez renovados para arrepentimiento, crucificando de nuevo para sí mismos al Hijo de Dios y exponiéndole a vituperio" (He. 6:6).

"Porque si pecáremos voluntariamente después de haber recibido el conocimiento de la verdad, ya no queda más sacrificio por los pecados" (He. 10:26).

"Porque ya sabéis que aun después, deseando heredar la bendición, fue desechado, y no hubo oportunidad para el arrepentimiento, aunque la procuró con lágrimas" (He. 12:17).

"manteniendo la fe y buena conciencia, desechan-

do la cual naufragaron en cuanto a la fe algunos, de los cuales son Himeneo y Alejandro, a quienes entregué a Satanás para que aprendan a no blasfemar" (1 Ti. 1:19-20).**

"Pero el Espíritu dice claramente que en los postreros tiempos algunos apostatarán de la fe, escuchando a espíritus engañadores y a doctrinas de demonios; por la hipocresía de mentirosos que, teniendo cauterizada la conciencia" (1 Ti. 4:1-2).

"Porque vendrá tiempo cuando no sufrirán la sana doctrina, sino que teniendo comezón de oír, se amontonarán maestros conforme a sus propias concupiscencias, y apartarán de la verdad el oído y se volverán a las fábulas" (2 Ti. 4:3-4).

"Así que vosotros, oh amados, sabiéndolo de antemano, guardaos, no sea que arrastrados por el error de los inicuos, caigáis de vuestra firmeza" (2 P. 3:17).

3 (6:7-8) *Advertencia:* Se ilustra el significado de la advertencia. Esta es una ilustración sencilla acerca de la tierra de un agricultor o encargado de un viñedo.

1. La buena tierra bebe la lluvia y produce frutos y cultivos para aquellos que la labran. Es decir, los creyentes son la buena tierra que bebe la Palabra de Dios y produce frutos para Dios y para Cristo y para sus ministros y maestros.

2. La mala tierra también bebe la lluvia, pero produce espinos y abrojos. Por lo tanto, la mala tierra es rechazada y está cerca de ser maldecida. Su fin es ser quemada. Matthew Henry fue sin duda uno de los más grandes especialistas en textos bíblicos y probablemente el escritor bíblico más inspirador que haya existido. Él creía fuertemente en la seguridad eterna del creyente, pero aún así dijo lo siguiente. Su exhortación enfatiza la necesidad imperiosa de que todos prestemos atención a esta advertencia y a la severidad de la misma:

"Su fin [el fin de la tierra rechazada] es ser quemada. La apostasía será castigada con quemaduras eternas, el fuego que nunca se sofocará. Este es el triste fin al que conduce la apostasía, y por ende los cristianos deberán ir adelante y crecer en gracia, no sea que, si no van adelante, retrocedan, hasta que lleven las cosas a su lamentable extremo de pecado y sufrimiento" (Comentario de Matthew Henry, vol. 6, p. 914.)

F. F. Bruce, uno de los especialistas más excelentes en textos bíblicos del siglo XX, quien también sostendría firmemente la seguridad del creyente, expresa lo siguiente:

"Nuestro autor compara aquellos creyentes que perseveran en la fe con la tierra fértil que produce frutos, mientras que aquellos [creyentes] en cuya vida no aparecen los frutos de la justicia se comparan con la tierra que nunca producirá nada excepto espinos y abrojos, y será quemada, 'porque nuestro Dios es fuego consumidor' (He. 12:29)" (La Epístola a los Hebreos, p. 125)

Pensamiento 1. Este pasaje es una advertencia muy severa para todos nosotros no importa nuestra posición en la seguridad del creyente. Es un pasaje que sirve de advertencia para todos nosotros y todos nosotros debemos prestarle atención. Es un pasaje que los escritores bíblicos, los que dan fuertes consejos de andar con el Señor, fuertemente nos incitan a prestar atención, incluso cuando sostienen firmemente la seguridad del creyente. F. F. Bruce es uno de ellos, y lo que tiene que decir todos debiéramos tenerlo en cuenta:

"Las Escrituras contienen para el más débil de los creyentes, aliento suficiente y para derrochar pero [las Escrituras] están llenas de solemnes advertencias a aquellos que piensan que asumen la posición de cuidarse no sea que caigan. Una profesión de fe creíble debe aceptarse como genuina, pero finalmente es solo el Señor quien conoce a los suyos.

"Porque es posible que las personas que se pueden describir en el lenguaje de los versículos 4 y 5 'caigan del estado de gracia' irreversiblemente. Esta advertencia se ha minimizado indebidamente y se ha exagerado indebidamente... porque hombres y mujeres que han tomado el nombre de Cristo [sí] cometen apostasía; y los escritores bíblicos (el escritor de a los Hebreos no es la excepción) no son dados a la creación de hombres de paja [hombres que nunca existen]. La advertencia de este pasaje fue una advertencia real contra un peligro real, un peligro que aún se encuentra presente siempre que 'un corazón malo de incredulidad' puede traer como resultado 'caer del estado de gracia del Dios vivo' (He. 3:12).

"La intención del autor se puede exagerar al punto de la distorsión cuando se le interpreta que por los pecados cometidos después del bautismo no puede haber arrepentimiento...

"Pero el propio escritor de a los Hebreos distingue (como hizo la ley del Antiguo Testamento) entre el pecado involuntario y el pecado voluntario, y el contexto demuestra claramente que el pecado voluntario al que él se refiere es a la apostasía deliberada. Las personas que cometen este pecado, expresa él, no pueden ser renovados para arrepentimiento; al renunciar a Cristo se ubican en la posición de aquellos que, deliberadamente negando su declaración de ser Hijo de Dios, hicieron que lo crucificaran y lo expusieron a la vergüenza pública. Aquellos que repudian la salvación procurada por Cristo no encontrarán ninguna otra en ninguna otra parte" (*La Epístola a los Hebreos*, p. 122s)

"Y ya también el hacha está puesta a la raíz de los árboles; por tanto, todo árbol que no da buen fruto es cortado y echado en el fuego" (Mt. 3:10).

"Así, todo buen árbol da buenos frutos, pero el árbol malo da frutos malos. No puede el buen árbol dar malos frutos, ni el árbol malo dar frutos buenos. Todo árbol que no da buen fruto, es cortado y echado en el fuego" (Mt. 7:17-19).

"El que fue sembrado entre espinos, éste es el que oye la palabra, pero el afán de este siglo y el engaño de las riquezas ahogan la palabra, y se hace infructuosa" (Mt. 13:22).

"Dijo también esta parábola: Tenía un hombre una higuera plantada en su viña, y vino a buscar fruto en ella, y no lo halló. Y dijo al viñador: He aquí, hace tres años que vengo a buscar fruto en esta higuera, y no lo hallo; córtala; ¿para qué inutiliza también la tierra? Él entonces, respondiendo, le dijo: Señor, déjala todavía este año, hasta que yo cave alrededor de ella, y la abone. Y si diere fruto, bien; y si no, la cortarás después" (Lc. 13:6-9).

"pero la que produce espinos y abrojos es reprobada, está próxima a ser maldecida, y su fin es el ser quemada" (He. 6:8).

	E. Advertencia tres (Parte 3): Precauciones contra la caída del estado de gracia, 6:9-20	15 Y habiendo esperado con paciencia, alcanzó la promesa.	b. Abraham soportó, luego recibió la promesa de Dios
1 Precaución 1: El amor y la confianza del pueblo	9 Pero en cuanto a vosotros, oh amados, estamos persuadidos de cosas mejores, y que pertenecen a la salvación, aunque hablamos así.	16 Porque los hombres ciertamente juran por uno mayor que ellos, y para ellos el fin de toda controversia es el juramento para confirmación.	5 Precaución 5: El juramento y la promesa de Dios a. Los hombres resuelven conflictos por juramentos
2 Precaución 2: La justicia de Dios a. Dios recompensa el trabajo y la obra hecha con amor b. Dios recompensa al ministro	10 Porque Dios no es injusto para olvidar vuestra obra y el trabajo de amor que habéis mostrado hacia su nombre, habiendo servido a los santos y sirviéndoles aún.	17 Por lo cual, queriendo Dios mostrar más abundantemente a los herederos de la promesa la inmutabilidad de su consejo, interpuso juramento;	b. Dios eligió un juramento para confirmar su promesa c. La promesa y juramento de Dios garantiza el refugio, la esperanza de la salvación
3 Precaución 3: Ser diligente y no ser perezoso a. Quién: Cada uno de ustedes b. Resultado: Da confirmación	11 Pero deseamos que cada uno de vosotros muestre la misma solicitud hasta el fin, para plena certeza de la esperanza, 12 a fin de que no os hagáis perezosos, sino imitadores de	18 para que por dos cosas inmutables, en las cuales es imposible que Dios mienta, tengamos un fortísimo consuelo los que hemos acudido para asirnos de la esperanza	6 Precaución 6: El ancla de la esperanza a. La esperanza es un refugio
4 Precaución 4: Seguir a los creyentes de fe y perseverancia a. El gran ejemplo, Abraham	aquellos que por la fe y la paciencia heredan las promesas. 13 Porque cuando Dios hizo la promesa a Abraham, no pudiendo jurar por otro mayor, juró por sí mismo, 14 diciendo: De cierto te bendeciré con abundancia y te multiplicaré grandemente.	puesta delante de nosotros. 19 La cual tenemos como segura y firme ancla del alma, y que penetra hasta dentro del velo, 20 donde Jesús entró por nosotros como precursor, hecho sumo sacerdote para siempre según el orden de Melquisedec.	b. La esperanza es un ancla del alma c. La esperanza penetra el velo 1) Cristo es el precursor 2) Cristo es el Sumo sacerdote eterno

DIVISIÓN II

EL SUMO SACERDOTE SUPREMO: JESUCRISTO, EL HIJO DE DIOS, 4:14—7:28

E. Advertencia tres (Parte 3): Precauciones contra la caída del estado de gracia, 6:9-20

(6:9-20) *Introducción:* El escritor acaba de hacerle a los creyentes hebreos la advertencia más severa que se le pudiera hacer a un pueblo. Deben temer no sea que caigan, caigan del estado de gracia y nunca más se arrepientan. ¿Cuál es la respuesta? ¿Cómo los creyentes pueden evitar caer del estado de gracia? Este es un análisis de este pasaje: *las precauciones contra la caída del estado de gracia.*

1. Precaución 1: El amor y la confianza del pueblo (v. 9).
2. Precaución 2: La justicia de Dios (v. 10).
3. Precaución 3: Ser diligente y no ser perezoso (vv. 11-12).
4. Precaución 4: Imitar a los creyentes de fe y perseverancia (vv. 12-15).

5. Precaución 5: El juramento y la promesa de Dios (vv. 16-18).
6. Precaución 6: El ancla de la esperanza (vv. 18-20).

1 (6:9) *Aliento:* Precaución uno, el amor y la confianza que el pueblo tiene en nosotros. Los cristianos hebreos corrían el peligro de caer nuevamente en el pecado. Estaban en peligro de regresar al mundo y comenzar a vivir como el mundo. Existía el peligro de que ignoraran, descuidaran, y negaran nuevamente a Cristo. Pero el ministro de Dios pensaba diferente: él los amaba, y porque los amaba, tuvo gran confianza en ellos. Note tres elementos.

1. El ministro los llama *amados*. Los quería y los tenía muy dentro de su corazón. Aunque no se menciona, él iba a orar por ellos no solo diariamente, sino durante todo el día. Los amó tanto que nunca los apartó de su mente ni de sus pensamientos.

2. El ministro expresó gran confianza en ellos: "estamos persuadidos de cosas mejores". Él espera que ellos no caigan de nuevo en el pecado; él espera que ellos no abando-

nen a Cristo y regresen al mundo. Él tiene confianza en ellos, él espera que se retengan firmes en Cristo y que se aferren a su fe en el Señor.

3.   El ministro espera que ellos hagan las obras de salvación. Resulta sorprendente. Los creyentes no solo no caerán de nuevo en el pecado, sino que harán las obras de salvación, así dice el ministro. ¡Qué gran confianza tiene en ellos el ministro!

¿Cómo podrían los creyentes regresar al mundo? ¿Cómo podrían volver a vivir en el pecado cuando se les ama tanto y tienen a alguien que cree en ellos y tiene confianza en ellos?

Sucede lo siguiente: Si un creyente se aparta de Cristo, lastimará a los que se preocupan por él y les cortará hasta los tuétanos. Pero si se mantiene firme, demostrará que los ama y los aprecia. Demostrará que es bien digno de su amor y confianza.

Pensamiento 1. Siempre debemos recordar dos aspectos significativos: Cuando caemos del estado de gracia, no solo nos lastimamos a nosotros mismos, sino que lastimamos y cortamos el corazón tanto de Cristo como de todos aquellos que nos aman, los lastimamos y les cortamos hasta los tuétanos.

¿Cómo podemos evitar caer y herir a Cristo y a todos los que nos aman y tienen confianza en nosotros? Al tomar ciertas precauciones, y la primera precaución es la siguiente: Mire a las personas que sí nos aman y tienen confianza en nosotros. Mírelas y…

- piense en cómo el pecado y la vergüenza los lastimará y cortará el corazón de cada una de ellas.
- piense en cómo quebrantará su confianza en nosotros.
- piense en el daño y la destrucción.
- piense en cuán bueno sería llenar las expectativas de su amor y confianza en nosotros.
- piense en lo mejor que sería hacer las obras de salvación que hacer las obras de pecado.

> "El amor sea sin fingimiento [hipocresía]. Aborreced lo malo, seguid lo bueno" (Ro. 12:9).
>
> "Vosotros corríais bien; ¿quién os estorbó para no obedecer a la verdad? Esta persuasión no procede de aquel que os llama. Un poco de levadura leuda toda la masa. Yo *confío respecto de vosotros* en el Señor, que no pensaréis de otro modo; mas el que os perturba llevará la sentencia, quienquiera que sea" (Gá. 5:7-10).
>
> "Me gozo de que en todo tengo confianza en vosotros" (2 Co. 7:16).
>
> "Y tenemos confianza respecto a vosotros en el Señor, en que hacéis y haréis lo que os hemos mandado. Y el Señor encamine vuestros corazones al amor de Dios, y a la paciencia de Cristo" (2 Ts. 3:4-5).
>
> "Te he escrito confiando en tu obediencia, sabiendo que harás aun más de lo que te digo" (Flm. 21).

2 (6:10) *Juicio — Dios, justicia de:* Precaución dos, la justicia de Dios. Note algo muy interesante: "Los cristianos hebreos eran débiles e inmaduros en el Señor". Ellos no estaban creciendo en el Señor, y algunos se encontraban tan cerca de caer del estado de gracia que tuvieron que advertirles

severamente (cp. He. 5: 11-6:3; 6:4-8). Pero no habían olvidado a los pobres, a los enfermos, a los postrados en cama, a los que no podían salir de casa, aquellos que necesitaban atención y ayuda. Se habían endurecido con el Señor y su Palabra; se habían vuelto tardos para oír, y ya no escuchaban la predicación y enseñanza de la Palabra de Dios. Pero se mantenían en comunicación con las personas que necesitaban ayuda. Se habían endurecido espiritualmente, pero no se habían endurecido en el servicio y ministerio social. Habían perdido interés en Cristo y en su Palabra, pero se mantenían activos ayudando a otras personas.

Sucede lo siguiente: Dios mismo está muy interesado en los necesitados. Note las palabras: "vuestra obra y trabajo de amor, que habéis mostrado hacia su nombre". Dios ama y cuida del pobre y el necesitado tanto como lo hace por cualquier persona. Por lo tanto, cuando una persona ministra a los pobres y los necesitados, Dios lo ve y no se le olvidará. Dios se preocupa por cómo tratamos a las personas, y Él percibe el amor nuestro que llega a los pobres y a los necesitados. Por ende, necesitamos recordar la justicia de Dios:

⇒   Que Dios no es injusto ni parcial.
⇒   Que Dios no olvida; Él lo ve todo.
⇒   Que las obras y trabajos de amor son actos de amor hacia Dios.

Dios es justo; Él no olvidará nuestro amor por Él ni por las personas. Él va a juzgarnos; por consiguiente, debemos amarlo a Él, a su Palabra, y a su pueblo.

Pensamiento 1. William Barclay tiene un comentario muy práctico acá que estimulará el corazón de aquellos que puedan estar endureciéndose para con Cristo y su Palabra:

> *"Aquí tenemos una gran verdad práctica. En ocasiones en la vida cristiana atravesamos tiempos que son áridos. En ocasiones los cultos de la iglesia no tienen nada que decirnos. En ocasiones la enseñanza que recibimos en la escuela dominical, o el canto que entonamos en el coro, o el culto que damos en una junta o una corte o un comité se vuelve una obra sin amor. En tales momentos podemos hacer dos cosas. Podemos dejar de asistir o de trabajar. Si hacemos eso estamos perdidos. Podemos continuar así tristemente, y lo raro es que si lo hacemos, de seguro la luz y el romance y el gozo volverán nuevamente. En tiempos áridos, lo mejor es continuar con los hábitos y la rutina de la vida cristiana y la vida de la iglesia. Si lo hacemos, podemos estar seguros de que el sol brillará de nuevo" (La Epístola a los Hebreos, p. 61).*

Pensamiento. 2. La justicia y juicio de Dios, el hecho de que Él lo ve todo y no olvida nada, debería incitarnos a nunca caer del estado de gracia. La justicia y el juicio de Dios son una precaución contra el regreso al mundo y la negación de Cristo.

> "Porque el Hijo del Hombre vendrá en la gloria de su Padre con sus ángeles, y entonces pagará a cada uno conforme a sus obras" (Mt. 16:27).
>
> "Porque es necesario que todos nosotros compa-

rezcamos ante el tribunal de Cristo, para que cada uno reciba según lo que haya hecho mientras estaba en el cuerpo, sea bueno o sea malo" (2 Co. 5:10).

"Y si invocáis por Padre a aquel que sin acepción de personas juzga según la obra de cada uno, conducíos en temor todo el tiempo de vuestra peregrinación" (1 P. 1:17).

"Entonces dirá el hombre: Ciertamente hay galardón para el justo; ciertamente hay Dios que juzga en la tierra" (Sal. 58:11).

"Y tuya, oh Señor, es la misericordia; porque tú pagas a cada uno conforme a su obra" (Sal. 62:12).

"Delante de Jehová que vino; porque vino a juzgar la tierra. Juzgará al mundo con justicia, y a los pueblos con su verdad" (Sal. 96:13).

"Y dije yo en mi corazón: Al justo y al impío juzgará Dios; porque allí hay un tiempo para todo lo que se quiere y para todo lo que se hace" (Ec. 3:17).

3 (6:11-12) *Diligencia — Pereza:* precaución tres, ser diligente y no ser perezoso. Note dos cosas:

1. Todos deben ser diligentes, todo creyente. Y todo creyente debe ser diligente hasta el fin. Note la palabra *fin*. Habrá un fin para nuestra esperanza; nuestra esperanza de salvación se hará realidad. Se acerca el glorioso día de la redención. La forma de evitar caer del estado de gracia es tomar precauciones: Debemos ser diligentes en nuestra esperanza de salvación y en la ministración a las personas. Mientras tanto seamos diligentes hasta el fin.

Note que la confirmación proviene de la diligencia. Si somos diligentes en vivir para Cristo, nuestro corazón se llena de confirmación. Si no somos diligentes, entonces no podemos recibir confirmación de que todas las cosas estarán bien. Vivir una vida de altas y bajas, algunas veces viviendo para Cristo y otras veces no viviendo para, algunas veces viviendo en pecado y otras veces viviendo en justicia, provoca dudas, preguntas e interrogantes acerca de la salvación. Y es lógico. Debemos temer para no caer del estado de la gracia de Cristo y su Palabra. Pero recuerden: La precaución contra la caída del estado de gracia es la diligencia, tener esperanza en Cristo de un modo diligente hasta el fin.

2. Esta precaución es directa: No sean perezosos. No sean lentos. Algunos ya se han vuelto tardos, somnolientos, y haraganes para buscar y crecer y madurar en Cristo. Necesitaban despertarse a sí mismos, y los fieles necesitaban guardarse a sí mismos no sea que comenzaran a endurecerse y a alejarse de Cristo (cp. He. 5:11—6:3).

Pensamiento 1. La pereza siempre es un peligro para los creyentes. La respuesta es la diligencia, mantenerse alerta y diligente. Podemos saber si somos diligentes o perezosos haciéndonos nosotros mismos unas cuantas preguntas.

⇒ ¿Escuchamos diligentemente la Palabra predicada y enseñada o somos perezosos y permitimos que nuestra mente y nuestros pensamientos divaguen?

⇒ ¿Leemos y estudiamos diligentemente la Palabra de Dios en nuestra adoración diaria y devocional o somos displicentes y perezosos al adorar a Dios diariamente?

⇒ ¿Oramos diligentemente todos los días, orar realmente, o somos displicentes y descuidados en la oración?

⇒ ¿Participamos diligentemente de Cristo o somos perezosos al participar de Él?

⇒ ¿Somos diligentes en nuestra adoración semanal a Dios en nuestra iglesia o somos perezosos y displicentes en nuestra adoración semanal?

"a fin de que no os hagáis perezosos, sino imitadores de aquellos que por la fe y la paciencia heredan las promesas" (He. 6:12).

"Por tanto, nosotros también, teniendo en derredor nuestro tan grande nube de testigos, despojémonos de todo peso y del pecado que nos asedia, y corramos con paciencia la carrera que tenemos por delante" (He. 12:1).

"En lo que requiere diligencia, no perezosos; fervientes en espíritu, sirviendo al Señor" (Ro. 12:11).

"Así que, hermanos míos amados, *estad firmes y constantes,* creciendo en la obra del Señor siempre, sabiendo que vuestro trabajo en el Señor no es en vano" (1 Co. 15:58).

"Por tanto, ceñid los lomos de vuestro entendimiento, sed sobrios, y esperad por completo en la gracia que se os traerá cuando Jesucristo sea manifestado" (1 P. 1:13).

"Por lo cual, hermanos, tanto más procurad hacer firme vuestra vocación y elección; porque haciendo estas cosas, no caeréis jamás" (2 P. 1:10).

"Por lo cual, oh amados, estando en espera de estas cosas, procurad con diligencia ser hallados por él sin mancha e irreprensibles, en paz" (2 P. 3:14).

4 (6:12-15) *Testimonio — Ejemplo:* Precaución cuatro, seguir a los creyentes de fe y perseverancia. Note que algunos creyentes ya han ido al cielo y han heredado las promesas de Dios. Ya se encuentran frente a frente con Dios y Cristo. No están muertos; están vivos, más vivos que cuando estuvieron en la tierra. Se perfeccionaron, interiorizando y comprendiendo en qué consiste la vida, Dios, y el mundo. Ahora viven perfectamente como vive Dios, y ya no sufren dolor ni pruebas ni tentaciones. Ellos han heredado el mundo glorioso del cielo y ellos viven y moran en la presencia de Dios y de Cristo para siempre. Pero note por qué:

⇒ Por su *fe y resistencia en Cristo y sus promesas.* Aunque ellos abandonaron esta tierra hace mucho tiempo, aún viven, viven eternamente. Viven porque tuvieron fe en Cristo y en su promesa de vida eterna, y pacientemente perseveraron y resistieron en su fe.

Ahora note un ejemplo primordial: Abraham. Dios le había prometido a Abraham una simiente, un hijo a través del cual nacería toda una nación de personas, y Dios había prometido una tierra en la que su pueblo podría vivir. (Cp. Gn. 12:l-5; 13:14-17; 15:1-7; 17:1-8; 22:15-18.) Todo cuanto Abraham tenía que hacer era creer en Dios. Si Abraham creía en Dios, seguiría a Dios, perseverando y con esperanzas hasta el fin, resistiendo y esperando que Dios cumpliera su promesa. Eso hizo Abraham: "Resistió pacientemente"; por ende, él recibió la promesa de Dios. ¿Cuáles fueron las promesas y cuál es el significado para los creyentes de hoy? (Vea las notas, *Estudio a fondo 1,* Jn. 4:22; nota, punto 3, Jn. 8:54-59; *Estudio a fondo 1,* Ro. 4:1-25; nota, 4:13 para un mayor análisis sobre las promesas de Abraham y su significado.)

⇒ La simiente prometida por Dios fue Isaac y el pueblo judío, pero había un doble significado en la promesa de Dios. La simiente prometida fue también una referencia a Cristo y la nación de creyentes que nacerían a través de Él. Abraham es el padre de los creyentes (Ro. 4:11-12, 17).

⇒ La Tierra Prometida por Dios fue Palestina, pero la aplicación espiritual es la tierra prometida del cielo.

Sucede lo siguiente: Abraham creyó en las promesas de Dios; por lo tanto, él ha heredado la promesa. Él ha visto una nación de personas nacida como la simiente de su fe, una nación de personas que creen y siguen a Dios tal como lo hizo él. Y él ha heredado la tierra prometida del cielo. Él se encuentra frente a frente con Dios.

Pero recuerden por qué Abraham recibió las promesas de Dios. Porque resistió pacientemente. Él es un ejemplo primordial de un creyente. Por lo tanto, debemos seguirlo a él y a todos los creyentes que confiaron en Dios y resistieron hasta el fin. Esta es la cuarta precaución para evitar que caigamos del estado de la gracia de Cristo: "Seguir el ejemplo dinámico de los que nos han antecedido, los que creyeron en Dios y perseveraron en su creencia y en consecuencia han recibido la promesa de Dios.

"con gozo dando gracias al Padre que nos hizo aptos para participar de la herencia de los santos en luz" (Col. 1:12).

"Por tanto, hermanos santos, participantes del llamamiento celestial, considerad al apóstol y sumo sacerdote de nuestra profesión, Cristo Jesús" (He. 3:1).

"a fin de que no os hagáis perezosos, sino imitadores de aquellos que por la fe y la paciencia heredan las promesas" (He. 6:12).

"puestos los ojos en Jesús, el autor y consumador de la fe, el cual por el gozo puesto delante de él sufrió la cruz, menospreciando el oprobio, y se sentó a la diestra del trono de Dios. Considerad a aquel que sufrió tal contradicción de pecadores contra sí mismo, para que vuestro ánimo no se canse hasta desmayar" (He. 12:2-3).

"Hermanos míos, tomad como ejemplo de aflicción y de paciencia a los profetas que hablaron en nombre del Señor" (Stg. 5:10).

"Pues para esto fuisteis llamados; porque también Cristo padeció por nosotros, dejándonos ejemplo, para que sigáis sus pisadas" (1 P. 2:21).

5 (6:16-18) *Promesa — Confirmación:* Precaución cinco, el juramento y la promesa de Dios. Esta es una verdad gloriosa. Cuando los hombres se encuentran involucrados en un conflicto y quieren la paz y garantizar la paz, lo logran haciendo dos cosas. Mantienen la paz y luego prometen o hacen un juramento de que cumplirán su promesa. Y note: "Siempre juran por alguien o algo que es superior a ellos mismos". Cuando hacen tal juramento, se resuelve la disputa. Hacen lo que dicen.

Esto es exactamente lo que Dios ha hecho. Dios nos ha prometido la esperanza de la salvación, la tierra prometida del cielo. Y ha hecho más. Dios hizo un juramento que haría exactamente lo que decía; Él le cumpliría su promesa a Abraham.

⇒ Él enviaría la "simiente", el Salvador del mundo, por medio del linaje de Abraham y haría que una nación de creyentes naciera de Abraham.

⇒ Él le daría la tierra prometida del cielo a todos los que creyeron en la promesa de Dios como creyó Abraham.

Sucede lo siguiente: Dios ha jurado y prometido que Él le dará a los creyentes la tierra prometida de la vida eterna. *Dios prometió y Dios ha jurado,* dos cosas inmutables e invariables. Dios no miente, y es imposible que Dios mienta. Por consiguiente, lo que Dios ha prometido, lo hará…

• porque Él ha hablado su Palabra; Él ha dado la promesa de la vida eterna.

• porque Él ha dado doble confirmación; Él ha prometido y ha hecho un juramento. Él nos dará vida eterna si creemos y resistimos hasta el fin.

"Fiel es Dios, por el cual fuisteis llamados a la comunión con su Hijo Jesucristo nuestro Señor" (1 Co. 1:9).

"Fiel es el que os llama, el cual también lo hará" (1 Ts. 5:24).

"estando persuadido de esto, que el que comenzó en vosotros la buena obra, la perfeccionará hasta el día de Jesucristo" (Fil. 1:6).

"Por lo cual asimismo padezco esto; pero no me avergüenzo, porque yo sé a quién he creído, y estoy seguro que es poderoso para guardar mi depósito para aquel día" (2 Ti. 1:12).

"para que por dos cosas inmutables, en las cuales es imposible que Dios mienta, tengamos un fortísimo consuelo los que hemos acudido para asirnos de la esperanza puesta delante de nosotros" (He. 6:18).

"Jesucristo es el mismo ayer, y hoy, y por los siglos" (He. 13:8).

"Toda buena dádiva y todo don perfecto desciende de lo alto, del Padre de las luces, en el cual no hay mudanza, ni sombra de variación" (Stg. 1:17).

"que sois guardados por el poder de Dios mediante la fe, para alcanzar la salvación que está preparada para ser manifestada en el tiempo postrero" (1 P. 1:5).

"De modo que los que padecen según la voluntad de Dios, encomienden sus almas al fiel Creador, y hagan el bien" (1 P. 4:19).

"Y a aquel que es poderoso para guardaros sin caída, y presentaros sin mancha delante de su gloria con gran alegría, al único y sabio Dios, nuestro Salvador, sea gloria y majestad, imperio y potencia, ahora y por todos los siglos. Amén" (Jud. 24-25).

"Conoce, pues, que Jehová tu Dios es Dios, Dios fiel, que guarda el pacto y la misericordia a los que le aman y guardan sus mandamientos, hasta mil generaciones" (Dt. 7:9).

"Bendito sea Jehová, que ha dado paz a su pueblo Israel, conforme a todo lo que él había dicho; ninguna

palabra de todas sus promesas que expresó por Moisés su siervo, ha faltado" (1 R. 8:56).

"Porque yo Jehová no cambio; por esto, hijos de Jacob, no habéis sido consumidos" (Mal. 3:6).

6 (6:18-20) *Esperanza — Salvación — Refugio:* Precaución seis, el refugio y el ancla de la esperanza. El hombre no puede vivir sin esperanza. Cuando el hombre pierde la esperanza, la desesperación acerca del mañana lo invade. Si no tiene esperanza, no ve razón para vivir. La esperanza es absolutamente esencial para el hombre para vivir y trabajar y tener una existencia con sentido. Cuán cierto es esto de la eternidad. Si una persona tiene esperanza de vivir para siempre, no teme ni se aterroriza al enfrentar el fin de esta vida. Sabe que solo se está transfiriendo de este lugar a otro, de la tierra al cielo. Pero si una persona no tiene esperanza de vivir para siempre, teme y se aterroriza ante la muerte. No sabe acerca del futuro después de esta vida. La esperanza es una de las cosas más grandes de este mundo. Con esperanza tenemos todo; sin esperanza no tenemos nada, nada excepto el futuro más deprimente y más lúgubre y oscuro que se pueda imaginar.

Esta es la razón por la que Dios no solo nos prometió la tierra prometida del cielo, sino que Él ha jurado que cumplirá su promesa. Sencillamente Él quiere que nosotros "tengamos un *fuerte consuelo*", es decir, que se nos aliente fuerte y poderosamente. Él quiere que nosotros sepamos sin duda alguna que la salvación y vida eternas, la tierra prometida gloriosa, la promesa misma hecha a Abraham y a su simiente, son nuestras. Esta es la esperanza gloriosa del creyente, la persona que genuinamente cree en el Señor Jesucristo. Note tres elementos acerca de la esperanza que Dios nos ha dado:

1. Nuestra esperanza en Dios es un refugio para el creyente. La palabra "refugio" (kataphuge) significa abrigo y protección del peligro, la aflicción o algún enemigo. Es el ejemplo de un barco atrapado en el mar en la más violenta de las tormentas y que busca desesperadamente el refugio de un remanso o puerto. Los creyentes somos personas que hemos huido…

- de las tormentas violentas de este mundo.
- de la angustia del pecado y la vergüenza de este mundo.
- del enemigo peligroso de este mundo (Satanás).

Los creyentes somos personas que hemos huido al refugio de la esperanza de Dios, su esperanza de la tierra prometida del cielo. Es la tierra prometida de Dios la que nos da seguridad de todas las tormentas, peligros, y enemigos de este mundo. Ninguna otra propiedad ni ninguna otra tierra, no importa cuán valiosa sea en esta tierra, es permanente. Todo tiene su fin; todo termina en las tormentas y angustias de las recaídas económicas, accidentes personales, enfermedades, y finalmente la muerte. Toda tierra finalmente pasa a las manos de otra persona. Por lo tanto, buscar refugio en cualquier tierra prometida o en cualquier riqueza prometida que no sea la tierra prometida de Dios es un acto muy tonto. El único verdadero refugio es la esperanza de Dios, la tierra eterna del cielo prometida por Él. La esperanza de Dios, tener esperanza en Dios y en su promesa de salvación y vida eterna, es un refugio para el creyente, el único refugio verdadero y duradero.

2. Nuestra esperanza en Dios es el ancla del alma del creyente. La palabra "ancla" (agkuran) se refiere al ancla usada por los barcos para retener su posición en cierto lugar. El ancla impide que flote a la deriva y sin rumbo y se dañe y se hunda al encallarse contra las rocas de costas prohibidas. La promesa de Dios de una tierra eterna es lo que ancla el alma del creyente e…

- impide que flote a la deriva y sin rumbo.
- impide que se encalle contra las rocas de costas prohibidas.

Nota: El ancla de la esperanza es seguro y firme. No se suelta ni se rompe; retendrá al creyente no importa qué tormentas o violencia se lancen contra él.

3. Nuestra esperanza en Dios penetra el velo. ¿Qué velo? El gran velo o cortina que separaba a Dios del hombre. Esto se refiere a la gran cortina dentro del templo judío que separaba el Lugar santísimo del resto del templo. La presencia misma de Dios moraba dentro del Lugar santísimo y a ningún hombre se le permitía entrar en él. Solo el sumo sacerdote tenía ese privilegio, y él lo tenía solo una vez al año cuando ofrecía sacrificio por los pecados de las personas. Pero note dos hechos gloriosos:

a. Jesucristo es el gran precursor dentro del Lugar santísimo, es decir, ante la presencia misma de Dios. Cuando Jesucristo murió en la cruz, la gran cortina del Lugar santísimo se rasgó de arriba a abajo. Esto sucedió realmente, y fue un símbolo de lo que estaba sucediendo en el cielo. La muerte de Jesucristo rasgó el velo o cortina que separaba a los hombres de Dios. Él abrió el camino para que el hombre entrara ante la presencia misma de Dios y para que viviera allí para siempre. Jesucristo fue el gran precursor del hombre, la persona que se adelantó y le abrió al hombre el camino hacia Dios. La presencia de Dios ya no se oculta ni se aparta del hombre. Ahora podemos entrar ante la presencia de Dios y permanecer allí para siempre por Jesús, el gran precursor.

b. Jesucristo es el gran Sumo sacerdote que ha entrado por nosotros ante la presencia de Dios. Él es el gran Sumo sacerdote que intercede por nosotros ante Dios. Él es nuestro gran Sumo sacerdote, nuestro gran Mediador e Intercesor, que nos presenta y representa ante Dios. Y Él es el Sumo sacerdote eterno, lo que quiere decir que ganamos la aceptación de Dios para siempre.

Sucede lo siguiente: Nuestra esperanza en la tierra prometida del cielo es aquella que realmente nos lleva al cielo. Si tenemos esperanza en Jesucristo el gran precursor y el gran Sumo sacerdote, entonces lo seguiremos ante el velo mismo de la presencia de Dios. La esperanza en Cristo y las promesas gloriosas de vida eterna nos llevan ante la presencia de Dios. Esta esperanza es una precaución contra la caída del estado de gracia, una precaución de que debemos mantener los ojos abiertos. Nada nos incitará más a ser fieles a Cristo que mantener los ojos puestos sobre la gran esperanza que Él nos ha dado en Cristo Jesús, el gran precursor ante la presencia de Dios.

"Porque en esperanza fuimos salvos; pero la esperanza que se ve, no es esperanza; porque lo que alguno ve, ¿a qué esperarlo?" (Ro. 8:24).

"Porque las cosas que se escribieron antes, para nuestra enseñanza se escribieron, a fin de que por la paciencia y la consolación de las Escrituras, tengamos esperanza" (Ro. 15:4).

"teniendo esperanza en Dios, la cual ellos también abrigan, de que ha de haber resurrección de los muertos, así de justos como de injustos" (Hch. 24:15).

"El [Abraham] creyó en esperanza contra esperanza, para llegar a ser padre de muchas gentes, conforme a lo que se le había dicho: Así será tu descendencia" (Ro. 4:18).

"a causa de la esperanza que os está guardada en los cielos, de la cual ya habéis oído por la palabra verdadera del evangelio" (Col. 1:5).

"enseñándonos que, renunciando a la impiedad y a los deseos mundanos, vivamos en este siglo sobria, justa y piadosamente, aguardando la esperanza bienaventurada y la manifestación gloriosa de nuestro gran Dios y Salvador Jesucristo" (Tit. 2:12-13).

"Bendito el Dios y Padre de nuestro Señor Jesucristo, que según su grande misericordia nos hizo renacer para una esperanza viva, por la resurrección de Jesucristo de los muertos" (1 P. 1:3).

"para que por dos cosas inmutables, en las cuales es imposible que Dios mienta, tengamos un fortísimo consuelo los que hemos acudido para asirnos de la esperanza puesta delante de nosotros. La cual tenemos como segura y firme ancla del alma, y que penetra hasta dentro del velo" (He. 6:18-19).

"Y todo aquel que tiene esta esperanza en él, se purifica a sí mismo, así como él es puro" (1 Jn. 3:3).

1 El cambio de nuestro acercamiento a Dios se ilustra en el suceso histórico de Melquisedec.
a. Él era rey.
b. Él era sacerdote.
c. Él era un gran sacerdote: Abraham, el padre de los sacerdotes judíos, le dio los diezmos.
d. Él era un sacerdote eterno, tal como el Hijo de Dios.

2 El cambio de nuestro acercamiento a Dios se ve en la superioridad del sacerdocio de Melquisedec.
a. Grande porque Abraham le dio los diezmos.
b. Grande porque tenía un derecho especial a recibir diezmos.
  l) No estaba basado en la ley, como estaba el de Aarón.
  2) Basado en su propia grandeza personal.
c. Grande porque fue él quien dio la bendición: Él bendijo a Abraham, el mayor bendice al menor.
d. Grande porque él no era mortal, sino eterno.

CAPÍTULO 7

F. Jesucristo es el más grande sumo sacerdote: Ahora el camino hacia Dios ha cambiado para siempre, 7:1-24

1 Porque este Melquisedec, rey de Salem, sacerdote del Dios Altísimo, que salió a recibir a Abraham que volvía de la derrota de los reyes, y le bendijo,
2 a quien asimismo dio Abraham los diezmos de todo; cuyo nombre significa primeramente Rey de justicia, y también Rey de Salem, esto es, Rey de paz;
3 sin padre, sin madre, sin genealogía; que ni tiene principio de días, ni fin de vida, sino hecho semejante al Hijo de Dios, permanece sacerdote para siempre.
4 Considerad, pues, cuán grande era éste, a quien aun Abraham el patriarca dio diezmos del botín.
5 Ciertamente los que de entre los hijos de Leví reciben el sacerdocio, tienen mandamiento de tomar del pueblo los diezmos según la ley, es decir, de sus hermanos, aunque éstos también hayan salido de los lomos de Abraham.
6 Pero aquel cuya genealogía no es contada de entre ellos, tomó de Abraham los diezmos, y bendijo al que tenía las promesas.
7 Y sin discusión alguna, el menor es bendecido por el mayor.
8 Y aquí ciertamente reciben los diezmos hombres mortales; pero allí, uno de quien se da testimonio de que vive.

9 Y por decirlo así, en Abraham pagó el diezmo también Leví, que recibe los diezmos;
10 porque aún estaba en los lomos de su padre cuando Melquisedec le salió al encuentro.
11 Si, pues, la perfección fuera por el sacerdocio levítico habría aún de que se levantase otro sacerdote, según el orden de Melquisedec, y que no fuese llamado según el orden de Aarón?
12 Porque cambiado el sacerdocio, necesario es que haya también cambio de ley;
13 y aquel de quien se dice esto, es de otra tribu, de la cual nadie sirvió al altar.

14 Porque manifiesto es que nuestro Señor vino de la tribu de Judá, de la cual nada habló Moisés tocante al sacerdocio.
15 Y esto es aun más manifiesto, si a semejanza de Melquisedec se levanta un sacerdote distinto,
16 no constituido conforme a la ley del mandamiento acerca de la descendencia, sino según el poder de una vida indestructible.
17 Pues se da testimonio de él: Tú eres sacerdote para siempre, Según el orden de Melquisedec.
18 Queda, pues, abrogado el mandamiento anterior a causa de su debilidad e ineficacia
19 (pues nada perfeccionó la ley), y de la introducción de una mejor esperanza, por la cual nos acercamos a Dios.

20 Y esto no fue hecho sin juramento;

e. Grande porque todos los sacerdotes le daban los diezmos.
  1) Representado en Abraham.
  2) Abraham no había nacido.

3. El cambio de nuestro acercamiento a Dios se ve en Jesucristo.
a. Un cambio en la forma en la que se persigue la perfección.
b. Un cambio en la ley: Una necesidad absoluta.
c. Un cambio en origen o en tribu.
  1) No es una tribu sacerdotal ni oficial.
  2) La tribu de Judá.
  3) Un origen completamente nuevo.
d. Un cambio en los requisitos del sacerdocio.
  1) No está basado en requisitos físicos ni legales.
  2) Basado en un nuevo requisito, el poder de una vida eterna.
e. Un cambio en la forma en la que el hombre se acerca a Dios.
  1) No por ley: La ley queda abrogada.
    a) Es débil e infructífera.
    b) No perfeccionó nada.
  2) Por esperanza.
f. Un cambio en la garantía y el pacto del sacerdocio.

1) Los antiguos sacerdotes no fueron jurados por el juramento de Dios. 2) El nuevo sacerdote, Jesucristo, fue jurado por el juramento de Dios y nunca se arrepentirá y en lo adelante no cambiará. 3) El juramento de Dios garantiza un pacto mucho mejor.	21 porque los otros ciertamente sin juramento fueron hechos sacerdotes; pero éste, con el juramento del que le dijo: Juró el Señor, y no se arrepentirá: Tú eres sacerdote para siempre, Según el orden de Melquisedec. 22 Por tanto, Jesús es hecho fiador de un mejor pacto.	23 Y los otros sacerdotes llegaron a ser muchos, debido a que por la muerte no podían continuar; 24 mas éste, por cuanto permanece para siempre, tiene un sacerdocio inmutable;	g. Un cambio en el número de sacerdotes. 1) A causa de la muerte, tenía que haber muchos sacerdotes. 2) Solo Jesús es invariable; Él permanece para siempre.

DIVISIÓN II

EL SUPREMO SUMO SACERDOTE: JESUCRISTO, EL HIJO DE DIOS, 4:14—7:28

F. Jesucristo es el más grande sumo sacerdote: Ahora el camino hacia Dios ha cambiado para siempre, 7:1-24

(7:1-24) *Introducción:* ¿Cómo un hombre se acerca a Dios? Esta es la gran interrogante de todos los siglos. ¿Por qué? Porque el hombre es pecaminoso e imperfecto y Dios es perfecto. El pecado y la imperfección no honran a Dios; lo deshonran. Por lo tanto, la gran interrogante de los siglos es, ¿Cómo podemos acercarnos a Dios? Solo hay una manera: "Alguien tiene que representar al hombre ante Dios". El hombre tiene que contar con alguna persona que sea perfecta y aceptable ante Dios y que representará al hombre ante Dios. ¿Existe una persona así, un mediador y sacerdote tan perfecto? Ese es el propósito del presente pasaje: "Demostrar la falta de idoneidad de los sacerdotes terrenales y la superioridad del sacerdocio de Jesucristo". Ningún sacerdote terrenal ha sido jamás ni será perfecto. Ningún sacerdote terrenal ha podido hacer nada perfectamente ni traer perfección al hombre. Jesucristo es el único Sacerdote perfecto y aceptable que haya existido. Solo Él puede representar al hombre ante Dios. ¿Pero cómo se puede demostrar esto? ¿Cómo los hombres se pueden convencer de que los sacerdotes de la religión terrenal, incluso el sacerdocio levítico judío, no son idóneos ni aceptables ante Dios? ¿Cómo se puede demostrar la superioridad del sacerdocio de Jesucristo?

Nunca ha existido un pueblo más religioso que el pueblo judío, el propio antiguo pueblo de Dios. Por lo tanto, si se puede demostrar la superioridad del sacerdocio de Jesucristo comparado con el sacerdocio levítico judío, debe reconocerse su superioridad sobre los sacerdotes terrenales. Jesucristo ha cambiado para siempre el sacerdocio de los hombres; Él ha cambiado para siempre la forma en la que los hombres deben acercarse a Dios.

Este es el propósito del presente pasaje, demostrar la superioridad del sacerdocio de Jesucristo, cómo Jesucristo ha cambiado el sacerdocio de los hombres para siempre. El sacerdocio de Jesucristo es superior al sacerdocio levítico o judío. Y de un modo muy interesante, esto se demuestra por medio de la ilustración. Se toma una historia del Antiguo Testamento para ilustrar el hecho, una historia que involucra a Abraham y a un rey y sacerdote llamado Melquisedec. Algunos enemigos habían atacado a Abraham y a su pueblo, y Abraham se había defendido y había salido victorioso. Después, aparentemente salido de la nada, Melquisedec, el sacerdote de Dios, apareció y refrescó a Abraham, dándole pan y vino. En gratitud y agradecimiento a Dios por la victoria y por enviar a él el sacerdote, Abraham le dio a Melquisedec el diez por ciento de todo el botín. Esta es la historia, todo lo que cuenta la historia. Pero está llena de significados como se verá aquí en el capítulo siete.

Si el tiempo lo permite, se sugiere que todo este subtema se predique y se enseñe en una sesión para no perder la idea y el significado del pasaje. *Jesucristo es el más grande Sumo sacerdote, ahora el camino hacia Dios ha cambiado para siempre.*

1. El cambio de nuestro acercamiento a Dios se ilustra en el suceso histórico de Melquisedec (vv. 1-3).
2. El cambio de nuestro acercamiento a Dios se ve en la superioridad del sacerdocio de Melquisedec (vv. 4-10).
3. El cambio de nuestro acercamiento a Dios se ve en Jesucristo (vv. 11-24).

1 (7:1-3) *Sacerdocio — Melquisedec:* El cambio de nuestro acercamiento a Dios se ilustra por medio del sacerdocio de Melquisedec. Note los sucesos históricos de Melquisedec. Se mencionan cuatro elementos significativos:

1. Melquisedec era el rey de Salem que probablemente fuese Jerusalén (cp. Sal. 76:2).
   ⇒ Su nombre *Melquisedec* significa rey de *justicia.*
   ⇒ Su reino, *Salem* o Jerusalén, significa rey de paz.
   ⇒ Recuerden: la Jerusalén terrenal es una especie de la

Jerusalén celestial, es decir, del propio cielo (He. 11:10; Ap. 21:ls).

2. Melquisedec era un sacerdote del Dios Altísimo, del Dios vivo y verdadero.

3. Melquisedec recibió diezmos del propio Abraham, el primer hombre a quien Dios le dio su gran promesa. Sucedió cuando Abraham regresaba de la batalla. Casi salido de la nada apareció Melquisedec y refrescó y bendijo a Abraham dándole pan y vino y pronunciando bendición sobre él. En consecuencia Abraham le dio un diez por ciento de su botín al sacerdote en agradecimiento a Dios. Lo significativo es lo siguiente: Abraham, quien debía dar a luz al sacerdocio del pueblo de Dios, pagó diezmos a un sacerdote mucho mayor, Melquisedec. Recuerden: Abraham era el padre de Leví, el Leví que debía ser el primer sumo sacerdote de Israel y quien debía dar su nombre "Leví" al *sacerdote levítico.*

4. Melquisedec era un sacerdote eterno como el Hijo de Dios. ¿Cómo puede decirse que él era eterno? Porque hasta donde conoce el hombre, él no tenía genealogía. No había registros de sus raíces, cualesquiera que fueran, y esto era muy inusual. En esa época era importante que el sacerdote tuviera un registro de su genealogía. Si no tenía registro alguno de una genealogía sacerdotal, no podía servir como sacerdote. Sucede lo siguiente: En las Escrituras no hay registro alguno de las raíces de Melquisedec; por ende, él representa una especie de sacerdote eterno que fue enviado al mundo por Dios, como el Señor Jesucristo.

"sin padre, sin madre, sin genealogía; que ni tiene principio de días, ni fin de vida, sino hecho semejante al Hijo de Dios, permanece sacerdote para siempre" (v. 3).

Como expresa William Barclay:

"En la antigua historia de Génesis Melquisedec es un personaje extraño y casi misterioso. Aparece como salido de la nada; no hay nada sobre su vida, sobre su nacimiento, su muerte ni su descendencia. Sencillamente aparece. Le da a Abraham pan y vino, lo que para nosotros, al leer el pasaje en vista de lo que conocemos, parece muy sacramental. Él bendice a Abraham. Y luego desaparece del escenario de la historia con la misma prontitud inexplicable con la que apareció. Queda poco espacio para dudas de que en el misterio de esta historia el escritor de a los Hebreos encontrase una especie de previsión y símbolo de Cristo" (*La Epístola a los Hebreos,* p. 75).

2 (7:4-10) *Sacerdocio — Melquisedec:* El cambio de nuestro acercamiento a Dios se ve en la superioridad del sacerdocio de Melquisedec. "Considere cuán grande fue este hombre:

1. Primero, ¿por qué Melquisedec es más grande como sacerdote que otros sacerdotes terrenales (los sacerdotes levíticos)? Porque Abraham, el padre de los sacerdotes judíos, le pagó diezmos (v. 4). Abraham le dio un diez por ciento del botín que había tomado en batalla. Por lo tanto, Melquisedec era superior a Abraham, lo que quiere decir que él debe ser superior a los sacerdotes de Israel, porque sus raíces provienen de Abraham.

2. Segundo, ¿por qué Melquisedec es más grande como sacerdote que otros sacerdotes terrenales (los sacerdotes levíticos)? Porque tenía un derecho especial al sacerdocio (vv. 5-6a).

⇒ Su sacerdocio no estaba basado en el sacerdocio legal de los levitas que recibían diezmos de acuerdo a la ley. Se le dieron diezmos por su grandeza, por la gratitud y el agradecimiento a Dios que sentía Abraham en su corazón.

⇒ Su sacerdocio no estaba basado en las raíces humanas ni en la genealogía. Hasta donde se sabe por las Escrituras, él no provino de un sacerdocio organizado. Él no descendió de sacerdotes terrenales.

3. Tercero, ¿por qué Melquisedec es más grande como sacerdote que otros sacerdotes terrenales (los sacerdotes levíticos)? Porque él bendijo a Abraham. A pesar de lo grande que era Abraham, reconoció la superioridad de Melquisedec y alegremente recibió su bendición. Y sin disputas, el menor es bendecido por el mayor. Recuerden: "El sacerdocio legal (los sacerdotes levíticos) se encontraba en el seno de Abraham".

4. Cuarto, ¿por qué Melquisedec era más grande como sacerdote que otros sacerdotes terrenales (los sacerdotes levíticos)? Porque en lo que concierne al registro de las Escrituras, él no era mortal, sino eterno. Aquí en la tierra los hombres que reciben diezmos mueren, pero Melquisedec recibió diezmos y nunca se atestiguó ni se registró que él muriera. Por lo tanto, él es la imagen de un sacerdote eterno, un sacerdote más grande que cualquier sacerdote terrenal.

5. Quinto, ¿por qué Melquisedec era más grande como sacerdote que otros sacerdotes terrenales (los sacerdotes levíticos)? Porque todos los sacerdotes también le daban diezmos a él. ¿Cómo se dice que los sacerdotes que no habían nacido aún le habían pagado diezmos a Melquisedec? En épocas bíblicas se consideraba que las descendencias de un hombre se encontraban en su seno. Por ende cuando Abraham pagó diezmos a Melquisedec, su bisnieto Leví y todos sus descendientes sacerdotales estaban representados en Abraham. Ellos, también, pagaron diezmos a Melquisedec. Por lo tanto, Melquisedec fue más grande como sacerdote que los sacerdotes terrenales de Leví.

Ahora recuerden por qué se ha escrito todo esto:

⇒ Para demostrar que los hombres ya no se acercan a Dios por medio de un sacerdocio terrenal ni por medio de un sacerdote.

⇒ Para demostrar que hay un sacerdocio que es mayor que el de los sacerdotes terrenales.

⇒ Para demostrar que la religión terrenal y los sacerdotes terrenales no son idóneos para representar al hombre ante Dios.

⇒ Para demostrar que Dios ha provisto un sacerdote perfecto y eterno para representar al hombre ante Dios.

⇒ Para demostrar que el sacerdocio imperfecto del

hombre se ha cambiado; ahora existe un sacerdocio perfecto y eterno.

Recuerden también los puntos de la ilustración de Melquisedec y Abraham. Abraham representó al sacerdocio levítico o terrenal del pueblo más religioso que haya existido, los judíos. Melquisedec representó el sacerdocio perfecto y eterno, y al representar el sacerdocio eterno, él señaló el sacerdocio del Hijo de Dios, el Señor Jesucristo. Con estos elementos básicos en mente, ahora podemos ver cómo Jesucristo ha cambiado nuestro acercamiento a Dios, ver cómo Jesucristo es el Sacerdote perfecto y eterno que representa al hombre ante Dios.

3 (7:11-24) *Jesucristo, Sumo sacerdote — Sacerdocio:* El cambio de nuestro acercamiento a Dios se ve en Jesucristo. Él es el Sumo sacerdote perfecto y eterno. Note siete cambios en el sacerdocio que han sido obrados por Dios:

1. Ha habido un cambio en la forma en la que el hombre persigue la perfección, en la forma en la que el hombre busca ser aceptado ante Dios (v. 11). El hombre siempre ha buscado la perfección a través de la religión. Ha buscado ser aceptado ante Dios a través de la religión. El hombre ha utilizado la religión para volverse lo suficientemente bueno y lo suficientemente perfecto para que Dios lo acepte. Y dentro de la religión se han desarrollado tres cosas para ayudar al hombre en su búsqueda de una relación con Dios.

⇒ Primero, existe la ley. Siempre que una persona cumpla la ley, se cree que sea aceptable para Dios. Pero si quebranta la ley, es inaceptable ante Dios. Y eso es lo que constituye el problema, porque el hombre racional y honesto sabe que ninguna persona puede cumplir la ley a la perfección. Por lo tanto, ninguna persona puede ser aceptable ante Dios, no perfectamente, no permanentemente, no por siempre.

⇒ Segundo, existe el sacrificio por los pecados. Cuando una persona peca, es culpable; por ende, tiene que hacerse algún sacrificio por sus pecados. Tiene que haber un sustituto que cargue los pecados y culpabilidad de la persona. Tiene que haber un sustituto que pague la pena por los pecados de la persona.

⇒ Tercero, existe el sacerdocio. Tiene que haber una persona que enseñe la ley y demande obediencia a la misma, y luego cuando el hombre fracase, quien ofrezca a Dios sacrificio por el hombre. Tiene que haber un sacerdote que sea aceptable ante Dios y que sirva como mediador entre Dios y el hombre. Tiene que haber un sacerdote que pueda hacer que Dios acepte al hombre pecador.

Ahora, note el versículo 11. Dice claramente que el sacerdocio terrenal o levítico no puede traerle perfección al hombre. Los sacerdotes terrenales que surgieron de Aarón no pudieron perfeccionar al hombre. Si hubieran podido perfeccionar al hombre, entonces no habría existido la necesidad de que surgiera del sacerdocio de Melquisedec un sacerdote que fuera eterno y perfecto. Recuerden: Melquisedec era un sacerdote del sacerdocio eterno y perfecto, y Dios prometió enviar un sacerdote según el orden de Melquisedec, un sacer-

dote perfecto y eterno (He. 6:20). Si un sacerdote terrenal pudiera perfeccionar al hombre ante Dios, Dios no habría tenido necesidad de hacer esa promesa. Pero existe la necesidad; no importa cuán a menudo busquemos a Dios por medio de sacerdotes terrenales y ministros, ellos no nos hacen perfectos. El hombre necesita desesperadamente un sacerdote eterno y perfecto. Esta es la razón por la que Dios prometió el sacerdocio eterno y perfecto de Jesucristo.

2. Ha habido un cambio en la ley, y note: Se dice que el cambio es una necesidad absoluta (v. 12). ¿Por qué? Porque todo el ministerio del sacerdocio tiene que cambiarse. Es decir, la ley misma en todo su ministerio y sistema expiatorio tiene que cambiarse. ¿Por qué? Porque la ley no puede hacer perfecto al hombre. No importa cuánto el hombre trate de cumplir la ley, fracasará. Y no importa cuántos sacrificios haga el sacerdote por el hombre, no logran perfeccionar al hombre. ¿Por qué? Porque tanto el sacerdote como el sacrificio son imperfectos y mortales. Por lo tanto, todo lo que el sacerdote hace es imperfecto y mortal. Él, un sacerdote mortal e imperfecto, maneja sacrificios mortales e imperfectos. Por lo tanto, su ministerio completo es imperfecto y mortal. Su ministerio deja al hombre imperfecto y mortal. Él no hace al hombre perfecto ni eterno; él no hace al hombre aceptable ante Dios. Por lo tanto, tiene que haber un cambio en la ley, en la manera en la que el hombre busca la perfección. Tiene que haber un cambio en la ley y el sistema legal del sacerdocio. Nuevamente, esta es la razón por la que Dios prometió un sacerdote para siempre en el Señor Jesucristo, un sacerdocio según el orden del sacerdocio perfecto y eterno de Melquisedec.

3. Ha habido un cambio en el origen del sacerdocio (vv. 13-14). Por ley los sacerdotes terrenales tenían que provenir de la tribu y raíces de Leví. Pero Jesucristo, la persona de quien se dicen estas cosas, no provino de Leví. Él provino de la tribu de Judá, y ningún sacerdote jamás provino de Judá. Por eso, el sacerdocio de Jesucristo pertenece a un orden enteramente diferente. No pertenece a un origen humano ni terrenal. Jesucristo es un sacerdote eterno y perfecto según el orden de Melquisedec.

4. Ha habido un cambio en los requisitos del sacerdocio (v. 15-17). Los hombres se hacían sacerdotes porque cumplían los requisitos de las leyes y reglas carnales y terrenales. Eran nombrados porque cumplían los requisitos legales de la ley. Pero Cristo no. A Él se le nombró como el gran Sumo sacerdote por su vida eterna. Su "vida e inmortalidad las cuales Él tenía en sí mismo eran su derecho y título para el sacerdocio" (Matthew Henry, *Comentarios de Matthew Henry,* vol. 6, p. 919).

La ley sabía que los hombres eran frágiles y débiles, eran corruptibles y estaban agonizando; de ahí que incluso los siete sacerdotes que se eligieron para que representaran al hombre ante Dios eran frágiles, débiles, corruptibles, y moribundos. Por ende, la ley dispuso que el sacerdocio debía pasar a los hijos mayores. Pero note: "Ni un solo sacerdote, ni siquiera todos los sacerdotes de todas las generaciones combinadas, podían dar vida a una persona". Pero esto no sucede así con el Señor Jesucristo. Él es el Sumo sacerdote por su vida eterna. Él es perfecto y eterno; Él tiene vida eterna, la perfección misma que el hombre busca. Por lo tanto, tiene los requisitos para ser el Sumo sacerdote supremo del hombre.

5.   Ha habido un cambio en la forma en la que el hombre se acerca a Dios (v. 18-19). Note que la ley se ha abrogado y cancelado. ¿Por qué? Como se muestra en el punto uno, el hombre siempre ha tratado de acercarse a Dios por ley, es decir, portándose tan bien como puede y cumpliendo suficientes leyes para ser aceptado ante Dios. Pero la ley es débil e infructífera porque el hombre es débil y pecaminoso. Él no cumple y no puede cumplir la ley; por eso, la ley no puede hacerlo perfecto ni aceptable ante Dios. De hecho todo y cuanto la ley puede hacer es demostrarle al hombre que es pecaminoso. Cada vez que el hombre mira la ley y es honesto, todo y cuanto ve es que es pecaminoso. Por lo tanto, los hombres no pueden acercase a Dios ni ganar la aceptación de Dios por ley. Si fuera a ganar la aceptación de Dios, tiene que ser por otras vías que no sea la ley. Esta es la razón por la que la ley se ha abrogado y cancelado.

Pero note: Si no podemos ganar la aceptación de Dios cumpliendo la ley y portándonos tan bien como se puede, entonces ¿cómo podemos ser salvos? ¿Hay alguna manera de volverse aceptable ante Dios? ¡SÍ, mil veces SÍ! Dios le ha dado al hombre una mejor esperanza, y es por esta esperanza que nos acercamos a Dios. ¿Cuál es esa esperanza? Es la esperanza en el Sumo sacerdote perfecto eterno…

- en el Sumo sacerdote que pueda ofrecer el sacrificio eterno y perfecto por nuestros pecados.
- en el Sumo sacerdote que pueda presentarnos ante Dios y pueda hacer que Dios nos acepte.

Ese Sumo sacerdote, claro está, es Jesucristo. Él es el sacerdote eterno y perfecto que es según el orden de Melquisedec.

6.   Ha habido un cambio en la garantía y el pacto del sacerdocio. La Palabra de Dios es suficiente. Si Dios ha hablado su Palabra de promesa, si Él ha prometido enviarle a los hombres al Sumo sacerdote eterno y perfecto, con eso habría bastado. Pero Dios hizo más. Él juró que cumpliría su promesa. Esto resulta muy significativo. Significa que el sacerdocio del Señor Jesucristo será exactamente como Dios dijo que sería. El sacerdocio de Jesucristo es doblemente seguro, porque Dios prometió el sacerdote eterno y perfecto y luego juró que lo enviaría al mundo. Note la palabra *arrepentirse* o cambiar. Dios nunca cambiará de parecer: Jesucristo seguirá siendo el Sumo sacerdote para siempre (compare Sal. 110:4; He. 3: 1). Dios ha jurado que Él será sacerdote según el orden de Melquisedec.

Note otro elemento: Esto significa que Jesucristo es *la certeza de un mejor testamento o pacto*. El viejo pacto era la ley, y como se ha podido ver en lo expuesto anteriormente, la ley nunca podría hacer perfecto al hombre. Pero ahora Dios le ha dado al hombre un mejor pacto, el nuevo pacto que está basado en el amor y muerte expiatoria de Jesucristo. Bajo el viejo pacto, los hombres hacían todo cuanto podían para acercarse a Dios por ley, portándose tan bien como podían. Pero ahora, bajo el nuevo pacto, los hombres se acercan a Dios por medio del amor y el sacrificio perfecto de Jesucristo

por ellos. Cuando una persona acepta la muerte de Jesucristo como el sacrificio por sus pecados, Dios acepta el sacrificio de Jesucristo por el pecado del hombre. Dios toma la aceptación de Cristo que hace la persona, la fe de la persona en el sacrificio de Cristo, y lo considera cual si ya hubiera muerto en Cristo. Dios considera al hombre como libre de pecado. Este es el amor de Dios, el amor del nuevo pacto.

"Porque de tal manera amó Dios al mundo, que ha dado a su Hijo unigénito, para que todo aquel que en él cree, no se pierda, mas tenga vida eterna" (Jn. 3:16).

"Mas Dios muestra su amor para con nosotros, en que siendo aún pecadores, Cristo murió por nosotros" (Ro. 5:8).

"quien llevó él mismo nuestros pecados en su cuerpo sobre el madero, para que nosotros, estando muertos a los pecados, vivamos a la justicia; y por cuya herida fuisteis sanados" (1 P. 2:24).

Note este elemento: "El nuevo pacto está garantizado". Dios aceptará a cualquier persona que *acepte verdaderamente* el sacrificio de Cristo como su propio sacrificio. Dios perdonará sus pecados porque él cree en el sacrificio de Cristo. Jesucristo se convirtió en la certeza, en la garantía de un mejor pacto. ¿Qué más podría pedir el hombre de Dios?

7.   Tenía que haber un cambio en el número de sacerdotes. De un modo muy sencillo, todo sacerdote de entre los hombres murió. El sacerdocio siempre estaba cambiando. Y lo más trágico de todo: "El hecho de que hayan muerto significa que no podían darle vida a los hombres". No sabían cómo impedir que los hombres murieran, ni siquiera ellos mismos. No sabían como cambiar el proceso de la muerte. No podían hacer al hombre perfecto y aceptable ante Dios, no podían liberar a los hombres a un estado perfecto y eterno ante Dios. Pero note lo que declaran las Escrituras:

"mas éste, por cuanto permanece para siempre, tiene un sacerdocio inmutable" (v. 24).

Jesucristo vive para siempre; Él tiene *vida eterna* (v. 16). Él es el sacerdote eterno y perfecto, el sacerdote eterno que vive eternamente. Por lo tanto, Él puede llevar a los hombres ante Dios para siempre. Su sacerdocio nunca cambia; Él es el Sacerdote invariable que puede representar a los hombres ante Dios para toda la eternidad. Él hace a los hombres aceptables ante Dios para toda la eternidad.

"Por lo cual debía ser en todo semejante a sus hermanos, para venir a ser misericordioso y fiel sumo sacerdote en lo que a Dios se refiere, para expiar los pecados del pueblo" (He. 2:17).

"Por tanto, teniendo un gran sumo sacerdote que traspasó los cielos, Jesús el Hijo de Dios, retengamos nuestra profesión. Porque no tenemos un sumo sacerdote que no pueda compadecerse de nuestras debilidades, sino uno que fue tentado en todo según nuestra semejanza, pero sin pecado" (He. 4:14-15).

"donde Jesús entró por nosotros como precursor, hecho sumo sacerdote para siempre según el orden de Melquisedec" (He. 6:20).

"por lo cual puede también salvar perpetuamente a los que por él se acercan a Dios, viviendo siempre para interceder por ellos. Porque tal sumo sacerdote

nos convenía: santo, inocente, sin mancha, apartado de los pecadores, y hecho más sublime que los cielos" (He. 7:25-26).

"Ahora bien, el punto principal de lo que venimos diciendo es que tenemos tal sumo sacerdote, el cual se sentó a la diestra del trono de la Majestad en los cielos" (He. 8:1).

"Así que, hermanos, teniendo libertad para entrar en el Lugar Santísimo por la sangre de Jesucristo, por el camino nuevo y vivo que él nos abrió a través del velo, esto es, de su carne, y teniendo un gran sacerdote sobre la casa de Dios, acerquémonos con corazón sincero, en plena certidumbre de fe, purificados los corazones de mala conciencia, y lavados los cuerpos con agua pura" (He. 10:19-22).

	G. Cristo es el sumo sacerdote perfecto: Una salvación completa, 7:25-28	27 que no tiene necesidad cada día, como aquellos sumos sacerdotes, de ofrecer primero sacrificios por sus propios pecados, y luego por los del pueblo; porque esto lo hizo una vez para siempre, ofreciéndose a sí mismo.	**3 El Sumo sacerdote con un sacrificio perfecto** a. La necesidad: No por sus propios pecados… b. El sacrificio: Él mismo c. La finalidad: De una vez y por todas
1 El Sumo sacerdote con un poder perfecto a. Vive para siempre b. Intercede por el hombre c. Salva al máximo d. Salva a todos lo que vienen	25 por lo cual puede también salvar perpetuamente a los que por él se acercan a Dios, viviendo siempre para interceder por ellos.	28 Porque la ley constituye sumos sacerdotes a débiles hombres; pero la palabra del juramento, posterior a la ley, al Hijo, hecho perfecto para siempre.	**4 El Sumo sacerdote con una constitución perfecta** a. Es por el juramento de Dios, no por ley b. Está libre de debilidad c. Es para siempre y para toda la eternidad
2 El Sumo sacerdote con una vida perfecta a. Santo e inocente b. Sin mancha y diferente de los pecadores c. Exaltado a lo altísimo	26 Porque tal sumo sacerdote nos convenía: santo, inocente, sin mancha, apartado de los pecadores, y hecho más sublime que los cielos;		

DIVISIÓN II

EL SUPREMO SUMO SACERDOTE: JESUCRISTO, EL HIJO DE DIOS, 4:14—7:28

G. Cristo es el sumo sacerdote perfecto: Una salvación completa, 7:25-28

(7:25-28) *Introducción:* Jesucristo puede salvar al hombre, completa y perfectamente. Jesucristo puede darle a un hombre una salvación completa y perfecta. ¿Cómo? Este el tema de este pasaje: *Cristo el Sumo sacerdote perfecto: Una salvación completa.*

1. El Sumo sacerdote con un poder perfecto (v. 25).
2. El Sumo sacerdote con una vida perfecta (v. 26).
3. El Sumo sacerdote con un sacrificio perfecto (v. 27).
4. El Sumo sacerdote con una constitución perfecta (v. 28).

1 (7:25) *Jesucristo, Sumo sacerdote — Salvación:* Jesucristo es el Sumo sacerdote con un poder perfecto. Este es uno de los grandes versículos de las Escrituras. Note el poder de lo que se está proclamando:

"por lo cual puede también salvar perpetuamente a los que por él se acercan a Dios, viviendo siempre para interceder por ellos" (v. 25).

Se dicen cuatro cosas significativas acerca de Jesucristo:
1. Jesucristo vive para siempre en la presencia de Dios. Note se proclama esta verdad gloriosa una y otra vez en este solo capítulo.
   ⇒ Él tiene una "vida eterna" (v. 16).
   ⇒ Él "continúa para siempre" (v. 24).
   ⇒ Él "tiene un sacerdocio invariable" (v. 24).
   ⇒ Él "siempre vive", vive para siempre y para la eternidad (v. 25).
   ⇒ Él se "consagra para siempre" (v. 28).

2. Jesucristo vive para interceder por el hombre. Esta

es la función de Jesucristo como Sumo sacerdote ante Dios. Pero note: No significa lo que tan a menudo se refleja, que Jesucristo tiene que rogarle y suplicarle a Dios con sus brazos extendidos para que reciba al hombre. Dios Padre ama al hombre con un amor perfecto, lo que quiere decir que Dios salvará al hombre. Pero Dios también es justo, perfectamente recto y justo. Por lo tanto, Dios tiene que juzgar y castigar el pecado de la misma manera en la que tiene que salvar al hombre. ¿Cómo Dios pudo hacer las dos cosas? Solo había una manera:

⇒ Dios tuvo que enviar a su propio Hijo a la tierra a morir por el hombre. Dios tuvo que dar a su propio Hijo para que soportara la culpa y el castigo del pecado por el hombre. Dios tuvo que enviar a su propio Hijo a soportar la justicia y el juicio de Dios contra el pecado.

Por lo tanto, en Jesucristo vemos tanto el amor perfecto como la justicia de Dios. Vemos el amor de Dios ya que estuvo dispuesto y determinado a enviar a su Hijo a morir por el hombre. Y vemos la justicia de Dios ya que Él estuvo dispuesto a lanzar la ira de su justicia contra su propio Hijo cuando Dios asumió todos los pecados de los hombres.

Sucede lo siguiente: Jesucristo ha vivido en la tierra como el Dios perfecto-Hombre. Por ende, Él es para siempre ante Dios el Representante del hombre y el Intercesor del hombre. Este es su propósito de vivir ante Dios: para interceder por el hombre, para ofrecer su propio sacrificio por los pecados en nombre del hombre.

3. Jesucristo puede salvar a todas las personas al máximo. ¿Qué quiere decir ser salvo al máximo (panteles)? Significa ser salvo "completamente, perfectamente, finalmente y por toda la eternidad" (*Nuevo Testamento Ampliado*). Quiere decir que Jesucristo nos presenta ante Dios como perfectos. Él nos presenta en su justicia como perfeccionados para siempre. Por lo tanto en Cristo, porque Él intercede por nosotros y porque Él es ante Dios el sacrificio eterno y perfecto por

nuestros pecados, ganamos la aceptación de Dios. Pero quiere decir mucho más. A forma de subíndice, cuando Jesucristo nos salva al máximo quiere decir...

* que nos salva del pecado, la muerte y la condenación (Jn. 5:24; Ro. 8:34).
* que nos salva para vivir con Dios eternamente (Jn. 3:16; Ro. 8:39).
* que nos salva para ser ciudadanos del cielo nuevo y la tierra nueva (2 P. 3:10-13; Ap. 21:1s).
* que nos salva para gobernar y reinar sobre el universo conjuntamente con ÉL para toda la eternidad (Lc. 12:42-44; 22:28-29; 1 Co. 6:2-3).

4. Jesucristo salva solo a aquellos que vienen a Dios por medio de Él. Nota: Debemos venir a Dios. No debemos maldecir a Dios, negar a Dios, descuidar a Dios, ignorar a Dios, rebelarnos contra Dios, ni rechazar a Dios. Debemos venir a Dios, pero debemos venir a Dios *por medio de Jesucristo. Solo Jesucristo puede interceder por el hombre.* Solo el Hijo de Dios mismo está ante Dios como Sumo sacerdote eterno y perfecto. Solo Él puede salvar al hombre al máximo. Por lo tanto, una persona debe venir a Dios a través de Él y solo de Él.

> **"¿Quién es el que condenará? Cristo es el que murió; más aun, el que también resucitó, el que además está a la diestra de Dios, el que también intercede por nosotros" (Ro. 8:34).**
>
> **"Porque hay un solo Dios, y un solo mediador entre Dios y los hombres, Jesucristo hombre" (1 Ti. 2:5).**
>
> **"por lo cual puede también salvar perpetuamente a los que por él se acercan a Dios, viviendo siempre para interceder por ellos" (He. 7:25).**
>
> **"Pero ahora tanto mejor ministerio es el suyo, cuanto es mediador de un mejor pacto, establecido sobre mejores promesas" (He. 8:6).**
>
> **"Así que, por eso es mediador de un nuevo pacto, para que interviniendo muerte para la remisión de las transgresiones que había bajo el primer pacto, los llamados reciban la promesa de la herencia eterna... Porque no entró Cristo en el santuario hecho de mano, figura del verdadero, sino en el cielo mismo para presentarse ahora por nosotros ante Dios" (He. 9:15, 24).**
>
> **"a Jesús el Mediador del nuevo pacto, y a la sangre rociada que habla mejor que la de Abel" (He. 12:24).**
>
> **"Hijitos míos, estas cosas os escribo para que no pequéis; y si alguno hubiere pecado, abogado tenemos para con el Padre, a Jesucristo el justo" (1 Jn. 2:1).**

2 (7:26) *Jesucristo, sin pecado:* Jesucristo es el Sumo sacerdote con una vida perfecta. Recta y sin equivocaciones, he aquí la clase de Sumo sacerdote que necesitamos; he aquí a Jesús.

1. Jesucristo es "santo" (hosios): Ser apartado y separado para Dios; ser separado del pecado y del mal, y de la conducta ilegal, inmoral y perversa. Jesucristo se encuentra apartado perfectamente y eternamente del pecado y libre de conducta inmoral e ilegal. Jesucristo es absolutamente *santo.*

2. Jesucristo es "inofensivo" (akakos): Inocente, no es malo, libre de toda malicia, engaño, envidia, y rencor contra alguien. William Barclay expresa que "Jesús *nunca lastimó a ningún hombre"* (*La Epístola a los Hebreos*, p. 89). Podríamos decir que Jesucristo era tan bueno que en Él no había más que bondad. No había nada excepto bondad y amor de Dios en Él, y eso fue lo que Él siempre compartió con el hombre. Jesucristo es absolutamente *inofensivo e inocente.*

3. Jesucristo es "inmaculado" (amiantos): Sin manchas del pecado; absolutamente libre de toda impureza, suciedad, y profanación moral. Jesucristo estaba completamente libre de cualquier cosa que le impidiera acercarse a Dios. Él es absolutamente *inmaculado.*

4. Jesucristo se encuentra "separado de los pecadores", es decir, Él es totalmente diferente de los pecadores. Él nunca pecó; Él nunca cedió ante el pecado. Él fue tentado tal como son tentados todos los hombres, pero Él nunca cedió ante la tentación, ni una sola tentación. Por lo tanto, Él se encuentra apartado, completamente separado y diferente de todos los otros hombres. Jesucristo es el Hombre perfecto e ideal. Jesucristo se encuentra absolutamente *separado de los pecadores.*

> **"Y se dispuso con los impíos su sepultura, mas con los ricos fue en su muerte; aunque nunca hizo maldad, ni hubo engaño en su boca" (Is. 53:9).**
>
> **"Nosotros, a la verdad, justamente padecemos, porque recibimos lo que merecieron nuestros hechos; mas éste ningún mal hizo" (Lc. 23:41).**
>
> **"¿Quién de vosotros me redarguye de pecado? Pues si digo la verdad, ¿por qué vosotros no me creéis?" (Jn. 8:46).**
>
> **"Al que no conoció pecado, por nosotros lo hizo pecado, para que nosotros fuésemos hechos justicia de Dios en él" (2 Co. 5:21).**
>
> **"Has amado la justicia, y aborrecido la maldad, por lo cual te ungió Dios, el Dios tuyo, con óleo de alegría más que a tus compañeros" (He. 1:9).**
>
> **"Porque tal sumo sacerdote nos convenía: santo, inocente, sin mancha, apartado de los pecadores, y hecho más sublime que los cielos" (He. 7:26).**
>
> **"¿cuánto más la sangre de Cristo, el cual mediante el Espíritu eterno se ofreció a sí mismo sin mancha a Dios, limpiará vuestras conciencias de obras muertas para que sirváis al Dios vivo?" (He. 9:14).**
>
> **"sino con la sangre preciosa de Cristo, como de un cordero sin mancha y sin contaminación" (1 P. 1:19).**
>
> **"el cual no hizo pecado, ni se halló engaño en su boca" (1 P. 2:22).**
>
> **"Y sabéis que él apareció para quitar nuestros pecados, y no hay pecado en él" (1 Jn. 3:5).**

5. Jesucristo es "hecho más sublime que los cielos". Esto significa varias cosas:

⇒ Solo Jesucristo fue resucitado de entre los muertos para no morir nunca más. Se habían resucitado de entre los muertos a otras personas, pero esas personas morirían nuevamente. Pero Jesucristo no. Solo Él fue resucitado para nunca más morir.

⇒ Solo Jesucristo fue llevado al cielo en su forma corporal. Él ascendió en forma corporal para permanecer para siempre en la presencia de Dios.

⇒ Solo Jesucristo fue exaltado a la diestra de Dios; Él fue exaltado para nunca abandonar la posición de soberanía como Señor supremo y Majestuoso del universo.

"Y el Señor, después que les habló, fue recibido arriba en el cielo, y se sentó a la diestra de Dios" (Mr. 16:19).

"Pero desde ahora el Hijo del Hombre se sentará a la diestra del poder de Dios" (Lc. 22:69).

"Sepa, pues, ciertísimamente toda la casa de Israel, que a este Jesús a quien vosotros crucificasteis, Dios le ha hecho Señor y Cristo" (Hch. 2:36).

"A éste, Dios ha exaltado con su diestra por Príncipe y Salvador, para dar a Israel arrepentimiento y perdón de pecados" (Hch. 5:31).

"Has amado la justicia, y aborrecido la maldad, por lo cual te ungió Dios, el Dios tuyo, con óleo de alegría más que a tus compañeros" (He. 1:9).

"quien habiendo subido al cielo está a la diestra de Dios; y a él están sujetos ángeles, autoridades y potestades" (1 P. 3:22).

"la cual operó en Cristo, resucitándole de los muertos y sentándole a su diestra en los lugares celestiales" (Ef. 1:20).

"Por lo cual Dios también le exaltó hasta lo sumo, y le dio un nombre que es sobre todo nombre" (Fil. 2:9).

"que decían a gran voz: El Cordero que fue inmolado es digno de tomar el poder, las riquezas, la sabiduría, la fortaleza, la honra, la gloria y la alabanza" (Ap. 5:12).

Jesucristo es "hecho más sublime que los cielos" en un sentido perfecto y absoluto. Él se sienta como el Sumo sacerdote perfecto ante el trono de Dios para siempre.

3 (7:27) *Jesucristo, Sumo sacerdote — Muerte:* Jesucristo es el Sumo sacerdote con una vida perfecta. El sumo sacerdote entre los hombres tenía una función primordial: hacer sacrificios por los pecados de las personas. En verdad el sumo sacerdote mismo lo hacía una vez al año. Los sacerdotes regulares hacían sacrificios por los pecados a diario cuando las personas venían a confesión. El único día del año en el que el sumo sacerdote hacía sacrificios era un día muy especial conocido como el Día de expiación. Era especial porque era el día en el que el sumo sacerdote llevaba la sangre del chivo expiatorio al Lugar santísimo y la roseaba sobre el asiento de la misericordia del Arca del pacto. Esta era la única vez que el hombre podía entrar al Lugar santísimo, porque era el lugar donde moraba la presencia misma de Dios. Imagínese poder entrar ante la presencia de Dios solo un día al año. Y luego, solo el propio sumo sacerdote podía acercarse a Dios.

Debemos tener en cuenta lo siguiente: "El sumo sacerdote era sencillamente un hombre que era imperfecto y pecaminoso igual que todos los otros hombres". Por lo tanto, tenía que ofrecer un sacrificio por él mismo antes de que pudiera ofrecer sacrificio por las demás personas. Barclay describe bien la escena:

"El primer elemento en el ritual de ese día fue un sacrificio por los pecados del propio sumo sacerdote. Él se lavó las manos y los pies; se puso su maravillosa toga;

Se vistió de un blanco impecable. Se le trajo un novillo que él había comprado con su propio dinero. Le colocó las dos manos en la cabeza al novillo para transferir sus pecados al mismo; y de ese modo él hizo la confesión: 'Ay, Señor Dios, he cometido iniquidad; he transgredido; he pecado, mi casa y yo. Oh Señor, os suplico a vos, cubrid los pecados y transgresiones que he cometido, transgredí y pequé ante vos, mi casa y yo'. El mayor de todos los sacrificios levíticos comenzaba con un sacrificio por el pecado del sumo sacerdote mismo" (*La Epístola a los Hebreos,* p. 91).

Pero note: Jesucristo es el Sumo sacerdote con el sacrificio perfecto. Como muestra el versículo anterior, Jesucristo era perfecto y no había cometido pecado. Por ende, cuando Él sacrificó su vida por los pecados de los hombres, fue un sacrificio perfecto. Por ser perfecto, no se tendrá que volver a hacer. Su sacrificio se tuvo que hacer solo una vez, porque Él es el Sumo sacerdote perfecto.

"el cual se dio a sí mismo por nuestros pecados para librarnos del presente siglo malo, conforme a la voluntad de nuestro Dios y Padre" (Gá. 1:4).

"Y andad en amor, como también Cristo nos amó, y se entregó a sí mismo por nosotros, ofrenda y sacrificio a Dios en olor fragante" (Ef. 5:2).

"Que a nadie difamen, que no sean pendencieros, sino amables, mostrando toda mansedumbre para con todos los hombres" (Tit. 3:2).

"De otra manera le hubiera sido necesario padecer muchas veces desde el principio del mundo; pero ahora, en la consumación de los siglos, se presentó una vez para siempre por el sacrificio de sí mismo para quitar de en medio el pecado" (He. 9:26).

"sabiendo que fuisteis rescatados de vuestra vana manera de vivir, la cual recibisteis de vuestros padres, no con cosas corruptibles, como oro o plata, sino con la sangre preciosa de Cristo, como de un cordero sin mancha y sin contaminación" (1 P. 1:18-19).

"quien llevó él mismo nuestros pecados en su cuerpo sobre el madero, para que nosotros, estando muertos a los pecados, vivamos a la justicia; y por cuya herida fuisteis sanados" (1 P. 2:24).

"Porque también Cristo padeció una sola vez por los pecados, el justo por los injustos, para llevarnos a Dios, siendo a la verdad muerto en la carne, pero vivificado en espíritu" (1 P. 3:18).

"En esto hemos conocido el amor, en que él puso su vida por nosotros; también nosotros debemos poner nuestras vidas por los hermanos" (1 Jn. 3:16).

"y de Jesucristo el testigo fiel, el primogénito de los muertos, y el soberano de los reyes de la tierra. Al que nos amó, y nos lavó de nuestros pecados con su sangre" (Ap. 1:5).

4 (7:28) *Jesucristo, Sumo sacerdote:* Jesucristo es el Sumo sacerdote con una constitución perfecta. Los hombres, meros hombres, son constituidos sacerdotes por la ley. La ley no puede constituir a nadie más que a los hombres con debilidades y padecimientos, hombres que son imperfectos, débiles, pecaminosos, y moribundos. Pero el mensaje glorioso de este pasaje ofrece la esperanza eterna para el hombre. ¿Por qué? Porque Dios nos ha dado dos cosas maravillosas: Dios ha dado su Palabra que nos dará un Sumo sacerdote perfecto y eterno para salvarnos, y Dios ha jurado que cumplirá su Palabra. Dios nos lo ha confirmado con una doble certeza. Jesucristo, el Hijo de Dios, está consagrado para siempre. La palabra "consagrado" (teteleiomenon) significa perfeccionado. Jesucristo es el Sumo sacerdote perfeccionado y eterno que Dios prometió y juró enviar para salvar al hombre. Qué mayor salvación y certeza podemos pedir que Dios envíe a su Hijo para que nos perfeccione y nos dé vida eterna y el privilegio glorioso de vivir para siempre con Él, el privilegio glorioso de gobernar y reinar con Él por toda la eternidad.

"Porque convenía a aquel por cuya causa son todas las cosas, y por quien todas las cosas subsisten, que habiendo de llevar muchos hijos a la gloria, perfeccionase por aflicciones al autor de la salvación de ellos" (He. 2:10).

"Porque no tenemos un sumo sacerdote que no pueda compadecerse de nuestras debilidades, sino uno que fue tentado en todo según nuestra semejanza, pero sin pecado" (He. 4:15).

"y habiendo sido perfeccionado, vino a ser autor de eterna salvación para todos los que le obedecen" (He. 5:9).

"Porque la ley constituye sumos sacerdotes a débiles hombres; pero la palabra del juramento, posterior a la ley, al Hijo, hecho perfecto para siempre" (He. 7:28).

	CAPÍTULO 8 **III. EL MINISTRO SUPRE-MO: JESUCRISTO, EL HIJO DE DIOS, 8:1—10:18** **A. Cristo es el sumo sacer-dote exaltado: Un ministe-rio celestial y espiritual, 8:1-5** 1 Ahora bien, el punto princi-pal de lo que venimos dicien-do es que tenemos tal sumo sacerdote, el cual se sentó a la diestra del trono de la Majestad en los cielos, 2 ministro del santuario, y de aquel verdadero tabernáculo que levantó el Señor, y no el hombre.	3 Porque todo sumo sacer-dote está constituido para presentar ofrendas y sacri-ficios; por lo cual es nece-sario que también éste tenga algo que ofrecer. 4 Así que, si estuviese sobre la tierra, ni siquiera sería sacerdote, habiendo aún sacerdotes que presentan las ofrendas según la ley; 5 los cuales sirven a lo que es figura y sombra de las cosas celestiales, como se le advir-tió a Moisés cuando iba a erigir el tabernáculo, dicién-dole: Mira, haz todas las cosas conforme al modelo que se te ha mostrado en el monte.	**4 Él es el Ministro exalta-do quien ofrece los regalos y sacrificios de los hombres a Dios** **5 Él es el Ministro exalta-do del mundo real y celestial** a. No según la ley c. No es la sombra de las cosas celestiales
1 El resumen: Cristo, el Sumo sacerdote perfecto **2 Él es el Sumo sacerdote exaltado: A la diestra del trono de Dios** **3 Él es el Ministro exalta-do: Del verdadero tabernáculo**		

DIVISIÓN III

EL MINISTRO SUPREMO: JESUCRISTO, EL HIJO DE DIOS, 8:1—10:18

A. Cristo es el sumo sacerdote exaltado: Un ministerio celestial y espiritual, 8:1-5

(8:1-5) *Introducción:* Note las palabras del versículo uno, "este es el resumen". La palabra "resumen" significa punto principal, estocada mayor, e idea principal. El autor está a pun-to de hacer su estocada mayor y dar a conocer la idea princi-pal del sumo sacerdocio del Señor Jesucristo. Jesucristo es el gran Sumo sacerdote; Él es quien media entre Dios y el hom-bre, la única Persona que puede hacer al hombre aceptable ante Dios. ¿Cuál es la estocada mayor y la idea principal de su sumo sacerdocio? Su *ministerio*. Jesucristo es el *gran ministro* de Dios, el que ministra tanto en el cielo como en la tierra para el hombre. Ambos lugares son importantes. Jesucristo es el gran ministro, el ministro supremo que ministra día y noche para el hombre, tanto en el cielo como en la tierra.

En cuanto al aspecto crítico: ¿Cuál es el gran ministerio de Jesucristo? ¿Qué es lo que Él hace por nosotros?

1. El resumen: Cristo, el Sumo sacerdote perfecto (vv. 1-5).
2. Él es el Sumo sacerdote exaltado: a la diestra del tro-no de Dios (v. 1).
3. Él es el Ministro exaltado: del verdadero taber-náculo (v. 2).
4. Él es el Ministro exaltado quien ofrece los regalos y sacrificios de los hombres a Dios (v. 3).
5. Él es el Ministro exaltado del mundo real y celestial (vv. 4-5).

1 (8:1) *Jesucristo, Ministro — Sumo sacerdocio:* Jesu-

cristo es el Sumo sacerdote perfecto, el ministro de un sacer-docio espiritual y celestial. Existen requisitos para ser un sacerdote en la tierra; un hombre tiene que cumplir ciertas condiciones para poder servir como sacerdote terrenal. Así es en el cielo y para Dios. Si alguien va a representar al hombre ante Dios, ese alguien tiene que cumplir ciertas condiciones. El Sumo sacerdote celestial tiene que tener ciertos requisitos. Note cómo el Señor Jesucristo cumple cada uno de estos requisitos.

⇒ Él tiene que ser perfecto, completamente fiel y leal a Dios (He. 2:17; 3:1-2; 5:8-9; 7:11; 7:19).
⇒ Él tiene que ser misericordioso y convertirse en el sacrificio por los pecados del hombre, convertirse en el chivo expiatorio de Dios por el hombre (He. 2:17; 8:27).
⇒ Él tiene que vivir como hombre y sufrir todas las pruebas y tentaciones de los hombres y vencerlas sin pecar. Él tiene que ser inmaculado (He. 2:18; 4:14-15; 7:26).
⇒ Él tiene que socorrer, realmente sentir, los padeci-mientos del hombre y tener compasión por el hom-bre. Él tiene que mostrar misericordia y ayudar al hombre cuando necesite ayuda (He. 2:18; 4:15-16).
⇒ Él tiene que ser constituido y ordenado por Dios para ser el Sumo sacerdote en el cielo (He. 5:5-6; 7:28).
⇒ Él tiene que convertirse en el autor perfecto de la sal-vación eterna (He. 5:9).
⇒ Él tiene que ser el sacerdote que es según el orden de Melquisedec y no según el orden de los sacerdotes terrenales (He. 5:6, 10; 6:20; 7:11; 7:21).
⇒ Él tiene que ser el precursor del cielo (He. 6:20).
⇒ Él tiene que ser eterno, es decir, tener una "vida eter-na" (He. 7:16; 7:17; comparar 7:3; 7:24; 7:28).

⇒ Él tiene que vivir para siempre para interceder por aquellos que vienen a Dios por medio de Él (He. 7:25).

⇒ Él tiene que ser exaltado a la diestra de Dios, hecho más sublime que los cielos (He. 7:26; 8:1).

Cuando alguien cumpla todos los requisitos anteriores, ese alguien estará calificado para ser el Sumo sacerdote en el cielo. Sin duda alguna…

JESUCRISTO CUMPLE TODOS LOS REQUISITOS PARA SER EL SUMO SACERDOTE PERFECTO DEL CIELO.

Jesucristo es el ministro de un sacerdocio celestial y espiritual. Nadie más está calificado, nadie ha estado ni estará calificado excepto Él. Nuevamente, note las palabras, "este es el resumen", este es el punto principal, el énfasis mayor de todo lo que se ha expresado.

2 (8:1) *Jesucristo, exaltación — Sumo sacerdocio — Ministro:* Jesucristo es el Sumo sacerdote exaltado; Él se sienta a la diestra de la Majestad en los cielos. Allí se sienta Él con la Majestad soberana del universo, con Dios mismo, gobernando y reinando con toda la autoridad y poder tanto en el cielo como en la tierra. Allí se sienta en toda la gloria y honra, dominio y poder de Dios mismo.

> "Y el Señor, después que les habló, fue recibido arriba en el cielo, y se sentó a la diestra de Dios" (Mr. 16:19).
> "Pero desde ahora el Hijo del Hombre se sentará a la diestra del poder de Dios" (Lc. 22:69).
> "Sepa, pues, ciertísimamente toda la casa de Israel, que a este Jesús a quien vosotros crucificasteis, Dios le ha hecho Señor y Cristo" (Hch. 2:36).
> "A éste, Dios ha exaltado con su diestra por Príncipe y Salvador, para dar a Israel arrepentimiento y perdón de pecados" (Hch. 5:31).
> "la cual operó en Cristo, resucitándole de los muertos y sentándole a su diestra en los lugares celestiales" (Ef. 1:20).
> "Por lo cual Dios también le exaltó hasta lo sumo, y le dio un nombre que es sobre todo nombre" (Fil. 2:9).
> "la cual a su tiempo mostrará el bienaventurado y solo Soberano, Rey de reyes, y Señor de señores" (1 Ti. 6:15).
> "Has amado la justicia, y aborrecido la maldad, Por lo cual te ungió Dios, el Dios tuyo, Con óleo de alegría más que a tus compañeros" (He. 1:9).
> "quien habiendo subido al cielo está a la diestra de Dios; y a él están sujetos ángeles, autoridades y potestades" (1 P. 3:22).
> "que decían a gran voz: El Cordero que fue inmolado es digno de tomar el poder, las riquezas, la sabiduría, la fortaleza, la honra, la gloria y la alabanza." (Ap. 5:12).

3 (8:2) *Jesucristo, ministro — Santuario, celestial — Tabernáculo, celestial:* Jesucristo es el ministro exaltado de Dios, el ministro del santuario del cielo. Él es el Sumo sacerdote exaltado en el cielo, pero eso no es todo cuanto es. Él es también el Ministro exaltado del santuario. Él no se encuentra en el cielo solo para gobernar como Señor y para recibir

la honra y adoración de los súbditos de todo el universo. Él no se encuentra allí gobernando y reinando desde lo lejos, un Señor no puede ser conocido ni alcanzado por su pueblo. Es cierto que Jesucristo se encuentra en el cielo para reinar en majestuosidad y gloria, pero Él también se encuentra en el cielo para ser el ministro del cielo, para ser el Ministro del verdadero santuario y tabernáculo o lugar de adoración. Él se encuentra allí…

• para recibirnos cuando vengamos a Dios.
• para escuchar nuestros gritos pidiendo misericordia y gracia para ayudar en momentos de necesidad.
• para salvarnos al máximo.
• para representarnos como la ofrenda expiatoria por nuestros pecados.
• para liberarnos de las pruebas y tentaciones de este mundo agonizante y corruptible.
• para ministrar la Palabra de Dios a nuestro corazón.

Jesucristo no se encuentra en el cielo disfrutando de modo egoísta la maravilla y gloria de su santuario; Él no se encuentra en el cielo regocijándose egoístamente en toda su gloria para sí. Jesucristo se encuentra en el cielo ministrando, cuidando y ayudando a las personas…

• Él está oyendo y escuchando los gritos de las personas y ministrando sus necesidades. De hecho, Él está ministrando cada necesidad que tiene el pueblo de Dios.
• Él está recibiendo la adoración y alabanza de las personas y ofreciéndole a Dios sus nombres.

Jesucristo se encuentra ministrando activamente y protegiendo el verdadero santuario y el verdadero tabernáculo, el lugar real donde los hombres habrán de adorar, es decir, el cielo mismo. (Nota: El verdadero santuario y tabernáculo significa esa parte del cielo donde Dios se sienta en su trono, donde se encuentra la presencia misma de Dios. Es el lugar donde los hombres habrán de ofrecer su adoración y alabanza a Dios. Es el lugar donde Cristo ministra como Sumo sacerdote ante Dios.)

> "Por lo cual debía ser en todo semejante a sus hermanos, para venir a ser misericordioso y fiel sumo sacerdote en lo que a Dios se refiere, para expiar los pecados del pueblo. Pues en cuanto él mismo padeció siendo tentado, es poderoso para socorrer a los que son tentados" (He. 2:17-18).
> "Porque no tenemos un sumo sacerdote que no pueda compadecerse de nuestras debilidades, sino uno que fue tentado en todo según nuestra semejanza, pero sin pecado. Acerquémonos, pues, confiadamente al trono de la gracia, para alcanzar misericordia y hallar gracia para el oportuno socorro" (He. 4:15-16).
> "Aunque afligido yo y necesitado, Jehová pensará en mí. Mi ayuda y mi libertador eres tú; Dios mío, no te tardes" (Sal. 40:17).
> "No temas, porque yo estoy contigo; no desmayes, porque yo soy tu Dios que te esfuerzo; siempre te ayudaré, siempre te sustentaré con la diestra de mi justicia" (Is. 41:10).

4 (8:3) *Jesucristo, ministro:* Jesucristo es el ministro exaltado que ofrece los regalos y sacrificios de los hombres a

Dios. Esto es lo que significa este versículo. El propósito mismo de los sumo sacerdotes era ofrecer dones y sacrificios en nombre de los hombres. Los sumo sacerdotes eran constituidos; la verdadera razón de su existencia era ofrecer estos regalos y sacrificios de modo que Dios aceptara a los hombres. Al hacer tales ofrendas se presentía que Dios estaría complacido, y aprobaría al hombre para que entrara al cielo.

Sucede lo siguiente: Jesucristo es ahora el Sumo sacerdote, quien debe ofrecer los regalos y sacrificios de los hombres a Dios. Pero note: "Como se ve en pasajes anteriores, solo los regalos y ofrendas perfectas son aceptables a Dios. Y ningún hombre tiene un regalo y sacrificio perfecto que ofrecer a Dios". ¿Qué se puede hacer entonces? Si Jesucristo es nuestro gran Sumo sacerdote, Él tiene que tener algo que ofrecer por nosotros. Como dice este versículo: "Es necesario que también éste tenga algo que ofrecer". Pero, ¿qué podría ofrecer Él? Solo había una cosa: Él se tenía a Él mismo para ofrecerse, porque Él es el único regalo y sacrificio en el mundo que es perfecto. Por ende, Cristo se ofreció a sí mismo como el regalo y sacrificio perfecto a Dios. Y Él lo hizo por nosotros. Este es el punto crítico: Jesucristo se ofreció a sí mismo como el regalo y sacrificio por nosotros. Él se entregó a sí mismo por el hombre, se entregó a sí mismo como el regalo y el sacrificio del hombre para Dios. ¡Qué cosa tan increíble! Pero Jesucristo lo hizo.

⇒ Él *realmente se convirtió* en nuestro regalo o sacrificio para Dios.

⇒ Él *realmente se ofreció* a sí mismo como nuestro regalo y sacrificio para Dios.

Jesucristo es el ministro exaltado que ofrece los regalos y sacrificios de los hombres para Dios.

"el cual se dio a sí mismo por nuestros pecados para librarnos del presente siglo malo, conforme a la voluntad de nuestro Dios y Padre" (Gá. 1:4).

"Y andad en amor, como también Cristo nos amó, y se entregó a sí mismo por nosotros, ofrenda y sacrificio a Dios en olor fragante" (Ef. 5:2).

"quien se dio a sí mismo por nosotros para redimirnos de toda iniquidad y purificar para sí un pueblo propio, celoso de buenas obras" (Tit. 2:14).

"De otra manera le hubiera sido necesario padecer muchas veces desde el principio del mundo; pero ahora, en la consumación de los siglos, se presentó una vez para siempre por el sacrificio de sí mismo para quitar de en medio el pecado. Y de la manera que está establecido para los hombres que mueran una sola vez, y después de esto el juicio, así también Cristo fue ofrecido una sola vez para llevar los pecados de muchos; y aparecerá por segunda vez, sin relación con el pecado, para salvar a los que le esperan" (He. 9:26-28).

"sabiendo que fuisteis rescatados de vuestra vana manera de vivir, la cual recibisteis de vuestros padres, no con cosas corruptibles, como oro o plata, sino con la sangre preciosa de Cristo, como de un cordero sin mancha y sin contaminación" (1 P. 1:18-19).

"quien llevó él mismo nuestros pecados en su cuerpo sobre el madero, para que nosotros, estando muertos a los pecados, vivamos a la justicia; y por cuya herida fuisteis sanados" (1 P. 2:24).

"Porque también Cristo padeció una sola vez por los pecados, el justo por los injustos, para llevarnos a Dios, siendo a la verdad muerto en la carne, pero vivificado en espíritu" (1 P. 3:18).

"En esto hemos conocido el amor, en que él puso su vida por nosotros; también nosotros debemos poner nuestras vidas por los hermanos" (1 Jn. 3:16).

"y de Jesucristo el testigo fiel, el primogénito de los muertos, y el soberano de los reyes de la tierra. Al que nos amó, y nos lavó de nuestros pecados con su sangre" (Ap. 1:5).

5 (8:4-5) *Jesucristo, ministro — Cielo — Tabernáculo, terrenal:* Jesucristo es el ministro exaltado del mundo real y celestial. Este es el significado de estos dos versículos. El versículo cuatro sencillamente dice que si Cristo fuera sacerdote en la tierra, Él no sería sacerdote en lo absoluto. Sencillamente Él no nació de la tribu sacerdotal de los hombres, la tribu de Leví. Y ningún hombre podría servir como sacerdote a menos que naciera en la familia sacerdotal.

Esto, claro está, significa algo de importancia crítica: Jesucristo no es el ministro de la sombra de las cosas celestiales, de los regalos y santuarios y tabernáculos terrenales, no son más que sombras de las cosas celestiales. Jesucristo es el ministro del cielo, del mundo real, del templo y tabernáculo real de Dios. La palabra "ejemplo" (hupodeigmati) significa copia, sombra, silueta, reflexión. Las cosas de la religión y la adoración en la tierra son solo ejemplos y sombras, copias y bocetos, siluetas y reflexiones de la adoración celestial.

Nota: Existe un mundo real, un mundo celestial, y existe un tabernáculo, una sala del trono en la que mora la presencia gloriosa de Dios. Fue el patrón por el que Moisés construyó el tabernáculo terrenal (comparar Éx. 25:40). Dios le había mostrado a Moisés el patrón real de la adoración celestial y le dijo que hiciera una copia del mismo en la tierra. Eso es lo que era el tabernáculo que Israel transportó en todas sus divagaciones por el desierto.

Sucede lo siguiente: Los sacerdotes terrenales solo pueden darnos la sombra e imagen del cielo. Pero Jesucristo es el sacerdote y ministro de la adoración celestial, del mundo real. Por consiguiente, Él es quien puede llevar a los hombres al cielo, al mundo que es real y perfecto y que no tiene fin. Él es quien puede llevarnos a la presencia misma de Dios.

"sino haceos tesoros en el cielo, donde ni la polilla ni el orín corrompen, y donde ladrones no minan ni hurtan" (Mt. 6:20).

"Pero no os regocijéis de que los espíritus se os sujetan, sino regocijaos de que vuestros nombres están escritos en los cielos" (Lc. 10:20).

"En la casa de mi Padre muchas moradas hay; si así no fuera, yo os lo hubiera dicho; voy, pues, a preparar lugar para vosotros" (Jn. 14:2).

"Pero Esteban, lleno del Espíritu Santo, puestos los ojos en el cielo, vio la gloria de Dios, y a Jesús que estaba a la diestra de Dios y dijo: He aquí, veo los cielos abiertos, y al Hijo del Hombre que está a la diestra de Dios" (Hch. 7:55-56).

"Fue, pues, necesario que las figuras de las cosas

celestiales fuesen purificadas así; pero las cosas celestiales mismas, con mejores sacrificios que estos" (He. 9:23).

"porque esperaba la ciudad que tiene fundamentos, cuyo arquitecto y constructor es Dios" (He. 11:10).

"Por la fe dejó a Egipto, no temiendo la ira del rey; porque se sostuvo como viendo al Invisible" (He. 11:27).

"Después de esto miré, y he aquí una gran multitud, la cual nadie podía contar, de todas naciones y tribus y pueblos y lenguas, que estaban delante del trono y en la presencia del Cordero, vestidos de ropas blancas, y con palmas en las manos" (Ap. 7:9).

"Bienaventurados los que lavan sus ropas, para tener derecho al árbol de la vida, y para entrar por las puertas en la ciudad" (Ap. 22:14).

	B. Cristo es el mediador de un pacto nuevo y superior, 8:6-13	10 Por lo cual, este es el pacto que haré con la casa de Israel Después de aquellos días, dice el Señor: Pondré mis leyes en la mente de ellos, Y sobre su corazón las escribiré; Y seré a ellos por Dios, Y ellos me serán a mí por pueblo;	4 Es un poder interno, un poder espiritual
1 Está establecida por un Mediador perfecto 2 Está establecida sobre mejores promesas 3 Elimina las debilidades del primer pacto	6 Pero ahora tanto mejor ministerio es el suyo, cuanto es mediador de un mejor pacto, establecido sobre mejores promesas. 7 Porque si aquel primero hubiera sido sin defecto, ciertamente no se hubiera procurado lugar para el segundo. 8 Porque reprendiéndolos dice: He aquí vienen días, dice el Señor, En que estableceré con la casa de Israel y la casa de Judá un nuevo pacto;	11 Y ninguno enseñará a su prójimo, Ni ninguno a su hermano, diciendo: Conoce al Señor; Porque todos me conocerán, Desde el menor hasta el mayor de ellos.	a. El poder de una mente y un corazón renovados b. El poder de la relación y comunión con Dios c. El poder del acceso abierto a la presencia de Dios, para todos
a. Las debilidades: el pecado de los hombres b. La ilustración: Israel	9 No como el pacto que hice con sus padres El día que los tomé de la mano para sacarlos de la tierra de Egipto; Porque ellos no permanecieron en mi pacto, Y yo me desentendí de ellos, dice el Señor.	12 Porque seré propicio a sus injusticias, Y nunca más me acordaré de sus pecados y de sus iniquidades. 13 Al decir: Nuevo pacto, ha dado por viejo al primero; y lo que se da por viejo y se envejece, está próximo a desaparecer.	d. El poder de perdonar pecados 5 Hace obsoleto el primer pacto

DIVISIÓN III

EL MINISTRO SUPREMO: JESUCRISTO, EL HIJO DE DIOS, 8:1—10:18

B. Cristo es el mediador de un pacto nuevo y superior, 8:6-13

(8:6-13) *Introducción — Pacto:* Esto da comienzo a uno de los grandes temas de la Biblia, el *nuevo pacto de Dios.* Un pacto es un acuerdo entre dos partes. Pero note un hecho significativo: "El nuevo pacto de Dios es *el pacto de Dios,* no del hombre". El hombre no tiene absolutamente nada que ver con las condiciones de este pacto. Es un pacto entre Dios y el hombre, pero las condiciones las pone exclusivamente Dios. En la vida hay dos tipos de pactos:

⇒ Existe un pacto donde ambas partes establecen y cumplen los términos.

⇒ Existe un pacto donde una parte establece los términos, pero ambas partes los cumplen. A este tipo de pacto generalmente se le llama testamento.

El pacto de Dios es el segundo pacto, un pacto de la voluntad y testamento de Dios. Dios establece los términos y condiciones, y el hombre acepta el pacto o lo rechaza. Es comparable a la *última voluntad y testamento* de cualquier hombre. Los receptores no pueden cambiar los términos del testamento; solo pueden recibir o rechazar la herencia. Ambos puntos son significativos para el hombre.

⇒ Dios ha hecho un pacto con el hombre, pero Él y solo Él dicta los términos. Dios ha hecho un pacto, una última voluntad y testamento dándole al hombre una herencia gloriosa, pero el hombre no tiene derecho a decidir sobre estos términos del contrato o pacto. Él no puede discutir, refutar, o tratar de negociar los términos. El pacto permanece como Dios lo ha hecho.

⇒ El hombre igualmente acepta o rechaza los términos del pacto, la voluntad y testamento de Dios. La única manera en la que él puede recibir la herencia de Dios es aceptando los términos del pacto exactamente como Dios los dispuso.

Ahora, a la idea del presente mensaje. El nuevo pacto de Dios ahora se ha establecido con el hombre. Se ha establecido y se le ha dado al hombre por el Señor Jesucristo. Jesucristo es el ministro del nuevo pacto, y es muy, muy superior al viejo pacto.

1. Está establecido por un Mediador perfecto (v. 6).
2. Está establecido sobre mejores promesas (v. 6).
3. Elimina las debilidades del primer pacto (vv. 7-9).
4. Es un poder interno, un poder espiritual (vv. 10-12).
5. Hace obsoleto el primer pacto (v. 13).

1 (8:6) *Mediador — Nuevo pacto:* El nuevo pacto lo establece un mediador perfecto. La palabra "mediador (mesites) significa alguien que intercede entre dos partes y las une. El mediador es un negociador, un intermediario, un árbitro. Este es Jesucristo, pero hay una diferencia única y distintiva entre Jesucristo y los mediadores humanos. Jesucristo es el *mediador perfecto.* Él es el Mediador elegido por

Dios mismo para interceder entre Dios y el hombre. Jesucristo fue elegido para ser el mediador porque Él es perfecto. Él presenta los términos del pacto perfectamente. Él no miente, engaña, tergiversa, cambia, añade, resta, ni mal representa los términos del pacto de Dios. Él anuncia y proclama la verdad de los términos claramente y perfectamente.

> **"Porque hay un solo Dios, y un solo mediador entre Dios y los hombres, Jesucristo hombre" (1 Ti. 2:5).**
>
> **"Pero ahora tanto mejor ministerio es el suyo, cuanto es mediador de un mejor pacto, establecido sobre mejores promesas" (He. 8:6).**
>
> **"Así que, por eso es mediador de un nuevo pacto, para que interviniendo muerte para la remisión de las transgresiones que había bajo el primer pacto, los llamados reciban la promesa de la herencia eterna" (He. 9:15).**
>
> **"Porque no entró Cristo en el santuario hecho de mano, figura del verdadero, sino en el cielo mismo para presentarse ahora por nosotros ante Dios" (He. 9:24).**
>
> **"a Jesús el Mediador del nuevo pacto, y a la sangre rociada que habla mejor que la de Abel" (He. 12:24).**
>
> **"Hijitos míos, estas cosas os escribo para que no pequéis; y si alguno hubiere pecado, abogado tenemos para con el Padre, a Jesucristo el justo" (1 Jn. 2:1).**

2 (8:6) *Pacto — Nuevo:* El nuevo pacto se establece sobre mejores promesas. Nota: El nuevo pacto de por sí es un mejor pacto que el viejo pacto por las mejores promesas. ¿Cuál es el viejo pacto? Es el pacto de la ley que Dios prometió que Él aceptaría, bendeciría, y se relacionaría más con el hombre si el hombre cumpliera la ley. El hombre aceptó las condiciones e hizo un voto de obedecer los términos del pacto de Dios o de la ley (Éx. 24:1-8; cp. Jer. 7:23). Pero el hombre descubrió una realidad terrible, la ley no era lo suficientemente cabal ni completa. No satisfacía suficientemente sus necesidades. El hombre descubrió cuatro debilidades terribles.

⇒ La ley disponía que Dios era santo y que esperaba que su pueblo llevara una vida santa. Pero la ley no daba el poder interno y la fuerza para obedecer a Dios.

⇒ La ley disponía que el hombre podía ganar la aceptación de Dios. Pero la ley no proveía el poder y esfuerzo para ganar la aceptación ni para heredar la vida eterna.

⇒ La ley disponía que Dios era el Gobernador Majestuoso y Soberano del universo, el gran Legislador. Pero la ley no decía nada sobre un conocimiento y relación personal con Dios.

⇒ La ley disponía que Dios era estricto y severo, justo y santo. Pero la ley no decía nada acerca del amor y la misericordia de Dios ni acerca de su perdón.

Aquí es donde el nuevo pacto supera al viejo pacto. El nuevo pacto está establecido sobre promesas mucho mejores. Cada uno de estos defectos del viejo pacto se subsanaron en las promesas del nuevo pacto. En el nuevo pacto, una persona halla la promesa gloriosa...

• de poder y fuerza en el hombre interno (v. 10).

• de aceptación personal de Dios que significa vida eterna (v. 10).

• de un conocimiento y relación personal con Dios (v. 11).

• de amor y misericordia de Dios y de su perdón (v. 12).

> **"(pues nada perfeccionó la ley), y de la introducción de una mejor esperanza, por la cual nos acercamos a Dios" (He. 7:19).**
>
> **"Pero ahora tanto mejor ministerio es el suyo, cuanto es mediador de un mejor pacto, establecido sobre mejores promesas" (He. 8:6).**
>
> **"Fue, pues, necesario que las figuras de las cosas celestiales fuesen purificadas así; pero las cosas celestiales mismas, con mejores sacrificios que estos" (He. 9:23).**

3 (8:7-9) *Pacto — Nuevo:* El nuevo pacto elimina las debilidades del primer pacto. Note que de este momento en adelante, Dios está hablando. Dios es el vocero que señala las debilidades del primer pacto (comparar Is. 61:8; Jer. 31:31-34). Las debilidades del primer pacto se señalan en la nota anterior (vea la nota, Pacto, Nuevo, He. 8:6). Thomas Hewitt lo resume bien:

> *"[El viejo pacto] podía revelar el pecado pero no eliminarlo, y al ser defectuoso no podía salvar ni justificar a pecadores culpables. No satisfacía las necesidades más profundas del pecador... el pecado lo había hecho ineficaz. La causa real de las debilidades del pacto era el pecado del hombre, por ende Dios los desaprobaba"* (La Epístola a los Hebreos, "Comentarios de Tyndale sobre el Nuevo Testamento", p. 136).

Sucede lo siguiente: "Si el primer pacto no hubiera tenido errores, no habría necesidad para un nuevo pacto". Pero el hombre, simbolizado en Israel, no cumplió el viejo pacto. Sucedieron dos cosas:

⇒ El hombre no cumplió el pacto ni la ley.

⇒ La ley no fue capaz de infundir la fuerza para cumplir los mandamientos.

Por lo tanto, Dios tuvo que hacer algo o el hombre estaría perdido eternamente. Este es el evangelio glorioso, la maravillosa buena nueva del nuevo pacto. Dios hizo algo. Note las palabras: "estableceré un nuevo pacto" (v. 8). Y note: "El nuevo pacto difiere por entero del viejo pacto establecido con Israel cuando Dios los liberó por medio de Moisés de la esclavitud egipcia".

Pensamiento 1. Dios nos ha dado una promesa y esperanza gloriosa en el nuevo pacto como se verá en el próximo punto. Pero siempre debemos recordar: Dios rechazó a Israel porque no cumplió el viejo pacto. Esto ciertamente significa que Él nos rechazará si no cumplimos el más grande pacto, el pacto que se centra en su Hijo, el Señor Jesucristo.

> **"Concluimos, pues, que el hombre es justificado por fe sin las obras de la ley" (Ro. 3:28).**

"(pues nada perfeccionó la ley), y de la introducción de una mejor esperanza, por la cual nos acercamos a Dios" (He. 7:19).

4 (8:10-12) *Pacto — Nuevo:* El nuevo pacto es un poder interno, un poder espiritual dentro del hombre interno. El nuevo pacto le da al hombre cuatro poderes maravillosos.

1. El poder de una nueva mente y corazón (v. 10). El nuevo pacto a través de su mediador, el Señor Jesucristo…
• renueva la mente de un hombre.
• renueva el corazón de un hombre.
Esto, por supuesto, es una referencia al nuevo nacimiento. Cuando una persona se acerca a Dios a través del nuevo pacto (el Señor Jesucristo), cuando él acepta los términos del nuevo pacto (creencia), Dios hace una cosa muy maravillosa.
⇒ Dios renueva la mente de la persona y pone sus leyes en la mente de la persona.
⇒ Dios renueva el corazón de la persona y escribe sus leyes en el corazón de la persona.
Esto significa dos cosas maravillosas:
a. Un nuevo corazón y mente significan que seremos aceptados por Dios y se nos dará la vida eterna. Significa que lo que hemos añorado se nos hará realidad: "Seremos liberados del pecado, la corrupción, y la muerte de este mundo y de la culpa, el juicio, y la condenación de Dios en el próximo mundo". El viejo pacto o la ley condenaba el corazón e incitaba la mente a pensar en el fracaso y en la condenación y el juicio. El nuevo pacto libera el corazón e incita la confirmación y la confianza en la mente del verdadero creyente, la seguridad absoluta.
b. Una nueva mente y corazón significan que contamos con el *deseo y poder* para seguir y obedecer a Dios. Significa que contamos con un deseo, un deseo ferviente, de obedecer a Dios y cumplir sus leyes. Un nuevo corazón y mente nos incita a amar a Dios porque Él nos ha renovado, y nuestro amor nos incita a buscar su rostro continuamente. Incluso cuando fracasamos y fallamos, lo que todos hacemos muy a menudo, nuestro corazón está incitado a buscar el perdón y a arrepentirnos y a comenzar de nuevo para seguirlo y obedecerlo. Esta es la diferencia entre el viejo y el nuevo pacto. El viejo pacto o la ley nos condenaba y no tenía poder para incitarnos y vigorizarnos. Pero el nuevo pacto, Cristo dentro de nosotros, sí tiene el poder de perdonarnos e incitarnos a levantarnos y seguir a Dios nuevamente y desde el comienzo.

"Porque el ocuparse de la carne es muerte, pero el ocuparse del Espíritu es vida y paz" (Ro. 8:6).
"No os conforméis a este siglo, sino transformaos por medio de la renovación de vuestro entendimiento, para que comprobéis cuál sea la buena voluntad de Dios, agradable y perfecta" (Ro. 12:2).

"Por tanto, no desmayamos; antes aunque este nuestro hombre exterior se va desgastando, el interior no obstante se renueva de día en día" (2 Co. 4:16).
"aboliendo en su carne las enemistades, la ley de los mandamientos expresados en ordenanzas, para crear en sí mismo de los dos un solo y nuevo hombre, haciendo la paz" (Ef. 2:15).
"y vestíos del nuevo hombre, creado según Dios en la justicia y santidad de la verdad" (Ef. 4:24).
"y revestido del nuevo, el cual conforme a la imagen del que lo creó se va renovando hasta el conocimiento pleno" (Col. 3:10).

2. El poder de la relación y comunión con Dios (v. 10). Recuerden que es Dios quien habla aquí, y Él definitivamente dice: "Seré a ellos por Dios, y ellos me serán a mí por pueblo". Esto quiere decir que somos aceptados por Dios. Esto significa…
• que podemos relacionarnos y entrar en comunión con Dios.
• que podemos orar y confiarle nuestras cosas a Dios.
• que podemos recurrir a Dios cuando necesitemos misericordia y gracia para ayudar en momentos de necesidad.
• que podemos gozar del amor, provisión y protección de Dios.
• que podemos gozar del poder redentor de Dios sobre las tentaciones y pruebas.
Todo esto y más, mucho más, todo a causa del nuevo pacto traído a nosotros por Jesucristo. El nuevo pacto es el poder de la relación y la comunión con Dios por medio del Señor Jesucristo, quien es el mediador del gran pacto de Dios (v. 8).

"Mas a todos los que le recibieron, a los que creen en su nombre, les dio potestad de ser hechos hijos de Dios" (Jn. 1:12).
"Pues no habéis recibido el espíritu de esclavitud para estar otra vez en temor, sino que habéis recibido el espíritu de adopción, por el cual clamamos: ¡Abba, Padre! El Espíritu mismo da testimonio a nuestro espíritu, de que somos hijos de Dios. Y si hijos, también herederos; herederos de Dios y coherederos con Cristo, si es que padecemos juntamente con él, para que juntamente con él seamos glorificados" (Ro. 8:15-17).
"Pero cuando vino el cumplimiento del tiempo, Dios envió a su Hijo, nacido de mujer y nacido bajo la ley, para que redimiese a los que estaban bajo la ley, a fin de que recibiésemos la adopción de hijos. Y por cuanto sois hijos, Dios envió a vuestros corazones el Espíritu de su Hijo, el cual clama: ¡Abba, Padre!" (Gá. 4:4-6).
"Por lo cual debía ser en todo semejante a sus hermanos, para venir a ser misericordioso y fiel sumo sacerdote en lo que a Dios se refiere, para expiar los pecados del pueblo. Pues en cuanto él mismo padeció siendo tentado, es poderoso para socorrer a los que son tentados" (He. 2:17-18).
"Porque no tenemos un sumo sacerdote que no pueda compadecerse de nuestras debilidades, sino uno que fue tentado en todo según nuestra semejanza, pero sin pecado. Acerquémonos, pues, confiadamente al tro-

no de la gracia, para alcanzar misericordia y hallar gracia para el oportuno socorro" (He. 4:15-16).

3. El poder de conocer a Dios personalmente y de contar con acceso a su presencia (v. 11). Ya no hay necesidad de sacerdotes o mediadores humanos, ninguna necesidad de que otros medien entre Dios y el hombre para decir: "Le presento al Señor". ¿Por qué? Porque ahora todo hombre puede pararse ante Dios. Ahora todas las personas pueden conocer a Dios como si estuviesen frente a frente. Ahora todas las personas pueden acercarse a Dios. ¿Cómo? Por medio del nuevo pacto, a través del mediador del nuevo pacto, por medio del Señor Jesucristo (v. 6).

Esto también significa que el privilegio de conocer a Dios ahora se encuentra disponible a todas las razas y naciones de pueblos. El nuevo pacto es universal: "Todos me conocerán, desde el menor hasta el mayor de ellos (v. 11). El rico y el pobre, el negro y el blanco, el rojo y el amarillo, el líder y el seguidor, el creyente y el incrédulo, el religioso y el que no es religioso, hombre y mujer, esclavo y libre, niño y adulto, no importa quienes sean ni de dónde sean, ahora todos pueden conocer a Dios y conocerlo frente a frente. Ya no hay sacerdote de entre los hombres que medie entre Dios y el hombre. Solo existe Jesucristo, el mediador del nuevo y mejor pacto. Cuando una persona viene a Dios a través de Cristo, es aceptada por Dios y le son dados los privilegios gloriosos de conocer a Dios frente a frente.

"Y esta es la vida eterna: que te conozcan a ti, el único Dios verdadero, y a Jesucristo, a quien has enviado" (Jn. 17:3).

"a fin de conocerle, y el poder de su resurrección, y la participación de sus padecimientos, llegando a ser semejante a él en su muerte" (Fil. 3:10).

"Vosotros sois mis testigos, dice Jehová, y mi siervo que yo escogí, para que me conozcáis y creáis, y entendáis que yo mismo soy; antes de mí no fue formado dios, ni lo será después de mí" (Is. 43:10).

"Mas alábese en esto el que se hubiere de alabar: en entenderme y conocerme, que yo soy Jehová, que hago misericordia, juicio y justicia en la tierra; porque estas cosas quiero, dice Jehová" (Jer. 9:24).

"Y conoceremos, y proseguiremos en conocer a Jehová; como el alba está dispuesta su salida, y vendrá a nosotros como la lluvia, como la lluvia tardía y temprana a la tierra" (Os. 6:3).

4. El poder del perdón de los pecados (v. 12). Note cuatro aspectos fundamentales:

a. La palabra *por* sugiere que el perdón de los pecados es el fundamento para todas las otras promesas (Thomas Hewitt, *La Epístola a los Hebreos*, "Comentarios de Tyndale sobre el Nuevo Testamento", p. 138).

b. El perdón de los pecados está basado en la misericordia de Dios. No somos perdonados por obras ni por ley. Dios no nos acepta y perdona nuestros pecados porque damos lo mejor de nosotros y tratamos de portarnos bien. Él nos perdona porque Jesucristo murió por nuestros pecados, porque Jesucristo ya ha pagado la pena por nuestros pecados, y nosotros le pedimos a Dios que nos perdone por medio del sacrificio de Cristo. Y cuando le pedimos, Dios nos perdona.

c. El perdón de los pecados significa que Dios ya no recuerda nuestros pecados. Nosotros podemos recordarlos, pero Dios los ha olvidado. Él los saca por completo de su mente y de su memoria, y nunca jamás vuelve a pensar en ellos. Ellos nunca vuelven a su memoria, ni siquiera se les permite que se filtren en sus pensamientos. Qué salvación más gloriosa de los pecados, un perdón total y completo de los pecados, todos a través del sacrificio del Señor Jesucristo.

"A éste, Dios ha exaltado con su diestra por Príncipe y Salvador, para dar a Israel arrepentimiento y perdón de pecados" (Hch. 5:31).

"Sabed, pues, esto, varones hermanos: que por medio de él se os anuncia perdón de pecados" (Hch. 13:38).

"en quien tenemos redención por su sangre, el perdón de pecados según las riquezas de su gracia" (Ef. 1:7).

"Pero cuando se manifestó la bondad de Dios nuestro Salvador, y su amor para con los hombres, nos salvó, no por obras de justicia que nosotros hubiéramos hecho, sino por su misericordia, por el lavamiento de la regeneración y por la renovación en el Espíritu Santo" (Tit. 3:4-5).

"quien llevó él mismo nuestros pecados en su cuerpo sobre el madero, para que nosotros, estando muertos a los pecados, vivamos a la justicia; y por cuya herida fuisteis sanados" (1 P. 2:24).

"Si confesamos nuestros pecados, él es fiel y justo para perdonar nuestros pecados, y limpiarnos de toda maldad" (1 Jn. 1:9).

"Yo, yo soy el que borro tus rebeliones por amor de mí mismo, y no me acordaré de tus pecados" (Is. 43:25).

"Yo deshice como una nube tus rebeliones, y como niebla tus pecados; vuélvete a mí, porque yo te redimí" (Is. 44:22).

5 (8:13) *Pacto — Nuevo:* El nuevo pacto da por viejo al primer pacto. Dios ha dado un nuevo pacto; por lo tanto, esto significa que el primer pacto es viejo; es decir, es obsoleto y ya no sirve. "Y lo que se considera viejo e inútil ya está a punto de desaparecer" (*Biblia en Lenguaje Sencillo*).

De un modo muy sencillo, el viejo pacto de la ley se ha desechado; ahora debemos seguir el nuevo pacto. Pero debemos *recordar siempre* lo siguiente: "El nuevo pacto está intrínseco en Jesucristo". Y Jesucristo nunca destruyó la ley; Él cumplió la ley. Es decir, Jesucristo *encarna* la ley. Él encarna el amor y la gracia de Dios, sí, pero Él también encarna la ley de Dios. Ya no nos guiamos por la ley ni seguimos la ley. Nos guiamos por Jesucristo y lo seguimos a Él. Pero al seguirlo a Él, seguimos la justicia y santidad de Dios así como el amor y la gracia de Dios. Seguimos la ley de la naturaleza de Dios así como el amor de la naturaleza de Dios.

"No penséis que he venido para abrogar la ley o los profetas; no he venido para abrogar, sino para cumplir" (Mt. 5:17).

"Porque lo que era imposible para la ley, por cuanto era débil por la carne, Dios, enviando a su Hijo en semejanza de carne de pecado y a causa del pecado, condenó al pecado en la carne" (Ro. 8:3).

"aboliendo en su carne las enemistades, la ley de los mandamientos expresados en ordenanzas, para crear en sí mismo de los dos un solo y nuevo hombre, haciendo la paz" (Ef. 2:15).

"Y a vosotros, estando muertos en pecados y en la incircuncisión de vuestra carne, os dio vida juntamente con él, perdonándoos todos los pecados, anulando el acta de los decretos que había contra nosotros, que nos era contraria, quitándola de en medio y clavándola en la cruz" (Col. 2:13-14).

CAPÍTULO 9

C. Cristo es el ministro del más grande y más perfecto tabernáculo o santuario, 9:1-14

1 El santuario o tabernáculo terrenal: Estaba diseñado para la adoración divina, pero solo era un santuario terrenal

a. El santuario externo: El Lugar santo
   1) El candelabro
   2) La mesa y los panes de la proposición
b. El santuario interno: El Lugar santísimo

   1) El incensario de oro
   2) El arca del pacto

c. Los sacerdotes entraban diariamente al Lugar santo y llevaban a cabo su ministerio y cumplían los oficios del culto
d. Solo el sumo sacerdote entraba al Lugar santísimo y solo una vez al año

e. Las deficiencias o lecciones del santuario y adoración terrenales

1 Ahora bien, aun el primer pacto tenía ordenanzas de culto y un santuario terrenal.

2 Porque el tabernáculo estaba dispuesto así: en la primera parte, llamada el Lugar santo, estaban el candelabro, la mesa y los panes de la proposición.
3 Tras el segundo velo estaba la parte del tabernáculo llamada el Lugar santísimo,
4 el cual tenía un incensario de oro y el arca del pacto cubierta de oro por todas partes, en la que estaba una urna de oro que contenía el maná, la vara de Aarón que reverdeció, y las tablas del pacto;
5 y sobre ella los querubines de gloria que cubrían el propiciatorio; de las cuales cosas no se puede ahora hablar en detalle.
6 Y así dispuestas estas cosas, en la primera parte del tabernáculo entran los sacerdotes continuamente para cumplir los oficios del culto;
7 pero en la segunda parte, solo el sumo sacerdote una vez al año, no sin sangre, la cual ofrece por sí mismo y por los pecados de ignorancia del pueblo;
8 dando el Espíritu Santo a entender con esto que aún no se había manifestado el camino al Lugar santísimo, entre tanto que la primera parte del tabernáculo estuviese en pie.

9 Lo cual es símbolo para el tiempo presente, según el cual se presentan ofrendas y sacrificios que no pueden hacer perfecto, en cuanto a la conciencia, al que practica ese culto,
10 ya que consiste solo de comidas y bebidas, de diversas abluciones, y ordenanzas acerca de la carne, impuestas hasta el tiempo de reformar las cosas.

11 Pero estando ya presente Cristo, sumo sacerdote de los bienes venideros, por el más amplio y más perfecto tabernáculo, no hecho de manos, es decir, no de esta creación,

12 y no por sangre de machos cabríos ni de becerros, sino por su propia sangre, entró una vez para siempre en el Lugar santísimo, habiendo obtenido eterna redención.
13 Porque si la sangre de los toros y de los machos cabríos, y las cenizas de la becerra rociadas a los inmundos, santifican para la purificación de la carne,
14 ¿cuánto más la sangre de Cristo, el cual mediante el Espíritu eterno se ofreció a sí mismo sin mancha a Dios, limpiará vuestras conciencias de obras muertas para que sirváis al Dios vivo?

1) Aún no había forma de llegar ante la presencia de Dios
2) El acercamiento a Dios por medio de ofrendas y sacrificios no podía hacer perfecto a quienes practicaban ese culto
3) El gran día de la reforma, el día en que el culto imperfecto se transformaría en culto perfecto, no se podía propiciar por medio de la adoración terrenal

2 El santuario o tabernáculo celestial

a. El Sumo sacerdote perfecto: Él ministra con mejores cosas
b. Un santuario perfecto: no hecho de manos
c. Un sacrificio perfecto
   1) Sacrificó su propia sangre
   2) Se sacrificó a sí mismo una vez
   3) Nos aseguró la redención
d. Una salvación perfecta
   1) El santuario y adoración terrenales solo purificaban la carne
   2) El santuario y adoración celestiales purifican a una persona, incluso su conciencia
   3) El santuario y adoración celestiales guían a una persona a servir a Dios

DIVISIÓN III

EL MINISTRO SUPREMO: JESUCRISTO, EL HIJO DE DIOS, 8:1—10:18

C. Cristo es el ministro del más grande y más perfecto tabernáculo o santuario, 9:1-14

Introducción: ¿Cómo puede una persona volverse acepta ante Dios? ¿Cómo puede una persona tener acceso a Dios, tener fraternidad y comunión con Dios? ¿Cómo puede una persona llegar a conocer a Dios de una forma real y personal, tan personal que sepa que Dios se preocupa por ella y cuida de ella? ¿Cómo puede una persona tener y mantener una relación con Dios? En esto consiste el interés del autor de la Epístola a los Hebreos. Ya él ha demostrado cómo los hombres tratan de acercarse a Dios…

- mediante profetas (He. 1:1-3).
- mediante ángeles (He. 1:4-14).
- mediante grandes líderes que son grandes hombres de Dios (He. 3: 1-6).
- mediante sacerdotes (He. 4:14—8:5).
- mediante los pactos y la ley o tratando de ser tan buenos como pueden (He. 8:1-13).

Pero como hemos visto, cada una de estas formas de acercamiento a Dios resulta deficiente. Son imperfectas o incompletas. Puede que nos digan ciertas cosas acerca de Dios, puede que nos ayuden a entender a Dios hasta cierto punto, pero no nos proporcionan toda la información necesaria ni revelan toda la naturaleza de Dios. Son solo sombras y copias vagas de la verdad. Solo nos muestran una parte de la verdad acerca de Dios. No nos revelan a Dios, tampoco nos hacen aceptos ante Dios ni nos proporcionan comunión con Dios.

El pasaje actual trata sobre el mismo tema: ¿Cómo los hombres tratan de acercarse y adorar a Dios? Otra forma es mediante los santuarios terrenales o las casas de adoración. En el Antiguo Testamento, bajo el primer pacto con Dios, los judíos o hijos de Israel construyeron un tabernáculo, es decir, una tienda. La tienda o tabernáculo era el lugar a donde se dirigían para adorar a Dios y para ser aceptados ante Dios. Pero como se podrá ver, este acercamiento a Dios era tan deficiente como todos los otros acercamientos. Los santuarios terrenales y la adoración terrenal no pueden acercarnos a Dios, los santuarios terrenales y la adoración terrenal no pueden hacernos aceptos ante Dios. Solo Jesucristo puede acercarnos a Dios y hacernos aceptos ante Él. Este es el objetivo de este pasaje: "Demostrar que Jesucristo es el ministro más grande y perfecto del tabernáculo. Él es el único Ministro que nos lleva a Dios. (Vea el *Estudio a fondo 1,* He. 9:11-14 para una ilustración y análisis del tabernáculo. Se ha colocado como la última nota de este resumen por su extensión.)

1. El santuario o tabernáculo terrenal: Estaba diseñado para la adoración divina, pero solo era un santuario terrenal (vv. 1-10).
2. El santuario o tabernáculo celestial (vv. 11-14).

1 (9:1-10) *Tabernáculo — Adoración — Santuarios:* El santuario o tabernáculo terrenal (vea el *Estudio a fondo 1,* He. 9:11-14 para una ilustración y análisis del tabernáculo). El santuario terrenal estaba diseñado para adorar a Dios, pero solo era un santuario terrenal. Era totalmente deficiente para acercarse a Dios y para hacer a una persona acepta ante Dios. Esto se esclarece cuando se analiza la disposición y adoración del tabernáculo terrenal. (Vea el dibujo del tabernáculo, p. 108 para una mejor comprensión de su distribución y mobiliario.)

1. Primero, estaba el primer santuario o santuario exterior que era el Lugar santo (v. 2). Medía 9 metros de largo, 4,5 metros de ancho, y 4,5 metros de alto. En el Lugar santo había tres muebles; aquí se mencionan dos.
    a. Estaba el candelabro que tenía siete lámparas. El candelabro iluminaba la habitación, porque no había ventanas en este santuario externo.
    b. Estaba la mesa del pan de la proposición. Era una mesa pequeña, de solo 91 centímetros de largo, 45 centímetros de ancho y 67 centímetros de alto. Había doce panes sobre la mesa. Estaban cuidadosamente organizados en dos hileras de seis.
2. Segundo, estaba el segundo santuario o santuario interior que era el más santo de todos los santuarios, el Lugar santísimo o lo que en ocasiones se denomina el Lugar más santo (vv. 3-5). (Note que un velo o cortina grande lo separaba del santuario del Lugar santo). Este era el santuario al que solo podía entrar el sumo sacerdote, y él solo podía entrar una vez al año. Nota: No había candelabro en el Lugar santísimo y no había ventanas. La gloria de Dios debió haber proporcionado la luz de la habitación. Se mencionan dos muebles.
    a. Estaba el incensario de oro o altar de incienso, que era un mueble permanente en el Lugar santo, pero se llevaba al Lugar santísimo el día de Expiación (v. 4). Era un recipiente rectangular de 45 centímetros cuadrados y 91 centímetros de alto. Cada mañana y cada noche se quemaba incienso sobre él, lo que simbolizaba que las oraciones de las personas ascendían a Dios.
    b. Estaba el arca del pacto que era una caja o arcón cubierto de oro por todos sus lados (v. 4-5). Había tres cosas en su interior.
    ⇒ La urna de oro que contenía el maná. El maná simbolizaba el maná utilizado para alimentar a los hijos de Israel en sus peregrinaciones por el desierto (Éx. 16:32-34).
    ⇒ La vara de Aarón (Nm. 17:1-11).
    ⇒ Las dos tablas del pacto o ley sobre las que Moisés había escrito los Diez Mandamientos (Éx. 25:16f; Dt. 9:9; 10:5).

Desde los dos extremos del arca se levantaban dos criaturas angelicales llamadas querubines que cubrían el propiciatorio. La presencia misma de Dios debía sentarse sobre la tapa o cubierta del arca entre la gloria de los dos querubines (Éx. 25:22).

Pensamiento 1. Es importante notar que el santuario estaba amueblado con mobiliario terrenal, mobiliario que tiene significado religioso, pero aún así el mobiliario sigue siendo terrenal, aún así es una sombra o copia vaga de la adoración real. Sucede lo mismo con nuestros santuarios de hoy día. Contamos con nuestros santuarios terrenales y mobiliario terrenal, mobiliario que para nosotros tiene significado religioso. Tenemos el púlpito, la mesa para la Cena del Señor, y el baptisterio. Pero aún así son terrenales, solo sombras e imágenes vagas de la adoración y santuario reales.

3. Tercero, los sacerdotes entraban al santuario exterior o Lugar santo todos los días y llevaban a cabo su ministerio y cumplían con los oficios del culto (v. 6). Hacían todo cuanto podían para hacer a las personas aceptas ante Dios y para proporcionarles fraternidad y comunión con Dios. Pero nuevamente, su servicio y ministerio *carecía de perfección*. Por mucho que ministraran a las personas, no las perfeccionaban. Ellos no podían volver a las personas aceptas ante Dios.

4. Cuarto, solo el sumo sacerdote entraba al santuario interno o Lugar santísimo (v. 7). Él entraba para ofrecerle a Dios la sangre del sacrificio por los pecados de las personas. El hombre es pecador y es culpable de pecado y rebelión contra Dios. Por consiguiente, debe pagar la pena y castigo por sus pecados o por el contrario un sustituto tiene que recibir el castigo. Esta era la idea del sacrificio del animal. La vida del animal se sacrificaba por los pecados de las personas. Por lo tanto, las personas quedaban liberadas de la culpa de sus pecados y se volvían aceptas ante Dios.

Pero note: "El sumo sacerdote podía entrar al Lugar santísimo a realizar el sacrificio por los pecados solo una vez al año". Esto era lo que se conocía como el día de Expiación. ¿Esto quiere decir que una persona solo podía ser perdonada por sus pecados una vez al año? No. Había sacrificios y ofrendas diarias por el pecado que pudiera cometer una persona. El día de Expiación era un sacrificio general, una confesión nacional de pecado. Israel era el pueblo elegido de Dios con quien Dios había establecido su primer pacto. Por tanto, Israel o un grupo de personas debía seguir y adorar a Dios, y debía realizarse la expiación o el sacrificio por todo pecado concerniente a la nación:

> "Y hará la expiación por el santuario santo, y el tabernáculo de reunión; también hará expiación por el altar, por los sacerdotes y por todo el pueblo de la congregación" (Lv. 16:33).

Debe tenerse en cuenta lo siguiente: "El sacrificio por los pecados tenía que repetirse año tras año". No había sacrificio permanente, ni había Salvador eterno del pecado.

5. Quinto, estaban las deficiencias y lecciones del tabernáculo y adoración terrenales (v. 8). Note que el Espíritu Santo es quien señala estas deficiencias o lecciones. Él es quien señala los siguientes defectos del tabernáculo y de la adoración terrenal.

    a. Primero, el santuario y adoración terrenales no abrían el camino ante la presencia de Dios. Recuerden: La presencia misma de Dios moraba en el Lugar santísimo. Y nadie, ni siquiera un sacerdote, podía entrar al Lugar santísimo. Solo el sumo sacerdote entraba a la presencia de Dios

y eso era solo una vez al año. Y cuando entraba, este entraba temeroso y tembloroso no fuera que desagradara a Dios y muriera. Nadie tenía acceso a Dios, ni día tras día, ni con una fraternidad y comunión inquebrantable con el Espíritu de Dios.

Pensamiento 1. Ninguna adoración ni santuario terrenal puede hacer que una persona sea acepta ante Dios. Todo lo que existe sobre la tierra, incluso toda la adoración y todos los centros de adoración, son físicos y materiales, carentes e imperfectos. Nada de lo que existe sobre la tierra es perfecto; por lo tanto, nada puede proporcionarle perfección al hombre, ni siquiera los santuarios y la adoración. Nada que sea terrenal puede hacer que Dios acepte al hombre. Nada sobre la tierra puede proporcionarle al hombre acceso, fraternidad y comunión con Dios.

> "Porque os digo que si vuestra justicia no fuere mayor que la de los escribas y fariseos, no entraréis en el reino de los cielos" (Mt. 5:20).
> "Pero esto digo, hermanos: que la carne y la sangre no pueden heredar el reino de Dios, ni la corrupción hereda la incorrupción" (1 Co. 15:50).
> "No entrará en ella ninguna cosa inmunda, o que hace abominación y mentira, sino solamente los que están inscritos en el libro de la vida del Cordero" (Ap. 21:27).

    b. El acercamiento a Dios mediante las ofrendas y sacrificios no podían perfeccionar a quienes practicaban ese culto. Y note: "La persona honesta que practicaba ese culto lo sabía; su conciencia se lo decía". Toda persona honesta e inteligente sabe que no se puede convertir en una persona perfecta y limpiar su conciencia…

      • dando ofrendas a Dios, incluso si las ofrendas se hacen a modo de sacrificio.
      • ofreciendo a Dios sacrificios de animales en sustitución de sus pecados.

Tales actos son actos terrenales y lidian con cosas físicas y materiales. Nos ayudan a ver y entender a Dios hasta cierto punto. Son sombras y copias vagas de la adoración perfecta, pero no eliminan la culpa ni los pecados y tampoco pueden perfeccionar a un hombre.

> "envidias, homicidios, borracheras, orgías, y cosas semejantes a estas; acerca de las cuales os amonesto, como ya os lo he dicho antes, que los que practican tales cosas no heredarán el reino de Dios" (Gá. 5:21).
> "Porque sabéis esto, que ningún fornicario, o inmundo, o avaro, que es idólatra, tiene herencia en el reino de Cristo y de Dios" (Ef. 5:5).
> "No entrará en ella ninguna cosa inmunda, o que hace abominación y mentira, sino solamente los que están inscritos en el libro de la vida del Cordero" (Ap. 21:27).

    c. El gran día de la reforma, el día en que el culto imperfecto se transformaría en culto perfecto y eterno, no se podía propiciar por medio de la adoración terrenal. Esto se ve claramente: "Todos los rituales y ceremonias de la adoración y santuarios terrenales solo son actos físicos y externos". Esto es cierto para todos los rituales y ceremonias, ya sea que impliquen el uso de…

- alimento
- bebida
- agua y adoración
- reglamentos y reglas externas

No importa cuál sea el ritual de adoración, es externo y físico, un acto del hombre utilizando alguna sustancia física que lo ayude a adorar a Dios. Y nada que sea terrenal y externo, físico e imperfecto, nos puede hacer aceptos ante Dios. Nada en esta tierra nos puede proporcionar acceso, fraternidad y comunión con Dios.

La adoración y los santuarios terrenales son útiles solo como sombras, imágenes y copias vagas de la adoración real, pero todos son y serán muy deficientes. Dejan el alma vacía y desprotegida.

"Respondiendo él, les dijo: Hipócritas, bien profetizó de vosotros Isaías, como está escrito: Este pueblo de labios me honra, Mas su corazón está lejos de mí" (Mr. 7:6).

"y vosotros estáis completos en él, que es la cabeza de todo principado y potestad" (Col. 2:10).

"que tendrán apariencia de piedad, pero negarán la eficacia de ella; a éstos evita" (2 Ti. 3:5).

"Profesan conocer a Dios, pero con los hechos lo niegan, siendo abominables y rebeldes, reprobados en cuanto a toda buena obra" (Tit. 1:16).

"(pues nada perfeccionó la ley), y de la introducción de una mejor esperanza, por la cual nos acercamos a Dios" (He. 7:19).

"Porque la ley, teniendo la sombra de los bienes venideros, no la imagen misma de las cosas, nunca puede, por los mismos sacrificios que se ofrecen continuamente cada año, hacer perfectos a los que se acercan" (He. 10:1).

"Dice, pues, el Señor: Porque este pueblo se acerca a mí con su boca, y con sus labios me honra, pero su corazón está lejos de mí, y su temor de mí no es más que un mandamiento de hombres que les ha sido enseñado" (Is. 29:13).

2 (9:11-14) *Adoración — Santuario — Tabernáculo, celestial — Jesucristo, Sumo sacerdote:* El santuario o tabernáculo celestial. El santuario celestial está diseñado para la adoración a Dios al igual que el santuario terrenal, pero es diferente de la adoración y santuario terrenal de los hombres. ¿En qué difieren? Existen como mínimo cuatro diferencias.

1.   La adoración y santuario celestiales cuentan con un *sacerdote perfecto*. El Sumo sacerdote del cielo no es un hombre; Él sencillamente no proviene de los hombres. Hombres que son imperfectos, débiles, pecadores, y siempre tan carentes como el resto de los hombres. El Sumo sacerdote del cielo es el Hijo de Dios mismo, y como Hijo de Dios, Él es perfecto y eterno. Por lo tanto, Él puede proporcionarnos mejores cosas. Él puede interceder por nosotros para siempre,

Él puede salvarnos al máximo cuando venimos ante Dios mediante Él. (Vea las notas, He. 7:25; 8:4-5 para un mayor análisis.)

2.   La adoración y santuario celestiales son *espirituales y perfectos.* No están hechos por manos humanas; no son parte de este mundo terrenal, material y físico. No son parte de este mundo corruptible, envejecido, moribundo y en destrucción. No son parte de este mundo que es solo una sombra, una imagen, y una copia vaga del mundo real. El santuario espiritual y perfecto es el mundo espiritual y perfecto, el propio cielo, donde se glorifica y se manifiesta la presencia misma de Dios para que todos la vean y la adoren.

"Porque no entró Cristo en el santuario hecho de mano, figura del verdadero, sino en el cielo mismo para presentarse ahora por nosotros ante Dios" (He. 9:24).

"Ninguno puede servir a dos señores; porque o aborrecerá al uno y amará al otro, o estimará al uno y menospreciará al otro. No podéis servir a Dios y a las riquezas" (Mt. 6:24).

"En la casa de mi Padre muchas moradas hay; si así no fuera, yo os lo hubiera dicho; voy, pues, a preparar lugar para vosotros. Y si me fuere y os preparare lugar, vendré otra vez, y os tomaré a mí mismo, para que donde yo estoy, vosotros también estéis" (Jn. 14:2-3).

"Porque sabemos que si nuestra morada terrestre, este tabernáculo, se deshiciere, tenemos de Dios un edificio, una casa no hecha de manos, eterna, en los cielos" (2 Co. 5:1).

"porque esperaba la ciudad que tiene fundamentos, cuyo arquitecto y constructor es Dios" (He. 11:10).

"Después de esto miré, y he aquí una gran multitud, la cual nadie podía contar, de todas naciones y tribus y pueblos y lenguas, que estaban delante del trono y en la presencia del Cordero, vestidos de ropas blancas, y con palmas en las manos" (Ap. 7:9).

3.   La adoración y santuario celestiales cuentan con un *sacrificio perfecto* (v. 12). El hombre es imperfecto y pecaminoso; es culpable de desobedecer, rechazar, y rebelarse contra Dios. Por consiguiente, debe pagar la pena y castigo de sus pecados o de lo contrario un sustituto tiene que sufrir el castigo por él. Esta era la idea de los sacrificios de animales. La vida del animal se sacrificaba por los pecados del hombre. Note que se dicen tres cosas importantes en este versículo:

a.   Jesucristo, el Sumo sacerdote perfecto, no sacrificó la sangre de animales por los pecados del hombre; Él sacrificó su propia sangre. Él ofreció su vida a Dios como sacrificio, como el sacrificio por la vida de las personas. Jesucristo soportó la culpa y castigo por los pecados del hombre. ¿Por qué haría eso? Porque Él es el Hijo de Dios y Él ama al hombre. Él es el Hijo de Dios que vino a la tierra como el Dios-hombre; Él es el Hombre ideal y perfecto. Como el Hombre ideal, cualquier cosa que hiciese representa y cubre a todos los hombres. Por lo tanto, su sangre cubre los pecados de todos los hombres que creen y confían en Él. Su sacrificio es el sacrificio perfecto e ideal, el sacrificio que representa y cubre a todos los hombres.

b. Jesucristo, el Sumo sacerdote perfecto, entró en el Lugar santísimo del propio cielo. Pero note: "Él tuvo que entrar una sola vez". El sumo sacerdote terrenal tenía que realizar sacrificios continuos, pero Jesucristo tuvo que realizar un solo sacrificio. ¿Por qué? Porque su sacrificio fue el sacrificio ideal y perfecto. Al ser ideal y perfecto, podía representar para siempre a cada hombre de cada generación.

c. Jesucristo, el Sumo sacerdote perfecto, obtuvo redención eterna por nosotros. El pecado, la muerte, y la condenación han capturado y secuestrado al hombre. Ningún hombre puede escaparse de ninguna de las dos, no importa lo que haga. Pero Jesucristo hizo posible que el hombre fuese liberado de todos sus enemigos. ¿Cómo? Él pagó el rescate. Él mismo sustituyó al hombre. Él ofreció su vida, sacrificó su vida por el hombre. Él lo pudo hacer porque Él es el Hombre perfecto e ideal. Como Él decidió sacrificar su vida por el hombre, Él se ha convertido en el sacrificio perfecto e ideal. Eso es exactamente lo que él hizo. Él ha pagado el rescate y liberado al hombre del pecado, la muerte y la condenación.

"porque esto es mi sangre del nuevo pacto, que por muchos es derramada para remisión de los pecados" (Mt. 26:28).

"Por tanto, mirad por vosotros, y por todo el rebaño en que el Espíritu Santo os ha puesto por obispos, para apacentar la iglesia del Señor, la cual él ganó por su propia sangre" (Hch. 20:28).

"siendo justificados gratuitamente por su gracia, mediante la redención que es en Cristo Jesús" (Ro. 3:24).

"Pues mucho más, estando ya justificados en su sangre, por él seremos salvos de la ira" (Ro. 5:9).

"Mas por él estáis vosotros en Cristo Jesús, el cual nos ha sido hecho por Dios sabiduría, justificación, santificación y redención" (1 Co. 1:30).

"Cristo nos redimió de la maldición de la ley, hecho por nosotros maldición (porque está escrito: Maldito todo el que es colgado en un madero)" (Gá. 3:13).

"en quien tenemos redención por su sangre, el perdón de pecados" (Col. 1:14).

"quien se dio a sí mismo por nosotros para redimirnos de toda iniquidad y purificar para sí un pueblo propio, celoso de buenas obras" (Tit. 2:14).

"y no por sangre de machos cabríos ni de becerros, sino por su propia sangre, entró una vez para siempre en el Lugar santísimo, habiendo obtenido eterna redención" (He. 9:12).

"¿cuánto más la sangre de Cristo, el cual mediante el Espíritu eterno se ofreció a sí mismo sin mancha a Dios, limpiará vuestras conciencias de obras muertas para que sirváis al Dios vivo?" (He. 9:14).

"sabiendo que fuisteis rescatados de vuestra vana manera de vivir, la cual recibisteis de vuestros padres, no con cosas corruptibles, como oro o plata, sino con la sangre preciosa de Cristo, como de un cordero sin mancha y sin contaminación" (1 P. 1:18-19).

"pero si andamos en luz, como él está en luz, tenemos comunión unos con otros, y la sangre de Jesucristo su Hijo nos limpia de todo pecado" (1 Jn. 1:7).

"y de Jesucristo el testigo fiel, el primogénito de los muertos, y el soberano de los reyes de la tierra. Al que nos amó, y nos lavó de nuestros pecados con su sangre" (Ap. 1:5).

"y cantaban un nuevo cántico, diciendo: Digno eres de tomar el libro y de abrir sus sellos; porque tú fuiste inmolado, y con tu sangre nos has redimido para Dios, de todo linaje y lengua y pueblo y nación" (Ap. 5:9).

4. La adoración y santuario celestiales salvan a una persona perfectamente (v. 13-14). Note tres elementos:

a. La adoración y santuario terrenales solo purifican y limpian la carne. Se necesita honestidad para admitir esto. Pero como se ha demostrado anteriormente, las ceremonias y rituales de la adoración terrenal y física son externos. No pueden limpiar al hombre internamente y tampoco pueden hacerlo perfecto ni eterno.

b. La adoración y santuario celestiales purifican y limpian a una persona incluso hasta su conciencia, no importa cuán inexistente y endurecida pueda estar la conciencia. Cuando una persona viene a Dios mediante Cristo, Dios le proporciona una seguridad perfecta de que Dios la acepta, que tiene vida eterna. ¿Cómo es posible esto? Cuando Jesucristo estuvo en la tierra, Él llevó una vida impecable, obedeciendo a Dios perfectamente con cada acto y pensamiento. Por lo tanto se convirtió en la Justicia ideal (y perfecta), el Hombre ideal que agradó a Dios perfectamente. Esto resulta realmente cierto en el sacrificio de Cristo. Dios ama al hombre y quiere salvar al hombre. Por lo tanto, Dios instó y quiso que su Hijo demostrara su amor perfecto por el hombre, demostrara su amor mediante el sacrificio de su vida por los pecados del hombre. Jamás se podría haber expresado amor más grande, y fue el amor de Dios por nosotros lo que lo llevó a sacrificar a su propio Hijo por nosotros. Cuando Cristo se sacrificó a sí mismo por nuestros pecados, se logró el máximo de obediencia. Jesucristo obedeció a Dios de forma suprema, Él murió por nuestros pecados. Por ende, Dios perdonará los pecados de cualquier hombre, y nada evitará que los perdone. De una manera muy sencilla, Dios perdonará y limpiará los pecados de cualquier hombre por su Hijo. El perdón y la limpieza se garantizaron de una vez y por todas para todo aquel que cree, todo por el amor supremo de Dios por su Hijo.

"porque esto es mi sangre del nuevo pacto, que

por muchos es derramada para remisión de los pecados" (Mt. 26:28).

"Pues mucho más, estando ya justificados en su sangre, por él seremos salvos de la ira" (Ro. 5:9).

"para que el Dios de nuestro Señor Jesucristo, el Padre de gloria, os dé espíritu de sabiduría y de revelación en el conocimiento de él" (Ef. 1:7).

"Maridos, amad a vuestras mujeres, así como Cristo amó a la iglesia, y se entregó a sí mismo por ella, para santificarla, habiéndola purificado en el lavamiento del agua por la palabra" (Ef. 5:25-26).

"Pero cuando se manifestó la bondad de Dios nuestro Salvador, y su amor para con los hombres, nos salvó, no por obras de justicia que nosotros hubiéramos hecho, sino por su misericordia, por el lavamiento de la regeneración y por la renovación en el Espíritu Santo" (Tit. 3:4-5).

"¿cuánto más la sangre de Cristo, el cual mediante el Espíritu eterno se ofreció a sí mismo sin mancha a Dios, limpiará vuestras conciencias de obras muertas para que sirváis al Dios vivo?" (He. 9:14).

"porque con una sola ofrenda hizo perfectos para siempre a los santificados" (He. 10:14).

"y teniendo un gran sacerdote sobre la casa de Dios, acerquémonos con corazón sincero, en plena certidumbre de fe, purificados los corazones de mala conciencia, y lavados los cuerpos con agua pura" (He. 10:21-22).

"sabiendo que fuisteis rescatados de vuestra vana manera de vivir, la cual recibisteis de vuestros padres, no con cosas corruptibles, como oro o plata, sino con la sangre preciosa de Cristo, como de un cordero sin mancha y sin contaminación" (1 P. 1:18-19).

"y de Jesucristo el testigo fiel, el primogénito de los muertos, y el soberano de los reyes de la tierra. Al que nos amó, y nos lavó de nuestros pecados con su sangre" (Ap. 1:5).

c. La adoración y santuario celestiales alejan a una persona de las obras muertas de esta tierra para servir al Dios vivo (v. 14). La religión terrenal en todo su ritual y ceremonia es *muerta* para Dios. No importa cuan religiosa y buena trate de ser una persona, no importa cuántas buenas obras haga, no es tal conducta terrenal la que la hace acepta ante Dios. Solo Jesucristo hace a un hombre acepto ante Dios. Él y solo Él le proporciona al hombre acceso a Dios y pone al hombre en fraternidad y comunidad con Dios. Jesucristo tiene que vivir en el corazón y vida de una persona, vivir realmente en el cuerpo de una persona mediante el Espíritu Santo de Dios, para que una persona reciba el privilegio glorioso de andar en fraternidad y comunión con Dios.

"el Espíritu de verdad, al cual el mundo no puede recibir, porque no le ve, ni le conoce; pero vosotros le conocéis, porque mora con vosotros, y estará en vosotros" (Jn. 14:17).

"Justificados, pues, por la fe, tenemos paz para con Dios por medio de nuestro Señor Jesucristo; por quien también tenemos entrada por la fe a esta gracia en la cual estamos firmes, y nos gloriamos en la esperanza de la gloria de Dios" (Ro. 5:1-2).

"Mas vosotros no vivís según la carne, sino según el Espíritu, si es que el Espíritu de Dios mora en vosotros. Y si alguno no tiene el Espíritu de Cristo, no es de él" (Ro. 8:9).

"Así que, hermanos, os ruego por las misericordias de Dios, que presentéis vuestros cuerpos en sacrificio vivo, santo, agradable a Dios, que es vuestro culto racional. No os conforméis a este siglo, sino transformaos por medio de la renovación de vuestro entendimiento, para que comprobéis cuál sea la buena voluntad de Dios, agradable y perfecta" (Ro. 12:1-2).

"¿O ignoráis que vuestro cuerpo es templo del Espíritu Santo, el cual está en vosotros, el cual tenéis de Dios, y que no sois vuestros? Porque habéis sido comprados por precio; glorificad, pues, a Dios en vuestro cuerpo y en vuestro espíritu, los cuales son de Dios" (1 Co. 6:19-20).

"porque Dios es el que en vosotros produce así el querer como el hacer, por su buena voluntad" (Fil. 2:13).

"Así que, recibiendo nosotros un reino inconmovible, tengamos gratitud, y mediante ella sirvamos a Dios agradándole con temor y reverencia" (He. 12:28).

"Pero la unción que vosotros recibisteis de él permanece en vosotros, y no tenéis necesidad de que nadie os enseñe; así como la unción misma os enseña todas las cosas, y es verdadera, y no es mentira, según ella os ha enseñado, permaneced en él" (1 Jn. 2:27).

ESTUDIO A FONDO 1

(9:11-14) *Tabernáculo:* El tabernáculo era de Dios, no del hombre. (Vea la ilustración del Tabernáculo al final de esta nota, p. 108.) Dios es quien mandó a Moisés a construir el tabernáculo:

"Jehová habló a Moisés, diciendo: Di a los hijos de Israel que tomen para mí ofrenda; de todo varón que la diere de su voluntad, de corazón, tomaréis mi ofrenda. Esta es la ofrenda que tomaréis de ellos: oro, plata, cobre, azul, púrpura, carmesí, lino fino, pelo de cabras, pieles de carneros teñidas de rojo, pieles de tejones, madera de acacia, aceite para el alumbrado, especias para el aceite de la unción y para el incienso aromático, piedras de ónice, y piedras de engaste para el efod y para el pectoral. Y harán un santuario para mí, y habitaré en medio de ellos" (Éx. 25:1-8).

El autor de la Epístola a los Hebreos confirma que Dios fue el Arquitecto del tabernáculo:

"ministro del santuario, y de aquel verdadero tabernáculo que levantó el Señor, y no el hombre" (He. 8:2).

"los cuales sirven a lo que es figura y sombra de las cosas celestiales, como se le advirtió a Moisés cuando iba a erigir el tabernáculo, diciéndole: Mira, haz todas las cosas conforme al modelo que se te ha mostrado en el monte" (He. 8:5).

Debieran tenerse en cuenta varios datos acerca del tabernáculo. (Vea la ilustración del tabernáculo al final de esta nota para una vista general; una ilustración del tabernáculo y su mobiliario, p. 108.)

I. El complejo del tabernáculo.

A. Las paredes del tabernáculo.
1. Datos:
   ⇒ Medían 45,7 metros de largo, 22,8 metros de ancho, y 2,2 metros de alto.
   ⇒ Estaban hechas de finos hilos entretejidos con agujas. Eran de color blanco.
   ⇒ Estaban sujetadas por 60 pilares, 20 por cada costado, y 10 en cada extremo. Los pilares estaban colocados en encajes de bronce y tenían la parte superior de plata.
2. Lo que significaban las paredes:
   ⇒ La pared de hilo blanco simbolizaba la justicia y santidad de Dios. Él es tan justo y santo, tan blanco y puro que Él se encuentra apartado del mundo.
   ⇒ Cuando una persona analiza a Dios, debe entender que Él mora en justicia y santidad. (Cuando alguien miraba las paredes blancas debía recordar que Dios era santo.)
   ⇒ Cuando una persona se acerca a Dios, debe acercarse a Él en reverencia y respeto, adoración y culto. Debe alabar y agradecer a Dios porque Dios le permite estar en su presencia.
3. Como Cristo logró el simbolismo de las paredes:

   "Al que no conoció pecado, por nosotros lo hizo pecado, para que nosotros fuésemos hechos justicia de Dios en él" (2 Co. 5:21).

   "y vestíos del nuevo hombre, creado según Dios en la justicia y santidad de la verdad" (Ef. 4:24).

   "y revestido del nuevo, el cual conforme a la imagen del que lo creó se va renovando hasta el conocimiento pleno" (Col. 3:10).

B. La única puerta o entrada al tabernáculo.
1. Datos:
   ⇒ Se encontraba en el lado este.
   ⇒ Medía 9,1 metros de ancho y 2. 2 metros de alto.
   ⇒ Estaba hecha de hilo fino entretejido con agujas. La tela era de color azul, púrpura y escarlata.
2. Lo que significaba la puerta o entrada:
   ⇒ Solo hay una vía para entrar a la presencia de Dios. No hay muchas vías como piensan y practican la mayoría de los hombres.
   ⇒ Hay que acercarse a Dios: Nadie vivirá con Dios a menos que se acerque a Dios.
3. Como Cristo logró el simbolismo de la puerta del tabernáculo:

   "Yo soy la puerta; el que por mí entrare,
   será salvo; y entrará, y saldrá, y hallará pastos"
   (Jn. 10:9).

   "Jesús le dijo: Yo soy el camino, y la verdad, y la vida; nadie viene al Padre, sino por mí" (Jn. 14:6).

C. El altar de bronce del patio.
1. Datos:
   ⇒ Medía 2,2 metros cuadrados y 1,3 metros de alto.
   ⇒ Estaba hecho de madera de acacia cubierto de bronce.
   ⇒ Era una estructura rectangular hueca con una rejilla de bronce encima. Había cuatro cuernos, uno en cada esquina, para atar a los animales de sacrificio.
2. Lo que significaba el altar:
   ⇒ El sacrificio sustituidor es necesario para el perdón de los pecados.
   ⇒ No hay perdón sin el derramamiento de sangre de un sacrificio.
   ⇒ No hay otra manera de acercarse a Dios, de ser salvo, que por medio de la muerte de un sustituto.
3. Como Cristo logró el simbolismo del altar de bronce:

   "Porque el Hijo del Hombre no vino para ser servido, sino para servir, y para dar su vida en rescate por muchos" (Mr. 10:45).

   "Angustiado él, y afligido, no abrió su boca; como cordero fue llevado al matadero; y como oveja delante de sus trasquiladores, enmudeció, y no abrió su boca" (Is. 53:7).

   "El siguiente día vio Juan a Jesús que venía a él, y dijo: He aquí el Cordero de Dios, que quita el pecado del mundo" (Jn. 1:29).

   "Limpiaos, pues, de la vieja levadura, para que seáis nueva masa, sin levadura como sois; porque nuestra pascua, que es Cristo, ya fue sacrificada por nosotros" (1 Co. 5:7).

   "sino con la sangre preciosa de Cristo, como de un cordero sin mancha y sin contaminación" (1 P. 1:19).

   "En esto hemos conocido el amor, en que él puso su vida por nosotros; también nosotros debemos poner nuestras vidas por los hermanos" (1 Jn. 3:16).

D. El lavatorio del patio.
1. Datos:
   ⇒ No se da la dimensión.
   ⇒ Estaba hecho de bronce.
   ⇒ Contenía agua que usaban los sacerdotes para lavarse y limpiarse antes de servir a Dios y llevar a cabo su ministerio para el Señor.
2. Lo que significaba el lavatorio:
   ⇒ Una persona *no puede entrar a la presencia de Dios* si no está limpio y puro.
   ⇒ Una persona *no puede servir a Dios* hasta que esté limpio y puro.

⇒ Una persona debe limpiarse y purificarse constantemente para *constantemente servir a Dios.*

3. Como Cristo logró el simbolismo del lavatorio:

"Pedro le dijo: No me lavarás los pies jamás. Jesús le respondió: Si no te lavare, no tendrás parte conmigo" (Jn. 13:8).

"Maridos, amad a vuestras mujeres, así como Cristo amó a la iglesia, y se entregó a sí mismo por ella, para santificarla, habiéndola purificado en el lavamiento del agua por la palabra" (Ef. 5:25-26).

"¿cuánto más la sangre de Cristo, el cual mediante el Espíritu eterno se ofreció a sí mismo sin mancha a Dios, limpiará vuestras conciencias de obras muertas para que sirváis al Dios vivo?" (He. 9:14).

"pero si andamos en luz, como él está en luz, tenemos comunión unos con otros, y la sangre de Jesucristo su Hijo nos limpia de todo pecado" (1 Jn. 1:7).

"Amados, ahora somos hijos de Dios, y aún no se ha manifestado lo que hemos de ser; pero sabemos que cuando él se manifieste, seremos semejantes a él, porque le veremos tal como él es. Y todo aquel que tiene esta esperanza en él, se purifica a sí mismo, así como él es puro" (1 Jn. 3:2-3).

"y de Jesucristo el testigo fiel, el primogénito de los muertos, y el soberano de los reyes de la tierra. Al que nos amó, y nos lavó de nuestros pecados con su sangre" (Ap. 1:5).

II. El santuario del tabernáculo.

1. Datos:

⇒ Las paredes y el techo separaban algunas formas de adoración a Dios de otras.

⇒ Las paredes estaban hechas de finos hilos tejidos: Eran de color azul, púrpura y escarlata.

⇒ Las paredes estaban sujetadas por 48 vigas de madera de 4,5 metros de alto y 67 centímetros de ancho. Las vigas estaban recubiertas de oro puro. Descansaban en encajes de plata. Había una viga de madera en el centro que se encontraba con todas las vigas externas más pequeñas.

⇒ El santuario estaba dividido en dos habitaciones: La primera habitación o habitación exterior era el Lugar santo y la segunda habitación o habitación interna era el Lugar santísimo o el Lugar más santo. (Éstos se analizan con los números romanos II y III.)

2. Lo que significaban las paredes y el techo:

⇒ Hay diferentes formas de adoración, ciertos pasos a seguir para acercarse a Dios.

⇒ Hay algunos pasos iniciales a seguir para acercarse a Dios antes de acercarse a Él en la adoración más íntima.

⇒ Dios es justo y santo y está completamente separado del hombre, incluso del religioso que se mueve y ministra dentro de las paredes de la religión.

⇒ Los hombres deben acercarse a Dios en reverencia y respeto y siempre con mucho cuidado, incluso los religiosos que participan en su servicio.

3. Como Cristo logró el simbolismo de las paredes y el techo:

"por quien también tenemos entrada por la fe a esta gracia en la cual estamos firmes, y nos gloriamos en la esperanza de la gloria de Dios" (Ro. 5:2).

"porque por medio de él los unos y los otros tenemos entrada por un mismo Espíritu al Padre" (Ef. 2:18).

"en quien tenemos seguridad y acceso con confianza por medio de la fe en él" (Ef. 3:12).

"acerquémonos con corazón sincero, en plena certidumbre de fe, purificados los corazones de mala conciencia, y lavados los cuerpos con agua pura" (He. 10:22).

"Así que, recibiendo nosotros un reino inconmovible, tengamos gratitud, y mediante ella sirvamos a Dios agradándole con temor y reverencia" (He. 12:28).

III. El Lugar santo
(La primera habitación o santuario externo).

A. El velo o puerta de cortina externa.

1. Datos:

⇒ Estaba hecha de hilo fino entretejido. De color azul, púrpura, y escarlata.

⇒ Estaba sujetada sobre cuatro pilares hechos de madera de acacia. Los pilares estaban recubiertos de oro y colocados en encajes de bronce.

⇒ Era la única entrada al Lugar santo.

2. Lo que significaba la puerta o velo externo:

⇒ Una persona no puede entrar de modo apresurado ante la presencia de un Dios santo; no puede mostrar irrespetuosidad a un Dios santo.

⇒ Solo hay una vía para llegar a las cosas más profundas de Dios.

⇒ Hay un conocimiento más profundo de Dios, mucho más por conocer y experimentar acerca de la presencia de Dios que solo hacer sacrificios y recibir el perdón de los pecados. (Recuerden: "Las ofrendas por el pecado se hacían en el altar de bronce en el patio. Pero había más, en conocer y adorar a Dios había más que el perdón de los pecados". Había adoración en el Lugar santo e incluso en el santuario interno de la presencia de Dios, en el Lugar más santo o el Lugar santísimo.)

3. Como Cristo logró el simbolismo del velo: el camino a un conocimiento más profundo de Dios, a cosas

de Dios más profundas, es mediante el Señor Jesucristo y solo mediante Él.

"Y esta es la vida eterna: que te conozcan a ti, el único Dios verdadero, y a Jesucristo, a quien has enviado" (Jn. 17:3).

"Mas por él estáis vosotros en Cristo Jesús, el cual nos ha sido hecho por Dios sabiduría, justificación, santificación y redención" (1 Co. 1:30).

"sino que siguiendo la verdad en amor, crezcamos en todo en aquel que es la cabeza, esto es, Cristo" (Ef. 4:15).

"a fin de conocerle, y el poder de su resurrección, y la participación de sus padecimientos, llegando a ser semejante a él en su muerte" (Fil. 3:10).

"Por tanto, dejando ya los rudimentos de la doctrina de Cristo, vamos adelante a la perfección; no echando otra vez el fundamento del arrepentimiento de obras muertas, de la fe en Dios" (He. 6:1).

"desead, como niños recién nacidos, la leche espiritual no adulterada, para que por ella crezcáis para salvación, si es que habéis gustado la benignidad del Señor" (1 P. 2:2-3).

"por medio de las cuales nos ha dado preciosas y grandísimas promesas, para que por ellas llegaseis a ser participantes de la naturaleza divina, habiendo huido de la corrupción que hay en el mundo a causa de la concupiscencia; vosotros también, poniendo toda diligencia por esto mismo, añadid a vuestra fe virtud; a la virtud, conocimiento; al conocimiento, dominio propio; al dominio propio, paciencia; a la paciencia, piedad; a la piedad, afecto fraternal; y al afecto fraternal, amor" (2 P. 1:4-7).

"Antes bien, creced en la gracia y el conocimiento de nuestro Señor y Salvador Jesucristo. A él sea gloria ahora y hasta el día de la eternidad. Amén." (2 P. 3:18).

B. El candelabro de oro.
  1. Datos:
    ⇒ Estaba hecho de *oro puro* y pesaba más de 100 libras.
    ⇒ Era un asta central con tres ramificaciones a cada lado para colocar siete lámparas o mecheros. Las ramificaciones formaban una hermosa rama de almendro florecida.
    ⇒ Quemaba aceite de oliva puro.
    ⇒ Era una luz perpetua, que siempre ardía. Nunca se permitía que se apagara.
    ⇒ Proporcionaba la única luz de la habitación. No había ventanas en el Lugar santo.
  2. Lo que significaba el candelabro:
    ⇒ Una persona necesita luz e iluminación para conocer a Dios y servir a Dios.
    ⇒ Una persona nunca podría conocer a Dios o servir a Dios sin luz o iluminación.
    ⇒ Sin luz o iluminación una persona se encontraría en total oscuridad, totalmente incapacitada de conocer y servir a Dios.
  3. Como Cristo logró el simbolismo del candelabro: Cristo y solo Cristo proporciona la luz e iluminación para conocer y servir a Dios.

"Otra vez Jesús les habló, diciendo: Yo soy la luz del mundo; el que me sigue, no andará en tinieblas, sino que tendrá la luz de la vida" (Jn. 8:12).

"En él estaba la vida, y la vida era la luz de los hombres" (Jn. 1:4).

"Porque Dios, que mandó que de las tinieblas resplandeciese la luz, es el que resplandeció en nuestros corazones, para iluminación del conocimiento de la gloria de Dios en la faz de Jesucristo" (2 Co. 4:6).

"Por lo cual dice: Despiértate, tú que duermes, Y levántate de los muertos, Y te alumbrará Cristo" (Ef. 5:14).

C. La mesa del pan de la proposición.
  1. Datos:
    ⇒ Era una mesa pequeña, de solo 91 centímetros de largo, 45 centímetros de ancho, y 67 centímetros de alto.
    ⇒ Estaba hecha de madera de acacia y cubierta de oro. Tenía una argolla en cada esquina de modo que se pudiera insertar una vara por ambos lados y transportar la mesa de un lugar a otro.
    ⇒ Su propósito era exhibir doce panes cuidadosamente organizados en dos hileras de seis panes cada una. Los panes estaban rociados con abundante incienso. Se colocaban panes frescos en la mesa todos los sábados y se retiraba el incienso de los panes viejos y se quemaba como una ofrenda especial a Dios.
    ⇒ A los sacerdotes se les permitía comer de los panes viejos si lo deseaban.
  2. Lo que significaba la mesa del pan de la proposición:
    ⇒ Dios y la adoración de Dios es el pan de vida.
    ⇒ Dios y la adoración de Dios es el alimento que el hombre necesita realmente.
    ⇒ El hombre debe tener el pan de la adoración y la presencia de Dios.
    ⇒ El incienso simbolizaba que Dios estaba complacido con la adoración que el hombre le ofrecía.
  3. Como Cristo logró el simbolismo de la mesa del pan de la proposición: Él es el pan de vida, el alimento del que se debe nutrir el hombre para conocer y adorar a Dios.

"Yo soy el pan de vida" (Jn. 6:48).

"Porque el pan de Dios es aquel que descendió del cielo y da vida al mundo" (Jn. 6:33).

"Jesús les dijo: Yo soy el pan de vida; el que a mí viene, nunca tendrá hambre; y el que en mí cree, no tendrá sed jamás" (Jn. 6:35).

"Este es el pan que desciende del cielo, para que el que de él come, no muera.51 Yo soy el pan vivo que descendió del cielo; si alguno comiere de este pan, vivirá para siempre; y el pan que yo daré es mi carne, la cual yo daré por la vida del mundo" (Jn. 6:50-51).

"Este es el pan que descendió del cielo; no como vuestros padres comieron el maná, y murieron; el que come de este pan, vivirá eternamente" (Jn. 6:58).

D. El altar del incienso.
   1. Datos:
      ⇒ Era un altar pequeño, 45 centímetros cuadrados y 91 centímetros de alto.
      ⇒ Estaba hecho de madera de acacia y estaba recubierto de oro. También tenía argollas para las varas de modo se pudiera transportar de un lugar a otro.
      ⇒ Se utilizaba para quemar incienso a Dios.
      ⇒ El incienso era una ofrenda perpetua que se enviaba a Dios. Nunca se permitía que se apagara.
      ⇒ Una vez al año se rociaba sobre él la sangre del sacrificio de Expiación.
   2. Lo que significaba el altar del incienso:
      ⇒ El incienso simbolizaba las oraciones de las personas ofrendadas a Dios.
      ⇒ La oración y la intercesión son esenciales para adorar a Dios.
      ⇒ La oración y la intercesión deben ofrendarse a Dios constantemente. Una persona debe orar siempre. Debe haber oración y comunión inquebrantables con Dios.
      ⇒ El sacerdote y ministro deben interceder constantemente por el pueblo de Dios.
   3. Como Cristo logró el simbolismo del altar del incienso:
      ⇒ Cristo oró siempre, viviendo y andando en una comunión inquebrantable con Dios Padre.
      ⇒ Cristo intercedió por el pueblo de Dios.

"Yo ruego por ellos; no ruego por el mundo, sino por los que me diste; porque tuyos son" (Jn. 17:9).

"¿Quién es el que condenará? Cristo es el que murió; más aun, el que también resucitó, el que además está a la diestra de Dios, el que también intercede por nosotros" (Ro. 8:34).

"por lo cual puede también salvar perpetuamente a los que por él se acercan a Dios, viviendo siempre para interceder por ellos" (He. 7:25).

IV. El Lugar santísimo o el Lugar más santo (La habitación interior o santuario interior)

A. El velo o puerta de cortina interna.
   1. Datos:
      ⇒ Estaba hecho de finos hilos entretejidos. De color azul, púrpura, y escarlata con figuras de querubines bordadas en la tela.
      ⇒ Estaba sujetado por cuatro pilares hechos de madera de acacia. Los pilares estaban cubiertos de oro y estaban colocados en encajes de bronce. La cortina estaba sujetada por ganchos de oro.
      ⇒ Separaba el Lugar más santo, el símbolo de la presencia de Dios, de todos los otros actos de adoración.
      ⇒ A nadie se le permitía entrar al Lugar santísimo excepto al sumo sacerdote, y él podía entrar solo una vez al año, el día de Expiación.
   2. Lo que significaba el velo interior:
      ⇒ La fraternidad y comunión con el propio Dios es el acto supremo de adoración.
      ⇒ Dios es santo y justo, muy, muy alejado del hombre y su mundo, totalmente apartado y separado de la corrupción e impureza del hombre.
      ⇒ Hay que acercarse a Dios siempre con mucho cuidado, con reverencia, respeto y temor.
      ⇒ Solo hay un camino para llegar a Dios, solo una puerta para llegar a su presencia.
   3. Como Cristo logró el simbolismo del velo interior o puerta interior:
      ⇒ Cristo y solo Cristo es el camino para llegar a Dios, para conocer a Dios y para experimentar la presencia, fraternidad y comunión de Dios.

"Por lo cual debía ser en todo semejante a sus hermanos, para venir a ser misericordioso y fiel sumo sacerdote en lo que a Dios se refiere, para expiar los pecados del pueblo" (He. 2:17).

"Por tanto, teniendo un gran sumo sacerdote que traspasó los cielos, Jesús el Hijo de Dios, retengamos nuestra profesión. Porque no tenemos un sumo sacerdote que no pueda compadecerse de nuestras debilidades, sino uno que fue tentado en todo según nuestra semejanza, pero sin pecado" (He. 4:14-15).

"La cual tenemos como segura y firme ancla del alma, y que penetra hasta dentro del velo, donde Jesús entró por nosotros como precursor, hecho sumo sacerdote para siempre según el orden de Melquisedec" (He. 6:19-20).

"Porque no entró Cristo en el santuario hecho de mano, figura del verdadero, sino en el cielo mismo para presentarse ahora por nosotros ante Dios" (He. 9:24).

"Así que, hermanos, teniendo libertad para entrar en el Lugar santísimo por la sangre de Jesucristo, por el camino nuevo y vivo que él nos abrió a través del velo, esto es, de su carne" (He. 10:19-20).

B. El arca del pacto.
   1. Datos:
      ⇒ Estaba hecha de madera de acacia.
      ⇒ Estaba hecha como un arcón o baúl, 1

metro y 11 centímetros de largo, 67 centímetros de ancho, y 67 centímetros de alto.

⇒ Estaba completamente cubierta de oro, por dentro y por fuera.

⇒ Tenía dos argollas de oro en dos lados de modo que pudiera pasarse por dentro de ellas una vara para transportar el arca de un lugar a otro.

⇒ A la tapa o cubierta del arca se le llamaba el *propiciatorio*. Era una placa de oro puro. De ambos extremos del arca se levantaban dos criaturas angelicales llamadas querubines que con sus alas extendidas cubrían el propiciatorio. La presencia misma de Dios debía descansar en el propiciatorio entre los dos querubines.

"Y de allí me declararé a ti, y hablaré contigo de sobre el propiciatorio, de entre los dos querubines que están sobre el arca del testimonio, todo lo que yo te mandare para los hijos de Israel" (Éx. 25:22).

⇒ El arca contenía tres artículos: Las tablas de la ley o los Diez Mandamientos (Éx. 25:16f; Dt. 9:9; 10:5), la urna de oro del maná (Éx. 16:32-34), y la vara de Aarón (Nm. 17:1-11).

"Y dijo Moisés: Esto es lo que Jehová ha mandado: Llenad un gomer de él, y guardadlo para vuestros descendientes, a fin de que vean el pan que yo os di a comer en el desierto, cuando yo os saqué de la tierra de Egipto. Y dijo Moisés a Aarón: Toma una vasija y pon en ella un gomer de maná, y ponlo delante de Jehová, para que sea guardado para vuestros descendientes. Y Aarón lo puso delante del Testimonio para guardarlo, como Jehová lo mandó a Moisés" (Éx. 16:32-34).

⇒ Era sobre el propiciatorio que se rociaba la sangre del sacrificio de Expiación lo que simbolizaba que solo podía haber acercamiento a Dios mediante el sacrificio de una vida por los pecados.

2. Lo que significaba el arca del pacto:

⇒ Solo puede haber acercamiento a Dios mediante el sacrificio sustituidor de una vida pura.

⇒ Una persona solo es acepta ante Dios mediante el sacrificio sustituidor de una vida pura.

⇒ Los pecados solo pueden perdonarse mediante la sangre sustituidora de un sacrificio puro.

3. Como Cristo logró el simbolismo del arca del pacto y el propiciatorio: Él se convirtió en el Cordero de Dios puro e impecable que sacrificó su vida por el hombre.

"Y él es la propiciación por nuestros pecados; y no solamente por los nuestros, sino también por los de todo el mundo" (1 Jn. 2:2).

"el cual se dio a sí mismo por nuestros pecados para librarnos del presente siglo malo, conforme a la voluntad de nuestro Dios y Padre" (Gá. 1:4).

"Y andad en amor, como también Cristo nos amó, y se entregó a sí mismo por nosotros, ofrenda y sacrificio a Dios en olor fragante" (Ef. 5:2).

"quien se dio a sí mismo por nosotros para redimirnos de toda iniquidad y purificar para sí un pueblo propio, celoso de buenas obras" (Tit. 2:14).

"quien llevó él mismo nuestros pecados en su cuerpo sobre el madero, para que nosotros, estando muertos a los pecados, vivamos a la justicia; y por cuya herida fuisteis sanados" (1 P. 2:24).

"Porque también Cristo padeció una sola vez por los pecados, el justo por los injustos, para llevarnos a Dios, siendo a la verdad muerto en la carne, pero vivificado en espíritu" (1 P. 3:18).

"y de Jesucristo el testigo fiel, el primogénito de los muertos, y el soberano de los reyes de la tierra. Al que nos amó, y nos lavó de nuestros pecados con su sangre" (Ap. 1:5).

EL TABERNÁCULO

Lugar santísimo

Lugar santo

Altar del incienso

Candelero de oro

Fuente de bronce

Altar del holocausto

A.J.

| 1 Jesucristo es el mediador de un nuevo pacto
a. Cómo: Por medio de la muerte, mediante la redención
b. Motivos
1) Perdonar los pecados pasados
2) Proporcionar una herencia eterna
2 Argumento 1: Un testamento no cobra efecto sin la muerte del testador | **D. Cristo es el ministro y mediador del nuevo pacto, 9:15-22**

15 Así que, por eso es mediador de un nuevo pacto, para que interviniendo muerte para la remisión de las transgresiones que había bajo el primer pacto, los llamados reciban la promesa de la herencia eterna.

16 Porque donde hay testamento, es necesario que intervenga muerte del testador.
17 Porque el testamento con la muerte se confirma; pues no es válido entre tanto que el testador vive. | 18 De donde ni aun el primer pacto fue instituido sin sangre.
19 Porque habiendo anunciado Moisés todos los mandamientos de la ley a todo el pueblo, tomó la sangre de los becerros y de los machos cabríos, con agua, lana escarlata e hisopo, y roció el mismo libro y también a todo el pueblo,
20 diciendo: Esta es la sangre del pacto que Dios os ha mandado.
21 Y además de esto, roció también con la sangre el tabernáculo y todos los vasos del ministerio.
22 Y casi todo es purificado, según la ley, con sangre; y sin derramamiento de sangre no se hace remisión. | 3 Argumento 2: La institución del primer pacto demuestra que todas las cosas son limpiadas por medio de sangre
a. Ilustración 1: La dedicación de Moisés para con el pacto

b. Ilustración 2: La dedicación de Moisés del tabernáculo
c. Objetivo: Sin derramamiento de sangre, no hay perdón |

DIVISIÓN III

EL MINISTRO SUPREMO: JESUCRISTO, EL HIJO DE DIOS, 8:1—10:18

D. Cristo es el ministro y mediador del nuevo pacto, 9:15-22

(9:15-22) *Introducción, Pacto, nuevo — Jesucristo, muerte — Mediador:* Jesucristo es el mediador del nuevo testamento o pacto. Recuerden: "Un testamento o pacto es un acuerdo entre dos partes". Este pacto particular es el gran pacto de Dios, el nuevo pacto y acuerdo que Él ha hecho con el hombre. Dios ha hecho un nuevo acuerdo con el hombre. Ya Él no se relaciona con el hombre como hacía siglos atrás, es decir, por medio de la ley, el hombre tratando de cumplir ciertas reglas y reglamentos volviéndose así acepto ante Dios. Bajo el viejo pacto de la ley el hombre sencillamente no podía nunca relacionarse con Dios, ni de un modo adecuado ni perfecto. El hombre nunca podía cumplir la ley; él siempre quebrantaba su relación con Dios. A consecuencia, fue condenado y alejado de Dios. Nunca tuvo fraternidad y comunión con Dios, no de manera constante, no tenía una fraternidad y comunión que supliera las necesidades más básicas del hombre. ¿Cuáles son esas necesidades? ¿Cuáles son las necesidades básicas del hombre?

⇒ Amor y amistad con Dios y otros.
⇒ Un corazón y conciencia tranquilos, sentirse completamente libre de culpa, para saber que nuestros pecados son perdonados verdaderamente.
⇒ Liberación del pecado, el mal, la corrupción, la muerte, y la condenación.

⇒ La garantía y seguridad absolutas de que Dios lo ha aceptado y que vivirá perfeccionado para siempre ante la presencia de Dios.

El nuevo pacto suple cada una de estas necesidades. Las suple mediante el Señor Jesucristo, por medio del mediador del nuevo pacto de Dios.

1. Jesucristo es el mediador de un nuevo pacto (v. 15).
2. Argumento 1: Un testamento no cobra efecto sin la muerte del testador (vv. 16-17).
3. Argumento 2: La institución del primer pacto demuestra que todas las cosas son limpiadas por medio de sangre (vv. 18-22).

1 (9:15) *Pacto, nuevo — Jesucristo, muerte — Mediador:* Jesucristo es el mediador de un nuevo pacto. Recuerden: "Un mediador es una persona que media entre dos partes y las une". Él es el negociador, el intermediario, el árbitro, el mediador. Este es Jesucristo, el gran mediador entre Dios y el hombre.

Pero, ¿qué le da a Jesucristo el derecho de ser el gran mediador entre Dios y el hombre? ¿Por qué Él es el Mediador y no algún gran líder de una religión terrenal? ¿Qué sucede con Jesucristo que lo hace tan único, que lo hace sobresalir por encima del resto cuando se trata de una relación con Dios?

⇒ SU MUERTE. LA MUERTE DE JESUCRISTO ES LO QUE LE DA EL DERECHO DE SER EL MEDIADOR ENTRE DIOS Y EL HOMBRE.

Cuando Jesucristo murió, Él murió por *todos los hombres*. Él sacrificó su vida por todos, sin importar quiénes fueran. Él aceptó los pecados de todos los hombres como suyos propios. Él cargó la culpa y la condenación de cada persona. ¿Cómo pudo Él hacer esto?

Él era el Hijo de Dios que había venido a la tierra con este propósito y no con otro. Se volvió carne y hueso y vivió como Hombre en la tierra. Pero había una diferencia marcada: Él nunca pecó. Él nunca transgredió la ley de Dios. Él poseía la justicia perfecta e ideal. Él se comportó ante los hombres como el *Hombre ideal* lo que quiere decir que su justicia ideal podía cubrir al hombre.

Pero se necesitaba algo más, algo fundamental. El hombre ya había cometido pecados y transgresiones; ya era culpable ante Dios. Por consiguiente, tenía que pagarse el castigo por haber violado la ley. El hombre tenía que morir o de lo contrario algún *sacrificio perfecto* tenía que sustituirlo y morir por él. Tal como se ha planteado, solo había una persona perfecta e ideal, el Señor Jesucristo. Él y solo Él podía dar el paso al frente y cargar la culpa y el castigo por el hombre. Esto es lo que lo hace sobresalir, esto es lo que diferencia a Jesucristo del resto en el universo, esto es lo que hace a Jesucristo sobresalir de entre el resto, por encima de todo esto lo califica como el gran mediador entre Dios y el hombre.

⇒ JESUCRISTO MURIÓ POR EL HOMBRE. ÉL SE SACRIFICÓ A SÍ MISMO POR EL HOMBRE.

Su muerte redime al hombre, libera al hombre del pecado, la muerte, y el castigo. ¿Qué quiere decir esto?

⇒ Cuando aceptamos el sacrificio de Jesucristo por *nuestros* pecados, ya entonces Jesucristo soportó nuestros pecados; nosotros no tenemos que soportarlos.

⇒ Cuando aceptamos el sacrificio de Jesucristo por nuestra muerte, entonces Jesucristo soportó nuestra muerte; nosotros no tenemos que morir.

⇒ Cuando aceptamos el sacrificio de Jesucristo por nuestro castigo, entonces Jesucristo soportó nuestro castigo; nosotros no tenemos que enfrentar el castigo.

Los resultados son gloriosos: "Se perdonan nuestros pecados y nosotros recibimos una herencia eterna". Dios nos acepta, y nosotros recibimos la promesa y garantía gloriosa de vivir con Él para la eternidad. Recibimos aquello que nosotros como hombres y mujeres anhelamos y por lo que penamos...

⇒ amor y amistad con Dios
⇒ un corazón y conciencia tranquilos
⇒ liberación del pecado, el mal, la corrupción, la muerte, y la condenación.
⇒ vida eterna
⇒ garantía y seguridad absolutas

Y note el versículo 15: Incluso los creyentes bajo el primer testamento o pacto de la ley recibieron estas cosas. La perfección, justicia y sacrificio ideales de Jesucristo cubren a todas las personas. Lo ideal puede representar y representa a todas las personas.

Note otra verdad gloriosa: Esto es cierto. Es cierto que Jesucristo es el mediador de un nuevo pacto. Dios acumula argumento tras argumento, prueba tras prueba para demostrar que Jesucristo es el gran Ministro y Sumo sacerdote del cie-

lo. Existen dos argumentos fuertes proporcionados en las dos próximas notas.

"el cual se dio a sí mismo por nuestros pecados para librarnos del presente siglo malo, conforme a la voluntad de nuestro Dios y Padre" (Gá. 1:4).

"Y andad en amor, como también Cristo nos amó, y se entregó a sí mismo por nosotros, ofrenda y sacrificio a Dios en olor fragante" (Ef. 5:2).

"quien se dio a sí mismo por nosotros para redimirnos de toda iniquidad y purificar para sí un pueblo propio, celoso de buenas obras" (Tit. 2:14).

"En esto hemos conocido el amor, en que él puso su vida por nosotros; también nosotros debemos poner nuestras vidas por los hermanos" (1 Jn. 3:16).

"y de Jesucristo el testigo fiel, el primogénito de los muertos, y el soberano de los reyes de la tierra. Al que nos amó, y nos lavó de nuestros pecados con su sangre" (Ap. 1:5).

"Porque me consumió el celo de tu casa; Y los denuestos de los que te vituperaban cayeron sobre mí" (Sal. 69:9).

"Mas él herido fue por nuestras rebeliones, molido por nuestros pecados; el castigo de nuestra paz fue sobre él, y por su llaga fuimos nosotros curados" (Is. 53:5).

"Cristo nos redimió de la maldición de la ley, hecho por nosotros maldición (porque está escrito: Maldito todo el que es colgado en un madero)" (Gá. 3:13).

"Pero vemos a aquel que fue hecho un poco menor que los ángeles, a Jesús, coronado de gloria y de honra, a causa del padecimiento de la muerte, para que por la gracia de Dios gustase la muerte por todos" (He. 2:9).

"Porque también Cristo padeció una sola vez por los pecados, el justo por los injustos, para llevarnos a Dios, siendo a la verdad muerto en la carne, pero vivificado en espíritu" (1 P. 3:18).

"Al que no conoció pecado, por nosotros lo hizo pecado, para que nosotros fuésemos hechos justicia de Dios en él" (2 Co. 5:21).

"así también Cristo fue ofrecido una sola vez para llevar los pecados de muchos; y aparecerá por segunda vez, sin relación con el pecado, para salvar a los que le esperan" (He. 9:28).

"quien llevó él mismo nuestros pecados en su cuerpo sobre el madero, para que nosotros, estando muertos a los pecados, vivamos a la justicia; y por cuya herida fuisteis sanados" (1 P. 2:24).

2 (9:16-17) *Testamento, última voluntad y testamento — Pacto, nuevo:* Argumento número uno, donde hay última voluntad o testamento, es necesario que intervenga la muerte del testador. Este elemento fundamental debe tenerse en cuenta: El pacto de Dios con el hombre es el pacto de una última voluntad o testamento. Es decir, las condiciones las establece exclusivamente Dios, no el hombre. Dios establece los términos y condiciones y el hombre los acepta o los rechaza. El testamento o pacto de Dios es algo así como la *última voluntad y testamento* de cualquier hombre. Quien lo recibe no puede cambiar los términos del testamento o voluntad, solo puede aceptarlos o rechazarlos.

Ahora bien, al grano: ¿Hasta cuándo un testamento o pacto no cobra efecto? Hasta que intervenga la muerte del testador. Dios había dispuesto que *su nuevo pacto* no cobraría efecto hasta que hubiese muerto Jesucristo. De la misma manera que los hombres al morir ceden su herencia a aquellos que quieren y por quienes se preocupan, al morir su Hijo, Dios cede su herencia a aquellos que Él quiere y por quienes se preocupa. La prueba de que Jesucristo es el mediador del nuevo pacto de Dios es que Él murió como sacrificio por nuestros pecados. (Vea la nota, He. 8:6-13 para un mayor análisis.)

> **"Pero ahora tanto mejor ministerio es el suyo, cuanto es mediador de un mejor pacto, establecido sobre mejores promesas" (He. 8:6).**

> **"De otra manera le hubiera sido necesario padecer muchas veces desde el principio del mundo; pero ahora, en la consumación de los siglos, se presentó una vez para siempre por el sacrificio de sí mismo para quitar de en medio el pecado. Y de la manera que está establecido para los hombres que mueran una sola vez, y después de esto el juicio, así también Cristo fue ofrecido una sola vez para llevar los pecados de muchos; y aparecerá por segunda vez, sin relación con el pecado, para salvar a los que le esperan" (He. 9:26-28).**

3 (9:18-22) *Nuevo pacto — Jesucristo, sangre de:* Argumento número dos: La institución del viejo pacto demuestra que todas las cosas son limpiadas por medio de sangre. Esto se ve claramente cuando Moisés instituyó el viejo pacto (cp. Éx. 24:3-8, fundamentalmente 6-8). Después que Dios le dio la ley a Moisés, Moisés se la transmitió al pueblo. Luego realizó una ofrenda de sacrificio al Señor. Él tomó la sangre del animal y la roció sobre el libro del pacto y el pueblo. Este era un servicio de dedicación, un servicio de conmemoración de la institución del primer pacto de Dios, y note cómo se instituía: "Por medio de sangre, por medio del derramamiento de la sangre de un sacrificio". Note también lo que Moisés dice en el v. 20.

> **"Esta es la sangre del pacto que Dios os ha mandado" (v. 20).**

Pero este no es el único ejemplo con que contamos. Moisés también realizó un servicio de dedicación cuando se terminó el tabernáculo, y roció con sangre el tabernáculo con todo el mobiliario (v. 21).

¿Cuál es la importancia de este argumento?

> **"Y casi todo es purificado, según la ley, con sangre; y sin derramamiento de sangre no se hace remisión" (v. 22).**

Bajo el pacto y la ley, casi todas las cosas se purgaban y limpiaban por medio de sangre. De hecho, sin el derramamiento de sangre no había limpieza ni perdón. Así sucedía en todo el reino de la ley, desde el momento de la institución de la ley hasta la actualidad. Porque los hombres siempre han sentido una sensación de fracaso, de carencia, de imperfección. Han reconocido una verdad aterradora: Tenían que pagar por sus pecados o de lo contrario alguien o algo tenía que ocupar su lugar y ser sacrificado por ellos. Por consiguiente, el hombre constantemente ha realizado sacrificios por sus pecados con el fin de volverse aceptos ante Dios. Siempre ha presentado y sabido que "sin derramamiento de sangre no hay remisión", no hay limpieza ni perdón.

Este es el argumento, la prueba de que Jesucristo es el mediador del nuevo pacto de Dios con el hombre. Jesucristo derramó su sangre. Él murió por el hombre. Él ha pagado el castigo por los pecados del hombre. Él ha instituido y puesto en vigor el nuevo pacto de Dios con el hombre.

> **"porque esto es mi sangre del nuevo pacto, que por muchos es derramada para remisión de los pecados" (Mt. 26:28).**

> **"Pues mucho más, estando ya justificados en su sangre, por él seremos salvos de la ira" (Ro. 5:9).**

> **"¿cuánto más la sangre de Cristo, el cual mediante el Espíritu eterno se ofreció a sí mismo sin mancha a Dios, limpiará vuestras conciencias de obras muertas para que sirváis al Dios vivo?" (He. 9:14).**

> **"Y casi todo es purificado, según la ley, con sangre; y sin derramamiento de sangre no se hace remisión" (He. 9:22).**

> **"añade: Y nunca más me acordaré de sus pecados y transgresiones. Pues donde hay remisión de éstos, no hay más ofrenda por el pecado. Así que, hermanos, teniendo libertad para entrar en el Lugar santísimo por la sangre de Jesucristo, por el camino nuevo y vivo que él nos abrió a través del velo, esto es, de su carne, y teniendo un gran sacerdote sobre la casa de Dios, acerquémonos con corazón sincero, en plena certidumbre de fe, purificados los corazones de mala conciencia, y lavados los cuerpos con agua pura" (He. 10:17-22).**

> **"sabiendo que fuisteis rescatados de vuestra vana manera de vivir, la cual recibisteis de vuestros padres, no con cosas corruptibles, como oro o plata, sino con la sangre preciosa de Cristo, como de un cordero sin mancha y sin contaminación" (1 P. 1:18-19).**

> **"pero si andamos en luz, como él está en luz, tenemos comunión unos con otros, y la sangre de Jesucristo su Hijo nos limpia de todo pecado" (1 Jn. 1:7).**

> **"y de Jesucristo el testigo fiel, el primogénito de los muertos, y el soberano de los reyes de la tierra. Al que nos amó, y nos lavó de nuestros pecados con su sangre" (Ap. 1:5).**

1 Jesucristo purifica todo, incluso las propias cosas celestiales	E. Cristo es el ministro y mediador del sacrificio perfecto por los pecados (Parte 1), 9:23-28	26 De otra manera le hubiera sido necesario padecer muchas veces desde el principio del mundo; pero ahora, en la consumación de los siglos, se presentó una vez para siempre por el sacrificio de sí mismo para quitar de en medio el pecado.	que hacer sacrificios b. Jesucristo se presentó una vez en la tierra para limpiar los pecados por medio de su propio sacrificio
a. El santuario terrenal tenía que ser purificado b. El santuario celestial tenía que ser purificado c. Jesucristo se presentó en el cielo por nosotros ante Dios	23 Fue, pues, necesario que las figuras de las cosas celestiales fuesen purificadas así; pero las cosas celestiales mismas, con mejores sacrificios que estos.	27 Y de la manera que está establecido para los hombres que mueran una sola vez, y después de esto el juicio,	3 Jesucristo soportó la pena del juicio por el hombre a. El hombre muere y luego viene el juicio b. Jesucristo se ofreció una vez para soportar los pecados y el juicio por el hombre
2 Jesucristo no ofrece un sacrificio repetidas veces a. El sumo sacerdote terrenal a menudo tenía	24 Porque no entró Cristo en el santuario hecho de mano, figura del verdadero, sino en el cielo mismo para presentarse ahora por nosotros ante Dios; 25 y no para ofrecerse muchas veces, como entra el sumo sacerdote en el Lugar santísimo cada año con sangre ajena.	28 así también Cristo fue ofrecido una sola vez para llevar los pecados de muchos; y aparecerá por segunda vez, sin relación con el pecado, para salvar a los que le esperan.	c. Jesucristo vendrá a la tierra por segunda vez y salvará a los que le esperan

DIVISIÓN III

EL MINISTRO SUPREMO: JESUCRISTO, EL HIJO DE DIOS, 8:1—10:18

E. Cristo es el ministro y mediador del sacrificio perfecto por los pecados (Parte 1), 9:23-28

(9:23-28) *Introducción:* Este es uno de esos grandes pasajes de las Escrituras que tiene un significado inagotable. Presenta a Jesucristo como el sacrificio perfecto por los pecados. A lo único que el hombre tiene que enfrentarse es esto: él y su mundo son pecaminosos e imperfectos. Él y su mundo mueren y se consumen. Por lo tanto, necesita que le limpien y eliminen sus pecados. Para presentarse ante el Dios santo y perfecto, debe, de alguna manera, estar limpio de pecado e imperfección y ser considerado perfecto. ¿Cómo es posible esto? Por medio de Jesucristo, por medio del sacrificio que Cristo ha hecho por el hombre. Jesucristo es el sacrificio perfecto por los pecados.

1. Jesucristo purifica todo, incluso las propias cosas celestiales (vv. 23-24).
2. Jesucristo no ofrece un sacrificio repetidas veces (vv. 25-26).
3. Jesucristo soportó la pena del juicio por el hombre (vv. 27-28).

1 (9:23-24) *Jesucristo, muerte:* Jesucristo purifica todo, incluso las propias cosas celestiales. Jesucristo proporciona una *redención universal*. Era absolutamente necesario que se purificaran con sangre *los santuarios y la adoración terrena-*

les, y también resulta absolutamente necesario que la adoración y santuario celestiales se purificaran con la sangre del Señor soberano. ¿Por qué? ¿Por qué se necesita limpiar y purificar algo del cielo?

⇒ No es porque algo del cielo sea pecaminoso e impuro. No es así. El cielo es perfecto y eterno.

⇒ Es porque el camino al cielo debe estar cubierto y amortajado con sangre para cubrir al hombre a medida que se acerque a Dios. El hombre tiene que estar cubierto con la sangre del sacrificio de Jesucristo incluso cuando entre y se quede en el cielo. La única aceptación que el hombre tiene ante Dios es la sangre del sacrificio de Jesucristo. Dondequiera que el hombre se pare y cualquier cosa que toque, no importa lo que sea, en el cielo o en la tierra, tiene que estar cubierto por la sangre de Jesucristo. Tiene que estar cubierto para proteger al hombre. La única aceptación del hombre ante Dios es la sangre del sacrificio de Jesucristo, y al hombre nunca se le puede aceptar sin esa cubierta. Siempre será su cobertura y su única aceptación para entrar al cielo ante Dios.

Esto resulta fundamental, algo absolutamente esencial que se debe notar, porque demuestra cuan grande es la muerte del sacrificio de Jesucristo y cuan grande es ante los ojos y la mente de Dios. Resulta tan genial que Dios haya insistido en que la sangre de su Hijo se usara para cubrir todas las cosas en todo el universo, tanto el mundo físico como el espiritual, tanto la dimensión física como la espiritual. La sangre de la preciosa vida de su Hijo cubre todo lugar al que el hombre vaya y toda cosa que el hombre toque. Lenguaje simbólico y pintoresco, sí, pero no obstante, una ilustración de la verdad. Porque el hombre nunca será aceptado ante Dios aparte de la muerte y la sangre del sacrificio del preciado Hijo de Dios. Por consiguiente, es una necesidad absoluta que todas las cosas estén cubiertas por la muerte de Cristo. Por medio del gran sacrificio que Él hizo en obediencia a la voluntad de su Padre. Dios Padre nunca permitiría que fuese de otra manera, porque su Hijo pagó el precio más alto, un precio tan inimaginable para nosotros que nuestro entendimiento no asciende a más que una gota en comparación con el gran océano de verdad. Esta es la razón por la que Jesucristo se presentó por nosotros ante Dios, para limpiar y purificar el camino para nosotros. Jesucristo lo ha purificado todo. Él ha proporcionado una *redención universal* para nosotros que durará por toda la eternidad. Él es el sacrificio perfecto por nuestros pecados.

"Maridos, amad a vuestras mujeres, así como Cristo amó a la iglesia, y se entregó a sí mismo por ella, para santificarla, habiéndola purificado en el lavamiento del agua por la palabra" (Ef. 5:25-26).

"¿cuánto más la sangre de Cristo, el cual mediante el Espíritu eterno se ofreció a sí mismo sin mancha a Dios, limpiará vuestras conciencias de obras muertas para que sirváis al Dios vivo?" (He. 9:14).

"Así que, hermanos, teniendo libertad para entrar en el Lugar santísimo por la sangre de Jesucristo, por el camino nuevo y vivo que él nos abrió a través del velo, esto es, de su carne, y teniendo un gran sacerdote sobre la casa de Dios, acerquémonos con corazón sincero, en plena certidumbre de fe, purificados los corazones de mala conciencia, y lavados los cuerpos con agua pura" (He. 10:19-22).

"pero si andamos en luz, como él está en luz, tenemos comunión unos con otros, y la sangre de Jesucristo su Hijo nos limpia de todo pecado" (1 Jn. 1:7).

2 (9:25-26) *Jesucristo, muerte:* Jesucristo no ofrece un sacrificio repetidas veces, pero Él se sacrificó a sí mismo una vez (v. 25-26). El sumo sacerdote terrenal tenía que ofrecer sacrificio a menudo; él tenía que entrar al Lugar santísimo todos los años para ofrecer sacrificio por los pecados. Él como el resto de los hombres era pecador. Por lo tanto, él nunca podría realizar el sacrificio perfecto. Pero eso no sucede con Jesucristo. Él era perfecto, el Hijo mismo del propio Dios. Él era el Sumo sacerdote perfecto que podía sacrificarse a sí mismo por los pecados de los hombres. Porque Él era perfecto, su sacrificio era perfecto, para siempre acepto ante Dios. Por lo tanto, Jesucristo pudo ofrecer sacrificio por los pecados una sola vez y los pecados se pudieron perdonar para toda la eternidad. Él es el gran Mediador del sacrificio perfecto. Él "por el sacrificio de sí mismo ha quitado de en medio el pecado" (v. 26).

3 (9:27-28) *Jesucristo, muerte — Juicio — Muerte — Jesucristo, regreso:* Jesucristo soportó la muerte y el juicio por muchos. Note cuatro elementos significativos:

1. El hombre muere y muere una sola vez, solo una vez. No hay segunda oportunidad. Este es el énfasis de "solo una vez" (hapax). El hombre solo tiene una oportunidad de ser

perdonado, salvo, y redimido, solo una oportunidad de volverse acepto ante Dios y de recibir la herencia de la promesa, es decir, la vida eterna. El hombre muere, y cuando muere, pierde su oportunidad. Jesucristo murió en este mundo y en el espacio de tiempo de esta vida. Él no murió en otro mundo ni en otro marco de tiempo de otro mundo. Él murió en la tierra *como* un hombre por los hombres. Por lo tanto, nunca más habrá oportunidad de cubrirse con su sacrificio de no ser en este mundo y en esta vida. Los hombres mueren y mueren solo una vez, para nunca más vivir en la tierra.

"que decían a gran voz: El Cordero que fue inmolado es digno de tomar el poder, las riquezas, la sabiduría, la fortaleza, la honra, la gloria y la alabanza" (Ap. 5:12).

"Y de la manera que está establecido para los hombres que mueran una sola vez, y después de esto el juicio" (He. 9:27).

"pero el que es rico, en su humillación; porque él pasará como la flor de la hierba" (Stg. 1:10).

"Porque: Toda carne es como hierba, Y toda la gloria del hombre como flor de la hierba. La hierba se seca, y la flor se cae" (1 P. 1:24).

"Porque de cierto morimos, y somos como aguas derramadas por tierra, que no pueden volver a recogerse; ni Dios quita la vida, sino que provee medios para no alejar de sí al desterrado" (2 S. 14:14).

"Pues verá que aun los sabios mueren; Que perecen del mismo modo que el insensato y el necio, Y dejan a otros sus riquezas" (Sal. 49:10).

"¿Qué hombre vivirá y no verá muerte? ¿Librará su vida del poder del Seol?" (Sal. 89:48).

"El hombre, como la hierba son sus días; Florece como la flor del campo, que pasó el viento por ella, y pereció, Y su lugar no la conocerá más" (Sal. 103:15-16).

"No hay hombre que tenga potestad sobre el espíritu para retener el espíritu, ni potestad sobre el día de la muerte; y no valen armas en tal guerra, ni la impiedad librará al que la posee" (Ec. 8:8).

"Voz que decía: Da voces. Y yo respondí: ¿Qué tengo que decir a voces? Que toda carne es hierba, y toda su gloria como flor del campo" (Is. 40:6).

2. El hombre muere y luego viene el juicio. Él ha pecado y maldecido a Dios, ha ignorado y descuidado a Dios, se ha rebelado contra Dos y lo ha rechazado. Esta es la tragedia de las tragedias. Sencillamente vivimos como queremos, hacemos lo que queremos y como queremos, en vez de vivir como Dios manda. No somos como debiéramos ser y siempre seremos imperfectos. Somos culpables por transgredir el mundo y la ley de Dios; por tanto, debemos soportar el juicio de Dios. ¿Cuándo? ¿Cuándo seremos juzgados? Este versículo nos lo dice con la mayor claridad posible: "Está establecido para los hombres que mueran una sola vez, y después de esto el juicio" (v. 27). Cuando muramos, seremos juzgados: separados y marginados de Dios para siempre y nunca se nos permitirá entrar a la presencia de Dios. Se nos prohibirá entrar al cielo, y se nos enviará al lugar que es el opuesto mismo del cielo, al propio infierno. El juicio viene después de la muerte. Inmediatamente al morir se nos juzgará y sepa-

rará de Dios, y estaremos separados de Él para siempre.

> "Cuando el Hijo del Hombre venga en su gloria, y todos los santos ángeles con él, entonces se sentará en su trono de gloria, y serán reunidas delante de él todas las naciones; y apartará los unos de los otros, como aparta el pastor las ovejas de los cabritos" (Mt. 25:31-32).

> "Y de la manera que está establecido para los hombres que mueran una sola vez, y después de esto el juicio" (He. 9:27).

> "sabe el Señor librar de tentación a los piadosos, y reservar a los injustos para ser castigados en el día del juicio" (2 P. 2:9).

> "pero los cielos y la tierra que existen ahora, están reservados por la misma palabra, guardados para el fuego en el día del juicio y de la perdición de los hombres impíos" (2 P. 3:7).

> "De éstos también profetizó Enoc, séptimo desde Adán, diciendo: He aquí, vino el Señor con sus santas decenas de millares, para hacer juicio contra todos, y dejar convictos a todos los impíos de todas sus obras impías que han hecho impíamente, y de todas las cosas duras que los pecadores impíos han hablado contra él" (Jud. 14-15).

3. Pero note la noticia gloriosa: "Cristo se ofreció una vez para soportar los pecados y el juicio de muchos. Cristo ha aceptado sobre sí mismo nuestros pecados". Él se ha sacrificado a sí mismo por nuestros pecados y ha soportado nuestro juicio por nosotros. Ya nosotros no tenemos que soportar el juicio por nuestros pecados e imperfecciones. Si creemos, confiamos realmente en Jesucristo para que soporte nuestros pecados y el juicio, entonces Dios considera nuestros pecados como si Cristo los hubiese soportado. Dios nos considera libres de pecado, como perfectos y aceptos ante Él. Por lo tanto, nunca tendremos que ser juzgados y condenados por el pecado.

Pero note: "Esta salvación gloriosa no ocurre en la vida de todas las personas". Una persona tiene que creer y confiar en el sacrificio de Jesucristo. Solo esto es razonable: "Si una persona no cree en algo, no permite que esto funcione para ella. Pero si cree, permite que funcione para ella". Cuando creemos, realmente creemos, entonces el sacrificio de Jesucristo funciona para nosotros. Su sacrificio cubre nuestros pecados y nos volvemos aceptos ante Dios. Nunca tendremos que enfrentar el juicio y condenación por nuestros pecados.

> "Al que no conoció pecado, por nosotros lo hizo pecado, para que nosotros fuésemos hechos justicia de Dios en él" (2 Co. 5:21).

> "el cual se dio a sí mismo por nuestros pecados para librarnos del presente siglo malo, conforme a la voluntad de nuestro Dios y Padre" (Gá. 1:4).

> "Cristo nos redimió de la maldición de la ley, hecho por nosotros maldición (porque está escrito: Maldito todo el que es colgado en un madero)" (Gá. 3:13).

> "quien se dio a sí mismo por nosotros para redimirnos de toda iniquidad y purificar para sí un pueblo propio, celoso de buenas obras" (Tit. 2:14).

> "Pero vemos a aquel que fue hecho un poco menor que los ángeles, a Jesús, coronado de gloria y de honra,

a causa del padecimiento de la muerte, para que por la gracia de Dios gustase la muerte por todos" (He. 2:9).

> "De otra manera le hubiera sido necesario padecer muchas veces desde el principio del mundo; pero ahora, en la consumación de los siglos, se presentó una vez para siempre por el sacrificio de sí mismo para quitar de en medio el pecado" (He. 9:26).

> "quien llevó él mismo nuestros pecados en su cuerpo sobre el madero, para que nosotros, estando muertos a los pecados, vivamos a la justicia; y por cuya herida fuisteis sanados" (1 P. 2:24).

> "Porque también Cristo padeció una sola vez por los pecados, el justo por los injustos, para llevarnos a Dios, siendo a la verdad muerto en la carne, pero vivificado en espíritu" (1 P. 3:18).

> "y de Jesucristo el testigo fiel, el primogénito de los muertos, y el soberano de los reyes de la tierra. Al que nos amó, y nos lavó de nuestros pecados con su sangre" (Ap. 1:5).

> "Mas él herido fue por nuestras rebeliones, molido por nuestros pecados; el castigo de nuestra paz fue sobre él, y por su llaga fuimos nosotros curados" (Is. 53:5).

4. Jesucristo vendrá a la tierra una segunda vez, y Él vendrá sin pecado para salvar a los que le esperan.

⇒ ¡Qué planteamiento tan fenomenal!
⇒ ¡Qué promesa tan increíble!
⇒ ¡Qué gran espectáculo será!

Jesucristo preparará el cielo y regresará a salvar a los que esperan por Él. Y podemos confiar con toda seguridad que Él nos puede salvar. Porque Él estará sin pecado. Él será perfecto y eterno, la personificación misma de la justicia y la perfección ideal. Por ende como Justicia y Perfección ideal, Él puede cubrirnos consigo mismo. Él nos puede volver perfectos y justos, y Él lo hará, si esperamos por Él.

Otras Escrituras nos dicen lo que sucederá y nos proporcionan algunos detalles. Enumerados brevemente, el gran espectáculo lo conformarán…

• el cuerpo de los creyentes muertos, los que murieron esperando su regreso, serán resucitados para encontrarse con Él en el cielo.

• las personas que viven y esperan por Él serán exaltadas de la tierra y ascenderán para unirse a Él en el cielo.

> "Porque el Señor mismo con voz de mando, con voz de arcángel, y con trompeta de Dios, descenderá del cielo; y los muertos en Cristo resucitarán primero. Luego nosotros los que vivimos, los que hayamos quedado, seremos arrebatados juntamente con ellos en las nubes para recibir al Señor en el aire, y así estaremos siempre con el Señor. Por tanto, alentaos los unos a los otros con estas palabras" (1 Ts. 4:16-18).

> "Porque el Hijo del Hombre vendrá en la gloria de su Padre con sus ángeles, y entonces pagará a cada uno conforme a sus obras" (Mt. 16:27).

> "Por tanto, también vosotros estad preparados; porque el Hijo del Hombre vendrá a la hora que no pensáis" (Mt. 24:44).

> "Cuando el Hijo del Hombre venga en su gloria, y todos los santos ángeles con él, entonces se sentará en su

trono de gloria, y serán reunidas delante de él todas las naciones; y apartará los unos de los otros, como aparta el pastor las ovejas de los cabritos" (Mt. 25:31-32).

"Así que, no juzguéis nada antes de tiempo, hasta que venga el Señor, el cual aclarará también lo oculto de las tinieblas, y manifestará las intenciones de los corazones; y entonces cada uno recibirá su alabanza de Dios" (1 Co. 4:5).

"Te encarezco delante de Dios y del Señor Jesucristo, que juzgará a los vivos y a los muertos en su manifestación y en su reino" (2 Ti. 4:1).

"enseñándonos que, renunciando a la impiedad y a los deseos mundanos, vivamos en este siglo sobria, justa y piadosamente, aguardando la esperanza bienaventurada y la manifestación gloriosa de nuestro gran Dios y Salvador Jesucristo, quien se dio a sí mismo por nosotros para redimirnos de toda iniquidad y purificar para sí un pueblo propio, celoso de buenas obras" (Tit. 2:12-14).

"Porque aún un poquito, Y el que ha de venir vendrá, y no tardará" (He. 10:37).

"Y ahora, hijitos, permaneced en él, para que cuando se manifieste, tengamos confianza, para que en su venida no nos alejemos de él avergonzados" (1 Jn. 2:28).

"De éstos también profetizó Enoc, séptimo desde Adán, diciendo: He aquí, vino el Señor con sus santas decenas de millares, para hacer juicio contra todos, y dejar convictos a todos los impíos de todas sus obras impías que han hecho impíamente, y de todas las cosas duras que los pecadores impíos han hablado contra él" (Jud. 14-15).

"He aquí, yo vengo pronto; retén lo que tienes, para que ninguno tome tu corona" (Ap. 3:11).

ESTUDIO A FONDO 1

(9:27) *Muerte (thanatos):* El significado básico de muerte es *separación*. Muerte nunca significa extinción, aniquilación, inexistencia, o inactividad. "Muerte es la separación de una persona del propósito o uso para el que estaba diseñado". (H. S. Miller, citado por Lehman Strauss, *Estudios devocionales sobre Gálatas y Efesios,* Neptune, NJ: Loizeaux Bros. Derechos de autor 1957 por Lehman Strauss, p. 137.)

La Biblia habla de tres muertes.

1. La muerte física: La *separación* del espíritu o vida de un hombre del cuerpo. Esto es a lo que los hombres comúnmente denominan muerte. Es cuando una persona cesa su existencia en la tierra y se entierra (1 Co. 15:21-22; He. 9:27).

"Porque por cuanto la muerte entró por un hombre, también por un hombre la resurrección de los muertos Porque así como en Adán todos mueren, también en Cristo todos serán vivificados" (1 Co. 15:21-22).

"Y de la manera que está establecido para los hombres que mueran una sola vez, y después de esto el juicio" (He. 9:27).

2. La muerte espiritual: La *separación* del espíritu de un hombre de Dios mientras aún vive y anda en la tierra. Esta muerte es el *estado natural* de un hombre en la tierra sin Cristo. Dios ve al hombre todavía en sus pecados y lo

ve *muerto* para Él (Ef. 2:1; 4:18; I Jn. 5:12).

La muerte espiritual habla de una persona que está muerta mientras aún vive (1 Ti. 5:6). Es un hombre natural que vive en este mundo actual, pero se dice que está muerto para el Señor Jesucristo, para Dios y para las cuestiones espirituales.

a. Una persona que malgasta su vida en un modo desordenado de vivir está espiritualmente muerta.

"Mas era necesario hacer fiesta y regocijarnos, porque este tu hermano era muerto, y ha revivido; se había perdido, y es hallado" (Lc. 15:32).

b. Una persona que no ha participado de Cristo está espiritualmente muerta.

"Jesús les dijo: De cierto, de cierto os digo: Si no coméis la carne del Hijo del Hombre, y bebéis su sangre, no tenéis vida en vosotros" (Jn. 6:53).

c. Una persona que no tiene el espíritu de Cristo se dice que está espiritualmente muerto.

"Mas vosotros no vivís según la carne, sino según el Espíritu, si es que el Espíritu de Dios mora en vosotros. Y si alguno no tiene el Espíritu de Cristo, no es de él" (Ro. 8:9).

d. Una persona que vive en pecado se dice que está espiritualmente muerta.

"Y él os dio vida a vosotros, cuando estabais muertos en vuestros delitos y pecados" (Ef. 2:1).

"Y a vosotros, estando muertos en pecados y en la incircuncisión de vuestra carne, os dio vida juntamente con él, perdonándoos todos los pecados" (Col. 2:13).

e. Una persona que está alienada de Dios se dice que está espiritualmente muerta.

"teniendo el entendimiento entenebrecido, ajenos de la vida de Dios por la ignorancia que en ellos hay, por la dureza de su corazón; los cuales, después que perdieron toda sensibilidad, se entregaron a la lascivia para cometer con avidez toda clase de impureza" (Ef. 4:18-19).

f. Una persona que duerme en pecado está espiritualmente muerta.

"Por lo cual dice: Despiértate, tú que duermes, Y levántate de los muertos, Y te alumbrará Cristo" (Ef. 5:14).

g. Una persona que vive en un placer pecaminoso está muerta mientras vive.

"Pero la que se entrega a los placeres, viviendo está muerta" (1 Ti. 5:6).

h. Una persona que no tiene el Hijo de Dios está muerta.

"El que tiene al Hijo, tiene la vida; el que no tiene al Hijo de Dios no tiene la vida" (1 Jn. 5:12).

i. Una persona que hace grandes obras religiosas pero hace malas obras está muerta.

"Escribe al ángel de la iglesia en Sardis: El que tiene los siete espíritus de Dios, y las siete estrellas, dice esto: Yo conozco tus obras, que tienes nombre de que vives, y estás muerto" (Ap. 3:1).

3. La muerte eterna: La *separación* del hombre para siempre de la presencia de Dios. Esta es la segunda muerte, un estado eterno de estar *muerto para Dios* (1 Co. 6:9-10; 2 Ts. 1:9). Es la muerte, la separación espiritual de Dios, que se prolonga más allá de la muerte del cuerpo. Se denomina la "segunda muerte" o muerte eterna.

"Porque la paga del pecado es muerte, mas la dádiva de Dios es vida eterna en Cristo Jesús Señor nuestro" (Ro. 6:23).

"Porque el ocuparse de la carne es muerte, pero el ocuparse del Espíritu es vida y paz" (Ro. 8:6).

"los cuales sufrirán pena de eterna perdición, excluidos de la presencia del Señor y de la gloria de su poder" (2 Ts. 1:9).

CAPÍTULO 10

F. Cristo es el ministro y mediador del sacrificio perfecto por los pecados (Parte 2), 10:1-18

1 La impotencia de los viejos sacrificios

a. El viejo pacto, la ley, era solo una sombra; no era lo perfecto y real

b. Los sacrificios por el pecado eran repetitivos; dejaban una conciencia del pecado

c. Los sacrificios por el pecado eran en verdad un recordatorio; nunca borraron el pecado

d. Los sacrificios por el pecado eran impotentes; nunca eliminaron el pecado

2 El sacrificio perfecto: El propio Jesucristo

a. El sacrificio perfecto es Dios que preparó un cuerpo

b. El sacrificio perfecto es Cristo que hizo la voluntad de Dios

c. El sacrificio perfecto requería que Dios quitara el viejo sistema de sacrificio y estableciera el nuevo

1 Porque la ley, teniendo la sombra de los bienes venideros, no la imagen misma de las cosas, nunca puede, por los mismos sacrificios que se ofrecen continuamente cada año, hacer perfectos a los que se acercan.
2 De otra manera cesarían de ofrecerse, pues los que tributan este culto, limpios una vez, no tendrían ya más conciencia de pecado.
3 Pero en estos sacrificios cada año se hace memoria de los pecados;

4 porque la sangre de los toros y de los machos cabríos no puede quitar los pecados.

5 Por lo cual, entrando en el mundo dice: Sacrificio y ofrenda no quisiste; Mas me preparaste cuerpo.
6 Holocaustos y expiaciones por el pecado no te agradaron.
7 Entonces dije: He aquí que vengo, oh Dios, para hacer tu voluntad, Como en el rollo del libro está escrito de mí.
8 Diciendo primero: Sacrificio y ofrenda y holocaustos y expiaciones por el pecado no quisiste, ni te agradaron (las cuales cosas se ofrecen

según la ley),
9 y diciendo luego: He aquí que vengo, oh Dios, para hacer tu voluntad; quita lo primero, para establecer esto último.
10 En esa voluntad somos santificados mediante la ofrenda del cuerpo de Jesucristo hecha una vez para siempre.
11 Y ciertamente todo sacerdote está día tras día ministrando y ofreciendo muchas veces los mismos sacrificios, que nunca pueden quitar los pecados;
12 pero Cristo, habiendo ofrecido una vez para siempre un solo sacrificio por los pecados, se ha sentado a la diestra de Dios,
13 de ahí en adelante esperando hasta que sus enemigos sean puestos por estrado de sus pies;
14 porque con una sola ofrenda hizo perfectos para siempre a los santificados.

15 Y nos atestigua lo mismo el Espíritu Santo; porque después de haber dicho:
16 Este es el pacto que haré con ellos Después de aquellos días, dice el Señor: Pondré mis leyes en sus corazones, Y en sus mentes las escribiré,
17 añade: Y nunca más me acordaré de sus pecados y transgresiones.
18 Pues donde hay remisión de éstos, no hay más ofrenda por el pecado.

d. El sacrificio perfecto es la santificación de los hombres mediante el sacrificio del cuerpo de Cristo

3 El contraste entre los sacrificios viejos y nuevos

a. El viejo tiene que repetirse; el nuevo descansa, eternamente

b. El viejo ofrenda muchos sacrificios; el nuevo hizo un sacrificio, para siempre

c. El viejo nunca quita el pecado; el nuevo vence a todos los enemigos, desde ese momento en adelante

d. El viejo no logra perfeccionar al hombre; el nuevo perfecciona al hombre, eternamente

4 El testigo del sacrificio perfecto: El Espíritu Santo

a. Él da poder, espiritualmente

b. Él imparte el conocimiento de la voluntad de Dios

c. Él perdona eternamente de una vez y para siempre

d. Él elimina la necesidad de más sacrificios

DIVISIÓN III

EL MINISTRO SUPREMO: JESUCRISTO, EL HIJO DE DIOS, 8:1—10:18

F. Cristo es el ministro y mediador del sacrificio perfecto por los pecados (Parte 2), 10:1-18

(10:1-18) *Introducción:* El hombre es imperfecto. No es como debe ser. Es pecaminoso y malo. Maldice, engaña, miente, y roba. Tergiversa, murmura, rezonga, reniega, juzga, discrimina, odia, asalta, pelea, guerrea, y mata. Es egoísta, acaparador, indulgente, extravagante, despilfarrador y corrupto. Es lujurioso e inmoral. Para satisfacer su deseo, incluso por solo unos minutos de placer, será capaz de agredir y maltratar a una persona más débil. O será capaz de hacerse atractivo y conseguir placer para satisfacer su deseo aunque destruya a su cónyuge e hijos y la vida de otros. Incluso cuando el hombre lidia con Dios, descuida, ignora, reniega, rechaza, y maldice a Dios.

Todo esto quiere decir una cosa: "El hombre nunca puede vivir con Dios". El hombre carece demasiado de la perfección que una persona debe tener para vivir con Dios. ¿Qué se puede hacer entonces? Solo se puede hacer una cosa. Los pecados del hombre tienen que limpiarse y eliminarse. El hombre es culpable; por ende, tiene que cargar la culpa de sus pecados, enfrentar el juicio del castigo y la condenación. Su única esperanza de escape, de ser alguna vez aceptado ante Dios, es que un sustituto sea sacrificado por sus pecados. Si un sustituto puede aceptar su culpa y ser sacrificado por sus pecados, si un sustituto puede soportar su juicio y condenación, entonces el hombre puede quedar libre de pecado y de su culpa. Al hombre se le puede considerar perfecto; perfectamente libre de pecado, y por consiguiente puede volverse acepto ante Dios.

Esto es exactamente lo que ha sucedido. Dios ha establecido dos pactos con el hombre. Bajo el primer pacto (el Antiguo Testamento), se sacrificaban animales por los pecados del hombre. El animal tenía que ser puro y perfecto, no podía tener impureza o defecto alguno. Cuando se sacrificaba, simbolizaba…

• que una vida impecable soportaba los pecados de los hombres.
• que una vida impecable se estaba haciendo cargo de los pecados del hombre y que soportaba la culpa y condenación del pecado por el hombre.
• que se sacrificaba una vida impecable y perfecta como sustituto por el hombre pecador.

Sin embargo, note un elemento fundamental: "Los animales no son perfectos. Forman parte de esta tierra física y material al igual que los hombres". Envejecen y mueren tal como los hombres. Por lo tanto, el sacrificio de los animales era un sacrificio *imperfecto*. Estaban diseñados *solo a simbolizar y anunciar* al sacrificio perfecto que habría de suceder. Note también otro elemento. "Un animal no es un hombre; por lo tanto, nunca podría ser un sustituto o sacrificio acepto por el hombre". El único sacrificio que podría convertirse en un sustituto de sacrificio por el hombre sería otro hombre, y ese hombre tendría que ser el hombre perfecto e ideal. ¿Por qué? Porque solo la justicia ideal podría cubrir a otros hombres. Una justicia pecaminosa no es para nada mejor que la justicia con la que ya el hombre cuenta. Lo que el hombre necesita es la justicia ideal y perfecta que puede representarlo y cubrirlo, eso lo puede llevar ante la presencia de Dios y volverlo acepto como justo e impecable.

Esto nos lleva al segundo pacto de Dios. Dios estableció el nuevo pacto o testamento con el hombre. Esta es la idea central de este pasaje: "Demostrar que Jesucristo es el ministro o mediador del nuevo pacto con el hombre". De hecho, el propio Jesucristo es el sacrificio perfecto por los pecados de los hombres.

1. La impotencia de los viejos sacrificios (vv. 1-4).
2. El sacrificio perfecto: El propio Jesucristo (vv. 5-10).
3. El contraste entre los sacrificios viejos y nuevos (vv. 11-14).

4. El testigo del sacrificio perfecto: El Espíritu Santo (vv. 15-18).

1 (10:1-4) *Sacrificio, animal — Viejo pacto — Ley, impotencia de:* La impotencia de los viejos sacrificios. Los viejos sacrificios eran impotentes e ineficaces por cinco razones.

1. El viejo pacto, la ley, era solo una sombra de los bienes venideros (v. 1). Era la ley del Antiguo Testamento la que explicaba en detalle que los sacrificios de animales debían ofrendarse por los pecados de los hombres. Pero note: "La ley era solo una *sombra* de los bienes". La ley no era la personificación de la perfección venidera. Era solo una "sombra" (skian). La palabra significa una imagen vaga, un reflejo de la perfección venidera. Incluso la palabra da la idea de anunciar, de prefigurar. Es decir, una *sombra* quiere decir que hay realidad detrás de la sombra. Cuando vemos una sombra, hay algo real en algún lugar que refleja la sombra (compárese, la sombra de un árbol).

Sucede lo siguiente: La sombra no es lo real; solo es un reflejo imperfecto de lo real. Esta era la ley del Antiguo Testamento. Ella y sus sacrificios por el pecado eran solo una sombra de los bienes venideros. La ley y sus sacrificios no contaban con la perfección o el poder necesario para perdonar los pecados. Pero sí reflejaban y anunciaban la perfección y poder venideros en el Señor Jesucristo.

2. La ofrenda de sacrificios tenía que repetirse año tras año, una y otra vez (v. 1b). Esto demuestra que eran impotentes para perdonar los pecados. Si fuesen un sacrificio perfecto, nunca tendrían que repetirse. La perfección completa, logra, satisface, y termina, de lo contrario no es perfecta. Note exactamente lo que dice el versículo: "los sacrificios que se ofrecen "continuamente no pueden hacer *perfectos* a los que se acercan". La necesidad desesperada del hombre es ser perfeccionado. Pero los sacrificios de animales por el pecado no lo logran; no son capaces de hacernos perfectos. El propio hecho de que tenían que ofrecerse una y otra vez demuestra que nunca hacían el trabajo completo. Nunca terminaron la obra de redención y salvación.

3. Las ofrendas de sacrificios nunca eliminaron la conciencia y memoria de pecado. El hombre siempre tuvo una conciencia culpable, una sensación de ser pecador. ¿Cómo lo sabemos? Porque siempre repetía el sacrificio por sus pecados. Si hubiera creído…

• que se había hecho un sacrificio perfecto
• que se habían eliminado de una vez para siempre sus pecados
• que se había hecho un sacrificio perfecto que para siempre lo hacía acepto ante Dios

…entonces nunca habría necesitado hacer otro sacrificio. Pero la ofrenda de sacrificios de animales nunca le proporcionó esta libertad de conciencia. No podían proporcionar esta libertad. Por consiguiente, no eran el sacrificio perfecto que el hombre necesitaba de modo tan desesperado.

4. La ofrenda de sacrificios de animales realmente hace memoria de los pecados, no quita los pecados. Cada vez que se hacía una ofrenda la persona hacía memoria de sus pecados. Hacía memoria de que sus pecados aún se inter-

ponían entre ella y Dios, que tenían que expiarse una y otra vez, para siempre, si es que sería aceptada ante Dios.

5. La ofrenda de sacrificios de animales no podía quitar los pecados, no podía hacer a una persona acepta ante Dios, no podía darle al hombre fraternidad y comunión con Dios. ¿Por qué? Sobresalen varias razones lógicas.

   a. Los animales tienen una naturaleza diferente a la de los hombres. ¿Cómo podría la vida de un animal representar la vida de un hombre? Los animales no son hombres y no pueden vivir la vida de un hombre. No existe forma posible de que el sacrificio de la vida de un animal iguale el sacrificio de la vida de un hombre. Son de una naturaleza totalmente diferente a la naturaleza del hombre.

   b. Los animales no fueron los que eligieron intencionadamente pecar y descuidar, ignorar, rebelarse, rechazar y maldecir a Dios. Por consiguiente, posiblemente no puedan pagar por el hombre el castigo y juicio del pecado. Como mucho solo pueden simbolizar que se deberá sacrificar un hombre perfecto por el hombre.

   c. Los animales son de esta tierra al igual que los hombres. Los animales son criaturas corruptibles e imperfectas tal como el hombre. Por lo tanto, no hay manera de que un sacrificio de animal pueda ser el sacrificio perfecto que se necesita para morir por los pecados del hombre. Los animales no podían intencionadamente decidir morir como sustituto por el hombre. El sacrificio perfecto por el hombre debe morir por voluntad propia con el objetivo de que se acepte como sustituto. Los sacrificios de animales por los pecados eran víctimas, no sustitutos intencionados. A lo sumo podían anunciar el sacrificio perfecto venidero.

   "¿Tan necios sois? ¿Habiendo comenzado por el Espíritu, ahora vais a acabar por la carne?" (Gá. 3:3).

   "Queda, pues, abrogado el mandamiento anterior a causa de su debilidad e ineficacia (pues nada perfeccionó la ley), y de la introducción de una mejor esperanza, por la cual nos acercamos a Dios" (He. 7:18-19).

   "Al decir: Nuevo pacto, ha dado por viejo al primero; y lo que se da por viejo y se envejece, está próximo a desaparecer" (He. 8:13).

   "Lo cual es símbolo para el tiempo presente, según el cual se presentan ofrendas y sacrificios que no pueden hacer perfecto, en cuanto a la conciencia, al que practica ese culto" (He. 9:9).

   "Porque la ley, teniendo la sombra de los bienes venideros, no la imagen misma de las cosas, nunca puede, por los mismos sacrificios que se ofrecen continuamente cada año, hacer perfectos a los que se acercan" (He. 10:1).

   "Y esta frase: Aún una vez, indica la remoción de las cosas movibles, como cosas hechas, para que queden las inconmovibles" (He. 12:27).

2 (10:5-10) *Jesucristo, muerte; impecable:* El sacrificio perfecto es el propio Jesucristo. Esto se ve a través de cuatro elementos significativos.

1. El sacrificio perfecto era un cuerpo preparado por el propio Dios *(v. 5)*. Esta es una cita del Salmo 40:6-8. El texto hebreo realmente dice "has abierto mis oídos", es decir, los extrajo de la tierra y los formó como parte del cuerpo. El autor de la Epístola a los Hebreos sencillamente hace una paráfrasis y dice que *el abrir de los oídos* es parte de la formación de todo el cuerpo.

Nota: Esta fue una conversación entre Cristo y Dios cuando Cristo venía al mundo. El sacrificio de animales era totalmente inadecuado para eliminar los pecados; por tanto, no agradaban a Dios. Como dice el versículo, Dios no podía y no aceptaría los animales. ¿Entonces, qué podía hacer Dios? ¿Qué eliminaría los pecados? Solo había una cosa. Una Persona perfecta y eterna tenía que sacrificarse a sí misma por voluntad propia por los pecados de los hombres.

⇒ Él tenía que ser perfecto de modo que pudiera ser la Persona ideal, porque la Persona ideal es la única Persona que podía representar y cubrir a todos los hombres. Si Él era la Persona ideal y perfecta, entonces cualquier cosa que hiciera cubriría al hombre. Si Él se sacrificaba a sí mismo, moría por los pecados de los hombres, entonces su muerte cubriría los pecados de los hombres. Su muerte podía aceptarse como el sacrificio perfecto por los pecados del hombre.

⇒ Él también tuvo que ser eterno con el fin de cubrir los pecados eternamente, los pecados pasados al igual que los pecados futuros. Al ser eterno, lo que hiciera podía cubrir a todos eternamente, a todo aquel que hubiera vivido, a los del pasado al igual que a los del futuro.

Esta es la razón por la que el propio Dios, en la persona de su Hijo, el Señor Jesucristo, tuvo que ser el sacrificio por nuestros pecados. Solo Dios es perfecto y eterno; por lo tanto, solo Dios podía ser el Sacrificio perfecto y eterno por nuestros pecados.

Esta es la razón por la que Dios *preparó un cuerpo* y envió a Jesucristo al mundo. Esta es la razón para la gran encarnación del Señor Jesucristo.

Pensamiento 1. Debiéramos sentir pena en nuestro corazón por amor a Dios, porque demuestra el amor glorioso de Dios por nosotros. Él nos amó tanto que Él preparó un cuerpo y envió su propio Hijo querido, su Hijo Unigénito quien cuenta con la total y perfecta naturaleza de Dios Padre, a este mundo pecador y vergonzoso. ¡Imagínense! Dios vino al mundo en un cuerpo humano…

• vino a demostrarnos el amor de Dios.

• vino a aceptar nuestros pecados y a soportar sobre sí mismo la culpa y condenación por estos.

• vino a ofrecerse Él mismo como el sacrificio perfecto por nuestros pecados.

• vino a quitarnos nuestros pecados para que se nos

pudiera considerar perfectos y aceptos.

• vino a darnos vida eterna, una vida que puede gozar de fraternidad y comunión con Dios para siempre.

"Y ahora, concebirás en tu vientre, y darás a luz un hijo, y llamarás su nombre JESÚS" (Lc. 1:31).

"que él había prometido antes por sus profetas en las santas Escrituras, acerca de su Hijo, nuestro Señor Jesucristo, que era del linaje de David según la carne, que fue declarado Hijo de Dios con poder, según el Espíritu de santidad, por la resurrección de entre los muertos" (Ro. 1:2-4).

"Porque lo que era imposible para la ley, por cuanto era débil por la carne, Dios, enviando a su Hijo en semejanza de carne de pecado y a causa del pecado, condenó al pecado en la carne" (Ro. 8:3).

"Haya, pues, en vosotros este sentir que hubo también en Cristo Jesús, el cual, siendo en forma de Dios, no estimó el ser igual a Dios como cosa a que aferrarse, sino que se despojó a sí mismo, tomando forma de siervo, hecho semejante a los hombres" (Fil. 2:5-7).

"E indiscutiblemente, grande es el misterio de la piedad: Dios fue manifestado en carne, Justificado en el Espíritu, Visto de los ángeles, Predicado a los gentiles, Creído en el mundo, Recibido arriba en gloria" (1 Ti. 3:16).

"Pero vemos a aquel que fue hecho un poco menor que los ángeles, a Jesús, coronado de gloria y de honra, a causa del padecimiento de la muerte, para que por la gracia de Dios gustase la muerte por todos" (He. 2:9).

"Así que, por cuanto los hijos participaron de carne y sangre, él también participó de lo mismo, para destruir por medio de la muerte al que tenía el imperio de la muerte, esto es, al diablo, y librar a todos los que por el temor de la muerte estaban durante toda la vida sujetos a servidumbre" (He. 2:14-15).

"Y sabéis que él apareció para quitar nuestros pecados, y no hay pecado en él" (1 Jn. 3:5).

"Hijitos, nadie os engañe; el que hace justicia es justo, como él es justo" (1 Jn. 3:7).

"En esto conoced el Espíritu de Dios: Todo espíritu que confiesa que Jesucristo ha venido en carne, es de Dios; y todo espíritu que no confiesa que Jesucristo ha venido en carne, no es de Dios; y este es el espíritu del anticristo, el cual vosotros habéis oído que viene, y que ahora ya está en el mundo" (1 Jn. 4:2-3).

"Por tanto, el Señor mismo os dará señal: He aquí que la virgen concebirá, y dará a luz un hijo, y llamará su nombre Emanuel" (Is. 7:14).

"Porque un niño nos es nacido, hijo nos es dado, y el principado sobre su hombro; y se llamará su nombre Admirable, Consejero, Dios Fuerte, Padre Eterno, Príncipe de Paz" (Is. 9:6).

2. El sacrificio perfecto fue Jesucristo al hacer la voluntad de Dios y al hacerlo de modo perfecto (v. 7). Esto resultaba absolutamente esencial si debía producirse el sacrificio perfecto. Él tuvo que llevar una vida impecable. Al llevar una vida impecable, Él fue ante Dios el Hombre perfecto e ideal. Él fue ante Dios la personificación misma de la justicia, como la Justicia ideal. Por lo tanto, su Justicia ideal podía representar y cubrir al hombre. Cuando una persona vuelve sus ojos a Jesucristo, creyendo en Él con todo su corazón,

Dios la considera una persona justa. Dios considera la fe de esa persona como la justicia de Jesucristo (vea la nota, Justificación, Ro. 5:1 para un mayor análisis).

Sucede lo siguiente: De la única manera que Jesucristo podía agradar a Dios era hacer la voluntad de Dios. Y para agradar a Dios de un modo perfecto, Jesucristo tuvo que hacer la voluntad perfecta de Dios. Él lo hizo. Dios está perfectamente complacido con Jesucristo; por ende Jesucristo podía hacer el sacrificio perfecto por el hombre, el sacrificio que sería acepto ante Dios para siempre.

Pensamiento 1. Esta es la razón por la que la única aceptación del hombre ante Dios es Jesucristo. Dios no acepta a ninguna persona a menos que venga a Él en la perfección de la justicia y sacrificio ideales por los pecados. La única justicia y sacrificio ideal por los pecados es el Hijo del propio Dios, el Señor Jesucristo.

"Porque así como por la desobediencia de un hombre los muchos fueron constituidos pecadores, así también por la obediencia de uno, los muchos serán constituidos justos" (Ro. 5:19).

"¿Quién de vosotros me redarguye de pecado? Pues si digo la verdad, ¿por qué vosotros no me creéis?" (Jn. 8:46).

"Al que no conoció pecado, por nosotros lo hizo pecado, para que nosotros fuésemos hechos justicia de Dios en él" (2 Co. 5:21).

"Porque no tenemos un sumo sacerdote que no pueda compadecerse de nuestras debilidades, sino uno que fue tentado en todo según nuestra semejanza, pero sin pecado" (He. 4:15).

"Porque tal sumo sacerdote nos convenía: santo, inocente, sin mancha, apartado de los pecadores, y hecho más sublime que los cielos" (He. 7:26).

"sino con la sangre preciosa de Cristo, como de un cordero sin mancha y sin contaminación" (1 P. 1:19).

"el cual no hizo pecado, ni se halló engaño en su boca" (1 P. 2:22).

3. El sacrificio perfecto hizo necesario que Dios eliminara el viejo sistema de sacrificio y estableciera el Nuevo Testamento o pacto con el hombre (v. 8-9). Esto solo re-enfatiza lo que se ha mencionado anteriormente. Los viejos sacrificios por los pecados eran inadecuados y no podían eliminar el pecado. Si se debía eliminar el pecado, tenía que haber un sacrificio perfecto. Dios ama al hombre y lo ama eternamente; por ende, Él quiso enviar a su Hijo, el Señor Jesucristo, para que se convirtiera en el sacrificio perfecto. Y note cómo Cristo respondió: "He aquí que vengo, oh Dios, para hacer tu voluntad".

Sucede lo siguiente: Jesucristo eliminó el primer testamento. Él lo eliminó para establecer el segundo testamento, la forma perfecta y eterna para eliminar los pecados.

"aboliendo en su carne las enemistades, la ley de los mandamientos expresados en ordenanzas, para crear en sí mismo de los dos un solo y nuevo hombre, haciendo la paz, y mediante la cruz reconciliar con Dios a ambos en un solo cuerpo, matando en ella las enemistades" (Ef. 2:15-16).

"Y a vosotros, estando muertos en pecados y en la

incircuncisión de vuestra carne, os dio vida juntamente con él, perdonándoos todos los pecados, anulando el acta de los decretos que había contra nosotros, que nos era contraria, quitándola de en medio y clavándola en la cruz" (Col. 2:13-14).

"Porque lo que era imposible para la ley, por cuanto era débil por la carne, Dios, enviando a su Hijo en semejanza de carne de pecado y a causa del pecado, condenó al pecado en la carne" (Ro. 8:3).

4. El sacrificio perfecto nos aparta mediante la ofrenda del cuerpo de Jesucristo una vez para siempre. Él es el Hombre ideal y perfecto (v. 10). Por tanto, cuando Él ofreció su cuerpo como sacrificio por el pecado, fue un sacrificio perfecto. Al ser perfecto, se completó, logró y terminó para siempre. Satisfizo perfectamente la santidad, rectitud, y justicia de Dios de una vez y para siempre.

Esto quiere decir algo hermoso. Cuando una persona viene a Dios mediante Jesucristo, el sacrificio de Cristo se aplica a la persona. El sacrificio perfecto de Jesucristo cubre los pecados de las personas y Dios lo considera impecable. La persona no es impecable, pero Dios la acepta como perfecta. Por lo tanto, la persona puede tener fraternidad y comunión con Dios, vivir con Dios tanto ahora como para siempre, día tras día, sin experimentar el fin de sus días. ¡Imagínense! Vivir para siempre con Dios…

- todo porque Jesucristo cargó los pecados, la culpa y la condenación por esa persona.
- todo porque Jesucristo la ha santificado y apartado, y la ha vuelto acepta ante Dios para siempre.

"Porque ¿qué dice la Escritura? Creyó Abraham a Dios, y le fue contado por justicia. Pero al que obra, no se le cuenta el salario como gracia, sino como deuda; mas al que no obra, sino cree en aquel que justifica al impío, su fe le es contada por justicia. Como también David habla de la bienaventuranza del hombre a quien Dios atribuye justicia sin obras, diciendo: Bienaventurados aquellos cuyas iniquidades son perdonadas, Y cuyos pecados son cubiertos. Bienaventurado el varón a quien el Señor no inculpa de pecado" (Ro. 4:3-8).

"Justificados, pues, por la fe, tenemos paz para con Dios por medio de nuestro Señor Jesucristo; por quien también tenemos entrada por la fe a esta gracia en la cual estamos firmes, y nos gloriamos en la esperanza de la gloria de Dios" (Ro. 5:1-2).

"Pues mucho más, estando ya justificados en su sangre, por él seremos salvos de la ira" (Ro. 5:9).

"¿cuánto más la sangre de Cristo, el cual mediante el Espíritu eterno se ofreció a sí mismo sin mancha a Dios, limpiará vuestras conciencias de obras muertas para que sirváis al Dios vivo?" (He. 9:14).

"sabiendo que fuisteis rescatados de vuestra vana manera de vivir, la cual recibisteis de vuestros padres, no con cosas corruptibles, como oro o plata, sino con la sangre preciosa de Cristo, como de un cordero sin mancha y sin contaminación" (1 P. 1:18-19).

"pero si andamos en luz, como él está en luz, tenemos comunión unos con otros, y la sangre de Jesucristo su Hijo nos limpia de todo pecado" (1 Jn. 1:7).

"y de Jesucristo el testigo fiel, el primogénito de los muertos, y el soberano de los reyes de la tierra. Al que nos amó, y nos lavó de nuestros pecados con su sangre" (Ap. 1:5).

3 (10:11-14) *Jesucristo, muerte — Sacrificio, Animal:* La diferencia entre los viejos sacrificios y el sacrificio perfecto de Cristo. Existen cuatro diferencias.

1. El sacerdote del viejo sacrificio nunca terminaba su obra. Esto se ilustra al tener siempre que repetirlo (v. 11-12). Pero el ministro del sacrificio perfecto descansa; Él completó su sacrificio para siempre. El sacerdote terrenal nunca podía completar su obra, porque el ministerio y sacrificio que él profesaba eran terrenales e imperfectos. Por ende, él nunca podía descansar y dar por terminado el ministerio del sacrificio por el pecado. Pero no sucede eso con Cristo. Jesucristo era impecable, el Hijo perfecto de Dios que vino a la tierra en un cuerpo preparado por el propio Dios. Por ende, Él sí hizo el sacrificio perfecto y Él sí completó su obra, y cuando Él terminó, Él pudo regresar al cielo y sentarse allí para siempre.

"El Dios de nuestros padres levantó a Jesús, a quien vosotros matasteis colgándole en un madero. A éste, Dios ha exaltado con su diestra por Príncipe y Salvador, para dar a Israel arrepentimiento y perdón de pecados" (Hch. 5:30-31).

"Porque primeramente os he enseñado lo que asimismo recibí: Que Cristo murió por nuestros pecados, conforme a las Escrituras; y que fue sepultado, y que resucitó al tercer día, conforme a las Escrituras" (1 Co. 15:3-4).

"el cual, siendo en forma de Dios, no estimó el ser igual a Dios como cosa a que aferrarse, sino que se despojó a sí mismo, tomando forma de siervo, hecho semejante a los hombres; y estando en la condición de hombre, se humilló a sí mismo, haciéndose obediente hasta la muerte, y muerte de cruz. Por lo cual Dios también le exaltó hasta lo sumo, y le dio un nombre que es sobre todo nombre" (Fil. 2:6-9).

2. El sacerdote del viejo sacrificio hacía la misma ofrenda de sacrificio por el pecado una y otra vez, pero Jesucristo hizo un sacrificio por el pecado para siempre (v. 11-12). ¿Cómo pudo Él hacer esto? Según se planteó anteriormente, porque Él era perfecto y eterno. Los animales que se sacrificaron no lo eran; por consiguiente, nunca podrían ser el sacrificio real por los pecados del hombre. Nunca podrían soportar sobre sí los pecados de los hombres y cargar la culpa y juicio por los hombres. Solo podían simbolizar que el hombre necesitaba desesperadamente un sacrificio perfecto. Pero este es el evangelio glorioso: Jesucristo es el sacrificio perfecto y eterno por los pecados. Él sacrificó su vida por nosotros, soportando nuestros pecados y la culpa y castigo de éstos por nosotros.

"El siguiente día vio Juan a Jesús que venía a él, y dijo: He aquí el Cordero de Dios, que quita el pecado del mundo" (Jn. 1:29).

"Limpiaos, pues, de la vieja levadura, para que seáis nueva masa, sin levadura como sois; porque nuestra pascua, que es Cristo, ya fue sacrificada por nosotros" (1 Co. 5:7).

"sabiendo que fuisteis rescatados de vuestra vana manera de vivir, la cual recibisteis de vuestros padres, no con cosas corruptibles, como oro o plata, sino con la sangre preciosa de Cristo, como de un cordero sin mancha y sin contaminación" (1 P. 1:18-19).

"Porque también Cristo padeció una sola vez por los pecados, el justo por los injustos, para llevarnos a Dios, siendo a la verdad muerto en la carne, pero vivificado en espíritu" (1 P. 3:18).

"así también Cristo fue ofrecido una sola vez para llevar los pecados de muchos; y aparecerá por segunda vez, sin relación con el pecado, para salvar a los que le esperan" (He. 9:28).

3. El viejo sacrificio nunca eliminó los pecados, pero el sacrificio perfecto de Jesucristo triunfa sobre todos los enemigos (v. 12b-13). Los enemigos del hombre y de Dios incluían todas las fuerzas del mal, tanto las físicas como las espirituales. Esto es exactamente lo que Cristo enseñó. Incluyen todo lo que se oponga al hombre y a Dios: el pecado, el mal, la enfermedad, la corrupción, la muerte, los espíritus malignos y Satanás. Sucede lo siguiente: No hay forma de que el sacrificio de animales pudiera vencer estas fuerzas y liberar a los hombres del yugo de la esclavitud. Pero Jesucristo puede hacerlo. ¿Cómo? Al obedecer a Dios perfectamente y al convertirse en el sacrificio perfecto por los pecados del hombre. Cuando Jesucristo murió por el hombre, Él demostró el acto supremo de obediencia. No hay otro acto más grande que pueda demostrar la obediencia del hombre que morir en obediencia a la voluntad de su superior. Cuando los Estados Unidos quieren que un joven muera por su país, ese joven no puede demostrar un acto de obediencia mayor que entregar su vida por su país. Y note: Cuando ese joven obedece al grado máximo, él merece el honor más grande que su país le pueda conferir.

Así sucede con Cristo. Cuando Él obedeció a Dios en el acto supremo de morir por los pecados del hombre, Dios le confirió el mayor honor. ¿Cuál es el mayor honor que Dios puede conferir? Exaltar a Cristo a la diestra de su autoridad y poder. Esto es lo que Dios ha hecho. Jesucristo gobierna y reina con toda la autoridad y poder de Dios Padre. Él se sienta a la diestra de Dios y Él se sentará allí hasta que cada enemigo se encuentre por estrado de los pies de Dios y del hombre. Él se sentará allí hasta que el hombre esté liberado de cada enemigo que lo mantenga esclavizado. Jesucristo no solo elimina los pecados del hombre, Él libera al hombre de todas las fuerzas del pecado, el mal, la enfermedad, la corrupción, la muerte, los espíritus malignos, Satanás, y Él liberará al hombre eternamente. Esto quiere decir algo maravilloso: el hombre es salvo y liberado al máximo. Él recibe vida eterna, fraternidad y comunión con Dios para siempre, todo para ser disfrutado tanto ahora como en el nuevo cielo y tierra.

"en quien tenemos redención por su sangre, el perdón de pecados según las riquezas de su gracia,... y cuál la supereminente grandeza de su poder para con nosotros los que creemos, según la operación del poder de su fuerza, la cual operó en Cristo, resucitándole de los muertos y sentándole a su diestra en los lugares celestiales, sobre todo principado y autoridad y poder y señorío, y sobre todo nombre que se nombra, no solo en este siglo, sino también en el venidero; y sometió todas las cosas bajo sus pies, y lo dio por cabeza sobre todas las cosas a la iglesia" (Ef. 1:7, 19-22).

"el cual, siendo en forma de Dios, no estimó el ser igual a Dios como cosa a que aferrarse, sino que se despojó a sí mismo, tomando forma de siervo, hecho semejante a los hombres; y estando en la condición de hombre, se humilló a sí mismo, haciéndose obediente hasta la muerte, y muerte de cruz. Por lo cual Dios también le exaltó hasta lo sumo, y le dio un nombre que es sobre todo nombre, para que en el nombre de Jesús se doble toda rodilla de los que están en los cielos, y en la tierra, y debajo de la tierra; y toda lengua confiese que Jesucristo es el Señor, para gloria de Dios Padre" (Fil. 2:6-11).

"Así que, por cuanto los hijos participaron de carne y sangre, él también participó de lo mismo, para destruir por medio de la muerte al que tenía el imperio de la muerte, esto es, al diablo, y librar a todos los que por el temor de la muerte estaban durante toda la vida sujetos a servidumbre. Porque ciertamente no socorrió a los ángeles, sino que socorrió a la descendencia de Abraham. Por lo cual debía ser en todo semejante a sus hermanos, para venir a ser misericordioso y fiel sumo sacerdote en lo que a Dios se refiere, para expiar los pecados del pueblo. Pues en cuanto él mismo padeció siendo tentado, es poderoso para socorrer a los que son tentados" (He. 2:14-18).

"Por tanto, teniendo un gran sumo sacerdote que traspasó los cielos, Jesús el Hijo de Dios, retengamos nuestra profesión. Porque no tenemos un sumo sacerdote que no pueda compadecerse de nuestras debilidades, sino uno que fue tentado en todo según nuestra semejanza, pero sin pecado. Acerquémonos, pues, confiadamente al trono de la gracia, para alcanzar misericordia y hallar gracia para el oportuno socorro" (He. 4:14-16).

"por lo cual puede también salvar perpetuamente a los que por él se acercan a Dios, viviendo siempre para interceder por ellos" (He. 7:25).

4. Los viejos sacrificios no pudieron perfeccionar al hombre, pero el único sacrificio perfecto de Jesucristo perfeccionó para siempre a aquellos que están apartados para Dios para siempre (v. 14). Si una persona viene a Dios mediante Jesucristo, creyendo realmente que Jesucristo es el sacrificio por sus pecados, Dios aparta a esa persona para siempre como creyente, como un fiel seguidor de su Hijo, el Señor Jesucristo.

⇒ Dios considera el sacrificio de su Hijo por la persona.
⇒ Dios considera a la persona como libre de culpa y condenación de pecado.
⇒ Dios considera a la persona como perfecta y libre de pecado para siempre.

Pero siempre debemos recordar por qué: Porque Jesucristo realmente cargó sobre sí mismo nuestros pecados. Él soportó realmente la culpa y juicio de nuestros pecados. Él se convirtió realmente en nuestro sustituto y sacrificio. Él realmente dio su vida por nosotros.

"el cual se dio a sí mismo por nuestros pecados para librarnos del presente siglo malo, conforme a la voluntad de nuestro Dios y Padre" (Gá. 1:4).

"Y andad en amor, como también Cristo nos amó, y se entregó a sí mismo por nosotros, ofrenda y sacrificio a Dios en olor fragante" (Ef. 5:2).

"quien se dio a sí mismo por nosotros para redimirnos de toda iniquidad y purificar para sí un pueblo propio, celoso de buenas obras" (Tit. 2:14).

"quien llevó él mismo nuestros pecados en su cuerpo sobre el madero, para que nosotros, estando muertos a los pecados, vivamos a la justicia; y por cuya herida fuisteis sanados" (1 P. 2:24).

[4] (10:15-18) *Santo Espíritu:* El testigo del sacrificio perfecto es el Espíritu Santo. Note que Él atestigua en las Escrituras (Jer. 31:33-34. Vea el subíndice y notas, He. 8: 10-12 para un mayor análisis.) Sucede lo siguiente: El Espíritu Santo obra en la vida del creyente y demuestra que Jesucristo elimina el pecado del creyente. ¿Cómo? Al hacer cuatro cosas.

1. El Espíritu Santo le otorga poder al corazón y la mente del creyente. Él obra en el creyente para que *quiera y agrade* a Dios. Él insta al creyente a obedecer a Dios y buscar su rostro continuamente. Incluso cuando fracasamos, lo cual nos sucede a todos muy a menudo, nuestro corazón es instado a buscar el perdón y a arrepentirnos y comenzar nuevamente a seguir y obedecer a Dios. Esta es la diferencia entre el antiguo y nuevo testamento. El Antiguo Testamento nos condenó y no tuvo poder para instarnos y energizarnos para buscar a Dios. Pero el nuevo pacto, el Espíritu Santo dentro de nosotros, sí cuenta con poder para instarnos a levantarnos y a seguir a Dios de nuevo.

"Porque el ocuparse de la carne es muerte, pero el ocuparse del Espíritu es vida y paz" (Ro. 8:6).

"No os conforméis a este siglo, sino transformaos por medio de la renovación de vuestro entendimiento, para que comprobéis cuál sea la buena voluntad de Dios, agradable y perfecta" (Ro. 12:2).

"Por tanto, no desmayamos; antes aunque este nuestro hombre exterior se va desgastando, el interior no obstante se renueva de día en día" (2 Co. 4:16).

"aboliendo en su carne las enemistades, la ley de los mandamientos expresados en ordenanzas, para crear en sí mismo de los dos un solo y nuevo hombre, haciendo la paz" (Ef. 2:15).

"y vestíos del nuevo hombre, creado según Dios en la justicia y santidad de la verdad" (Ef. 4:24).

"y revestido del nuevo, el cual conforme a la imagen del que lo creó se va renovando hasta el conocimiento pleno" (Col. 3:10).

2. El Espíritu Santo imparte el conocimiento de Dios y su voluntad. El Espíritu Santo atrae al creyente cerca de Dios; realmente Él atrae al creyente ante la presencia de Dios. Él insta al creyente...

- a acercarse a Dios mediante la fe en el Señor Jesucristo.
- a buscar fraternidad y comunión con Dios día tras día.
- a buscar a Dios para la limpieza diaria en el sacrificio de Cristo.
- a caminar con fe, obedeciendo las leyes de Dios.

El Espíritu Santo dirige, enseña, guía e impulsa al creyente a conocer y a seguir a Dios cada vez más y mejor.

"Y esta es la vida eterna: que te conozcan a ti, el único Dios verdadero, y a Jesucristo, a quien has enviado" (Jn. 17:3).

"a fin de conocerle, y el poder de su resurrección, y la participación de sus padecimientos, llegando a ser semejante a él en su muerte" (Fil. 3:10).

"Vosotros sois mis testigos, dice Jehová, y mi siervo que yo escogí, para que me conozcáis y creáis, y entendáis que yo mismo soy; antes de mí no fue formado dios, ni lo será después de mí" (Is. 43:10).

"Mas alábese en esto el que se hubiere de alabar: en entenderme y conocerme, que yo soy Jehová, que hago misericordia, juicio y justicia en la tierra; porque estas cosas quiero, dice Jehová" (Jer. 9:24).

"Y conoceremos, y proseguiremos en conocer a Jehová; como el alba está dispuesta su salida, y vendrá a nosotros como la lluvia, como la lluvia tardía y temprana a la tierra" (Os. 6:3).

3. El Espíritu Santo atestigua que Dios perdona el pecado de una vez para siempre. Él atestigua que Dios ha aceptado al creyente y lo ha adoptado como un hijo de Dios.

"Mas a todos los que le recibieron, a los que creen en su nombre, les dio potestad de ser hechos hijos de Dios" (Jn. 1:12).

"Pues no habéis recibido el espíritu de esclavitud para estar otra vez en temor, sino que habéis recibido el espíritu de adopción, por el cual clamamos: ¡Abba, Padre! El Espíritu mismo da testimonio a nuestro espíritu, de que somos hijos de Dios. Y si hijos, también herederos; herederos de Dios y coherederos con Cristo, si es que padecemos juntamente con él, para que juntamente con él seamos glorificados" (Ro. 8:15-17).

"Pero cuando vino el cumplimiento del tiempo, Dios envió a su Hijo, nacido de mujer y nacido bajo la ley, para que redimiese a los que estaban bajo la ley, a fin de que recibiésemos la adopción de hijos. Y por cuanto sois hijos, Dios envió a vuestros corazones el Espíritu de su Hijo, el cual clama: ¡Abba, Padre!" (Gá. 4:4-6).

"Por lo cual debía ser en todo semejante a sus hermanos, para venir a ser misericordioso y fiel sumo sacerdote en lo que a Dios se refiere, para expiar los pecados del pueblo. Pues en cuanto él mismo padeció siendo tentado, es poderoso para socorrer a los que son tentados" (He. 2:17-18).

"Porque no tenemos un sumo sacerdote que no pueda compadecerse de nuestras debilidades, sino uno que fue tentado en todo según nuestra semejanza, pero sin pecado. Acerquémonos, pues, confiadamente al trono de la gracia, para alcanzar misericordia y hallar gracia para el oportuno socorro" (He. 4:15-16).

4. El Espíritu Santo atestigua que ya no hay necesidad para el sacrificio, que Jesucristo es el sacrificio perfecto y eterno por el pecado. El Espíritu Santo confiere absoluta seguridad de salvación. Él es la seguridad del creyente.

"Y yo rogaré al Padre, y os dará otro Consolador, para que esté con vosotros para siempre: el Espíritu de verdad, al cual el mundo no puede recibir, porque no le ve, ni le conoce; pero vosotros le conocéis, porque mora con vosotros, y estará en vosotros" (Jn. 14:16-17).

"Mas vosotros no vivís según la carne, sino según el Espíritu, si es que el Espíritu de Dios mora en vosotros. Y si alguno no tiene el Espíritu de Cristo, no es de él" (Ro. 8:9).

"Y nosotros no hemos recibido el espíritu del mundo, sino el Espíritu que proviene de Dios, para que sepamos lo que Dios nos ha concedido" (1 Co. 2:12).

"¿No sabéis que sois templo de Dios, y que el Espíritu de Dios mora en vosotros?" (1 Co. 3:16).

"Y el que nos confirma con vosotros en Cristo, y el que nos ungió, es Dios, el cual también nos ha sellado, y nos ha dado las arras del Espíritu en nuestros corazones" (2 Co. 1:21-22).

"En él también vosotros, habiendo oído la palabra de verdad, el evangelio de vuestra salvación, y habiendo creído en él, fuisteis sellados con el Espíritu Santo de la promesa, que es las arras de nuestra herencia hasta la redención de la posesión adquirida, para alabanza de su gloria" (Ef. 1:13-14).

"Pero la unción que vosotros recibisteis de él permanece en vosotros, y no tenéis necesidad de que nadie os enseñe; así como la unción misma os enseña todas las cosas, y es verdadera, y no es mentira, según ella os ha enseñado, permaneced en él" (1 Jn. 2:27).

"En esto conocemos que permanecemos en él, y él en nosotros, en que nos ha dado de su Espíritu" (1 Jn. 4:13).

"Este es Jesucristo, que vino mediante agua y sangre; no mediante agua solamente, sino mediante agua y sangre. Y el Espíritu es el que da testimonio; porque el Espíritu es la verdad" (1 Jn. 5:6).

	IV. EL AUTOR SUPREMO DE LA FE: JESUCRISTO, EL HIJO DE DIOS, 10:19—11:40
	A. La fe nueva y viva, 10:19-21
1 Es tener libertad para entrar al Lugar santísimo, la presencia misma de Dios a. Por la sangre de Jesús b. Por el camino nuevo y vivo	19 Así que, hermanos, teniendo libertad para entrar en el Lugar santísimo por la sangre de Jesucristo, 20 por el camino nuevo y vivo que él nos abrió a través del velo, esto es, de su carne,
2 Es tener un Sumo sacerdote sobre la casa de Dios, es decir, el cielo	21 y teniendo un gran sacerdote sobre la casa de Dios,

DIVISIÓN IV

EL AUTOR SUPREMO DE LA FE: JESUCRISTO, EL HIJO DE DIOS, 10:19—11:40

A. La fe nueva y viva, 10:19-21

(10:19-21) *Introducción:* Piense en esto un momento. ¿Quién es Dios para la mayoría de las personas?

⇒ Para algunas personas, Dios es el Creador del mundo. Sin embargo, Él se encuentra muy lejos en algún lugar del espacio exterior, no muy interesado en ellas ni en sus asuntos cotidianos. Se pasan su vida viviendo y haciendo en buena manera lo que quieren. Si se encuentran en un aprieto o en alguna situación y necesitan ayuda, pueden llamar a Dios y Él puede o puede que no las ayude. Dios no es más que algún gran ser de otro mundo en quien se debe creer, pero no es necesario preocuparse demasiado por Él ya que Él se encuentra muy lejos.

⇒ Para otras personas Dios es alguien a quien se le debe temer. Ellas creen que Él es el Juez que se cierne sobre ellas y observa cada movimiento que hacen y las castiga por cada cosa mal hecha. Sienten miedo no sea que Dios les cause alguna clase de problemas, alguna enfermedad, problema, pena, soledad, vacío y pesar.

⇒ Para otras personas, puede que Dios exista o puede que Dios no exista. Si existe un Dios, Él se encuentra muy, muy lejos, tan apartado que no podemos conocerlo ni tampoco tener esperanza de conocerlo alguna vez. Sencillamente no hay suficiente evidencia de que Dios exista, no en el mundo físico. Y aunque Dios exista, con certeza no podemos conocerlo de ningún modo personal.

Este no es el Dios que se presenta acá. Este no es el Dios que envió a nuestro Señor Jesucristo a la tierra.

⇒ Dios no es un Dios que se encuentra muy lejos y despreocupado de nosotros.

⇒ Dios no es un Dios a quien se le deba tener miedo y pánico.

⇒ Dios no es un Dios a quien no se le pueda conocer.

A Dios se le puede conocer y a Dios nos podemos acercar. Podemos tener fraternidad y comunión con Él, andar y hablar con Él a medida que nos movemos durante el día. ¿Cómo? Por la fe nueva y viva, por la fe viva obrada por Jesucristo. Ya el hombre no tiene que andar por la vida…

• con *solo palabras escritas*.
• con fe *solo en las promesas escritas*.
• con fe *solo en una promesa futura*.

El hombre ahora puede tener una fe viva, una que en verdad vive y se mueve y tiene su ser dentro de su corazón. Él puede experimentar una fe que se mueve y cobra vida en su corazón y en su vida, una fe que está tan impresa en su corazón y en su vida que él sabe con absoluta seguridad que las promesas de Dios son seguras, una fe que se experimenta realmente día tras día.

Este es el análisis de este pasaje: *La fe nueva y viva* establecida por Dios mediante su Hijo, el Señor Jesucristo.

1. Es tener libertad para entrar al Lugar santísimo, la presencia misma de Dios (vv. 19-20).

2. Es tener un Sumo sacerdote sobre la casa de Dios, es decir, el cielo (v. 21).

1 (10:19-20) *Fe — Jesucristo, muerte:* ¿Qué es la fe nueva y viva? Primero, es tener libertad para entrar ante la presencia de Dios. La palabra "libertad" (parresian) significa entrar ante la presencia de Dios libre y abiertamente, con confianza y seguridad. Imagínense nada más…

• poder entrar ante la presencia de Dios libre y abiertamente.

- conocer a Dios de una manera íntima y personal.
- tener fraternidad y comunión con Dios.
- hacer que Dios nos guíe y dirija, nos cuide y se preocupe por nosotros, provea para nosotros y nos proteja, nos fortalezca y libere con gozo, regocijo, seguridad, confianza, y victoria sobre todas las pruebas y tentaciones de la vida.

Imagínense lograr que Dios cuide de la vida de alguien así. En eso consiste la fe nueva y viva: Es tener libertad para entrar ante la presencia de Dios, conocer a Dios íntima y personalmente, experimentar su fraternidad, presencia y poder todo el tiempo. Es vivir y moverse y tener nuestro ser en Dios.

¿Cómo es eso posible? ¿Cómo puede una persona conocer a Dios de un modo tan personal e íntimo? Por la sangre de Jesucristo. La muerte de Jesucristo abrió un camino nuevo y vivo para acercarnos a Dios. Abrió un camino que nos lleva justo al lugar más santo de todos, a la presencia misma de Dios.

Note la referencia al *Lugar santísimo* (v. 19) y al velo o cortina (v. 20). Esto se refiere al Lugar santísimo del tabernáculo judío donde moraba la presencia de Dios y al velo que separaba la presencia de Dios del hombre. El Lugar santísimo enfatiza la santidad y majestuosidad de Dios, cuan inaccesible y separado Dios se encuentra del hombre y de su mundo de imperfección y pecado. El velo simbolizaba que el hombre estaba aislado de Dios; el pecado y la imperfección del hombre lo hacían inacepto ante Dios. Esto, claro está, quería decir algo significativo: Mientras el velo estuviera allí, el hombre no podía acercarse a Dios. De la única manera que el hombre podía acercarse a Dios era si Dios rasgaba el velo y abría el camino ante su presencia.

Este es el mensaje glorioso de este pasaje. Dios ha rasgado el velo mediante la carne de su Hijo, el Señor Jesucristo (v. 20). El velo simbolizaba el cuerpo del Señor Jesús. Cuando se rasgó el cuerpo del Señor Jesús, se rasgó el velo del tabernáculo y se abrió el camino ante la presencia de Dios para siempre. ¿Qué quiere decir esto? Quiere decir lo siguiente: Cuando el cuerpo de Cristo fue rasgado en la cruz, el hombre dejó de estar separado de Dios por el pecado y la imperfección. El cuerpo rasgado de Cristo significa…

- que Cristo cargó los pecados, la culpa y el juicio de los hombres por ellos.
- que Cristo libera al hombre del pecado, la culpa y el juicio mediante su cuerpo rasgado.
- que Cristo ha abierto el camino para que el hombre entre ante la presencia de Dios mediante su cuerpo rasgado.

Ahora bien, volvamos a la interrogante original: ¿Cómo puede una persona conocer a Dios de un modo íntimo y personal? ¿Cómo puede una persona entrar ante la presencia de Dios libre y abiertamente? Por la sangre de Jesús, por el cuerpo rasgado de nuestro Señor. Ya un velo no separa al hombre de Dios. Solo hay una cosa que media entre Dios y los hombres y es Jesucristo. El cuerpo rasgado del Señor vivo. Ahora el camino ante la presencia de Dios se ha abierto por medio de Cristo. Pero note: Solo se ha abierto mediante Cristo, solo mediante su cuerpo rasgado. Él es el *camino nuevo y vivo* a

Dios. Él es el objetivo de la fe nueva y viva que se debe tener en Dios.

> "Yo soy la puerta; el que por mí entrare, será salvo; y entrará, y saldrá, y hallará pastos" (Jn. 10:9).
> "Jesús le dijo: Yo soy el camino, y la verdad, y la vida; nadie viene al Padre, sino por mí" (Jn. 14:6).
> "Justificados, pues, por la fe, tenemos paz para con Dios por medio de nuestro Señor Jesucristo; por quien también tenemos entrada por la fe a esta gracia en la cual estamos firmes, y nos gloriamos en la esperanza de la gloria de Dios" (Ro. 5:1-2).
> "porque por medio de él los unos y los otros tenemos entrada por un mismo Espíritu al Padre" (Ef. 2:18).
> "en quien tenemos seguridad y acceso con confianza por medio de la fe en él" (Ef. 3:12).
> "Así que, hermanos, teniendo libertad para entrar en el Lugar Santísimo por la sangre de Jesucristo acerquémonos con corazón sincero, en plena certidumbre de fe, purificados los corazones de mala conciencia, y lavados los cuerpos con agua pura" (He. 10:19, 22).

2 (10:21) *Jesucristo, Sumo sacerdote:* ¿Qué es la fe nueva y viva? Segundo, es tener un Sumo sacerdote de Dios sobre la casa de Dios. ¿Qué es la casa de Dios?

⇒ Es el cielo, donde se encuentra la presencia misma de Dios y donde se encuentra la casa de los creyentes.

⇒ Es la gran casa que Dios está construyendo, la iglesia del Dios vivo.

⇒ Es la gran casa de la fe, la casa que incluye a todos aquellos que creen.

Sucede lo siguiente: Nuestro Sumo sacerdote no es un Sumo sacerdote en un templo terrenal o santuario de adoración que envejece, se deteriora y desaparece. Nuestro Sumo sacerdote se encuentra ante la presencia misma de Dios. Él es el Sumo sacerdote que puede guiarnos ante la presencia misma del propio Dios y hasta la morada eterna de Dios.

⇒ Jesucristo es el sacerdote perfecto que ha hecho el sacrificio perfecto por los pecados, de una vez para siempre.

Por lo tanto, Él puede guiarnos ante la presencia de Dios y presentarnos como perfectos y aceptos ante Dios. Él puede guiarnos para conocer a Dios, para tener fraternidad y comunión con Dios y para hacerlo constantemente. Como el Gran Sacerdote sobre la casa de Dios puede sentir y compadecerse de nuestras enfermedades y ayudarnos en momentos de necesidad.

Esto es lo que significa el camino nuevo y vivo, la fe nueva y viva. La fe en Cristo abre las puertas hasta la presencia de Dios. Cuando una persona viene a Dios mediante Jesucristo, tiene acceso a Dios, acceso al amor y cuidado, protección y provisión, poder y presencia de Dios. Dios participa de modo activo en la vida de la persona, gozando de fraternidad y comunión y cuidando de la persona día tras día.

Pensamiento 1. Recuerden: No todos los creyentes aprovechan la puerta abierta hasta la presencia y cuidado de Dios. Demasiados creyentes descuidan su fraternidad y comunión con Él. Jesucristo nos ha proporcionado lo más hermoso del mundo, acceso hasta la presencia misma del propio Dios. Debemos aprender a tener fraternidad y relación con Él en una comunión inquebrantable.

"Por lo cual debía ser en todo semejante a sus hermanos, para venir a ser misericordioso y fiel sumo sacerdote en lo que a Dios se refiere, para expiar los pecados del pueblo" (He. 2:17).

"Por tanto, teniendo un gran sumo sacerdote que traspasó los cielos, Jesús el Hijo de Dios, retengamos nuestra profesión Porque no tenemos un sumo sacerdote que no pueda compadecerse de nuestras debilidades, sino uno que fue tentado en todo según nuestra semejanza, pero sin pecado" (He. 4:14-15).

"Así tampoco Cristo se glorificó a sí mismo haciéndose sumo sacerdote, sino el que le dijo: Tú eres mi Hijo, yo te he engendrado hoy" (He. 5:5).

"La cual tenemos como segura y firme ancla del alma, y que penetra hasta dentro del velo, donde Jesús entró por nosotros como precursor, hecho sumo sacerdote para siempre según el orden de Melquisedec" (He. 6:19-20).

"por lo cual puede también salvar perpetuamente a los que por él se acercan a Dios, viviendo siempre para interceder por ellos. Porque tal sumo sacerdote nos convenía: santo, inocente, sin mancha, apartado de los pecadores, y hecho más sublime que los cielos; que no tiene necesidad cada día, como aquellos sumos sacerdotes, de ofrecer primero sacrificios por sus propios pecados, y luego por los del pueblo; porque esto lo hizo una vez para siempre, ofreciéndose a sí mismo" (He. 7:25-27).

"Ahora bien, el punto principal de lo que venimos diciendo es que tenemos tal sumo sacerdote, el cual se sentó a la diestra del trono de la Majestad en los cielos, ministro del santuario, y de aquel verdadero tabernáculo que levantó el Señor, y no el hombre" (He. 8:1-2).

"Pero estando ya presente Cristo, sumo sacerdote de los bienes venideros, por el más amplio y más perfecto tabernáculo, no hecho de manos, es decir, no de esta creación, y no por sangre de machos cabríos ni de becerros, sino por su propia sangre, entró una vez para siempre en el Lugar santísimo, habiendo obtenido eterna redención. Porque si la sangre de los toros y de los machos cabríos, y las cenizas de la becerra rociadas a los inmundos, santifican para la purificación de la carne, ¿cuánto más la sangre de Cristo, el cual mediante el Espíritu eterno se ofreció a sí mismo sin mancha a Dios, limpiará vuestras conciencias de obras muertas para que sirváis al Dios vivo?" (He. 9:11-14).

"Así que, hermanos, teniendo libertad para entrar en el Lugar santísimo por la sangre de Jesucristo, por el camino nuevo y vivo que él nos abrió a través del velo, esto es, de su carne, y teniendo un gran sacerdote sobre la casa de Dios" (He. 10:19-21).

| 1 Acerquémonos a Dios
  a. Con corazón sincero
  b. Con certidumbre de fe
  c. Con una conciencia y cuerpo limpios
2 Mantengamos firme nuestra profesión de fe | B. El camino para garantizar la fe nueva y viva, 10:22-25

22 acerquémonos con corazón sincero, en plena certidumbre de fe, purificados los corazones de mala conciencia, y lavados los cuerpos con agua pura.
23 Mantengamos firme, sin fluctuar, la profesión de nuestra esperanza, porque fiel es el que prometió. | 24 Y considerémonos unos a otros para estimularnos al amor y a las buenas obras;

25 no dejando de congregarnos, como algunos tienen por costumbre, sino exhortándonos; y tanto más, cuanto veis que aquel día se acerca. | 3 Considerémonos unos a otros para estimularnos al amor y a las buenas obras
4 No dejemos de congregarnos
  a. advertencia: como algunos tienen por costumbre
  b. orden: no dejen de congregarse
  c. motivo: traerá como resultado el juicio |

DIVISIÓN IV

EL AUTOR SUPREMO DE LA FE: JESUCRISTO, EL HIJO DE DIOS, 10:19—11:40

B. El camino para garantizar la fe nueva y viva, 10:22-25

(10:22-25) *Introducción:* Este gran pasaje nos habla de la cosa más hermosa. Ahora podemos conocer a Dios, conocerlo de verdad. Podemos tener fraternidad y comunión con Él y lograr que su presencia y poder obren en nuestra vida. La presencia y poder de Dios puede vencer todos los problemas, pruebas y tentaciones de la vida que nos atacan. El Dios vivo puede ser una realidad viva en nuestra vida. Su presencia y poder puede vencer a todos los enemigos de la vida, incluso el último gran enemigo, la muerte. ¿Cómo? ¿Cómo podemos echarle mano a una fe tan nueva y viva, echarle mano al Dios vivo en nuestra vida? Este gran pasaje nos lo dice.

1. Acerquémonos a Dios (v. 22).
2. Mantengamos firme nuestra profesión de fe (v. 23).
3. Considerémonos unos a otros para estimularnos al amor y a las buenas obras (v. 24).
4. No dejemos de congregarnos (v. 25).

1 (10:22) *Acceso — Corazón — Conciencia:* El primer deber es acercarse a Dios. Jesucristo nos ha abierto el camino hacia la presencia de Dios. Él se ha hecho cargo de nuestros pecados y ha soportado por nosotros la culpa y el juicio de esos pecados. Él nos ha liberado del pecado, ha eliminado el pecado *de nuestra vida.* Ya Él está listo para presentarnos ante Dios como impecables y justos. Jesucristo nos ha hecho aceptos ante Dios. Él ha proporcionado un *camino nuevo y vivo al Lugar santísimo,* ante la presencia misma del propio Dios. Ahora podemos conocer a Dios, conocerlo de un modo íntimo y personal; ahora podemos tener fraternidad y comunión con Dios, contar con su presencia y poder en nuestra vida en nuestro andar diario. Por consiguiente, *acerquémonos a Dios.* Pero note: Resulta importante cómo nos acerquemos a Dios. Hay que acercarse a Dios de un modo particular; se necesita de cierta preparación para acercarse a Él.

1. Debemos tener un "corazón sincero". Esto quiere decir genuino, franco, honesto, con sentido y sin hipocresía.

Un corazón sincero implica una actitud de alegría, libertad y entusiasmo (Marvin Vincent, *Estudios lexicológicos del Nuevo Testamento,* vol. 4, p. 501). El verdadero creyente sabe que Jesucristo ha abierto la puerta que nos lleva hacia la presencia de Dios; por ende…

- es agradecido y apreciativo
- es alegre y feliz
- se siente libre y con la libertad de entrar hasta la presencia de Dios
- se siente entusiasmado y emocionado por entrar ante la presencia de Dios

No hay hipocresía ni falta de sinceridad, no hay deshonestidad alguna en un corazón sincero. Un corazón sincero sabe lo que Jesucristo ha hecho, el gran impacto y significado de lo que Él ha hecho. Un corazón sincero sabe que realmente se puede acercar a Dios, que puede conocer a Dios y tener comunión y fraternidad con Él. Sabe que puede andar en alabanza y agradecimiento a Dios todo el día, que puede tener la presencia y poder de Dios cuidando y preocupándose por él todo el día, que Dios lo liberará de todas las pruebas y tentaciones y le proporcionará victoria y triunfo sobre todo. El corazón sincero sabe lo que es acercarse a Dios, lo que es vivir en una fraternidad y comunión inquebrantada con Él.

Pensamiento 1. Muchos de nosotros nos encontramos tan envueltos en el mundo que nos olvidamos de "acercarnos a Dios". Nos olvidamos de lo maravilloso que Jesucristo ha hecho por nosotros, que realmente Él ha abierto un camino nuevo y vivo hasta la presencia misma del propio Dios.

Muy pocos de nosotros tenemos un corazón sincero y franco, un corazón que se acerca a Dios constantemente. Debemos despertar y prestar atención a esta orden. Es nuestro deber, un deber que es *absolutamente necesario:* "Acerquémonos con un corazón sincero [franco, genuino, honesto]".

2. Debemos tener *"plena certidumbre de fe".* Plena certidumbre significa certidumbre incondicional en Cristo, que Él es la única persona que puede y proporciona acceso ante la presencia de Dios, que Cristo y solo Cristo nos hace

aceptos ante Dios. Significa estar absolutamente convencido que la muerte de sacrificio de Jesucristo es el único sacrificio perfecto, que su muerte de sacrificio es el único sacrificio que Dios acepta.

Pensamiento 1. Demasiadas personas tienen lealtades divididas. No cuentan con la *plena certidumbre* de fe, plena certidumbre de que Jesucristo es absolutamente suficiente para presentarlas como perfectas ante Dios. Demasiadas personas creen que son aceptas ante Dios...

- porque son buenas personas y hacen muchas buenas obras.
- porque pertenecen y asisten a la iglesia.
- porque se han bautizado y confirmado.
- porque nunca han hecho nada considerado realmente malo.

Todas estas cosas son buenas y todos nosotros debiéramos llevar una vida buena y decente, moral y justa. Pero estas cosas no son las que nos hacen aceptos ante Dios. Solamente Jesucristo puede llevarnos ante la presencia de Dios y presentarnos ante Dios. Cuando nos acerquemos a Dios, *deberemos tener plena certidumbre de fe en Jesucristo*, absoluta certidumbre de que Jesucristo es el sacrificio por nuestros pecados, el Sumo sacerdote perfecto que nos puede presentar ante Dios.

3.   Debemos tener un corazón y un cuerpo perfectamente limpio y lavado. Esta es una ilustración del sumo sacerdote limpiándose y lavándose él mismo antes de entrar ante la presencia de Dios en el Lugar santísimo, el santuario interno del tabernáculo judío. Él se rociaba a sí mismo con la sangre del animal del sacrificio y se lavaba él mismo. Esto simbolizaba que sus propios pecados eran perdonados. Se limpiaba su propia mala conciencia y se lavaban los pecados de su cuerpo.

Sucede lo siguiente: Antes de acercarnos a Dios, debemos estar limpios de pecado y de su culpa, limpios por la sangre de Jesucristo. *Tenemos que* acercarnos a Dios mediante Jesucristo. Solo Jesucristo es el sacrificio perfecto por los pecados. Solo Él ha hecho el sacrificio perfecto por nuestros pecados. Por ende, la única forma en la que podemos quedar limpios de pecado es confiar en Jesucristo. Si confiamos realmente en su sacrificio, entonces Dios acepta su sacrificio por nosotros. Dios nos limpia de pecado. Él nos proporciona una conciencia limpia y un cuerpo lavado, una conciencia limpia de mal y culpa y un cuerpo limpio de pecado.

"Yo soy la puerta; el que por mí entrare, será salvo; y entrará, y saldrá, y hallará pastos" (Jn. 10:9).

"para que busquen a Dios, si en alguna manera, palpando, puedan hallarle, aunque ciertamente no está lejos de cada uno de nosotros" (Hch. 17:27).

"Justificados, pues, por la fe, tenemos paz para con Dios por medio de nuestro Señor Jesucristo; por quien también tenemos entrada por la fe a esta gracia en la cual estamos firmes, y nos gloriamos en la esperanza de la gloria de Dios" (Ro. 5:1-2).

"porque por medio de él los unos y los otros tenemos entrada por un mismo Espíritu al Padre" (Ef. 2:18).

"en quien tenemos seguridad y acceso con confianza por medio de la fe en él" (Ef. 3:12).

"(pues nada perfeccionó la ley), y de la introducción de una mejor esperanza, por la cual nos acercamos a Dios" (He. 7:19).

"Así que, hermanos, teniendo libertad para entrar en el Lugar Santísimo por la sangre de Jesucristo,... acerquémonos con corazón sincero, en plena certidumbre de fe, purificados los corazones de mala conciencia, y lavados los cuerpos con agua pura" (He. 10:19, 22).

"Acercaos a Dios, y él se acercará a vosotros. Pecadores, limpiad las manos; y vosotros los de doble ánimo, purificad vuestros corazones" (Stg. 4:8).

"Cercano está Jehová a los quebrantados de corazón; y salva a los contritos de espíritu" (Sal. 34:18).

"Pero en cuanto a mí, el acercarme a Dios es el bien; he puesto en Jehová el Señor mi esperanza, para contar todas tus obras" (Sal. 73:28).

"Cercano está Jehová a todos los que le invocan, a todos los que le invocan de veras" (Sal. 145:18).

2 (10:23) *Profesión — Confesión:* El segundo deber es mantener firme nuestra profesión sin fluctuar. Una persona que hace una profesión fiel en Cristo cree dos cosas:

⇒ Que Jesucristo es su Salvador de pecado y muerte, que Jesucristo es el sacrificio perfecto por sus pecados, que Jesucristo y su sacrificio cubre sus pecados y hace posible que Dios perdone sus pecados.

⇒ Que Jesucristo es el Señor resucitado, que Jesucristo es su sumo sacerdote quien se encuentra sentado a la diestra de Dios, que Jesucristo es el mediador e intercesor perfecto que lo hace acepto ante Dios y lo presenta ante Dios como perfecto e impecable.

Cuando una persona profesa a Cristo como su Salvador y Señor, él debe mantener firme su profesión y debe hacerlo sin fluctuar.

⇒ El creyente no debe hacer caso a las voces del mundo y regresar a la mundanalidad y el materialismo.

⇒ El creyente no debe dudar que Jesucristo murió por él.

⇒ El creyente no debe dudar que Jesucristo resucitó por él.

⇒ El creyente no debe hacer caso de las voces de la duda y la falsa enseñanza.

⇒ El creyente no debe dejar que las circunstancias, las pruebas o las tentaciones hagan fluctuar su fe en Cristo.

Nota: Hay una razón de peso para mantener firme nuestra profesión. ¿Cuál es?

⇒ "Fiel es el que prometió".

Dios cumple su Palabra. Y Él es el único que ha prometido dejar que el sacrificio de Cristo se considere como el sacrificio por nuestros pecados. Dios es el que ha prometido aceptarnos en Cristo, aceptarnos en su perfección y justicia. Dios hará exactamente lo que ha dicho. Él es fiel. Por lo tanto, "mantengamos firmes, sin fluctuar, la profesión de nuestra esperanza". Hemos sido salvos y heredaremos vida eterna, dado el privilegio glorioso de vivir con Dios para siempre en el nuevo cielo y tierra.

> "Así que, hermanos míos amados, estad firmes y constantes, creciendo en la obra del Señor siempre, sabiendo que vuestro trabajo en el Señor no es en vano" (1 Co. 15:58).
>
> "Estad, pues, firmes en la libertad con que Cristo nos hizo libres, y no estéis otra vez sujetos al yugo de esclavitud" (Gá. 5:1).
>
> "No nos cansemos, pues, de hacer bien; porque a su tiempo segaremos, si no desmayamos" (Gá. 6:9).
>
> "Examinadlo todo; retened lo bueno" (1 Ts. 5:21).
>
> "pero Cristo como hijo sobre su casa, la cual casa somos nosotros, si retenemos firme hasta el fin la confianza y el gloriarnos en la esperanza" (He. 3:6).
>
> "Por tanto, teniendo un gran sumo sacerdote que traspasó los cielos, Jesús el Hijo de Dios, retengamos nuestra profesión. Porque no tenemos un sumo sacerdote que no pueda compadecerse de nuestras debilidades, sino uno que fue tentado en todo según nuestra semejanza, pero sin pecado. Acerquémonos, pues, confiadamente al trono de la gracia, para alcanzar misericordia y hallar gracia para el oportuno socorro" (He. 4:14-16).
>
> "Mantengamos firme, sin fluctuar, la profesión de nuestra esperanza, porque fiel es el que prometió" (He. 10:23).
>
> "Bienaventurado el varón que soporta la tentación; porque cuando haya resistido la prueba, recibirá la corona de vida, que Dios ha prometido a los que le aman" (Stg. 1:12).
>
> "Por tanto, ceñid los lomos de vuestro entendimiento, sed sobrios, y esperad por completo en la gracia que se os traerá cuando Jesucristo sea manifestado" (1 P. 1:13).
>
> "Sed sobrios, y velad; porque vuestro adversario el diablo, como león rugiente, anda alrededor buscando a quien devorar; al cual resistid firmes en la fe, sabiendo que los mismos padecimientos se van cumpliendo en vuestros hermanos en todo el mundo" (1 P. 5:8-9).
>
> "Así que vosotros, oh amados, sabiéndolo de antemano, guardaos, no sea que arrastrados por el error de los inicuos, caigáis de vuestra firmeza" (2 P. 3:17).
>
> "Acuérdate, pues, de lo que has recibido y oído; y guárdalo, y arrepiéntete. Pues si no velas, vendré sobre ti como ladrón, y no sabrás a qué hora vendré sobre ti" (Ap. 3:3).

3 (10:24) *Deber del creyente — Amor — Ministración — Servicio:* El tercer deber es considerarnos unos a otros para estimularnos al amor y a las buenas obras. Note la palabra "considerar" (katanoomen). Quiere decir prestar atención a, fijar la atención en, cuidar de modo continuo, protegernos. ¡Qué exhortación para los creyentes!

⇒ Prestarnos atención unos a otros.
⇒ Fijar nuestra atención en cada uno de nosotros.
⇒ Cuidarnos unos a otros de modo continuo.
⇒ Protegernos unos a otros.

¡Cuán diferente sería la iglesia, cuán fuerte seríamos en Cristo y en la vida, si prestáramos atención a esta exhortación! Y note a qué debemos prestarle atención: a asegu-

rarnos de que estamos estimulados y que vivimos para Cristo, que nos amamos unos a otros y que hacemos buenas obras. Esto significa sencillamente…

• que nos consideramos unos a otros.
• que demostramos preocupación unos por otros.
• que nos satisfacemos nuestras necesidades mutuamente.
• que nos fortalecemos nuestras debilidades.
• que nos ayudamos unos a otros durante cada prueba y tentación.

Quiere decir que amamos, amamos con acciones y no con palabras, que…

• alimentamos a los pobres.
• visitamos a los enfermos y a los enclaustrados.
• cuidamos de los huérfanos y de los niños de hogares destruidos y padres solteros.
• hacemos amistad con los solitarios.
• damos orientación y dirección a quienes han quedado vacíos y a quienes no le han dado un propósito a su vida.

Note nuevamente la exhortación: Nos prestamos atención unos a otros. ¿Para qué? Para asegurarnos de que ninguno de nosotros está perdiendo el interés, para estimularnos unos a otros al amor y a las buenas obras. Este es el deber de la fe nueva y viva que Jesucristo ha obrado por nosotros. No es una fe muerta. Es una fe que nos exhorta a la acción, que nos exhorta a vivir, vivir realmente, vivir en amor y en buenas obras, por el bien de un mundo enfermo y necesitado.

> "Así alumbre vuestra luz delante de los hombres, para que vean vuestras buenas obras, y glorifiquen a vuestro Padre que está en los cielos" (Mt. 5:16).
>
> "Un mandamiento nuevo os doy: Que os améis unos a otros; como yo os he amado, que también os améis unos a otros En esto conocerán todos que sois mis discípulos, si tuviereis amor los unos con los otros" (Jn. 13:34-35).
>
> "Este es mi mandamiento: Que os améis unos a otros, como yo os he amado" (Jn. 15:12).
>
> "El amor sea sin fingimiento. Aborreced lo malo, seguid lo bueno" (Ro. 12:9).
>
> "Porque: No adulterarás, no matarás, no hurtarás, no dirás falso testimonio, no codiciarás, y cualquier otro mandamiento, en esta sentencia se resume: Amarás a tu prójimo como a ti mismo El amor no hace mal al prójimo; así que el cumplimiento de la ley es el amor" (Ro. 13:9-10).
>
> "Y el Señor os haga crecer y abundar en amor unos para con otros y para con todos, como también lo hacemos nosotros para con vosotros" (1 Ts. 3:12).
>
> "Dad gracias en todo, porque esta es la voluntad de Dios para con vosotros en Cristo Jesús." (1Ts 5:18).
>
> "presentándote tú en todo como ejemplo de buenas obras; en la enseñanza mostrando integridad, seriedad" (Tit. 2:7).
>
> "Y considerémonos unos a otros para estimularnos al amor y a las buenas obras" (He. 10:24).
>
> "Así también la fe, si no tiene obras, es muerta en sí misma. Pero alguno dirá: Tú tienes fe, y yo tengo

obras. Muéstrame tu fe sin tus obras, y yo te mostraré mi fe por mis obras" (Stg. 2:17-18).

"Habiendo purificado vuestras almas por la obediencia a la verdad, mediante el Espíritu, para el amor fraternal no fingido, amaos unos a otros entrañablemente, de corazón puro" (1 P. 1:22).

"manteniendo buena vuestra manera de vivir entre los gentiles; para que en lo que murmuran de vosotros como de malhechores, glorifiquen a Dios en el día de la visitación, al considerar vuestras buenas obras" (1 P. 2:12).

4 (10:25) *Iglesia — Asistencia — Congregación:* El cuarto deber es congregarnos y nunca dejar de congregarnos, no descuidarnos tan siquiera por un período de tiempo breve. Este es el significado de esta exhortación. Los creyentes deben congregarse…

* para la adoración
* para la oración
* para el estudio de la Palabra de Dios
* para el ministerio y el testimonio

Lea el versículo detenidamente y verá claramente que con frecuencia la idea es: Debemos congregarnos a menudo y nunca dejar de congregarnos. Los verdaderos creyentes se necesitan unos a otros, la presencia, fraternidad, fuerza, exhortación, cuidado y amor de cada uno.

Pero note: Algunos han abandonado la iglesia incluso en la época temprana de la iglesia. Muy parecido a algunos en cada generación. La necesidad es nada más lo que este versículo dice: Exhortándonos; y tanto más, cuanto veis que aquel día se acerca. ¿Qué día? El día del regreso del Señor. Su regreso se encuentra muy cerca. Por lo tanto, debemos exhortar a aquellos que han recaído, no sea que pierdan la salvación de su venida y tengan que enfrentarse a su juicio.

Pensamiento 1. William Barclay analiza este punto de un modo excelente que merece nuestra atención para cuando vayamos a ministrar este versículo a nuestros compañeros. Él toma los tres puntos de Moffatt en el *Comentario crítico internacional.* Él plantea que hay tres razones que impiden que una persona se congregue con otros cristianos.

1) 'Puede que no vaya a la iglesia por miedo. Puede que le avergüence mostrar su lealtad al ser visto (asistiendo) ir yendo a la iglesia. Puede que viva o trabaje entre personas que se rían de aquellos que van a la iglesia. Puede que tenga amigos que no les interese ese tipo de cosa, y puede que le tema a la crítica y al desprecio de ellos. Puede que trate de ser un discípulo secreto; pero bien se ha dicho que es imposible ser un discípulo secreto porque 'el discipulado mata el secreto, o el secreto mata el discipulado'. Sería bueno recordar que, aparte de todo, ir a la iglesia es demostrar donde yace nuestra lealtad. Aunque el sermón sea pobre y la adoración de mal gusto, aún así la iglesia nos da la oportunidad de demostrarles a los hombres de qué lado estamos.

2) 'Puede que no vaya por desagrado. Puede que le desagraden las personas comunes; puede que se aís-

le del contacto con las personas que 'no son como él'. Hay iglesias, incluso en este país, que tanto como parecen iglesias parecen clubes. Puede que estén en vecindarios donde la categoría social ha decaído; y los miembros que han permanecido fieles a ellas se avergonzarían tanto como se deleitarían si los pobres y la gente de barrio de la zona comenzaran a visitarlos en grandes números. No debemos olvidar nunca que no existe 'el hombre común ante los ojos de Dios. Cristo murió por todos los hombres, no solo por las clases respetables.

3) 'Puede que no vaya por engaño. Francamente, puede que crea y plantee que él no necesita la iglesia; (pues) que intelectualmente (sobrepasa el nivel de la prédica del lugar) haya sobrepasado la norma de predicar allí. Puede que el esnobismo social sea malo, el esnobismo espiritual e intelectual es peor. El más sabio de los hombres es un tonto ante los ojos de Dios; y el más fuerte de los hombres es débil en el momento de la tentación. No hay hombre que pueda llevar la vida cristiana y descuidar la fraternidad de la iglesia. Si algún hombre siente que puede lograrlo recuérdele que él va a la iglesia, no solo a recibir, sino también a dar. Él debe ir no solo a recibir, sino a hacer su propia contribución a la vida de la iglesia. Si él siente que la iglesia comete errores, es su deber ir y ayudar a enmendarlos" (*La Epístola a los Hebreos,* p. 136s)

"Estaba también allí Ana, profetisa, hija de Fanuel, de la tribu de Aser, de edad muy avanzada, pues había vivido con su marido siete años desde su virginidad, y era viuda hacía ochenta y cuatro años; y *no se apartaba del templo,* sirviendo de noche y de día con ayunos y oraciones" (Lc. 2:36-37).

"Vino a Nazaret, donde se había criado; y en el día de reposo entró en la sinagoga, *conforme a su costumbre,* y se levantó a leer" (Lc. 4:16).

"Ellos, después de haberle adorado, volvieron a Jerusalén con gran gozo; y estaban siempre en el templo, alabando y bendiciendo a Dios. Amén" (Lc. 24:52-53).

"Dios es Espíritu; y los que le adoran, en espíritu y en verdad es necesario que adoren" (Jn. 4:24).

"Y perseverando unánimes *cada día* en el templo, y partiendo el pan en las casas, comían juntos con alegría y sencillez de corazón" (Hch. 2:46).

"Pedro y Juan subían juntos al templo a la hora novena, la de la oración" (Hch. 3:1).

"Ellos, pasando de Perge, llegaron a Antioquía de Pisidia; y entraron en la sinagoga un día de reposo y se sentaron" (Hch. 13:14).

"sino que el lugar que Jehová vuestro Dios escogiere de entre todas vuestras tribus, para poner allí su nombre para su habitación, ése buscaréis, y allá iréis" (Dt. 12:5).

"Ciertamente el bien y la misericordia me seguirán todos los días de mi vida, Y en la casa de Jehová moraré por largos días" (Sal. 23:6).

"Jehová, la habitación de tu casa he amado, y el lugar de la morada de tu gloria" (Sal. 26:8).

"Una cosa he demandado a Jehová, Esta buscaré; que esté yo en la casa de Jehová todos los días de mi vida, para contemplar la hermosura de Jehová, y para inquirir en su templo" (Sal. 27:4).

"Bienaventurado el que tú escogieres y atrajeres a ti, para que habite en tus atrios; seremos saciados del bien de tu casa, de tu santo templo" (Sal. 65:4).

"Anhela mi alma y aun ardientemente desea los atrios de Jehová; mi corazón y mi carne cantan al Dios vivo… Bienaventurados los que habitan en tu casa; perpetuamente te alabarán" (Sal. 84:2, 4).

"Porque mejor es un día en tus atrios que mil fuera de ellos. Escogería antes estar a la puerta de la casa de mi Dios, que habitar en las moradas de maldad" (Sal. 84:10).

"Yo me alegré con los que me decían: A la casa de Jehová iremos" (Sal. 122:1).

1 La advertencia: Si pecáremos voluntariamente	C. Advertencia cuatro: El peligro de la apostasía, de alejarse de Cristo, 10:26-39	32 Pero traed a la memoria los días pasados, en los cuales, después de haber sido iluminados, sostuvisteis gran combate de padecimientos;	4 El llamado a los que se alejan
a. Cuando: Después de haber recibido el conocimiento de la verdad, compárese 19-25	26 Porque si pecáremos voluntariamente después de haber recibido el conocimiento de la verdad, ya no queda más sacrificio por los pecados,		a. Recuerden sus experiencias cristianas anteriores 1) Su iluminación espiritual
b. Resultados 1) Ya no queda más sacrificio por el pecado		33 por una parte, ciertamente, con vituperios y tribulaciones fuisteis hechos espectáculo; y por otra, llegasteis a ser compañeros de los que estaban en una situación semejante.	2) Su resistencia 3) Fueron compañeros de los que sufrían
2) Juicio e ira	27 sino una horrenda expectación de juicio, y de hervor de fuego que ha de devorar a los adversarios.	34 Porque de los presos también os compadecisteis, y el despojo de vuestros bienes sufristeis con gozo, sabiendo que tenéis en vosotros una mejor y perdurable herencia en los cielos.	4) Sufrieron el despojo de sus bienes 5) Su razón: La esperanza del cielo, una posesión mejor y perdurable
2 La certeza del castigo: Merece mucho mayor castigo a. Porque pisotea al Hijo de Dios	28 El que viola la ley de Moisés, por el testimonio de dos o de tres testigos muere irremisiblemente. 29 ¿Cuánto mayor castigo pensáis que merecerá el que pisoteare al Hijo de Dios, y tuviere por inmunda la sangre del pacto en la cual fue santificado, e hiciere afrenta al Espíritu de gracia?	35 No perdáis, pues, vuestra confianza, que tiene grande galardón; 36 porque os es necesaria la paciencia, para que habiendo hecho la voluntad de Dios, obtengáis la promesa.	b. No pierdan la confianza, el coraje y la resistencia 1) Porque tiene grande galardón
b. Porque tiene por inmunda la sangre de Cristo c. Porque hace afrenta al Espíritu Santo		37 Porque aún un poquito, Y el que ha de venir vendrá, y no tardará.	2) Porque. Cristo vendrá pronto
3 El Juez: El Dios vivo a. Hecho 1: Lo conocemos, quien es y lo que Él puede hacer	30 Pues conocemos al que dijo: Mía es la venganza, yo daré el pago, dice el Señor. Y otra vez: El Señor juzgará a su pueblo.	38 Mas el justo vivirá por fe; Y si retrocediere, no agradará a mi alma.	c. Viva por fe, y no retroceda 1) La fe preserva el alma
b. Hecho 2: Él juzgará a su pueblo c. Hecho 3: Algo horrendo	31 ¡Horrenda cosa es caer en manos del Dios vivo!	39 Pero nosotros no somos de los que retroceden para perdición, sino de los que tienen fe para preservación del alma.	2) Retroceder desagrada a Dios 3) El creyente no debe retroceder

DIVISIÓN IV

EL AUTOR SUPREMO DE LA FE: JESUCRISTO, EL HIJO DE DIOS, 10:19—11:40

C. Advertencia cuatro: El peligro de la apostasía, de alejarse de Cristo, 10:26-39

(10:26-39) *Introducción:* Esta es la advertencia más severa que se le haya hecho a los cristianos. Es la cuarta advertencia hecha en la Epístola a los Hebreos. La advertencia es difícil de entender para cualquiera que no haya vivido en la época en la que se escribió. El pasaje completo es un intento para decirle dos cosas a los cristianos:

⇒ Cómo mantener fuerte su fe (He. 10:22-25).

⇒ Su fe en Jesús en la única forma de salvación (He. 10:26-39).

Esta es una advertencia a la que todos los creyentes deben prestar atención. Existe el peligro de la apostasía…

1. La advertencia: Si pecáremos voluntariamente (vv. 26-27).
2. La certeza del castigo: Merece mucho mayor castigo (vv. 28-29).
3. El Juez: El Dios vivo (vv. 30-31).
4. El llamado a los que se alejan (vv. 32-39).

1 (10:26-27) *Pecado, voluntario — Juicio:* La advertencia es fuerte, si pecáremos voluntariamente, ya no hay sacrificio por nuestros pecados. No hay otro sacrificio que pueda eliminar nuestros pecados si continuamos pecando. Solo nos aguarda juicio.

¿Qué es el pecado voluntario? Es decidir llevar una vida de pecado en vez de llevar una vida de piedad. Es decidir deliberadamente vivir para este mundo y para uno mismo en vez de vivir para Cristo.

⇒ Es decidir vivir para el mundo y nunca volverse a Dios.
⇒ Es decidir pecar y nunca arrepentirse y volverse a Dios.

El pecado voluntario es *decidir continuar con una vida de pecado* y nunca volverse a Dios. Esta persona, la persona que peca voluntariamente, no contará nunca con un sacrificio por el pecado. La única forma imaginable en la que esa persona puede ser acepta ante Dios es arrepintiéndose y volviendo a Cristo como el sacrificio por sus pecados. Debe confiar en que Jesucristo murió por sus pecados, en verdad sacrificó su vida por los pecados del hombre. Jesucristo es el único sacrificio por los pecados que es acepto ante Dios. Por tanto, si el pecador voluntario, continúa viviendo para este mundo y para el pecado, va a ser salvo en algún momento, tiene que dejar su pecado y volverse al sacrificio de Jesucristo para limpiarse.

Pero note algo fundamental: Este pasaje no está escrito para el incrédulo que peca voluntariamente. Está escrito para la persona que ha recibido *el conocimiento de la verdad* y peca voluntariamente. Está escrito…

• para aquellos que tienen "pleno conocimiento" (epignosin) de la verdad (A. T. Robertson, *Metáforas del Nuevo Testamento,* vol. 5, p. 413).
• para aquellos que una vez adquirieron el conocimiento de la verdad (*Nuevo Testamento Ampliado*).
• para aquellos que recibieron el conocimiento de la verdad, "la revelación mediante Cristo" (Marvin Vincent, *Estudios lexicológicos del Nuevo Testamento,* vol. 4, p. 503).
• para aquellos que "no carecen del entendimiento de la verdad" (Robert W. Ross, *Hebreos,* "El Nuevo Testamento y Comentario bíblico Wycliffe", editado por Charles F. Pfeiffer y Everette F. Harrison, Nueva York, NY: The Iverson Associates [Asociados Iverson]. Producido por Moody Monthly y Moody Press de Chicago, 971, p. 929).

La importancia y severidad de la advertencia se ve a través del hecho de que la mayoría de los cuatro escritores mencionados anteriormente, si no todos, se mantienen firmes en la seguridad del creyente. Aún así, reconocen la seriedad de la advertencia para todos los que profesan a Cristo. De hecho, todo intérprete honrado e inteligente (con qué frecuencia esto no se encuentra) de las Escrituras se ve forzado por este pasaje a realizar una advertencia a los creyentes: Preste atención. Existe el peligro de la apostasía, de alejarse de Cristo y de los otros creyentes.

Esta es una advertencia severa para todas las generaciones. De hecho, probablemente Esta sea la advertencia más severa hecha en todas las Escrituras. El pasaje debe insertarse en contexto. El juicio cae sobre aquellos que *pecan volunta-*

riamente después de conocer la verdad. ¿Qué verdad? Los versículos 22-25 dicen que el pecado puede ser una de cuatro cosas que no se hagan:

⇒ No acercarse a Dios.
⇒ No mantenerse firme.
⇒ No estimular a otros cristianos a amarse unos a otros.
⇒ No congregarse.

¿Cuál es el juicio pronunciado? "ya no queda más sacrificio por los pecados, sino una horrenda expectación de juicio" (vv. 26-27). El versículo 30 dice: "El Señor juzgará a su pueblo". Al parecer significa que desde el momento en el que continúa pecando voluntariamente hasta el momento del arrepentimiento o de ser llevado a casa, no hay sacrificio que pueda perdonar los pecados. No hay sacrificio de animales ni ningún otro sacrificio incluso el sacrificio de Cristo que pueda expiar el pecado. Como dicen las Escrituras, "Si en mi corazón hubiese yo mirado a la iniquidad, el Señor no me habría escuchado" (Sal. 66:18). Aunque una persona pida perdón, Dios no puede perdonar si la persona no es sincera y continúa andando en el pecado. Ni siquiera el sacrificio de Cristo tiene efecto sin un acercamiento sincero y una petición seria de perdón. Aún así para aquellos que piden perdón verdaderamente, hay perdón completo y limpieza perfecta (1 Jn. l: 6-10, fundamentalmente 9).

Cuando se lee un pasaje como este, una persona siempre debe tener presente la enseñanza de todas las Escrituras. El juicio del creyente no quiere decir que se pierda la salvación del cristiano. El cristiano es salvo por la justicia de Cristo, todo mediante la vida y la eternidad, no por sus propios actos justos. Pero el pecado voluntario rompe la comunión del cristiano con Dios y hace que su servicio sea ineficaz y si continúa con el pecado voluntario, sufrirá una pérdida grande y horrenda en la silla del juicio de Cristo. (Vea el *Estudio a fondo 1,* 2 Co. 5:10; *Estudio a fondo 1,* 1 Jn. 5:16 para un mayor análisis.)

Al parecer este es el significado: No importa lo que profese una persona.

⇒ Puede decir que ha confiado en Cristo como su Señor y Salvador…
⇒ Puede haber recibido el conocimiento de la verdad…
⇒ Puede haberse alejado del mundo y haberse vuelto a Cristo como la semilla que cayó sobre la piedra…

…pero si decide regresar al mundo y llevar una vida de pecado, no hay sacrificio que pueda perdonar sus pecados. Ni siquiera el sacrificio de Cristo puede perdonar sus pecados.

¿Esto quiere decir que el hombre ha cometido el pecado imperdonable y nunca puede ser perdonado, aunque se arrepienta y se vuelva a Cristo? Note que este pasaje no dice esto, en ninguna parte. Lo que el pasaje está diciendo es lo siguiente: La muerte y el sacrificio de Jesucristo no tiene efecto en una persona que continúa pecando (pecando voluntariamente…

• no importa cuánto conocimiento de la verdad tenga.
• no importa cuánto pueda profesar la persona que conoce a Cristo.

Dios no puede perdonar si la persona no es sincera y continúa andando en pecado. El sacrificio de Cristo no tiene efecto sin un acercamiento sincero y un andar piadoso tras Cristo. Como se planteó anteriormente, las Escrituras dicen, "Si en mi corazón hubiese yo mirado a la iniquidad, el Señor no me habría escuchado" (Sal. 66: 18). Sin embargo, nunca debemos olvidar la enseñanza de las Escrituras sobre el perdón, porque si lo hacemos, no hay perdón para ninguno de nosotros. Las Escrituras declaran alto y claro que en Cristo tenemos "redención por su sangre, el perdón de pecados" (Ef. 1:7).

Note un elemento final sobre la advertencia: Una persona que ha recibido el conocimiento de la verdad y regresa al pecado no esperará más que juicio y la furia de la ira.

⇒ Por juicio se entiende el día terrible en el que los pecados de los hombres serán juzgados. Y recuerden, no hay sacrificio que cubra los pecados de esta persona; por ende, esa misma persona debe cargar sus pecados y enfrentarse a Dios.

⇒ Por hervor de fuego se entiende un fuego violento (A. T. Robertson, *Metáforas del Nuevo Testamento,* vol. 5, p. 413); el hervor de la ira y la indignación; un fuego devorador y quemaduras perdurables (Matthew Henry, *Comentario de Matthew Henry,* vol. 6, p. 935).

"Al ver él que muchos de los fariseos y de los saduceos venían a su bautismo, les decía: ¡Generación de víboras! ¿Quién os enseñó a huir de la ira venidera?" (Mt. 3:7).

"Porque la ira de Dios se revela desde el cielo contra toda impiedad e injusticia de los hombres que detienen con injusticia la verdad" (Ro. 1:18).

"Pero por tu dureza y por tu corazón no arrepentido, atesoras para ti mismo ira para el día de la ira y de la revelación del justo juicio de Dios" (Ro. 2:5).

"pero ira y enojo a los que son contenciosos y no obedecen a la verdad, sino que obedecen a la injusticia; tribulación y angustia sobre todo ser humano que hace lo malo, el judío primeramente y también el griego" (Ro. 2:8-9).

"Y si nuestra injusticia hace resaltar la justicia de Dios, ¿qué diremos? ¿Será injusto Dios que da castigo? (Hablo como hombre.) En ninguna manera; de otro modo, ¿cómo juzgaría Dios al mundo?" (Ro. 3:5-6).

"Pues mucho más, estando ya justificados en su sangre, por él seremos salvos de la ira" (Ro. 5:9).

"entre los cuales también todos nosotros vivimos en otro tiempo en los deseos de nuestra carne, haciendo la voluntad de la carne y de los pensamientos, y éramos por naturaleza hijos de ira, lo mismo que los demás" (Ef. 2:3).

"Nadie os engañe con palabras vanas, porque por estas cosas viene la ira de Dios sobre los hijos de desobediencia" (Ef. 5:6; cp. Col. 3:6).

"porque ellos mismos cuentan de nosotros la manera en que nos recibisteis, y cómo os convertisteis de los ídolos a Dios, para servir al Dios vivo y verdadero, y esperar de los cielos a su Hijo, al cual resucitó de los muertos, a Jesús, quien nos libra de la ira venidera" (1 Ts. 1:9-10).

"Porque no nos ha puesto Dios para ira, sino para alcanzar salvación por medio de nuestro Señor Jesucristo" (1 Ts. 5:9).

"Honrad al Hijo, para que no se enoje, y perezcáis en el camino; pues se inflama de pronto su ira. Bienaventurados todos los que en él confían" (Sal. 2:12).

"El que cree en el Hijo tiene vida eterna; pero el que rehúsa creer en el Hijo no verá la vida, sino que la ira de Dios está sobre él" (Jn. 3:36).

"Por tanto, juré en mi ira: No entrarán en mi reposo" (He. 3:11).

2 (10:28-29) *Juicio:* Se puede ver fácilmente la certeza del juicio. Esta persona merece mucho mayor castigo que cualquier otro pecador. ¿Por qué? Porque ha recibido el conocimiento de la verdad y ha decidido volverse al mundo y a volver a vivir en pecado. ¿Qué quiere decir esto? Nota: este versículo explica en detalle lo que esta persona hace ante los ojos de Dios. La persona que conoce la verdad sobre Jesucristo y continúa llevando una vida de pecado comete tres de los pecados más terribles y atroces que se pueda imaginar.

1. Pisotea al propio Hijo de Dios. Esto es mucho peor que nada más ignorar y descuidar y desconocer a Cristo. Es saber que Cristo es el Hijo de Dios que vino a la tierra a revelar el amor de Dios y a salvar a los hombres, pero...

• *rechazar a Cristo* para que todos lo vean.

• *rehusarse a obedecer a Cristo* en presencia de otras personas.

• *negar a Cristo* tanto con acciones como con palabras.

• *mostrar desprecio por Cristo* al vivir en pecado aunque conozca una mejor vida.

• *insultar a Cristo* al profesar su nombre y aún así vivir en pecado y pensar que se está saliendo con la suya.

Esta persona merece más castigo que cualquier otra en la tierra. Esta es la idea central de este pasaje. Sencillamente no hay sacrificio para una persona así.

2. Esa persona tiene la sangre de Cristo como algo inmundo. Esto quiere decir que la persona considera que la sangre de Cristo no vale la pena y no es útil para salvar a una persona. Conoce y entiende y quizás una vez haya profesado, exactamente lo que enseñan las Escrituras: Que Jesucristo sacrificó su vida y derramó su sangre por los pecados de los hombres. Pero la persona no acepta lo que dicen las Escrituras. Hay dos actitudes que son culpables de esto:

⇒ Las que rechazan la sangre de Cristo porque piensan que la manera de llegar a Dios es vivir lo mejor que puedan y dar lo mejor de sí. Esas personas creen que Dios las aceptará si son suficientemente buenas y religiosas.

⇒ Las que rechazan la sangre de Cristo porque para ellas la sangre es desagradable y repulsiva. El cristianismo es a lo que denominan una *religión sangrienta.*

Recuerden: Estas personas comprenden el sacrificio sustituidor de la sangre de Jesús por los pecados, pero lo rechazan como el camino hacia Dios. Deciden deliberadamente lo que denominarían una religión más agradable de buenas obras para llegar a Dios y ganar su aprobación.

Nuevamente, estas personas merecen mucho más juicio

que otros pecadores. ¿Por qué? Porque conocen el significado de la sangre de Cristo, aún así la tienen por inmunda, no se merecen a Dios. Y la gran tragedia es: La sangre de Jesucristo es el fundamento mismo del nuevo pacto de Dios, el pacto de amor, misericordia y gracia.

Dios les declara a estas personas:

"Miren el sacrificio de mi Hijo por ustedes. Él es la demostración de mi amor por ustedes, la demostración perfecta. No podría hacer nada más grande por ustedes que morir por ustedes, de la misma manera que ustedes no podrían hacer nada más grande que morir por alguien más. Los amo y les he demostrado mi amor de la manera más suprema posible: al dejar que mi propio Hijo cargue los pecados de ustedes sobre sí y soporte la culpa de mi justicia e ira contra el pecado. Él soportó la ira y la condenación por ustedes. Ahora solo tienen que creer en Él y honrarlo confiándole la vida de ustedes a Él. Cuando hagan esto, los aceptaré en su sacrificio. Créanlo, analícenlo, encomiéndenle su vida. ¿Por qué siguen teniendo por inmunda la sangre de mi Hijo?"

3. Él ha hecho afrenta al Espíritu de gracia, la misma persona que vierte la gracia de Dios sobre los hombres, es decir, el Espíritu Santo. La palabra *afrenta* significa insultar o ultrajar. ¿Cómo una persona hace afrenta al Espíritu Santo?

⇒ Al sentir la atracción interna del Espíritu a arrepentirse y cambiar y seguir a Cristo, y que aún así rechace e ignore la convicción del Espíritu. Esto lo insulta y demuestra que la persona le hace afrenta.

⇒ Al profesar que es un seguidor de Cristo, y que aún así continúe viviendo en pecado. Esto insulta al Espíritu y demuestra que le hace afrenta.

Una vez más, la persona que conoce la verdad y aún así se vuelve al mundo y al pecado será castigada, no importa lo que profese. Y no debemos olvidarlo nunca: Aquellos que profesaron ser del pueblo de Dios bajo la ley de Moisés murieron sin misericordia. ¿De cuánto mayor castigo creen que seremos merecedores si nos alejamos de nuestra profesión?

"El que cree en el Hijo tiene vida eterna; pero el que rehúsa creer en el Hijo no verá la vida, sino que la ira de Dios está sobre él" (Jn. 3:36).

"Porque la ira de Dios se revela desde el cielo contra toda impiedad e injusticia de los hombres que detienen con injusticia la verdad" (Ro. 1:18).

"pero ira y enojo a los que son contenciosos y no obedecen a la verdad, sino que obedecen a la injusticia; tribulación y angustia sobre todo ser humano que hace lo malo, el judío primeramente y también el griego" (Ro. 2:8-9).

"¿Cuánto mayor castigo pensáis que merecerá el que pisoteare al Hijo de Dios, y tuviere por inmunda la sangre del pacto en la cual fue santificado, e hiciere afrenta al Espíritu de gracia?" (He. 10:29).

3 (10:30-31) *Juicio:* El juez será el Dios vivo. Esta es una cita tomada del Antiguo Testamento (Dt. 32:35-36). Note tres elementos.

1. Conocemos a Dios, quién es y lo que Él puede hacer.

Sabemos que Dios es la Majestad Soberana del universo que es santa, justa, y pura. También sabemos que Él gobierna y reina y lo puede todo.

2. Por ende, sabemos que Dios debe juzgar y condenar el pecado porque Él es santo, justo y puro. Sabemos que Dios puede juzgar y condenar el pecado y que lo hará. Él debe hacerlo, porque su propia naturaleza de santidad y perfección lo exige.

3. El juicio es algo aterrador. Y note: Dios está vivo; Él es el Dios vivo. Por ende, el juicio se ejecutará. Absolutamente nada podrá impedirlo. Algunos caerán en manos del Dios vivo.

"para que venga sobre vosotros toda la sangre justa que se ha derramado sobre la tierra, desde la sangre de Abel el justo hasta la sangre de Zacarías hijo de Berequías, a quien matasteis entre el templo y el altar" (Mt. 23:35).

"Porque la paga del pecado es muerte, mas la dádiva de Dios es vida eterna en Cristo Jesús Señor nuestro" (Ro. 6:23).

"que cuando digan: Paz y seguridad, entonces vendrá sobre ellos destrucción repentina, como los dolores a la mujer encinta, y no escaparán" (1 Ts. 5:3).

"Porque es justo delante de Dios pagar con tribulación a los que os atribulan" (2 Ts. 1:6).

"Porque si la palabra dicha por medio de los ángeles fue firme, y toda transgresión y desobediencia recibió justa retribución" (He. 2:2).

"Pues conocemos al que dijo: Mía es la venganza, yo daré el pago, dice el Señor. Y otra vez: El Señor juzgará a su pueblo" (He. 10:30).

"Mirad que no desechéis al que habla. Porque si no escaparon aquellos que desecharon al que los amonestaba en la tierra, mucho menos nosotros, si desecháremos al que amonesta desde los cielos" (He. 12:25).

"Aunque cavasen hasta el Seol, de allá los tomará mi mano; y aunque subieren hasta el cielo, de allá los haré descender" (Am. 9:2).

"Si en mi corazón hubiese yo mirado a la iniquidad, el Señor no me habría escuchado" (Sal. 66:18).

"pero vuestras iniquidades han hecho división entre vosotros y vuestro Dios, y vuestros pecados han hecho ocultar de vosotros su rostro para no oír" (Is. 59:2).

"Nadie hay que invoque tu nombre, que se despierte para apoyarse en ti; por lo cual escondiste de nosotros tu rostro, y nos dejaste marchitar en poder de nuestras maldades" (Is. 64:7).

4 (10:32-39) *Juicio — Advertencia:* El llamado a los que se alejan es un llamado muy necesario para todas las generaciones. El llamado tiene tres aspectos. Note con qué energía las tres exhortaciones satisfacen la necesidad de la persona que se aleja de Cristo. Si quien se aleja presta atención, salvará su alma y escapará del juicio venidero de Dios.

1. Recuerden sus experiencias cristianas anteriores (v. 32-34).

a. Recuerden su iluminación espiritual: El momento en el que el Espíritu de Dios se cernió sobre su corazón y despertó en ustedes la verdad de Jesucristo. Vieron como nunca antes lo que Cristo había hecho por ustedes, que Él se sacrificó a sí mismo por sus pecados para salvarlos. Y ustedes profesaron a Cristo como su Señor y Salvador.

b. Recuerden su resistencia por Cristo. Ustedes lo apoyaron en medio de todas las pruebas y padecimientos. Nota: Al parecer los cristianos hebreos sufrieron malentendidos, ridículos, burlas, abusos, padecimientos y persecuciones.

c. Recuerden que fueron compañeros de los que sufrían. Al parecer los cristianos hebreos fueron severamente perseguidos por el mundo. Ser cristiano era poco popular y una burla para la mayoría de la sociedad de aquella época. ¿Con qué frecuencia los creyentes se malinterpretan, se cuestionan, se ridiculizan, se hace burla de ellos, se abusa de ellos, se persiguen, e incluso se martirizan todo por la causa de Cristo? ¿Por qué sufrir estas cosas y luego regresar al mundo y pronto tener que enfrentarse al juicio de Dios?

"Me has guiado según tu consejo, y después me recibirás en gloria" (Sal. 73:24).

"Pues tengo por cierto que las aflicciones del tiempo presente no son comparables con la gloria venidera que en nosotros ha de manifestarse" (Ro. 8:18).

"Porque esta leve tribulación momentánea produce en nosotros un cada vez más excelente y eterno peso de gloria" (2 Co. 4:17).

"Por tanto, todo lo soporto por amor de los escogidos, para que ellos también obtengan la salvación que es en Cristo Jesús con gloria eterna" (2 Ti. 2:10).

"Bendito el Dios y Padre de nuestro Señor Jesucristo, que según su grande misericordia nos hizo renacer para una esperanza viva, por la resurrección de Jesucristo de los muertos, para una herencia incorruptible, incontaminada e inmarcesible, reservada en los cielos para vosotros" (1 P. 1:3-4).

"Ruego a los ancianos que están entre vosotros, yo anciano también con ellos, y testigo de los padecimientos de Cristo, que soy también participante de la gloria que será revelada" (1 P. 5:1).

d. Recuerden el despojo de sus bienes. A los creyentes hebreos el gobierno incluso les confiscó sus bienes, aún así durante ese período se mantuvieron firmes. ¡Imagínense! Dar un paso así por Cristo y así y todo necesitar ser advertido para no alejarse de Cristo y caer bajo el juicio de Dios. ¿Cuánto más necesitamos ser advertidos?

e. Recuerden por qué se mantuvieron firmes y soportaron tanto por Cristo. Fue por la esperanza del cielo y de una herencia mejor y perdurable, una herencia que es incorruptible e improfanable y que no desaparecerá.

2. No pierdan la confianza, el coraje, y la resistencia (vv. 35-37). Los versículos lo plantean claramente: Tengan

paciencia y recibirán la promesa de la recompensa de Dios. Porque dentro de poco tiempo Cristo vendrá y Él no tardará. Su venida está garantizada y cuando Él venga, vendrá con su recompensa. La palabra "paciencia" (hupomones) significa resistir, perseverar y permanecer firmes al hacer la voluntad de Dios. ¿Cuál es la voluntad de Dios?

"Y este es su mandamiento: Que creamos en el nombre de su Hijo Jesucristo, y nos amemos unos a otros como nos lo ha mandado" (1 Jn. 3:23).

Dios quiere que creamos en su Hijo, el Señor Jesucristo, en su sacrificio por nuestros pecados y que amemos a las personas. Amar a las personas quiere decir que llevemos una vida justa y piadosa por amor a todas las personas y que las ayudemos en todo cuanto podamos.

"Así que, hermanos míos amados, estad firmes y constantes, creciendo en la obra del Señor siempre, sabiendo que vuestro trabajo en el Señor no es en vano" (1 Co. 15:58).

"Estad, pues, firmes en la libertad con que Cristo nos hizo libres, y no estéis otra vez sujetos al yugo de esclavitud" (Gá. 5:1).

"Por tanto, ceñid los lomos de vuestro entendimiento, sed sobrios, y esperad por completo en la gracia que se os traerá cuando Jesucristo sea manifestado" (1 P. 1:13).

"Sed sobrios, y velad; porque vuestro adversario el diablo, como león rugiente, anda alrededor buscando a quien devorar; al cual resistid firmes en la fe, sabiendo que los mismos padecimientos se van cumpliendo en vuestros hermanos en todo el mundo" (1 P. 5:8-9).

"Así que vosotros, oh amados, sabiéndolo de antemano, guardaos, no sea que arrastrados por el error de los inicuos, caigáis de vuestra firmeza" (2 P. 3:17).

3. Vivan por fe y no retrocedan (v. 38-39).

a. La fe preserva el alma; es lo único que puede salvar el alma. De la única manera que una persona será aceptada por Dios y se escapará del juicio de Dios es…
   • creer en el Señor Jesucristo.
   • creer que Él es el sacrificio perfecto por los pecados, que Jesucristo se hizo cargo de nuestros pecados y soportó la culpa y el castigo de ellos por nosotros, que por ende, Jesucristo nos ha liberado del pecado y nos ha hecho aceptos ante Dios.

   La persona que cree esto es justa ante Dios; se le considera justa ante Dios. La persona justa, todos los creyentes, vivirán por fe y solo por fe (vea el *Estudio a fondo 1, La Fe,* He. 10:38 para un mayor análisis).

b. Retroceder de Cristo desagrada a Dios. Dios nunca se siente complacido con una persona…
   • que profesa a Cristo y retrocede al pecado.
   • que ha conocido la verdad y retrocede al pecado.
   • que practica la hipocresía.
   • que tiene una forma de religión pero retro-

cede y se aleja de la sangre del sacrificio de su Hijo.

Dios no encuentra placer en esta persona, ningún tipo de placer. Esto quiere decir que Él juzgará a la persona que retrocede.

    c. El creyente no debe retroceder, no el creyente genuino. "No somos de los que retroceden para perdición". Algunos sí, algunos profesaron la fe en Cristo y ahora han retrocedido. Pero no pertenecemos a ese grupo. "Creemos en la preservación del alma".

Pensamiento 1. La paciencia, perseverancia, mantenerse firme, resistir, ser constante, es un elemento absolutamente esencial "para la salvación de su alma". Una persona que realmente crea en Cristo vive para Cristo día tras día. No retrocede *para vivir en el pecado*. No es perfecto; ningún hombre lo es, pero no continúa viviendo en pecado. Si lo hace, ya no queda más sacrificio por el pecado, ni siquiera el sacrificio de Cristo.

        "De sus caminos será hastiado el necio de corazón; pero el hombre de bien estará contento del suyo" (Pr. 14:14).

        "y por haberse multiplicado la maldad, el amor de muchos se enfriará" (Mt. 24:12).

        "Y Jesús le dijo: Ninguno que poniendo su mano en el arado mira hacia atrás, es apto para el reino de Dios" (Lc. 9:62).

        "mas ahora, conociendo a Dios, o más bien, siendo conocidos por Dios, ¿cómo es que os volvéis de nuevo a los débiles y pobres rudimentos, a los cuales os queréis volver a esclavizar?" (Gá. 4:9).

        "Mas el justo vivirá por fe; y si retrocediere, no agradará a mi alma" (He. 10:38).

        "Pero tengo contra ti, que has dejado tu primer amor" (Ap. 2:4).

        "Y seréis aborrecidos de todos por causa de mi nombre; mas el que persevere hasta el fin, Este será salvo" (Mt. 10:22).

        "Los de sobre la piedra son los que habiendo oído, reciben la palabra con gozo; pero éstos no tienen raíces; creen por algún tiempo, y en el tiempo de la prueba se apartan" (Lc. 8:13).

        "Cuando el espíritu inmundo sale del hombre, anda por lugares secos, buscando reposo; y no hallándolo, dice: Volveré a mi casa de donde salí. Y cuando llega, la halla barrida y adornada. Entonces va, y toma otros siete espíritus peores que él; y entrados, moran allí; y el postrer estado de aquel hombre viene a ser peor que el primero" (Lc. 11:24-26).

        "El espíritu es el que da vida; la carne para nada aprovecha; las palabras que yo os he hablado son espíritu y son vida. Pero hay algunos de vosotros que no creen. Porque Jesús sabía desde el principio quiénes eran los que no creían, y quién le había de entregar... Desde entonces muchos de sus discípulos volvieron atrás, y ya no andaban con él" (Jn. 6:63-64, 66).

        "Ciertamente, si habiéndose ellos escapado de las contaminaciones del mundo, por el conocimiento del Señor y Salvador Jesucristo, enredándose otra vez en ellas son vencidos, su postrer estado viene a ser peor que el primero" (2 P. 2:20).

ESTUDIO A FONDO 1

(10:38) *La fe:* El cristiano debe andar por fe, no por sentimientos y emociones. La tendencia de las personas, incluso de los cristianos, es vivir por sus sentimientos y emociones. Actúan de acuerdo con sus sentimientos. Experimentan cierta emoción, así que se comportan de acuerdo con esa emoción. Si se sienten mal, actúan de modo irresponsable: rezongando, quejándose y reaccionando a su sentir. Si se sienten bien, actúan de un modo feliz. Su conducta está determinada por cómo se sienten y reaccionan a sus experiencias emocionales.

Vivir según los sentimientos de uno mismo va en contra de la voluntad de Dios. "El justo vivirá por fe". Esta es la voluntad de Dios. El cristiano debe dejar que su fe lo controle. Él debe dejar que la fe controle su vida y los problemas específicos que se le presenten.

¿Cómo un creyente vive por fe? ¿Qué quiere decir *vivir por fe*? Quiere decir cuatro cosas, de modo consecuente.

1. El creyente debe encomendar su vida y sus problemas a Dios, todo el día, a lo largo de todo su andar. Debe tomar las experiencias y los problemas de su día y encomendarlos a Dios *de una vez para siempre*. Debe creer que Dios escucha su encomienda y le da fuerza para andar de modo triunfante durante el día. Debe saber que a Dios no le agrada un chico llorón que pida y pida fuerzas cuando todo lo que hace es regodearse en la autocompasión.

2. El creyente debe negarse a sí mismo. Debe rechazar los sentimientos, las emociones y el egoísmo de su carne, incluso ignorarlos si fuese necesario.

3. El creyente debe actuar como si hubiera hecho un compromiso con Dios. Él *ha hecho* un compromiso, así que debe actuar como tal. Sus sentimientos son inmateriales. Debe actuar de modo responsable. Debe seguir adelante y hacer lo que le corresponde. Debe comportarse como le corresponde.

4. Luego, mientras el creyente hace lo que le corresponde, debe pedirle a Dios que le otorgue su gracia y su fuerza. Debe agradecer a Dios de todas sus maneras durante todo el día. Él debe andar en oración todo el día, pidiendo perdón a medida que falle y se equivoque y alabando y agradeciendo a Dios por su gracia y misericordia eternas.

Dios no guía los pasos del creyente y luego el creyente se siente bien y hace lo correcto. Mientras el creyente se conduce de un modo responsable en sus asuntos es que Dios guía sus pasos. Esta es la vida de la fe nueva y viva obrada por el Señor Jesucristo para aquellos que creen en Él y lo siguen.

	CAPÍTULO 11	ofrendas; y muerto, aún habla por ella.	
1 El significado de la fe a. Es sustancia b. Es evidencia	**D. La descripción de la fe, 11:1-6**	5 Por la fe Enoc fue traspuesto para no ver muerte, y no fue hallado, porque lo traspuso Dios; y antes que	b. Ilustración a través Enoc: El poder de andar con Dios y ser liberado de la muerte
2 La recompensa de la fe: La aprobación de Dios **3 El entendimiento básico de la fe: Dios hizo el mundo**	1 Es, pues, la fe la certeza de lo que se espera, la convicción de lo que no se ve. 2 Porque por ella alcanzaron buen testimonio los antiguos. 3 Por la fe entendemos haber sido constituido el universo por la palabra de Dios, de modo que lo que se ve fue hecho de lo que no se veía.	fuese traspuesto, tuvo testimonio de haber agradado a Dios. 6 Pero sin fe es imposible agradar a Dios; porque es necesario que el que se acerca a Dios crea que le hay, y que es galardonador de los que le buscan.	**5 Las creencias necesarias de la fe** a. Debe creer que Dios existe b. Debe creer que Dios es galardonador de los que le buscan
4 El poder espiritual de la fe a. Ilustración por Abel: El poder de ser considerado justo	4 Por la fe Abel ofreció a Dios más excelente sacrificio que Caín, por lo cual alcanzó testimonio de que era justo, dando Dios testimonio de sus		

DIVISIÓN IV

EL AUTOR SUPREMO DE LA FE: JESUCRISTO, EL HIJO DE DIOS, 10:19—11:40

D. La descripción de la fe, 11:1-6

(11:1-6) *Introducción:* Este es uno de los grandes capítulos de la Biblia. Se conoce como El gran *Salón de la fama de Dios.* Hombres y mujeres que han *creído* en Dios a través de los siglos se encuentran ahí como grandes hombres y mujeres de Dios. La clave para ser grande ante Dios es la fe; la persona que realmente cree en Dios es *grande* ante los ojos de Dios. La clave para cualquiera de nosotros para ser grande ante los ojos de Dios es la fe, la fe en el Hijo de Dios, el Señor Jesucristo. La primera parte de este gran capítulo nos proporciona un estudio general de la fe. Es la descripción de la fe.

1. El significado de la fe (v. 1).
2. La recompensa de la fe: La aprobación de Dios (v. 2).
3. El entendimiento básico de la fe: Dios hizo el mundo (v. 3).
4. El poder espiritual de la fe (vv. 4-5).
5. Las creencias necesarias de la fe (v. 6).

1 (11:1) *Fe:* El significado de la fe. ¿Qué quiere decir fe? Esta es la única vez que la Biblia define la fe. Una y otra vez, la Biblia analiza la fe y la gran importancia de la fe. La Biblia nos dice que debemos tener fe. Debemos creer en Dios y nos cuenta las grandes cosas que le suceden a aquellos que sí creen en Dios. La Biblia también proporciona ejemplo tras ejemplo de hombres y mujeres que han creído o no han creído en Dios y muestra en términos claros lo que le sucedió a cada uno. Pero en ninguna parte la Biblia define la fe excepto aquí. Por eso resulta importante que veamos claramente lo que

quiere decir la fe. La definición bíblica es la siguiente (vea He. 11: 1 en cada uno de los siguientes versiones):

> "Ahora bien, la fe es la garantía de lo que se espera, la certeza de lo que no se ve" (*Nueva Versión Internacional*).

> "Tener fe es tener la plena seguridad de recibir lo que se espera; es estar convencidos de la realidad de cosas que no vemos" (*Dios Habla Hoy*).

> "ES pues la fe la sustancia de las cosas que se esperan, la demostración de las cosas que no se ven" (*Reina Valera Antigua*).

> "Confiar en Dios es estar totalmente seguro de que uno va a recibir lo que espera. Es estar convencido de que algo existe, aun cuando no podamos verlo" (*Biblia en Lenguaje Sencillo*).

> "Ahora bien, la fe es la certeza de lo que se espera, la convicción de lo que no se ve" (*La Biblia de las Américas*).

Ese gran siervo de Dios de una generación pasada a quienes muchos le agradecen tanto, Matthew Henry, presenta algunos planteamientos excelentes que bien merecen nuestro análisis:

> *"La fe y la esperanza van de la mano; y las mismas cosas que son objeto de nuestra esperanza son objeto de nuestra fe.*

> *[La fe] Es una expectación y persuasión firmes de que Dios hará todo lo que Él nos ha prometido en Cristo; y esta persuasión es tan fuerte que le da al alma... la posesión... de estas cosas.*

> *Los creyentes en el ejercicio de la fe se llenan de un gozo inefable y de gloria plena. Cristo mora en el alma por fe; y el alma se llena de la plenitud de Dios".*

Ahora bien, ¿qué es la fe? Analice la definición bíblica nuevamente.

"Es, pues, la fe la certeza de lo que se espera, la convicción de lo que no se ve" (v. 1).

La palabra "sustancia" (hupostasis) significa el cimiento, certeza, título de propiedad y garantía de lo que se espera. La palabra "evidencia" (elegchos) significa convicción.

Según la mayoría de los comentaristas, esto es lo que se quiere decir con estas dos palabras. Por ende, la fe se definiría como:

"Es, pues, la fe la certeza de lo que se espera, la convicción de lo que no se ve".

Analice detenidamente lo que se dice y note que la fe se describe como un acto, un acto de la mente y el corazón. Es decir, nuestra mente y corazón creen en algo y nosotros tenemos certeza y convicción de que es verdad. Esto es verdaderamente cierto; la fe es un acto de la mente y el corazón. Pero muchos de los intérpretes antiguos entendieron "sustancia" (hupostasis) como *ser real, naturaleza sustancial, la naturaleza real de algo.* Vincent lo señala e incluso dice que sugiere el sentido real, pero se aleja del significado y concluye que la fe es básicamente un acto de lo que él denomina "inteligencia moral dirigida a un objeto" (*Estudios lexicológicos del Nuevo Testamento,* vol. 4, p. 510.)

Esto es para no discutir con los preciados siervos de Dios que enfatizan que la fe es fundamentalmente un acto de la mente y el corazón. Solo para decir que al parecer las Escrituras dicen que la fe es más que un acto. Al parecer las Escrituras dicen que la fe es la *posesión real* de la realidad. ¿No es eso lo que expresa la definición de "título de propiedad"? La persona que tiene el título de propiedad del inmueble realmente *posee* el inmueble. Ya es suyo. De cierto, desde la perspectiva de Dios, ya nosotros poseemos sus promesas; ya Él nos ha sentado en los cielos, y ya poseemos la vida eterna. No es que vamos a poseerla, ya la poseemos. Sucede lo siguiente: Tener el título de propiedad y poseer algo es más que certeza y convicción. Es poseer la realidad, tener realmente algo que es sustancial y real. Es poseer la tierra, las promesas de Dios. La fe es poseer la sustancia de las promesas de Dios, la evidencia de lo que no se ve. Si yo las poseo, la sustancia está ahí, la evidencia está ahí. La sustancia y la evidencia, el hecho de que ya las poseo, son mi certeza y mi convicción. Es importante notar y mantenerse repitiendo esto: La sustancia y la evidencia, el hecho de que ya poseo la vida eterna, es el fundamento de mi certeza y mi convicción, de nunca probar ni experimentar la muerte.

Ahora bien, ¿qué quiere decir todo este análisis? Quiere decir lo siguiente: La fe es la *sustancia la posesión real,* de lo que se espera, la *evidencia y realidad* de lo que no se ve. Es *tanto un acto como una posesión* de aquello en lo que se cree. Es creer y confiar en lo que realmente existe, en lo que podemos poseer. Puede que no podamos verlo, pero es real y existe y podemos poseerlo al creer y tener fe en eso. Ahora lo podemos poseer, no podemos verlo, pero podemos poseer realmente la sustancia misma de él al creer y confiarle nuestra vida.

⇒ La fe es *confiar y poseer* todo lo que Dios es y dice.

⇒ La fe es *creer y poseer* todo lo que Dios es y dice.

⇒ La fe es *poseer y tener confianza en* todo lo que Dios es y dice.

⇒ La fe es *esperar algo y poseerlo* porque Dios es (existe) y lo ha prometido.

Pensamiento 1. Note lo que no es la fe bíblica. No es…
• "creo que sí, espero que sí".
• "puede que sea así; puede que no sea así".
• "podría ser cierto; podría no ser cierto".

La fe bíblica no trata con lo irreal, imaginario, fantasioso, visionario, superficial o engañoso. La fe bíblica es el conocimiento, la experiencia y la *posesión* de lo que se espera. La verdadera fe bíblica trata solo con la verdad y la realidad. Es…
• conocer lo que es real.
• experimentar lo que es real.
• poseer lo que es real.

2 (11:2) *La fe:* La recompensa de la fe. ¿Qué es la recompensa de la fe? La aprobación de Dios. Dios queda complacido, muy complacido, cuando creemos en Él y en sus promesas. Esta es la idea central de este versículo. Los antiguos, los grandes hombres de Dios que vivieron en el pasado, creyeron en Dios y siguieron a Dios. Se alejaron del mundo y sus posesiones y placeres y siguieron a Dios. Ellos creyeron en Dios, que Él tenía mucho más que ofrecer, que sus promesas de una tierra eterna y de la vida eterna fueron ciertas. Por tanto ellos arriesgaron su vida, todo cuanto eran y tenían, por esa esperanza. Y su fe en Dios agradó a Dios sin límites. Por tanto, Dios aceptó su fe y los ha honrado por eso. Él los ha honrado, claro está, registrando su fe en su Palabra y usando su ejemplo como reto para los creyentes de todas las generaciones. Pero Dios también los ha honrado cumpliendo con su fe. Dios los ha llevado a casa para que estén con Él.

Pensamiento 1. La recompensa de la fe es la aprobación de Dios y cuando Dios nos aprueba, Él nos acepta ante su presencia eterna. Esto significa sencillamente que Dios nos cuida y nos protege, nos da la victoria sobre todos los enemigos de este mundo, incluso la muerte y lo hace para toda la eternidad. La aprobación de Dios quiere decir que Dios nos cumple todas sus promesas. Las promesas de Dios se convierten en una realidad viva en nuestras experiencias, tanto a diario como eternamente.

"para que todo aquel que en él cree, no se pierda, mas tenga vida eterna. Porque de tal manera amó Dios al mundo, que ha dado a su Hijo unigénito, para que todo aquel que en él cree, no se pierda, mas tenga vida eterna" (Jn. 3:15-16).

"De cierto, de cierto os digo: El que oye mi palabra, y cree al que me envió, tiene vida eterna; y no vendrá a condenación, mas ha pasado de muerte a vida" (Jn. 5:24).

"Después llegó a Derbe y a Listra; y he aquí, había allí cierto discípulo llamado Timoteo, hijo de una mujer judía creyente, pero de padre griego; y daban buen testimonio de él los hermanos que estaban en Listra y en Iconio" (Hch. 16:1-2).

"Primeramente doy gracias a mi Dios mediante Jesucristo con respecto a todos vosotros, de que vues-

tra fe se divulga por todo el mundo" (Ro. 1:8).

"Y enviamos juntamente con él al hermano cuya alabanza en el evangelio se oye por todas las iglesias" (2 Co. 8:18).

"para alabanza de la gloria de su gracia, con la cual nos hizo aceptos en el Amado, en quien tenemos redención por su sangre, el perdón de pecados según las riquezas de su gracia" (Ef. 1:6-7).

"Todos dan testimonio de Demetrio, y aun la verdad misma; y también nosotros damos testimonio, y vosotros sabéis que nuestro testimonio es verdadero" (3 Jn. 12).

3 (11:3) *Fe — Creación:* El entendimiento básico de la fe, que Dios ha hecho el mundo. Note la palabra "entendimiento" (noeo). Significa percibir con la mente, comprender, conocer un hecho real. Algunos dicen que la creencia de que Dios hizo el mundo es solo una suposición, que es el comienzo en la construcción de las creencias de los cristianos y la teología. Hay verdad y error en este planteamiento. El error se encuentra en la palabra suposición. La verdad es la siguiente: El cristiano comienza con un hecho que es cierto: *Dios sí creó el mundo.* El punto de partida de un creyente es más que una suposición, es un entendimiento, un hecho real, el hecho básico mismo de que Dios sí creó el mundo. Este entendimiento se basa en cuatro elementos:

⇒ El propio mundo: Analizar y observar el mundo y estudiar y pensar sobre su origen, propósito y fin.

⇒ La Biblia, la Palabra de Dios, la revelación escrita de Dios.

⇒ El Señor Jesucristo, la revelación viva de Dios.

⇒ El testimonio del Espíritu Santo que se le da a todo creyente. Él da testimonio de que Jesucristo y la Palabra de Dios son verídicos. Esto resulta fundamental, porque es *cierto,* como podría testificar cualquier cristiano verdadero. Cuado una persona cree en el Señor Jesucristo, Dios pone su Espíritu en el corazón y la vida del creyente. El Espíritu Santo sella, garantiza, da testimonio de que Jesucristo es el Hijo de Dios y que las promesas y las enseñanzas de la Palabra de Dios son verídicas.

Sucede lo siguiente: El cristiano cuenta con cuatro fuentes que demuestran el origen, propósito y fin de todo esto; y las cuatro son innegables. ¿Cómo se puede decir esto? ¿Cómo podemos decir que estos testimonios son indiscutibles?

⇒ Porque podemos analizar y observar el mundo. El mundo es real; es verdad. El mundo sí existe.

⇒ Porque podemos analizar y observar la Biblia, sus enseñanzas y promesas obradas en la vida humana, la vida de aquellos que lo creen. La Palabra de Dios obrando en la vida humana es real. La Palabra de Dios es verdad; es absolutamente verdadero que existe y obra en la vida humana tal como dice.

⇒ Porque podemos conocer al Señor Jesucristo mediante un estudio de los registros de su vida. Él vivió y el hecho de que vivió es verdad. Pero también podemos ver que las cosas que dijo están sucediendo en la vida humana. Jesucristo puede estudiarse y conocerse en la vida de aquellos que realmente creen en Él y lo siguen. Porque Jesucristo vive en la vida de los verdaderos creyentes y seguidores suyos.

⇒ Porque podemos conocer y ver la obra del Espíritu Santo en la vida humana como se analizó anteriormente.

Nuevamente, el creyente cuenta con cuatro testimonios fuertes que atestiguan que Dios es, que Él existe y que Él ha creado los mundos. ¿De dónde provienen los mundos? Probablemente un gráfico sea la mejor manera de ver lo que el creyente entiende comparado con lo que entiende el incrédulo.

Cuando un creyente analiza el origen del mundo. Él ve...
1. A Dios
2. La Palabra de Dios, Dios dispuso y habló
3. La materia apareció, se crearon los mundos por la Palabra de Dios
4. Las cosas vistas fueron hechas por Dios

Cuando un incrédulo analiza el origen del mundo él ve...
1. Nada, absolutamente nada
2. Nada, absolutamente nada
3. La materia apareció; algún gas o fuerza formada absolutamente de la nada
4. Las cosas vistas fueran hechas al aparecer absolutamente de la nada

Sucede lo siguiente: Nosotros no estábamos aquí cuando Dios creó el mundo, pero nosotros *creemos* que un Ser Supremo, el propio Dios, creó el mundo.

⇒ El mundo dice que un diseñador hizo el mundo.

⇒ La Biblia, la Palabra de Dios, dice que Dios hizo el mundo.

⇒ Jesucristo dice que Dios hizo el mundo.

⇒ El Espíritu Santo da testimonio al corazón del creyente de que los planteamientos y las promesas de Dios son ciertos.

Por ende, el entendimiento básico del creyente es que Dios es (existe) y que Él ha creado el mundo. Dios es la Persona en la que se basa la vida y el mundo de la vida. Dios le dio aliento al hombre y a su mundo. Él hizo todo lo que se ve.

Pensamiento 1. Matthew Henry tiene una exposición excelente sobre este punto que merece que lo estudiemos.

"Por fe entendemos mucho más de la formación del mundo de lo que se ha podido entender a simple vista con el raciocinio natural. La fe no es un forzamiento del entendimiento, sino una amiga y una ayuda. Ahora bien, ¿qué nos da la fe para entender lo concerniente a los mundos?...

1. "Que estos mundos no eran eternos, ni se produjeron ellos mismos, sino que fueron hechos por otro.

2. "Que el Hacedor de los mundos es Dios: Él es el Hacedor de todas las cosas.

3. "Que Él hizo el mundo con gran exactitud; fue

una obra elaborada, con todo debidamente adaptado y dispuesto para responder a su fin.

4.   "Que Dios hizo el mundo por medio de su Palabra, es decir, por medio de su sabiduría esencial e Hijo eterno, y por medio de su voluntad activa, diciendo, Él dijo, y fue hecho, Salmo 33.

5.   "Que el mundo fue hecho de la nada, no había materia preexistente... [por] Dios, quien puede nombrar las cosas que no son como si fuesen, y ordenarles que sean. Estas cosas las entendemos por fe.

"La Biblia nos da los datos más exactos y más verídicos del origen de todas las cosas, y debemos creerlos, y no desmentir ni atropellar las Escrituras: El registro de la creación, porque no coincide con algunas hipótesis fantásticas nuestras, que en algunos hombres letrados, pero engañados han sido los primeros pasos extraordinarios a la infidelidad, y los han llevado a dar muchos más" (Comentario de Matthew Henry, vol. 6, p. 938).

Pensamiento 2. William Barclay también tiene sus acostumbrados comentarios prácticos que resultan útiles en la aplicación de este punto a nuestra vida.

"El autor de La Epístola a los Hebreos va más allá. Él dice que es un acto de fe creer que Dios hizo este mundo. Luego continúa diciendo que las cosas que se ven surgieron de las que no se ven. Cuando él dijo que asestaría un golpe a la creencia común, la creencia común era que Dios creó el mundo de la materia existente, y no de la nada. Luego, era creencia común que esta materia existente era defectuosa y que por ende desde el principio este era un mundo defectuoso porque estaba hecho de materia defectuosa. El autor de Hebreos insiste en que Dios no obró con materia existente; Dios creó el mundo de la nada. Cuando argumentó algo así no estaba interesado en la especulación cosmológica. Él no estaba interesado en el lado científico del asunto. Lo que él quería enfatizar era el hecho de que este es el mundo de Dios. Si podemos entender el hecho de que este es el mundo de Dios, que Dios se responsabiliza por él, entonces hay dos cosas más. Primero, lo usaremos como tal. Recordaremos que todo en él es de Dios y trataremos de usarlo como Dios nos permitiría usarlo. Segundo, recordaremos que, aunque no lo parezca, de cierto modo Dios tiene el control. Si creemos que este es el mundo de Dios entonces entra a jugar la fe y la esperanza que nos permite hacer lo más difícil del mundo, aceptar lo que no podemos entender. Si creemos que este es el mundo de Dios entonces entra a jugar en la vida un nuevo sentido de responsabilidad y un nuevo poder de aceptación, porque todo pertenece a Dios, y todo está en manos de Dios" (La Epístola a los Hebreos, p. 147s.)

"En el principio creó Dios los cielos y la tierra" (Gn. 1:1).

"Tú solo eres Jehová; tú hiciste los cielos, y los cielos de los cielos, con todo su ejército, la tierra y todo lo que está en ella, los mares y todo lo que hay en ellos; y

tú vivificas todas estas cosas, y los ejércitos de los cielos te adoran" (Neh. 9:6).

"El extiende el norte sobre vacío, cuelga la tierra sobre nada" (Job 26:7).

"Porque él la fundó sobre los mares, y la afirmó sobre los ríos" (Sal. 24:2).

"Por la palabra de Jehová fueron hechos los cielos, y todo el ejército de ellos por el aliento de su boca" (Sal. 33:6).

"Suyo también el mar, pues él lo hizo; y sus manos formaron la tierra seca" (Sal. 95:5).

"Desde el principio tú fundaste la tierra, y los cielos son obra de tus manos" (Sal. 102:25).

"El fundó la tierra sobre sus cimientos; no será jamás removida" (Sal. 104:5).

"Y ellos, habiéndolo oído, alzaron unánimes la voz a Dios, y dijeron: Soberano Señor, tú eres el Dios que hiciste el cielo y la tierra, el mar y todo lo que en ellos hay" (Hch. 4:24).

"¿No hizo mi mano todas estas cosas?" (Hch. 7:50).

"y diciendo: Varones, ¿por qué hacéis esto? Nosotros también somos hombres semejantes a vosotros, que os anunciamos que de estas vanidades os convirtáis al Dios vivo, que hizo el cielo y la tierra, el mar, y todo lo que en ellos hay" (Hch. 14:15).

"Por la fe entendemos haber sido constituido el universo por la palabra de Dios, de modo que lo que se ve fue hecho de lo que no se veía" (He. 11:3).

4 (11:4-5) *Fe, poder de — Abel — Enoc — Caín:* El poder espiritual de la fe. El poder de la fe es el mensaje del evangelio glorioso, la esperanza gloriosa que Dios ha dado desde el comienzo de los tiempos. El poder tiene dos aspectos y se da de la manera más significativa posible, al demostrar cómo el poder cobra efecto en la vida de los creyentes. Dos creyentes que experimentaron el poder de la fe fueron Abel y Enoc.

1.   La fe tiene el poder de considerarse como justicia. No se nos puede hacer mayor regalo que el del privilegio glorioso de ser considerados justos por Dios.

⇒   Ser considerado justo es la gran necesidad del hombre, porque no somos justos. Y a menos que se encuentre una manera de que Dios nos considere justos, nunca se nos permitirá vivir con Dios.

Abel nos dice que hay una forma de ser considerados justos. ¿Cómo? Acercándonos a Dios y adorándolo exactamente como Él dice, es decir, por el sacrificio de la sangre. ¿Qué quiere decir esto?

Cuando Adán y Eva pecaron, se dieron cuenta de que estaban desnudos. La desnudez es un símbolo de estar conciente del pecado (compare Gn. 3:9-10). Dios los amaba; por tanto, Él les proporcionó vestiduras para cubrir su desnudez. Note cuáles fueron las vestiduras. Eran abrigos o pieles de animales, un símbolo de que el pecado debía cubrirse por el derramamiento de sangre. Este era un símbolo que apuntaba a la sangre de Jesucristo, la sangre del Hijo de Dios, que tenía que derramarse para cubrir los pecados de los hombres.

Sucede lo siguiente: Desde que existieron los primeros padres en la tierra, Dios dispuso que el pecado y la culpa del hombre tenía que ser cargada por el propio hombre o por un sustituto. El hombre tenía que morir por sus propios pecados o de lo contrario se tenía que sacrificar un sustituto por sus pecados. Adán y Eva les enseñaron esto a sus hijos. Note lo que sucedió.

> "Conoció Adán a su mujer Eva, la cual concibió y dio a luz a Caín, y dijo: Por voluntad de Jehová he adquirido varón. Después dio a luz a su hermano Abel. Y Abel fue pastor de ovejas, y Caín fue labrador de la tierra. Y aconteció andando el tiempo, que Caín trajo del fruto de la tierra una ofrenda a Jehová. Y Abel trajo también de los primogénitos de sus ovejas, de lo más gordo de ellas. Y miró Jehová con agrado a Abel y a su ofrenda; pero no miró con agrado a Caín y a la ofrenda suya. Y se ensañó Caín en gran manera, y decayó su semblante. Entonces Jehová dijo a Caín: ¿Por qué te has ensañado, y por qué ha decaído tu semblante? Si bien hicieres, ¿no serás enaltecido? y si no hicieres bien, el pecado está a la puerta; con todo esto, a ti será su deseo, y tú te enseñorearás de él. Y dijo Caín a su hermano Abel: Salgamos al campo. Y aconteció que estando ellos en el campo, Caín se levantó contra su hermano Abel, y lo mató" (Gn. 4:1-8).

> "Por la fe Abel ofreció a Dios más excelente sacrificio que Caín, por lo cual alcanzó testimonio de que era justo, dando Dios testimonio de sus ofrendas; y muerto, aún habla por ella" (He. 11:4).

La diferencia entre las dos ofrendas fue la siguiente: Abel creía en Dios y se acercó a Dios y lo adoró exactamente como Dios decía: mediante el sacrificio de otro, el sacrificio de un animal. Pero Caín no creía en Dios. Él no aceptó la Palabra de Dios; él no se acercó a Dios mediante el sacrificio de otro. Él hizo un sacrificio y ofrenda material a Dios; él se acercó a Dios mediante el dinero y los regalos terrenales, mediante los esfuerzos y los frutos de las obras humanas, la fruta producida por la tierra, la fruta producida por sus propias manos humanas, frágiles, envejecidas y moribundas.

Muy sencillo, Abel creyó en Dios. Él reconoció justamente lo que dicen las Escrituras: Que él era pecador e imperfecto y que nunca podía ser acepto ante Dios que es perfecto y santo, no hasta que se pagaran y eliminaran sus pecados y su culpa. Abel sabía que tenía que eliminar sus pecados, que tenía que ser considerado justo para que Dios lo pudiera aceptar. Por consiguiente, él creyó que Dios lo consideraría justo si dejaba que otro cargara con sus pecados. Él creyó exactamente lo que las Escrituras nos proclaman.

> "quien llevó él mismo nuestros pecados en su cuerpo sobre el madero, para que nosotros, estando muertos a los pecados, vivamos a la justicia; y por cuya herida fuisteis sanados" (1 P. 2:24).

> "Porque también Cristo padeció una sola vez por los pecados, el justo por los injustos, para llevarnos a Dios, siendo a la verdad muerto en la carne, pero vivificado en espíritu" (1 P. 3:18).

Este es el poder de la fe: La fe nos da el poder de ser considerados justos.

> "Y creyó a Jehová, y le fue contado por justicia" (Gn. 15:6).

> "y que de todo aquello de que por la ley de Moisés no pudisteis ser justificados, en él es justificado todo aquel que cree" (Hch. 13:39).

> "por cuanto todos pecaron, y están destituidos de la gloria de Dios, siendo justificados gratuitamente por su gracia, mediante la redención que es en Cristo Jesús" (Ro. 3:23-24).

> "Porque ¿qué dice la Escritura? Creyó Abraham a Dios, y le fue contado por justicia" (Ro. 4:3).

> "Justificados, pues, por la fe, tenemos paz para con Dios por medio de nuestro Señor Jesucristo" (Ro. 5:1).

> "Pues mucho más, estando ya justificados en su sangre, por él seremos salvos de la ira" (Ro. 5:9).

> "Porque el que ha muerto, ha sido justificado del pecado" (Ro. 6:7).

> "¿Quién acusará a los escogidos de Dios? Dios es el que justifica" (Ro. 8:33).

> "Y esto erais algunos; mas ya habéis sido lavados, ya habéis sido santificados, ya habéis sido justificados en el nombre del Señor Jesús, y por el Espíritu de nuestro Dios" (1 Co. 6:11).

> "sabiendo que el hombre no es justificado por las obras de la ley, sino por la fe de Jesucristo, nosotros también hemos creído en Jesucristo, para ser justificados por la fe de Cristo y no por las obras de la ley, por cuanto por las obras de la ley nadie será justificado" (Gá. 2:16).

> "Así Abraham creyó a Dios, y le fue contado por justicia" (Gá. 3:6).

> "De manera que la ley ha sido nuestro ayo, para llevarnos a Cristo, a fin de que fuésemos justificados por la fe" (Gá. 3:24).

> "y ser hallado en él, no teniendo mi propia justicia, que es por la ley, sino la que es por la fe de Cristo, la justicia que es de Dios por la fe" (Fil. 3:9).

Pensamiento 1. Note que Caín se acercó a Dios; él era religioso. Pero su religión era una religión formal:

⇒ Una religión de ritual, forma y ceremonia.
⇒ Una religión de sacrificio y obras personales, de hacer bien e incluso de sacrificarse para hacer bien.
⇒ Una religión de hombre, de su propia decisión, de sus propias ideas e imaginaciones sobre cómo debía acercarse a Dios.

¡Qué acusación a tantas religiones! ¡Qué exhortación a buscar en nuestro corazón y en nuestra vida para garantizar que adoramos a Dios mediante su propio Hijo amado que murió por nuestros pecados!

2. La fe tiene el poder de proporcionarnos un andar diario con Dios y liberarnos de la muerte. ¡Qué regalos tan gloriosos: La presencia y poder de Dios a medida que andamos a diario y la liberación eterna de la muerte! Enoc ilustra esto:

> "Caminó, pues, Enoc con Dios, y desapareció, porque le llevó Dios" (Gn. 5:24).

> "Por la fe Enoc fue traspuesto para no ver muerte, y no fue hallado, porque lo traspuso Dios; y antes que fuese traspuesto, tuvo testimonio de haber agradado a Dios" (He. 11:5).

Enoc creyó en Dios, creyó que si andaba y tenía fraternidad con Dios a diario, Dios lo cuidaría y protegería. Por ende, Enoc anduvo con Dios y Dios cuidó de él y lo protegió. Dios incluso venció la muerte por Enoc. Cuando Enoc estuvo preparado para irse a casa con Dios, Dios lo traspuso directo a los cielos, justo ante la presencia misma de Dios. Enoc experimentó la promesa que se le hace a todo creyente: Nunca probaremos o experimentaremos la muerte.

⇒ La fe de Enoc le proporcionó un andar diario con Dios, el conocimiento y la fraternidad, el cuidado y la provisión, la protección y liberación de Dios.

"Permaneced en mí, y yo en vosotros. Como el pámpano no puede llevar fruto por sí mismo, si no permanece en la vid, así tampoco vosotros, si no permanecéis en mí. Yo soy la vid, vosotros los pámpanos; el que permanece en mí, y yo en él, Este lleva mucho fruto; porque separados de mí nada podéis hacer. El que en mí no permanece, será echado fuera como pámpano, y se secará; y los recogen, y los echan en el fuego, y arden. Si permanecéis en mí, y mis palabras permanecen en vosotros, pedid todo lo que queréis, y os será hecho" (Jn. 15:4-7).

"para que busquen a Dios, si en alguna manera, palpando, puedan hallarle, aunque ciertamente no está lejos de cada uno de nosotros" (Hch. 17:27).

"Fiel es Dios, por el cual fuisteis llamados a la comunión con su Hijo Jesucristo nuestro Señor" (1 Co. 1:9).

"Por tanto, de la manera que habéis recibido al Señor Jesucristo, andad en él" (Col. 2:6).

"Acercaos a Dios, y él se acercará a vosotros. Pecadores, limpiad las manos; y vosotros los de doble ánimo, purificad vuestros corazones" (Stg. 4:8).

"lo que hemos visto y oído, eso os anunciamos, para que también vosotros tengáis comunión con nosotros; y nuestra comunión verdaderamente es con el Padre, y con su Hijo Jesucristo" (1 Jn. 1:3).

"El que dice que permanece en él, debe andar como él anduvo" (1 Jn. 2:6).

"He aquí, yo estoy a la puerta y llamo; si alguno oye mi voz y abre la puerta, entraré a él, y cenaré con él, y él conmigo" (Ap. 3:20).

"Cercano está Jehová a los quebrantados de corazón; y salva a los contritos de espíritu" (Sal. 34:18).

"Cercano está Jehová a todos los que le invocan, a todos los que le invocan de veras" (Sal. 145:18).

⇒ La fe de Enoc le proporcionó la añorada liberación de la muerte.

"Y como Moisés levantó la serpiente en el desierto, así es necesario que el Hijo del Hombre sea levantado, para que todo aquel que en él cree, no se pierda, mas tenga vida eterna" (Jn. 3:14-15).

"Porque de tal manera amó Dios al mundo, que ha dado a su Hijo unigénito, para que todo aquel que en él cree, no se pierda, mas tenga vida eterna" (Jn. 3:16).

"El que cree en el Hijo tiene vida eterna; pero el que rehúsa creer en el Hijo no verá la vida, sino que la ira de Dios está sobre él" (Jn. 3:36).

"Abraham vuestro padre se gozó de que había de ver mi día; y lo vio, y se gozó" (Jn. 8:52).

"Y esta es la vida eterna: que te conozcan a ti, el único Dios verdadero, y a Jesucristo, a quien has enviado" (Jn. 17:3).

"Pero vemos a aquel que fue hecho un poco menor que los ángeles, a Jesús, coronado de gloria y de honra, a causa del padecimiento de la muerte, para que por la gracia de Dios gustase la muerte por todos" (He. 2:9).

"Porque el que siembra para su carne, de la carne segará corrupción; mas el que siembra para el Espíritu, del Espíritu segará vida eterna" (Gá. 6:8).

Pensamiento 1. Oliver Greene tiene una teoría excelente acerca de Enoc que estimula la esperanza gloriosa de vencer la muerte:

"Se dice que un día Enoc caminaba con Dios, y caminaron y hablaron tanto en una fraternidad tan dulce que cerca del anochecer Dios le dijo a Enoc, 'Estamos más cerca de mi casa que de la tuya, así que vayamos a mi casa'. Es una forma maravillosa de pensar en eso, pero la Biblia solo nos dice que 'caminó, pues, Enoc con Dios, y desapareció, porque le llevó Dios,'

'...la historia de Enoc, aunque muy breve aparece en un solo lugar de la Palabra de Dios. En Génesis 5, comenzando con el versículo 5, que dice:

'Y fueron todos los días que vivió Adán novecientos treinta años— Y MURIÓ'.

'Y fueron todos los días de Set novecientos doce años — Y MURIÓ' (v. 8).

'Y fueron todos los días de Enos novecientos cinco años— Y MURIÓ' (v. 11).

'Y fueron todos los días de Cainán fueron novecientos diez años — Y MURIÓ' (v. 14).

'Y fueron todos los días de Mahalaleel ochocientos noventa y cinco años— Y MURIÓ' (v. 17).

'Y fueron todos los días de Jared novecientos sesenta y dos años— Y MURIÓ' (v. 20).

'Y fueron todos los días de ENOC trescientos sesenta y cinco años: caminó, pues, Enoc con Dios, Y DESAPARECIÓ, PORQUE LE LLEVÓ DIOS' (vv. 23, 24).

'Y fueron todos los días de Matusalén novecientos sesenta y nueve años— Y MURIÓ' (v. 27).

'Y fueron todos los días de Lamec setecientos setenta y siete años— Y MURIÓ' (v. 31).

"De estos pasajes notamos que Enoc vivió en uno de los períodos más oscuros de la historia humana, él vivió entre hombres que morían y aún así él no murió. Él fue transpuesto; Dios lo llevó al cielo, vivo".

"Enoc es definitivamente como los santos del Nuevo Testamento que serán traspuestos cuando la Iglesia sea arrebatada en el aire para reunirse con el Señor, ¡en medio de un siglo de muerte al por mayor y en una hora más oscura que cualquiera que el hombre haya conocido! De seguro esa hora ya está cerca. De seguro a estos días se les conoce como 'el comienzo de las penas'. La hora más oscura siempre es antes del amanecer y con certeza ya habrá pasado la noche. De cierto Jesús vendrá rápidamente. No sabemos el día ni la hora de su venida, pero sí creemos que viene pronto". (La Epístola

del apóstol Pablo a los Hebreos, Greenville, SC: La hora del evangelio, 1965, p. 448s).

5 (11:6) *Fe — Dios, existencia:* Las creencias necesarias de la fe. Este es uno de los grandes versículos de las Escrituras, un versículo que debe memorizarse y llevarse en el corazón de todo creyente, laico, así como ministro:

> **"Pero sin fe es imposible agradar a Dios; porque es necesario que el que se acerca a Dios crea que le hay, y que es galardonador de los que le buscan" (v. 6).**

1. Es imposible agradar a Dios sin fe. Por fe se entiende una fe activa y viva, una fe que conozca y siga a Dios, que tenga fraternidad y comunión con Dios. No importa lo que una persona haga, sin fe no se puede agradar a Dios. Es completamente imposible agradar a Dios sin fe. ¿Qué quiere decir esto? La persona nunca será acepta ante Dios ni aceptada por Dios. Sin fe la persona nunca vivirá con Dios, ni en este mundo ni en el próximo. Sin fe, una persona tiene que abrirse paso en esta vida completamente sola y manejar todas las pruebas, tentaciones, padecimientos, accidentes, enfermedades y la muerte por sí sola. Sin fe, una persona está completamente sola en este mundo, completamente sin Dios. Es importante agradar a Dios. El erudito griego Kenneth Wuest expresa:

> *"El autor plantea una verdad axiomática. Él usa el tiempo aoristo en el infinitivo 'agradar'. El planteamiento es universal en su aplicación y eterno. La idea es, 'Sin fe es imposible agradarlo en lo absoluto'"* (Hebreos, vol. 2, p. 198).

> **"De cierto, de cierto te digo, que lo que sabemos hablamos, y lo que hemos visto, testificamos; y no recibís nuestro testimonio" (Jn. 3:11).**

> **"El que en él cree, no es condenado; pero el que no cree, ya ha sido condenado, porque no ha creído en el nombre del unigénito Hijo de Dios" (Jn. 3:18).**

> **"El que cree en el Hijo tiene vida eterna; pero el que rehúsa creer en el Hijo no verá la vida, sino que la ira de Dios está sobre él" (Jn. 3:36).**

> **"Por eso os dije que moriréis en vuestros pecados; porque si no creéis que yo soy, en vuestros pecados moriréis" (Jn. 8:24).**

> **"Mirad, hermanos, que no haya en ninguno de vosotros corazón malo de incredulidad para apartarse del Dios vivo" (He. 3:12).**

2. La persona que viene a Dios debe creer dos cosas.
   a. Debe creer en Dios, que Dios es, que Dios existe. Las palabras "debe creer" (pisteusai dei) significan necesario y esencial, absolutamente necesario y esencial. A. T. Robertson dice que es una "necesidad moral tener fe. ...La existencia misma de Dios es cuestión de fe inteligente... de modo que los hombres no tienen excusa (Ro. 1:190)" (*Metáforas del Nuevo Testamento,* vol. 5, p. 420s).
      ⇒ Una persona debe analizar los mundos (el cielo y la tierra) y a sí mismo, a la existencia, al diseño, al orden, el fin de todas las cosas y creer en Dios.

⇒ Una persona debe analizar la Palabra de Dios, la Santa Biblia, y creer en Dios.
⇒ Una persona debe analizar a Jesucristo, el propio Hijo de Dios, quien le revela a Dios al hombre y creer en Dios.

   b. Debe creer que Dios galardona a quienes lo buscan diligentemente. Note la palabra "diligentemente" (ekzetousin). Significa *buscar a Dios;* buscarlo con diligencia para encontrarlo y seguirlo. Dios no galardona al aletargado, al displicente, al que no piensa, al medio interesado, al mundano, al buscador de placer. Dios galardona a aquellos que lo buscan diligentemente para conocerlo y seguirlo. La idea es que debemos tomarlo en serio y perseverar y ser pacientes hasta el fin. ¿Cuál es la recompensa de los que buscan a Dios diligentemente? Es la misma recompensa dada a Abel y a Enoc: La justicia y el cuidado de Dios en esta vida y la liberación de la muerte a la vida eterna.

> **"Y yo os digo: Pedid, y se os dará; buscad, y hallaréis; llamad, y se os abrirá. Porque todo aquel que pide, recibe; y el que busca, halla; y al que llama, se le abrirá." (Lc. 11:9-10).**

> **"Entonces le dijeron: ¿Qué debemos hacer para poner en práctica las obras de Dios? Respondió Jesús y les dijo: Esta es la obra de Dios, que creáis en el que él ha enviado" (Jn. 6:28-29).**

> **"para que busquen a Dios, si en alguna manera, palpando, puedan hallarle, aunque ciertamente no está lejos de cada uno de nosotros" (Hch. 17:27).**

> **"Así que la fe es por el oír, y el oír, por la palabra de Dios" (Ro. 10:17).**

> **"Y este es su mandamiento: Que creamos en el nombre de su Hijo Jesucristo, y nos amemos unos a otros como nos lo ha mandado" (1 Jn. 3:23).**

> **"Mas si desde allí buscares a Jehová tu Dios, lo hallarás, si lo buscares de todo tu corazón y de toda tu alma" (Dt. 4:29).**

> **"si se humillare mi pueblo, sobre el cual mi nombre es invocado, y oraren, y buscaren mi rostro, y se convirtieren de sus malos caminos; entonces yo oiré desde los cielos, y perdonaré sus pecados, y sanaré su tierra" (2 Cr. 7:14).**

> **"Yo amo a los que me aman, y me hallan los que temprano me buscan" (Pr. 8:17).**

> **"y me buscaréis y me hallaréis, porque me buscaréis de todo vuestro corazón" (Jer. 29:13).**

ESTUDIO A FONDO 1

(11:6) *Fe:* Una persona puede *crecer* en fe y poder. La fe y el poder se pueden desarrollar al hacer dos cosas.
1. Practicar la esperanza (He. 11:1), es decir, esperar algo y profesarlo porque Dios lo ha prometido.
2. Buscar a Dios diligentemente (He. 11:6). Cristo nos dice lo que se entiende por *búsqueda diligente.* Quiere decir...
   a. "Tened hambre y sed de justicia" (Mt. 5: 16).
   b. "pedid... buscad... llamad" (Mt. 7:7-8).

c. "buscad primeramente el reino de Dios y su justicia" (Mt. 6:33).
d. "orad y ayunad", es decir, perseverar en la oración (Mt. 17:21).

La persona que necesita algo y vive en oración ante Dios (pidiendo, buscando y llamando) experimentará la respuesta de Dios a su necesidad. Por eso se le alentará a confiar en Dios, es decir, a buscar y llamar aún más. Una fe *genuina fe en Dios* vive ante Dios. Eso es lo que es la fe: Vivir ante Dios. La fe es confiarle la vida a Dios. Es confiar en Dios, depender de Dios, creer en Dios, buscar a Dios, conversar con Dios, relacionarse con Dios y fraternizar con Dios. Una persona que realmente cree que Dios existe hará estas cosas.

Mientras mayor sea la necesidad, mayor será el tiempo que la fe *verdadera fe* pasa a solas con Dios analizando la necesidad. Mientras mayor sea la necesidad, más diligentemente la *verdadera fe* buscará la respuesta a su necesidad.

Sucede lo siguiente: A medida que una persona *busca diligentemente* a Dios, descubre que *la verdadera fe* diligentemente vive ante Dios en oración y devoción y se le da lo que espera. Por ende, la persona aprende a confiar en Dios cada vez más. Él crece en fe.

Sin embargo, siempre hay que recordar una cosa. Dios no va a recompensar la confianza carnal y pecaminosa, tampoco va a recompensar la confianza dudosa. Si Él contestara a una confianza dudosa o a una esperanza u oración carnal, entonces la persona dudosa y carnal comenzaría a pensar que la vida que lleva es acepta ante Dios. Dios no aprueba la vida carnal y pecaminosa, tampoco aprueba un corazón dudoso. Dios honra la vida justa y a un corazón que cree. La persona que de veras vive justamente y cree lo suficiente para buscar diligentemente a Dios es quien crece cada vez más en la fe (Stg. 4:3; 1 Co. 3:l-3. Compare Mt. 20:21.)

1 Su fe: Una fe que obedeció rápidamente con temor
 2 Su recompensa
   a. Su casa fue salva
   b. El mundo fue condenado
   c. Fue considerado justo
	E. La fe de Noé: Una fe temerosa y reverente, 11:7
	
	 7 Por la fe Noé, cuando fue advertido por Dios acerca de cosas que aún no se veían, con temor preparó el arca en que su casa se salvase; y por esa fe condenó al mundo, y fue hecho heredero de la justicia que viene por la fe.

DIVISIÓN IV

EL AUTOR SUPREMO DE LA FE: JESUCRISTO, EL HIJO DE DIOS, 10:19—11:40

E. La fe de Noé: Una fe temerosa y reverente, 11:7

(11:7) *Introducción:* Noé representa un gran ejemplo de creer en Dios y de creer en la advertencia de Dios del juicio venidero. Su fe fue única ya que fue una fe temerosa y reverente.

1. Su fe: Una fe que obedeció rápidamente con temor (v. 7).
2. Su recompensa (v. 7).

ESTUDIO A FONDO 1

(11:7-40) *Fe:* Este encabeza la lista de creyentes incluidos en el gran "Salón de la fama de Dios". Los primeros dos mencionados, Abel y Enoc, también debieran añadirse a la lista, aunque se analizan en la descripción general de la fe. Ellos ilustran el poder espiritual de la fe (v. 4-5).

Nota: Cada uno de los creyentes ilustra un tipo específico de fe. Por ejemplo, échenle una ojeada al título de la fe de Noé que aparece arriba y verán que él ilustra una fe temerosa y reverente. Una ojeada al subíndice de Hebreos, punto IV, le dará al lector una breve panorámica de los varios tipos de fe ilustrados por los grandes hombres y mujeres de Dios. Ellos representan ejemplos dinámicos para nosotros, un gran estímulo para que nosotros creamos en Dios en medio de un mundo corrupto, impío y moribundo.

Note que muchos se encuentran en un versículo o en solo unos pocos versículos a lo sumo. Sin embargo, se separan y analizan en subíndices independientes para enfatizar su fe única. Puede que el predicador o maestro quiera cubrir varios en un solo mensaje o lección.

1 (11:7) *Noé — Fe:* La fe de Noé fue una fe que obedeció rápidamente con temor (cp. Gn. 5:5—8:22).

> "Por la fe Noé, cuando fue advertido por Dios acerca de cosas que aún no se veían, con temor preparó el arca en que su casa se salvase; y por esa fe condenó

al mundo, y fue hecho heredero de la justicia que viene por la fe" (He. 11:7).

"Y vio Jehová que la maldad de los hombres era mucha en la tierra, y que todo designio de los pensamientos del corazón de ellos era de continuo solamente el mal. Y se arrepintió Jehová de haber hecho hombre en la tierra, y le dolió en su corazón. Y dijo Jehová: Raeré de sobre la faz de la tierra a los hombres que he creado, desde el hombre hasta la bestia, y hasta el reptil y las aves del cielo; pues me arrepiento de haberlos hecho… Pero Noé halló gracia ante los ojos de Jehová.

Y se corrompió la tierra delante de Dios, y estaba la tierra llena de violencia. Y miró Dios la tierra, y he aquí que estaba corrompida; porque toda carne había corrompido su camino sobre la tierra. Dijo, pues, Dios a Noé: He decidido el fin de todo ser, porque la tierra está llena de violencia a causa de ellos; y he aquí que yo los destruiré con la tierra…. Hazte un arca de madera de gofer; harás aposentos en el arca, y la calafatearás con brea por dentro y por fuera. Y he aquí que yo traigo un diluvio de aguas sobre la tierra, para destruir toda carne en que haya espíritu de vida debajo del cielo; todo lo que hay en la tierra morirá. Mas estableceré mi pacto contigo, y entrarás en el arca tú, tus hijos, tu mujer, y las mujeres de tus hijos contigo… Y de todo lo que vive, de toda carne, dos de cada especie meterás en el arca, para que tengan vida contigo; macho y hembra serán. Y lo hizo así Noé; hizo conforme a todo lo que Dios le mandó" (Gn. 6:5-8, 11-14, 17-19, 22).

Note dos elementos sobre la fe de Noé.

1. Hubo un momento en la historia del mundo en el que la tierra se había vuelto tan perversa que estaba llena de corrupción y violencia. Estaba tan corrupta que todo deseo del corazón del hombre era corrupto y malvado. El hombre había sobrepasado el punto de no retorno, nunca se arrepentiría y regresaría a Dios. A Dios no le quedaba otra opción: La tierra tenía que ser destruida. Pero había un hombre en la tierra que era piadoso, Noé. Noé adoró y honró a Dios en su vida. Por tanto, Dios advirtió a Noé del juicio venidero sobre la tierra.

⇒ Dios le dijo a Noé que preparara un arca y el arca lo

salvaría a él, a su familia y a dos animales de cada especie.

⇒ Dios también le dijo a Noé que advirtiera al mundo del juicio venidero.

Note cómo Noé recibió la advertencia de Dios: él se dispuso a "hacerlo con temor". La palabra "temor" (eulabethe) quiere decir con temor piadoso (A. T. Robertson, *Metáforas del Nuevo Testamento,* vol. 5, p. 421). Da la idea de…

• reverencia
• sobrecogimiento por Dios y su advertencia
• prestar atención no sea que caiga sobre él el juicio de Dios
• tomarle la Palabra a Dios de modo diligente
• actuar inmediatamente según lo que dice Dios

Noé creyó en la advertencia de Dios del juicio venidero y comenzó a construir el arca con temor y reverencia piadosos, sabiendo sin duda alguna que el juicio vendría. El juicio de Dios caería sobre la tierra. Noé lo creyó y lo supo por fe.

Pensamiento 1. Dios va a juzgar la tierra una segunda vez, a toda la tierra, a todo hombre y mujer. Dios ha advertido a la tierra. Su juicio sobre la corrupción y violencia de los hombres va a caer sobre los hombres. Debemos temer a Dios, temerle…

• con un temor y reverencia piadoso.
• sobrecogidos por Él y su advertencia.
• prestándole atención no sea que sobre nosotros caiga su juicio.
• tomando su Palabra de modo diligente.
• actuando inmediatamente según lo que ha dicho Dios.

Nuestra única esperanza es creer en Dios, creer en Él con una fe temerosa y reverente.

2. Noé se mantuvo firme en su fe a pesar de la burla del mundo. Noé vivía muy, muy lejos del océano. No se encontraba de ninguna manera cerca del mar ni de los astilleros del mundo. Aún así, allí estaba construyendo un barco del tamaño de un trasatlántico. Imagínense la risa, la burla, el desprecio y el abuso que sufrió Noé. Imagínense con qué frecuencia lo llamaron tonto y lo creyeron loco. Pero Noé fue fiel:

⇒ Él predicó la justicia y el juicio venidero de Dios. A los ojos del mundo no era más que un *tonto predicador,* pero la burla y el abuso no lo disuadieron. Él siguió siendo fiel y continuó proclamando la verdad y advirtiendo al pueblo, todo como Dios le había dicho.

⇒ Él también continuó construyendo el arca, continuó trabajando en función de salvarse y de salvar su casa y de salvar a tantas vidas como fuera posible en la tierra. Noé continuó, andando con temor piadoso, creyendo en la Palabra de Dios sobre el juicio venidero.

Pensamiento 1. Un mundo que vive según la ciencia y la tecnología se siente tentado a no confiar nada más que en él mismo. La ciencia y la tecnología tienden a atraer y concentrar la atención en el mundo de los sentidos, los sentimientos, la comodidad y el placer, de las posesiones de sí mismo. Por ende, se ignora la idea de Dios y del juicio venidero. Y si alguien lo predica, se ridiculiza, es objeto de burla y con frecuencia se abusa de él, y se desprecia. Debemos ser fieles a Dios, porque Dios *es.* Dios sí existe y Dios va a juzgar al mundo.

"Cuando el Hijo del Hombre venga en su gloria, y todos los santos ángeles con él, entonces se sentará en su trono de gloria, y serán reunidas delante de él todas las naciones; y apartará los unos de los otros, como aparta el pastor las ovejas de los cabritos" (Mt. 25:31-32).

"Y de la manera que está establecido para los hombres que mueran una sola vez, y después de esto el juicio" (He. 9:27).

"sabe el Señor librar de tentación a los piadosos, y reservar a los injustos para ser castigados en el día del juicio" (2 P. 2:9).

"pero los cielos y la tierra que existen ahora, están reservados por la misma palabra, guardados para el fuego en el día del juicio y de la perdición de los hombres impíos" (2 P. 3:7).

"En esto se ha perfeccionado el amor en nosotros, para que tengamos confianza en el día del juicio; pues como él es, así somos nosotros en este mundo" (1 Jn. 4:17).

"De éstos también profetizó Enoc, séptimo desde Adán, diciendo: He aquí, vino el Señor con sus santas decenas de millares, para hacer juicio contra todos, y dejar convictos a todos los impíos de todas sus obras impías que han hecho impíamente, y de todas las cosas duras que los pecadores impíos han hablado contra él" (Jud. 14-15).

"Porque el Padre a nadie juzga, sino que todo el juicio dio al Hijo" (Jn. 5:22).

"Y nos mandó que predicásemos al pueblo, y testificásemos que él es el que Dios ha puesto por Juez de vivos y muertos" (Hch. 10:42).

"por cuanto ha establecido un día en el cual juzgará al mundo con justicia, por aquel varón a quien designó, dando fe a todos con haberle levantado de los muertos" (Hch. 17:31).

"en el día en que Dios juzgará por Jesucristo los secretos de los hombres, conforme a mi evangelio" (Ro. 2:16).

"Pero tú, ¿por qué juzgas a tu hermano? O tú también, ¿por qué menosprecias a tu hermano? Porque todos compareceremos ante el tribunal de Cristo" (Ro. 14:10).

"Te encarezco delante de Dios y del Señor Jesucristo, que juzgará a los vivos y a los muertos en su manifestación y en su reino" (2 Ti. 4:1).

"y a vosotros que sois atribulados, daros reposo con nosotros, cuando se manifieste el Señor Jesús desde el cielo con los ángeles de su poder, 8 en llama de fuego, para dar retribución a los que no conocieron a Dios, ni obedecen al evangelio de nuestro Señor Jesucristo" (2 Ts. 1:7-8).

"Delante de Jehová que vino; Porque vino a juzgar la tierra. Juzgará al mundo con justicia, y a los pueblos con su verdad" (Sal. 96:13).

"Y dije yo en mi corazón: Al justo y al impío juz-

gará Dios; porque allí hay un tiempo para todo lo que se quiere y para todo lo que se hace" (Ec. 3:17).

2 (11:7) *Noé — Fe:* La recompensa de Noé tenía tres aspectos.

1. Se salvó la casa de Noé. Noé creyó en Dios, creyó en la advertencia de Dios sobre el juicio venidero. Por ende, Dios los salvó. Todos alrededor de Noé murieron, para separarse de Dios para siempre. ¿Por qué? Porque no creyeron en la advertencia de Dios sobre el juicio venidero. Note que toda la casa de Noé fue salva. La esposa e hijos de Noé fueron bendecidos al tener un padre piadoso, un padre que pudiera enseñarlos y guiarlos en la verdad. Recuerden que sus hijos se habían casado. Las jóvenes que se habían casado con ellos lo habían hecho a pesar del estigma de la familia de ser una familia temerosa de Dios. Se podían haber casado con hombres del mundo, pero decidieron unirse a la familia de Dios, identificándose con el Dios del pueblo de Dios. Por ende, Dios los salvó al igual que a Noé (Matthew Henry, *Comentario de Matthew Henry*, vol. 6, p. 941).

2. El mundo fue condenado; es decir, la fe de Noé fue vindicada. El mundo había ridiculizado y se había burlado de la fe de Noé y la creencia en la advertencia de Dios del juicio. Pero Dios vindicó la fe de Noé. Dios juzgó al mundo. Y el mundo vio que Noé siempre tuvo la razón.

William Barclay plantea claramente:

> *"La fe de Noé fue un juicio para otros. Es por eso que, al menos en un sentido, resulta peligroso ser cristiano. No es que el cristiano tenga pretensiones de superioridad moral; no es que el cristiano sea censurista; no es que el cristiano se la pase señalándole faltas a los otros; no es que el cristiano diga: 'Te lo dije'. A menudo sucede que el cristiano de solo ser él mismo pone juicio sobre otras personas. Alcibiades, ese brillante, pero alocado joven de Atenas solía decirle a Sócrates: 'Sócrates, te odio, porque cada vez que te veo me demuestras lo que soy. Uno de los mejores hombres que vivió en Atenas fue Arístides, a quien le llamaban 'el justo'. Pero votaron para aislarlo y desterrarlo. Un hombre, al preguntarle por qué había votado en ese favor, respondió: 'Porque estoy harto de escuchar a Arístides llamado el justo. Hay un peligro en el bien, porque a la luz del bien el mal es condenado"* (*La Epístola a los Hebreos*, p. 160).

3. Noé fue considerado justo (dikaios). Noé creyó en Dios y Dios consideró su fe como justicia. Él "fue hecho heredero de la justicia *que viene por la fe*". Como dice Matthew Henry, Noé tuvo fe en la *Simiente prometida,* el Salvador a quien Dios algún día enviaría a la tierra (*Comentario de Matthew Henry,* vol. 6, p. 941). No hay otra cosa en la tierra fuera de la fe que pueda hacer que Dios considere a un hombre como justo, la fe en la *Simiente prometida,* el Salvador del mundo, el Señor Jesucristo.

> **"Y creyó a Jehová, y le fue contado por justicia"** (Gn. 15:6).

> **"y que de todo aquello de que por la ley de Moisés no pudisteis ser justificados, en él es justificado todo aquel que cree"** (Hch. 13:39).

> **"por cuanto todos pecaron, y están destituidos de la gloria de Dios, siendo justificados gratuitamente por su gracia, mediante la redención que es en Cristo Jesús"** (Ro. 3:23-24).

> **"Porque ¿qué dice la Escritura? Creyó Abraham a Dios, y le fue contado por justicia"** (Ro. 4:3).

> **"Justificados, pues, por la fe, tenemos paz para con Dios por medio de nuestro Señor Jesucristo"** (Ro. 5:1).

> **"Pues mucho más, estando ya justificados en su sangre, por él seremos salvos de la ira"** (Ro. 5:9).

> **"Porque el que ha muerto, ha sido justificado del pecado"** (Ro. 6:7).

> **"¿Quién acusará a los escogidos de Dios? Dios es el que justifica"** (Ro. 8:33).

> **"Y esto erais algunos; mas ya habéis sido lavados, ya habéis sido santificados, ya habéis sido justificados en el nombre del Señor Jesús, y por el Espíritu de nuestro Dios"** (1 Co. 6:11).

> **"sabiendo que el hombre no es justificado por las obras de la ley, sino por la fe de Jesucristo, nosotros también hemos creído en Jesucristo, para ser justificados por la fe de Cristo y no por las obras de la ley, por cuanto por las obras de la ley nadie será justificado"** (Gá. 2:16).

> **"Así Abraham creyó a Dios, y le fue contado por justicia"** (Gá. 3:6).

> **"De manera que la ley ha sido nuestro ayo, para llevarnos a Cristo, a fin de que fuésemos justificados por la fe"** (Gá. 3:24).

> **"y ser hallado en él, no teniendo mi propia justicia, que es por la ley, sino la que es por la fe de Cristo, la justicia que es de Dios por la fe"** (Fil. 3:9).

| 1 Su fe: Una fe que obedeció a Dios
a. El gran llamado de Abraham
b. La gran fe de Abraham
  1) Una fe decidida y obediente: Obedeció el llamado de Dios | F. La fe de Abraham (Parte 1): Una fe obediente y confiada, 11:8-10

8 Por la fe Abraham, siendo llamado, obedeció para salir al lugar que había de recibir como herencia; y salió sin saber a dónde iba. | 9 Por la fe habitó como extranjero en la tierra prometida como en tierra ajena, morando en tiendas con Isaac y Jacob, coherederos de la misma promesa;
10 porque esperaba la ciudad que tiene fundamentos, cuyo arquitecto y constructor es Dios. | 2) Una fe obediente y confiada: Continuó siguiendo a Dios, como peregrino

2 Su recompensa: Esperaba una ciudad celestial |

DIVISIÓN IV

EL AUTOR SUPREMO DE LA FE: JESUCRISTO, EL HIJO DE DIOS, 10:19—11:40

F. La fe de Abraham (Parte 1): Una fe obediente y confiada, 11:8-10

(11:8-10) *Introducción:* Abraham demuestra uno de los ejemplos de fe más grandes de la Biblia. Él creyó en contra de todas las probabilidades y fue paciente en su fe. La fe de Abraham fue una fe creyente y obediente, una fe que obedeció y creyó en Dios de un modo genuino.

1. Su fe: Una fe que obedeció a Dios (vv. 8-9).
2. Su recompensa: Esperaba una ciudad celestial (v. 10).

1 (11:8-9) *La fe de Abraham:* La fe de Abraham fue una fe que obedeció y tuvo esperanza en Dios. (Vea el *Estudio a fondo 1,* Jn. 4:22; notas, Ro. 4: l-25; 9:7-13; Gá. 3:6-7; 3:8-9; *Estudio a fondo 1,* 3:8, 16.)

"Pero Jehová había dicho a Abram: Vete de tu tierra y de tu parentela, y de la casa de tu padre, a la tierra que te mostraré. Y haré de ti una nación grande, y te bendeciré, y engrandeceré tu nombre, y serás bendición. Bendeciré a los que te bendijeren, y a los que te maldijeren maldeciré; y serán benditas en ti todas las familias de la tierra. Y se fue Abram, como Jehová le dijo; y Lot fue con él. Y era Abram de edad de setenta y cinco años cuando salió de Harán. Tomó, pues, Abram a Sarai su mujer, y a Lot hijo de su hermano, y todos sus bienes que habían ganado y las personas que habían adquirido en Harán, y salieron para ir a tierra de Canaán; y a tierra de Canaán llegaron" (Gn. 12:1-5; cp. Gn. 11:26-32).

"Y Jehová dijo a Abram, después que Lot se apartó de él: Alza ahora tus ojos, y mira desde el lugar donde estás hacia el norte y el sur, y al oriente y al occidente. Porque toda la tierra que ves, la daré a ti y a tu descendencia para siempre. Y haré tu descendencia como el polvo de la tierra; que si alguno puede contar el polvo de la tierra, también tu descendencia será contada. Levántate, ve por la tierra a lo largo de ella y a su ancho; porque a ti la daré" (Gn. 13:14-17).

"Después de estas cosas vino la palabra de Jehová a Abram en visión, diciendo: No temas, Abram; yo soy tu escudo, y tu galardón será sobremanera grande. Y respondió Abram: Señor Jehová, ¿qué me darás, siendo así que ando sin hijo, y el mayordomo de mi casa es ese damasceno Eliezer? Dijo también Abram: Mira que no me has dado prole, y he aquí que será mi heredero un esclavo nacido en mi casa. Luego vino a él palabra de Jehová, diciendo: No te heredará éste, sino un hijo tuyo será el que te heredará. Y lo llevó fuera, y le dijo: Mira ahora los cielos, y cuenta las estrellas, si las puedes contar. Y le dijo: Así será tu descendencia. Y creyó a Jehová, y le fue contado por justicia. Y le dijo: Yo soy Jehová, que te saqué de Ur de los caldeos, para darte a heredar esta tierra." (Gn. 15:1-7).

"Era Abram de edad de noventa y nueve años, cuando le apareció Jehová y le dijo: Yo soy el Dios Todopoderoso; anda delante de mí y sé perfecto. Y pondré mi pacto entre mí y ti, y te multiplicaré en gran manera. Entonces Abram se postró sobre su rostro, y Dios habló con él, diciendo: He aquí mi pacto es contigo, y serás padre de muchedumbre de gentes. Y no se llamará más tu nombre Abram, sino que será tu nombre Abraham, porque te he puesto por padre de muchedumbre de gentes. Y te multiplicaré en gran manera, y haré naciones de ti, y reyes saldrán de ti.... Y estableceré mi pacto entre mí y ti, y tu descendencia después de ti en sus generaciones, por pacto perpetuo, para ser tu Dios, y el de tu descendencia después de ti. Dijo también Dios a Abraham: A Sarai tu mujer no la llamarás Sarai, mas Sara será su nombre. Y la bendeciré, y también te daré de ella hijo; sí, la bendeciré, y vendrá a ser madre de naciones; reyes de pueblos vendrán de ella. Entonces Abraham se postró sobre su rostro, y se rió, y dijo en su corazón: ¿A hombre de cien años ha de nacer hijo? ¿Y Sara, ya de noventa años, ha de concebir? Y dijo Abraham a Dios: Ojalá Ismael viva delante de ti. Respondió Dios: Ciertamente Sara tu mujer te dará a luz un hijo, y llamarás su nombre Isaac; y confirmaré mi pacto con él como pacto perpetuo para sus descendientes después de él." (Gn. 17:1-7, 15-19).

"Y llamó el ángel de Jehová a Abraham por segunda vez desde el cielo, y dijo: Por mí mismo he jurado, dice Jehová, que por cuanto has hecho esto, y no me has rehusado tu hijo, tu único hijo; de cierto te bendeciré, y multiplicaré tu descendencia como las estrellas del cielo y como la arena que está a la orilla del mar; y tu descendencia poseerá las puertas de sus enemigos. En tu simiente serán benditas todas las naciones de la tierra, por cuanto obedeciste a mi voz" (Gn. 22:15-18).

"Y él dijo: Varones hermanos y padres, oíd: El Dios de la gloria apareció a nuestro padre Abraham, estando en Mesopotamia, antes que morase en Harán, y le dijo: Sal de tu tierra y de tu parentela, y ven a la tierra que yo te mostraré" (Hch. 7:2-3).

"Por la fe Abraham, siendo llamado, obedeció para salir al lugar que había de recibir como herencia; y salió sin saber a dónde iba. Por la fe habitó como extranjero en la tierra prometida como en tierra ajena, morando en tiendas con Isaac y Jacob, coherederos de la misma promesa; porque esperaba la ciudad que tiene fundamentos, cuyo arquitecto y constructor es Dios" (He. 11:8-10).

Note dos elementos sobre la fe de Abraham.

1. Dios le hizo un gran llamado a Abraham. Él llamó y exhortó a Abraham a que diera testimonio a las otras personas del mundo, testimonio del único Dios vivo y verdadero. Dios exhortó a Abraham a separarse del mundo y a seguir a Dios, a dejar su casa, sus amigos, su empleo y su patria. Si Abraham prestaba atención y obedecía al llamado de Dios, entonces Dios haría tres cosas maravillosas por Abraham.

⇒ Dios haría que naciese un pueblo de su simiente (Gn. 12:1-5; Ro. 4:17-18).

⇒ Dios bendeciría a todas las naciones mediante su simiente (Gn. 12:2; Ro. 4:17-18; Gá. 3:8, 16).

⇒ Dios le daría una tierra prometida, la tierra de Canaán (Gn. 12:1; Ro. 4:13; He. 11:8-10, 13-16).

"Porque todos los que son guiados por el Espíritu de Dios, éstos son hijos de Dios. Pues no habéis recibido el espíritu de esclavitud para estar otra vez en temor, sino que habéis recibido el espíritu de adopción, por el cual clamamos: ¡Abba, Padre! El Espíritu mismo da testimonio a nuestro espíritu, de que somos hijos de Dios. Y si hijos, también herederos; herederos de Dios y coherederos con Cristo, si es que padecemos juntamente con él, para que juntamente con él seamos glorificados" (Ro. 8:14-17).

"Por lo cual, salid de en medio de ellos, y apartaos, dice el Señor, y no toquéis lo inmundo; y yo os recibiré, y seré para vosotros por Padre, y vosotros me seréis hijos e hijas, dice el Señor Todopoderoso" (2 Co. 6:17-18).

"el cual quiere que todos los hombres sean salvos y vengan al conocimiento de la verdad" (1 Ti. 2:4).

2. Abraham obedeció a Dios; él creyó en Dios. Note exactamente el tipo de fe que tuvo.

a. Él tuvo una fe decidida y obediente. Él obedeció, y salió sin saber a dónde se dirigía. Cuando Dios lo llamó, él respondió inmediatamente. Él no vaciló, discutió, cuestionó, evadió, ni flaqueó. Él obedeció. Tan pronto escuchó el lla-

mado de Dios, se levantó y siguió a Dios: actuó decididamente.

Note un elemento significativo sobre seguir a Dios. Abraham no sabía a dónde se dirigía. Él no sabía a dónde lo llevaría seguir a Dios. Él solo creyó las promesas de Dios; por lo tanto, él actuó según su creencia. Él creyó; por tanto, él obedeció.

Pensamiento 1. Una persona que realmente cree en Dios obedece a Dios. No existe creencia sin obediencia, no una creencia genuina.

Pensamiento 2. Nadie sabe a dónde lo llevará su fe, pero no debe temer seguir a Dios. Dios es bueno y solo guarda cosas buenas para cualquier seguidor fiel de Él. Si nos alejamos y no creemos ni seguimos a Dios, entonces perderemos las promesas de Dios.

b. Él tuvo una fe obediente y confiada. Note que Abraham nunca recibió la herencia de la tierra prometida y nunca vio una nación de personas nacidas de su simiente. De hecho, Abraham nunca siquiera poseyó una porción de tierra donde pudiera asentarse y vivir. Él solo fue *una persona que hacía estadías temporales,* un vagabundo que iba de un lugar a otro en un país extranjero. Él incluso vivió hasta una edad bien avanzada, vio a su hijo y a su nieto nacidos y los vio convertirse en los herederos de la promesa. Pero aun ellos solo fueron herederos de la promesa, no herederos de la tierra. Ni siquiera los vio recibir una parcela de tierra. Pero a pesar de todo, a pesar de lo que al parecer eran todas las probabilidades de que no se cumplieran las promesas de Dios, Abraham aún creía en Dios. Él aún creía en la esperanza que Dios le había dado. Él creyó en ella con tanta fuerza que le enseñó *las mismas promesas* a su hijo Isaac y a su nieto Jacob.

"No todo el que me dice: Señor, Señor, entrará en el reino de los cielos, sino el que hace la voluntad de mi Padre que está en los cielos" (Mt. 7:21).

"Cualquiera, pues, que me oye estas palabras, y las hace, le compararé a un hombre prudente, que edificó su casa sobre la roca. Descendió lluvia, y vinieron ríos, y soplaron vientos, y golpearon contra aquella casa; y no cayó, porque estaba fundada sobre la roca" (Mt. 7:24-25).

"y habiendo sido perfeccionado, vino a ser autor de eterna salvación para todos los que le obedecen" (He. 5:9).

"Bienaventurados los que lavan sus ropas, para tener derecho al árbol de la vida, y para entrar por las puertas en la ciudad" (Ap. 22:14).

ESTUDIO A FONDO 1

(11:8-9) *Abraham — Fe:* ¿Qué creía Abraham? (Vea el *Estudio a fondo 1,* Ro. 4: 1-25; nota, 9:7-13; *Estudio a fondo 1,* Gá. 3:8, 16.)

1. Él creía que Dios crearía una nación de su simiente (Gn. 12:2-5; Ro. 4:17-18).

2. Él creía que Dios le daría un hijo en contra de todas las probabilidades (Gn. 15:1-6; Ro. 4: 18-22; He. 11:11-12).

3. Él creía en la ciudad eterna (He. 11:8-l0, 13-16).

4. Él creía en el poder de Dios de resucitar a los muertos (He. 11:17-19).

2 (11:10) *Abraham — Fe:* La recompensa de Abraham fue una gran ciudad que tenía fundamentos, cuyo arquitecto y constructor es Dios. Esperaba la gran ciudad celestial. Este versículo dice claramente que la fe de Abraham fue la fe que miró más allá de este mundo y al cielo. Esta es una declaración fenomenal: "Que Abraham creía en la ciudad celestial de Dios, en una vida futura, una vida que lo pondría ante la presencia de Dios para siempre. Aún así, eso es exactamente lo que está declarado en este pasaje por el Espíritu Santo mediante el autor de Hebreos. Pablo incluso dice que la promesa que se le hizo a Abraham fue "que sería heredero del mundo" (Ro. 4:13). Esto se refiere, por supuesto, a los nuevos cielos y tierra (cp. 2 P. 3:l0-13; Ap. 21:11).

Debemos fijar nuestra atención en la gran fe de Abraham. Él creía que Dios le daría la tierra de Canaán que era un símbolo o ejemplo de la gran tierra del cielo, la gran ciudad cuyo constructor es Dios.

> "Porque no por la ley fue dada a Abraham o a su descendencia la promesa de que sería heredero del mundo, sino por la justicia de la fe" (Ro. 4:13).

> "porque esperaba la ciudad que tiene fundamentos, cuyo arquitecto y constructor es Dios" (He. 11:10).

> "Pero anhelaban una mejor, esto es, celestial; por lo cual Dios no se avergüenza de llamarse Dios de ellos; porque les ha preparado una ciudad" (He. 11:16).

> "sino que os habéis acercado al monte de Sion, a la ciudad del Dios vivo, Jerusalén la celestial, a la compañía de muchos millares de ángeles" (He. 12:22).

> "porque no tenemos aquí ciudad permanente, sino que buscamos la por venir" (He. 13:14).

> "Pero el día del Señor vendrá como ladrón en la noche; en el cual los cielos pasarán con grande estruendo, y los elementos ardiendo serán deshechos, y la tierra y las obras que en ella hay serán quemadas. Puesto que todas estas cosas han de ser deshechas, ¡cómo no debéis vosotros andar en santa y piadosa manera de vivir, esperando y apresurándoos para la venida del día de Dios, en el cual los cielos, encendiéndose, serán deshechos, y los elementos, siendo quemados, se fundirán! Pero nosotros esperamos, según sus promesas, cielos nuevos y tierra nueva, en los cuales mora la justicia" (2 P. 3:10-13).

> "Vi un cielo nuevo y una tierra nueva; porque el primer cielo y la primera tierra pasaron, y el mar ya no existía más. Y yo Juan vi la santa ciudad, la nueva Jerusalén, descender del cielo, de Dios, dispuesta como una esposa ataviada para su marido. Y oí una gran voz del cielo que decía: He aquí el tabernáculo de Dios con los hombres, y él morará con ellos; y ellos serán su pueblo, y Dios mismo estará con ellos como su Dios. Enjugará Dios toda lágrima de los ojos de ellos; y ya no habrá muerte, ni habrá más llanto, ni clamor, ni dolor; porque las primeras cosas pasaron" (Ap. 21:1-4).

> "Y me llevó en el Espíritu a un monte grande y alto, y me mostró la gran ciudad santa de Jerusalén, que descendía del cielo, de Dios" (Ap. 21:10).

> "Bienaventurados los que lavan sus ropas, para tener derecho al árbol de la vida, y para entrar por las puertas en la ciudad" (Ap. 22:14).

> "Y si alguno quitare de las palabras del libro de esta profecía, Dios quitará su parte del libro de la vida, y de la santa ciudad y de las cosas que están escritas en este libro" (Ap. 22:19).

	G. La fe de Sara: Una fe imposible, 11:11-12
1 Su fe: Una fe que creyó en lo imposible	11 Por la fe también la misma Sara, siendo estéril, recibió fuerza para concebir; y dio a luz aun fuera del tiempo de la edad, porque creyó que era fiel quien lo había prometido.
2 Su recompensa: La nación y el hijo prometido	12 Por lo cual también, de uno, y ése ya casi muerto, salieron como las estrellas del cielo en multitud, y como la arena innumerable que está a la orilla del mar.

DIVISIÓN IV

EL AUTOR SUPREMO DE LA FE: JESUCRISTO, EL HIJO DE DIOS, 10:19—11:40

G. La fe de Sara: Una fe imposible, 11:11-12

(11:11-12) *Introducción:* Sara es un ejemplo dinámico de qué es creer en lo imposible. Ella creyó en lo imposible; por ende, ella vio a Dios hacer lo imposible.

1. Su fe: Una fe que creyó en lo imposible (v. 11).
2. Su recompensa: La nación y el hijo prometido (v. 12).

1 (11:11) *Sara — Fe:* La fe de Sara fue una fe que creyó en lo imposible.

"Y le dijeron: ¿Dónde está Sara tu mujer? Y él respondió: Aquí en la tienda. Entonces dijo: De cierto volveré a ti; y según el tiempo de la vida, he aquí que Sara tu mujer tendrá un hijo. Y Sara escuchaba a la puerta de la tienda, que estaba detrás de él. Y Abraham y Sara eran viejos, de edad avanzada; y a Sara le había cesado ya la costumbre de las mujeres. Se rió, pues, Sara entre sí, diciendo: ¿Después que he envejecido tendré deleite, siendo también mi señor ya viejo? Entonces Jehová dijo a Abraham: ¿Por qué se ha reído Sara diciendo: Será cierto que he de dar a luz siendo ya vieja? ¿Hay para Dios alguna cosa difícil? Al tiempo señalado volveré a ti, y según el tiempo de la vida, Sara tendrá un hijo. Entonces Sara negó, diciendo: No me reí; porque tuvo miedo. Y él dijo: No es así, sino que te has reído" (Gn. 18:9-15; cp. Gn. 17:15-22).

"Visitó Jehová a Sara, como había dicho, e hizo Jehová con Sara como había hablado. Y Sara concibió y dio a Abraham un hijo en su vejez, en el tiempo que Dios le había dicho. Y llamó Abraham el nombre de su hijo que le nació, que le dio a luz Sara, Isaac. Y circuncidó Abraham a su hijo Isaac de ocho días, como Dios le había mandado. Y era Abraham de cien años cuando nació Isaac su hijo" (Gn. 21:1-5).

"El creyó en esperanza contra esperanza, para llegar a ser padre de muchas gentes, conforme a lo que se le había dicho: Así será tu descendencia. Y no se debilitó en la fe al considerar su cuerpo, que estaba ya como muerto (siendo de casi cien años), o la esterilidad de la matriz de Sara. Tampoco dudó, por incredulidad, de la promesa de Dios, sino que se fortaleció en fe, dando gloria a Dios, plenamente convencido de que era también poderoso para hacer todo lo que había prometido" (Ro. 4:18-21).

"Por la fe también la misma Sara, siendo estéril, recibió fuerza para concebir; y dio a luz aun fuera del tiempo de la edad, porque creyó que era fiel quien lo había prometido. Por lo cual también, de uno, y ése ya casi muerto, salieron como las estrellas del cielo en multitud, y como la arena innumerable que está a la orilla del mar" (He. 11:11-12).

Note dos elementos significativos:

1. Al principio a Sara se le hacía difícil creer en Dios. Cuando escuchó la promesa de Dios por primera vez, ella dudó de la promesa. En Génesis el Señor apareció y habló con Abraham justo fuera de la puerta de su tienda. Sara se escondió en la tienda y se acercó a la puerta para escuchar la conversación. Cuando escuchó al Señor prometerle un hijo a Abraham, Sara se rió, porque ella y Abraham ya estaban fuera del tiempo de la edad de concepción (cp. Gn. 18:12). Los dos eran humanamente estériles.

Pensamiento 1. Las promesas de Dios parecen increíbles. Solo piense en cuán corrupta, pecaminosa, mala, salvaje, violenta y condenada a morir está la raza humana. Cualquier noticia de los medios de difusión está llena de ilustraciones de la corrupción del hombre. Aún así Dios ama al mundo, lo ama tanto que le ha prometido al mundo "la simiente" del Salvador. Solo piensen en lo increíble que parece esto.

⇒ Dios ha prometido un Salvador que soportará los pecados del hombre por él y lo presentará ante Dios como justo.

⇒ Dios ha prometido un Salvador que salvará al hombre de la corrupción y la muerte del mundo, un

Salvador que pueda darle vida al hombre, vida eterna en un nuevo cielo y tierra.

2.   Sara consideró el asunto: El que hacía la promesa, era el propio Dios, la Majestad Soberana del universo. Cuando Sara lo consideró, el cambio en ella fue dramático: si era Dios quien hacía la promesa, entonces a Dios se le podía *considerar (juzgar)* fiel. Dios siempre cumple sus promesas. Dios podía hacerlo sin importar cuan difícil fuera la situación…

• a pesar de la imposibilidad humana.

• a pesar de que todo raciocinio lo contradecía.

• a pesar de que tuviera que anularse esa naturaleza.

Sara creyó en Dios. Ella cambió de incredulidad a credulidad. Ella confió en la promesa de Dios. Por lo tanto, ella parió un hijo a la edad de noventa años. Fue un nacimiento milagroso, pero Dios se lo había prometido y Él cumplió su promesa.

Pensamiento 1. Dios no miente; Él no engaña a las personas. Por consiguiente, las promesas de Dios, cada una de ellas, se cumplirá. Pero note: La promesa de la *simiente,* es decir, del Salvador, se aplica solo a aquellos que creen.

"Y mirándolos Jesús, les dijo: Para los hombres esto es imposible; mas para Dios todo es posible" (Mt. 19:26).

"Jesús le dijo: Si puedes creer, al que cree todo le es posible" (Mr. 9:23).

"Y decía: Abba, Padre, todas las cosas son posibles para ti; aparta de mí esta copa; mas no lo que yo quiero, sino lo que tú" (Mr. 14:36).

"porque nada hay imposible para Dios" (Lc. 1:37).

"Yo conozco que todo lo puedes, Y que no hay pensamiento que se esconda de ti" (Job 42:2).

"¡Cuán grande es tu bondad, que has guardado para los que te temen, Que has mostrado a los que esperan en ti, delante de los hijos de los hombres!" (Sal. 31:19).

"Encomienda a Jehová tu camino, Y confía en él; y él hará" (Sal. 37:5).

"Una vez habló Dios; Dos veces he oído esto: Que de Dios es el poder" (Sal. 62:11).

"Fíate de Jehová de todo tu corazón, Y no te apoyes en tu propia prudencia" (Pr. 3:5).

"Confiad en Jehová perpetuamente, porque en Jehová el Señor está la fortaleza de los siglos" (Is. 26:4).

2 (11:12) *Sara — Fe:* La fe de Sara fue recompensada. Ella recibió la nación y el hijo prometido mediante su simiente. Esto se refiere a dos recompensas:

⇒ El regalo de *la simiente Isaac* y de la nación de Israel.

⇒ El regalo de *la simiente Cristo* y de la nación de los creyentes, de la nueva creación de hombres y mujeres *nacidos de nuevo,* aquellos que serán ciudadanos del cielo nuevo y la tierra nueva de Dios (vea el *Estudio a fondo 1,* Gá. 3:8, notas, Gá. 3:16; Ef. 2:11-18; 2:14-15; 3:16; 4:17-19. Vea el *Estudio a fondo 1,* Jn. 4:22; *Estudio a fondo 1,* Ro. 4:1-25.)

Sara creyó en lo imposible y Dios recompensó su fe: Ella *recibió* lo imposible. Miren a Israel. Israel existe hoy día porque Sara creyó en la promesa imposible de Dios. Miren a los creyentes de todo el mundo, aquellos que profesan haber nacido de nuevo por el sacrificio de Jesucristo por sus pecados. Ellos existen hoy porque Sara creyó la promesa imposible de Dios.

"Respondió Jesús y le dijo: De cierto, de cierto te digo, que el que no naciere de nuevo, no puede ver el reino de Dios…. Respondió Jesús: De cierto, de cierto te digo, que el que no naciere de agua y del Espíritu, no puede entrar en el reino de Dios. Lo que es nacido de la carne, carne es; y lo que es nacido del Espíritu, espíritu es. No te maravilles de que te dije: Os es necesario nacer de nuevo" (Jn. 3:3, 5-7).

"De modo que si alguno está en Cristo, nueva criatura es; las cosas viejas pasaron; he aquí todas son hechas nuevas" (2 Co. 5:17).

"siendo renacidos, no de simiente corruptible, sino de incorruptible, por la palabra de Dios que vive y permanece para siempre" (1 P. 1:23).

"Todo aquel que cree que Jesús es el Cristo, es nacido de Dios; y todo aquel que ama al que engendró, ama también al que ha sido engendrado por él" (1 Jn. 5:1).

"Pero sin fe es imposible agradar a Dios; porque es necesario que el que se acerca a Dios crea que le hay, y que es galardonador de los que le buscan" (He. 11:6).

"Pues no es judío el que lo es exteriormente, ni es la circuncisión la que se hace exteriormente en la carne; sino que es judío el que lo es en lo interior, y la circuncisión es la del corazón, en espíritu, no en letra; la alabanza del cual no viene de los hombres, sino de Dios" (Ro. 2:28-29).

"Y si vosotros sois de Cristo, ciertamente linaje de Abraham sois, y herederos según la promesa" (Gá. 3:29).

	H. La fe del patriarca: La fe de un peregrino, 11:13-16	14 Porque los que esto dicen, claramente dan a entender que buscan una patria;	c. Una fe que obra: Buscaron y declararon abiertamente que buscaban una patria
1 Su fe: Una fe firme, que siempre busca una patria celestial no vista a. Una fe visionaria: Ellos vieron b. Una fe creciente: Ellos vieron, fueron persuadidos, abrazaron y confesaron	13 Conforme a la fe murieron todos éstos sin haber recibido lo prometido, sino mirándolo de lejos, y creyéndolo, y saludándolo, y confesando que eran extranjeros y peregrinos sobre la tierra.	15 pues si hubiesen estado pensando en aquella de donde salieron, ciertamente tenían tiempo de volver. 16 Pero anhelaban una mejor, esto es, celestial; por lo cual Dios no se avergüenza de llamarse Dios de ellos; porque les ha preparado una ciudad.	d. Una fe resistente: Ellos no regresaron 2 Su recompensa a. La aprobación de Dios b. La ciudad preparada de Dios

DIVISIÓN IV

EL AUTOR SUPREMO DE LA FE: JESUCRISTO, EL HIJO DE DIOS, 10:19—11:40

H. La fe del patriarca: La fe de un peregrino, 11:13-16

(11:13-16) *Introducción:* Los creyentes son solo extranjeros y peregrinos en la tierra. Ellos solo están de paso por esta tierra y en esta vida que es tan breve y corrupta. Son herederos y ciudadanos del cielo. Este pasaje es una ilustración de la gran fe de los creyentes, la fe de los peregrinos de Dios en la tierra.

1. Su fe: Una fe firme, que siempre busca una patria celestial no vista (vv. 13-15).
2. Su recompensa (v. 16).

1 (11:13-15) *Patriarcas — Fe — Peregrinaje:* La fe del patriarca fue una fe resistente, que siempre buscó lo no visto, la patria celestial. La palabra patriarca se refiere a Abraham, Isaac, Jacob y a otros hombres antiguos que tenían una gran fe en Dios y en sus promesas. Debemos prestar atención a lo siguiente: Todos ellos murieron creyendo en lo que Dios había prometido y ni uno de ellos vio cumplirse la promesa en la tierra. Si las iban a recibir, tenían que aceptarlas por fe. Creerlas, tener esperanza en ellas, era la única forma en la que podían poseerlas. Note cuatro puntos:

1. Su fe era una fe visionaria. Ellos vieron las promesas de Dios desde muy lejos, no con los ojos, sino con el corazón y la mente de cada uno de ellos. ¿Cuál era la promesa? Era la promesa…

• de una patria (v. 14).
• de una mejor patria, un mundo celestial (v. 16). Cristo Jesús hasta dijo que Abraham vio su día y se regocijó en su esperanza (cp. Jn. 8:56).

Pensamiento 1. Cuánto más podemos ver y entender las promesas de Dios. Cristo ya vino una vez. Creer que regresará es mucho más fácil que para Abraham creer que Él venía la primera vez. Abraham no tenía precedente, mientras que nosotros sí.

2. Su fe fue una fe creciente.
⇒ Ellos vieron la promesa de Dios y le agradecieron a Dios el privilegio de verla.

⇒ Fueron persuadidos de las promesas de Dios. Ellos creyeron que las promesas eran ciertas, que había una Tierra Prometida y que Dios iba a dársela a ellos. Ellos creyeron en Dios y en que lo que Dios prometió lo iba a cumplir.

⇒ Ellos abrazaron (aspasamenoi) las promesas. La palabra significa saludar y dar la bienvenida. Siempre se mostraron agradecidos y apreciativos hacia Dios por una esperanza tan gloriosa como la Tierra Prometida. Ellos se regocijaron y adoraron la promesa, sin quitar sus ojos de ella jamás.

⇒ Ellos confesaron que eran solo extranjeros y peregrinos en la tierra, solo estaban de paso hasta que pudieran heredar la esperanza gloriosa de la Tierra Prometida. Ellos dieron fe y testimonio de que Dios les había dado la esperanza de la Tierra Prometida, y lo hicieron sin ninguna vergüenza.

3. Su fe fue una fe que obra. Buscaron activamente la Tierra Prometida y se lo declararon a todos.
⇒ Ellos no se quedaron de brazos cruzados hablando de la Tierra Prometida, creyendo que Dios los llevaría allí cuando llegara el momento.
⇒ Ellos no pasaron su vida en la tierra ignorando la Tierra Prometida, creyendo que eran lo suficientemente buenos y que Dios nunca les impediría heredarla.

Los primeros creyentes buscaron activamente la Tierra Prometida. Ellos se pusieron de pie y salieron en su busca, dejando atrás sus posesiones y al mundo. Por su separación del mundo y por buscar las promesas de Dios, declararon abiertamente que eran hombres y mujeres de una fe verdadera.

4. Su fe fue una *fe resistente.* Nunca regresaron a la patria de la que habían salido. Se había separado del mundo y comenzaron a buscar la tierra prometida de Dios y mantuvieron la búsqueda.

Explicado sencillamente, mantuvieron su mente y pensamientos en la Tierra Prometida.
⇒ No abrigaban los pensamientos de los placeres y deseos, posesiones e indulgencias, sentimientos y comodidades del mundo.

⇒ Ellos no regresaron al viejo mundo cuando tuvieron la oportunidad.

⇒ Los patriarcas resistieron hasta el fin. De hecho, se fueron a su tumba creyendo en la gran esperanza de Dios sobre la Tierra Prometida.

"plenamente convencido de que era también poderoso para hacer todo lo que había prometido" (Ro. 4:21).

"Por lo cual estoy seguro de que ni la muerte, ni la vida, ni ángeles, ni principados, ni potestades, ni lo presente, ni lo por venir, ni lo alto, ni lo profundo, ni ninguna otra cosa creada nos podrá separar del amor de Dios, que es en Cristo Jesús Señor nuestro" (Ro. 8:38-39).

"Por lo cual asimismo padezco esto; pero no me avergüenzo, porque yo sé a quién he creído, y estoy seguro que es poderoso para guardar mi depósito para aquel día" (2 Ti. 1:12).

"Mas nuestra ciudadanía está en los cielos, de donde también esperamos al Salvador, al Señor Jesucristo; el cual transformará el cuerpo de la humillación nuestra, para que sea semejante al cuerpo de la gloria suya, por el poder con el cual puede también sujetar a sí mismo todas las cosas" (Fil. 3:20-21).

"Conforme a la fe murieron todos éstos sin haber recibido lo prometido, sino mirándolo de lejos, y creyéndolo, y saludándolo, y confesando que eran extranjeros y peregrinos sobre la tierra" (He. 11:13).

"porque no tenemos aquí ciudad permanente, sino que buscamos la por venir" (He. 13:14).

"Porque nosotros, extranjeros y advenedizos somos delante de ti, como todos nuestros padres; y nuestros días sobre la tierra, cual sombra que no dura" (1 Cr. 29:15).

"Oye mi oración, oh Jehová, y escucha mi clamor. No calles ante mis lágrimas; Porque forastero soy para ti, Y advenedizo, como todos mis padres" (Sal. 39:12).

"¿Con qué limpiará el joven su camino? Con guardar tu palabra" (Sal. 119:19).

2 (11:16) *Fe — Recompensa:* La recompensa de los patriarcas. Su recompensa tenía dos aspectos.

1. Ellos recibieron la aprobación de Dios. Dios no se avergüenza de llamarse su Dios. Note el tiempo gramatical presente: Aún viven, incluso hoy. Al igual que Dios. Dios está actuando ahora; es hoy que no siente vergüenza. Él es hoy el Dios de Abraham, Isaac y Jacob, y Él no se avergüenza de llamarse su Dios. ¡Imagínense nada más! Estos grandes patriarcas han vivido y viven ante la presencia de Dios durante miles de años (cp. Mt. 22:32; Mr. 12:26; Lc. 20:37). Dios ama y se compromete Él mismo con todos aquellos que creen en Él y en sus promesas. Él no se avergüenza y nunca se avergonzará de aquellos que confiesan que lo buscan a Él y la patria que Él ha prometido.

"Porque de tal manera amó Dios al mundo, que ha dado a su Hijo unigénito, para que todo aquel que en él cree, no se pierda, mas tenga vida eterna" (Jn. 3:16).

"Pues si vivimos, para el Señor vivimos; y si morimos, para el Señor morimos. Así pues, sea que vivamos, o que muramos, del Señor somos" (Ro. 14:8).

"Porque para mí el vivir es Cristo, y el morir es ganancia" (Fil. 1:21).

"Conforme a la fe murieron todos éstos sin haber recibido lo prometido, sino mirándolo de lejos, y creyéndolo, y saludándolo, y confesando que eran extranjeros y peregrinos sobre la tierra" (He. 11:13).

"Oí una voz que desde el cielo me decía: Escribe: Bienaventurados de aquí en adelante los muertos que mueren en el Señor. Sí, dice el Espíritu, descansarán de sus trabajos, porque sus obras con ellos siguen" (Ap. 14:13).

"sino que en toda nación se agrada del que le teme y hace justicia" (Hch. 10:35).

"Así que vivimos confiados siempre, y sabiendo que entre tanto que estamos en el cuerpo, estamos ausentes del Señor (porque por fe andamos, no por vista); pero confiamos, y más quisiéramos estar ausentes del cuerpo, y presentes al Señor. Por tanto procuramos también, o ausentes o presentes, serle agradables. Porque es necesario que todos nosotros comparezcamos ante el tribunal de Cristo, para que cada uno reciba según lo que haya hecho mientras estaba en el cuerpo, sea bueno o sea malo" (2 Co. 5:6-10).

"Por lo cual, salid de en medio de ellos, y apartaos, dice el Señor, y no toquéis lo inmundo; y yo os recibiré, y seré para vosotros por Padre, y vosotros me seréis hijos e hijas, dice el Señor Todopoderoso" (2 Co. 6:17-18).

"para alabanza de la gloria de su gracia, con la cual nos hizo aceptos en el Amado, en quien tenemos redención por su sangre, el perdón de pecados según las riquezas de su gracia" (Ef. 1:6-7).

"Ahora, pues, si diereis oído a mi voz, y guardareis mi pacto, vosotros seréis mi especial tesoro sobre todos los pueblos; porque mía es toda la tierra" (Éx. 19:5).

2. Ellos recibieron la Tierra Prometida. Dios preparó una ciudad para ellos, una ciudad celestial que durará para siempre.

"Porque no por la ley fue dada a Abraham o a su descendencia la promesa de que sería heredero del mundo, sino por la justicia de la fe" (Ro. 4:13).

"porque esperaba la ciudad que tiene fundamentos, cuyo arquitecto y constructor es Dios" (He. 11:10).

"Pero anhelaban una mejor, esto es, celestial; por lo cual Dios no se avergüenza de llamarse Dios de ellos; porque les ha preparado una ciudad" (He. 11:16).

"sino que os habéis acercado al monte de Sion, a la ciudad del Dios vivo, Jerusalén la celestial, a la compañía de muchos millares de ángeles" (He. 12:22).

"porque no tenemos aquí ciudad permanente, sino que buscamos la por venir" (He. 13:14).

"Pero el día del Señor vendrá como ladrón en la noche; en el cual los cielos pasarán con grande estruendo, y los elementos ardiendo serán deshechos, y la tierra y las obras que en ella hay serán quemadas. Puesto que todas estas cosas han de ser deshechas, ¡cómo no debéis vosotros andar en santa y piadosa manera de vivir, esperando y apresurándoos para la venida del día de Dios, en el cual los cielos, encendiéndose, serán deshechos, y los elementos, siendo quemados, se fundirán! Pero nosotros esperamos, según sus promesas, cielos nuevos y tierra nueva, en los cuales mora la justicia." (2 P. 3:10-13).

"Vi un cielo nuevo y una tierra nueva; porque el primer cielo y la primera tierra pasaron, y el mar ya no existía más. Y yo Juan vi la santa ciudad, la nueva Jerusalén, descender del cielo, de Dios, dispuesta como una esposa ataviada para su marido. Y oí una gran voz del cielo que decía: He aquí el tabernáculo de Dios con los hombres, y él morará con ellos; y ellos serán su pueblo, y Dios mismo estará con ellos como su Dios. Enjugará Dios toda lágrima de los ojos de ellos; y ya no habrá muerte, ni habrá más llanto, ni clamor, ni dolor; porque las primeras cosas pasaron" (Ap. 21:1-4).

"Y me llevó en el Espíritu a un monte grande y alto, y me mostró la gran ciudad santa de Jerusalén, que descendía del cielo, de Dios" (Ap. 21:10).

"Bienaventurados los que lavan sus ropas, para tener derecho al árbol de la vida, y para entrar por las puertas en la ciudad" (Ap. 22:14).

"Y si alguno quitare de las palabras del libro de esta profecía, Dios quitará su parte del libro de la vida, y de la santa ciudad y de las cosas que están escritas en este libro" (Ap. 22:19).

| 1 Su fe: Una fe que obedece a Dios a cualquier costo
a. La orden increíble de Dios: Sacrificar a Isaac | I. La fe de Abraham (Parte 2): Una fe expiatoria, 11:17-19

17 Por la fe Abraham, cuando fue probado, ofreció a Isaac; y el que había recibido las promesas ofrecía su unigénito,
18 habiéndosele dicho: En Isaac te será llamada descendencia; | 19 pensando que Dios es poderoso para levantar aun de entre los muertos, de donde, en sentido figurado, también le volvió a recibir. | b. La gran fe de Abraham: Consideró a Dios como merecedor
2 Su recompensa: Liberación |

DIVISIÓN IV

EL AUTOR SUPREMO DE LA FE: JESUCRISTO, EL HIJO DE DIOS, 10:19—11:40

I. La fe de Abraham (Parte 2): Una fe expiatoria, 11:17-19

(11:17-19) *Introducción:* Este acto de Abraham es el acto supremo de la fe. Esta es la ilustración de la fe expiatoria, la fe que Dios exige de todo hombre, la fe sin la cual una persona nunca heredará las promesas de Dios.

1. Su fe: Una fe que obedece a Dios a cualquier costo (vv. 17-19).
2. Su recompensa: Liberación (v. 19).

1 (11:17-19) *Abraham — Fe:* La fe de Abraham fue una fe que obedeció a Dios a cualquier costo. Esta exigencia hecha a Abraham fue el acto supremo de la fe (cp. Gn. 22:1-18).

"Aconteció después de estas cosas, que probó Dios a Abraham, y le dijo: Abraham. Y él respondió: Heme aquí. Y dijo: Toma ahora tu hijo, tu único, Isaac, a quien amas, y vete a tierra de Moriah, y ofrécelo allí en holocausto sobre uno de los montes que yo te diré.... Y Abraham se levantó muy de mañana, y enalbardó su asno, y tomó consigo dos siervos suyos, y a Isaac su hijo; y cortó leña para el holocausto, y se levantó, y fue al lugar que Dios le dijo. Y cuando llegaron al lugar que Dios le había dicho, edificó allí Abraham un altar, y compuso la leña, y ató a Isaac su hijo, y lo puso en el altar sobre la leña. Y extendió Abraham su mano y tomó el cuchillo para degollar a su hijo. Entonces el ángel de Jehová le dio voces desde el cielo, y dijo: Abraham, Abraham. Y él respondió: Heme aquí. ...Y dijo: No extiendas tu mano sobre el muchacho, ni le hagas nada; porque ya conozco que temes a Dios, por cuanto no me rehusaste tu hijo, tu único. Y llamó el ángel de Jehová a Abraham por segunda vez desde el cielo, y dijo: Por mí mismo he jurado, dice Jehová, que por cuanto has hecho esto, y no me has rehusado tu hijo, tu único hijo; de cierto te bendeciré, y multiplicaré tu descendencia como las estrellas del cielo y como la arena que está a la orilla del mar; y tu descendencia poseerá las puertas de sus enemigos. En tu simiente serán benditas todas las naciones de la tierra, por cuanto obedeciste a mi voz" (Gn. 22:1-3, 9-12, 15-18).

"Por la fe Abraham, cuando fue probado, ofreció a Isaac; y el que había recibido las promesas ofrecía su unigénito, habiéndosele dicho: En Isaac te será llama-da descendencia; pensando que Dios es poderoso para levantar aun de entre los muertos, de donde, en sentido figurado, también le volvió a recibir" (He. 11:17-19).

Note dos elementos significativos.

1. La orden increíble de Dios. Dios mandó a Abraham a tomar a Isaac y a ofrendarlo a Él como sacrificio. Por no decir más, esta era una orden muy inusual, es decir, que Dios mandara que se le hiciera un sacrificio humano. William Barclay tiene un comentario sobre esto que lo plantea claramente:

"Hasta cierto punto esta historia ha caído hoy día en descrédito. No aparece en los programas de educación religiosa porque se sostiene que enseña un criterio de Dios que ya no se acepta. O, de no ser así, se sostiene que enseñar que la idea de la historia es que fue de esa manera que Abraham aprendió que Dios no deseaba el sacrificio humano. Hubo épocas en las que los hombres consideraban un deber sagrado ofrendar sus hijos unigénitos a Dios, hasta que aprendieron que Dios nunca querría un sacrificio como ese. Sin lugar a dudas eso es cierto; pero si queremos ver esta historia de la mejor manera, y si queremos verla como la vio el autor de Hebreos, debemos creerla. Fue la respuesta de un hombre a quien se le pidió que ofrendara su propio hijo a Dios" (*La Epístola a los Hebreos,* p. 171).

¿Qué hacía Dios? Podemos ofrecer varios argumentos.

a. Dios ponía a prueba la fe de Abraham de la manera más suprema posible. Siempre debemos recordar que Dios le había hecho las promesas supremas a Abraham:

⇒ La promesa suprema de la *simiente* del Salvador, del propio Hijo de Dios.

⇒ La esperanza suprema de la Tierra Prometida y de morar ante la presencia misma del propio Dios. Y la herencia sería para la eternidad.

⇒ La promesa suprema de una nación ilimitada de personas, un pueblo que resistiría para siempre.

⇒ La promesa suprema de ser una bendición para todas las naciones del mundo, una bendición eterna.

Un hombre que había recibido las promesas supremas de Dios tenía que ponerse a prueba de la manera más suprema posible. Y, sin lugar a dudas, a la luz de lo que Dios exigía de Abraham, la manera más suprema en la época de Abraham era exigir que Abraham sacrificara a su propio hijo. Recuerden cuán difícil fue esto para Abraham. Él amaba mucho a Isaac, porque Isaac no era solamente su único hijo, sino toda la vida de Abraham, su pasado y su futuro estaban resumidos en Isaac. Abraham había vivido para Isaac, su único hijo. Todas las promesas de Dios a él estaban resumidas en Isaac. ¡Qué fe tan increíble tuvo Abraham!

b. Dios usaba la ofrenda de Isaac como sacrificio para simbolizar la ofrenda del Hijo Unigénito de Dios como el sacrificio por los pecados del hombre. Dios también usaba la fe de Abraham en la que Dios podía resucitar a los muertos para proclamar que el hombre debía creer *que Dios puede resucitar a los muertos.* Dios lo hará; por tanto, el hombre debe creerlo para ser resucitado.

"El siguiente día vio Juan a Jesús que venía a él, y dijo: He aquí el Cordero de Dios, que quita el pecado del mundo" (Jn. 1:29).

"Nadie tiene mayor amor que este, que uno ponga su vida por sus amigos" (Jn. 15:13).

"Porque Cristo, cuando aún éramos débiles, a su tiempo murió por los impíos" (Ro. 5:6).

"Porque primeramente os he enseñado lo que asimismo recibí: Que Cristo murió por nuestros pecados, conforme a las Escrituras; y que fue sepultado, y que resucitó al tercer día, conforme a las Escrituras; y que apareció a Cefas, y después a los doce" (1 Co. 15:3-5).

"el cual se dio a sí mismo por nuestros pecados para librarnos del presente siglo malo, conforme a la voluntad de nuestro Dios y Padre" (Gá. 1:4).

"Y andad en amor, como también Cristo nos amó, y se entregó a sí mismo por nosotros, ofrenda y sacrificio a Dios en olor fragante" (Ef. 5:2).

"quien se dio a sí mismo por nosotros para redimirnos de toda iniquidad y purificar para sí un pueblo propio, celoso de buenas obras" (Tit. 2:14).

"sabiendo que fuisteis rescatados de vuestra vana manera de vivir, la cual recibisteis de vuestros padres, no con cosas corruptibles, como oro o plata, sino con la sangre preciosa de Cristo, como de un cordero sin mancha y sin contaminación" (1 P. 1:18-19).

"En esto hemos conocido el amor, en que él puso su vida por nosotros; también nosotros debemos poner nuestras vidas por los hermanos" (1 Jn. 3:16).

"y de Jesucristo el testigo fiel, el primogénito de los muertos, y el soberano de los reyes de la tierra. Al que nos amó, y nos lavó de nuestros pecados con su sangre" (Ap. 1:5).

c. Dios también enseñaba que el hombre debía confiar en Dios al grado máximo. El hombre debe estar dispuesto a sacrificar lo que más ama y lo que más aprecia en su corazón. Él debe amar a Dios de un modo supremo, amar a Dios y su promesa por encima de todo. Dios no aceptará segundas alternativas y lealtad dividida. Él exige ser lo primero en la vida de cada persona. O una persona lo tiene como primera prioridad o no es acepto ante Dios y pierde todas las promesas de Dios.

2. La gran fe de Abraham fue la fe máxima. Abraham consideró y analizó completamente la exigencia de Dios. Él sabía que Dios era Dios; por ende…

• él sabía que Dios no daba órdenes tontas.

• él sabía que Dios podía detenerlo en cualquier parte del camino hacia la montaña donde debía sacrificar a Isaac, de no ser así, entonces Dios podía resucitar a Isaac de entre los muertos.

• él sabía que Dios nunca incumplía sus promesas y que Dios no podía cumplir sus promesas sin Isaac.

Abraham consideró a Dios merecedor, sincero y fiel a su promesa. Por ende, él salió a seguir a Dios de un modo supremo.

Pensamiento 1. Note de qué modo supremo Abraham amaba a Dios. Abraham puso a Dios por encima de todo, incluso por encima de la persona a quien más amaba, su propio hijo querido.

"Y mirándolos Jesús, les dijo: Para los hombres esto es imposible; mas para Dios todo es posible" (Mt. 19:26).

"Jesús le dijo: Si puedes creer, al que cree todo le es posible" (Mr. 9:23).

"porque nada hay imposible para Dios" (Lc. 1:37).

"De cierto, de cierto os digo: El que oye mi palabra, y cree al que me envió, tiene vida eterna; y no vendrá a condenación, mas ha pasado de muerte a vida" (Jn. 5:24).

"Así Abraham creyó a Dios, y le fue contado por justicia" (Gá. 3:6).

"Pero sin fe es imposible agradar a Dios; porque es necesario que el que se acerca a Dios crea que le hay, y que es galardonador de los que le buscan" (He. 11:6).

"Así también la fe, si no tiene obras, es muerta en sí misma" (Stg. 2:17).

"Una vez habló Dios; dos veces he oído esto: Que de Dios es el poder" (Sal. 62:11).

"Nuestro Dios está en los cielos; todo lo que quiso ha hecho" (Sal. 115:3).

2 (11:19) *Abraham — Fe — Recompensa:* La recompensa de Abraham fue la liberación, la liberación de su hijo de los muertos. Esta es la idea: Abraham en su mente daba a Isaac por muerto. Abraham estaba totalmente comprometido a sacrificar a Isaac; él estaba totalmente comprometido a amar a Dios y a su Palabra de un modo supremo. A Dios le bastaba con eso. Dios tenía su respuesta. Abraham creyó en Dios y lo amó más que la cosa más preciada en la tierra. Por eso, cuando Dios detuvo el juicio sobre Isaac, fue como una resurrección de entre los muertos. Nuestro objetivo son las tres lecciones dadas en la nota anterior:

⇒ Debemos confiar en Dios de un modo supremo, amar y confiar en Él por encima de todos y todo.

⇒ Debemos creer en Dios aunque no podamos entender los caminos y las órdenes de Dios.

⇒ Debemos confiar en el sacrificio de Dios de su propio Hijo querido por nuestros pecados y confiar en su resurrección como la garantía de nuestro ser resucitado y vivo para siempre con Dios.

"para que todo aquel que en él cree, no se pierda, mas tenga vida eterna. Porque de tal manera amó Dios al mundo, que ha dado a su Hijo unigénito, para que todo aquel que en él cree, no se pierda, mas tenga vida eterna" (Jn. 3:15-16).

"De cierto, de cierto os digo: El que oye mi palabra, y cree al que me envió, tiene vida eterna; y no vendrá a condenación, mas ha pasado de muerte a vida. De cierto, de cierto os digo: Viene la hora, y ahora es, cuando los muertos oirán la voz del Hijo de Dios; y los que la oyeren vivirán" (Jn. 5:24-25).

"Y esta es la voluntad del que me ha enviado: Que todo aquél que ve al Hijo, y cree en él, tenga vida eterna; y yo le resucitaré en el día postrero" (Jn. 6:40).

"De cierto, de cierto os digo, que el que guarda mi palabra, nunca verá muerte" (Jn. 8:51).

"Le dijo Jesús: Yo soy la resurrección y la vida; el que cree en mí, aunque esté muerto, vivirá" (Jn. 11:25).

"Porque es necesario que esto corruptible se vista de incorrupción, y esto mortal se vista de inmortalidad. Y cuando esto corruptible se haya vestido de incorrupción, y esto mortal se haya vestido de inmortalidad, entonces se cumplirá la palabra que está escrita: Sorbida es la muerte en victoria" (1 Co.15:53-54).

"Porque sabemos que si nuestra morada terrestre, este tabernáculo, se deshiciere, tenemos de Dios un edificio, una casa no hecha de manos, eterna, en los cielos" (2 Co. 5:1).

"Porque el Señor mismo con voz de mando, con voz de arcángel, y con trompeta de Dios, descenderá del cielo; y los muertos en Cristo resucitarán primero. Luego nosotros los que vivimos, los que hayamos quedado, seremos arrebatados juntamente con ellos en las nubes para recibir al Señor en el aire, y así estaremos siempre con el Señor. Por tanto, alentaos los unos a los otros con estas palabras" (1 Ts. 4:16-18).

"pero que ahora ha sido manifestada por la aparición de nuestro Salvador Jesucristo, el cual quitó la muerte y sacó a luz la vida y la inmortalidad por el evangelio" (2 Ti. 1:10).

"Pero Dios redimirá mi vida del poder del Seol, porque él me tomará consigo" (Sal. 49:15).

"Tú, que me has hecho ver muchas angustias y males, volverás a darme vida, y de nuevo me levantarás de los abismos de la tierra" (Sal. 71:20).

"De la mano del Seol los redimiré, los libraré de la muerte. Oh muerte, yo seré tu muerte; y seré tu destrucción, oh Seol; la compasión será escondida de mi vista" (Os. 13:14).

	J. La fe de Isaac: Una fe de arrepentimiento, 11:20
1. Una fe que creyó en las cosas venideras a pesar del pecado	20 Por la fe bendijo Isaac a Jacob y a Esaú respecto a cosas venideras.

DIVISIÓN IV

EL AUTOR SUPREMO DE LA FE: JESUCRISTO, EL HIJO DE DIOS, 10:19—11:40

J. La fe de Isaac: Una fe de arrepentimiento, 11:20

(11:20) *Introducción:* Isaac es el ejemplo primo de una persona que cree en las promesas de Dios, pero necesita arrepentirse para recibirlas. Isaac es un ejemplo de la persona que cree en las cosas venideras a pesar del pecado.

1 (11:20) *Isaac — Fe:* La fe de Isaac fue una fe que creyó en las cosas venideras a pesar del pecado (Gn. 27:l-40). Isaac creyó que Dios cumpliría sus promesas mediante sus hijos, cumpliría sus promesas a pesar del egoísmo y el engaño maquinador de sus hijos.

Jacob era el hijo menor que se mantuvo cerca de su madre. Él era un tanto hogareño. Esaú era el hijo mayor de Isaac, un verdadero callejero tal como Isaac. Por ende, Isaac prefería a Esaú. Él quería que Esaú recibiera la mayor bendición de Dios, en específico él quería que Esaú fuera *la simiente* mediante la cual Dios cumpliría su promesa de una Tierra Prometida y una nación de personas.

Isaac estaba viejo y ciego cuando estaba preparado para pasar la bendición a sus hijos. Ahora note varios elementos.

⇒ Dios le había dicho a Isaac y a su esposa, Rebeca, que Jacob sería quien recibiría la bendición; el hijo mayor debía servir al menor.

"y le respondió Jehová: Dos naciones hay en tu seno, y dos pueblos serán divididos desde tus entrañas; el un pueblo será más fuerte que el otro pueblo, y el mayor servirá al menor" (Gn. 25:23).

⇒ Isaac estaba renuente a obedecer a Dios. De hecho, no quería obedecer a Dios; él prefería a Esaú. Cuando llegó el momento de pasar las bendiciones de la promesa de Dios a su hijo, Isaac pensó ignorar la voluntad de Dios y bendecir a Esaú.

"Aconteció que cuando Isaac envejeció, y sus ojos se oscurecieron quedando sin vista, llamó a Esaú su hijo mayor, y le dijo: Hijo mío. Y él respondió: Heme aquí. Y él dijo: He aquí ya soy viejo, no sé el día de mi muerte. Toma, pues, ahora tus armas, tu aljaba y tu arco, y sal al campo y tráeme caza; y hazme un guisado como a mí me gusta, y tráemelo, y comeré, para que yo te bendiga antes que muera" (Gn. 27:1-4).

⇒ Rebeca oyó los planes de Isaac de ignorar y pasar por alto la voluntad de Dios. Por lo tanto, ella tramó con Jacob engañar a Isaac y hacer que pasara la bendición a Jacob. Recuerden: Isaac estaba ciego y no podía ver; por lo tanto Jacob pudo engañar a Isaac y recibir la bendición.

"Y se acercó Jacob a su padre Isaac, quien le palpó, y dijo: La voz es la voz de Jacob, pero las manos, las manos de Esaú. Y no le conoció, porque sus manos eran vellosas como las manos de Esaú; y le bendijo. Y dijo: ¿Eres tú mi hijo Esaú? Y Jacob respondió: Yo soy. Dijo también: Acércamela, y comeré de la caza de mi hijo, para que yo te bendiga; y Jacob se la acercó, e Isaac comió; le trajo también vino, y bebió. Y le dijo Isaac su padre: Acércate ahora, y bésame, hijo mío. Y Jacob se acercó, y le besó; y olió Isaac el olor de sus vestidos, y le bendijo, diciendo: Mira, el olor de mi hijo, como el olor del campo que Jehová ha bendecido; Dios, pues, te dé del rocío del cielo, y de las grosuras de la tierra, y abundancia de trigo y de mosto. Sírvante pueblos, y naciones se inclinen a ti; sé señor de tus hermanos, y se inclinen ante ti los hijos de tu madre. Malditos los que te maldijeren, y benditos los que te bendijeren" (Gn. 27:22-29).

⇒ Isaac se negó a revertir la bendición cuando se descubrió el engaño. En el análisis final, él se arrepintió. Él se alejó de sus propios deseos e hizo la voluntad de Dios.

"Y no le conoció, porque sus manos eran vellosas como las manos de Esaú; y le bendijo" (Gn. 27:33).

Sucede lo siguiente: La fe de Isaac fue firme sobre su futuro a pesar del pecado. Al principio, Isaac no estaba dispuesto a seguir a Dios y hacer lo que Dios le había dicho. Y su hijo Jacob se dispuso a asegurar la bendición de Dios por medio del engaño. Jacob no estaba dispuesto a esperar por

Dios; él creyó que tenía que ayudar a Dios aunque implicara mentir y engañar. Pero al final, Isaac se arrepintió: él creyó en Dios e hizo la voluntad de Dios. Él podía fácilmente haber revertido su bendición, pero se negó. Él había alcanzado el punto en el que sabía que había que hacer la voluntad de Dios. Por consiguiente, él se arrepintió y rechazó su voluntad e hizo la voluntad de Dios.

Note a través de todo esto la fe en las *cosas venideras*. Isaac creyó en las promesas de Dios; él creyó en la *simiente prometida* y la Tierra Prometida. Él nunca vio las promesas cumplidas, no durante su vida en esta tierra. Él solo fue un peregrino y alguien que hacía estadías temporales en la tierra, que nunca vio la Tierra Prometida. Pero él creyó y se mantuvo firme en su creencia, tan firme que le pasó la bendición de las promesas de Dios a su hijo Jacob. Isaac murió, pero él murió como un hombre de fe, como un hombre que se arrepintió e hizo la voluntad de Dios.

"Bienaventurados los que lloran, porque ellos recibirán consolación" (Mt. 5:4).

"Os digo: No; antes si no os arrepentís, todos pereceréis igualmente" (Lc. 13:3).

"Así que, arrepentíos y convertíos, para que sean borrados vuestros pecados; para que vengan de la presencia del Señor tiempos de refrigerio" (Hch. 3:19).

"Arrepiéntete, pues, de esta tu maldad, y ruega a Dios, si quizá te sea perdonado el pensamiento de tu corazón" (Hch. 8:22).

"Pero Dios, habiendo pasado por alto los tiempos de esta ignorancia, ahora manda a todos los hombres en todo lugar, que se arrepientan" (Hch. 17:30).

"si se humillare mi pueblo, sobre el cual mi nombre es invocado, y oraren, y buscaren mi rostro, y se convirtieren de sus malos caminos; entonces yo oiré desde los cielos, y perdonaré sus pecados, y sanaré su tierra" (2 Cr. 7:14).

"Deje el impío su camino, y el hombre inicuo sus pensamientos, y vuélvase a Jehová, el cual tendrá de él misericordia, y al Dios nuestro, el cual será amplio en perdonar" (Is. 55:7).

"Mas el impío, si se apartare de todos sus pecados que hizo, y guardare todos mis estatutos e hiciere según el derecho y la justicia, de cierto vivirá; no morirá" (Ez. 18:21).

	K. La fe de Jacob: Una fe de adoración, 11:21
1. Una fe que creyó en las promesas de Dios y adoró a pesar de la muerte	21 Por la fe Jacob, al morir, bendijo a cada uno de los hijos de José, y adoró apoyado sobre el extremo de su bordón.

DIVISIÓN IV

EL AUTOR SUPREMO DE LA FE: JESUCRISTO, EL HIJO DE DIOS, 10:19—11:40

K. La fe de Jacob: Una fe de adoración, 11:21

(11:21) *Introducción:* Jacob nunca vio la Tierra Prometida dada a Israel. De hecho, él vio lo contrario. Su familia fue obligada a ir a Egipto por hambre. Aún así, continuó adorando a Dios, creyendo siempre y transmitiendo la promesa de Dios, incluso antes de morir.

1 (11:21) *Jacob — Fe:* La fe de Jacob fue una fe que creyó en las promesas de Dios y adoró a pesar de la muerte. La historia del Antiguo Testamento es así:

"Sucedió después de estas cosas que dijeron a José: He aquí tu padre está enfermo. Y él tomó consigo a sus dos hijos, Manasés y Efraín. Y se le hizo saber a Jacob, diciendo: He aquí tu hijo José viene a ti. Entonces se esforzó Israel, y se sentó sobre la cama, y dijo a José: El Dios Omnipotente me apareció en Luz en la tierra de Canaán, y me bendijo, y me dijo: He aquí yo te haré crecer, y te multiplicaré, y te pondré por estirpe de naciones; y daré esta tierra a tu descendencia después de ti por heredad perpetua. Y ahora tus dos hijos Efraín y Manasés, que te nacieron en la tierra de Egipto, antes que viniese a ti a la tierra de Egipto, míos son; como Rubén y Simeón, serán míos.... Y los que después de ellos has engendrado, serán tuyos; por el nombre de sus hermanos serán llamados en sus heredades. Y los tomó José a ambos, Efraín a su derecha, a la izquierda de Israel, y Manasés a su izquierda, a la derecha de Israel; y los acercó a él. Entonces Israel extendió su mano derecha, y la puso sobre la cabeza de Efraín, que era el menor, y su mano izquierda sobre la cabeza de Manasés, colocando así sus manos adrede, aunque Manasés era el primogénito. Y bendijo a José, diciendo: El Dios en cuya presencia anduvieron mis padres Abraham e Isaac, el Dios que me mantiene desde que yo soy hasta este día, el Angel que me liberta de todo mal, bendiga a estos jóvenes; y sea perpetuado en ellos mi nombre, y el nombre de mis padres Abraham e Isaac, y multiplíquense en gran manera en medio de la tierra" (Gn. 48:1-6, 13-16).

Note tres elementos significativos.

1. Jacob se estaba muriendo cuando sucedió esto. Él había vivido una larga vida en la tierra.

2. Jacob bendijo a los dos hijos de José; es decir, él les pasó las promesas de Dios a ellos. Él les dio una herencia en la *tierra de la promesa* y en la *simiente prometida*. Ellos habían nacido en Egipto; no obstante, él les pasó la bendición de la promesa a ellos.

3. Jacob adoró mientras moría, adoró apoyado sobre el extremo de su bordón. La idea es que él era débil y frágil, casi postrado en cama, le resultaba difícil caminar y moverse. Pero continuaba levantándose y adorando a Dios, creyendo en la Tierra Prometida y *la simiente prometida* hasta el fin.

Resulta sorprendente. He aquí un hombre que nunca vio la Tierra Prometida dada a él. De hecho, él vio lo contrario. Él y su familia fueron obligados a salir de Canaán (Palestina) e ir a Egipto por hambre. Aún así, él continuó adorando a Dios, siempre creyendo y transmitiendo las promesas de Dios, hasta el fin, el fin de la propia muerte.

"Por tanto, oh varones, tened buen ánimo; porque yo confío en Dios que será así como se me ha dicho" (Hch. 27:25).

"Pero sin fe es imposible agradar a Dios; porque es necesario que el que se acerca a Dios crea que le hay, y que es galardonador de los que le buscan" (He. 11:6).

"Así también la fe, si no tiene obras, es muerta en sí misma" (Stg. 2:17).

"Jehová redime el alma de sus siervos, y no serán condenados cuantos en él confían" (Sal. 34:22).

"Confía en Jehová, y haz el bien; y habitarás en la tierra, y te apacentarás de la verdad" (Sal. 37:3).

"Encomienda a Jehová tu camino, y confía en él; y él hará" (Sal. 37:5).

"Fíate de Jehová de todo tu corazón, y no te apoyes en tu propia prudencia" (Pr. 3:5).

"Tú guardarás en completa paz a aquel cuyo pensamiento en ti persevera; porque en ti ha confiado. Confiad en Jehová perpetuamente, porque en Jehová el Señor está la fortaleza de los siglos" (Is. 26:3-4).

	L. La fe de José: Una fe imperecedera, 11:22
1 Una fe que creyó a pesar de las circunstancias 2 Una fe que actuó a pesar de lo imposible	22 Por la fe José, al morir, mencionó la salida de los hijos de Israel, y dio mandamiento acerca de sus huesos

DIVISIÓN IV

EL AUTOR SUPREMO DE LA FE: JESUCRISTO, EL HIJO DE DIOS, 10:19—11:40

L. La fe de José: Una fe imperecedera, 11:22

(11:22) *Introducción:* José fue patriarca entre un mundo de hombres. Su vida de fe es una vida que todos debiéramos estudiar y seguir. La fe de José fue una fe imperecedera.

1. Una fe que creyó a pesar de las circunstancias (v. 22).
2. Una fe que actuó a pesar de lo imposible (v. 22).

1 (11:22) *José — Fe:* La fe de José fue una fe que creyó a pesar de circunstancias adversas. Si alguien debía haber perdido la fe, era José.

⇒ De joven, lo habían vendido como esclavo a Egipto, y note: Fueron sus propios hermanos los que lo vendieron (Gn. 37:23f).

⇒ De esclavo, fue acusado falsamente por la esposa de su amo de tratar de seducirla. Él había rechazado sus insinuaciones, decidiendo seguir a Dios viviendo justamente en lugar de disfrutar los frutos del pecado temporalmente (Gn. 39:7).

⇒ Él sufrió prisión porque la esposa de su amo lo acusó falsamente de acoso. Cumplió una larga condena por vivir justamente (Gn. 39:14f).

⇒ Él vivió justamente y ministró a las personas en la prisión aunque ellas lo ignoraran, descuidaran, y lo olvidaran (Gn. 40:14f).

Debe tenerse en cuenta lo siguiente: José nunca perdió su fe en las promesas de Dios. Él creyó en Dios y siguió a Dios sin importar el costo. Él fue un hombre de Dios en una tierra extranjera, un hombre que demostró una fe imperecedera.

2 (11:22) *José — Fe:* José tuvo una fe que actuó a pesar de lo imposible. Este fue el gran acto de fe de José. Después de tantos años en una tierra extranjera, él aún proclamaba la gran promesa de Dios: él creía sin duda alguna que Dios cumpliría sus promesas:

⇒ Él creyó que Dios había escogido a su familia para ser la *simiente prometida*.

⇒ Él creyó que Dios le iba a dar la Tierra Prometida a su familia.

José moría en una tierra extranjera con su familia finalmente establecida en la tierra de Gosén, Egipto. Aún así, él creyó en lo imposible: "Que Dios devolvería su familia a Palestina y que finalmente le daría la Tierra Prometida". Por ende, él ordenó que sus huesos fueran llevados a esa tierra cuando la nación de su familia regresara.

La fe de José fue una fe imperecedera. Su cuerpo estaba muriendo, pero no su fe en Dios y en las promesas de Dios. Él sabía que descansaría en la tierra prometida de Dios.

"Y seréis aborrecidos de todos por causa de mi nombre; mas el que persevere hasta el fin, éste será salvo" (Mt. 10:22).

"Pues si vivimos, para el Señor vivimos; y si morimos, para el Señor morimos. Así pues, sea que vivamos, o que muramos, del Señor somos" (Ro. 14:8).

"Porque el que siembra para su carne, de la carne segará corrupción; mas el que siembra para el Espíritu, del Espíritu segará vida eterna" (Gá. 6:8).

"Conforme a la fe murieron todos éstos sin haber recibido lo prometido, sino mirándolo de lejos, y creyéndolo, y saludándolo, y confesando que eran extranjeros y peregrinos sobre la tierra" (He. 11:13).

"Por lo cual, desechando toda inmundicia y abundancia de malicia, recibid con mansedumbre la palabra implantada, la cual puede salvar vuestras almas" (Stg. 1:21).

"El Señor no retarda su promesa, según algunos la tienen por tardanza, sino que es paciente para con nosotros, no queriendo que ninguno perezca, sino que todos procedan al arrepentimiento" (2 P. 3:9).

"Oí una voz que desde el cielo me decía: Escribe: Bienaventurados de aquí en adelante los muertos que mueren en el Señor. Sí, dice el Espíritu, descansarán de sus trabajos, porque sus obras con ellos siguen" (Ap. 14:13).

"Aunque ande en valle de sombra de muerte, no temeré mal alguno, porque tú estarás conmigo; tu vara y tu cayado me infundirán aliento" (Sal. 23:4).

"Estimada es a los ojos de Jehová la muerte de sus santos" (Sal. 116:15).

"Por su maldad será lanzado el impío; mas el justo en su muerte tiene esperanza" (Pr. 14:32).

	M. La fe de los padres de Moisés: Una fe audaz y amorosa 11:23
1 Una fe que obedeció sus corazones 2 Una fe que fue audaz a pesar de la oposición	23 Por la fe Moisés, cuando nació, fue escondido por sus padres por tres meses, porque le vieron niño hermoso, y no temieron el decreto del rey.

DIVISIÓN IV

EL AUTOR SUPREMO DE LA FE: JESUCRISTO, EL HIJO DE DIOS, 10:19—11:40

M. La fe de los padres de Moisés: Una fe audaz y amorosa, 11:23

(11:23) *Introducción:* Los padres de Moisés constituyen un ejemplo excelente de un matrimonio desconocido que tuvo una gran fe en Dios. Eran personas comunes y corrientes en la comunidad, aún así creyeron en Dios y tuvieron una fe firme en Él. Su fe representa un ejemplo dinámico de una fe audaz y adorable.

1. Una fe que obedeció sus corazones (v. 23).
2. Una fe que fue audaz a pesar de la oposición (v. 23).

1 (11:23) *Fe — Moisés, padres de:* Los padres de Moisés tuvieron una fe que obedeció sus corazones. Sucedió lo siguiente. Habían transcurrido varias generaciones desde que José, Jacob y sus hijos se habían ido a Egipto y se habían establecido en la tierra de Gosén, Egipto. El pueblo, los israelitas, se habían reproducido tanto que se habían convertido en una gran nación de personas, tan grande que el nuevo rey de Egipto se sintió amenazado por ellos. Fue entonces cuando Israel fue esclavizada por los egipcios. El rey, que no conocía a José, dio el paso inicial de esclavizarlos, creyendo que podía lentificar su reproducción mediante la esclavitud (Éx. 1:8). Sin embargo, los hijos de Israel continuaron multiplicándose rápidamente, y el rey se sintió cada vez más amenazado. Finalmente decidió eliminarlos matando a los varones recién nacidos al nacer. Esta cruel conspiración se convirtió en la ley de la tierra (cp. Éx. 1:21-22).

Esto es lo que motivó a los padres de Moisés a hacer lo que hicieron. Sin dudas, amaban a Dios y amaban a su hijo recién nacido a quien nombraron Moisés. Su acción muestra lo siguiente.

Kenneth Wuest señala que la palabra "apropiado" (asteion) significa "agraciado ante Dios". Wuest dice: "Él era agraciado ante Dios" (*Hebreos,* vol. 2, p. 205). Es decir, Dios tenía su mano puesta sobre Moisés, y al parecer sus padres se dieron cuenta.

Algo es cierto: Los padres sabían que si mataban a todos los niños varones, no se podría cumplir la *simiente prometida* y la *Tierra Prometida* de Dios. Es por eso que salvan a Moisés. Ellos amaban a su hijo, sí, pero también amaban a Dios. Fue su amor tanto por su hijo como por Dios lo que los hizo hacer lo que hicieron. Su amor los hizo creer que Dios preservaría a su hijo y lo usaría para cumplir la promesa de Dios de una simiente eterna y una tierra eterna para su pueblo.

> **"Jesús le dijo: Amarás al Señor tu Dios con todo tu corazón, y con toda tu alma, y con toda tu mente" (Mt. 22:37).**

> **"Y nosotros hemos conocido y creído el amor que Dios tiene para con nosotros. Dios es amor; y el que permanece en amor, permanece en Dios, y Dios en él" (1 Jn. 4:16).**

> **"conservaos en el amor de Dios, esperando la misericordia de nuestro Señor Jesucristo para vida eterna" (Jud. 21).**

> **"Y amarás a Jehová tu Dios de todo tu corazón, y de toda tu alma, y con todas tus fuerzas" (Dt. 6:5).**

> **"Ahora, pues, Israel, ¿qué pide Jehová tu Dios de ti, sino que temas a Jehová tu Dios, que andes en todos sus caminos, y que lo ames, y sirvas a Jehová tu Dios con todo tu corazón y con toda tu alma" (Dt. 10:12).**

2 (11:23) *Fe — Moisés, padres de:* Los padres de Moisés tuvieron una fe que fue audaz a pesar de la oposición. Como se planteó anteriormente, que se matara a todo varón recién nacido era la ley de la tierra. La desobediencia de la ley mayormente significaba muerte para el trasgresor. Los padres arriesgaron su vida al desobedecer la ley. Pero note lo que dice este versículo: "no temieron el decreto del rey". Confiaron en que Dios preservaría al niño, y pusieron su propia vida al cuidado de Dios. Sabían que tenían que arriesgar su vida para salvar a su hijo, la simiente prometida, y la tierra de Dios.

Sucede lo siguiente: Los padres de Moisés nunca recibieron la tierra prometida de Dios y nunca vieron la simiente prometida heredar la tierra. Pero creyeron y confiaron en Dios, incluso ante el intento del rey de acabar con la promesa y el pueblo de Dios. Ellos amaron a Dios y sus promesas y creyeron en Dios y sus promesas; por ende, estuvieron dispuestos a arriesgar la vida de cada uno de ellos por Él y *la simiente y la Tierra Prometida.*

"Pero sin fe es imposible agradar a Dios; porque es necesario que el que se acerca a Dios crea que le hay, y que es galardonador de los que le buscan" (He. 11:6).

"Y si alguno de vosotros tiene falta de sabiduría, pídala a Dios, el cual da a todos abundantemente y sin reproche, y le será dada. Pero pida con fe, no dudando nada; porque el que duda es semejante a la onda del mar, que es arrastrada por el viento y echada de una parte a otra" (Stg. 1:5-6).

"Así también la fe, si no tiene obras, es muerta en sí misma" (Stg. 2:17).

"Porque todo lo que es nacido de Dios vence al mundo; y esta es la victoria que ha vencido al mundo, nuestra fe. ¿Quién es el que vence al mundo, sino el que cree que Jesús es el Hijo de Dios?" (1 Jn. 5:4-5).

"Jehová redime el alma de sus siervos, y no serán condenados cuantos en él confían" (Sal. 34:22).

"Encomienda a Jehová tu camino, y confía en él; y él hará" (Sal. 37:5).

"Mejor es confiar en Jehová que confiar en el hombre" (Sal. 118:8).

"Fíate de Jehová de todo tu corazón, y no te apoyes en tu propia prudencia" (Pr. 3:5).

"La vara y la corrección dan sabiduría; mas el muchacho consentido avergonzará a su madre" (Pr. 29:15).

"Confiad en Jehová perpetuamente, porque en Jehová el Señor está la fortaleza de los siglos" (Is. 26:4).

| 1 Una fe sacrificial: Él eligió a Dios y al pueblo de Dios y no al mundo y sus placeres

2 Una fe expectante: Él tuvo puesta la mirada en el galardón (26, 27, 28) | N. La fe de Moisés: Una fe abnegada, 11:24-28

24 Por la fe Moisés, hecho ya grande, rehusó llamarse hijo de la hija de Faraón,
25 escogiendo antes ser maltratado con el pueblo de Dios, que gozar de los deleites temporales del pecado,
26 teniendo por mayores riquezas el vituperio de Cristo que los tesoros de los egipcios; porque tenía puesta | la mirada en el galardón.
27 Por la fe dejó a Egipto, no temiendo la ira del rey; porque se sostuvo como viendo al Invisible.
28 Por la fe celebró la pascua y la aspersión de la sangre, para que el que destruía a los primogénitos no los tocase a ellos. | 3 Una fe resistente: Él valientemente puso su mirada en Dios y no en los hombres
4 Una fe salvadora: Él creyó en el mensaje de salvación de Dios |

DIVISIÓN IV

EL AUTOR SUPREMO DE LA FE: JESUCRISTO, EL HIJO DE DIOS, 10:19—11:40

N. La fe de Moisés: Una fe abnegada, 11:24-28

(11:24-28) *Introducción:* Seguir a Cristo no es fácil, no si una persona lo va a seguir verdaderamente. ¿Por qué? Porque su llamado se opone a lo que piensan la mayoría de las personas. Su llamado es un llamado de amor, gozo y paz, sí; pero no es un llamado a una vida de facilidad, comodidad y abundancia. El llamado de Cristo no es a la salud y riqueza material y física. Por el contrario, el llamado de Cristo es a una vida de abnegación y sacrificio. Si alguien va a seguir a Cristo, le cuesta todo cuanto es y cuanto tiene. Y Cristo no hace excepciones (vea el subíndice y notas, Mt. 19:16-22; 19:23-26; 19:27-30). Moisés es un ejemplo primo de un hombre que rechazó todo cuanto el mundo tenía para ofrecerle por seguir a Dios y sus promesas. Su fe fue una fe abnegada.

1. Una fe sacrificial: Él eligió a Dios y al pueblo de Dios y no al mundo y sus placeres (vv. 24-25).
2. Una fe expectante: Él tuvo puesta la mirada en el galardón (vv. 26-28).
3. Una fe resistente: Él valientemente puso su mirada en Dios y no en los hombres (v. 27).
4. Una fe salvadora: Él creyó en el mensaje de salvación de Dios (v. 28).

1 (11:24-25) *Moisés — Fe:* primero, la fe de Moisés fue una fe expiatoria, una fe que eligió a Dios y al pueblo de Dios y no al mundo y sus placeres. Recuerden: Cuando Moisés nació, el rey de Egipto había decretado una ley que ordenaba dar muerte a todo hijo varón recién nacido de Israel. Él lo había decretado pues Israel crecía tan rápido como pueblo que temió se convirtiera en una amenaza a la seguridad de Egipto. Los padres de Moisés, actuando por fe, escondieron a Moisés en el río en una canasta pequeña. Moisés tenía solo tres meses de edad. Sus padres sabían que la hija de Faraón se bañaba allí y ellos *tuvieron la esperanza* de que ella encontraría al niño, sentiría compasión, y se quedaría con él y lo criaría. Y eso hizo ella. Moisés fue criado como príncipe en la corte del Faraón. La tradición judía incluso cuenta que su hija era la única hija que tenía Faraón y que ella no tenía hijo. Si esto es cierto, quiere decir que Moisés era, según la tradición, el heredero al trono de Egipto (Thomas Hewitt, *La Epístola a los Hebreos*, "Comentarios de Tyndale sobre el Nuevo Testamento", p. 180 y Matthew Henry, *Comentario de Matthew Henry,* vol. 6, p. 947). En ambos casos, Moisés fue un príncipe, el hijo de la hija del Faraón. Él tenía todo cuanto podía desear una persona en la tierra:

⇒ Educación y conocimiento
⇒ Fama y riquezas
⇒ Posesiones y propiedades
⇒ Poder y autoridad
⇒ Posición y deber
⇒ Propósito y responsabilidad
⇒ Un hogar y amor (la hija del Faraón debe haber amado a Moisés para ir contra la ley egipcia y salvarlo como su hijo).

Pero Moisés lo dejó todo. Él sacrificó todo por Dios y sus promesas, la *simiente prometida* y *la Tierra Prometida.* Llegó el día en el que Moisés tuvo que tomar la decisión más importante de su vida. Él se enfrentó a la crisis más grande que cualquier hombre pudiera enfrentar. ¿Se iba a identificar como egipcio todos los días de su vida o se iba a identificar con el pueblo de Dios? ¿Iría tras los placeres de Egipto y de este mundo o iría tras Dios y sus promesas? Cuando Moisés tenía cuarenta años, se enfrentó a la crisis y tomó la decisión (Hch. 7:23). En las palabras de las Escrituras:

"En aquellos días sucedió que crecido ya Moisés, salió a sus hermanos, y los vio en sus duras tareas, y observó a un egipcio que golpeaba a uno de los hebreos, sus hermanos. Entonces miró a todas partes, y viendo que no parecía nadie, mató al egipcio y lo escondió en la arena" (Éx. 2:11-12).

Esta fue una escena que Moisés con frecuencia había visto durante cuarenta años como príncipe egipcio. Al parecer este fue el colmo; ya había visto suficiente del maltrato a su pueblo. Él tomó la decisión que provocó un número de decisiones. Decisiones que demostrarían que rechazaba a Egipto y al mundo y se identificaba con el pueblo de Dios.

Sucede lo siguiente: Moisés rechazó todos los placeres y disfrutes de Egipto y el mundo, lo rechazó todo. Él sacrificó todo por Dios y su pueblo, el mismo pueblo al que Dios le había dado la esperanza de *la simiente prometida y la Tierra Prometida.*

Como dicen estos dos versículos de Hebreos:

"Y por fe, Moisés, cuando ya fue hombre, no quiso llamarse hijo de la hija del faraón; prefirió ser maltratado junto con el pueblo de Dios, a gozar por un tiempo los placeres del pecado" (vv. 24-25, *Dios Habla Hoy*).

Pensamiento 1. Moisés sabía lo que hacía. La decisión de hacer lo que podía para detener el abuso del pueblo de Dios no fue una decisión precipitada de la juventud. Moisés tenía cuarenta años, enfrascado con los deberes diarios y la facultad de gobernar. Él tomó esta decisión y la llevó a cabo, pero como demuestra el próximo versículo, solo después de pensarlo bastante.

Pensamiento 2. El Testamento griego expositivo tiene un planteamiento excelente sobre este punto: "La importancia y origen de esta negación yacía en la preferencia a sufrir el maltrato con el pueblo de Dios que gozar de los deleites temporales del pecado… Moisés se decidió por ellos porque eran el pueblo de Dios, no solamente porque llevaran su sangre. Esto fue lo que ilustró su fe. Él creyó que Dios le cumpliría su promesa a su pueblo, al parecer había pocas probabilidades de que su raza tuviera un gran futuro. Por otra parte estaba… el gozo que tenía a su alcance si cometía el pecado de negar a su pueblo y renunciar a su futuro como había prometido Dios" (Marcus Dods, *La Epístola a los Hebreos,* "El Testamento griego expositivo", vol. 14, editado por W. Robertson Nicoll, Grand Rapids, MI: Eerdmans, 1970, p. 360).

"Entonces Jesús dijo a sus discípulos: Si alguno quiere venir en pos de mí, niéguese a sí mismo, y tome su cruz, y sígame. Porque todo el que quiera salvar su vida, la perderá; y todo el que pierda su vida por causa de mí, la hallará" (Mt. 16:24-25).

"Jesús le dijo: Si quieres ser perfecto, anda, vende lo que tienes, y dalo a los pobres, y tendrás tesoro en el cielo; y ven y sígueme" (Mt. 19:21).

"Así, pues, cualquiera de vosotros que no renuncia a todo lo que posee, no puede ser mi discípulo" (Lc. 14:33).

"Ninguno busque su propio bien, sino el del otro" (1 Co. 10:24).

"porque si vivís conforme a la carne, moriréis; mas si por el Espíritu hacéis morir las obras de la carne, viviréis" (Ro. 8:13).

"Así que, los que somos fuertes debemos soportar las flaquezas de los débiles, y no agradarnos a nosotros mismos" (Ro. 15:1).

2 (11:26) *Moisés — Fe:* Segundo, la fe de Moisés fue una fe expectante, una fe que esperaba el galardón. Moisés creyó en las promesas que Dios le había hecho a Abraham y a su pueblo, la simiente prometida y la Tierra Prometida. (Vea las notas, He. 11:8-10; 11:13-16 para un mayor análisis.) La palabra "estimar" quiere decir que él consideró y pensó en el asunto; él tomó una decisión deliberada de sufrir con su pueblo y de heredar las promesas que Dios les había hecho en lugar de gozar de las riquezas de Egipto. Esto quiere decir…

*   que él eligió el sufrimiento de Cristo, la simiente prometida del Salvador, en vez de las riquezas de Egipto.
*   que él consideró que el galardón de la promesa de Dios a Israel era mejor que el galardón de las riquezas terrenales.

William Barclay explica lo que Moisés hizo de modo práctico:

"Moisés fue el hombre que renunció a toda la gloria terrenal por el bien del pueblo de Dios. Cristo renunció a su gloria por los hombres. Fue despreciado y rechazado; Él abandonó la gloria del cielo por los golpes y los azotes y la vergüenza causada por los hombres. Moisés en su época y en su generación compartió los sufrimientos de Cristo. Moisés fue el hombre que eligió la lealtad que lo llevó al sufrimiento en vez de la facilidad que llevaba a la gloria terrenal. Él prefería sufrir por el bien que disfrutar del lujo con el mal. Él sabía que las recompensas de la tierra eran despreciables comparadas con la recompensa máxima de Dios" (*La Epístola a los Hebreos,* p. 178).

Sin dudas, Moisés creyó en las promesas de Dios a Israel:

⇒ Que Israel era la simiente prometida, el propio pueblo mediante el cual Dios enviaría el Mesías, el Salvador del mundo.

⇒ Que Israel heredaría la Tierra Prometida del reposo eterno con Dios. Moisés se alejó de las riquezas del mundo por las recompensas de las promesas de Dios.

"teniendo por mayores riquezas el vituperio de Cristo que los tesoros de los egipcios; porque tenía puesta la mirada en el galardón" (He. 11:26).

"Bienaventurados sois cuando por mi causa os vituperen y os persigan, y digan toda clase de mal contra vosotros, mintiendo" (Mt. 5:11).

"Y cualquiera que dé a uno de estos pequeñitos un vaso de agua fría solamente, por cuanto es discípulo, de cierto os digo que no perderá su recompensa" (Mt. 10:42).

"Si sufrimos, también reinaremos con él; Si le negáremos, él también nos negará" (2 Ti. 2:12).

"Porque de los presos también os compadecisteis, y el despojo de vuestros bienes sufristeis con gozo, sabiendo que tenéis en vosotros una mejor y perdurable herencia en los cielos" (He. 10:34).

"Otros experimentaron vituperios y azotes, y a más de esto prisiones y cárceles" (He. 11:36).

3 (11:27) *Moisés — Fe:* Tercero, la fe de Moisés fue una fe resistente, una fe que valientemente miró a Dios y no a los hombres. Esto está registrado en Éxodo:

"Al día siguiente salió y vio a dos hebreos que reñían; entonces dijo al que maltrataba al otro: ¿Por qué golpeas a tu prójimo? Y él respondió: ¿Quién te ha

puesto a ti por príncipe y juez sobre nosotros? ¿Piensas matarme como mataste al egipcio? Entonces Moisés tuvo miedo, y dijo: Ciertamente esto ha sido descubierto. Oyendo Faraón acerca de este hecho, procuró matar a Moisés; pero Moisés huyó de delante de Faraón, y habitó en la tierra de Madián" (Éx. 2:13-15).

Nota: Parece que Moisés huyó porque le temía al Faraón; sin embargo, Hebreos dice que él "dejó a Egipto, no temiendo la ira del rey". ¿Esto es una contradicción? No, la respuesta se da en Hechos:

"Cuando hubo cumplido la edad de cuarenta años, le vino al corazón el visitar a sus hermanos, los hijos de Israel. Y al ver a uno que era maltratado, lo defendió, e hiriendo al egipcio, vengó al oprimido. Pero él pensaba que sus hermanos comprendían que Dios les daría libertad por mano suya; mas ellos no lo habían entendido así" (Hch. 7:23-25).

Esto demuestra que al parecer Moisés durante años había pensado y sabía que él sería el libertador de Israel. Es muy probable que su propia madre se lo hubiera enseñado cuando la hija del Faraón, desconociendo quién era, la tomó como nodriza de Moisés (Éx. 2:6-8). Ciertamente ella le enseñó las grandes promesas de Dios a Abraham e Israel. Cualquiera que sea la fuente, al parecer el Espíritu de Dios se cernió sobre Moisés desde temprana edad y despertó en él el sentido y el pensamiento de que sería el libertador de su pueblo; él debía guiarlos de regreso a Israel. Sin embargo, Moisés hizo todo lo contrario. No obstante, él sabía que la voluntad de Dios y su propósito eran que él liberara a su pueblo. Nota: Hechos 7:25 dice que Moisés pensaba dirigir a Israel en una rebelión contra Egipto para liberar al pueblo de Dios. Él no le temía al Faraón; Moisés estaba lleno de valor. Sin embargo, cuando el pueblo se rehusó a seguirlo, lo dejaron solo. Él tenía que sentir temor, temor en el sentido de sabiduría y discreción, no desaliento y desesperanza. Él tenía que sentir temor para salvar su vida.

Sucede lo siguiente: Moisés presentía y conocía su misión en la tierra, que debía liberar a Israel cuando Dios lo decidiera. En aquel momento el pueblo no lo seguía, pero él creía que Dios lograría que el pueblo lo siguiera a su debido tiempo. Como vemos, él continuó creyendo y se mantuvo en su creencia durante otros cuarenta años (Hch. 7:30).

Pensamiento 1. Imagínense la terrible decepción que Moisés debe haber sentido. Su pueblo sufría como esclavo bajo el yugo egipcio, y él se había decidido a dirigirlos en una rebelión por la libertad. Pero ellos habían rechazado su liderazgo, y se vio obligado a huir para salvar su vida. Debe haber sido una gran decepción. Pero imagínense esto: Moisés sabía que Dios lo había llamado a liberar a su pueblo Israel. Él conocía su llamado. Pero allí estaba viviendo en Madián, y había vivido allí durante *cuarenta años* y Dios no lo había llamado a cumplir su cometido. ¡Cuán fácilmente Moisés podía haber perdido la fe en Dios! ¡Cuán fácilmente podía haber perdido el sentido de su llamado! Pero no fue así: él continuó creyendo en Dios y en sus promesas. Moisés

resistió en su fe a pesar de todas las circunstancias. ¡Qué ejemplo tan dinámico!

"Así que, hermanos míos amados, estad firmes y constantes, creciendo en la obra del Señor siempre, sabiendo que vuestro trabajo en el Señor no es en vano" (1 Co. 15:58).

"No nos cansemos, pues, de hacer bien; porque a su tiempo segaremos, si no desmayamos" (Gá. 6:9)

"Por tanto, teniendo un gran sumo sacerdote que traspasó los cielos, Jesús el Hijo de Dios, retengamos nuestra profesión. Porque no tenemos un sumo sacerdote que no pueda compadecerse de nuestras debilidades, sino uno que fue tentado en todo según nuestra semejanza, pero sin pecado. Acerquémonos, pues, confiadamente al trono de la gracia, para alcanzar misericordia y hallar gracia para el oportuno socorro" (He. 4:14-16).

"Mantengamos firme, sin fluctuar, la profesión de nuestra esperanza, porque fiel es el que prometió" (He. 10:23).

"Por tanto, ceñid los lomos de vuestro entendimiento, sed sobrios, y esperad por completo en la gracia que se os traerá cuando Jesucristo sea manifestado" (1 P. 1:13).

"He aquí, yo vengo pronto; retén lo que tienes, para que ninguno tome tu corona" (Ap. 3:11).

4 (11:28) *Moisés — Fe:* Cuarto, la fe de Moisés fue una fe salvadora, una fe que creyó en el mensaje de salvación de Dios. Este versículo se refiere al gran día de liberación y salvación para Israel. Dios había guiado a Moisés en la preparación de Israel y Egipto para la liberación de su pueblo. Dios estaba preparado para salvar a su pueblo de la esclavitud de Egipto (un símbolo del mundo). Dios había pronunciado juicio (la destrucción de los primogénitos) sobre el pueblo de Egipto por sus injusticias. Cuando se preparaba para ejecutar el juicio final, a aquellos que creyeron en Dios se les ordenó matar un cordero puro y rociar su sangre sobre los postes de la puerta de su casa. La sangre del cordero inocente serviría como señal de que el juicio venidero ya se había llevado a cabo. Cuando viera la sangre, Dios *pasaría de* esa casa.

De un modo simbólico, la Pascua ilustraba la venida de Jesucristo como el Salvador. El cordero sin defecto ilustraba su vida impecable, y la sangre rociada sobre los postes de la puerta ilustraba su sangre derramada por el creyente (Éx. 12:5; cp. Jn. 1:29).

Note que el método de salvación de Dios era la sangre derramada sobre los postes de la puerta (cp. Gn. 12:12-48. Vea el estudio más profundo 1, Lc. 22:7). Se ve claramente la gran fe de Moisés. No solo hizo todos los arreglos pertinentes para escapar del juicio de Dios aquella terrible noche, sino que explicó detalladamente que a partir de ese momento se debía cumplir la Pascua cada año. Él nunca dudó de la salvación planificada por Dios para su pueblo. Él nunca dudó que Dios cumpliera sus promesas, que Él le daría a Israel la *simiente prometida* y *la Tierra Prometida*.

"Pues mucho más, estando ya justificados en su sangre, por él seremos salvos de la ira" (Ro. 5:9).

"porque todo aquel que invocare el nombre del Señor, será salvo" (Ro. 10:13).

"Porque por gracia sois salvos por medio de la fe; y esto no de vosotros, pues es don de Dios" (Ef. 2:8).

"sabiendo que fuisteis rescatados de vuestra vana manera de vivir, la cual recibisteis de vuestros padres, no con cosas corruptibles, como oro o plata, sino con la sangre preciosa de Cristo, como de un cordero sin mancha y sin contaminación, Y casi todo es purificado, según la ley, con sangre; y sin derramamiento de sangre no se hace remisión" (He. 9:22).

"sabiendo que fuisteis rescatados de vuestra vana manera de vivir, la cual recibisteis de vuestros padres, no con cosas corruptibles, como oro o plata, sino con la sangre preciosa de Cristo, como de un cordero sin mancha y sin contaminación" (1 P. 1:18-19).

	O. La fe de Israel (Parte 1): Una fe de liberación, 11:29
1 Una fe que obedeció a Dios en contra de fuerzas innumerables 2 Una fe que los liberó y les trajo protección	29 Por la fe pasaron el Mar Rojo como por tierra seca; e intentando los egipcios hacer lo mismo, fueron ahogados.

DIVISIÓN IV

EL AUTOR SUPREMO DE LA FE: JESUCRISTO, EL HIJO DE DIOS, 10:19—11:40

O. La fe de Israel (Parte 1): Una fe de liberación, 11:29

(11:29) *Introducción:* En este versículo se habla de cuando Israel cruzó al Mar Rojo, un milagro fenomenal controlado enteramente por Dios. Pero Israel necesitó una gran fe para cruzar el mar con dos grandes muros de agua a cada lado. Este es un ejemplo vivo de una fe fuerte en Dios, una fe de liberación, el tipo de fe que garantiza el poder libertador de Dios actuando a nombre nuestro.

1. Una fe que obedeció a Dios en contra de fuerzas innumerables (v. 29).
2. Una fe que los liberó y les trajo protección (v. 29).

1 (11:29) *Israel — Fe:* La fe de Israel fue una fe que obedeció a Dios en contra de fuerzas innumerables. Las fuerzas a que se enfrentaba Israel eran tres:

⇒ La persecución del ejército de los egipcios.
⇒ El Mar Rojo en frente y las cordilleras montañosas a ambos lados.
⇒ Su propia murmuración e incredulidad.

El pueblo estaba muy atemorizado. Estaban cercados y sin salida, tenían un rey y un pueblo encolerizados persiguiéndolos. No había probabilidad alguna de que el ejercito egipcio dejara vivo a ningún prisionero porque Egipto había perdido a todos sus primogénitos a causa del ángel de la muerte. Israel estaba condenado y el pueblo lo sabía. Las probabilidades eran insuperables a menos que Dios interviniera y los liberara.

Moisés, el líder de Dios, se sintió estimulado a creer en Dios. Él dio un paso al frente y le gritó al pueblo:

"Y Moisés dijo al pueblo: No temáis; estad firmes, y ved la salvación que Jehová hará hoy con vosotros; porque los egipcios que hoy habéis visto, nunca más para siempre los veréis. Jehová peleará por vosotros, y vosotros estaréis tranquilos" (Éx. 14:13-14).

La salvación del Señor se ha proclamado, y ese mensaje ha despertado fe en los corazones del pueblo. Obedeciendo la orden de Dios, Moisés levantó su vara y la movió sobre la faz de las aguas. Tras haber hecho esto, un fuerte viento del este comenzó a soplar sobre la faz las aguas. Sopló con tanta fuerza que las aguas se dividieron. Imagínense esa escena: Dos grandes muros de agua con una senda de tierra seca en medio. Pero la salvación del pueblo se encontraba del otro

lado. Si podían llegar allá, estaban a salvo. Se estaban quejando, sí; pero el mensaje del siervo de Dios, Moisés, los había hecho creer en Dios. Ahora estaban viendo al poder de Dios eliminar las insuperables probabilidades. En verdad Él había echado atrás el mar y les había hecho un camino de *tierra seca* para que lo cruzaran y estuvieran a salvo. Ellos creyeron en Dios, y echaron a andar, andar en la fe de Dios quien les había prometido que los llevaría a la Tierra Prometida.

Pensamiento 1. ¡Qué ilustración tan clara de la salvación para las personas de hoy día! No importan las probabilidades, Dios superará las probabilidades y nos salvará si solo creemos y seguimos a Cristo, como Dios manda.

"Respondiendo Jesús, les dijo: De cierto os digo, que si tuviereis fe, y no dudareis, no solo haréis esto de la higuera, sino que si a este monte dijereis: Quítate y échate en el mar, será hecho" (Mt. 21:21).

"No os ha sobrevenido ninguna tentación que no sea humana; pero fiel es Dios, que no os dejará ser tentados más de lo que podéis resistir, sino que dará también juntamente con la tentación la salida, para que podáis soportar" (1 Co. 10:13).

"el cual nos libró, y nos libra, y en quien esperamos que aún nos librará, de tan gran muerte" (2 Co. 1:10).

"Y el Señor me librará de toda obra mala, y me preservará para su reino celestial. A él sea gloria por los siglos de los siglos. Amén" (2 Ti. 4:18).

"Así que, por cuanto los hijos participaron de carne y sangre, él también participó de lo mismo, para destruir por medio de la muerte al que tenía el imperio de la muerte, esto es, al diablo, y librar a todos los que por el temor de la muerte estaban durante toda la vida sujetos a servidumbre" (He. 2:14-15).

"sabe el Señor librar de tentación a los piadosos, y reservar a los injustos para ser castigados en el día del juicio" (2 P. 2:9).

"Jehová es mi fortaleza y mi escudo; en él confió mi corazón, y fui ayudado, por lo que se gozó mi corazón, y con mi cántico le alabaré" (Sal. 28:7).

"Aunque afligido yo y necesitado, Jehová pensará en mí. Mi ayuda y mi libertador eres tú; Dios mío, no te tardes" (Sal. 40:17).

2 (11:29) *Israel — Fe:* La fe de Israel fue una fe que los liberó y les trajo protección. El pueblo creyó en Dios; por ende, fueron liberados a pesar de las insuperables probabilidades que tenían en su contra. Pero no solo esto: Ellos se encontraban protegidos en todo momento. Sus enemigos los

perseguían. Era de noche cuando Israel cruzó el mar y cuando el ejercito egipcio llegó a la orilla (Éx. 14:21). Los egipcios estaban espiritualmente cegados a la obra de Dios y fueron endurecidos en su pecado. Después de todo, los hijos de Israel no eran un ejército, sino un cuerpo indefenso de personas que huían del poder del más grande ejército del mundo. Los egipcios no vieron razón alguna para precipitarse tras el pueblo de Israel y asesinarlos. Por consiguiente, el ejército actuó ciega, precipitada e impensadamente. Ellos se encontraban muy cerca de Israel en su persecución. Pero Dios protegió a aquellos que creyeron y confiaron en Él. El viento del este cesó y los dos muros de agua se cerraron uno contra el otro y atraparon en medio al enemigo persecutor, ahogándolos a todos. El pueblo de Dios estaba protegido, completamente protegido por la mano de Dios.

Pensamiento 1. Dios le realizó el milagro de la salvación y la liberación al pueblo, pero fue por su fe. El mensajero de Dios proclamó la salvación de Dios y el pueblo creyó y Dios obró en su nombre. Él los salvó y los protegió de su enemigo, un enemigo que parecía invencible. Dios siempre provee una vía de liberación para aquellos que creen.

"Respondiendo Jesús, les dijo: De cierto os digo, que si tuviereis fe, y no dudareis, no solo haréis esto de la higuera, sino que si a este monte dijereis: Quítate y échate en el mar, será hecho" (Mt. 21:21).

"Porque de tal manera amó Dios al mundo, que ha dado a su Hijo unigénito, para que todo aquel que en él cree, no se pierda, mas tenga vida eterna" (Jn. 3:16).

"Y todo aquel que invocare el nombre del Señor, será salvo" (Hch. 2:21).

"porque todo aquel que invocare el nombre del Señor, será salvo" (Ro. 10:13).

"Porque por gracia sois salvos por medio de la fe; y esto no de vosotros, pues es don de Dios; no por obras, para que nadie se gloríe" (Ef. 2:8-9).

"Pero la salvación de los justos es de Jehová, y él es su fortaleza en el tiempo de la angustia" (Sal. 37:39).

"He aquí Dios es salvación mía; me aseguraré y no temeré; porque mi fortaleza y mi canción es JAH Jehová, quien ha sido salvación para mí" (Is. 12:2).

"Y se dirá en aquel día: He aquí, éste es nuestro Dios, le hemos esperado, y nos salvará; éste es Jehová a quien hemos esperado, nos gozaremos y nos alegraremos en su salvación" (Is. 25:9).

"Jehová está en medio de ti, poderoso, él salvará; se gozará sobre ti con alegría, callará de amor, se regocijará sobre ti con cánticos" (Sof. 3:17).

	P. La fe de Israel (Parte 2): Una fe conquistadora, 11:30
1 Una fe que creyó en lo inusual: En Jericó	30 Por la fe cayeron los muros de Jericó después de rodearlos siete días.

DIVISIÓN IV

EL AUTOR SUPREMO DE LA FE: JESUCRISTO, EL HIJO DE DIOS, 10:19—11:40

P. La fe de Israel (Parte 2): Una fe conquistadora, 11:30

(11:30) *Introducción:* La fe de Israel fue una fe conquistadora. Este era el tipo de fe que Israel necesitaba para conquistar Jericó, fe en que Dios podía proporcionar victoria sobre innumerables fuerzas (cp. Éx. 14:11). Este también es el tipo de fe que necesita cualquier persona, una fe conquistadora. Necesitamos fe en que Dios nos proporcionará victoria sobre las innumerables fuerzas de la vida, no importa cuáles sean las fuerzas, incluso la fuerza de la muerte.

1 (11:30) *Israel — Fe:* La fe de Israel fue una fe conquistadora. Esta es la historia de Josué que dirigió al pueblo de Israel contra Jericó (Jos. 6: 1-20). La caída de los muros de Jericó es una historia muy conocida. Jericó era una fortaleza, completamente rodeada por un muro y al parecer habitada por un pueblo fuerte. ¿Cómo iba Israel a tomar la ciudad? Humanamente hablando, la misión era totalmente imposible. Su única esperanza era Dios, y Dios estaba dispuesto a concederles la victoria sobre sus enemigos. Solo era cuestión de si creerían y confiarían o no en que Dios les concedería esa victoria. Dios dio un mandato:

⇒ El pueblo debía marchar alrededor de los muros de Jericó una vez al día durante seis días.

⇒ Siete sacerdotes debían dirigir la marcha con el arca del pacto tras ellos y el pueblo tras el arca.

⇒ La marcha debía hacerse en total silencio durante seis días.

⇒ El séptimo día, el pueblo debía marchar alrededor de la ciudad siete veces. Después de la séptima marcha, los sacerdotes debían soplar las siete trompetas y el pueblo debía gritar tan alto como pudiera.

Dios dijo que si el pueblo hacía esto, creía en sus instrucciones y en su promesa, los muros de Jericó caerían. Claramente la mayoría de los ciudadanos de Jericó estarían sobre los muros debido al cambio de los acontecimientos del séptimo día, día que esperaban que Israel atacara.

Lo que debe tenerse en cuenta es la fe en Dios y en sus instrucciones y en su promesa. El pueblo confió claramente en que Dios les proporcionaría la victoria sobre sus enemigos. Y lo hizo. Él venció a los enemigos porque el pueblo creyó en sus instrucciones y su promesa.

Pensamiento 1. Dios vencerá a los enemigos de cualquier persona si la persona cree en las instrucciones y en la promesa de Dios. La instrucción puede parecer poco razonable y parecerle tonta al mundo. Lo que Israel hizo debe haberles parecido muy tonto a los ciudadanos de Jericó. Pero si una persona sigue adelante y hace lo que Dios dice, Dios vencerá a sus enemigos tal como hizo con Jericó.

"¿Qué, pues, diremos a esto? Si Dios es por nosotros, ¿quién contra nosotros? El que no escatimó ni a su propio Hijo, sino que lo entregó por todos nosotros, ¿cómo no nos dará también con él todas las cosas? ¿Quién acusará a los escogidos de Dios? Dios es el que justifica. ¿Quién es el que condenará? Cristo es el que murió; más aun, el que también resucitó, el que además está a la diestra de Dios, el que también intercede por nosotros. ¿Quién nos separará del amor de Cristo? ¿Tribulación, o angustia, o persecución, o hambre, o desnudez, o peligro, o espada? Como está escrito: Por causa de ti somos muertos todo el tiempo; somos contados como ovejas de matadero. Antes, en todas estas cosas somos más que vencedores por medio de aquel que nos amó. Por lo cual estoy seguro de que ni la muerte, ni la vida, ni ángeles, ni principados, ni potestades, ni lo presente, ni lo por venir, ni lo alto, ni lo profundo, ni ninguna otra cosa creada nos podrá separar del amor de Dios, que es en Cristo Jesús Señor nuestro" (Ro. 8:31-39).

"Mas a Dios gracias, el cual nos lleva siempre en triunfo en Cristo Jesús, y por medio de nosotros manifiesta en todo lugar el olor de su conocimiento" (2 Co. 2:14).

"Así que, por cuanto los hijos participaron de carne y sangre, él también participó de lo mismo, para destruir por medio de la muerte al que tenía el imperio de la muerte, esto es, al diablo, y librar a todos los que por el temor de la muerte estaban durante toda la vida sujetos a servidumbre" (He. 2:14-15).

"Porque todo lo que es nacido de Dios vence al mundo; y esta es la victoria que ha vencido al mundo, nuestra fe. ¿Quién es el que vence al mundo, sino el que cree que Jesús es el Hijo de Dios?" (1 Jn. 5:4-5).

"Por medio de ti sacudiremos a nuestros enemigos; en tu nombre hollaremos a nuestros adversarios" (Sal. 44:5).

"Y el Dios de paz aplastará en breve a Satanás bajo vuestros pies. La gracia de nuestro Señor Jesucristo sea con vosotros" (Ro. 16:20).

"No os ha sobrevenido ninguna tentación que no sea humana; pero fiel es Dios, que no os dejará ser tentados más de lo que podéis resistir, sino que dará también juntamente con la tentación la salida, para que podáis soportar" (1 Co. 10:13).

"Someteos, pues, a Dios; resistid al diablo, y huirá de vosotros" (Stg. 4:7).

"Al que venciere, le daré que se siente conmigo en mi trono, así como yo he vencido, y me he sentado con mi Padre en su trono" (Ap. 3:21).

	Q. La fe de Rahab: Una fe salvadora, 11:31
1 Una fe que creyó en el Dios de Israel **2 Una fe que salvó**	31 Por la fe Rahab la ramera no pereció juntamente con los desobedientes, habiendo recibido a los espías en paz.

DIVISIÓN IV

EL AUTOR SUPREMO DE LA FE: JESUCRISTO, EL HIJO DE DIOS, 10:19—11:40

Q. La fe de Rahab: Una fe salvadora, 11:31

(11:31) *Introducción:* Esta es una ilustración hermosa de una fe salvadora. Es la ilustración de uno de los ancestros de Cristo, la ilustración de una ramera que se alejó de su pecado para vivir para Dios. Y por hacer eso, ella fue salva y se convirtió en una de las grandes mujeres de la historia ante los ojos de Dios y de los creyentes en todas partes.

1. Una fe que creyó en el Dios de Israel (v. 31).
2. Una fe que salvó (v. 31).

1 (11:31) *Rahab — Fe:* La fe de Rahab fue una fe que creyó en el Dios de Israel (cp. Jos. 2:1-21; 6:17, 22-23, 25; Mt. 1:5; Stg. 2:25). Ella era una ramera y era cananea, una mujer que era lo menos parecido a un seguidor de Dios, pero experimentó una conversión fenomenal y se convirtió en una gran creyente. Esto fue lo que sucedió.

Josué envió a dos espías a Jericó para reconocer la ciudad. Estaban casi atrapados, pero se refugiaron en la casa de una prostituta llamada Rahab. Los soldados armados se enteraron de que los espías se escondían en su casa y fueron donde ella, pero ella los escondió y los protegió. ¿Por qué? ¿Por qué le mentiría ella a su pueblo y protegería a los dos forasteros israelitas? Las Escrituras dicen que porque ella creía en el Dios de Israel. ¿Cómo es posible que ella creyera en el Dios de Israel si ella no era israelita y nunca se le había enseñado acerca del Dios de Israel y sus promesas? Las Escrituras nos lo cuentan. Conversando con los dos espías ella les dijo:

> "Sé que Jehová os ha dado esta tierra; porque el temor de vosotros ha caído sobre nosotros, y todos los moradores del país ya han desmayado por causa de vosotros. Porque hemos oído que Jehová hizo secar las aguas del Mar Rojo delante de vosotros cuando salisteis de Egipto, y lo que habéis hecho a los dos reyes de los amorreos que estaban al otro lado del Jordán, a Sehón y a Og, a los cuales habéis destruido. Oyendo esto, ha desmayado nuestro corazón; ni ha quedado más aliento en hombre alguno por causa de vosotros, porque Jehová vuestro Dios es Dios arriba en los cielos y abajo en la tierra" (Jos. 2:9-11).

Rahab creyó lo que había escuchado del Dios de Israel, que Él era el Dios vivo y verdadero. Cuando era humanamente imposible que Israel conquistara Jericó, cuando Israel no tenía armas modernas para pelear la guerra, cuando no había probabilidad en este mundo de que Israel pudiera salir victorioso, Rahab creyó en el Dios de Israel y ella actuó acorde a esa fe. Ella creyó que el Dios de Israel salvaría a su pueblo y les daría la Tierra Prometida. Por consiguiente, ella salvó la vida de los dos espías israelitas.

> "¡Cuán grande es tu bondad, que has guardado para los que te temen, que has mostrado a los que esperan en ti, delante de los hijos de los hombres!" (Sal. 31:19).

> "Muchos dolores habrá para el impío; mas al que espera en Jehová, le rodea la misericordia" (Sal. 32:10).

> "Jehová redime el alma de sus siervos, y no serán condenados cuantos en él confían" (Sal. 34:22).

> "Encomienda a Jehová tu camino, y confía en él; y él hará" (Sal. 37:5).

> "Mejor es confiar en Jehová que confiar en el hombre" (Sal. 118:8).

> "Fíate de Jehová de todo tu corazón, y no te apoyes en tu propia prudencia" (Pr. 3:5).

> "El temor del hombre pondrá lazo; mas el que confía en Jehová será exaltado" (Pr. 29:25).

> "¿Quién hay entre vosotros que teme a Jehová, y oye la voz de su siervo? El que anda en tinieblas y carece de luz, confíe en el nombre de Jehová, y apóyese en su Dios" (Is. 50:10).

2 (11:31) *Rahab — Fe:* La fe de Rahab fue una fe que la salvó a ella y a su familia. Rahab le pidió a los dos hombres que la salvaran a ella y a su familia cuando atacaran la ciudad.

> "Os ruego pues, ahora, que me juréis por Jehová, que como he hecho misericordia con vosotros, así la haréis vosotros con la casa de mi padre, de lo cual me daréis una señal segura; y que salvaréis la vida a mi padre y a mi madre, a mis hermanos y hermanas, y a todo lo que es suyo; y que libraréis nuestras vidas de la muerte. Ellos le respondieron: Nuestra vida responderá por la vuestra, si no denunciareis este asunto nuestro; y cuando Jehová nos haya dado la tierra, nosotros haremos contigo misericordia y verdad. Entonces ella los hizo descender con una cuerda por la ventana; porque su casa estaba en el muro de la ciudad, y ella vivía en el muro. Y les dijo: Marchaos al monte, para que los que fueron tras vosotros no os encuentren; y estad escondidos allí tres días, hasta que los que os siguen hayan vuelto; y despues os iréis por vuestro camino. Y ellos le dijeron: Nosotros quedaremos libres de este juramento con que nos has juramentado. He aquí, cuando nosotros entremos en la tierra, tú atarás este cordón de grana a la ventana por la cual nos descolgaste; y reunirás en tu casa a tu padre

y a tu madre, a tus hermanos y a toda la familia de tu padre. Cualquiera que saliere fuera de las puertas de tu casa, su sangre será sobre su cabeza, y nosotros sin culpa. Mas cualquiera que se estuviere en casa contigo, su sangre será sobre nuestra cabeza, si mano le tocare. Y si tú denunciares este nuestro asunto, nosotros quedaremos libres de este tu juramento con que nos has juramentado. Ella respondió: Sea así como habéis dicho. Luego los despidió, y se fueron; y ella ató el cordón de grana a la ventana" (Jos. 2:12-21).

Nota: El cordón de grana (rojo) era lo que salvaría a Rahab. Note también que Rahab demandó que los hombres "le juraran por el Señor". Ella creía fuertemente que Israel conquistaría Jericó a pesar de las probabilidades imposibles que tenían en su contra. Ella creía en el Dios de Israel: "Que Dios le daría a Israel la Tierra Prometida". Y lo más importante, ella creía que su vida y su salvación estaba con los israelitas, es decir, con el Dios de Israel. Ella creía que el Dios de Israel podía salvarla y la salvaría. Oliver Greene tiene una ilustración excelente sobre el cordón de grana y la salvación:

"Esto nos muestra una ilustración hermosa de la salvación. Los dos espías hicieron la promesa, Rahab la creyó; y aunque una gran hueste de israelitas debía entrar en la ciudad, ella creyó que el cordón de grana era su garantía de protección. Todo el dinero de Jericó no podría haber comprado ese cordón de grana, porque era la garantía de preservación de Rahab mientras otros eran destruidos por incredulidad: 'mas Josué salvó la vida a Rahab la ramera, y a la casa de su padre, y a todo lo que ella tenía; y habitó ella entre los israelitas hasta hoy, por cuanto escondió a los mensajeros que Josué había enviado a reconocer a Jericó' (Jos. 6:25).

"Esto resulta muy interesante. La Palabra de Dios no nombra a los israelitas que se hicieron amigos de esta mujer de Jericó, pero cierta alma noble de Israel la acogió, la amó, y le dio un nuevo hogar; y mientras vivió entre los israelitas creció en gracia, en fe, y en fuerza.

"Con facilidad podemos creer que Rahab era una mujer atractiva, que tenía una personalidad encantadora y contaba con la habilidad de hacer amigos fácilmente; pero además ella tenía algo más: ella tenía al Señor Dios en su corazón. Ella era una nueva creación, una mujer completamente nueva.

"Un joven de Israel se enamoró de ella y se casó con ella. (Me gustaría pensar que este joven era uno de los espías, pero eso es solo una suposición mía. La Biblia no nos dice quién era.) Sin embargo, sí demuestra que Rahab se convirtió en la esposa de un israelita y que Dios los bendijo, les dio un hijo y ellos lo nombraron Booz.

"Rut 2:1 nos dice que él era un 'hombre rico', y Mateo 1:5 nos dice: 'Salmón engendró de Rahab a Booz, Booz engendró de Rut a Obed, y Obed a Isaí'. ¡Isaí fue

el padre de David, y fue mediante el linaje de David que provino el Salvador!

"Verán, cuando Dios salva a una ramera, a un asesino, a un mentiroso, a un ladrón o incluso a una persona de buena moral, verán que uno se convierte en una nueva creación con un nuevo corazón y una nueva vida. Dios salva, Él no repara: 'De modo que si alguno está en Cristo, nueva criatura es; las cosas viejas pasaron; he aquí todas son hechas nuevas' (2 Co. 5:17)" (La Epístola del apóstol San Pablo a los Hebreos, p. 504s).

Pensamiento 1. ¡Imagínense nada más! Rahab fue uno de los ancestros humanos del propio Salvador, Cristo Jesús nuestro Señor. ¡Qué ilustración más gloriosa de la gracia salvadora de Dios! Y su misericordia y gracia son eternas: Pueden salvar a cualquiera de nosotros hoy día no importa lo que seamos, ya sea una ramera, un marginado, un ladrón, un asesino, un adúltero, un mentiroso, un buscador de fama, un drogadicto, un líder, un alardoso, una celebridad social o un materialista. Ya sea que nos consideren de la clase más baja o de la más alta de la sociedad, Dios puede salvarnos. No importa lo que seamos ni lo que hayamos hecho, Dios puede salvarnos si solo creemos y confiamos en su Hijo, el Señor Jesucristo.

"para que todo aquel que en él cree, no se pierda, mas tenga vida eterna. Porque de tal manera amó Dios al mundo, que ha dado a su Hijo unigénito, para que todo aquel que en él cree, no se pierda, mas tenga vida eterna" (Jn. 3:15-16).

"El que cree en el Hijo tiene vida eterna; pero el que rehúsa creer en el Hijo no verá la vida, sino que la ira de Dios está sobre él" (Jn. 3:36).

"De cierto, de cierto os digo: El que oye mi palabra, y cree al que me envió, tiene vida eterna; y no vendrá a condenación, mas ha pasado de muerte a vida" (Jn. 5:24).

"Y esta es la voluntad del que me ha enviado: Que todo aquél que ve al Hijo, y cree en él, tenga vida eterna; y yo le resucitaré en el día postrero" (Jn. 6:40).

"Le dijo Jesús: Yo soy la resurrección y la vida; el que cree en mí, aunque esté muerto, vivirá" (Jn. 11:25).

"Yo, la luz, he venido al mundo, para que todo aquel que cree en mí no permanezca en tinieblas" (Jn. 12:46).

"Pero éstas se han escrito para que creáis que Jesús es el Cristo, el Hijo de Dios, y para que creyendo, tengáis vida en su nombre" (Jn. 20:31).

"que si confesares con tu boca que Jesús es el Señor, y creyeres en tu corazón que Dios le levantó de los muertos, serás salvo. Porque con el corazón se cree para justicia, pero con la boca se confiesa para salvación" (Ro. 10:9-10).

"y que desde la niñez has sabido las Sagradas Escrituras, las cuales te pueden hacer sabio para la salvación por la fe que es en Cristo Jesús" (2 Ti. 3:15).

	R. La fe de los grandes creyentes (Parte 1): Una fe heroica, 11:32-34	canzaron promesas, taparon bocas de leones,	a. Conquistó reinos
1 La fe heroica de líderes extraordinarios: Una fe que aceptó una responsabilidad increíble y que apeló a Dios por gran valentía	32 ¿Y qué más digo? Porque el tiempo me faltaría contando de Gedeón, de Barac, de Sansón, de Jefté, de David, así como de Samuel y de los profetas;	34 apagaron fuegos impetuosos, evitaron filo de espada, sacaron fuerzas de debilidad, se hicieron fuertes en batallas, pusieron en fuga ejércitos extranjeros.	b. Hizo justicia c. Alcanzó promesas d. Tapó la boca de leones, v. 33 e. Apagó fuegos f. Evitó filo de espada
2 La recompensa de la fe heroica	33 que por fe conquistaron reinos, hicieron justicia, al-		g. Se hizo fuerte en batalla h. Puso en fuga ejércitos extranjeros

DIVISIÓN IV

EL AUTOR SUPREMO DE LA FE: JESUCRISTO, EL HIJO DE DIOS, 10:19—11:40

R. La fe de los grandes creyentes (Parte 1): Una fe heroica, 11:32-34

(11:32-34) *Introducción:* La fe heroica. Esta es una ilustración poderosa de en qué consiste la fe heroica. Es una panorámica que le da una ojeada a la historia de Israel destacando la vida de algunos grandes hombres de fe, hombres que se atrevieron a creer en Dios en contra de las increíbles probabilidades. Y en todos los casos su fe triunfó y venció.

1. La fe heroica de líderes extraordinarios: Una fe que aceptó una responsabilidad increíble y que apeló a Dios por gran valentía (v. 32).
2. La recompensa de la fe heroica (vv. 33-34).

1 (11:32) *Fe — Salón de la fama:* La fe heroica de líderes extraordinarios. Note que estos tres versículos analizan la fe de algunos líderes extraordinarios. La fe de los creyentes en general se analiza en los próximos versículos (v. 35-40). Estos líderes en específico fueron verdaderos héroes de la fe. Tuvieron una fe…

* que los llevó a sentirse desmerecedores y que demostró humildad.
* que aceptó una increíble responsabilidad.
* que mostró un coraje imperecedero.
* que confió en Dios y dependió enteramente de Dios.
* que venció en contra de todas las probabilidades, probabilidades increíbles.

1. Tenemos la fe de Gedeón (Jue. 6:11s). Gedeón ya era un adulto cuando Dios lo llamó (Jue. 8:20), y al parecer se había ganado una reputación como soldado al combatir los actos terroristas de los madianitas (Jue. 6:12). Los ataques de los terroristas contra Israel se habían vuelto tan fieros y frecuentes que el pueblo tenía que mantenerse en guardia constantemente. Hasta tenían que trabajar dentro de muros protectores para poder cumplir con su trabajo (Jue. 6:11). Note estos elementos:

⇒ El ángel del Señor llamó a Gedeón a guiar y salvar a Israel.
⇒ Gedeón sintió que no era quién para eso. Se sintió

sobrecogido con una sensación de humildad y de poca valía. Sin embargo, Dios le dio a Gedeón prueba tras prueba.

⇒ Gedeón finalmente creyó en Dios y Dios le dio a Gedeón el Espíritu del Señor.
⇒ Gedeón puso a prueba el llamamiento y la promesa de Dios al ponerle la archiconocida prueba del vellón de lana (Jue. 6:36-40). Nuevamente Dios le probó a Gedeón que él era su elegido para salvar a Israel.
⇒ Gedeón creyó en Dios, y con trescientos hombres escogidos él desafió las probabilidades increíbles y puso en fuga y derrotó al ejército madianita (Jue. 7:1s).

Sucede lo siguiente: Gedeón fue un líder extraordinario por su gran fe. Incluso antes de lanzar su gran campaña contra los madianitas, él le gritó a sus trescientos hombres: "Levantaos, porque Jehová ha entregado el campamento de Madián en vuestras manos" (Jue. 7:15).

2. Tenemos la fe heroica de Barac (Jue. 4-5). Cuando el llamamiento de Dios vino a Barac para salvar a Israel, los cananeos llevaban veinte años atacando y oprimiendo a Israel. El comandante en jefe del ejército cananeo era Sísara. Note estos elementos:

⇒ El llamamiento de Dios a Barac vino a través de la profetisa Débora.
⇒ Barac ya era soldado, pero vaciló, sintiéndose incapaz. Él insistió en que la profetisa de Dios fuera a la batalla a su lado. Cuando ella estuvo de acuerdo, él accedió al llamamiento de Dios.
⇒ Barac se enfrentó a probabilidades increíbles. Sísara, el comandante en jefe de los cananeos, tenía más de novecientos carros de hierro y un ejército numeroso.
⇒ Barac creyó en Dios. Él atacó con solo 10,000 hombres y obtuvo una victoria increíble.

¿Cómo lo logró Barac? Por fe. Él tuvo una fe heroica en Dios. Él no actuó sin Dios. Él creyó en Dios, y como creyó, Dios le concedió la victoria.

3. Tenemos la fe heroica de Sansón (Jue. 13-16). El ángel del Señor se le apareció a la madre de Sansón y le dijo que daría a luz a un hijo que salvaría a Israel de los filisteos. A Sansón se le debía criar según los votos nazareos de disciplina extrema, abnegación, y control de la carne. El pro-

pósito de los votos nazareos era simbólico, para enseñar a las personas que debían llevar una vida de abnegación y dedicación ante Dios. Note estos elementos acerca de Sansón.

⇒ Sansón fue nombrado por Dios y fue un siervo devoto de Dios: "el Espíritu de Jehová comenzó a manifestarse en él" (Jue. 13:25; cp. Jue. 14:19).

⇒ Sansón fue un hombre que tuvo un defecto y debilidad grave durante toda su vida, una debilidad de pasión carnal. Él nunca se arrepintió de su pasión carnal ni de vivir de acuerdo con sus votos nazareos, no consecuentemente.

⇒ Sansón fue un hombre de un valor y una fe inusuales. Él sin ayuda de nadie peleó contra los filisteos con increíbles hazañas de fuerza una y otra vez. Y siempre salía victorioso.

Lo que debe tenerse en cuenta acerca de la vida de Sansón es lo siguiente: A pesar de la debilidad de pasión perenne de Sansón, cuando llegó el momento, él solo creyó en Dios; solo él estuvo dispuesto a ser usado por Dios. Sansón a veces era débil y apasionado, pero el resto era aún más débil y tenían menos fe, si es que tenían alguna. Solo Sansón estuvo dispuesto a creer y confiar en Dios. Él fue un hombre de fe heroica.

Pensamiento 1. Matthew Henry proporciona un planteamiento que siempre debemos tener en cuenta: "La fe verdadera se reconoce y se acepta, aunque se mezcle con muchos defectos" (*Comentario de Matthew Henry,* vol. 6, p. 951).

4.   Tenemos la fe heroica de Jefté (Jue. 11:1-12:7). Jefté fue llamado por Dios para salvar a Israel de los amonitas. Note estos elementos significativos.

⇒ Jefté era un hombre que había conocido el rechazo toda su vida. Él era el hijo de una ramera, pero su padre lo llevó con él y lo crió. Sin embargo, al parecer sus familiares y vecinos lo rechazaron, lo hostigaron y abusaron de él durante toda su niñez. Finalmente se marchó de su casa y se fue al desierto exiliado (Jue. 11:1-3). Allí en el desierto se convirtió en el líder de un grupo de peleadores aventureros que protegían las aldeas cercanas de los terroristas amonitas.

⇒ Jefté creyó y aceptó el llamamiento a pelear y salvar a Israel cuando le tocó (Jue. 11:4-11). Él hizo un pacto con los ancianos de su pueblo "ante el Señor" (Jue. 11:11).

⇒ Jefté buscó la presencia de Dios y su fuerza para vencer al hacer una promesa a Dios (Jos. 11:30-31).

⇒ Jefté hizo lo que Dios quería que él hiciera y salvó a Israel (Jos. 11:33).

⇒ Jefté le cumplió su promesa a Dios e hizo que su hija viviera como virgen y dedicara su vida a servir a Dios.

Lo que debe tenerse en cuenta es que Jefté fue un hombre de una fe y confianza inusuales en Dios a pesar de ser rechazado por su familia y los de su pueblo. También fue un hombre de gran humildad que se humilló para ayudar a salvar y gobernar a su pueblo en su gran crisis. Jefté fue un hombre de fe heroica.

5.   Tenemos la fe heroica de David (1 S. 16:1f). Como dice el autor de Hebreos, "el tiempo me faltaría contando… de David" (v. 32). David fue sin dudas uno de los hombres más grandes de fe heroica que haya vivido jamás. Note estos elementos:

⇒ David fue elegido para ser el rey de Israel por el propio Dios cuando era solo un chico que pastoreaba ovejas (1 S. 16:ls).

"Y Samuel tomó el cuerno del aceite, y lo ungió en medio de sus hermanos; y desde aquel día en adelante el Espíritu de Jehová vino sobre David. Se levantó luego Samuel, y se volvió a Ramá" (1 S. 16:13).

⇒ David fue un chico de *fe heroica.* Él creyó en Dios al enfrentar situaciones imposibles. Por ejemplo, un león y un oso atacaron sus ovejas y un gigante de hombre llamado Goliat dirigía al ejército filisteo contra Israel, pero Dios honró la fe del joven chico y le concedió a David la victoria en ambas situaciones.

⇒ David fue un joven de *fe heroica.* Él fue temido y odiado por Saúl el rey porque lo habían nombrado para que fuera el futuro rey de Israel cuando aún era un chico. Saúl persiguió a David durante años tratando de matarlo. David demostró ser un joven de una confianza extraordinaria en Dios cuando vivió en el desierto y enfrentó prueba tras prueba y enemigo tras enemigo.

⇒ David fue un hombre de fe heroica al derrotar enemigo tras enemigo. Él extendió las fronteras de Israel más allá que nadie y llevó a Israel a la cúspide de su gloria como nación.

⇒ David gobernó en Israel durante cuarenta años demostró ser *fiel en toda su vida* a excepción del lapso de uno o dos años con Betsabé (2 S. 11:1s).

Toda la vida de David es un ejemplo estimulante de fe heroica para los creyentes de todas las generaciones. Nada más piensen en los Salmos, cuán valiosos son para nosotros. David escribió aproximadamente setenta y tres de los Salmos. Él también fue uno de los ancestros de Cristo (Mt. 1:1).

6.   Tenemos la fe heroica de Samuel (1-2 Samuel). Samuel era juez y profeta de Israel. Dios llamó a Samuel cuando era solo un chico, y Samuel siguió al Señor toda su vida. Durante su vida él fue la figura solitaria de la gran fe entre un pueblo que se rebeló contra Dios y se rehusó a seguirlo en justicia y santidad. Él fue un hombre de fe heroica en medio de una generación incrédula e infiel.

7.   Tenemos la fe heroica de los profetas. Todos fueron hombres que sintieron su poca valía ante Dios pero que respondieron al llamado de Dios. Se enfrentaron a toda prueba inimaginable a que puede poner a un hombre un pueblo malvado y pecaminoso. Pero a pesar de todo, representaron la justicia y proclamaron el mensaje de Dios, un mensaje de esperanza para aquellos que se arrepentirían y un mensaje de juicio para aquellos que continuaban llevando una vida malvada y pecaminosa. Fueron hombres que estuvieron casi

solos enfrentando generación tras generación de incredulidad y rebelión contra Dios. Fueron hombres de fe heroica.

2 (11:33-34) *Fe, recompensa:* Tenemos la recompensa de la fe heroica.

1. La fe heroica conquistó reinos. Esto se ve claramente en la fe heroica de los líderes mencionados anteriormente. Sucede lo siguiente: La verdadera fe en Dios hará que Dios le conceda la victoria sobre todos los enemigos, no importa cuán imponentes. Dios hasta obrará milagrosamente para liberar a la persona o al pueblo que crea en Él verdaderamente.

"Por medio de ti sacudiremos a nuestros enemigos; en tu nombre hollaremos a nuestros adversarios" (Sal. 44:5).

"La justicia engrandece a la nación; mas el pecado es afrenta de las naciones" (Pr. 14:34).

"Y sabemos que a los que aman a Dios, todas las cosas les ayudan a bien, esto es, a los que conforme a su propósito son llamados" (Ro. 8:28).

"¿Quién nos separará del amor de Cristo? ¿Tribulación, o angustia, o persecución, o hambre, o desnudez, o peligro, o espada?... Antes, en todas estas cosas somos más que vencedores por medio de aquel que nos amó" (Ro. 8:35, 37).

"No os ha sobrevenido ninguna tentación que no sea humana; pero fiel es Dios, que no os dejará ser tentados más de lo que podéis resistir, sino que dará también juntamente con la tentación la salida, para que podáis soportar" (1 Co. 10:13).

"Mas a Dios gracias, el cual nos lleva siempre en triunfo en Cristo Jesús, y por medio de nosotros manifiesta en todo lugar el olor de su conocimiento" (2 Co. 2:14).

"Porque todo lo que es nacido de Dios vence al mundo; y esta es la victoria que ha vencido al mundo, nuestra fe. ¿Quién es el que vence al mundo, sino el que cree que Jesús es el Hijo de Dios?" (1 Jn. 5:4-5).

"El que tiene oído, oiga lo que el Espíritu dice a las iglesias. Al que venciere, le daré a comer del árbol de la vida, el cual está en medio del paraíso de Dios" (Ap. 2:7).

"El que tiene oído, oiga lo que el Espíritu dice a las iglesias. Al que venciere, daré a comer del maná escondido, y le daré una piedrecita blanca, y en la piedrecita escrito un nombre nuevo, el cual ninguno conoce sino aquel que lo recibe" (Ap. 2:17).

"Al que venciere y guardare mis obras hasta el fin, yo le daré autoridad sobre las naciones" (Ap. 2:26).

"El que venciere será vestido de vestiduras blancas; y no borraré su nombre del libro de la vida, y confesaré su nombre delante de mi Padre, y delante de sus ángeles" (Ap. 3:5).

"Al que venciere, yo lo haré columna en el templo de mi Dios, y nunca más saldrá de allí; y escribiré sobre él el nombre de mi Dios, y el nombre de la ciudad de mi Dios, la nueva Jerusalén, la cual desciende del cielo, de mi Dios, y mi nombre nuevo" (Ap. 3:12).

"Al que venciere, yo lo haré columna en el templo de mi Dios, y nunca más saldrá de allí; y escribiré sobre él el nombre de mi Dios, y el nombre de la ciudad de mi Dios, la nueva Jerusalén, la cual desciende del cielo, de mi Dios, y mi nombre nuevo" (Ap. 3:21).

"El que tiene oído, oiga lo que el Espíritu dice a las iglesias. Al que venciere, daré a comer del maná escondido, y le daré una piedrecita blanca, y en la piedrecita escrito un nombre nuevo, el cual ninguno conoce sino aquel que lo recibe" (Ap. 21:7).

2. La fe heroica hizo justicia. Esto quiere decir dos cosas.

⇒ Cuando los líderes mencionados anteriormente creyeron en Dios, se hizo justicia en la vida de cada uno de ellos. La fe siempre hace justicia en la vida del creyente.

⇒ Cuando los líderes ya mencionados creyeron en Dios, ellos dieron un ejemplo dinámico de justicia y enseñaron y predicaron justicia. Como resultado, algunas personas se volvieron hacia Dios y comenzaron a vivir justamente. La fe, aunque sea la fe de una sola persona, siempre hace que otros crean en Dios y que vivan justamente.

"Por la bendición de los rectos la ciudad será engrandecida; mas por la boca de los impíos será trastornada" (Pr. 11:11).

"La justicia engrandece a la nación; mas el pecado es afrenta de las naciones" (Pr. 14:34).

"Abominación es a los reyes hacer impiedad, porque con justicia será afirmado el trono" (Pr. 16:12).

"Aparta al impío de la presencia del rey, y su trono se afirmará en justicia" (Pr. 25:5).

"Con justicia serás adornada; estarás lejos de opresión, porque no temerás, y de temor, porque no se acercará a ti" (Is. 54:14).

"Bienaventurados los que tienen hambre y sed de justicia, porque ellos serán saciados" (Mt. 5:6).

"Porque os digo que si vuestra justicia no fuere mayor que la de los escribas y fariseos, no entraréis en el reino de los cielos" (Mt. 5:20).

"Velad debidamente, y no pequéis; porque algunos no conocen a Dios; para vergüenza vuestra lo digo" (1 Co. 15:34).

"Estad, pues, firmes, ceñidos vuestros lomos con la verdad, y vestidos con la coraza de justicia" (Ef. 6:14).

"llenos de frutos de justicia que son por medio de Jesucristo, para gloria y alabanza de Dios" (Fil. 1:11).

3. La fe heroica alcanzó promesas. Dios hizo justo lo que Él le había prometido a cada uno de estos líderes. Él siempre le cumple sus promesas a todo aquel que cree en Él. Y note: Tal como con cada uno de los líderes anteriores, Él da la seguridad de que cumplirá sus promesas.

"Tampoco dudó, por incredulidad, de la promesa de Dios, sino que se fortaleció en fe, dando gloria a Dios, plenamente convencido de que era también poderoso para hacer todo lo que había prometido" (Ro. 4:20-21).

"porque todas las promesas de Dios son en él Sí, y en él Amén, por medio de nosotros, para la gloria de Dios" (2 Co. 1:20).

"Así que, amados, puesto que tenemos tales promesas, limpiémonos de toda contaminación de carne y de espíritu, perfeccionando la santidad en el temor de Dios" (2 Co. 7:1).

"por medio de las cuales nos ha dado preciosas y grandísimas promesas, para que por ellas llegaseis a ser participantes de la naturaleza divina, habiendo huido de la corrupción que hay en el mundo a causa de la concupiscencia" (2 P. 1:4).

"Y esta es la promesa que él nos hizo, la vida eterna" (1 Jn. 2:25).

"Y esta es la confianza que tenemos en él, que si pedimos alguna cosa conforme a su voluntad, él nos oye. Y si sabemos que él nos oye en cualquiera cosa que pidamos, sabemos que tenemos las peticiones que le hayamos hecho" (1 Jn. 5:14-15).

4.   La fe heroica tapó las bocas de leones. Así sucedió con Sansón (Jue. 14:5-6), David (1 S. 17:34-35), y Daniel (Dn. 6:22). Este es el significado para los creyentes: Dios tiene el poder de controlar a los animales y la naturaleza de este mundo si los creyentes confían en Dios. Y más importante aún, Dios liberará a los creyentes de la boca del león que es Satanás.

"echando toda vuestra ansiedad sobre él, porque él tiene cuidado de vosotros. Sed sobrios, y velad; porque vuestro adversario el diablo, como león rugiente, anda alrededor buscando a quien devorar; al cual resistid firmes en la fe, sabiendo que los mismos padecimientos se van cumpliendo en vuestros hermanos en todo el mundo" (1 P. 5:7-9).

"Y el Señor me librará de toda obra mala, y me preservará para su reino celestial. A él sea gloria por los siglos de los siglos. Amén" (2 Ti. 4:18).

"y librar a todos los que por el temor de la muerte estaban durante toda la vida sujetos a servidumbre" (He. 2:15).

"sabe el Señor librar de tentación a los piadosos, y reservar a los injustos para ser castigados en el día del juicio" (2 P. 2:9).

"acerquémonos con corazón sincero, en plena certidumbre de fe, purificados los corazones de mala conciencia, y lavados los cuerpos con agua pura. Mantengamos firme, sin fluctuar, la profesión de nuestra esperanza, porque fiel es el que prometió" (He. 10:22-23).

5.   La fe heroica apagó fuegos impetuosos. Esto probablemente se refiera a los tres jóvenes hebreos, Sadrac, Mesac, y Abed-nego, quienes rehusaron adorar la religión estatal de Nabucodonosor. Por ende, serían ejecutados quemándolos vivos. Sin embargo, Dios los salvó haciendo un milagro fantástico: Él los preservó e impidió que las llamas del fuego los quemasen (Dn. 3: 17-27).

Dios es Dios. Él puede preservar a una persona tanto en la fiera llama de la tentación y la prueba como en la fiera llama de la persecución. De hecho, Dios puede preservar a una persona mediante cualquier cosa. Pero note el prerrequisito: Fe en Él. Debemos creer en Dios, realmente creer en Él.

"Y el Señor me librará de toda obra mala, y me preservará para su reino celestial. A él sea gloria por los siglos de los siglos. Amén" (2 Ti. 4:18).

"Y nos mandó Jehová que cumplamos todos estos estatutos, y que temamos a Jehová nuestro Dios, para que nos vaya bien todos los días, y para que nos conserve la vida, como hasta hoy" (Dt. 6:24).

"Amad a Jehová, todos vosotros sus santos; a los fieles guarda Jehová, y paga abundantemente al que procede con soberbia" (Sal. 31:23).

"Porque Jehová ama la rectitud, y no desampara a sus santos. Para siempre serán guardados; mas la descendencia de los impíos será destruida" (Sal. 37:28).

"Es el que guarda las veredas del juicio, y preserva el camino de sus santos" (Pr. 2:8).

"No temas, porque yo estoy contigo; no desmayes, porque yo soy tu Dios que te esfuerzo; siempre te ayudaré, siempre te sustentaré con la diestra de mi justicia" (Is. 41:10).

"Y hasta la vejez yo mismo, y hasta las canas os soportaré yo; yo hice, yo llevaré, yo soportaré y guardaré" (Is. 46:4).

"Así dijo Jehová: En tiempo aceptable te oí, y en el día de salvación te ayudé; y te guardaré, y te daré por pacto al pueblo, para que restaures la tierra, para que heredes asoladas heredades" (Is. 49:8).

6.   La fe heroica evitó filo de espada. David evitó el filo de la espada de Goliat (1 S. 17:49-51); Eliseo evitó el filo de la espada del rey de Israel (1 R. 6:30-31). Profeta tras profeta fue liberado del martirio una y otra vez por el poder de Dios.

Dios liberará al creyente de la violencia y la muerte a menos que Dios quiera usar el martirio del hijo querido como testimonio y quiera llevarse a su hijo querido a casa para que esté con Él. Dios puede liberar a una persona que realmente cree en Él. Pero recuerden: "Sin fe en Dios, nadie es liberado por Dios. La fe es el poder que se ase de la mano de Dios y provoca liberación".

"Pero ni un cabello de vuestra cabeza perecerá" (Lc. 21:18).

"Por lo cual asimismo padezco esto; pero no me avergüenzo, porque yo sé a quién he creído, y estoy seguro que es poderoso para guardar mi depósito para aquel día" (2 Ti. 1:12).

"que sois guardados por el poder de Dios mediante la fe, para alcanzar la salvación que está preparada para ser manifestada en el tiempo postrero" (1 P. 1:5).

"Y a aquel que es poderoso para guardaros sin caída, y presentaros sin mancha delante de su gloria con gran alegría" (Jud. 24).

"Por cuanto has guardado la palabra de mi paciencia, yo también te guardaré de la hora de la prueba que ha de venir sobre el mundo entero, para probar a los que moran sobre la tierra" (Ap. 3:10).

"Porque los ojos de Jehová contemplan toda la tierra, para mostrar su poder a favor de los que tienen corazón perfecto para con él. Locamente has hecho en esto; porque de aquí en adelante habrá más guerra contra ti" (2 Cr. 16:9).

"El ángel de Jehová acampa alrededor de los que le temen, Y los defiende" (Sal. 34:7).

"Con sus plumas te cubrirá, y debajo de sus alas estarás seguro; escudo y adarga es su verdad" (Sal. 91:4).

"Como Jerusalén tiene montes alrededor de ella, así Jehová está alrededor de su pueblo. Desde ahora y para siempre" (Sal. 125:2).

7.   La fe heroica saca fuerzas de la debilidad. Cada uno de los líderes mencionados sintieron su poca valía y su debilidad al servir a Dios, pero Dios los fortaleció para que vencieran a todos sus enemigos y las fuerzas que les hacían frente.

"Entonces dije: ¡Ay de mí! que soy muerto; porque siendo hombre inmundo de labios, y habitando en medio de pueblo que tiene labios inmundos, han visto mis ojos al Rey, Jehová de los ejércitos" (Is. 6:5).

"Y yo dije: ¡Ah! ¡ah, Señor Jehová! He aquí, no sé hablar, porque soy niño" (Jer. 1:6).

"sino que lo necio del mundo escogió Dios, para avergonzar a los sabios; y lo débil del mundo escogió Dios, para avergonzar a lo fuerte" (1 Co. 1:27).

"Y me ha dicho: Bástate mi gracia; porque mi poder se perfecciona en la debilidad. Por tanto, de buena gana me gloriaré más bien en mis debilidades, para que repose sobre mí el poder de Cristo. Por lo cual, por amor a Cristo me gozo en las debilidades, en afrentas, en necesidades, en persecuciones, en angustias; porque cuando soy débil, entonces soy fuerte" (2 Co. 12:9-10).

8.   La fe heroica se hace fuerte en la batalla. La fe verdadera desarrolla y despierta coraje y fuerza. La persona que crea realmente en Dios sabe que Dios está con ella. Se siente movida a pelear y pelear, incluso contra probabilidades increíbles.

"Pues todos sus decretos estuvieron delante de mí, Y no me he apartado de sus estatutos. …Quien adiestra mis manos para la batalla, de manera que se doble el arco de bronce con mis brazos" (2 S. 22:33, 35).

"Esforzaos y cobrad ánimo; no temáis, ni tengáis miedo de ellos, porque Jehová tu Dios es el que va contigo; no te dejará, ni te desamparará" (Dt. 31:6).

"Esfuérzate y sé valiente; porque tú repartirás a este pueblo por heredad la tierra de la cual juré a sus padres que la daría a ellos" (Jos. 1:6).

"Y Josué les dijo: No temáis, ni os atemoricéis; sed fuertes y valientes, porque así hará Jehová a todos vuestros enemigos contra los cuales peleáis" (Jos. 10:25).

"Esforzaos, pues, mucho en guardar y hacer todo lo que está escrito en el libro de la ley de Moisés, sin apartaros de ello ni a diestra ni a siniestra; para que no os mezcléis con estas naciones que han quedado con vosotros, ni hagáis mención ni juréis por el nombre de sus dioses, ni los sirváis, ni os inclinéis a ellos. Mas a Jehová vuestro Dios seguiréis, como habéis hecho hasta hoy. Pues ha arrojado Jehová delante de vosotros grandes y fuertes naciones, y hasta hoy nadie ha podido resistir delante de vuestro rostro. Un varón de vosotros perseguirá a mil; porque Jehová vuestro Dios es quien pelea por vosotros, como él os dijo" (Jos. 23:6-10).

"Esfuérzate, y esforcémonos por nuestro pueblo, y por las ciudades de nuestro Dios; y haga Jehová lo que bien le parezca" (1 Cr. 19:13).

"Entonces serás prosperado, si cuidares de poner por obra los estatutos y decretos que Jehová mandó a Moisés para Israel. Esfuérzate, pues, y cobra ánimo; no temas, ni desmayes" (1 Cr. 22:13).

"Dijo además David a Salomón su hijo: Anímate y esfuérzate, y manos a la obra; no temas, ni desmayes, porque Jehová Dios, mi Dios, estará contigo; él no te dejará ni te desamparará, hasta que acabes toda la obra para el servicio de la casa de Jehová" (1 Cr. 28:20).

"No temeré a diez millares de gente, que pusieren sitio contra mí" (Sal. 3:6).

"Aunque un ejército acampe contra mí, no temerá mi corazón; aunque contra mí se levante guerra, yo estaré confiado" (Sal. 27:3).

"No temerás el terror nocturno, ni saeta que vuele de día" (Sal. 91:5).

"Jehová está conmigo; no temeré lo que me pueda hacer el hombre" (Sal. 118:6).

"Cuando te acuestes, no tendrás temor, sino que te acostarás, y tu sueño será grato" (Pr. 3:24).

"He aquí Dios es salvación mía; me aseguraré y no temeré; porque mi fortaleza y mi canción es JAH Jehová, quien ha sido salvación para mí" (Is. 12: 2).

1 Tuvieron la fe perdurable de los creyentes	S. La fe de los grandes creyentes (Parte 2): Una fe perdurable, 11:35-40	cubiertos de pieles de ovejas y de cabras, pobres, angustiados, maltratados;	dos de la manera más inhumana que se pueda imaginar
a. Algunas mujeres recibieron sus muertos mediante resurrección	35 Las mujeres recibieron sus muertos mediante resurrección; mas otros fueron atormentados, no aceptando el rescate, a fin de obtener mejor resurrección.	38 de los cuales el mundo no era digno; errando por los desiertos, por los montes, por las cuevas y por las cavernas de la tierra.	
b. Algunos fueron atormentados		39 Y todos éstos, aunque alcanzaron buen testimonio mediante la fe, no recibieron lo prometido;	**2 Tuvieron la recompensa de la fe perdurable**
c. Algunos soportaron vituperios y azotes, prisiones y cárceles	36 Otros experimentaron vituperios y azotes, y a más de esto prisiones y cárceles.		a. La aprobación de Dios y un gran testimonio histórico
d. Algunos fueron martirizados	37 Fueron apedreados, aserrados, puestos a prueba, muertos a filo de espada; anduvieron de acá para allá	40 proveyendo Dios alguna cosa mejor para nosotros, para que no fuesen ellos perfeccionados aparte de nosotros.	b. La simiente prometida o Mesías y la Tierra Prometida
e. Algunos fueron trata-			

DIVISIÓN IV

EL AUTOR SUPREMO DE LA FE: JESUCRISTO, EL HIJO DE DIOS, 10:19—11:40

S. La fe de los grandes creyentes (Parte 2): Una fe perdurable, 11:35-40

(11:35-40) *Introducción:* Esta es la ilustración poderosa de en qué consiste la fe perdurable. Es una fe perdurable aunque el martirio fuera necesario. Este pasaje es una panorámica que revisa la historia del Antiguo Testamento y destaca la fe perdurable del pueblo de Dios.

1. Tuvieron la fe perdurable de los creyentes (vv. 35-38).
2. Tuvieron la recompensa de la fe perdurable (vv. 39-40).

1 (11:35-38) *Fe — Resistencia:* Tenemos la fe perdurable de los creyentes. Nota: En estos versículos no se mencionan nombres. Como indica el versículo 35, eran las mujeres y hombres de la vida cotidiana que no eran líderes necesariamente, pero que tenían un rasgo distintivo: "Creyeron en Dios y su fe en Dios era fuerte". Ellos resistieron en su fe sin importar lo que los atacara. Nunca aceptaron la derrota; por ende, nunca fueron derrotados. Nunca negaron a Dios; por lo tanto, nunca fueron negados por Dios. Nunca perdieron la esperanza; por lo tanto, nunca los dejaron sin esperanzas. Resistieron en fe. No importa cuáles fueran las circunstancias, la dificultad, la amenaza, la herida, el dolor, la tortura o la forma de ejecución y muerte, resistieron y se mantuvieron firmes a su fe y profesión en Dios.

1. Algunos creyentes, mujeres, recibieron sus muertos mediante resurrección. Esto es una verdad sorprendente, que algunos creyentes podían tener una fe tan fuerte como para hacer que sus hijos resucitaran de entre los muertos. Aún así es cierto. El Antiguo Testamento proporciona dos ejemplos; quizás haya otros, pero no están registrados en las Escrituras (1 R. 17:17-24; 2 R. 4:18-37). En el Nuevo Testamento Cristo resucitó a varias personas de entre los muertos (cp. Mt. 9:18-34; Lc. 7:11-17; Jn. 11:41-46). Sucede lo siguiente: Fe perdurable, una fe que no abandonará a Dios, vencerá cualquier cosa incluso la muerte. Resucitar a las personas de entre los muertos no es costumbre para Dios, pero Él lo ha hecho y Él lo hizo porque las madres (y los padres) creyeron en Dios. Si no hubieran creído en Dios, nada habría sucedido. Se habrían resignado a la muerte. Pero creyeron en Dios y Dios los resucitó. ¿Por qué? ¿Por qué estos pocos ejemplos aislados? ¿Por qué Dios resucitaría a estos y no a otros? ¿Esto quiere decir que algunos tenían una fe débil y otros tenían una fe fuerte? No, no necesariamente. La fe de algunas personas, claro está, es mayor que la fe de otras. Pero algunos han buscado a Dios con una fe tan fuerte como la de otros, y aún así recibieron una respuesta diferente. Sus hijos muertos no fueron resucitados. ¿Por qué?

⇒ Porque las circunstancias eran diferentes. Dios podía enseñarles más acerca de Él fortaleciéndolos para atravesar la muerte y las circunstancias. Además, su testimonio para un mundo perdido e incrédulo en ocasiones sería más fuerte al experimentar el dolor y el pesar de la muerte.

Siempre debemos recordar que Dios sabe lo que hace, incluso en la muerte de los niños. Él sabe cómo fortalecernos y cómo darle un testimonio al mundo a través de todas las circunstancias de la vida, incluso a través de la muerte. Pero note: Dios no nos puede fortalecer, resucitar a los muertos, ni hacer nada sin la fe, una fe que resista. Debemos creer en Dios, en su poder, en su amor y debemos resistir en esa creencia. Fue la fe perdurable la que hizo que las mujeres recibieran sus muertos mediante resurrección. Y será la fe perdurable la que hará que recibamos de Dios la provisión de nuestras necesidades.

2. Algunos creyentes fueron atormentados, rehusándose a negar a Dios. La palabra "torturado" (etumpanisthesan) quiere decir golpear o aporrear hasta la muerte o de

lo contrario poner a alguien en el potro de tortura para que niegue a Cristo. Estos amados creyentes sufrieron el martirio por el nombre de Cristo. Ellos *se negaron a aceptar el rescate*. Todo y cuanto tenían que hacer era renunciar a Cristo, pero se rehusaron. Y note por qué: "a fin de obtener mejor resurrección". Tenían sus ojos puestos en la tierra prometida del cielo y la gloria, de vivir para siempre con Dios y con Cristo. Sabían algo que era primordial, algo que es primordial que lo sepa toda persona:

⇒ Si hubieran negado su fe, habrían salvado su vida en la tierra por unos días, quizás incluso por unos cuantos años más. Peor finalmente habrían muerto de todos modos, un accidente, una enfermedad, la vejez o algo habría consumido su cuerpo y le habría robado y drenado la vida.

Pero no la fe en Dios. Dios da vida, vida eterna, al alma del hombre. Y estos creyentes no estaban a punto de alejarse y rechazar la vida eterna solo por andar en este mundo malvado y moribundo unos cuantos días más, a lo sumo unos cuantos años más. Ellos tenían sus ojos puestos en una mejor resurrección y un mejor mundo, en la resurrección y el mundo que son eternos, interminables y eso es con Dios y Cristo para siempre.

3. Algunos creyentes soportaron vituperios, azotes y fueron encarcelados.

⇒ Fueron vituperados: Ridiculizados, insultados, tratados con desprecio y maldecidos.

⇒ Fueron azotados: Golpeados con varas, látigos y cuerdas tejidas de tiras de cuero con piezas de hueso o metal atadas a un extremo, golpeados hasta que morían o casi morían.

⇒ Les encadenaron manos y pies, en ocasiones durante años (incluso Pablo el apóstol sufrió esto al igual que muchas de las otras pruebas mencionadas en esta sección).

⇒ Fueron encarcelados en las prisiones o mazmorras más horrendas en la historia de los hombres.

Sufrieron por su fe, rehusándose a negar a Dios y Cristo y la esperanza gloriosa de la Tierra Prometida, *de* vivir con Dios para siempre.

4. Algunos creyentes fueron martirizados por su fe.

⇒ Algunos fueron apedreados hasta morir. Eran lanzados a tierra y rodeados por una multitud de verdugos. Los verdugos tomaban piedras del tamaño de sus manos y se las lanzaban a la víctima provocándole un dolor insoportable al golpear las partes vitales del cuerpo de la persona y finalmente le escachaban la cabeza. (Cp. Zac.; 2 Cr. 24:20s.)

⇒ Algunos fueron aserrados por la mitad. Oliver Greene nos dice que el método usado era colocar a una persona en un leño hueco y luego aserrar el leño y la persona a la vez (*La Epístola del apóstol San Pablo a los Hebreos*, p. 514).

Estas son ilustraciones horribles de la muerte, pero son solo algunas de las formas en las que el mundo en su locura contra los creyentes los han asesinado por su fe. Nota: A los creyentes se les "engatusaba con ofertas tentadoras [a renunciar a su fe]" pero ellos las rechazaban. Ellos eligieron recibir la vida eterna de Dios antes que unos cuantos días en este mundo malvado y moribundo.

5. Algunos creyentes fueron tratados de las maneras más inhumanas que se puedan imaginar.

⇒ Fueron privados de toda su ropa y forzados a vagar en pieles de ovejas y pieles de cabras.

⇒ Fueron privados de todas sus posesiones, les quitaron y confiscaron todo, sus casas, sus propiedades, su dinero, todo. Los destituyeron completamente y los atormentaron tanto como pudieron como demostración perfecta a fin de impedir que nadie más creyera en Dios y en Cristo.

⇒ Fueron forzados a errar y buscar abrigo donde pudieran: en desiertos, en montes, y en las cuevas y cavernas de la tierra.

Pero note la declaración gloriosa de las Escrituras: El mundo no era digno de estas personas preciosas, los muy queridos creyentes que honraron y adoraron a Dios. La idea es la siguiente: Los incrédulos del mundo los privaron de todo y les confiscaron todo cuanto *valía algo* en esta tierra. Pero el mundo, todo el mundo con todos sus pueblos y todas sus riquezas, *no era digno* ni siquiera de uno solo de estos queridos creyentes.

"Bienaventurados sois cuando por mi causa os vituperen y os persigan, y digan toda clase de mal contra vosotros, mintiendo" (Mt. 5:11).

"Y seréis aborrecidos de todos por causa de mi nombre; mas el que persevere hasta el fin, éste será salvo" (Mt. 10:22).

"Y cualquiera que haya dejado casas, o hermanos, o hermanas, o padre, o madre, o mujer, o hijos, o tierras, por mi nombre, recibirá cien veces más, y heredará la vida eterna" (Mt. 19:29).

"Porque nosotros que vivimos, siempre estamos entregados a muerte por causa de Jesús, para que también la vida de Jesús se manifieste en nuestra carne mortal" (2 Co. 4:11).

"Porque a vosotros os es concedido a causa de Cristo, no solo que creáis en él, sino también que padezcáis por él" (Fil. 1:29).

"Hermanos míos, tomad como ejemplo de aflicción y de paciencia a los profetas que hablaron en nombre del Señor" (Stg. 5:10).

"Si fuerais del mundo, el mundo amaría lo suyo; pero porque no sois del mundo, antes yo os elegí del mundo, por eso el mundo os aborrece" (Jn. 15:19).

"Si el mundo os aborrece, sabed que a mí me ha aborrecido antes que a vosotros... Si yo no hubiera venido, ni les hubiera hablado, no tendrían pecado; pero ahora no tienen excusa por su pecado" (Jn. 15:18, 22).

"Y también todos los que quieren vivir piadosamente en Cristo Jesús padecerán persecución" (2 Ti. 3:12).

"Mas todo esto os harán por causa de mi nombre, porque no conocen al que me ha enviado" (Jn. 15:21).

"Os expulsarán de las sinagogas; y aun viene la hora cuando cualquiera que os mate, pensará que rinde servicio a Dios. Y harán esto porque no conocen al Padre ni a mí" (Jn. 16:2-3).

"Acordaos de la palabra que yo os he dicho: El siervo no es mayor que su señor. Si a mí me han perseguido, también a vosotros os perseguirán; si han guardado mi palabra, también guardarán la vuestra" (Jn. 15:20).

"Estas cosas os he hablado, para que no tengáis tropiezo. Os expulsarán de las sinagogas; y aun viene la hora cuando cualquiera que os mate, pensará que rinde servicio a Dios. Y harán esto porque no conocen al Padre ni a mí. Mas os he dicho estas cosas, para que cuando llegue la hora, os acordéis de que ya os lo había dicho" (Jn. 16:1-4).

"a fin de que nadie se inquiete por estas tribulaciones; porque vosotros mismos sabéis que para esto estamos puestos" (1 Ts. 3:3).

"Hermanos míos, no os extrañéis si el mundo os aborrece" (1 Jn. 3:13).

"Amados, no os sorprendáis del fuego de prueba que os ha sobrevenido, como si alguna cosa extraña os aconteciese, sino gozaos por cuanto sois participantes de los padecimientos de Cristo, para que también en la revelación de su gloria os gocéis con gran alegría. Si sois vituperados por el nombre de Cristo, sois bienaventurados, porque el glorioso Espíritu de Dios reposa sobre vosotros. Ciertamente, de parte de ellos, él es blasfemado, pero por vosotros es glorificado" (1 P. 4:12-14).

2 (11:39-40) *Fe — Recompensa:* Tenemos la recompensa de la fe perdurable. La recompensa tenía dos aspectos.

1.   Todos los creyentes del Antiguo Testamento obtuvieron un buen informe y testimonio. Su fe tocó tanto a Dios como al hombre. Su fe fue la luz del mundo; la vida de cada uno de ellos apuntaba a los hombres en dirección a Dios, y sus testimonios aún lo hacen. Nota: Su fe tocó tanto a Dios que Él los ha grabado para siempre en este capítulo de Hebreos. Y aunque sus nombres no se mencionan para que el mundo los honre, en lo que resulta importante *se hace énfasis,* en su fe. Sus nombres no son lo que estimularía a su pueblo; es su fe. Es la fe de la vida de cada uno de ellos la que toca el corazón y la vida de las personas. Su fe toca a las personas de toda generación y los hace ser hombres y mujeres de fe más fuertes. ¡Qué legado han dejado, un legado de fe que estimula y alienta a las personas a levantarse y confiar en Dios para vivir justa y piadosamente y para hacer de este mundo un mundo mucho mejor para Dios!

"Primeramente doy gracias a mi Dios mediante Jesucristo con respecto a todos vosotros, de que vuestra fe se divulga por todo el mundo" (Ro. 1:8).

"Porque vuestra obediencia ha venido a ser notoria a todos, así que me gozo de vosotros; pero quiero que seáis sabios para el bien, e ingenuos para el mal" (Ro. 16:19).

"Porque por ella alcanzaron buen testimonio los antiguos" (He. 11:2).

2.   Ellos tenían la esperanza gloriosa de *la Tierra Prometida* y de *la simiente prometida.* Murieron sin recibir la simiente prometida. Nunca vieron a Cristo, nacido, crucificado, resucitado y exaltado a la diestra de Dios Padre. Nunca vieron su salvación garantizada por Cristo, quien fue el Hijo mismo de Dios. Nunca vieron cumplirse la promesa del Mesías. Murieron creyendo en la promesa, pero nunca supieron exactamente cómo se arreglaría su salvación.

Pero no sucede esto con nosotros: Nosotros lo sabemos. Cristo ha venido; Él ha muerto y ha sido resucitado y exaltado para perfeccionar a todos los creyentes y presentarlos ante Dios Padre. Los creyentes del Antiguo Testamento añoraron al Mesías; ahora lo vemos. Nosotros somos mucho más privilegiados. Ya sucedió; es un hecho histórico: Cristo Jesús nuestro Señor ya ha muerto y ha sido resucitado para hacernos a todos aceptos ante Dios. Todos los creyentes, tanto los creyentes del Viejo como los del Nuevo Testamento, estamos cubiertos por la muerte y resurrección de Jesucristo. La fe en Él hace que Dios nos considere justos y libres de la culpa y el juicio del pecado. Y estar libres de pecado nos hace perfectos ante los ojos de Dios. Pero siempre debemos recordar: "Nuestra justicia y perfección es en *Cristo y solo en Cristo!*

"Porque de tal manera amó Dios al mundo, que ha dado a su Hijo unigénito, para que todo aquel que en él cree, no se pierda, mas tenga vida eterna. Porque no envió Dios a su Hijo al mundo para condenar al mundo, sino para que el mundo sea salvo por él" (Jn. 3:16-17).

"Justificados, pues, por la fe, tenemos paz para con Dios por medio de nuestro Señor Jesucristo" (Ro. 5:1).

"Y si vosotros sois de Cristo, ciertamente linaje de Abraham sois, y herederos según la promesa" (Gá. 3:29).

"Porque no por la ley fue dada a Abraham o a su descendencia la promesa de que sería heredero del mundo, sino por la justicia de la fe. Porque si los que son de la ley son los herederos, vana resulta la fe, y anulada la promesa" (Ro. 4:13-14).

"Por la fe Abraham, siendo llamado, obedeció para salir al lugar que había de recibir como herencia; y salió sin saber a dónde iba. Por la fe habitó como extranjero en la tierra prometida como en tierra ajena, morando en tiendas con Isaac y Jacob, coherederos de la misma promesa; porque esperaba la ciudad que tiene fundamentos, cuyo arquitecto y constructor es Dios. …Conforme a la fe murieron todos éstos sin haber recibido lo prometido, sino mirándolo de lejos, y creyéndolo, y saludándolo, y confesando que eran extranjeros y peregrinos sobre la tierra. Porque los que esto dicen, claramente dan a entender que buscan una patria; …Pero anhelaban una mejor, esto es, celestial; por lo cual Dios no se avergüenza de llamarse Dios de ellos; porque les ha preparado una ciudad" (He. 11:8-10, 13-14, 16).

"sino que os habéis acercado al monte de Sion, a la ciudad del Dios vivo, Jerusalén la celestial, a la compañía de muchos millares de ángeles" (He. 12:22).

"porque no tenemos aquí ciudad permanente, sino que buscamos la por venir" (He. 13:14).

"Pero el día del Señor vendrá como ladrón en la noche; en el cual los cielos pasarán con grande estruendo, y los elementos ardiendo serán deshechos, y la tierra y las obras que en ella hay serán quemadas. Puesto que todas estas cosas han de ser deshechas, ¡cómo no debéis vosotros andar en santa y piadosa manera de vivir, esperando y apresurándoos para la venida del día de Dios, en el cual los cielos, encendiéndose, serán deshechos, y los elementos, siendo quemados, se fundirán! Pero nosotros esperamos, según sus promesas, cielos nuevos y tierra nueva, en los cuales mora la justicia" (2 P. 3:10-13).

"Vi un cielo nuevo y una tierra nueva; porque el primer cielo y la primera tierra pasaron, y el mar ya no existía más" (Ap. 21:1).

	V. EL EJEMPLO SUPREMO DE SUFRIMIENTO: JESUCRISTO, EL HIJO DE DIOS, 12:1-29 **A. La gran carrera cristiana, 12:1-4**	el cual por el gozo puesto delante de él sufrió la cruz, menospreciando el oprobio, y se sentó a la diestra del trono de Dios.	a. Su participación: El autor y consumador b. Su inspiración: El gozo c. Su disciplina: Sufrió d. Su recompensa: Exaltado
1 Su inspiración: Una gran nube de testigos **2 Sus disciplinas requeridas** a. Despojarnos de todo peso y del pecado que nos asedia b. Correr con paciencia **3 Su ejemplo supremo: Jesús**	1 Por tanto, nosotros también, teniendo en derredor nuestro tan grande nube de testigos, despojémonos de todo peso y del pecado que nos asedia, y corramos con paciencia la carrera que tenemos por delante, 2 puestos los ojos en Jesús, el autor y consumador de la fe,	3 Considerad a aquel que sufrió tal contradicción de pecadores contra sí mismo, para que vuestro ánimo no se canse hasta desmayar. 4 Porque aún no habéis resistido hasta la sangre, combatiendo contra el pecado;	**4 Su factor controlador: Considerar el sufrimiento de Jesús** **5 Su gran exigencia: Resistir la tentación, hasta la sangre**

DIVISIÓN V

EL EJEMPLO SUPREMO DE SUFRIMIENTO: JESUCRISTO, EL HIJO DE DIOS, 12:1-29

A. La gran carrera cristiana, 12:1-4

(12:1-4) *Introducción — Carrera cristiana — Perfección:* Este es uno de los pasajes más estimulantes de las Escrituras, un pasaje que está escrito con el fin de estimularnos a correr y mantenernos en la carrera cristiana de la vida. ¿Qué es la carrera cristiana? Se puede describir de muchas maneras.

⇒ Es la carrera por el cielo.
⇒ Es la carrera por la vida, tanto por la vida eterna como abundante.
⇒ Es la carrera para vivir con Dios para siempre.
⇒ Es la carrera por la perfección, una vida y un mundo perfectos donde no hay sufrimiento, corrupción, mal, padecimiento, ni muerte.
⇒ Es la carrera por la rectitud y la justicia, por un mundo perfecto de piedad.
⇒ Es la carrera por la Tierra Prometida, la tierra eterna donde podemos vivir para siempre con Dios.
⇒ Es la carrera para vivir en los nuevos cielos y tierra con Dios para siempre.
⇒ Es la carrera para conocer a Dios, para tener comunión y fraternidad con Dios ahora y siempre.

Esta es la gran carrera cristiana, la gran meta hacia la cual corren los creyentes. Ellos creen en Dios y en su gran promesa de vivir con Él para siempre. Ellos creen en la promesa gloriosa de Dios de un nuevo cielo y una nueva tierra que será perfeccionada eternamente. Los creyentes saben que si ellos resisten hasta el final, serán escoltados ante la presencia misma de Dios donde vivirán con Dios para siempre; y desde allí, esperarán el día glorioso de la redención, el día en el que los cielos y la tierra se reconstruirán y perfeccionarán para siempre. Los creyentes saben que la promesa

de Dios a los creyentes del Antiguo Testamento, la promesa de la Tierra Prometida, se volverá una realidad viva. ¿Cómo los creyentes saben esto, lo saben sin duda alguna? Por la *simiente prometida,* por el Señor Jesucristo. La simiente prometida ha venido, y Él ha muerto por nuestros pecados y ha sido resucitado nuevamente para nuestra justificación. Por ende, viviremos para siempre en la tierra prometida de la presencia gloriosa de Dios, vivir para siempre en el cielo y en su amor, adoración y servicio. La meta de la carrera cristiana es una promesa tan maravillosa que nos podríamos pasar todo el tiempo hablando de ella. Pero la idea central de este pasaje exige nuestra atención: "La gran carrera cristiana está puesta delante de nosotros". Por ende, todos los que estamos dispuestos a correrla necesitamos estudiarla y comprenderla, y todos necesitamos correrla.

1. Su inspiración: Una gran nube de testigos (v. 1).
2. Sus disciplinas requeridas (v. 1).
3. Su ejemplo supremo: Jesús (v. 2).
4. Su factor controlador: Considerar el sufrimiento de Jesús (v. 3).
5. Su gran exigencia: Resistir la tentación, hasta la sangre (v. 4).

1 (12:1) *Carrera cristiana:* Se tiene la inspiración de la carrera cristiana, una gran nube de testigos. La ilustración es la de una carrera. La escena es la de un gran coliseo lleno a toda su capacidad de espectadores ("una gran nube"). La carrera está por comenzar. Se dan dos exhortaciones breves: "Despójense de todo peso y ataduras y corran y corran y manténganse corriendo, resistiendo hasta el fin". Mientras corran, recuerden a Jesús (v. 2). Él participó anteriormente, y Él participó por el gozo de ganar. Él se disciplinó a sí mismo, sufrió al punto de la muerte. Y Él recibió su recompensa.

La ilustración hecha por el autor demuestra que hay dos sentidos en los que la multitud presencia la gran carrera cristiana. La multitud, los héroes del capítulo once, han participado en la carrera. Ellos corrieron y terminaron su carrera, resistiendo hasta el final y ganando. Por ende, son testigos y ejemplos para nosotros. Pero no son solo *participantes,* ellos también son *espectadores.* En verdad presencian nuestra carrera y nuestro desempeño. Están muy interesados en cómo corremos la carrera.

Sucede lo siguiente: Una gran nube de testigos nos rodea y nos envuelve, testigos que creyeron en Dios y se mantuvieron firmes por Dios, se mantuvieron firmes contra todo tipo de pruebas, tentaciones y oposición. Su gran fe y resistencia debiera estimularnos e inspirarnos a creer y resistir en nuestra creencia. Ellos nunca se doblegaron ni se desmoronaron en su fe.

⇒ Sufrieron la gran tentación, de ver, tocar, probar, hacer, pensar, sentir, y decir algo que les impidiera correr la carrera. No cedieron ante la tentación, no por mucho tiempo, no como modo de vida, no de modo permanente. Resistieron en la fe.

⇒ Sufrieron las grandes pruebas, de los problemas, las dificultades, los padecimientos, la pérdida, el hambre, la enfermedad, el accidente, el vituperio, el abuso, la persecución, las amenazas y hasta enfrentaron el martirio. No importa cuán terrible o espantosa sea la prueba, sufrieron en la fe, creyendo en Dios y sus promesas gloriosas.

⇒ Sufrieron toda la oposición, la oposición de los familiares, amigos, vecinos, colegas, líderes civiles, y hasta a hombres de religiones institucionales. Sin importar la oposición, ellos creyeron en Dios y sufrieron en su fe en Dios y en su promesa.

Una vez más, sucede lo siguiente: Su fe y su resistencia debería estimularnos e inspirarnos a creer en Dios y a correr manteniéndonos firmes en nuestra creencia.

2 (12:1) *Carrera cristiana — Resistencia — Pecado:* Están las disciplinas requeridas de la carrera cristiana. Son dos.

1. Debemos despojarnos de todo peso y del pecado que nos asedia. La palabra "despojarse" (apothemenoi) significa quitarse, privarse de y retirar como se retira una vestidura.

a. El corredor cristiano debe despojarse de "todo peso" (ogkon panta). Esto quiere decir de cualquier peso excesivo o gran parte del cuerpo. Todos los verdaderos atletas entrenan y se esfuerzan para eliminar todo el peso excesivo. Esto se refiere a cosas que pueden ser lícitas e inocentes en ellos y a las que pueden estar ajenos, pero que entorpecen al corredor cristiano. Ellas lo obstaculizan y los hacen lentos en vez de ayudarlos a correr más rápido. ¿Qué clase de cosas podrían ser estas? ¿Cuáles son algunas de las cosas lícitas e inocentes, las cosas que no ayudan al creyente a crecer y a correr la carrera tan rápido como puedan?

⇒ Buscar entretenimiento en lugar de fraternidad y comunión con Dios, en vez de orar y leer nuestra Biblia, en vez de adorar y dar testimonio. En ocasiones se necesita la recreación, pero el problema con la mayoría de nosotros es que relajamos y descansamos más de lo que necesitamos y descuidamos nuestra fraternidad y comunión con Dios y nuestra oración intercesora por otros. Demasiados de nosotros ni siquiera sabemos cómo pasar largos períodos de tiempo *con nuestra mente puesta* en Dios y en la comunión con Él.

⇒ Buscar las posesiones y cosas de este mundo en vez de *buscar* a Dios.

⇒ Escuchar música y otros sonidos que no edifican nuestro espíritu y no centrar nuestra mente en la verdad y en Dios. Ver películas y televisión que no nos fortalece.

Podríamos continuar, pero la idea es la edificación. Cualquier cosa que no nos edifique y nos fortalezca es un peso excesivo que nos hace lentos. El corredor cristiano debe hacer exactamente lo que hace el corredor olímpico: Esforzarse para eliminar el peso excesivo. No hacer nada, absolutamente nada, que lo entorpezca y obstaculice correr a toda velocidad. Debe privarse de todo peso innecesario.

"Jesús le dijo: Si quieres ser perfecto, anda, vende lo que tienes, y dalo a los pobres, y tendrás tesoro en el cielo; y ven y sígueme. Oyendo el joven esta palabra, se fue triste, porque tenía muchas posesiones" (Mt. 19:21-22).

"Yendo ellos, uno le dijo en el camino: Señor, te seguiré adondequiera que vayas. Y le dijo Jesús: Las zorras tienen guaridas, y las aves de los cielos nidos; mas el Hijo del Hombre no tiene dónde recostar la cabeza. Y dijo a otro: Sígueme. Él le dijo: Señor, déjame que primero vaya y entierre a mi padre. Jesús le dijo: Deja que los muertos entierren a sus muertos; y tú ve, y anuncia el reino de Dios. Entonces también dijo otro: Te seguiré, Señor; pero déjame que me despida primero de los que están en mi casa. Y Jesús le dijo: Ninguno que poniendo su mano en el arado mira hacia atrás, es apto para el reino de Dios" (Lc. 9:57-62).

"Por tanto, nosotros también, teniendo en derredor nuestro tan grande nube de testigos, despojémonos de todo peso y del pecado que nos asedia, y corramos con paciencia la carrera que tenemos por delante" (He. 12:1).

"Entonces la mujer de Lot miró atrás, a espaldas de él, y se volvió estatua de sal" (Gn. 19:26).

b. El corredor cristiano debe privarse del pecado que con facilidad lo asedia o lo acosa. Las palabras "con facilidad lo acosa" (euperistaton) quiere decir el pecado que se aferra a, distrae, asedia y hace tropezar al corredor cristiano. Es la ilustración de la ropa de la persona batiendo al aire mientras corre: La enreda y la hace tropezar y cae. ¿Cuál es el pecado que enreda y hace tropezar a los creyentes? Se han sugerido varios pecados que se consideran comunes para todos los creyentes. Sin embargo, la exhortación le habla fuertemente a todo creyente y al *pecado específico* que enreda y hace caer al creyente. Cada uno de nosotros debe preguntarse: ¿Cuál es el pecado que fácilmente me asedia? El placer, la indulgencia, la lengua, la carne, el orgullo, las posesiones, los amigos mundanos, la televisión, el deporte, qué es lo que consume mi energía y me impide seguir a Dios completa y enteramente, qué me hace tropezar con mucha, mucha frecuencia. Debemos privarnos de él o nos enredará y nos hará tropezar y nunca terminaremos la carrera.

"Si alguna iniquidad hubiere en tu mano, y la echares de ti, Y no consintieres que more en tu casa la injusticia" (Job 11:14).

"Deje el impío su camino, y el hombre inicuo sus pensamientos, y vuélvase a Jehová, el cual tendrá de él misericordia, y al Dios nuestro, el cual será amplio en perdonar" (Is. 55:7).

"En cuanto a la pasada manera de vivir, despojaos del viejo hombre, que está viciado conforme a los deseos engañosos" (Ef. 4:22).

"Por tanto, nosotros también, teniendo en derredor nuestro tan grande nube de testigos, despojémonos de todo peso y del pecado que nos asedia, y corramos con paciencia la carrera que tenemos por delante" (He. 12:1).

"Amados, yo os ruego como a extranjeros y peregrinos, que os abstengáis de los deseos carnales que batallan contra el alma" (1 P. 2:11).

"No reine, pues, el pecado en vuestro cuerpo mortal, de modo que lo obedezcáis en sus concupiscencias" (Ro. 6:12).

"Velad debidamente, y no pequéis; porque algunos no conocen a Dios; para vergüenza vuestra lo digo" (1 Co. 15:34).

"Hijitos míos, estas cosas os escribo para que no pequéis; y si alguno hubiere pecado, abogado tenemos para con el Padre, a Jesucristo el justo. Y él es la propiciación por nuestros pecados; y no solamente por los nuestros, sino también por los de todo el mundo" (1 Jn. 2:1-2).

"Lavaos y limpiaos; quitad la iniquidad de vuestras obras de delante de mis ojos; dejad de hacer lo malo" (Is. 1:16).

2. Debemos correr con paciencia (hupomone). La palabra significa resistencia, fortaleza, firmeza, constancia, perseverancia. La palabra *paciencia* no es pasiva; es activa. No es el espíritu que se acomoda y soporta las pruebas de la vida, aceptando lo que venga. Es más bien el espíritu que se levanta y se enfrenta a las pruebas de la vida, que va activamente venciéndolas y superándolas. Cuando las pruebas se le presentan a un hombre que está verdaderamente justificado, se siente estimulado a levantarse y enfrentar las pruebas con la frente en alto. De inmediato se dispone a vencerlas y superarlas. Él sabe que Dios permite las pruebas para enseñarle cada vez más paciencia.

El corredor cristiano debe estar determinado; debe tener agallas. Debe sentirse henchido de una resistencia firme, no dejando que nada lo detenga o entorpezca, ningún...

* pecado
* lujuria
* incentivo
* atracción tentadora
* reto osado

* distracción
* deseo
* invitación atractiva
* oportunidad atractiva
* potencialidad mundana

"Con vuestra paciencia ganaréis vuestras almas" (Lc. 21:19).

"gozosos en la esperanza; sufridos en la tribulación; constantes en la oración" (Ro. 12:12).

"porque os es necesaria la paciencia, para que habiendo hecho la voluntad de Dios, obtengáis la promesa" (He. 10:36).

"Hermanos míos, tened por sumo gozo cuando os halléis en diversas pruebas, sabiendo que la prueba de vuestra fe produce paciencia. Mas tenga la paciencia su obra completa, para que seáis perfectos y cabales, sin que os falte cosa alguna" (Stg. 1:2-4).

"Por tanto, hermanos, tened paciencia hasta la venida del Señor. Mirad cómo el labrador espera el precioso fruto de la tierra, aguardando con paciencia hasta que reciba la lluvia temprana y la tardía" (Stg. 5:7).

3 (12:2) *Carrera cristiana — Jesucristo:* Está el ejemplo supremo de la carrera cristiana, el Señor Jesucristo. Los creyentes que han confiado en Dios y han sufrido en su fe son grandes ejemplos para nosotros. Esto lo hemos visto en el gran *Salón de la fe* en el capítulo once. Y lo vemos en el ejemplo de creyentes a nuestro alrededor, creyentes que realmente viven para Cristo. Pero por grande que puedan ser estos ejemplos, hay un ejemplo supremo de fe, es decir, el Señor Jesucristo. Podemos y debemos mirar al ejemplo de otros creyentes, pero siempre deberíamos *mirar a Jesús.* La palabra "mirar" (aphorontes) quiere decir fijar los ojos en Jesús. También quiere decir fijar su mente en Él (Kenneth Wuest, *Hebreos,* vol. 2, p. 214). El corredor cristiano debe centrar sus ojos y su mente en Jesucristo. ¿Por qué? Porque Jesucristo mismo corrió la carrera de fe cuando estuvo en la tierra, y Él nos muestra exactamente como se corre. Debemos recordar cuatro aspectos sobre la carrera en la que Él participó.

1. El propio Jesucristo participó en la carrera; Él realmente corrió la carrera de fe. De hecho, Él es el Autor y Consumador de la fe.

⇒ El Autor (ton archegon) quiere decir que Él fue el Autor, él inició, originó, creó, y dio a luz la carrera cristiana.

⇒ El Consumador (teleioten) quiere decir que Él perfeccionó, completó y consumó la carrera. Él corrió la carrera hasta la meta.

La idea es que Jesucristo corrió la ruta de la vida perfectamente. Él fue impecable, perfectamente justo, siempre obedeciendo a Dios en todo. Él corrió la carrera de la fe, de total obediencia y confianza en Dios, todo mediante su vida en la tierra. Él terminó el curso de su vida llevando una vida perfecta y justa en la tierra. Por ende, Él creó, fue el Autor, y completó la carrera cristiana para todos los creyentes. Él es el ejemplo brillante de la fe en Dios, de total dependencia y obediencia y justicia, para el creyente. El creyente siempre tiene los ojos puestos en Jesús el autor y consumador de la fe.

"Por tanto, hermanos santos, participantes del llamamiento celestial, considerad al apóstol y sumo sacerdote de nuestra profesión, Cristo Jesús" (He. 3:1).

"puestos los ojos en Jesús, el autor y consumador de la fe, el cual por el gozo puesto delante de él sufrió la cruz, menospreciando el oprobio, y se sentó a la diestra del trono de Dios" (He. 12:2).

"Pues para esto fuisteis llamados; porque también Cristo padeció por nosotros, dejándonos ejemplo, para que sigáis sus pisadas" (1 P. 2:21).

2. Jesucristo tuvo una gran inspiración: El gozo que estaba puesto delante de Él. ¿Cuál fue ese gozo? El día glorioso de la redención…

- el día glorioso en el que se uniría y exaltaría con todos los creyentes de todas las edades.
- el día glorioso en el que realizaría toda la gloria y gozo por la que Él había muerto y por la que Dios le dio un propósito a su muerte.
- el día glorioso en el que los nuevos cielos y la nueva tierra serían recreados y todos los redimidos adorarían y servirían a Dios.
- el día glorioso en que se cumpliría completa y perfectamente la salvación de todos los creyentes de todas las generaciones, y Él y todos los que lo amaron gobernarían y reinarían con Él para siempre.

Hay muchas maneras de expresar el gozo que estaba puesto delante de Cristo, pero lo que se debe analizar es que fue el gozo de la redención, del propósito mismo de Dios para el mundo, que estimuló y motivó a Cristo para venir a la tierra y para ser el autor de la salvación para el hombre.

Pensamiento 1. El día glorioso de la redención debería estimularnos y motivarnos también. Cristo nuestro Señor es nuestro ejemplo supremo de sentirnos estimulados por el gozo que está puesto delante de nosotros.

"En aquella misma hora Jesús se regocijó en el Espíritu, y dijo: Yo te alabo, oh Padre, Señor del cielo y de la tierra, porque escondiste estas cosas de los sabios y entendidos, y las has revelado a los niños. Sí, Padre, porque así te agradó" (Lc. 10:21).

"Y cuando la encuentra, la pone sobre sus hombros gozoso" (Lc. 15:5).

"Estas cosas os he hablado, para que mi gozo esté en vosotros, y vuestro gozo sea cumplido" (Jn. 15:11).

"Pero ahora voy a ti; y hablo esto en el mundo, para que tengan mi gozo cumplido en sí mismos" (Jn. 17:13).

"porque el reino de Dios no es comida ni bebida, sino justicia, paz y gozo en el Espíritu Santo" (Ro. 14:17).

"puestos los ojos en Jesús, el autor y consumador de la fe, el cual por el gozo puesto delante de él sufrió la cruz, menospreciando el oprobio, y se sentó a la diestra del trono de Dios" (He. 12:2).

3. Jesucristo es el ejemplo supremo de la disciplina: Él siguió las reglas de la carrera al punto de morir para crear la carrera. Él obedeció a Dios perfectamente. Él ignoró y despreció la vergüenza de la cruz a fin de terminar la carrera de la obediencia perfecta a Dios. Y porque Él fue perfectamente obediente, Él ha iluminado el sendero de la justicia perfecta, de la fe misma que nos hace aceptos ante Dios. La carrera cristiana existe porque Jesucristo se disciplinó a sí mismo; Él obedeció a Dios perfectamente, al extremo de morir por nosotros. Él hizo esto por voluntad propia, y por haberlo hecho, Él es el ejemplo supremo para nosotros. Debemos resistir creyendo y obedeciendo a Dios sin importar el costo o el precio que tengamos que pagar, aunque signifique el martirio.

"Yo soy el buen pastor; el buen pastor su vida da por las ovejas" (Jn. 10:11).

"Porque Cristo, cuando aún éramos débiles, a su tiempo murió por los impíos" (Ro. 5:6).

"Porque primeramente os he enseñado lo que asimismo recibí: Que Cristo murió por nuestros pecados, conforme a las Escrituras" (1 Co. 15:3).

"el cual se dio a sí mismo por nuestros pecados para librarnos del presente siglo malo, conforme a la voluntad de nuestro Dios y Padre" (Gá. 1:4).

"Cristo nos redimió de la maldición de la ley, hecho por nosotros maldición (porque está escrito: Maldito todo el que es colgado en un madero)" (Gá. 3:13).

"Y andad en amor, como también Cristo nos amó, y se entregó a sí mismo por nosotros, ofrenda y sacrificio a Dios en olor fragante" (Ef. 5:2).

"Pero vemos a aquel que fue hecho un poco menor que los ángeles, a Jesús, coronado de gloria y de honra, a causa del padecimiento de la muerte, para que por la gracia de Dios gustase la muerte por todos" (He. 2:9).

"quien llevó él mismo nuestros pecados en su cuerpo sobre el madero, para que nosotros, estando muertos a los pecados, vivamos a la justicia; y por cuya herida fuisteis sanados" (1 P. 2:24).

"Porque también Cristo padeció una sola vez por los pecados, el justo por los injustos, para llevarnos a Dios, siendo a la verdad muerto en la carne, pero vivificado en espíritu" (1 P. 3:18).

4. Jesucristo es el ejemplo supremo de recibir la recompensa de la fe. Él fue exaltado a la diestra del trono de Dios. Los creyentes presenciaron su ascenso y varios creyentes lo han visto en visiones y sueños desde entonces (cp. Hch. 1:9s; 7:55s; 9:3s).

"Y el Señor, después que les habló, fue recibido arriba en el cielo, y se sentó a la diestra de Dios" (Mr. 16:19).

"Pero desde ahora el Hijo del Hombre se sentará a la diestra del poder de Dios" (Lc. 22:69).

"Sepa, pues, ciertísimamente toda la casa de Israel, que a este Jesús a quien vosotros crucificasteis, Dios le ha hecho Señor y Cristo" (Hch. 2:36).

"la cual operó en Cristo, resucitándole de los muertos y sentándole a su diestra en los lugares celestiales" (Ef. 1:20).

"y sometió todas las cosas bajo sus pies, y lo dio por cabeza sobre todas las cosas a la iglesia" (Ef. 1:22).

"**Por lo cual Dios también le exaltó hasta lo sumo, y le dio un nombre que es sobre todo nombre**" (Fil. 2:9).

"**quien habiendo subido al cielo está a la diestra de Dios; y a él están sujetos ángeles, autoridades y potestades**" (1 P. 3:22).

"**que decían a gran voz: El Cordero que fue inmolado es digno de tomar el poder, las riquezas, la sabiduría, la fortaleza, la honra, la gloria y la alabanza**" (Ap. 5:12).

 4 (12:3) *Carrera cristiana — Jesucristo:* Tenemos el factor controlador de la carrera cristiana, mantener nuestra mente en la resistencia de Jesucristo. La palabra "considerar" (analogizomai) quiere decir comparar, calcular, tener en cuenta, sopesar. Los creyentes deben centrarse en Jesucristo y sus sufrimientos y comparar y sopesarlos con sus sufrimientos. Cristo sufrió mucho más de lo que nosotros tenemos que sufrir. Que cualquier huérfano, viuda, criminal, prostituta, esclavo o enfermo, cualquier persona, se compare con todo esto, y recuerde que Jesús soportó *todo esto*:

⇒ Nacer de una madre que no estaba casada (Mt. 1:18-19).

⇒ Nacer en un establo, en las peores condiciones (Lc. 2:7).

⇒ Nacer de padres pobres (Lc. 2:24).

⇒ Tener su vida amenazada desde que era un bebé (Mt. 2:13s).

⇒ Ser la causa de un pesar de inimaginable (Mt. 2:16s).

⇒ Tener que haberse mudado de un lugar a otro cuando era un bebé (Mt. 2:13s).

⇒ Ser criado en un lugar despreciable, Nazaret (Lc. 2:39).

⇒ Que su padre muriera durante su juventud (vea la nota, punto 3, Mt. 13:53-58).

⇒ Tener que mantener a su madre y hermanos y hermanas (vea la nota, punto 3, Mt. 13:53-58).

⇒ No tener hogar, ni siquiera un lugar donde recostar la cabeza (Mt. 8:20; Lc. 9:58).

⇒ Ser odiado y tener religiosos como oponentes (Mr. 14:1-2).

⇒ Ser acusado de demente (Mr. 3:21).

⇒ Ser acusado de posesión demoníaca (Mr. 3:22).

⇒ Tener como oponentes a su propia familia (Mr. 3:31-32).

⇒ Recibir el rechazo, el odio y la oposición de quienes lo escuchaban (Mt. 13:53-58; Lc. 4:28-29).

⇒ ser traicionado por un amigo íntimo (Mr. 14:l0-11, 18).

⇒ Ser abandonado y rechazado por todos sus amigos (Mr. 14:50).

⇒ Ser juzgado por el tribunal supremo del territorio por el delito de traición (Jn. 18:33).

⇒ Ser ejecutado por crucifixión, la peor muerte posible (Jn. 19:16s).

Note por qué deberíamos comparar nuestros sufrimientos con el sufrimiento de Cristo. Nos previene de estar *cansados,* es decir, exhaustos, agotados, rendidos y relajados cuando deberíamos trabajar y también nos previene de estar *desfallecidos mentalmente,* es decir, de estar desesperanzados, desalentados y desanimados, nos previene de alejarnos y darnos por vencidos.

"**Porque no sois vosotros los que habláis, sino el Espíritu de vuestro Padre que habla en vosotros**" (Mt. 10:20).

"**Llevad mi yugo sobre vosotros, y aprended de mí, que soy manso y humilde de corazón; y hallaréis descanso para vuestras almas**" (Mt. 11:29).

"**Vosotros corríais bien; ¿quién os estorbó para no obedecer a la verdad?**" (Gá. 5:7).

"**El que es enseñado en la palabra, haga partícipe de toda cosa buena al que lo instruye**" (Gá. 6:6).

"**Por lo demás, hermanos míos, fortaleceos en el Señor, y en el poder de su fuerza. Vestíos de toda la armadura de Dios, para que podáis estar firmes contra las asechanzas del diablo. Porque no tenemos lucha contra sangre y carne, sino contra principados, contra potestades, contra los gobernadores de las tinieblas de este siglo, contra huestes espirituales de maldad en las regiones celestes**" (Ef. 6:10-12).

"**prosigo a la meta, al premio del supremo llamamiento de Dios en Cristo Jesús**" (Fil. 3:14).

"**He peleado la buena batalla, he acabado la carrera, he guardado la fe**" (2 Ti. 4:7).

"**Por tanto, ceñid los lomos de vuestro entendimiento, sed sobrios, y esperad por completo en la gracia que se os traerá cuando Jesucristo sea manifestado**" (1 P. 1:13).

"**Porque esto merece aprobación, si alguno a causa de la conciencia delante de Dios, sufre molestias padeciendo injustamente**" (1 P. 2:19).

5 (12:4) *La carrera cristiana — Jesucristo:* Tenemos la gran exigencia de la carrera cristiana, resistirnos a la tentación incluso hasta la sangre. Esta es la ilustración de la difícil tarea de Cristo en Getsemaní y en la cruz. Él luchó contra la tentación de elegir alguna otra forma de morir que no fuera la cruz, pero Él sufrió hasta la sangre en las dos experiencias (cp. Mt. 26:36-46; Mr. 14:3242; Lc. 22:39-53).

Resulta sorpresivo e impactante: Debemos resistirnos a la tentación…

• al punto de sudar sangre si fuera necesario.

• al punto de la muerte.

"**Todo aquel que lucha, de todo se abstiene; ellos, a la verdad, para recibir una corona corruptible, pero nosotros, una incorruptible**" (1 Co. 9:25).

"**No os ha sobrevenido ninguna tentación que no sea humana; pero fiel es Dios, que no os dejará ser tentados más de lo que podéis resistir, sino que dará también juntamente con la tentación la salida, para que podáis soportar**" (1 Co. 10:13).

"**Porque yo ya estoy para ser sacrificado, y el tiempo de mi partida está cercano. He peleado la buena batalla, he acabado la carrera, he guardado la fe. Por lo demás, me está guardada la corona de justicia, la cual me dará el Señor, juez justo, en aquel día; y no solo a mí, sino también a todos los que aman su venida**" (2 Ti. 4:6-8).

"**Porque aún no habéis resistido hasta la sangre,**

combatiendo contra el pecado" (He. 12:4).

"Bienaventurado el varón que soporta la tentación; porque cuando haya resistido la prueba, recibirá la corona de vida, que Dios ha prometido a los que le aman" (Stg. 1:12).

"En lo cual vosotros os alegráis, aunque ahora por un poco de tiempo, si es necesario, tengáis que ser afligidos en diversas pruebas, para que sometida a prueba vuestra fe, mucho más preciosa que el oro, el cual aunque perecedero se prueba con fuego, sea hallada en alabanza, gloria y honra cuando sea manifestado Jesucristo" (1 P. 1:6-7).

	B. La gran disciplina de Dios, 12:5-13		
1 La fuerte exhortación respecto a la disciplina a. No menosprecien la disciplina b. No desmayen ni se rindan al ser disciplinados c. Soporten la disciplina 1) Dios nos disciplina porque nos ama 2) Dios nos disciplina porque somos sus hijos **2 Los propósitos de la disciplina** a. Mostrarnos que somos hijos de Dios b. Enseñarnos a pensar en la vida ahora y eternamente	5 y habéis ya olvidado la exhortación que como a hijos se os dirige, diciendo: Hijo mío, no menosprecies la disciplina del Señor, Ni desmayes cuando eres reprendido por él; 6 Porque el Señor al que ama, disciplina, Y azota a todo el que recibe por hijo. 7 Si soportáis la disciplina, Dios os trata como a hijos; porque ¿qué hijo es aquel a quien el padre no disciplina? 8 Pero si se os deja sin disciplina, de la cual todos han sido participantes, entonces sois bastardos, y no hijos. 9 Por otra parte, tuvimos a nuestros padres terrenales que nos disciplinaban, y los	venerábamos. ¿Por qué no obedeceremos mucho mejor al Padre de los espíritus, y viviremos? 10 Y aquéllos, ciertamente por pocos días nos disciplinaban como a ellos les parecía, pero éste para lo que nos es provechoso, para que participemos de su santidad. 11 Es verdad que ninguna disciplina al presente parece ser causa de gozo, sino de tristeza; pero después da fruto apacible de justicia a los que en ella han sido ejercitados. 12 Por lo cual, levantad las manos caídas y las rodillas paralizadas; 13 y haced sendas derechas para vuestros pies, para que lo cojo no se salga del camino, sino que sea sanado.	c. Hacernos participantes de la santidad de Dios d. Para llevar dentro de nosotros el fruto apacible de justicia **3 El deber del creyente** a. Fortalecer las manos caídas y las rodillas paralizadas b. Hacer sendas derechas para sus pies c. Recibir sanidad, es decir, disciplina

DIVISIÓN V

EL EJEMPLO SUPREMO DE SUFRIMIENTO: JESU-CRISTO, EL HIJO DE DIOS, 12:1-29

B. La gran disciplina de Dios, 12:5-13

(12:5-13) *Introducción — Disciplina, de Dios — Castigo:* Dios disciplina a los creyentes. Él castiga, corrige y reprende a los creyentes. Pero siempre debemos recordar esto: "Dios no puede ser tentado por el mal, ni Él tienta a nadie" (Stg. 1:13). Dios no provoca tentación, pecado, devastación, destrucción, accidente, enfermedad, muerte, sufrimiento, pruebas, dificultades y problemas en la vida de las personas. Estas cosas son provocadas por los propios deseos egoístas y pecaminosos del hombre y el mundo corruptible en el que vive y por ese archienemigo del mundo espiritual, Satanás. Dios no provoca lo erróneo y lo malo en la vida. Dios ama al hombre y ama este mundo. Por consiguiente, la preocupación de Dios es no causarnos problemas ni dolores; su preocupación es liberarnos de todas las dificultades y el dolor de la tierra y salvarnos para llevarnos al cielo para la eternidad. ¿Cómo Dios hace esto? Castigándonos. ¿Qué quiere decir castigar (paideias)? Cuando pensamos en el castigo, por lo general pensamos en la disciplina y la corrección y esto es lo que significa. Pero también significa entrenar, enseñar e instruir a una persona. Ambos significados están incluidos en la palabra bíblica castigo (cp. A. T. Robertson, *Metáforas del Nuevo Testamento,* vol. 5, p. 435). Dios hace dos cosas con nosotros:

1. Primero, cuando nos enfrentamos a alguna prueba y

pecado en la vida, Dios nos alienta a mantenernos firmes y a vencer la prueba o a alejarnos del pecado. Él nos guía, dirige, enseña, entrena e instruye a lo largo del camino, fortaleciéndonos cada vez más en la vida y acercándonos cada vez más a Él. Dios no quiere que las pruebas y pecados de la vida nos derroten y nos envuelvan; Él quiere que nos fortalezcan. Él quiere usarlos para disciplinarnos y enseñarnos cada vez más resistencia y quiere enseñarnos a confiar en Él y a depender de Él cada vez más. Pero note esto: Tenemos que dejar que Dios obre en nuestro corazón y use las pruebas para fortalecernos. No podemos revolcarnos en la autocompasión ni reaccionar contra las pruebas y problemas que nos atacan. Debemos volvernos hacia Dios, volvernos hacia Dios verdaderamente y pedirle ayuda y fuerzas y dejar que nos ayude.

Esta es una ilustración. Un bebé pequeño e inocente que ha quedado inválido en un accidente automovilístico por un borracho no está siendo castigado ni corregido por Dios. El chico no ha hecho nada como para castigarlo. El chico está inválido porque un hombre pecador siguió el camino de Satanás. Él está inválido porque vive en un mundo corruptible. Dios ama al chico y Dios cuidará del chico a medida que el chico crezca si el chico pide ayuda a Dios. Dios usará los sufrimientos del chico…

- Dios enseñará y disciplinará al *chico que crece* para que resista cada vez más, fortaleciéndolo cada vez más.
- Dios enseñará y disciplinará al chico para que confíe y dependa de Cristo cada vez más y para que tenga fraternidad y comunión con Cristo cada vez más.

- Dios usará la resistencia y la fe del chico como testimonio del amor y cariño de Dios, como testimonio de la realidad viva y el poder libertador de Dios que puede vencer todas las pruebas y pesares de la vida, incluso el de la muerte.

2. Segundo, cuando fracasamos y cedemos ante la prueba y el pecado, Dios nos deja recoger lo que hemos sembrado. Damos el fruto de nuestro pecado, pero incluso durante el fracaso y el pecado, Dios nos ama. Él nos ama y obra con nosotros, condenándonos por medio de su Espíritu para arrepentimiento. Luego usa el sufrimiento del pecado para hacernos pensar en Él y en nuestro fracaso. Dios toma los sufrimientos que son provocados por las pruebas y los pecados y los usa para corregirnos y disciplinarnos. Este es el planteamiento clave y es lo que siempre debemos recordar cuando lidiamos con las cosas malas y perversas de la tierra. Dios no las provoca; nosotros las provocamos, el mundo corruptible en el que vivimos las provoca y el archienemigo Satanás las provoca. Dios nos ama y para nosotros no piensa en nada más que amor y lo mejor de todo. Por ende, Dios toma todo lo erróneo y malo, todo el sufrimiento de lo erróneo, lo malo y Él lo usa todo para hacernos pensar acerca de Él y nuestro fracaso. Él usa el sufrimiento causado por el pecado y las pruebas para corregirnos y disciplinarnos, para alentarnos a acercarnos a Él en confianza, dependencia, amor y para vivir como debiéramos.

Esto es lo que es castigo y por eso es que Dios nos disciplina. Este es el gran tema de este pasaje: *La gran disciplina de Dios.*

1. La fuerte exhortación respecto a la disciplina (vv. 5-7).
2. Los propósitos de la disciplina (vv. 8-11).
3. El deber del creyente (vv. 12-13).

1 (12:5-7) *Disciplina, de Dios — Castigo:* La exhortación respecto a la disciplina tiene tres aspectos (cp. Pr. 3:11-12; 13:24).

1. Primero, no menosprecien (meoligorei) la disciplina (v. 5). La palabra significa despreciar; subvalorar; tratar a la ligera. Cuando se nos enseña, disciplina o corrige, siempre existe el peligro de…

- menospreciarlo
- despreciarlo
- subvalorarlo
- tratarlo muy a la ligera

Con demasiada frecuencia, prestamos poca atención a la disciplina y corrección de Dios: al llamado interno del Espíritu de Dios, a las pocas consecuencias y sufrimientos de nuestro corazón, a las pequeñas cosas que nos suceden. Como resultado continuamos con nuestra pequeña conducta irresponsable y nuestros pequeños pecados. Los pequeños defectos y pecados se vuelven cada vez más grandes hasta que finalmente el techo se nos viene encima y las consecuencias implican tanta destrucción y sufrimiento que ya no se pueden ignorar.

¿Por qué sufrimos tanto en esta vida? Por nuestras irresponsabilidades y pecados, porque no prestamos atención a la disciplina y corrección de Dios cuando comenzamos a actuar de un modo irresponsable por primera vez. Si prestáramos atención a la disciplina de Dios, entonces podríamos corregir nuestra pequeña mala conducta y no habría grandes pecados. Esto significaría que muchos de los grandes sufrimientos del mundo nunca sucederían.

Sucede lo siguiente: No debemos menospreciar la disciplina de Dios, ni despreciarla ni tratarla a la ligera. Debemos prestarle atención. Cuando lo hagamos, la vida será mucho más fácil y mucho más fuerte y mucho más triunfante y victoriosa.

"Y les envió profetas para que los volviesen a Jehová, los cuales les amonestaron; mas ellos no los escucharon" (2 Cr. 24:19).

"Y me volvieron la cerviz, y no el rostro; y cuando los enseñaba desde temprano y sin cesar, no escucharon para recibir corrección" (Jer. 32:33).

"Pero el pueblo no se convirtió al que lo castigaba, ni buscó a Jehová de los ejércitos" (Is. 9:13).

"En vano he azotado a vuestros hijos; no han recibido corrección. Vuestra espada devoró a vuestros profetas como león destrozador" (Jer. 2:30).

"Oh Jehová, ¿no miran tus ojos a la verdad? Los azotaste, y no les dolió; los consumiste, y no quisieron recibir corrección; endurecieron sus rostros más que la piedra, no quisieron convertirse" (Jer. 5:3).

"Dije: Ciertamente me temerá; recibirá corrección, y no será destruida su morada según todo aquello por lo cual la castigué. Mas ellos se apresuraron a corromper todos sus hechos" (Sof. 3:7).

"y habéis ya olvidado la exhortación que como a hijos se os dirige, diciendo: Hijo mío, no menosprecies la disciplina del Señor, ni desmayes cuando eres reprendido por él" (He. 12:5).

"y blasfemaron contra el Dios del cielo por sus dolores y por sus úlceras, y no se arrepintieron de sus obras" (Ap. 16:11).

"¡Duros de cerviz, e incircuncisos de corazón y de oídos! Vosotros resistís siempre al Espíritu Santo; como vuestros padres, así también vosotros" (Hch. 7:51).

"Pero no quisieron escuchar, antes volvieron la espalda, y taparon sus oídos para no oír" (Zac. 7:11).

2. Segundo, no desmayen ni se rindan al ser disciplinados (v. 5). La palabra "desmayar" (ekluou) significa rendirse, desanimarse, desmoronarse, desalentarse, debilitarse. Las pruebas y sufrimientos de este mundo se pueden volver extremadamente pesados y dolorosos, en ocasiones casi demasiado que soportar.

⇒ La mano reprendedora de Dios que nos condena para arrepentimiento y para corregir nuestra conducta se vuelve casi insoportable. En ambos casos, no debemos desmayar ni rendirnos. Debemos volvernos totalmente hacia Dios en confianza y dependencia, pidiéndole ayuda y fuerzas. Contamos con la garantía gloriosa de que Él nos liberará a través de todo de modo victorioso. Él nos fortalecerá y nos convertirá en testigos mucho mayores para Él. Dios nos salvará y vivirá en nuestro corazón y en nuestra vida, nos salvará ahora y eternamente. Nos salvará incluso a través de la muerte misma de modo que podamos vivir con Él para siempre en los nuevos cielos y la nueva tierra (1 P. 3:l0-13; Ap. 21:ls).

> "Por lo cual, teniendo nosotros este ministerio según la misericordia que hemos recibido, no desmayamos" (2 Co. 4:1).
>
> "Por tanto, no desmayamos; antes aunque este nuestro hombre exterior se va desgastando, el interior no obstante se renueva de día en día" (2 Co. 4:16).
>
> "por lo cual pido que no desmayéis a causa de mis tribulaciones por vosotros, las cuales son vuestra gloria" (Ef. 3:13).
>
> "y habéis ya olvidado la exhortación que como a hijos se os dirige, diciendo: Hijo mío, no menosprecies la disciplina del Señor, ni desmayes cuando eres reprendido por él" (He. 12:5).
>
> "y has sufrido, y has tenido paciencia, y has trabajado arduamente por amor de mi nombre, y no has desmayado" (Ap. 2:3).
>
> "Ahora, así dice Jehová, Creador tuyo, oh Jacob, y Formador tuyo, oh Israel: No temas, porque yo te redimí; te puse nombre, mío eres tú. Cuando pases por las aguas, yo estaré contigo; y si por los ríos, no te anegarán. Cuando pases por el fuego, no te quemarás, ni la llama arderá en ti" (Is. 43:1-2).

3. Tercero, soporten la disciplina de Dios (v. 6-7). Analícense de cerca estos versículos: Cuando Dios nos *recibe* como hijos suyos, Él nos disciplina e incluso nos azota. ¿Por qué? Porque Él nos ama. Dios nos castiga porque somos sus hijos, es decir, sus niños. Tenemos faltas y debilidades, nos descarriamos, desobedecemos y nos rebelamos y actuamos de modo egoísta. Con frecuencia provocamos daños y dolor tanto a nosotros mismos como a otros. Pero Dios nos ama y quiere que dejemos de herirnos a nosotros mismos y de herir a otros. Él quiere que crezcamos y andemos por la vida con el menor dolor y daño posible y Él quiere que nos fortalezcamos cada vez más internamente. Por ende, cada vez que nos descarriamos o comenzamos a desmayar ante las pruebas, Dios nos corrige.

Sucede lo siguiente: Debemos soportar la disciplina de Dios. Debemos mantenernos firmes contra todas las pruebas y sufrimientos. Debemos ceder a la guía y exhortación del Espíritu de Dios. Debemos seguir la Palabra de Dios y su Espíritu, las exhortaciones y convicciones en nuestro corazón cuando son de Dios. Dios nos está disciplinando, enseñando y corrigiendo porque Él nos ama como nuestro Padre. Él nos está disciplinando tal como un padre cariñoso en la tierra disciplina a su hijo.

> "Y seréis aborrecidos dc todos por causa de mi nombre; mas el que persevere hasta el fin, éste será salvo" (Mt. 10:22).
>
> "Si soportáis la disciplina, Dios os trata como a hijos; porque ¿qué hijo es aquel a quien el padre no disciplina?" (He. 12:7).
>
> "Bienaventurado el varón que soporta la tentación; porque cuando haya resistido la prueba, recibirá la corona de vida, que Dios ha prometido a los que le aman" (Stg. 1:12).
>
> "He aquí, tenemos por bienaventurados a los que

sufren. Habéis oído de la paciencia de Job, y habéis visto el fin del Señor, que el Señor es muy misericordioso y compasivo" (Stg. 5:11).
>
> "Porque esto merece aprobación, si alguno a causa de la conciencia delante de Dios, sufre molestias padeciendo injustamente" (1 P. 2:19).

2 (12:8-11) *Disciplina, de Dios — Castigo:* Los propósitos de la disciplina son cuatro.

1. Dios nos disciplina para garantizarnos que somos sus hijos (v. 8). Si Dios no disciplina a alguien, entonces él sabe algo: él no es hijo de Dios. Él es un hijo bastardo; él es solo alguien que profesa ser de Dios pero que no lo es.

⇒ A menos que la persona sea enseñada, instruida, disciplinada y corregida por el Espíritu de Dios, no es un hijo de Dios.

> "Por lo cual, salid de en medio de ellos, y apartaos, dice el Señor, y no toquéis lo inmundo; y yo os recibiré, y seré para vosotros por Padre, y vosotros me seréis hijos e hijas, dice el Señor Todopoderoso" (2 Co. 6:17-18).
>
> "Pero cuando vino el cumplimiento del tiempo, Dios envió a su Hijo, nacido de mujer y nacido bajo la ley, para que redimiese a los que estaban bajo la ley, a fin de que recibiésemos la adopción de hijos. Y por cuanto sois hijos, Dios envió a vuestros corazones el Espíritu de su Hijo, el cual clama: ¡Abba, Padre!" (Gá. 4:4-6).

Como dice este versículo (analícese cuidadosamente), Dios toma a todos los que son *participantes de su naturaleza,* que son hijos suyos y los enseña, instruye, disciplina, y corrige. Dios disciplina a sus hijos, y el hecho de ser disciplinados por Él nos demuestra y asegura que no somos hijos bastardos, sino hijos legítimos de Dios.

> "Mas a todos los que le recibieron, a los que creen en su nombre, les dio potestad de ser hechos hijos de Dios" (Jn. 1:12).
>
> "Porque todos los que son guiados por el Espíritu de Dios, éstos son hijos de Dios" (Ro. 8:14).
>
> "Así que ya no eres esclavo, sino hijo; y si hijo, también heredero de Dios por medio de Cristo" (Gá. 4:7).
>
> "para que seáis irreprensibles y sencillos, hijos de Dios sin mancha en medio de una generación maligna y perversa, en medio de la cual resplandecéis como luminares en el mundo" (Fil. 2:15).
>
> "Mirad cuál amor nos ha dado el Padre, para que seamos llamados hijos de Dios; por esto el mundo no nos conoce, porque no le conoció a él" (1 Jn. 3:1).
>
> "Porque todos los que son guiados por el Espíritu de Dios, éstos son hijos de Dios. Pues no habéis recibido el espíritu de esclavitud para estar otra vez en temor, sino que habéis recibido el espíritu de adopción, por el cual clamamos: ¡Abba, Padre! El Espíritu mismo da testimonio a nuestro espíritu, de que somos hijos de Dios" (Ro. 8:14-16).

2. Dios nos disciplina para salvarnos y para estimularnos a vivir verdaderamente (v. 9). Imagínense un mundo sin disciplina, entrenamiento, instrucción, ni corrección alguna. Sería un mundo de anarquía, corrupción, mal, devastación, destrucción, ruina y muerte. La vida en un mundo así

no sería vida; de hecho, la vida no podría sobrevivir en la tierra. Es la disciplina, el entrenamiento, la instrucción y la corrección las que proporcionan el orden y la protección para la vida en la tierra. Esta es la razón por la que los padres terrenales que aman a sus hijos los disciplinan.

Sucede lo siguiente: La disciplina de Dios le trae más vida al hombre, una abundancia de vida en este mundo y una vida eterna en el próximo mundo. Una persona que preste atención a la disciplina de Dios…

* evadirá mucho del sufrimiento y el dolor de esta vida y se convertirá en una persona más fuerte a medida que *atraviese las pruebas* y tentaciones de la vida.
* será liberado de la muerte en el momento en el que abandone este mundo y entre en el próximo mundo.

"Como la justicia conduce a la vida, a sí el que sigue el mal lo hace para su muerte" (Pr. 11:19).

"En el camino de la justicia está la vida; y en sus caminos no hay muerte" (Pr. 12:28).

"y les di mis estatutos, y les hice conocer mis decretos, por los cuales el hombre que los cumpliere vivirá" (Ez. 20:11).

"Y cuando el impío se apartare de su impiedad, e hiciere según el derecho y la justicia, vivirá por ello" (Ez. 33:19).

"a una virgen desposada con un varón que se llamaba José, de la casa de David; y el nombre de la virgen era María. Y entrando el ángel en donde ella estaba, dijo: ¡Salve, muy favorecida! El Señor es contigo; bendita tú entre las mujeres" (Lc. 10:27-28).

3. Dios nos disciplina por nuestro propio bien, para hacernos participantes de su santidad (v. 10). Recuerden: Santidad significa ser diferente; estar completamente y enteramente apartado y separado de la imperfección y la impureza. Dios es santo, justo y puro, así de perfecto. Note esto:

⇒ Mientras más pecamos y más mal hacemos, menos nos parecemos a Dios.

⇒ Mientras menos pecamos y mientras menos mal hacemos, más nos parecemos a Dios.

Por ende, Dios va a disciplinarnos cuando comencemos a desmayar ante las pruebas y sufrimientos y cuando comencemos a movernos en dirección al pecado. Dios quiere que nos parezcamos cada vez más a Él. Cuando creímos en Dios y nos convertimos en hijos de Dios, Dios puso su naturaleza divina, su Espíritu, en nosotros. Su Espíritu Santo mora dentro de nosotros para que nos parezcamos más a Dios. Mientras estemos en esta tierra, nunca seremos perfectamente santos, nunca estaremos perfectamente apartados para Dios. Pero debemos crecer cada vez más para parecernos a Él. Día tras día debemos dejar que su santidad y su pureza nos iluminen. Mientras más brilla su santidad en nuestra vida, más fuerte es su testimonio y es más fácil para las personas creer en Dios y rendirse ante Dios.

"Porque yo soy Jehová, que os hago subir de la tierra de Egipto para ser vuestro Dios: seréis, pues, santos, porque yo soy santo" (Lv. 11:45).

"Que, librados de nuestros enemigos, sin temor le

serviríamos en santidad y en justicia delante de él, todos nuestros días" (Lc. 1:74-75).

"Porque he aquí, esto mismo de que hayáis sido contristados según Dios, ¡qué solicitud produjo en vosotros, qué defensa, qué indignación, qué temor, qué ardiente afecto, qué celo, y qué vindicación! En todo os habéis mostrado limpios en el asunto" (2 Co. 7:11).

"Seguid la paz con todos, y la santidad, sin la cual nadie verá al Señor" (He. 12:14).

"porque escrito está: Sed santos, porque yo soy santo" (1 P. 1:16).

"Puesto que todas estas cosas han de ser deshechas, ¡cómo no debéis vosotros andar en santa y piadosa manera de vivir" (2 P. 3:11).

"Así que, hermanos, os ruego por las misericordias de Dios, que presentéis vuestros cuerpos en sacrificio vivo, santo, agradable a Dios, que es vuestro culto racional. No os conforméis a este siglo, sino transformaos por medio de la renovación de vuestro entendimiento, para que comprobéis cuál sea la buena voluntad de Dios, agradable y perfecta" (Ro. 12:1-2).

4. Dios nos disciplina para que podamos dar el fruto apacible de justicia (v. 11). Esto se ve claramente. Mientras menos pecado y maldad hay, hay más paz y justicia. Si el pecado y el mal de la ira y la división no existen, entonces predomina la paz y la justicia. Por ende, cuando el pecado y la maldad asoman su feo rostro en nuestra vida, Dios nos disciplina. ¿Para qué? Para que nos corrijamos nosotros mismos y hagamos todo cuanto podamos en pos de la paz y la justicia.

La disciplina y corrección pueden ser dolorosas y desagradables de soportar al principio, pero traerá paz y justicia si nada más las soportamos.

"Mas el que fue sembrado en buena tierra, éste es el que oye y entiende la palabra, y da fruto; y produce a ciento, a sesenta, y a treinta por uno" (Mt. 13:23).

"Porque él es nuestra paz, que de ambos pueblos hizo uno, derribando la pared intermedia de separación" (Ef. 2:14).

"y por medio de él reconciliar consigo todas las cosas, así las que están en la tierra como las que están en los cielos, haciendo la paz mediante la sangre de su cruz" (Col. 1:20).

"Y la paz de Dios gobierne en vuestros corazones, a la que asimismo fuisteis llamados en un solo cuerpo; y sed agradecidos" (Col. 3:15).

"Apártate del mal, y haz el bien; busca la paz, y síguela" (Sal. 34:14).

"Vuelve ahora en amistad con él, y tendrás paz; y por ello te vendrá bien" (Job 22:21).

3 (12:12-13) *Disciplina, de Dios — Castigo:* El deber del creyente tiene tres aspectos.

1. El creyente debe levantar sus manos y fortalecer sus rodillas paralizadas. Esta es la ilustración de un hombre desalentado y derrotado por los sufrimientos de la prueba o el pecado. En vez de escuchar la voz de la disciplina de Dios, él ha dejado caer sus manos y ha dejado paralizar sus rodillas. Esto no debe suceder con un creyente de Cristo. El creyente debe escuchar a Dios y su disciplina: levantar las manos, fortalecer sus manos y sus rodillas paralizadas.

"Velad, estad firmes en la fe; portaos varonilmente, y esforzaos" (1 Co. 16:13).

"Por lo demás, hermanos míos, fortaleceos en el Señor, y en el poder de su fuerza" (Ef. 6:10).

"Tú, pues, hijo mío, esfuérzate en la gracia que es en Cristo Jesús" (2 Ti. 2:1).

"Pero esforzaos vosotros, y no desfallezcan vuestras manos, pues hay recompensa para vuestra obra" (2 Cr. 15:7).

"Fortaleced las manos cansadas, afirmad las rodillas endebles. Decid a los de corazón apocado: Esforzaos, no temáis; he aquí que vuestro Dios viene con retribución, con pago; Dios mismo vendrá, y os salvará" (Is. 35:3-4).

2. El creyente debe hacer sendas derechas para sus pies. Debe seguir el curso recto de la disciplina de Dios. Debe hacer exactamente lo que le dice que haga el Espíritu de Dios y no hacer nada que el Espíritu no le instruya.

"Y Jesús le dijo: Ninguno que poniendo su mano en el arado mira hacia atrás, es apto para el reino de Dios" (Lc. 9:62).

"Hermanos, yo mismo no pretendo haberlo ya alcanzado; pero una cosa hago: olvidando ciertamente lo que queda atrás, y extendiéndome a lo que está delante" (Fil. 3:13).

"Mirad, pues, que hagáis como Jehová vuestro Dios os ha mandado; no os apartéis a diestra ni a siniestra" (Dt. 5:32).

"Solamente esfuérzate y sé muy valiente, para cuidar de hacer conforme a toda la ley que mi siervo Moisés te mandó; no te apartes de ella ni a diestra ni a siniestra, para que seas prosperado en todas las cosas que emprendas" (Jos. 1:7).

"No te desvíes a la derecha ni a la izquierda; aparta tu pie del mal" (Pr. 4:27).

"Y cada uno caminaba derecho hacia adelante; hacia donde el espíritu les movía que anduviesen, andaban; y cuando andaban, no se volvían" (Ez. 1:12).

3. El creyente debe sanar lo que tiene problema. Esta orden puede estar diciendo dos cosas: Que el creyente debe sanar cualquier parte con problema de su propia conducta o que la conducta es fortalecer las manos caídas y las rodillas paralizadas y hacer sendas derechas para que pueda sanar y ayudar a otros creyentes que tienen problemas. ¡Qué forma tan descriptiva de expresar el deber y testimonio del creyente!

⇒ El creyente debe recibir la disciplina de Dios para que pueda ser un testigo dinámico para Dios.

"Yo dije: Jehová, ten misericordia de mí; sana mi alma, porque contra ti he pecado" (Sal. 41:4).

"Hijo mío, está atento a mis palabras; inclina tu oído a mis razones, no se aparten de tus ojos; guárdalas en medio de tu corazón; porque son vida a los que las hallan, y medicina a todo su cuerpo" (Pr. 4:20-22).

"¿Por qué querréis ser castigados aún? ¿Todavía os rebelaréis? Toda cabeza está enferma, y todo corazón doliente" (Is. 1:5).

"Mas él herido fue por nuestras rebeliones, molido por nuestros pecados; el castigo de nuestra paz fue sobre él, y por su llaga fuimos nosotros curados" (Is. 53:5).

"Convertíos, hijos rebeldes, y sanaré vuestras rebeliones. He aquí nosotros venimos a ti, porque tú eres Jehová nuestro Dios" (Jer. 3:22).

"¿No hay bálsamo en Galaad? ¿No hay allí médico? ¿Por qué, pues, no hubo medicina para la hija de mi pueblo?" (Jer. 8:22).

"Venid y volvamos a Jehová; porque él arrebató, y nos curará; hirió, y nos vendará" (Os. 6:1).

	C. El gran deber y los grandes peligros de los creyentes, 12:14-17	estorbe, y por ella muchos sean contaminados;	a. El peligro de no alcanzar la gracia de Dios
1 El gran deber de los creyentes a. Seguir la paz b. Seguir la santidad **2 Los grandes peligros que amenazan a los creyentes**	14 Seguid la paz con todos, y la santidad, sin la cual nadie verá al Señor. 15 Mirad bien, no sea que alguno deje de alcanzar la gracia de Dios; que brotando alguna raíz de amargura, os	16 no sea que haya algún fornicario, o profano, como Esaú, que por una sola comida vendió su primogenitura. 17 Porque ya sabéis que aun después, deseando heredar la bendición, fue desechado, y no hubo oportunidad para el arrepentimiento, aunque la procuró con lágrimas.	b. El peligro de la amargura c. El peligro de la inmoralidad d. El peligro de ser fornicario o profano: Ilustrado por Esaú

DIVISIÓN V

EL EJEMPLO SUPREMO DE SUFRIMIENTO: JESU-CRISTO, EL HIJO DE DIOS, 12:1-29

C. El gran deber y los grandes peligros de los creyentes, 12:14-17

(12:14-17) *Introducción:* Pocos pasajes de las Escrituras son tan directos y prácticos como este pasaje. Este cubre el gran deber y los grandes peligros de los creyentes.

1. El gran deber de los creyentes (v. 14).
2. Los grandes peligros que amenazan a los creyentes (vv. 15-17).

1 (12:14) *Creyente, deber — Paz — Santidad:* El gran deber del creyente es seguir la paz y la santidad. La palabra "seguir" (diokete) significa correr detrás de, rastrear, buscar y perseguir. Da la idea de rapidez y resistencia, de perseguir acaloradamente y mantenerse detrás de la paz y la santidad. Vivimos en un mundo que está lleno de personas malas y corruptibles a quienes les importa un bledo la paz y la santidad y así consiguen lo que quieren. Sin embargo, el creyente no debe darse por vencido, porque tanto la paz como la santidad son las razones mismas por la que está en la tierra. El peligro del creyente tiene dos aspectos.

1. El creyente debe seguir la paz (eirenen) con todos los hombres. El hecho de que tenga que seguir la paz quiere decir que la paz no siempre es posible alcanzarla.

⇒ Algunas personas en la iglesia son alborotadoras: que rezongan, se quejan, murmuran y critican. Algunas son líderes egocéntricos llenas de orgullo; algunas personas en la iglesia son egoístas y egocéntricas y se preocupan más por salir adelante y hacer lo que les parezca que por la paz. El "yo" se pone delante de Cristo, de la iglesia y de su misión.

⇒ Algunas personas del mundo son alborotadoras y les causan grandes problemas al creyente. Se oponen al creyente: lo ridiculizan, vituperan, se burlan de él, lo maldicen, abusan de él, lo persiguen, lo ignoran, y lo aíslan.

⇒ Algunas personas del mundo son alborotadoras del mundo: disidentes, divisoras, luchadoras, buscadoras de ego, edificadoras de poder, y belicistas. Algunas

personas no tienen interés en la paz cualquiera que sea, a menos que puedan hacer su voluntad.

Sucede lo siguiente: El creyente debe seguir la paz con todos *los hombres, no* importa quiénes sean. El propósito mismo para que el creyente esté en la tierra es traer paz entre los hombres y Dios y entre los hombres y todos los hombres. Por ende, el creyente debe hacer todo cuanto pueda para vivir en paz con todos y para guiar a otros a vivir en paz.

El creyente debe vivir en paz con todos los hombres. El creyente debe obrar por la paz tanto como le sea posible. Algunas veces se puede alcanzar cierto nivel de armonía y concordia. El creyente nunca debe darse por vencido, no mientras quede esperanza para cierto grado de paz. Él debe lograr tanta paz como sea posible. Sin embargo, recuerden, la paz no siempre es posible alcanzarla, no con todo el mundo.

Ahora note dos elementos significativos que todo creyente necesita considerar cuidadosamente.

a. La causa del conflicto no debe surgir de un creyente. Él debe intentar todo cuanto sea posible para traer paz y para mantenerla (Ro. 12:20; cp. Mt. 5:39-41). Sin embargo, puede que sea imposible por la perversidad de otros o porque no está en sus manos el control de la paz. Es posible que algunos no vivan apaciblemente. Continúan permitiéndose cada capricho y llevan una vida licenciosa y repugnante. Tal modo de vida con frecuencia amenaza la paz y la seguridad, la preservación y la vida de uno mismo y los familiares y amigos.

b. ¿Qué es lo que determina si un creyente debe ofrecer la "otra mejilla" o defenderse? Por ejemplo, Jesús pasó su vida combatiendo el mal y lo mal hecho, pero no siempre ofreció la otra mejilla (Jn. 18:22-23); tampoco Pablo (Hch. 23:2-3). Pablo alentó al creyente a no permitirle licencias a nadie, y fue estricto en su mandamiento. Por ejemplo, él dijo que si un hombre no trabajaba por holgazanería, no debía comer (2 Ts. 3:7, 10).

Queda claro el principio rector para el creyente: "no seas vencido de lo malo, sino vence con el bien el mal" (Ro. 12:21). Hay momentos en los que si permitimos al agresor continuar con el ataque, se siente alentado en su naturaleza perversa de indulgencia y licencia. Si se le permite continuar, su mal vence al creyente, ya sea *internamente* a través de la amargura y la venganza o *externamente* a través de la dominación. Por eso, un creyente no debe sacrificar la verdad a fin de preservar la paz. Al mal no se le permite vencer la verdad.

> "Si el espíritu del príncipe se exaltare contra ti, no dejes tu lugar; porque la mansedumbre hará cesar grandes ofensas" (Ec. 10:4).
> "Si es posible, en cuanto dependa de vosotros, estad en paz con todos los hombres" (Ro. 12:18).
> "Así que, sigamos lo que contribuye a la paz y a la mutua edificación" (Ro. 14:19).
> "Seguid la paz con todos, y la santidad, sin la cual nadie verá al Señor" (He. 12:14).

2. El creyente debe seguir la "santidad" (hagiasmon). La palabra significa santificación, consagración y separación. Significa estar apartado y ser diferente. El significado original de santidad es ser diferente. El creyente debe ser diferente de los incrédulos del mundo ya que él…

- está apartado para Dios y solo para Él.
- está separado del mundo y sus placeres y posesiones.

El creyente, claro está, *vive en el mundo*. Él anda y se mueve en el mundo; compra, come, y duerme en el mundo. Trabaja, juega y se alberga en el mundo. Se relaciona, asocia y confraterniza en el mundo. Sin embargo, el creyente debe *no ser del mundo*. Él no debe ser poseído por el mundo, esclavizado por sus placeres y posesiones. ¿Qué quiere decir esto? Explicado de manera sencilla, el creyente no debe permitirle ni darle licencias a su carne:

⇒ Él no debe comprar y comprar, él no debe ser materialista.
⇒ Él no debe comer y comer, él no debe ser glotón.
⇒ Él no debe dormir y dormir, él no debe ser perezoso.
⇒ Él no debe trabajar y trabajar, él no debe ser adicto al trabajo.
⇒ Él no debe jugar y jugar, él no debe sobreestimar la recreación.
⇒ Él no debe tener casa tras casa, él no debe acumular riquezas en un mundo de necesidades desesperadas.
⇒ Él no debe confraternizar y confraternizar, él no debe descuidar el deber.

El creyente debe estar separado del mundo y sus placeres y posesiones. Debe estar apartado para Dios, viviendo para Dios y sirviéndole en su gran misión. El creyente debe satisfacer las necesidades de un mundo desesperado que muere del pecado, la enfermedad, el hambre y la guerra. El creyente debe ser diferente del resto del mundo, debe seguir la santidad.

Nota: Este versículo declara que nadie verá al Señor a menos que sea santo. La santidad es un punto absolutamente esencial si una persona va a vivir con Dios (vea el *Estudio a fondo 1, Santo,* 1 P. 1:15-16 para un mayor análisis).

> "Así que, amados, puesto que tenemos tales promesas, limpiémonos de toda contaminación de carne y de espíritu, perfeccionando la santidad en el temor de Dios" (2 Co. 7:1).

> "y vestíos del nuevo hombre, creado según Dios en la justicia y santidad de la verdad" (Ef. 4:24).
> "Seguid la paz con todos, y la santidad, sin la cual nadie verá al Señor" (He. 12:14).
> "sino, como aquel que os llamó es santo, sed también vosotros santos en toda vuestra manera de vivir; porque escrito está: Sed santos, porque yo soy santo" (1 P. 1:15-16).
> "Puesto que todas estas cosas han de ser deshechas, ¡cómo no debéis vosotros andar en santa y piadosa manera de vivir" (2 P. 3:11).

2 (12:15-17) *Descuido — Advertencia:* Los grandes peligros que amenazan a los creyentes. Hay ciertos peligros que amenazan la fe de los creyentes. Por lo tanto, los creyentes deben cuidar diligentemente de ellos mismos y de otros. Las palabras "cuidar diligentemente de" (episkopountes) quiere decir estar atento, mirar cuidadosamente, evitar el descuido de, ocuparse de. Resulta de vital importancia, de naturaleza fundamental, porque existen peligros. Por ende, manténgase alerta y cuide diligentemente no sea que caiga en uno de estos peligros. Hay cuatro grandes peligros que amenazan a los creyentes.

1. Tenemos el peligro de no alcanzar la gracia de Dios (A. T. Robertson, *Metáforas del Nuevo Testamento,* vol. 5, p. 437). ¿Qué es la gracia de Dios? Es el favor y bondad de Dios que salva al hombre. Gracia significa el favor y bondad de Dios, pero hay algo único sobre el favor y bondad de Dios. Su favor y bondad son dados *a pesar del hecho de que son inmerecidos*. Dios ha hecho algo insólito entre los hombres: Dios le ha dado su gracia a los hombres…

- a pesar de que lo maldicen.
- a pesar de que lo rechazan.
- a pesar de que se rebelan contra Él.
- a pesar de que se muestran hostiles contra Él.
- a pesar de que lo niegan.
- a pesar de que lo descuidan.
- a pesar de que se comprometen con Él con desgano.
- a pesar de que adoran la religión en vez de adorarlo a Él.
- a pesar de que hacen falsas adoraciones.
- a pesar de que hacen adoraciones idólatras.
- a pesar de que transgreden.
- a pesar de que pecan.

Se da la gracia, pero se da a personas que no merecen el regalo. ¿Cuál es el regalo que Dios ha dado? Jesucristo. Dios ha dado a su Hijo, Jesucristo, para salvar a los hombres. Él no tenía que dar a su Hijo. Dios podía haber eliminado al hombre de la faz de la tierra y haberlo condenado para siempre al juicio. El hombre se lo merecía, pero esta es la gracia de Dios. Dios está lleno de misericordia, amor y bondad, por su propia naturaleza Él está lleno de estas cualidades gloriosas. Por tanto, Dios *iba* a derramar su gracia sobre el hombre. Dios iba a enviar a su Hijo a salvar al hombre.

Dios no se encuentra en un lugar muy lejano, bien alejado del hombre, desinteresado y despreocupado de los sufrimientos y la muerte del hombre. Dios tiene gracia, está lleno de misericordia, amor y bondad por el hombre. Por ende, Él ha extendido su mano a través de su Hijo Jesucristo para ayudar al hombre. ¿Cómo?

⇒ Al dar a su Hijo para que muriera *por el hombre.* Cuando Jesucristo fue crucificado, Él estaba *aceptando nuestros pecados* sobre sí mismo y soportando el castigo por nuestros pecados. Habíamos cometido alta traición contra Dios: Lo rechazamos y nos rebelamos contra Él. La pena por alta traición es la muerte. Estamos condenados a morir, es decir, a ser exiliados y separados de Dios para siempre. Pero Cristo aceptó nuestra pena y condenación sobre Él mismo. Él murió por nosotros, en lugar nuestro, por nosotros, como sustituto. Él sufrió por nosotros la separación de Dios. Esto es lo que las Escrituras quieren decir cuando dicen que Cristo murió por *nosotros.*

Note que las personas por las que Cristo murió no merecían su sacrificio expiatorio. Eran hombres que…

• "eran débiles" (Ro. 5:6).
• "impíos" (Ro. 5:6).
• "pecadores" (Ro. 5:8).
• "enemigos" (Ro. 5:10).

Así es la gracia de Dios, la gracia de Dios que fue dada a hombres pecadores que estaban perdidos y condenados. La gracia de Dios que les dio a los hombres el regalo más grande posible, el regalo de su Hijo para salvar al mundo. (Vea la nota, Salvación, Ef. 2:6; nota 3 y *Estudio a fondo 1, justificación* — Gá. 2:15-16; *Estudio a fondo 2* — 2:16; nota — 2:19-21.)

La gracia de Dios es el regalo más maravilloso de todo el mundo. Es la oportunidad gloriosa de ser salvo del pecado, la muerte y la condenación, salvo para vivir para siempre con Dios para toda la eternidad. Pero note el peligro crítico: La gracia de Dios es solo una oportunidad de ser salvo. Dios no obliga a nadie a ser salvo. Dios no quiere que quienes vivan con Él sean autómatas, hombres a quienes han obligado a vivir con Él. Dios quiere hombres que tomen la oportunidad por su propia voluntad y decisión. Pero una vez más el gran peligro es que los hombres no toman la oportunidad. El gran peligro es que una persona aceptará la oportunidad…

• para sumarse a la iglesia.
• para ser bautizada.
• para profesar a Cristo.
• para volverse religiosa.
• para ser buena y para hacer buenas obras.

…pero no podrá obtener la gracia de Dios que cambia su corazón y su vida. El creyente debe observar, cuidar diligentemente, supervisar su vida tan cuidadosamente, no sea que caiga de la gracia de Dios.

"siendo justificados gratuitamente por su gracia, mediante la redención que es en Cristo Jesús" (Ro. 3:24).
"Porque ya conocéis la gracia de nuestro Señor Jesucristo, que por amor a vosotros se hizo pobre, siendo rico, para que vosotros con su pobreza fueseis enriquecidos" (2 Co. 8:9).
"en quien tenemos redención por su sangre, el perdón de pecados según las riquezas de su gracia" (Ef. 1:7).

"Pero Dios, que es rico en misericordia, por su gran amor con que nos amó, aun estando nosotros muertos en pecados, nos dio vida juntamente con Cristo (por gracia sois salvos)" (Ef. 2:4-5).
"Porque Cristo, cuando aún éramos débiles, a su tiempo murió por los impíos" (Ro. 5:6).
"Mas Dios muestra su amor para con nosotros, en que siendo aún pecadores, Cristo murió por nosotros" (Ro. 5:8).
"Porque si siendo enemigos, fuimos reconciliados con Dios por la muerte de su Hijo, mucho más, estando reconciliados, seremos salvos por su vida" (Ro. 5:10).

2. Tenemos el peligro de "alguna raíz de amargura". Note la palabra *alguna.* El autor habla de alguna raíz, alguna causa que pueda hacer que una persona se vuelva amarga:

• decepción   • accidentes
• esposa   • esposo
• padre   • supervisores
• descuido   • enfermedad
• ser menospreciado • maltrato
• incompetencia   • pérdida
• maestros   • ministros

La amargura puede ser causada por cualquier cosa o cualquier persona que nos haya fallado o nos haya causado decepción o problemas de alguna manera. La persona que es amarga con frecuencia es…

• cruda   • fría   • dura
• desagradable   • rencorosa   • cruel
• despiadada   • grosera   • cínica
• tensa

Cualquiera de estas expresiones es pecado para Dios. Dios quiere que las personas vivan en amor, gozo, paz y santidad, no en amargura. Por ende, el creyente debe cuidar diligentemente, debe guardarse del gran peligro de la amargura.

"porque en hiel de amargura y en prisión de maldad veo que estás" (Hch. 8:23).
"De ninguna manera; antes bien sea Dios veraz, y todo hombre mentiroso; como está escrito: Para que seas justificado en tus palabras, y venzas cuando fueres juzgado" (Ro. 3:4).
"Quítense de vosotros toda amargura, enojo, ira, gritería y maledicencia, y toda malicia" (Ef. 4:31).
"Mirad bien, no sea que alguno deje de alcanzar la gracia de Dios; que brotando alguna raíz de amargura, os estorbe, y por ella muchos sean contaminados" (He. 12:15).
"Pero si tenéis celos amargos y contención en vuestro corazón, no os jactéis, ni mintáis contra la verdad" (Stg. 3:14).

3. Tenemos el peligro de convertirnos en un fornicario (pornos). La palabra es un término general que incluye todas las formas de actos sexuales e inmorales. El sexo prematrimonial y el adulterio. La homosexualidad y el sexo anormal, todos los tipos de vicios sexuales, ya sea casado o soltero.

Note también otro elemento: La inmoralidad no se comete solo con el acto. Una persona es culpable de inmoralidad cuando presta atención a la lujuria. Buscar y desear el sexo opuesto, ya sea en persona, en revistas, en libros, en las playas o de cualquier otra manera, es cometer fornicación. Imaginar y desear en la mente es lo mismo que cometer el acto ante los ojos de Dios.

> "Pero yo os digo que cualquiera que mira a una mujer para codiciarla, ya adulteró con ella en su corazón" (Mt. 5:28).
> "No cometerás adulterio" (Éx. 20:14).
> "Huid de la fornicación. Cualquier otro pecado que el hombre cometa, está fuera del cuerpo; mas el que fornica, contra su propio cuerpo peca" (1 Co. 6:18).
> "Pero fornicación y toda inmundicia, o avaricia, ni aun se nombre entre vosotros, como conviene a santos" (Ef. 5:3).
> "Haced morir, pues, lo terrenal en vosotros: fornicación, impureza, pasiones desordenadas, malos deseos y avaricia, que es idolatría" (Col. 3:5).
> "pues la voluntad de Dios es vuestra santificación; que os apartéis de fornicación" (1 Ts. 4:3).
> "El ojo del adúltero está aguardando la noche, diciendo: No me verá nadie; y esconde su rostro. En las tinieblas minan las casas que de día para sí señalaron; no conocen la luz. Porque la mañana es para todos ellos como sombra de muerte; si son conocidos, terrores de sombra de muerte los toman. Huyen ligeros como corriente de aguas; su porción es maldita en la tierra; no andarán por el camino de las viñas. La sequía y el calor arrebatan las aguas de la nieve; así también el Seol a los pecadores" (Job 24:15-19).

4. Tenemos el gran peligro de volvernos una persona profana. La palabra "profano" (bebelos) quiere decir ser sensual y consagrado; ser descuidado de cosas espirituales y amante del mundo y sus cosas. Lo que quiere decir es ilustrado por Esaú en el Antiguo Testamento (cp. Gn. 25:28-34; 27:1-39). Esaú había salido a cazar, al parecer se había demorado bastante. Cuando regresó, se encontró que su hermano Jacob se había preparado algo de comer para él. Por ende, él comenzó a negociar con Jacob por el alimento en lugar de tomarse su tiempo en cocinar su propio alimento. Jacob, que era un joven astuto, le dijo que lo único que podía hacerlo ceder su comida era la primogenitura de su hermano mayor. (Le pertenecía a Esaú.) En un planteamiento precipitado, Esaú dijo que tenía tanta hambre que cambiaría su primogenitura por un poco de comida. Sin dudas, Esaú nunca pensó que lo tomaría en serio. Probablemente solo estaba bromeando y manipulando a su hermano menor. Él hizo el planteamiento de que su apetito físico era más importante que su primogenitura. Pero su conducta demostró algo sobre su naturaleza y le habló a Dios alto y claro: él era un hombre profano, un hombre que se preocupaba poco por las cosas espirituales, por el derecho espiritual a las promesas de Dios que eran para el hijo mayor. Esaú debía haberse retractado de tal sugerencia, no importa cuán improbable fuera. Pero no lo hizo. De hecho, no importa cuán en serio lo tomó ni cuánto pensó en la sugerencia de la primogenitura, él aceptó la comida de Jacob: Él tomó la comida sobre la base de lo que probablemente sería la broma de un joven, la de ceder su primogenitura a fin de satisfacer su apetito físico. Hubo otro ejemplo que también expuso su naturaleza

inmoral que ya se ha cubierto en Hebreos (vea la nota, He. 11:20 para un análisis).

Sucede lo siguiente: Esaú perdió su primogenitura. Él debía ser la primera persona mediante la cual debían venir las grandes bendiciones espirituales de Dios, la simiente prometida y la Tierra Prometida. Pero él era profano: él se preocupó más por su cuerpo y su carne, por los deseos y las lujurias, por los placeres y posesiones de este mundo que por las cosas espirituales de Dios. Por lo tanto, él perdió lo que le pertenecía legalmente, su primogenitura para las promesas gloriosas de Dios. Y note: Él nunca se arrepintió. Cuando lloró delante de su padre, lloraba por la bendición, no le lloraba a su padre ni a Dios para que lo perdonara. Lloraba por su naturaleza carnal, no lloraba porque estuviera haciendo un compromiso de seguir a Dios y de inclinarse a la espiritualidad. Él lloraba por su pérdida y porque quería una bendición.

Pensamiento 1. Cuando una persona nace en el mundo, tiene la primogenitura a las promesas de Dios, el derecho…
- a seguir al Señor Jesucristo, la simiente prometida de Dios.
- a heredar la tierra prometida del cielo.

¿Pero cuántos venden su primogenitura? ¿Cuántos venden su bendición por la satisfacción de su cuerpo y su carne, por sus deseos y lujurias, por los placeres y posesiones de este mundo? Este es uno de los grandes peligros de los que se debe guardar el creyente.

> "pero veo otra ley en mis miembros, que se rebela contra la ley de mi mente, y que me lleva cautivo a la ley del pecado que está en mis miembros" (Ro. 7:23).
> "Porque los que son de la carne piensan en las cosas de la carne; pero los que son del Espíritu, en las cosas del Espíritu. Porque el ocuparse de la carne es muerte, pero el ocuparse del Espíritu es vida y paz" (Ro. 8:5-6).
> "Por lo cual, salid de en medio de ellos, y apartaos, dice el Señor, y no toquéis lo inmundo; y yo os recibiré, y seré para vosotros por Padre, y vosotros me seréis hijos e hijas, dice el Señor Todopoderoso" (2 Co. 6:17-18).
> "Porque por ahí andan muchos, de los cuales os dije muchas veces, y aun ahora lo digo llorando, que son enemigos de la cruz de Cristo; el fin de los cuales será perdición, cuyo dios es el vientre, y cuya gloria es su vergüenza; que solo piensan en lo terrenal" (Fil. 3:18-19).
> "Pero la que se entrega a los placeres, viviendo está muerta" (1 Ti. 5:6).
> "deseando verte, al acordarme de tus lágrimas, para llenarme de gozo" (2 Ti. 1:4).
> "Habéis vivido en deleites sobre la tierra, y sido disolutos; habéis engordado vuestros corazones como en día de matanza" (Stg. 5:5).
> "No améis al mundo, ni las cosas que están en el mundo. Si alguno ama al mundo, el amor del Padre no está en él. Porque todo lo que hay en el mundo, los deseos de la carne, los deseos de los ojos, y la vanagloria de la vida, no proviene del Padre, sino del mundo" (1 Jn. 2:15-16).

| 1 **El primer acercamiento o el viejo acercamiento: El viejo pacto**
a. Era una adoración externa
b. Era a un Dios de juicio santo y distante
c. Era un acercamiento renuente y temeroso
  1) Al pueblo | **D. La gran motivación: Los dos acercamientos a Dios: El viejo y el nuevo pacto, 12:18-24**

18 Porque no os habéis acercado al monte que se podía palpar, y que ardía en fuego, a la oscuridad, a las tinieblas y a la tempestad,

19 al sonido de la trompeta, y a la voz que hablaba, la cual los que la oyeron rogaron que no se les hablase más,
20 porque no podían soportar lo que se ordenaba: Si aun una bestia tocare el monte, será apedreada, o | pasada con dardo;
21 y tan terrible era lo que se veía, que Moisés dijo: Estoy espantado y temblando;
22 sino que os habéis acercado al monte de Sion, a la ciudad del Dios vivo, Jerusalén la celestial, a la compañía de muchos millares de ángeles,
23 a la congregación de los primogénitos que están inscritos en los cielos, a Dios el Juez de todos, a los espíritus de los justos hechos perfectos,
24 a Jesús el Mediador del nuevo pacto, y a la sangre rociada que habla mejor que la de Abel. | 2) A los líderes

2 **El nuevo acercamiento: El nuevo pacto**
a. Es una adoración espiritual y celestial
b. Es a los ángeles de Dios
c. Es a la iglesia de Cristo
d. Es a Dios, el Juez de todos
e. Es a los espíritus de los justos que ya partieron
f. Es a Jesús, el Mediador, a la sangre rociada de Jesús |

DIVISIÓN V

EL EJEMPLO SUPREMO DE SUFRIMIENTO: JESU-CRISTO, EL HIJO DE DIOS, 12:1-29

D. La gran motivación: Los dos acercamientos a Dios: El viejo y el nuevo pacto, 12:18-24

(12:18-24) *Introducción:* La vida es una carrera, una carrera que todos estamos corriendo. Hay varias formas de correr la carrera de la vida.

⇒ Si corremos la carrera de la vida por el yo propio, entonces la carrera se podría denominar *La gran carrera egoísta.*

⇒ Si corremos la carrera de la vida por las pretensiones de superioridad moral o la bondad personal, entonces la carrera se podría denominar *La gran carrera legalista.*

⇒ Si corremos la carrera de la vida por Cristo, entonces la carrera se denomina *La gran carrera cristiana.*

La proclamación del predicador es lo que todos esperan: "corran la gran carrera cristiana". Pero, ¿por qué? ¿Por qué una persona debe correr la gran carrera cristiana? ¿Por qué una persona debe entrar a la pista de la vida y correr y correr y resistir y resistir siguiendo a Cristo? Este es el análisis de este pasaje: La gran motivación de la carrera cristiana, los *dos acercamientos a Dios, el viejo y el nuevo pacto.*

1. El primer acercamiento o el viejo acercamiento: El viejo pacto (vv. 18-21).
2. El nuevo acercamiento: El nuevo pacto (vv. 22-24).

1 (12:18-21) *Pacto, viejo — Acercamiento a Dios:* El primer acercamiento a Dios es el viejo acercamiento, mediante el viejo pacto, mediante la ley. Una persona se puede acercar a Dios como hicieron en el Antiguo Testamento: puede profesar la ley y tratar de cumplirla a fin de ser acepta ante

Dios. Pero recuerden: Dios es perfecto. Por lo tanto, ninguna persona se puede acercar a Dios y ser acepta ante Dios, porque ninguna persona es perfecta. Y trágicamente, ninguna persona puede ser perfecta, porque la imperfección nunca puede ser perfección. Cuando una cosa es imperfecta, es imperfecta para siempre.

¿Qué se puede hacer entonces? ¿Cómo una persona se puede acercar a Dios? Bajo el viejo pacto, bajo la ley, se hacían dos cosas:

⇒ Primero, las personas hacían ofrendas expiatorias de animales a Dios por sus pecados. Los sacrificios de animales se convirtieron en un sustituto por las personas. Los animales cargaban la culpa y condenación de los pecados de las personas. Si una persona creía en esto, creía realmente que Dios consideraba que sus pecados los cargaba el animal, entonces Dios perdonaba de veras a esa persona. Pero siempre debemos recordar lo siguiente: Ningún sacrificio de animales fue un sacrificio perfecto. Un animal no es un hombre, ni tampoco el animal es el hombre ideal. Solo el hombre ideal y perfecto podía ofrecerse a sí mismo como el sacrificio perfecto para cargar el pecado y la condenación. Esta es la razón por la que el sacrificio de animales solo apuntaba a e ilustraba el Salvador venidero, Jesucristo, el Hijo del propio Dios. Jesucristo tenía que venir y establecer el nuevo acercamiento a Dios. Pero este es el análisis del próximo punto. Lo que se debe analizar ahora es lo siguiente: Bajo el viejo pacto de la ley, las personas se acercaban a Dios mediante el sacrificio de animales a fin de recibir el perdón de pecados.

⇒ Segundo, las personas se acercaban a Dios siguiendo la ley y haciendo buenas obras. Se acercaban a Dios tratando de ser tan buenas como podían y tratando de hacer tanto bien como podían.

Sucede lo siguiente: Cuando una persona se acercaba a Dios mediante el viejo pacto de la ley, no contaba con una idea completa de Dios. Su concepto de Dios era inadecuado. Note tres elementos sobre el acercamiento del viejo pacto. Note también que el autor habla sobre este asunto y lo relaciona con lo que sucedió en el Monte Sinaí cuando Dios le dio la ley a Israel.

> **"Aconteció que al tercer día, cuando vino la mañana, vinieron truenos y relámpagos, y espesa nube sobre el monte, y sonido de bocina muy fuerte; y se estremeció todo el pueblo que estaba en el campamento. Y Moisés sacó del campamento al pueblo para recibir a Dios; y se detuvieron al pie del monte. Todo el monte Sinaí humeaba, porque Jehová había descendido sobre él en fuego; y el humo subía como el humo de un horno, y todo el monte se estremecía en gran manera" (Éx. 19:16-18).**

1.   El acercamiento del viejo pacto (la ley) era un *acercamiento externo y material* a Dios. Las personas se habían acercado a Dios para recibir su Palabra y su ley. Note dónde se había acercado a Él: en el Monte Sinaí, en un lugar material y terrenal. Esto es lo que se quiere decir con la palabra *palpar*. Bajo el viejo pacto (la ley), el lugar donde se acercaban a Dios no era espiritual ni celestial; era un lugar físico, un lugar de esta tierra. ¿Qué sentido tiene mencionar esto? El Monte Sinaí desaparecerá. De la misma manera que la tierra desaparecerá, desaparecerá el Monte Sinaí. Por ende, si una persona se acerca a Dios en cualquier lugar de esta tierra, cualquier lugar que se pueda palpar, su acercamiento desaparecerá. No es un acercamiento eterno ni perdurable. Es un acercamiento físico y material, no un acercamiento a través de los sentidos. El único acercamiento a Dios que perdurará es un acercamiento espiritual, porque solo un acercamiento espiritual perdurará eternamente.

También existe la posibilidad de que sea palpado físicamente se refiera a la ley. La idea sería la de los sentidos, de lo físico y lo material, de la ley perteneciente a esta tierra y de ser eterna para el hombre. La ley era una *fuerza externa* que le decía al hombre qué hacer; *no era una fuerza interna* que trasformara el corazón del hombre. La ley nunca podría darle al hombre el poder de hacer la voluntad de Dios. Este no era su propósito. El propósito de la ley era controlar la conducta del hombre y demostrarle cuán imperfecto era. Su propósito era demostrarle al hombre que necesitaba una relación viva con Dios, no traer al hombre a una relación viva con Dios. La ley no podía transformar al hombre; solo podía demostrarle al hombre que necesitaba ser transformado. La ley *no es una fuerza interna* que puede obrar en el corazón del hombre; es una *fuerza externa* que pone exigencias en el corazón del hombre y eso exige juicio si no coincide con la conducta.

Sucede lo siguiente: Si una persona se acerca a Dios mediante el viejo pacto de la ley, será condenada ante Dios. La ley solo condena al hombre; no lo transforma. El hombre puede palpar la ley; él puede tomarla y leer las palabras y letras de la ley, pero no se puede implantar la ley en su corazón. Es externa a él. Si se acerca a Dios mediante la ley, nunca será perfeccionado y nunca será transformado para vivir en la presencia de Dios.

2.   El acercamiento del viejo pacto era a un Dios de juicio santo y distante (v. 18). Esto es lo que se quiere decir con la descripción de lo que sucedió en el Monte Sinaí.

⇒   El fuego simbolizaba la santidad, justicia y pureza de Dios. El hombre tenía que ser cuidadoso, muy cuidadoso en la forma en la que se acercaba a Dios, no sea que lo consumiera.

⇒   La oscuridad y las tinieblas simbolizaban el hecho de que Dios estaba escondido de la vista del hombre. No se le podía conocer completamente porque no se le podía ver. La oscuridad y las tinieblas también simbolizaban que el viejo pacto de la ley no podía darle al hombre una clara imagen de Dios; solo podía darle una sombra de cómo era Dios, una sombra que se daba mediante tipos y símbolos y palabras escritas que son tan inadecuadas. Sucede lo siguiente: Sencillamente el hombre no podía conocer a Dios, no todo lo que necesitaba saber de Dios, no acercándose a Dios a través de los lugares santos de esta tierra y mediante la ley.

⇒   La tempestad y las tormentas iracundas simbolizaban el juicio y la fiera ira y poder de Dios. Se le debía temer y reverenciar como al Gran y Todopoderoso Juez que podía enjuiciar a cualquiera que se rehusara a obedecer su pacto de la ley.

Sucede lo siguiente: Cualquier persona que se acercara a Dios mediante el viejo pacto de la ley se enfrentaba al Dios de juicio santo y distante.

3.   El acercamiento del viejo pacto era un acercamiento renuente y temeroso a Dios. Nota: Tanto el pueblo (v. 19-20) como Moisés temían (v. 21). esto fue lo que sucedió: Cuando Dios comenzó a darle la ley a Moisés, se produce un sonido de trompeta y luego al parecer el propio Dios comenzó a hablar en una voz audible. La voz de Dios era tan fuerte y enérgica y los Diez Mandamientos tan condenadores que el terror atacó el corazón del pueblo. Le gritaron a Moisés.

> **"Y dijeron a Moisés: Habla tú con nosotros, y nosotros oiremos; pero no hable Dios con nosotros, para que no muramos" (Éx. 20:19).**

Sucede lo siguiente: Cuando una persona se acerca a Dios mediante el viejo pacto de la ley, debe acercarse renuente y temerosamente. ¿Por qué? Porque la ley la va a condenar; solo puede demostrarle cuán carente es de la gloria y perfección de Dios. La ley no puede hacer al hombre justo y perfecto. Este no era el propósito del viejo pacto de la ley. La ley se daba para demostrarle al hombre que era pecador y que carecía de la gloria de Dios, demostrarle para que no tuviera dudas, demostrarle para que nunca pudiera negar inteligentemente su pecado y trasgresión, tampoco su necesidad de un Salvador.

> **"Pero sabemos que todo lo que la ley dice, lo dice a los que están bajo la ley, para que toda boca se cierre**

y todo el mundo quede bajo el juicio de Dios; ya que por las obras de la ley ningún ser humano será justificado delante de él; porque por medio de la ley es el conocimiento del pecado" (Ro. 3:19-20).

"Pero la ley se introdujo para que el pecado abundase; mas cuando el pecado abundó, sobreabundó la gracia" (Ro. 5:20).

"¿Qué diremos, pues? ¿La ley es pecado? En ninguna manera. Pero yo no conocí el pecado sino por la ley; porque tampoco conociera la codicia, si la ley no dijera: No codiciarás" (Ro. 7:7).

"Y yo sé que en mí, esto es, en mi carne, no mora el bien; porque el querer el bien está en mí, pero no el hacerlo" (Ro. 7:18).

"Porque todos los que dependen de las obras de la ley están bajo maldición, pues escrito está: Maldito todo aquel que no permaneciere en todas las cosas escritas en el libro de la ley, para hacerlas" (Gá. 3:10).

"Entonces, ¿para qué sirve la ley? Fue añadida a causa de las transgresiones, hasta que viniese la simiente a quien fue hecha la promesa; y fue ordenada por medio de ángeles en mano de un mediador" (Gá. 3:19).

"De manera que la ley ha sido nuestro ayo, para llevarnos a Cristo, a fin de que fuésemos justificados por la fe" (Gá. 3:24).

"conociendo esto, que la ley no fue dada para el justo, sino para los transgresores y desobedientes, para los impíos y pecadores, para los irreverentes y profanos, para los parricidas y matricidas, para los homicidas" (1 Ti. 1:9).

"(pues nada perfeccionó la ley), y de la introducción de una mejor esperanza, por la cual nos acercamos a Dios" (He. 7:19).

2 (12:22-24) *Pacto, nuevo — Acercamiento, a Dios:* El nuevo acercamiento a Dios es mediante el nuevo pacto, el pacto de la gracia de Dios. Este es el pacto del Nuevo Testamento, de la manera que una persona se vuelve realmente acepta ante Dios. De hecho, la gracia de nuestro Señor Jesucristo, la gracia del propio Hijo de Dios, es la única forma en la que una persona puede ser perfeccionada y acepta ante Dios. Note seis elementos acerca de este acercamiento, el acercamiento del nuevo pacto, el pacto de la gracia de Dios.

1. El acercamiento del nuevo pacto es un acercamiento espiritual y celestial a Dios (v. 22). Es acercarse a Dios para recibir su Palabra, pero acercarse a Él justo donde Él está, justo donde están su trono y su presencia realmente, en el Monte de Sión, es decir, en la ciudad de Jerusalén la celestial. Es acercarse a Dios en espíritu y en verdad, acercarse a su presencia cara a cara y de corazón a corazón. Note el contraste entre el Monte Sinaí que es terrenal y físico y el Monte de Sión que es celestial y espiritual. Bajo el viejo pacto una persona tenía que ir a algún lugar físico, alguna locación o templo o edificación terrenal para adorar a Dios. Pero ahora no, no bajo el nuevo pacto. La persona que se acerca a Dios de esta nueva manera puede encontrarse con Dios en cualquier lugar: "Corazón con corazón, sobre una base espiritual". El espíritu de la persona puede tener *comunión y fraternidad* con Dios en cualquier lugar. (Nota: Esto no elimina la adoración conjunta con otros creyentes en una reunión en la iglesia.

Esto se cubrió en He. 10:25 y en otros lugares. La idea central de este punto es la adoración espiritual e interna en comparación con la adoración física y externa.)

"Porque sabemos que si nuestra morada terrestre, este tabernáculo, se deshiciere, tenemos de Dios un edificio, una casa no hecha de manos, eterna, en los cielos" (2 Co. 5:1).

"Mas la hora viene, y ahora es, cuando los verdaderos adoradores adorarán al Padre en espíritu y en verdad; porque también el Padre tales adoradores busca que le adoren. Dios es Espíritu; y los que le adoran, en espíritu y en verdad es necesario que adoren" (Jn. 4:23-24).

"porque esperaba la ciudad que tiene fundamentos, cuyo arquitecto y constructor es Dios. Por la fe también la misma Sara, siendo estéril, recibió fuerza para concebir; y dio a luz aun fuera del tiempo de la edad, porque creyó que era fiel quien lo había prometido. Por lo cual también, de uno, y ése ya casi muerto, salieron como las estrellas del cielo en multitud, y como la arena innumerable que está a la orilla del mar. Conforme a la fe murieron todos éstos sin haber recibido lo prometido, sino mirándolo de lejos, y creyéndolo, y saludándolo, y confesando que eran extranjeros y peregrinos sobre la tierra. Porque los que esto dicen, claramente dan a entender que buscan una patria; pues si hubiesen estado pensando en aquella de donde salieron, ciertamente tenían tiempo de volver. Pero anhelaban una mejor, esto es, celestial; por lo cual Dios no se avergüenza de llamarse Dios de ellos; porque les ha preparado una ciudad" (He. 11:10, 16).

"porque no tenemos aquí ciudad permanente, sino que buscamos la por venir" (He. 13:14).

"Porque: El que quiere amar la vida y ver días buenos, refrene su lengua de mal, y sus labios no hablen engaño; apártese del mal, y haga el bien; busque la paz, y sígala. Porque los ojos del Señor están sobre los justos, y sus oídos atentos a sus oraciones; pero el rostro del Señor está contra aquellos que hacen el mal. ¿Y quién es aquel que os podrá hacer daño, si vosotros seguís el bien?" (1 P. 3:10-13).

"Vi un cielo nuevo y una tierra nueva; porque el primer cielo y la primera tierra pasaron, y el mar ya no existía más. Y yo Juan vi la santa ciudad, la nueva Jerusalén, descender del cielo, de Dios, dispuesta como una esposa ataviada para su marido. Y oí una gran voz del cielo que decía: He aquí el tabernáculo de Dios con los hombres, y él morará con ellos; y ellos serán su pueblo, y Dios mismo estará con ellos como su Dios. Enjugará Dios toda lágrima de los ojos de ellos; y ya no habrá muerte, ni habrá más llanto, ni clamor, ni dolor; porque las primeras cosas pasaron. Y el que estaba sentado en el trono dijo: He aquí, yo hago nuevas todas las cosas. Y me dijo: Escribe; porque estas palabras son fieles y verdaderas" (Ap. 21:1-5).

"Bienaventurados los que lavan sus ropas, para tener derecho al árbol de la vida, y para entrar por las puertas en la ciudad" (Ap. 22:14).

2. El acercamiento del nuevo pacto es a los ángeles de Dios, a la innumerable compañía de ellos (v. 22). Cuando una persona se acerca a Dios por gracia, se le garantiza que recibirá fraternidad y comunión con una hueste de ángeles.

Cuando los creyentes partan de este mundo para el próximo mundo; serán perfeccionados tal como los ángeles, y se unirán a las innumerables huestes de ángeles en adoración y servicio al Señor Jesucristo.

> **"Y miré, y oí la voz de muchos ángeles alrededor del trono, y de los seres vivientes, y de los ancianos; y su número era millones de millones" (Ap. 5:11).**

> **"Y todos los ángeles estaban en pie alrededor del trono, y de los ancianos y de los cuatro seres vivientes; y se postraron sobre sus rostros delante del trono, y adoraron a Dios" (Ap. 7:11).**

> **"Y oí como la voz de una gran multitud, como el estruendo de muchas aguas, y como la voz de grandes truenos, que decía: ¡Aleluya, porque el Señor nuestro Dios Todopoderoso reina!" (Ap. 19:6).**

3.   El acercamiento del nuevo pacto es a la Iglesia de Cristo, la Iglesia del primogénito. El primogénito es, claro está, el Señor Jesucristo. Quiere decir que Jesucristo es el primero, el fundador, el autor, el comienzo, el Salvador de la Iglesia. Note que la persona que forma parte de la iglesia del Señor está *"inscrita en el cielo"*. Su nombre está registrado en el cielo, realmente escrito en el Libro de la vida. En realidad se convierte en un ciudadano del cielo. Note la frase "a la congregación". Esto se puede referir a la congregación de los ángeles en el punto anterior o a la gran congregación de la Iglesia y sus creyentes.

> **"Pero no os regocijéis de que los espíritus se os sujetan, sino regocijaos de que vuestros nombres están escritos en los cielos" (Lc. 10:20).**

> **"Por tanto, mirad por vosotros, y por todo el rebaño en que el Espíritu Santo os ha puesto por obispos, para apacentar la iglesia del Señor, la cual él ganó por su propia sangre" (Hch. 20:28).**

> **"Así que ya no sois extranjeros ni advenedizos, sino conciudadanos de los santos, y miembros de la familia de Dios" (Ef. 2:19).**

> **"Maridos, amad a vuestras mujeres, así como Cristo amó a la iglesia, y se entregó a sí mismo por ella" (Ef. 5:25).**

> **"Por lo cual, salid de en medio de ellos, y apartaos, dice el Señor, y no toquéis lo inmundo; y yo os recibiré, y seré para vosotros por Padre, y vosotros me seréis hijos e hijas, dice el Señor Todopoderoso" (2 Co. 6:17-18).**

> **"Pero cuando vino el cumplimiento del tiempo, Dios envió a su Hijo, nacido de mujer y nacido bajo la ley, para que redimiese a los que estaban bajo la ley, a fin de que recibiésemos la adopción de hijos. Y por cuanto sois hijos, Dios envió a vuestros corazones el Espíritu de su Hijo, el cual clama: ¡Abba, Padre!" (Gá. 4:4-6).**

4.   El acercamiento del nuevo pacto es a Dios el Juez de todos. Esto significa dos cosas.

   a.   La persona que se acerca a Dios mediante el nuevo pacto de gracia se encuentra con la cosa más hermosa. Dios es el Juez, pero Él es el Juez que ha juzgado el pecado del creyente en Cristo. Es decir, Dios juzga al creyente como justo y perfecto *en Cristo*. Dios no juzga el pecado contra el creyente. Dios juzga el pecado contra

Cristo el Salvador de los hombres. Esto es gracia, en lo que consiste la gracia, el favor y regalo de Dios, el favor y regalo de la salvación que el hombre no merece. Pero Dios ama al hombre; por ende, Él ha establecido el nuevo pacto de gracia, la nueva forma en la que el hombre ahora puede acercarse a Él y ser juzgado perfecto y justo para siempre.

> **"El que en él cree, no es condenado; pero el que no cree, ya ha sido condenado, porque no ha creído en el nombre del unigénito Hijo de Dios" (Jn. 3:18).**

> **"De cierto, de cierto os digo: El que oye mi palabra, y cree al que me envió, tiene vida eterna; y no vendrá a condenación, mas ha pasado de muerte a vida" (Jn. 5:24).**

> **"Ahora, pues, ninguna condenación hay para los que están en Cristo Jesús, los que no andan conforme a la carne, sino conforme al Espíritu" (Ro. 8:1).**

> **"¿Quién acusará a los escogidos de Dios? Dios es el que justifica. ¿Quién es el que condenará? Cristo es el que murió; más aun, el que también resucitó, el que además está a la diestra de Dios, el que también intercede por nosotros" (Ro. 8:33-34).**

   b.   Los creyentes así como los incrédulos nunca deben olvidar que Dios es el Juez de todos. Note la palabra *todos*: Dios es el Juez de todos, no solo de los incrédulos, sino también de los creyentes. Dios no juega con una persona que vive en pecado, no importa lo que profese. La persona puede declarar que es salva hasta que se le acabe el aire y se quede cianótica, declarar que se acerca a Dios mediante el nuevo pacto de gracia, pero lo que esa persona profesa no tiene sentido si vive en pecado. Dios la juzgará. Dios es el Juez de todos, no solo de los incrédulos. En eso consisten las cinco advertencias de la Epístola a los Hebreos, cinco advertencias severas. Según plantea A. T. Robertson: "Las personas no debieran olvidar que Dios es el Juez de todos los hombres" (*Metáforas del Nuevo Testamento,* vol. 5, p. 441).

William Barclay lo plantea claramente:

"Allí aguarda el Dios cristiano, el Juez. Incluso en medio del gozo se mantiene el sobrecogimiento. El autor de Hebreos nunca lo olvidó, al final, el cristiano debe enfrentarse al escrutinio de Dios. La gloria está ahí; pero el sobrecogimiento y el temor de Dios aún se mantienen. El Nuevo Testamento nunca corre el más mínimo peligro de dar una idea sentimental de Dios" (*La Epístola a los Hebreos,* p. 2 13).

> **"en el día en que Dios juzgará por Jesucristo los secretos de los hombres, conforme a mi evangelio" (Ro. 2:16).**

> **"Porque nadie puede poner otro fundamento que el que está puesto, el cual es Jesucristo. Y si sobre este fundamento alguno edificare oro, plata, piedras preciosas, madera, heno, hojarasca, la obra de cada uno se**

hará manifiesta; porque el día la declarará, pues por el fuego será revelada; y la obra de cada uno cuál sea, el fuego la probará. Si permaneciere la obra de alguno que sobreedificó, recibirá recompensa. Si la obra de alguno se quemare, él sufrirá pérdida, si bien él mismo será salvo, aunque así como por fuego" (1 Co. 3:11-15).

"Porque es necesario que todos nosotros comparezcamos ante el tribunal de Cristo, para que cada uno reciba según lo que haya hecho mientras estaba en el cuerpo, sea bueno o sea malo" (2 Co. 5:10).

"Delante de Jehová que vino; porque vino a juzgar la tierra. Juzgará al mundo con justicia, y a los pueblos con su verdad" (Sal. 96:13).

"Y dije yo en mi corazón: Al justo y al impío juzgará Dios; porque allí hay un tiempo para todo lo que se quiere y para todo lo que se hace" (Ec. 3:17).

"Y vi a los muertos, grandes y pequeños, de pie ante Dios; y los libros fueron abiertos, y otro libro fue abierto, el cual es el libro de la vida; y fueron juzgados los muertos por las cosas que estaban escritas en los libros, según sus obras" (Ap. 20:12).

5.   El acercamiento del nuevo pacto es al Espíritu de los justos que ya han partido y se han ido al cielo. Se encuentran ante Dios hechos perfectos para siempre. La persona que se acerca a Dios mediante el nuevo pacto se unirá a sus seres amados y a otros que realmente creyeron en Cristo. Él se sumará a ellos en el cielo, en la presencia misma de Dios. Y note las palabras "hechos perfectos". ¡Qué esperanza tan gloriosa! Él será hecho perfecto, perfeccionado para siempre y hecho acepto ante Dios para siempre. Vivirá con Dios eternamente.

"En la casa de mi Padre muchas moradas hay; si así no fuera, yo os lo hubiera dicho; voy, pues, a preparar lugar para vosotros. Y si me fuere y os preparare lugar, vendré otra vez, y os tomaré a mí mismo, para que donde yo estoy, vosotros también estéis" (Jn. 14:2-3).

"Padre, aquellos que me has dado, quiero que donde yo estoy, también ellos estén conmigo, para que vean mi gloria que me has dado; porque me has amado desde antes de la fundación del mundo" (Jn. 17:24).

"pero confiamos, y más quisiéramos estar ausentes del cuerpo, y presentes al Señor" (2 Co. 5:8).

"Porque de ambas cosas estoy puesto en estrecho, teniendo deseo de partir y estar con Cristo, lo cual es muchísimo mejor" (Fil. 1:23).

"Porque el Señor mismo con voz de mando, con voz de arcángel, y con trompeta de Dios, descenderá del cielo; y los muertos en Cristo resucitarán primero. Luego nosotros los que vivimos, los que hayamos quedado, seremos arrebatados juntamente con ellos en las nubes para recibir al Señor en el aire, y así estaremos siempre con el Señor. Por tanto, alentaos los unos a los otros con estas palabras" (1 Ts. 4:16-18).

6.   El acercamiento del nuevo pacto es a Jesús el mediador del nuevo pacto. Jesucristo es quien media entre el hombre pecador y Dios, que es santo. Él es el único Mediador que puede presentar al hombre como perfecto ante Dios. ¿Cómo? Mediante su sangre.

⇒   Jesucristo es el Sumo sacerdote perfecto. Él nunca pecó; por ende, Él es el Hombre perfecto e ideal, el

Sumo sacerdote perfecto e ideal ante Dios. Al ser perfecto, cualquier cosa que ofrezca es perfecta. Por ende, cuando Jesucristo ofrece el sacrificio por los pecados, su sacrificio es el sacrificio perfecto e ideal. Su sacrificio puede representar y cubrir a todos los hombres, a todos los pecados de todas las personas.

⇒   Jesucristo es el sacrificio perfecto. Como el Hombre perfecto e ideal, Él puede tomar todos los pecados de todos los hombres, y cargar la culpa y condenación de todos los pecados por el hombre. Y Dios puede aceptar su sacrificio, porque Él fue el sacrificio perfecto e ideal.

Queda claro lo siguiente: Jesucristo es el mediador, el único sacrificio y Sumo sacerdote perfecto que media entre Dios y el hombre. Solo Él puede presentar a los hombres como perfectos ante Dios.

Note la referencia a Abel. ¿Qué quiere decir esto? Cuando Abel fue muerto por su hermano Caín, su sangre pedía a gritos venganza y justicia (Gn. 4:10). Pero la sangre de Cristo no. La sangre de Cristo pide a gritos que el hombre sea perdonado y limpio de pecado. La sangre de Cristo pide a gritos misericordia por aquellos que lo mataban, rechazaban, negaban y maldecían.

"porque esto es mi sangre del nuevo pacto, que por muchos es derramada para remisión de los pecados" (Mt. 26:28).

"Porque hay un solo Dios, y un solo mediador entre Dios y los hombres, Jesucristo hombre, el cual se dio a sí mismo en rescate por todos, de lo cual se dio testimonio a su debido tiempo" (1 Ti. 2:5-6).

"Pero ahora tanto mejor ministerio es el suyo, cuanto es mediador de un mejor pacto, establecido sobre mejores promesas. Porque si aquel primero hubiera sido sin defecto, ciertamente no se hubiera procurado lugar para el segundo. Porque reprendiéndolos dice: He aquí vienen días, dice el Señor, en que estableceré con la casa de Israel y la casa de Judá un nuevo pacto; no como el pacto que hice con sus padres el día que los tomé de la mano para sacarlos de la tierra de Egipto; porque ellos no permanecieron en mi pacto, y yo me desentendí de ellos, dice el Señor. Por lo cual, este es el pacto que haré con la casa de Israel después de aquellos días, dice el Señor: Pondré mis leyes en la mente de ellos, y sobre su corazón las escribiré; Y seré a ellos por Dios, y ellos me serán a mí por pueblo" (He. 8:6-10).

"¿cuánto más la sangre de Cristo, el cual mediante el Espíritu eterno se ofreció a sí mismo sin mancha a Dios, limpiará vuestras conciencias de obras muertas para que sirváis al Dios vivo? Así que, por eso es mediador de un nuevo pacto, para que interviniendo muerte para la remisión de las transgresiones que había bajo el primer pacto, los llamados reciban la promesa de la herencia eterna" (He. 9:14-15).

"Porque no entró Cristo en el santuario hecho de mano, figura del verdadero, sino en el cielo mismo para presentarse ahora por nosotros ante Dios; y no para ofrecerse muchas veces, como entra el sumo sacerdote en el Lugar Santísimo cada año con sangre ajena. De otra manera le hubiera sido necesario padecer muchas veces desde el principio del mundo; pero ahora, en la consumación de los siglos, se presentó una vez para siempre por el sacrificio de sí mismo para quitar de en medio el pecado. Y de la manera que está establecido para los hombres que mueran una sola vez, y después de esto el juicio, así también Cristo fue ofrecido una sola vez para llevar los pecados de muchos; y aparecerá por segunda vez, sin relación con el pecado, para salvar a los que le esperan" (He. 9:24-28).

"a Jesús el Mediador del nuevo pacto, y a la sangre rociada que habla mejor que la de Abel" (He. 12:24).

"Hijitos míos, estas cosas os escribo para que no pequéis; y si alguno hubiere pecado, abogado tenemos para con el Padre, a Jesucristo el justo. Y él es la propiciación por nuestros pecados; y no solamente por los nuestros, sino también por los de todo el mundo" (1 Jn. 2:1-2).

	E. Advertencia cinco: El peligro de negarse a escuchar a Jesucristo, de taparse los oídos al llamado de su sangre, 12:25-29	solamente la tierra, sino también el cielo. 27 Y esta frase: Aún una vez, indica la remoción de las cosas movibles, como cosas hechas, para que queden las inconmovibles.	a. Para eliminar y cambiar los elementos materiales b. Para demostrar la existencia de elementos eternos
1 No habrá escape para el que deseche al que habla a. No hubo escape con Moisés y la ley b. Mucho menos escape habrá con Cristo y la gracia 2 Dios advierte sobre una gran conmoción y juicio del cielo y la tierra en el futuro	25 Mirad que no desechéis al que habla. Porque si no escaparon aquellos que desecharon al que los amonestaba en la tierra, mucho menos nosotros, si desecháremos al que amonesta desde los cielos. 26 La voz del cual conmovió entonces la tierra, pero ahora ha prometido, diciendo: Aún una vez, y conmoveré no	28 Así que, recibiendo nosotros un reino inconmovible, tengamos gratitud, y mediante ella sirvamos a Dios agradándole con temor y reverencia; 29 porque nuestro Dios es fuego consumidor	3 Piense: Se puede recibir un reino inconmovible a. Cómo: Demostrando gratitud, es decir, sirviendo a Dios b. Por qué: Dios es fuego consumidor

DIVISIÓN V

EL EJEMPLO SUPREMO DE SUFRIMIENTO: JESUCRISTO, EL HIJO DE DIOS, 12:1-29

E. Advertencia cinco: El peligro de negarse a escuchar a Jesucristo, de taparse los oídos al llamado de su sangre, 12:25-29

(12:25-29) *Introducción:* Esta es la quinta y última advertencia en la Epístola a los Hebreos. Note el planteamiento de la advertencia: Mirad que no desechéis al que habla. Esto se refiere a Jesucristo el mediador, quien derramó su sangre por causa de hombres pecadores. La ilustración es la de Cristo hablando y proclamando el nuevo pacto de misericordia y gracia sobre el hombre. Él proclama salvación para el mundo. El hombre no debe cerrar sus oídos: "Debe ocuparse de no desechar a Jesucristo quien solo proclama la verdadera salvación".

⇒ La palabra "mirar" (blepete) significa vigilar, estar alerta y ocuparse de no desechar a Jesucristo.
⇒ La palabra "desechar" (paraitesesthe) quiere decir rechazar, rehusar, no aceptar, negar, renegar (Kenneth Wuest, *Hebreos,* vol. 2, p. 229).

Hay tres razones por las que una persona no debe desechar a Jesucristo y su mensaje.
1. No habrá escape para el que deseche al que habla (v. 25).
2. Dios advierte sobre una gran conmoción y juicio del cielo y la tierra en el futuro (vv. 26-27).
3. Piense: Se puede recibir un reino inconmovible (vv. 28-29).

1 (12:25) *Advertencia — No hay escape. — Salvación, Rechazada:* Primero, no habrá escape para el que deseche al que habla. Moisés es la persona que habló en la tierra y le dio la ley de Dios al hombre, pero Jesucristo es quien habló y trajo la Palabra de Dios *del cielo.*

⇒ Note que "hablada en la tierra" (chrematizonta) significa transmisor o vocero (William Barclay, *La Epístola a los Hebreos*, p. 215). Moisés fue el primer vocero de Dios.
⇒ Note que Jesucristo *habla desde el cielo.* La palabra "habla" (lalounta) es diferente. Significa la propia voz de Dios. Jesucristo habló como el propio Dios. Él fue la voz celestial del propio Dios.

Esto resulta fundamental para las personas hoy día: Se nos imputa mucho más la responsabilidad y nos enfrentaremos a un juicio mucho mayor. Piensen un momento. Moisés, solo un hombre, habló y le dio la ley de Dios al hombre. Cuando las personas violaron la ley dada por Moisés, ni uno solo escapó del juicio y el castigo. Todo el mundo cargó la culpa y el castigo cuando violaron la Palabra de Dios.

Ahora, Jesucristo, el Hijo mismo del propio Dios, ha hablado. Su Palabra es el mensaje mismo del cielo y del propio Dios. ¿Cuánto más no escaparán el juicio y condenación si desechan la Palabra de Jesucristo, el propio Hijo de Dios?

Pensamiento 1. Está claro. No habrá escape para quien deseche la palabra de misericordia y gracia que Cristo proclama. Su sangre nos limpia del pecado. Su sacrificio, solo su sangre, es acepta ante Dios como sustituto por los pecados del hombre. Rechazar su palabra de salvación es nunca escapar. El hombre cargará su propio juicio y condenación por violar la Palabra de Dios.

2 (12:26-27) *Advertencia — Mundo, destruido — Nuevos cielos y nueva tierra:* Segundo, Dios advierte sobre una gran conmoción y juicio del cielo y la tierra en el futuro. Cuando Dios le dio la ley a Moisés en el Monte Sinaí, la voz de Dios conmovió la tierra. Habrá otra gran conmoción de la tierra por la voz y la Palabra de Dios. De hecho, no solo se conmoverá la tierra, sino también los cielos. Esto es exactamente lo que declaraba el profeta Hageo:

"Porque así dice Jehová de los ejércitos: De aquí a

poco yo haré temblar los cielos y la tierra, el mar y la tierra seca" (Hag. 2:6).

Tanto el profeta como el autor de Hebreos están declarando que se aproxima un juicio catastrófico sobre los cielos y la tierra. Todo el universo, todas las estrellas y los planetas del mundo natural, sufrirán un gran cambio. Toda la naturaleza será destruida por fuego y recreada como un nuevo cielo y una nueva tierra.

Note por qué: "para que queden las inconmovibles". Dios quiere un mundo eterno, un universo en el que todo el cielo y la tierra sean recreados vivos y llenos de la actividad...

- de adoración, la adoración de Dios y Cristo.
- de comunión y fraternidad entre Cristo y los creyentes.
- de fraternidad entre los creyentes como el pueblo redimido y eterno de Dios.
- de servicio y obra para el Señor Jesús en supervisar la obra que saldrá por todo el universo.

"Pero el día del Señor vendrá como ladrón en la noche; en el cual los cielos pasarán con grande estruendo, y los elementos ardiendo serán deshechos, y la tierra y las obras que en ella hay serán quemadas. Puesto que todas estas cosas han de ser deshechas, ¡cómo no debéis vosotros andar en santa y piadosa manera de vivir, esperando y apresurándoos para la venida del día de Dios, en el cual los cielos, encendiéndose, serán deshechos, y los elementos, siendo quemados, se fundirán! Pero nosotros esperamos, según sus promesas, cielos nuevos y tierra nueva, en los cuales mora la justicia" (2 P. 3:10-13).

"Vi un cielo nuevo y una tierra nueva; porque el primer cielo y la primera tierra pasaron, y el mar ya no existía más" (Ap. 21:1).

"porque también la creación misma será libertada de la esclavitud de corrupción, a la libertad gloriosa de los hijos de Dios" (Ro. 8:21).

"Generación va, y generación viene; mas la tierra siempre permanece" (Ec. 1:4).

3 (12:28-29) *Reino de Dios — Cielo:* Tercero, se puede recibir un reino inconmovible. ¿Cómo? Se dan dos formas.

1. "Tengamos gratitud", es decir, asegurémonos que hemos recibido la gracia de Dios. Debemos asegurarnos que hemos recibido el regalo y favor inefables de Dios, el propio Jesucristo, de que lo hemos recibido en nuestra vida y en nuestro corazón.

"Antes creemos que por la gracia del Señor Jesús seremos salvos, de igual modo que ellos" (Hch. 15:11).

"siendo justificados gratuitamente por su gracia, mediante la redención que es en Cristo Jesús" (Ro. 3:24).

"Porque ya conocéis la gracia de nuestro Señor Jesucristo, que por amor a vosotros se hizo pobre, siendo rico, para que vosotros con su pobreza fueseis enriquecidos" (2 Co. 8:9).

"en quien tenemos redención por su sangre, el perdón de pecados según las riquezas de su gracia" (Ef. 1:7).

"Porque por gracia sois salvos por medio de la fe; y esto no de vosotros, pues es don de Dios; no por obras, para que nadie se gloríe" (Ef. 2:8-9).

"Porque la gracia de Dios se ha manifestado para salvación a todos los hombres" (Tit. 2:11).

"nos salvó, no por obras de justicia que nosotros hubiéramos hecho, sino por su misericordia, por el lavamiento de la regeneración y por la renovación en el Espíritu Santo, el cual derramó en nosotros abundantemente por Jesucristo nuestro Salvador, para que justificados por su gracia, viniésemos a ser herederos conforme a la esperanza de la vida eterna" (Tit. 3:5-7).

2. Debemos servir a Dios con reverencia y temor piadoso.

⇒ La palabra "reverencia" (eulabeia) quiere decir con cautela, cuidadosamente, con discreción y circunspección (Kenneth Wuest, *Hebreos,* vol. 2, p. 231).

⇒ La frase "temor piadoso" significa ser aprensivo porque puede rondar algún peligro en el horizonte.

"Y no temáis a los que matan el cuerpo, mas el alma no pueden matar; temed más bien a aquel que puede destruir el alma y el cuerpo en el infierno" (Mt. 10:28).

"Y su misericordia es de generación en generación a los que le temen" (Lc. 1:50).

"sino que en toda nación se agrada del que le teme y hace justicia" (Hch. 10:35).

"Y si invocáis por Padre a aquel que sin acepción de personas juzga según la obra de cada uno, conducíos en temor todo el tiempo de vuestra peregrinación" (1 P. 1:17).

"Honrad a todos. Amad a los hermanos. Temed a Dios. Honrad al rey" (1 P. 2:17).

"Ahora, pues, Israel, ¿qué pide Jehová tu Dios de ti, sino que temas a Jehová tu Dios, que andes en todos sus caminos, y que lo ames, y sirvas a Jehová tu Dios con todo tu corazón y con toda tu alma" (Dt. 10:12).

"Ten misericordia de mí, oh Jehová, porque estoy en angustia; se han consumido de tristeza mis ojos, mi alma también y mi cuerpo" (Sal. 31:9).

"Tema a Jehová toda la tierra; teman delante de él todos los habitantes del mundo" (Sal. 33:8).

"Dios temible en la gran congregación de los santos, y formidable sobre todos cuantos están alrededor de él" (Sal. 89:7).

"El fin de todo el discurso oído es este: Teme a Dios, y guarda sus mandamientos; porque esto es el todo del hombre" (Ec. 12:13).

Una persona debe hacer exactamente lo que dice este versículo: *servir a Dios agradándole* con temor y reverencia. A Dios se le debe temer, porque Él es el Señor. Una persona debe servir a Dios y servirlo de una manera acepta. Debe dar el fruto del Espíritu:

- amor
- gozo
- paz
- resignación
- bondad
- mansedumbre
- ternura
- fe
- templanza

Una persona también debe dar el fruto en la vida de otras personas, debe ganarse al pueblo para el Señor Jesucristo de modo que esas personas también puedan recibir el reino eterno de Dios.

"Y el que siega recibe salario, y recoge fruto para vida eterna, para que el que siembra goce juntamente con el que siega" (Jn. 4:36).

"Volvió a decirle la segunda vez: Simón, hijo de Jonás, ¿me amas? Pedro le respondió: Sí, Señor; tú sabes que te amo. Le dijo: Pastorea mis ovejas" (Jn. 21:16).

"Así alumbre vuestra luz delante de los hombres, para que vean vuestras buenas obras, y glorifiquen a vuestro Padre que está en los cielos" (Mt. 5:16).

"Sobrellevad los unos las cargas de los otros, y cumplid así la ley de Cristo" (Gá. 6:2).

"Así que, según tengamos oportunidad, hagamos bien a todos, y mayormente a los de la familia de la fe" (Gá. 6:10).

"Que hagan bien, que sean ricos en buenas obras, dadivosos, generosos" (1 Ti. 6:18).

"presentándote tú en todo como ejemplo de buenas obras; en la enseñanza mostrando integridad, seriedad" (Tit. 2:7).

"Y considerémonos unos a otros para estimularnos al amor y a las buenas obras" (He. 10:24).

"manteniendo buena vuestra manera de vivir entre los gentiles; para que en lo que murmuran de vosotros como de malhechores, glorifiquen a Dios en el día de la visitación, al considerar vuestras buenas obras" (1 P. 2:12).

"El hacer tu voluntad, Dios mío, me ha agradado, y tu ley está en medio de mi corazón" (Sal. 40:8).

"Los que sembraron con lágrimas, con regocijo segarán. Irá andando y llorando el que lleva la preciosa semilla; mas volverá a venir con regocijo, trayendo sus gavillas" (Sal. 126:5-6).

Note por qué una persona debe servir a Dios de un modo acepto: Porque Dios es fuego consumidor. William Barclay hace una excelente exposición en este versículo:

"Si eso fuera así tenemos delante de nosotros una gran obligación. Debemos adorar a Dios con reverencia. Debemos servirlo con temor; porque no se puede permitir que nada perturbe esa relación que será nuestra salvación cuando el mundo desaparezca. Por lo tanto, el autor de Hebreos termina con una de estas citas amenazadoras que tan a menudo él lanza como un rayo a sus oyentes. Es una cita de Deuteronomio 4:24. Allí Moisés le dice al pueblo que nunca deben quebrantar su acuerdo con Dios. Nunca deben recaer en la idolatría y la adoración de imágenes, porque Dios es un Dios celoso. Deben adorarlo a Él y solo a Él o Él será un fuego consumidor. Es como si el autor de Hebreos dijese: 'Hay una opción para ustedes. Manténgase inquebrantablemente fieles a Dios, y en el día en que se conmueva el universo hasta su destrucción, su relación con Dios seguirá aún de pie sana y salva. Sean falsos a Dios, y ese mismo Dios que podría haber sido su salvación, será también para ustedes un fuego consumidor de destrucción.' Es un pensamiento nefasto; pero en él está la verdad eterna, en la que no hay cambio alguno, que, si un hombre es fiel a Dios, él obtiene todo; y si es infiel a Dios, lo pierde todo. En el tiempo y la eternidad nada vale salvo solo la lealtad a Dios" (La Epístola a los Hebreos, p. 216s).

"Entonces dirá también a los de la izquierda: Apartaos de mí, malditos, al fuego eterno preparado para el diablo y sus ángeles" (Mt. 25:41).

"Cualquiera que haga tropezar a uno de estos pequeñitos que creen en mí, mejor le fuera si se le atase una piedra de molino al cuello, y se le arrojase en el mar. Si tu mano te fuere ocasión de caer, córtala; mejor te es entrar en la vida manco, que teniendo dos manos ir al infierno, al fuego que no puede ser apagado, donde el gusano de ellos no muere, y el fuego nunca se apaga. Y si tu pie te fuere ocasión de caer, córtalo; mejor te es entrar a la vida cojo, que teniendo dos pies ser echado en el infierno, al fuego que no puede ser apagado, donde el gusano de ellos no muere, y el fuego nunca se apaga. Y si tu ojo te fuere ocasión de caer, sácalo; mejor te es entrar en el reino de Dios con un ojo, que teniendo dos ojos ser echado al infierno, donde el gusano de ellos no muere, y el fuego nunca se apaga" (Mr. 9:42-48).

"Porque no nos ha dado Dios espíritu de cobardía, sino de poder, de amor y de dominio propio. Por tanto, no te avergüences de dar testimonio de nuestro Señor, ni de mí, preso suyo, sino participa de las aflicciones por el evangelio según el poder de Dios, quien nos salvó y llamó con llamamiento santo, no conforme a nuestras obras, sino según el propósito suyo y la gracia que nos fue dada en Cristo Jesús antes de los tiempos de los siglos" (2 Ts. 1:7-9).

	CAPÍTULO 13 **VI. LOS REQUISITOS SUPREMOS DE LA CONDUCTA CRISTIANA, 13:1-25** **A. Requisito uno: El control de la propia conducta personal, 13:1-8**	4 Honroso sea en todos el matrimonio, y el lecho sin mancilla; pero a los fornicarios y a los adúlteros los juzgará Dios.	**4 Requisito 4: Pureza en el matrimonio**
		5 Sean vuestras costumbres sin avaricia, contentos con lo que tenéis ahora; porque él dijo: No te desampararé, ni te dejaré;	**5 Requisito 5: Contentamiento** a. Nuestras costumbres sin avaricia b. Tener la presencia y ayuda constante de Dios c. Por su testimonio
1 Requisito 1: Amor fraternal **2 Requisito 2: Hospitalidad**	1 Permanezca el amor fraternal. 2 No os olvidéis de la hospitalidad, porque por ella algunos, sin saberlo, hospedaron ángeles.	6 de manera que podemos decir confiadamente: El Señor es mi ayudador; no temeré Lo que me pueda hacer el hombre.	
3 Requisito 3: Ayudar a los presos y a los maltratados	3 Acordaos de los presos, como si estuvierais presos juntamente con ellos; y de los maltratados, como que también vosotros mismos estáis en el cuerpo.	7 Acordaos de vuestros pastores, que os hablaron la palabra de Dios; considerad cuál haya sido el resultado de su conducta, e imitad su fe.	**6 Requisito 6: Recordar a sus pastores** a. Aquellos fieles a la Palabra b. Imiten su fe c. Su fin: Ellos estarán con Dios
		8 Jesucristo es el mismo ayer, y hoy, y por los siglos.	**7 Requisito 7: Recuerde su fuente de vida y poder, Jesucristo**

DIVISIÓN VI

LOS REQUISITOS SUPREMOS DE LA CONDUCTA CRISTIANA, 13:1-25

A. Requisito uno: El control de la propia conducta personal, 13:1-8

(13:1-8) *Introducción:* ¿Cuáles son los requisitos supremos de la conducta cristiana? Esto da inicio a la última sección de la Epístola a los Hebreos, una sección muy práctica. Note los *requisitos de la conducta personal.*

1. Requisito 1: Amor fraternal (v. 1).
2. Requisito 2: Hospitalidad (v. 2).
3. Requisito 3: Ayudar a los presos y a los maltratados (v. 3).
4. Requisito 4: Pureza en el matrimonio (v. 4).
5. Requisito 5: Contentamiento (vv. 5-6).
6. Requisito 6: Recordar a sus pastores (v. 7).
7. Requisito 7: Recuerde su fuente de vida y poder, Jesucristo (v. 8).

1 (13:1) *Amor — Hermandad:* Tenemos el requisito del amor fraternal. "Permanezca el amor fraternal".

1. Note que el amor existente entre creyentes es un tipo de amor especial. Es un "amor fraternal" (philadelphia), el amor muy especial que existe entre hermanos y hermanas dentro de una familia adorable, hermanos y hermanas que realmente se aprecian unos a otros. Es el tipo de amor…

- que los une unos a otros como familia, como un clan de hermandad.
- que los une unos a otros en una unión inquebrantable.
- que los mantiene unos a otros en lo más profundo del corazón de cada uno de ellos.
- que siente un profundo afecto uno por otro.
- que nutre y alimenta mutuamente.
- que muestra interés y cuida el bienestar de cada uno.
- que junta las manos de unos con otros en un propósito común *bajo un padre* (Leon Morris, *Las epístolas de Pablo a los tesalonicenses,* "Comentarios de Tyndale sobre el Nuevo Testamento", editado por RVG Tasker, Grand Rapids, MI: Eerdmans, 1956, p. 80).

¿Cómo es posible que se amen unos a otros así cuando no son hermanos ni hermanos de sangre? He aquí cómo. La palabra griega "hermano" (adelphos) significa *del mismo vientre.* La palabra usada por "amor" es *phileo* que significa afecto y cariño arraigado, sentimientos profundos y cálidos en el corazón. Es el tipo de amor que hace que una persona sea querida y esté en el corazón de alguien. Note ahora: El autor combina las dos palabras griegas para expresar lo que él quiere decir con *amor fraternal.*

⇒ Las personas que tienen *amor fraternal* provienen del mismo vientre, es decir, del mismo origen. Han *nacido de nuevo* mediante el Espíritu de Dios a través de la fe en el Señor Jesucristo. Y cuando reciben este nuevo nacimiento, Dios les da un nuevo espíritu, un espíritu que se funde y une su corazón y su vida en amor por toda la familia de Dios.

Puede que los creyentes ni siquiera se conozcan entre sí. Puede que hasta sean de diferentes partes del mundo, pero hay un *amor fraternal* entre ellos porque Dios les ha dado un nuevo nacimiento y un nuevo espíritu de amor. Son hermanos y hermanas en la familia de Dios, la familia de los que realmente creen en el Hijo de Dios, el Señor Jesucristo. La familia que ha recibido un nuevo espíritu que los une en amor fraternal.

> **"Un mandamiento nuevo os doy: Que os améis unos a otros; como yo os he amado, que también os améis unos a otros. En esto conocerán todos que sois mis discípulos, si tuviereis amor los unos con los otros" (Jn. 13:34-35).**

> **"Este es mi mandamiento: Que os améis unos a otros, como yo os he amado" (Jn. 15:12).**

> **"Esto os mando: Que os améis unos a otros" (Jn. 15:17).**

> **"y la esperanza no avergüenza; porque el amor de Dios ha sido derramado en nuestros corazones por el Espíritu Santo que nos fue dado" (Ro. 5:5).**

> **"Mas el fruto del Espíritu es amor, gozo, paz, paciencia, benignidad, bondad, fe" (Gá. 5:22).**

> **"Nosotros sabemos que hemos pasado de muerte a vida, en que amamos a los hermanos. El que no ama a su hermano, permanece en muerte" (1 Jn. 3:14).**

> **"Hijitos míos, no amemos de palabra ni de lengua, sino de hecho y en verdad.**

> **"Y en esto conocemos que somos de la verdad, y aseguraremos nuestros corazones delante de él" (1 Jn. 3:18-19).**

> **"Todo aquel que cree que Jesús es el Cristo, es nacido de Dios; y todo aquel que ama al que engendró, ama también al que ha sido engendrado por él" (1 Jn. 5:1).**

2. Note que los cristianos hebreos demostraban su amor los unos por los otros, al menos la mayoría de ellos lo hacía. Esto se ve claramente en Hebreos 6:10: "Porque Dios no es injusto para olvidar vuestra obra y el trabajo de amor que habéis mostrado hacia su nombre, habiendo servido a los santos y sirviéndoles aún".

Sin embargo, había gran peligro de que los cristianos hebreos fueran a perder su amor fraternal unos por otros. ¿Por qué?

⇒ Porque algunos habían recaído y se estaban alejando de Cristo (He. 10:25).

⇒ Porque las falsas doctrinas los habían penetrado e influía a algunos (He. 13:9).

Estos problemas conjuntamente con otros problemas al parecer resultaban desalentadores para los creyentes fieles y maduros. Comenzaban a enfriarse y a alejarse en vez de hacer frente y manejar los problemas en el amor y fuerza de Cristo.

Esta es la razón para la exhortación. Los creyentes necesitaban continuar en amor, amar lo suficiente para olvidar el yo. Necesitaban amar lo suficiente para sacrificarse ellos mismos y enfrentar los problemas y continuar proclamando y enseñando la verdad de Cristo.

Pensamiento 1. El amor fraternal es la gran necesidad del momento, un amor que amará tanto que no se dará

por vencido, no importa cuál sea el problema o la oposición. Se necesita alcanzar a las personas y hacerlas crecer para Cristo no importa cuán diferentes sean ni cuán perdidas ni depravadas. Esas personas no tienen a Cristo. Si los creyentes no aman lo suficiente como para alcanzarlas, nunca serán alcanzadas. "permanezca el amor fraternal".

> **"El amor sea sin fingimiento. Aborreced lo malo, seguid lo bueno" (Ro. 12:9).**

> **"Yo pues, preso en el Señor, os ruego que andéis como es digno de la vocación con que fuisteis llamados, con toda humildad y mansedumbre, soportándoos con paciencia los unos a los otros en amor" (Ef. 4:1-2).**

> **"Vestíos, pues, como escogidos de Dios, santos y amados, de entrañable misericordia, de benignidad, de humildad, de mansedumbre, de paciencia; soportándoos unos a otros, y perdonándoos unos a otros si alguno tuviere queja contra otro. De la manera que Cristo os perdonó, así también hacedlo vosotros. Y sobre todas estas cosas vestíos de amor, que es el vínculo perfecto" (Col. 3:12-14).**

> **"Y el Señor os haga crecer y abundar en amor unos para con otros y para con todos, como también lo hacemos nosotros para con vosotros" (1 Ts. 3:12).**

> **"Habiendo purificado vuestras almas por la obediencia a la verdad, mediante el Espíritu, para el amor fraternal no fingido, amaos unos a otros entrañablemente, de corazón puro" (1 P. 1:22).**

2 (13:2) *Hospitalidad:* Tenemos el requisito de la hospitalidad. Una puerta abierta debe ser el requisito de un creyente: El creyente debe abrir las puertas de su casa. El cristiano debe abrir su casa y extender su mano…

- al vendedor ambulante
- al estudiante universitario
- al desamparado, al hambriento, al que tiene frío y al necesitado
- al solitario
- al joven
- al anciano
- al estudiante
- al forastero
- a los grupos y ministerios de la iglesia

La idea es que el creyente debe usar su casa como un ministerio de ayuda para el Señor. La casa del creyente debe usarse para satisfacer las necesidades de las personas. Note la exhortación: No olviden la hospitalidad, fundamentalmente a extraños. La versión *Dios Habla Hoy* dice lo siguiente:

> **"No se olviden de ser amables con los que lleguen a su casa, pues de esa manera, sin saberlo, algunos hospedaron ángeles" (v. 2; Gn. 18:1-8; 19:1-3).**

Pensamiento 1. Si los creyentes realmente practicaran esto, piensen en cuántas necesidades se cubrirían en la comunidad. Piensen a cuántas personas se ayudarían para Cristo.

Lo que se necesita es lo siguiente: Los ministros deben llevar a sus fieles a establecer un *ministerio de puertas abiertas:* para usar la casa de cada uno de ellos para ayudar a las personas *sistemáticamente*. ¿Qué impacto se produciría para Cristo? Recuerden: El evangelismo por las casas fue lo que Cristo enfatizó tanto (vea el *Estudio a fondo 1*, Lc. 9:4; nota, 10:5-6).

> "compartiendo para las necesidades de los santos; practicando la hospitalidad" (Ro. 12:13).
>
> "Así que, según tengamos oportunidad, hagamos bien a todos, y mayormente a los de la familia de la fe" (Gá. 6:10).
>
> "Pero es necesario que el obispo sea irreprensible, marido de una sola mujer, sobrio, prudente, decoroso, hospedador, apto para enseñar" (1 Ti. 3:2).
>
> "que tenga testimonio de buenas obras; si ha criado hijos; si ha practicado la hospitalidad; si ha lavado los pies de los santos; si ha socorrido a los afligidos; si ha practicado toda buena obra" (1 Ti. 5:10).
>
> "sino hospedador, amante de lo bueno, sobrio, justo, santo, dueño de sí mismo" (Tit. 1:8).
>
> "No os olvidéis de la hospitalidad, porque por ella algunos, sin saberlo, hospedaron ángeles" (He. 13:2).
>
> "Hospedaos los unos a los otros sin murmuraciones" (1 P. 4:9).

3 (13:3) *Ministración — Presos:* Tenemos el requisito de ayudar a los presos y a los maltratados. Mientras exista la tierra, las personas van a sufrir todo tipo de problemas.

⇒ Algunas personas son anárquicas y a otras las acusan falsamente, como a los creyentes. El resultado final es el encarcelamiento.

⇒ Todas las personas en un momento u otro sufren adversidades de alguna suerte. El resultado son experiencias como el dolor, el vacío, el interrogatorio, la inseguridad, la pérdida, el hambre, el desamparo, la pobreza, la discapacidad, la impotencia y hasta a veces la desesperanza.

Los creyentes deben ministrar para las necesidades de los presos y para aquellos que sufren adversidades. No se debe olvidar a los presos. No se debe olvidar a los que sufren adversidad. Note este versículo: Deben recordarse. Acordaos de los presos. Acordaos de los maltratados. Pero eso no es todo lo que dicen las Escrituras:

⇒ "Acordaos de los presos… como si estuvierais presos juntamente con ellos". Recuérdenlos y minístrenles tanto como si estuvieran presos con ellos.

⇒ "Acordaos de los maltratados… como que también vosotros mismo estáis en el cuerpo [siendo maltratados con ellos]".

Pensamiento 1. ¡Qué reto para los creyentes y para la iglesia! Los pastores deben tomar la delantera; Deben llevar a sus fieles a establecer…

• un ministerio para presos.
• un ministerio para los maltratados.

> "Gozaos con los que se gozan; llorad con los que lloran" (Ro. 12:15).
>
> "¿No es que partas tu pan con el hambriento, y a los pobres errantes albergues en casa; que cuando veas al desnudo, lo cubras, y no te escondas de tu hermano?" (Is. 58:7).
>
> "En todo os he enseñado que, trabajando así, se

debe ayudar a los necesitados, y recordar las palabras del Señor Jesús, que dijo: Más bienaventurado es dar que recibir" (Hch. 20:35).

> "Así que, los que somos fuertes debemos soportar las flaquezas de los débiles, y no agradarnos a nosotros mismos" (Ro. 15:1).
>
> "Sobrellevad los unos las cargas de los otros, y cumplid así la ley de Cristo" (Gá. 6:2).
>
> "Acordaos de los presos, como si estuvierais presos juntamente con ellos; y de los maltratados, como que también vosotros mismos estáis en el cuerpo" (He. 13:3).
>
> "La religión pura y sin mácula delante de Dios el Padre es esta: Visitar a los huérfanos y a las viudas en sus tribulaciones, y guardarse sin mancha del mundo" (Stg. 1:27).

4 (13:4) *Matrimonio — Sexo:* Tenemos el requisito de la pureza en el matrimonio y la moralidad. Esto es un elemento esencial para los creyentes. Note tres elementos significativos.

1. El matrimonio debe ser honrado por todos los creyentes. La palabra "honra" (timios) quiere decir altamente estimado, considerado como el lazo más preciado, cálido y tierno, tenido como el más valioso de los lazos, como la más preciada de las relaciones.

"Honroso sea en todos el matrimonio" (Marcus Dods, *La Epístola a los Hebreos*, "Testamento griego expositivo", vol. 4, p. 375).

"Que todos respeten el matrimonio y mantengan la pureza de sus relaciones matrimoniales; porque Dios juzgará a los que cometen inmoralidades sexuales y a los que cometen adulterio" (v. 4, *Dios Habla Hoy*).

> "Maridos, amad a vuestras mujeres, así como Cristo amó a la iglesia, y se entregó a sí mismo por ella" (Ef. 5:25).
>
> "Por esto dejará el hombre a su padre y a su madre, y se unirá a su mujer, y los dos serán una sola carne. Grande es este misterio; mas yo digo esto respecto de Cristo y de la iglesia" (Ef. 5:31-32).

2. El lecho sin mancilla. La palabra "sin mancilla" (amiantos) significa que el lecho no esté manchado de pecado, absolutamente libre de toda impureza moral, inmundicia y profanación. Esto dice al menos tres cosas.

⇒ Primero, esposo y esposa tienen la libertad y el estímulo de estar cercas en el lecho. La cercanía y la intimidad son regalos de Dios; es incluso un símbolo de la iglesia (cp. Ef. 5:22s).

⇒ Segundo, la cercanía en el lecho entre esposo y esposa evitará la infidelidad.

⇒ Tercero, el lecho se debe mantener sin mancilla. Solo esposo y esposa deben estar cercas en el lecho y solo uno con otro. No hay absolutamente ningún lugar para nadie más en el lecho.

La importancia del lecho en el matrimonio no se puede exagerar. La Palabra de Dios dice que es tan importante que esposo y esposa no se separen por ningún período de tiempo a excepción del ayuno y la oración, e incluso después de eso la separación no debe ocurrir a menos que sea por consentimiento mutuo.

"No os neguéis el uno al otro, a no ser por algún tiempo de mutuo consentimiento, para ocuparos sosegadamente en la oración; y volved a juntaros en uno, para que no os tiente Satanás a causa de vuestra incontinencia" (1 Co. 7:5).

"pero a causa de las fornicaciones, cada uno tenga su propia mujer, y cada una tenga su propio marido" (1 Co. 7:2).

"que cada uno de vosotros sepa tener su propia esposa en santidad y honor" (1 Ts. 4:4).

"La mujer virtuosa es corona de su marido; mas la mala, como carcoma en sus huesos" (Pr. 12:4).

3. Los fornicarios y adúlteros serán juzgados por Dios. Estas dos palabras incluyen todas las formas de vicio sexual: Sexo prematrimonial, adulterio, homosexualidad, y sexo anormal. Note varios elementos establecidos.

⇒ Dios sabe quién comete estos vicios. Él tiene que conocerlos para juzgarlos y los tienen que conocer por sus nombres. Él conoce a toda persona que sea inmoral. Él ve todas las inmoralidades, exactamente lo que se hace. Nadie, ni una sola persona mortal, se puede esconder de Él. No hay una puerta cerrada ni ninguna oscuridad en ningún lugar que bloquee su vista. Dios lo sabe.

⇒ Dios llama a todo vicio sexual por su nombre. Los hombres pueden llamarlo amor y cariño y excitación y estímulo. Puede que lo denominen un acto de masculinidad o feminidad, de galantería o de conquista. Pero Dios no. Dios lo llama por su nombre real: Fornicación y adulterio (Matthew Henry, *Comentarios de Matthew Henry*, vol. 6, p. 962). Dios sabe lo que causa la inmoralidad:

⇒ pérdida de la inocencia   ⇒ enfermedad
⇒ hogares destruidos   ⇒ embarazos no deseados
⇒ mentes dañadas   ⇒ abortos y legrados
⇒ vidas destruidas   ⇒ culpa

La lista podría ser interminable, pero una destrucción y devastación así de la vida y las emociones son las razones por las que Dios no se anda con miramientos con los vicios sexuales. El vicio sexual es uno de los vicios más destructivos de la tierra, no importa lo que puedan decir los hombres. Es así por la naturaleza misma del hombre. Dios dispuso la naturaleza misma del hombre para el amor de un cónyuge y una familia. Y cualquier negación a vivir según su naturaleza como Dios lo dispuso para él solo puede dañar al hombre. (Vea el *Estudio a fondo 1*, 1 Co. 6:18 para un mayor análisis.)

La gran tragedia con el vicio sexual es la siguiente: Siempre involucra a otros, no solo la pareja ilícita, sino a los padres, a la familia inclusive a los hijos. Hermanos y hermanas y con frecuencia a los abuelos, a otros parientes, amigos y vecinos. Involucra a todos aquellos que quieren y se preocupan por la persona inmoral.

Sucede lo siguiente: Los fornicarios y adúlteros serán juzgados por Dios. No habrá escape.

"Y manifiestas son las obras de la carne, que son:

adulterio, fornicación, inmundicia, lascivia,... envidias, homicidios, borracheras, orgías, y cosas semejantes a estas; acerca de las cuales os amonesto, como ya os lo he dicho antes, que los que practican tales cosas no heredarán el reino de Dios" (Gá. 5:19, 21).

"Porque sabéis esto, que ningún fornicario, o inmundo, o avaro, que es idólatra, tiene herencia en el reino de Cristo y de Dios" (Ef. 5:5).

"Pero los cobardes e incrédulos, los abominables y homicidas, los fornicarios y hechiceros, los idólatras y todos los mentirosos tendrán su parte en el lago que arde con fuego y azufre, que es la muerte segunda" (Ap. 21:8).

"No entrará en ella ninguna cosa inmunda, o que hace abominación y mentira, sino solamente los que están inscritos en el libro de la vida del Cordero" (Ap. 21:27).

"Mas los perros estarán fuera, y los hechiceros, los fornicarios, los homicidas, los idólatras, y todo aquel que ama y hace mentira" (Ap. 22:15).

5 (13:5-6) *Contentamiento — Avaricia:* Tenemos el requisito del contentamiento. Note lo que trae contentamiento:
⇒ Vivir la vida sin avaricia.
⇒ Estar satisfecho con lo que se tiene.
⇒ Conocer a Dios personalmente: Experimentar su compañía y cariño constantes, sabiendo que Él nunca nos deja o abandona.

1. "Avaricia" (aphilarguros) quiere decir amante del dinero o las posesiones. Una persona puede amar el dinero, las propiedades, los inmuebles, las casas, los autos, cualquier cosa en la tierra. Thomas Hewitt señala que el equivalente griego de "conversación" (tropos) significa *modo de vida*, o *modo de pensar y vivir* (*La Epístola a los Hebreos*, "Comentarios de Tyndale sobre el Nuevo Testamento", p. 206). Los propios pensamientos del creyente deben estar libres de avaricia. Sus pensamientos deben estar centrados en Cristo y la esperanza gloriosa de la eternidad, no en este mundo de paso y sus posesiones. El creyente no debe tener deseos secretos por las cosas de este mundo.

"Alborota su casa el codicioso; mas el que aborrece el soborno vivirá" (Pr. 15:27).

"El que ama el dinero, no se saciará de dinero; y el que ama el mucho tener, no sacará fruto. También esto es vanidad" (Ec. 5:10).

"Como la perdiz que cubre lo que no puso, es el que injustamente amontona riquezas; en la mitad de sus días las dejará, y en su postrimería será insensato" (Jer. 17:11).

"porque raíz de todos los males es el amor al dinero, el cual codiciando algunos, se extraviaron de la fe, y fueron traspasados de muchos dolores" (1 Ti. 6:10).

"Vuestro oro y plata están enmohecidos; y su moho testificará contra vosotros, y devorará del todo vuestras carnes como fuego. Habéis acumulado tesoros para los días postreros" (Stg. 5:3).

"Y les dijo: Mirad, y guardaos de toda avaricia; porque la vida del hombre no consiste en la abundancia de los bienes que posee" (Lc. 12:15).

"ni los ladrones, ni los avaros, ni los borrachos, ni

los maldicientes, ni los estafadores, heredarán el reino de Dios" (1 Co. 6:10).

"Haced morir, pues, lo terrenal en vosotros: fornicación, impureza, pasiones desordenadas, malos deseos y avaricia, que es idolatría" (Col. 3:5).

"Inclina mi corazón a tus testimonios, y no a la avaricia" (Sal. 119:36).

2. Un creyente debe estar contento con lo que tiene. Esto no quiere decir que un creyente no deba mejorar, tampoco que no deba trabajar y ganar dinero y ser sabio en sus inversiones. Las Escrituras enseñan todo lo contrario: Debemos trabajar e invertir y ganar dinero. Debemos ganar bastante para poder satisfacer las necesidades del mundo. Lo que este pasaje quiere decir es que debemos…

• estar satisfechos con lo que tenemos en la vida: Nuestra habilidad, capacidad, trabajo, posición, oportunidades y así sucesivamente.
• estar satisfechos con la casa, las posesiones, las ropas, los bienes y todo cuanto tenemos, ya sea poco o nada.
• estar satisfechos con nuestras condiciones actuales.

Una vez más, esto no quiere decir que no tengamos planes y nos propongamos mejorar todo lo que nos rodea, desde una posesión personal hasta la economía y el medio ambiente del mundo. Los creyentes deben obrar y trabajar de modo más diligente que cualquiera en el mundo. Pero mientras trabajamos, sabemos…

• que Dios nunca nos deja ni abandona (Job 1:5).
• que Dios es nuestro ayudador y estamos a salvo no importa lo que nos puedan hacer los hombres (Sal. 118:6).

Aunque se derrumbara la paz y la economía mundial, los creyentes, los verdaderos creyentes, estarán a salvo en Dios. Dios provee para sus queridos seguidores hasta que esté preparado para llevarlos a casa al cielo (Mt. 6:33). Matthew Henry lo resume bien:

"Esta promesa contiene la suma y la esencia de todas las promesas. Yo nunca, no, nunca te desampararé, ni nunca te dejaré. Aquí hay no menos de cinco negativas apiladas juntas, para confirmar la promesa; el verdadero creyente gozará de la presencia misericordiosa de Dios en la vida, la muerte, y para siempre" (Comentario de Matthew Henry, vol. 6, p. 962).

"Mas buscad primeramente el reino de Dios y su justicia, y todas estas cosas os serán añadidas" (Mt. 6:33).

"Sean vuestras costumbres sin avaricia, contentos con lo que tenéis ahora; porque él dijo: No te desampararé, ni te dejaré" (He. 13:5).

"He aquí, yo estoy contigo, y te guardaré por dondequiera que fueres, y volveré a traerte a esta tierra; porque no te dejaré hasta que haya hecho lo que te he dicho" (Gn. 28:15).

"Y él dijo: Mi presencia irá contigo, y te daré descanso" (Éx. 33:14).

"Bendito el Señor; cada día nos colma de beneficios el Dios de nuestra salvación" (Sal. 68:19).

"Traed todos los diezmos al alfolí y haya alimento en mi casa; y probadme ahora en esto, dice Jehová de los ejércitos, si no os abriré las ventanas de los cielos, y derramaré sobre vosotros bendición hasta que sobreabunde" (Mal. 3:10).

"Los afligidos y menesterosos buscan las aguas, y no las hay; seca está de sed su lengua; yo Jehová los oiré, yo el Dios de Israel no los desampararé" (Is. 41:17).

"Porque fuiste fortaleza al pobre, fortaleza al menesteroso en su aflicción, refugio contra el turbión, sombra contra el calor; porque el ímpetu de los violentos es como turbión contra el muro" (Is. 25:4).

Pensamiento 1. Hay dos formas en las que una persona puede cuidarse a sí misma en este mundo.
1) Obrar y buscar en su propia fuerza: Dependiendo de su propia capacidad y energía solamente; batallando y luchando para lograr sus objetivos en la vida inquietándose y preocupándose por el éxito.
2) Obrar y buscar en la fuerza de Dios y en su propia fuerza: Confiando y agradeciendo a Dios todo cuanto pueda, poniendo su mano en el arado y arando. Trabajando y trabajando sin mirar atrás, y mientras trabaja, confiar a Dios los resultados. Dios dice que Él se ocupará de que quien confíe en Él siempre tenga cubiertas las necesidades básicas de la vida.

Pensamiento 2. El creyente cuyo trabajo fracasa ante los ojos del mundo puede tener por seguras cuatro cosas, si realmente ha puesto a Dios por delante.
1) Su fracaso es temporal. Dios lo ayudará y fortalecerá y hasta le enseñará en los momentos de prueba.
2) Dios obrará todas las cosas para bien, porque el creyente ama a Dios y ha sido llamado por Dios (Ro. 8:28s).
3) Dios se encargará de que las necesidades básicas de la vida les sean cubiertas.
4) Dios le depara cosas mucho mejores, eternamente. El creyente ha sido fiel en su obra, por lo tanto, Dios lo recompensará como un siervo fiel, aunque su obra haya fracasado ante los ojos del mundo.

El creyente que atraviesa un fracaso necesita recordar solo una cosa: Sea fiel, continúe siendo fiel. Si usted pone a Dios por delante, Dios lo exaltará ahora y eternamente.

Pensamiento 3. Dios hizo al hombre como un ser espiritual. Por ende, de la única manera que el hombre podrá estar satisfecho es buscando primero a Dios y a su justicia. Este mundo y las cosas de este mundo no darán satisfacción.

Pensamiento 4. El mayor error del hombre es el siguiente: Las cosas materiales solo pueden dar *comodidad* a una persona. Las cosas del mundo solo pueden lucir bien, saber bien y sentirse bien. Pero eso es todo cuanto pueden hacer. ¡Piénselo! Son externas, *están fuera* del hombre y ése es justamente el problema. La necesidad que el hombre siente internamente no es estar *externamente cómodo*, sino estar *internamente satisfecho y espiritualmente satisfecho* (vea la nota, Ef. 1:3).

1)   Las cosas materiales no pueden tocar el interior del hombre. Solo le pueden dar comodidad externa.

2)   El hombre sabe muy bien en su interior que todas las cosas materiales desaparecen, como él mismo. Él atenúa ese conocimiento, lo echa fuera de sus pensamientos y aún así lo sabe.

Pensamiento 5. El hombre puede tener todas las necesidades básicas de la vida cubiertas; pero él tiene que hacer una cosa: "Buscad primero el reino de Dios y su justicia…"

> "Y yo os digo: Pedid, y se os dará; buscad, y hallaréis; llamad, y se os abrirá. Porque todo aquel que pide, recibe; y el que busca, halla; y al que llama, se le abrirá" (Lc. 11:9-10).

> "Hermanos míos amados, oíd: ¿No ha elegido Dios a los pobres de este mundo, para que sean ricos en fe y herederos del reino que ha prometido a los que le aman?" (Stg. 2:5).

> "Mas si desde allí buscares a Jehová tu Dios, lo hallarás, si lo buscares de todo tu corazón y de toda tu alma" (Dt. 4:29).

> "Porque fuiste fortaleza al pobre, fortaleza al menesteroso en su aflicción, refugio contra el turbión, sombra contra el calor; porque el ímpetu de los violentos es como turbión contra el muro" (Is. 25:4).

> "Los afligidos y menesterosos buscan las aguas, y no las hay; seca está de sed su lengua; yo Jehová los oiré, yo el Dios de Israel no los desampararé" (Is. 41:17).

6   (13:7) *Pastores:* Tenemos que recordar a los pastores. "Recordar" (mnemoneuete) quiere decir estar consciente de, mantener presente. La idea es el recuerdo constante. No se deben olvidar nunca a los pastores. Pero note quiénes son los pastores que se deben recordar: Los que han proclamado la Palabra de Dios. Si una persona ha sido fiel al proclamar y enseñar la Palabra de Dios, debemos recordarla y nuca olvidarla. Note por qué: *para poder imitar su fe.* Un pastor que proclame fielmente la Palabra de Dios es un líder a seguir. Como dice el Nuevo Testamento Ampliado:

Este es un versículo cargado de poder. Note lo que dice cuando se descompone en forma de subíndice: sigan a sus pastores…

*   en su convicción de que Dios existe y que es el Creador y Gobernador de todas las cosas.

*   en su convicción de que Dios es el Proveedor de la salvación eterna mediante Cristo.

*   en confiar su entera personalidad en Dios.

*   en su absoluta dependencia y confianza en el poder, sabiduría y bondad de Dios.

Note que se deben seguir tanto a los líderes vivos como a los muertos, aquellos que han terminado su obra en la tierra así como aquellos que obran ahora. Matthew Henry dice:

> "Recuérdalos, su predicación, su oración, su consejo íntimo, su ejemplo.
>
> "Imiten su fe; manténgase firmes en la profesión de la fe que les predicaron, y la obra por la gracia de la fe por la cual vivieron y murieron tan bien. ¡Consideren el final de su conversación [conducta], cuán rápido, cuán cómodos, cuán gozosos, terminaron su carrera!" (*Comentario de Matthew Henry,* vol. 6, p. 963.)

> "Por tanto, os ruego que me imitéis" (1 Co. 4:16).

> "Lo que aprendisteis y recibisteis y oísteis y visteis en mí, esto haced; y el Dios de paz estará con vosotros" (Fil. 4:9).

> "Y vosotros vinisteis a ser imitadores de nosotros y del Señor, recibiendo la palabra en medio de gran tribulación, con gozo del Espíritu Santo, de tal manera que habéis sido ejemplo a todos los de Macedonia y de Acaya que han creído" (1 Ts. 1:6-7).

> "a fin de que no os hagáis perezosos, sino imitadores de aquellos que por la fe y la paciencia heredan las promesas" (He. 6:12).

> "Y sin discusión alguna, el menor es bendecido por el mayor" (He. 7:7).

> "Pues se da testimonio de él: Tú eres sacerdote para siempre, según el orden de Melquisedec" (He. 7:17).

> "Hermanos míos, tomad como ejemplo de aflicción y de paciencia a los profetas que hablaron en nombre del Señor" (Stg. 5:10).

7   (13:8) *Poder — Jesucristo:* Tenemos que recordar nuestra fuente de vida y poder, Jesucristo. Los ministros y los pastores vienen y van y finalmente todos mueren. Pero la fuente de nuestra vida y poder nunca nos abandona y nunca desaparece. "Jesucristo es el mismo ayer, y hoy, y por los siglos". (v. 8) Él está para siempre con nosotros, y Él nunca cambia. F. F. Bruce dice:

> "Su ayuda, su gracia, su poder, su guía se encuentran permanentemente a la disposición de su pueblo. ¿Por qué deberían entonces desanimarse? Otros sirven a su generación por la voluntad de Dios y mueren; 'mas éste, por cuanto permanece para siempre, tiene un sacerdocio inmutable' (He. 7:24). Él no necesita ser reemplazado, y no se puede añadir nada a su obra perfecta" (*La Epístola a los Hebreos,* p. 396).

William Barclay dice:

> 'Es en la naturaleza de las cosas que todos los líderes terrenales deben ir y venir. Ellos tienen su época y dirigen su generación, y luego deben salirse de escena. Ellos tienen su papel en el drama de la fe, y luego se baja el telón. Pero Jesucristo es el mismo ayer y hoy y por los siglos. Su preeminencia es permanente. Su liderazgo es para siempre. Y ahí yace el secreto del liderazgo terrenal. El verdadero líder es el hombre que es guiado por Jesucristo. Los hombres que han construido las iglesias, los hombres que han guiado a otros al ascenso, son los hombres que en cada época y generación han sido guiados por el Cristo eterno e inmutable. Aquel que anduvo los caminos de Galilea es ahora tan poderoso como siempre para castigar el mal y para amar al pecador; y al igual que en aquel momento Él eligió a doce para que estuvieran con Él, y luego los envió a hacer su obra, todavía ahora Él busca a aquellos que le traigan a Él a los hom-

bres, y lo lleven a Él a los hombres — (*La Epístola a los Hebreos*, p. 223)

1. "Jesucristo el mismo ayer": *Ayer,* en tiempos pasados, Jesucristo sacrificó todo por nosotros, hasta el punto de morir por nosotros. De hecho, Él hasta sufrió al grado máximo por nosotros: Él cargó con nuestros pecados y soportó por nosotros la culpa y el juicio. Ayer Jesucristo nos halló y lo hizo todo por nosotros. Él vio nuestra situación de corrupción y muerte y nos amó e hizo todo lo que fue necesario para salvarnos y hacernos aceptos ante Dios.

2. "Jesucristo el mismo hoy": *Hoy,* en el momento actual, Jesucristo hará todo por nosotros. Ayer Él sufrió al grado máximo por nosotros. Hoy Él ha sido exaltado al grado máximo por nosotros. Él, el propio Hijo de Dios, es el gran Sumo sacerdote que ha atravesado los cielos y ha sido exaltado a la diestra del trono de Dios. Y Él ha sido exaltado por una razón solamente: "Para poner su misericordia y su gracia sobre sus seguidores, es decir, para suplir cada una de sus necesidades. No importa cuál sea la necesidad, Él la suple".

⇒ Él suple nuestra necesidad de misericordia. No importa cuán terrible sea nuestro pecado, corrupción, depravación, mal, fracaso, error, fechoría, defecto y no importa cuán a menudo fracasemos, Jesucristo tiene misericordia de nosotros. Si nos arrepentimos y confesamos, cambiamos nuestras andanzas pecaminosas y nos volvemos a Él y pedimos su misericordia, Jesucristo nos perdonará.

⇒ Él suple nuestra necesidad de gracia. Él derrama su gracia sobre nosotros, bendiciéndonos y favoreciéndonos con lo que necesitemos: fuerza, conocimiento, entendimiento, sabiduría, capacidad y necesidades básicas de la vida.

⇒ Él nos socorre a todos a través de todos nuestros sufrimientos y pruebas y tentaciones. La idea del socorro es que Él corre para suplir cada uno de nuestros llamados y nuestras necesidades de ayuda.

"Por lo cual debía ser en todo semejante a sus hermanos, para venir a ser misericordioso y fiel sumo sacerdote en lo que a Dios se refiere, para expiar los pecados del pueblo. Pues en cuanto él mismo padeció siendo tentado, es poderoso para socorrer a los que son tentados" (He. 2:17-18).

"Por tanto, teniendo un gran sumo sacerdote que traspasó los cielos, Jesús el Hijo de Dios, retengamos nuestra profesión. Porque no tenemos un sumo sacerdote que no pueda compadecerse de nuestras debilidades, sino uno que fue tentado en todo según nuestra semejanza, pero sin pecado. Acerquémonos, pues, confiadamente al trono de la gracia, para alcanzar misericordia y hallar gracia para el oportuno socorro" (He. 4:14-16).

"Y sabemos que a los que aman a Dios, todas las cosas les ayudan a bien, esto es, a los que conforme a su propósito son llamados" (Ro. 8:28).

3. "Jesucristo el mismo por los siglos": *Por los siglos,* eternamente, de ahora en adelante, a través de los siglos de la eternidad. Jesucristo no solo ha sido exaltado al grado máximo para suplir nuestras necesidades hoy día, Él vive eternamente para suplir nuestras necesidades por los siglos.

⇒ Él suplió todas las necesidades ayer.
⇒ Él suple todas las necesidades hoy.
⇒ Él suplirá todas las necesidades eternamente.

Jesucristo nunca dejará de suplir una sola necesidad de un creyente fiel.

⇒ Él suplió las necesidades de todos los creyentes que vivieron ayer.
⇒ Él suple todas las necesidades de todos los creyentes hoy.
⇒ Él suplirá todas las necesidades de todos los creyentes por los siglos.

"sin padre, sin madre, sin genealogía; que ni tiene principio de días, ni fin de vida, sino hecho semejante al Hijo de Dios, permanece sacerdote para siempre" (He. 7:3).

"Jesucristo es el mismo ayer, y hoy, y por los siglos" (He. 13:8).

"Toda buena dádiva y todo don perfecto desciende de lo alto, del Padre de las luces, en el cual no hay mudanza, ni sombra de variación" (Stg. 1:17).

"Yo soy el Alfa y la Omega, el principio y el fin, el primero y el último" (Ap. 22:13).

"de manera que podemos decir confiadamente: El Señor es mi ayudador; no temeré lo que me pueda hacer el hombre" (He. 13:6).

"No os ha sobrevenido ninguna tentación que no sea humana; pero fiel es Dios, que no os dejará ser tentados más de lo que podéis resistir, sino que dará también juntamente con la tentación la salida, para que podáis soportar" (1 Co. 10:13).

"Jehová es mi fortaleza y mi escudo; en él confió mi corazón, y fui ayudado, por lo que se gozó mi corazón, y con mi cántico le alabaré" (Sal. 28:7).

"Aunque afligido yo y necesitado, Jehová pensará en mí. mi ayuda y mi libertador eres tú; Dios mío, no te tardes" (Sal. 40:17).

"Pero tú eres el mismo, y tus años no se acabarán" (Sal. 102:27).

"No temas, porque yo estoy contigo; no desmayes, porque yo soy tu Dios que te esfuerzo; siempre te ayudaré, siempre te sustentaré con la diestra de mi justicia" (Is. 41:10).

1 Las enseñanzas o doctrinas extrañas	B. Requisito dos: La protección contra doctrinas extrañas, 13:9-16	por el sumo sacerdote, son quemados fuera del campamento.d	2 La enseñanza o doctrina verdadera
a. Las enseñanzas extrañas alejan a las personas de la gracia de Dios	9 No os dejéis llevar de doctrinas diversas y extrañas; porque buena cosa es afirmar el corazón con la gracia, no con viandas, que nunca aprovecharon a los que se han ocupado de ellas.	12 Por lo cual también Jesús, para santificar al pueblo mediante su propia sangre, padeció fuera de la puerta.	
b. Las enseñanzas extrañas afirman los rituales y no la gracia		13 Salgamos, pues, a él, fuera del campamento, llevando su vituperio;	3 El deber de los creyentes
c. Las enseñanzas extrañas no aprovechan a la persona		14 porque no tenemos aquí ciudad permanente, sino que buscamos la por venir.	a. Deben buscar a Cristo
		15 Así que, ofrezcamos siempre a Dios, por medio de él, sacrificio de alabanza, es decir, fruto de labios que confiesan su nombre.	b. Deben buscar la ciudad eterna y permanente
d. Las enseñanzas extrañas se basan en el sacrificio equivocado	10 Tenemos un altar, del cual no tienen derecho de comer los que sirven al tabernáculo. 11 Porque los cuerpos de aquellos animales cuya sangre a causa del pecado es introducida en el santuario	16 Y de hacer bien y de la ayuda mutua no os olvidéis; porque de tales sacrificios se agrada Dios.	c. Deben ofrecer el sacrificio de alabanza a Dios constantemente
			d. Deben hacer bien y dar a modo de sacrificio

DIVISIÓN VI

LOS REQUISITOS SUPREMOS DE LA CONDUCTA CRISTIANA, 13:1-25

B. Requisito dos: La protección contra doctrinas extrañas, 13:9-16

(13:9-16) *Introducción:* ¿Cuáles son los requisitos supremos de la conducta cristiana? El segundo requisito es la protección contra enseñanzas o doctrinas extrañas.

1. Las enseñanzas o doctrinas extrañas (vv. 9-11).
2. La enseñanza o doctrina verdadera (v. 12).
3. El deber de los creyentes (vv. 13-16).

1 (13:9-11) *Enseñanza, falsa:* Las enseñanzas o doctrinas extrañas. Nota: No había solo una enseñanza extraña en la iglesia, sino que varias habían penetrado la iglesia. Se dice cuatro cosas sobre las enseñanzas extrañas.

1. Las enseñanzas extrañas alejan a las personas de la gracia de Dios (v. 9). "alejado" (parapheresthe) quiere decir estar extraviado o descarriado. Estar alejado de la gracia de Dios es lo más peligroso que le puede suceder a una persona, porque es la gracia de Dios la que salva a una persona. Una persona puede volverse acepta ante Dios solo si se acerca a Dios a través de la gracia de Dios.

2. Las enseñanzas extrañas afirman los rituales y no la gracia (v. 9). Algunos de los creyentes hebreos habían vuelto a acercarse a Dios mediante algunos rituales que incluyen comida. En qué consistía el ritual no se conoce hoy día. No se dice absolutamente nada sobre eso excepto lo que se dice aquí. Pero lo que se dice es un mensaje claro para nosotros: Debemos establecer y fortalecer nuestro corazón con la gracia de Dios y no con el ritual de la comida. Algunas personas siempre han tratado de hacerse más puras y más aceptas ante Dios…

• absteniéndose de ciertos alimentos y bebidas.
• comiendo ciertos alimentos ciertos días.

La aplicación de este punto resulta aún mucho más amplia para los creyentes. Se aplica a todos los rituales y ceremonias de religión. Ningún ritual ni ceremonia hace a una persona pura y acepta ante Dios. Los rituales y las ceremonias son solo sustancias físicas. No importa lo que sean, rituales de comida, circuncisión, bautismo, membresía de la iglesia, confirmación, todos son externos y mortales. Esto no quiere decir que el ritual y la ceremonia no sean útiles para recordarnos nuestra vida y andar con el Señor. Sí lo son y son muy útiles. Pero la enseñanza de las Escrituras es que los rituales y las ceremonias no nos hacen internamente puros y aceptos ante Dios. Dios no nos acepta y transforma por algún acto o cosa física o material o externa. Cualquier doctrina que argumente esto, que algún ritual físico y externo puede limpiar a un hombre internamente y hacerlo acepto ante Dios, es una doctrina falsa y *extraña*. Ni siquiera es lógicamente cierto. Cualquier persona honrada e inteligente sabe que una sustancia externa y física nunca puede entrar al corazón del hombre y transformarlo en un ser eterno. Si se transforma el corazón de una persona de modo que se pueda volver acepto ante Dios y vivir para siempre, tiene que ser transformado por el propio Dios, por medio de su gracia maravillosa.

3. Las enseñanzas extrañas no aprovechan a la persona que las sigue (v. 9). Una persona puede ser sincera, tan sincera como pueda, al seguir la enseñanza falsa, pero no le hace bien alguno cualquiera que sea. No la hace pura, santa,

limpia, justa, ni acepta ante Dios. De hecho, un ritual y una ceremonia le pueden ocasionar gran daño a una persona. ¿Cómo? Puede hacer que la persona dependa y se centre en el ritual y la ceremonia en vez de en Cristo. Es Cristo quien nos limpia y nos hace aceptos ante Dios. Por lo tanto, los rituales y las ceremonias deben ayudarnos a recordar a Jesucristo y centrarnos en su gran sacrificio y salvación. Si comenzamos a ver el ritual como algo que nos hace puros y aceptos, entonces estamos utilizando equívocamente el ritual. Estamos practicando una doctrina extraña y estamos alejándonos de Cristo que es la gracia de Dios. La doctrina extraña nos hace daño; no nos aprovecha en lo absoluto.

4. Las enseñanzas extrañas se basan en el sacrificio equivocado (v. 10-11). Note que el autor de Hebreos dice "tenemos un altar". Él se identifica a sí mismo con la nación judía y con sus lectores judíos y su religión. Él dice, "Nosotros como judíos tenemos un altar donde se hizo sacrificio por los pecados". Él menciona tres elementos sobre el sacrificio judío:

⇒ Los sacerdotes no tenían derecho de comerse la carne del sacrificio.

⇒ La sangre del sacrificio se llevaba al santuario del Lugar santísimo y se rociaba sobre el propiciatorio. Recuerden: El Lugar santísimo simbolizaba la presencia misma de Dios y la sangre del sacrificio ilustraba la sangre del Salvador que debía morir por los pecados de los hombres.

⇒ El cuerpo de los animales sacrificados se sacaba fuera del campamento y se quemaban.

Ahora bien, ¿cuál es el objetivo de estos elementos? Sucede lo siguiente: Ningún sacrificio, ni siquiera el sacrificio del viejo pacto, puede hacer a una persona pura y acepta ante Dios. Cualquier enseñanza que diga que la sangre de un animal puede hacer a una persona acepta ante Dios es una enseñanza falsa y extraña. El hombre es pecador e imperfecto y nunca podrá vivir con un Dios perfecto a menos que un sustituto dé el paso al frente y se haga cargo del juicio por sus pecados. No hay ninguna otra manera en la que el hombre se pueda liberar de su pecado a menos que alguien se haga cargo de ellos y sufra el juicio por estos. Así y solo así el hombre puede estar ante Dios libre de pecado, perfecto y justo.

Pero eso no lo puede lograr ningún animal. Un animal no es un hombre. Si va haber un sustituto que cargue los pecados del hombre, el sustituto tiene que ser un hombre y tiene que ser el hombre perfecto e ideal. Solo un hombre perfecto e ideal puede ser acepto ante Dios y solo el ideal puede presentarse como el hombre modelo que puede cubrir a todos los hombres de todas las generaciones.

Es por eso que un sacrificio animal es totalmente inacepto ante Dios. Por ende, cualquier doctrina que esté basada en cualquier sacrificio que no sea el sacrificio del Hijo de Dios es extraña. Es falsa.

"Estoy maravillado de que tan pronto os hayáis alejado del que os llamó por la gracia de Cristo, para seguir un evangelio diferente. No que haya otro, sino que hay algunos que os perturban y quieren pervertir

el evangelio de Cristo. Mas si aun nosotros, o un ángel del cielo, os anunciare otro evangelio diferente del que os hemos anunciado, sea anatema. Como antes hemos dicho, también ahora lo repito: Si alguno os predica diferente evangelio del que habéis recibido, sea anatema" (Gá. 1:6-9).

"Mirad que nadie os engañe por medio de filosofías y huecas sutilezas, según las tradiciones de los hombres, conforme a los rudimentos del mundo, y no según Cristo" (Col. 2:8).

"Pero el Espíritu dice claramente que en los postreros tiempos algunos apostatarán de la fe, escuchando a espíritus engañadores y a doctrinas de demonios; por la hipocresía de mentirosos que, teniendo cauterizada la conciencia, prohibirán casarse, y mandarán abstenerse de alimentos que Dios creó para que con acción de gracias participasen de ellos los creyentes y los que han conocido la verdad" (1 Ti. 4:1-3).

"Porque el que le dice: ¡Bienvenido! participa en sus malas obras" (2 Jn. 7-11).

"Mas os ruego, hermanos, que os fijéis en los que causan divisiones y tropiezos en contra de la doctrina que vosotros habéis aprendido, y que os apartéis de ellos. Porque tales personas no sirven a nuestro Señor Jesucristo, sino a sus propios vientres, y con suaves palabras y lisonjas engañan los corazones de los ingenuos" (Ro. 16:17-18).

"Porque éstos son falsos apóstoles, obreros fraudulentos, que se disfrazan como apóstoles de Cristo. Y no es maravilla, porque el mismo Satanás se disfraza como ángel de luz. Así que, no es extraño si también sus ministros se disfrazan como ministros de justicia; cuyo fin será conforme a sus obras" (2 Co. 11:13-15).

"para que ya no seamos niños fluctuantes, llevados por doquiera de todo viento de doctrina, por estratagema de hombres que para engañar emplean con astucia las artimañas del error" (Ef. 4:14).

"mas los malos hombres y los engañadores irán de mal en peor, engañando y siendo engañados" (2 Ti. 3:13).

"Porque hay aún muchos contumaces, habladores de vanidades y engañadores, mayormente los de la circuncisión" (Tit. 1:10).

"Hijitos, ya es el último tiempo; y según vosotros oísteis que el anticristo viene, así ahora han surgido muchos anticristos; por esto conocemos que es el último tiempo. Salieron de nosotros, pero no eran de nosotros; porque si hubiesen sido de nosotros, habrían permanecido con nosotros; pero salieron para que se manifestase que no todos son de nosotros" (1 Jn. 2:18-19).

"En esto conoced el Espíritu de Dios: Todo espíritu que confiesa que Jesucristo ha venido en carne, es de Dios; y todo espíritu que no confiesa que Jesucristo ha venido en carne, no es de Dios; y este es el espíritu del anticristo, el cual vosotros habéis oído que viene, y que ahora ya está en el mundo" (1 Jn. 4:2-3).

"Porque muchos engañadores han salido por el mundo, que no confiesan que Jesucristo ha venido en carne. Quien esto hace es el engañador y el anticristo" (2 Jn. 7).

"Luz de lámpara no alumbrará más en ti, ni voz de esposo y de esposa se oirá más en ti; porque tus mercaderes eran los grandes de la tierra; pues por tus hechicerías fueron engañadas todas las naciones" (Ap. 18:23).

2 (13:12) *Jesucristo, muerte:* La enseñanza o doctrina verdadera. Jesucristo es el único sacrificio perfecto por los pecados del hombre. Solo Él es el Hombre perfecto e ideal. Él es la única persona que haya vivido en la tierra que…

- haya llevado una vida perfecta e impecable.
- haya garantizado una justicia perfecta.
- se haya convertido en el Hombre perfecto e ideal.

Por lo tanto, solo Jesucristo podía convertirse en el sacrificio perfecto e ideal por los pecados del hombre. La única interrogante era, ¿y Él? ¿Estaría dispuesto Él a hacerse cargo de todos los pecados de los hombres y soportar por ellos la culpa y el castigo? ¡Sí! La respuesta gloriosa es "¡Sí!" Tanto Él como Dios Padre nos aman, nos aman tanto que se propusieron para toda la eternidad que Cristo viniera a la tierra e hiciera el sacrificio perfecto por nosotros.

1. Note las palabras, "también Jesús… padeció fuera de la puerta". Bajo el Antiguo Testamento o viejo pacto, los animales de sacrificio se quemaban fuera y lejos del campamento. Esto demuestra cuán perfectamente Jesucristo logró el tipo y símbolo de Cordero de Dios. Jesucristo fue crucificado fuera de la ciudad de Jerusalén y lejos del templo tal como los animales padecían fuera del campamento. Jesucristo era el sacrificio perfecto, que logró el tipo expiatorio perfectamente.

2. Note por qué Jesucristo murió por nosotros: "Para santificar al pueblo mediante su propia sangre". La palabra *santificar* significa apartar y separar. Jesucristo murió por nosotros para que pudiera santificarnos, apartarnos y separarnos para Dios. Él es el sacrificio perfecto. Es su sangre y solo su sangre la que nos purifica y nos hace aceptos ante Dios. Dios no puede aceptar cualquier sacrificio que no sea el sacrificio del Hombre perfecto e ideal. Y ningún hombre puede llevar una vida perfecta a menos que tenga la naturaleza misma del propio Dios. Esta es la razón por la que Jesucristo mismo, el propio Hijo de Dios, es nuestro Salvador. Él y solo Él tiene la naturaleza de Dios; por lo tanto, solo Él podía llevar la vida perfecta e ideal y hacer el sacrificio perfecto por nuestros pecados. Esta es la doctrina verdadera. Es la doctrina que se debe enseñar. Todas las otras doctrinas son enseñanzas extrañas; de todas las otras doctrinas nos debemos proteger.

"Pues mucho más, estando ya justificados en su sangre, por él seremos salvos de la ira" (Ro. 5:9).

"en quien tenemos redención por su sangre, el perdón de pecados según las riquezas de su gracia" (Ef. 1:7).

"en quien tenemos redención por su sangre, el perdón de pecados" (Col. 1:14).

"y no por sangre de machos cabríos ni de becerros, sino por su propia sangre, entró una vez para siempre en el Lugar Santísimo, habiendo obtenido eterna redención. Porque si la sangre de los toros y de los machos cabríos, y las cenizas de la becerra rociadas a los inmundos, santifican para la purificación de la carne, ¿cuánto más la sangre de Cristo, el cual median-

te el Espíritu eterno se ofreció a sí mismo sin mancha a Dios, limpiará vuestras conciencias de obras muertas para que sirváis al Dios vivo?" (He. 9:12-14).

"sabiendo que fuisteis rescatados de vuestra vana manera de vivir, la cual recibisteis de vuestros padres, no con cosas corruptibles, como oro o plata, sino con la sangre preciosa de Cristo, como de un cordero sin mancha y sin contaminación" (1 P. 1:18-19).

"pero si andamos en luz, como él está en luz, tenemos comunión unos con otros, y la sangre de Jesucristo su Hijo nos limpia de todo pecado" (1 Jn. 1:7).

"y de Jesucristo el testigo fiel, el primogénito de los muertos, y el soberano de los reyes de la tierra. Al que nos amó, y nos lavó de nuestros pecados con su sangre" (Ap. 1:5).

"y cantaban un nuevo cántico, diciendo: Digno eres de tomar el libro y de abrir sus sellos; porque tú fuiste inmolado, y con tu sangre nos has redimido para Dios, de todo linaje y lengua y pueblo y nación" (Ap. 5:9).

3 (13:13-16) *Creyentes, deber:* El deber de los creyentes. ¿Cómo se puede proteger un creyente de enseñanzas extrañas? ¿Cómo se puede proteger él mismo? ¿Cómo puede estar él absolutamente seguro de que nunca será alejado por doctrinas extrañas? Él debe hacer cuatro cosas.

1. El creyente debe salir como Cristo y llevar su vituperio (v. 13). Una persona no puede permanecer en su antigua religión y hacerse puro y acepta ante Dios. Una persona debe *salirse* de su antigua religión y *salir a* Cristo, salir a la cruz. Debe enfrentar la cruz de Jesucristo y aceptar su maltrato. Es decir, debe confesar…

- que su propia religión y justicia se vuelve nada ante Dios.
- que sus pecados provocaron que Cristo tuviera que morir.
- que como hombre no puede hacer un sacrificio suficientemente grande o valioso que Dios pueda aceptar.
- que solo la sangre de Jesucristo puede hacerla acepta ante Dios.

Muy sencillo, una persona debe confesar que es pecadora y que solo Jesucristo puede salvarla y debe salir como Cristo y vivir por Él. La persona debe estar dispuesta a llevar cualquier vituperio que se le imponga porque ha aceptado a Jesucristo como su Salvador. Una persona debe negarse a sí misma y tomar la cruz a diario y seguir a Cristo. Salir como Cristo y llevar su vituperio a diario evita que doctrinas extrañas alejen a la persona.

"Y decía a todos: Si alguno quiere venir en pos de mí, niéguese a sí mismo, tome su cruz cada día, y sígame" (Lc. 9:23).

"Y yo, si fuere levantado de la tierra, a todos atraeré a mí mismo" (Jn. 12:32).

"por cuanto todos pecaron, y están destituidos de la gloria de Dios, siendo justificados gratuitamente por su gracia, mediante la redención que es en Cristo Jesús, a quien Dios puso como propiciación por medio de la fe en su sangre, para manifestar su justicia, a causa de haber pasado por alto, en su paciencia, los pecados pasados" (Ro. 3:23-25).

"Porque la paga del pecado es muerte, mas la dádiva de Dios es vida eterna en Cristo Jesús Señor nuestro" (Ro. 6:23).

"que si confesares con tu boca que Jesús es el Señor, y creyeres en tu corazón que Dios le levantó de los muertos, serás salvo. Porque con el corazón se cree para justicia, pero con la boca se confiesa para salvación" (Ro. 10:9-10).

"Que por esto mismo trabajamos y sufrimos oprobios, porque esperamos en el Dios viviente, que es el Salvador de todos los hombres, mayormente de los que creen" (1 Ti. 4:10).

"teniendo por mayores riquezas el vituperio de Cristo que los tesoros de los egipcios; porque tenía puesta la mirada en el galardón" (He. 11:26).

"Si sois vituperados por el nombre de Cristo, sois bienaventurados, porque el glorioso Espíritu de Dios reposa sobre vosotros. Ciertamente, de parte de ellos, él es blasfemado, pero por vosotros es glorificado" (1 P. 4:14).

2.   El creyente debe buscar una ciudad permanente, es decir, la ciudad celestial que es eterna (v. 14). La ciudad permanente del cielo se contrasta con la ciudad terrenal de Jerusalén que fue el centro de la vida y la religión judía. Jerusalén es la ciudad más grande del mundo para los judíos. Pero no importa cuán grande sea una ciudad terrenal, es solo temporal, muere y desparece. Y esto significa algo importante: Todo lo que hay dentro de la ciudad, incluso la religión y los rituales y las ceremonias y los sacrificios, todos mueren y desaparecen. Ninguna ciudad terrenal ni ninguna religión terrenal perdura. Por ende, los creyentes deben mantener los ojos puestos en la ciudad celestial venidera, porque solo la ciudad celestial es eterna y permanente. Solo ella perdurará para siempre, las ciudades terrenales no.

Pensamiento 1. ¡De qué modo nos atamos al mundo! ¿Cuántos odian tener que abandonar las ciudades de su nacimiento y de su hogar terrenal? ¿Cuántos se acobardan al tener que abandonar las ciudades de esta tierra y partir hacia el otro mundo? Qué trágico, porque hay una ciudad permanente, una ciudad eterna que perdurará para siempre y todo ser humano podría mudarse a esa ciudad y vivir para siempre. Aún así no lo harán. Podrían, pero tantos se niegan. Prefieren aferrarse a las ciudades de este mundo.

"porque esperaba la ciudad que tiene fundamentos, cuyo arquitecto y constructor es Dios" (He. 11:10).

"Pero anhelaban una mejor, esto es, celestial; por lo cual Dios no se avergüenza de llamarse Dios de ellos; porque les ha preparado una ciudad" (He. 11:16).

"sino que os habéis acercado al monte de Sion, a la ciudad del Dios vivo, Jerusalén la celestial, a la compañía de muchos millares de ángeles" (He. 12:22).

"porque no tenemos aquí ciudad permanente, sino que buscamos la por venir" (He. 13:14).

"Pero el día del Señor vendrá como ladrón en la noche; en el cual los cielos pasarán con grande estruendo, y los elementos ardiendo serán deshechos, y la tierra y las obras que en ella hay serán quemadas. Puesto

que todas estas cosas han de ser deshechas, ¡cómo no debéis vosotros andar en santa y piadosa manera de vivir, esperando y apresurándoos para la venida del día de Dios, en el cual los cielos, encendiéndose, serán deshechos, y los elementos, siendo quemados, se fundirán! Pero nosotros esperamos, según sus promesas, cielos nuevos y tierra nueva, en los cuales mora la justicia" (2 P. 3:10-13).

"Y yo Juan vi la santa ciudad, la nueva Jerusalén, descender del cielo, de Dios, dispuesta como una esposa ataviada para su marido" (Ap. 21:2).

3.   El creyente debe ofrecer el sacrificio de alabanza a Dios constantemente (v. 15). Pero note cómo: *Mediante Cristo*. Dios merece alabanza, pero Dios no acepta nada, ni siquiera la alabanza, a menos que se ofrezca mediante Cristo. Una persona no puede acercarse a Dios mediante algún otro sacrificio, persona o religión, ni siquiera para alabarlo, no si la persona quiere que su ofrenda sea aceptada por Dios. Dios no acepta alabanza por ningún otro medio que no sea por medio del Señor Jesucristo mismo.

"Jesús le dijo: Yo soy el camino, y la verdad, y la vida; nadie viene al Padre, sino por mí" (Jn. 14:6).

"Porque hay un solo Dios, y un solo mediador entre Dios y los hombres, Jesucristo hombre" (1 Ti. 2:5).

"Pero ahora tanto mejor ministerio es el suyo, cuanto es mediador de un mejor pacto, establecido sobre mejores promesas" (He. 8:6).

"y sobre ella los querubines de gloria que cubrían el propiciatorio; de las cuales cosas no se puede ahora hablar en detalle" (He. 9:5).

"Porque no entró Cristo en el santuario hecho de mano, figura del verdadero, sino en el cielo mismo para presentarse ahora por nosotros ante Dios" (He. 9:24).

"Hijitos míos, estas cosas os escribo para que no pequéis; y si alguno hubiere pecado, abogado tenemos para con el Padre, a Jesucristo el justo" (1 Jn. 2:1).

"Ofrezcan sacrificios de alabanza, y publiquen sus obras con júbilo" (Sal. 107:22).

"Te ofreceré sacrificio de alabanza, e invocaré el nombre de Jehová" (Sal. 116:17).

4.   El creyente debe hacer bien y dar a modo de sacrificio (v. 16). Oliver Greene tiene un comentario excelente sobre este punto que merece nuestra atención.

"Notarán que hay tres sacrificios que agradan a Dios, y no debemos dejar de ofrecer estos sacrificios constantemente: Primero, confesar su nombre; segundo, llevar una vida santa, haciendo bien; tercero, darles a aquellos que lo necesitan, compartiendo nuestras bendiciones con aquellos menos afortunados. Es un hipócrita quien alabe a Dios con palabras y no lleve una vida santa, una vida de fe, compartiendo las bendiciones con otros. Una persona así puede dar un espectáculo convincente, pero Dios mira al corazón.

"Hay tantas cosas que podemos compartir con otros, puede que solo sea una palabra dulce o una sonrisa de corazón con amor y comprensión, puede ser un vaso de agua dado en el nombre de Jesús. Puede ser un regalo, grande o pequeño, si podemos ayudar, con las

necesidades básicas de la vida, alimento o un par de zapatos para un niño necesitado. Hay tantas maneras en las que podemos compartir nuestras bendiciones con aquellos que son menos afortunados. La mayoría de nosotros no necesitamos esperar hasta que encontrar a alguien menos afortunado que nosotros. Es tan fácil pasar por alto oportunidades para servir, honrar y alabar a Dios ayudando a otros.

"Dios está bien complacido con estas ofrendas y sacrificios, ya sea con acciones o con palabras, si lo que hacemos lo hacemos en el nombre de Jesús y para la gloria de Dios; y traerá recompensas al final del viaje de la vida" (*La Epístola del apóstol San Pablo a los Hebreos*, p. 593s).

"Así alumbre vuestra luz delante de los hombres, para que vean vuestras buenas obras, y glorifiquen a vuestro Padre que está en los cielos" (Mt. 5:16).

"Que hagan bien, que sean ricos en buenas obras, dadivosos, generosos" (1 Ti. 6:18).

"presentándote tú en todo como ejemplo de buenas obras; en la enseñanza mostrando integridad, seriedad" (Tit. 2:7).

"Y considerémonos unos a otros para estimularnos al amor y a las buenas obras" (He. 10:24).

"Así también la fe, si no tiene obras, es muerta en sí misma. Pero alguno dirá: Tú tienes fe, y yo tengo obras. Muéstrame tu fe sin tus obras, y yo te mostraré mi fe por mis obras" (Stg. 2:17-18).

"manteniendo buena vuestra manera de vivir entre los gentiles; para que en lo que murmuran de vosotros como de malhechores, glorifiquen a Dios en el día de la visitación, al considerar vuestras buenas obras" (1 P. 2:12).

"Apártate del mal, y haz el bien; busca la paz, y síguela" (Sal. 34:14).

"Confía en Jehová, y haz el bien; y habitarás en la tierra, y te apacentarás de la verdad" (Sal. 37:3).

"Amad, pues, a vuestros enemigos, y haced bien, y prestad, no esperando de ello nada; y será vuestro galardón grande, y seréis hijos del Altísimo; porque él es benigno para con los ingratos y malos" (Lc. 6:35).

"Y de hacer bien y de la ayuda mutua no os olvidéis; porque de tales sacrificios se agrada Dios" (He. 13:16).

"y al que sabe hacer lo bueno, y no lo hace, le es pecado" (Stg. 4:17).

"Entonces dijo a sus discípulos: A la verdad la mies es mucha, mas los obreros pocos. Rogad, pues, al Señor de la mies, que envíe obreros a su mies" (Mt. 9:37-38).

"¿No decís vosotros: Aún faltan cuatro meses para que llegue la siega? He aquí os digo: Alzad vuestros ojos y mirad los campos, porque ya están blancos para la siega. Y el que siega recibe salario, y recoge fruto para vida eterna, para que el que siembra goce juntamente con el que siega" (Jn. 4:35-36).

	C. Requisito tres: La obediencia y oración por los líderes y la perfección por medio de buenas obras, 13:17-25	gran pastor de las ovejas, por la sangre del pacto eterno,	a. Por el Dios de paz b. Por el Dios de la resurrección y la vida c. Por el gran Pastor d. Por el pacto eterno, v. 20 e. Por la obra y energía de Dios
1 **Requisito 1: Obedecer a los pastores** a. Los pastores velan por nuestras almas b. Los pastores dan cuenta de nosotros c. Los pastores pueden estar tristes y heridos 2 **Requisito 2: Orar unos por otros** 3 **Requisito 3: Ser perfeccionado por Dios y Cristo**	17 Obedeced a vuestros pastores, y sujetaos a ellos; porque ellos velan por vuestras almas, como quienes han de dar cuenta; para que lo hagan con alegría, y no quejándose, porque esto no os es provechoso. 18 Orad por nosotros; pues confiamos en que tenemos buena conciencia, deseando conducirnos bien en todo. 19 Y más os ruego que lo hagáis así, para que yo os sea restituido más pronto. 20 Y el Dios de paz que resucitó de los muertos a nuestro Señor Jesucristo, el	21 os haga aptos en toda obra buena para que hagáis su voluntad, haciendo él en vosotros lo que es agradable delante de él por Jesucristo; al cual sea la gloria por los siglos de los siglos. Amén. 22 Os ruego, hermanos, que soportéis la palabra de exhortación, pues os he escrito brevemente. 23 Sabed que está en libertad nuestro hermano Timoteo, con el cual, si viniere pronto, iré a veros. 24 Saludad a todos vuestros pastores, y a todos los santos. Los de Italia os saludan. 25 La gracia sea con todos vosotros. Amén.	4 **Los señalamientos concluyentes** a. Prestar atención a la exhortación b. Estar conscientes de la situación de los santos c. Tener fraternidad con los pastores d. Estar conscientes de la gracia de Dios

DIVISIÓN VI

LOS REQUISITOS SUPREMOS DE LA CONDUCTA CRISTIANA, 13:1-25

C. Requisito tres: La obediencia y oración por los líderes y la perfección por medio de buenas obras, 13:17-25

(13:17-25) *Introducción:* ¿Cuáles son los requisitos supremos de la conducta cristiana? El tercer requisito es la obediencia y oración por los pastores y la perfección por medio de buenas obras.

1. Requisito 1: Obedecer a los pastores (v. 17).
2. Requisito 2: Orar unos por otros (vv. 18-19).
3. Requisito 3: Ser perfeccionado por Dios y Cristo (vv. 20-21).
4. Los señalamientos concluyentes (vv. 22-25).

1 (13:17) *Pastores — Obediencia:* Tenemos el requisito de obedecer a los pastores. El versículo siete nos habla del tipo de pastor o líder al que debemos obedecer: pastores que han proclamado la Palabra de Dios (v. 7). Es a su fe, a su liderazgo y a su ministerio visionario al que se debe obedecer. A los hombres que se encuentran en el ministerio solo como medio de sustento o para servir a la humanidad y que no proclaman la Palabra de Dios no se les debe seguir ni obedecer. No son hombres que han sido llamados por Dios al ministerio. Su servicio y obras a la humanidad pueden ser muy encomiables, buenas y útiles. Pero hombres así deberían estar en los servicios sociales de una comunidad, no en los púlpitos de una comunidad. La iglesia y su púlpito sí están allí para ayudar y ministrar las necesidades del mundo, pero no están allí *úni-*

camente para el ministerio social. La iglesia y su púlpito están allí primero que todo para *proclamar* la redención que hay en Cristo Jesús. Después, luego de predicar la redención, la iglesia está allí para llevar el mensaje y ministerio de la redención a un mundo perdido y necesitado. El ministro que ha sido llamado verdaderamente por Dios exalta a Cristo y a la redención que hay en Él. A ese ministro se le debe obedecer. Se dan tres razones para obedecerlo.

1. Dios llamó a los pastores para velar por el alma de cada uno de nosotros. A ellos les preocupa nuestro bienestar, crecimiento, santidad, pureza, conocimiento, fe, amor, nuestras pruebas y tentaciones, nuestras enfermedades y padecimientos y sufrimientos. Por lo tanto, deberíamos escucharlos y obedecer su consejo y exhortación.

2. Dios llamó a los pastores para que dieran cuenta de nosotros. Esto impide que los pastores abusen de nosotros. El pastor sabe que él dará cuentas a Dios y se parará ante Dios para rendirle cuentas de cómo nos guió. Por lo tanto, podemos descansar confiados que si un pastor es llamado por Dios, él no nos descarriará. Él le rinde cuentas a Dios y él lo sabe.

3. Los pastores llamados por Dios pueden estar tristes y heridos. Si los seguimos, se llenan de gozo porque la obra de Cristo sigue adelante. Se alcanza el mundo y se ministra a las personas para Cristo. Pero si no seguimos a nuestros pastores, se sienten tristes y heridos, porque se obstaculiza la obra de Cristo y no crecemos en Cristo como debiéramos. Cuando nos oponemos a nuestros pastores, frustramos nuestro crecimiento. Dejamos de crecer y comenzamos a causar heridas, y dolor y división en el Cuerpo de Cristo. Nos con-

vertimos en instrumentos de destrucción en vez de instrumentos de amor y cariño y nutrición.

Y note: Nuestra desobediencia y rebelión nos afecta. No nos aprovecha. Nos perdemos la contribución y crecimiento que el pastor podría haber hecho en nuestra vida.

Pensamiento 1. ¡Con qué frecuencia se rechazan a los pastores y no se siguen! Con qué frecuencia las personas se rehúsan a aceptar el liderazgo de un ministro o de algún líder en la iglesia. Las personas son las que pierden. Se pierden la contribución que los dones específicos del ministro pudieran haber logrado en su vida.

> "Os ruego que os sujetéis a personas como ellos, y a todos los que ayudan y trabajan" (1 Co. 16:16).
> "Someteos unos a otros en el temor de Dios" (Ef. 5:21).
> "Obedeced a vuestros pastores, y sujetaos a ellos; porque ellos velan por vuestras almas, como quienes han de dar cuenta; para que lo hagan con alegría, y no quejándose, porque esto no os es provechoso" (He. 13:17).
> "Igualmente, jóvenes, estad sujetos a los ancianos; y todos, sumisos unos a otros, revestíos de humildad; porque: Dios resiste a los soberbios, y da gracia a los humildes" (1 P. 5:5).
> "Y los que tienen amos creyentes, no los tengan en menos por ser hermanos, sino sírvanles mejor, por cuanto son creyentes y amados los que se benefician de su buen servicio. Esto enseña y exhorta" (1 Ti. 6:2).
> "Puse también sobre vosotros atalayas, que dijesen: Escuchad al sonido de la trompeta. Y dijeron ellos: No escucharemos" (Jer. 6:17).

2 (13:18-19) *Oración:* Tenemos el requisito de orar por nuestros ministros y sus ministerios. Nota: El autor dice que él tiene buena conciencia y que desea llevar una vida honrada y recta. Esto debiera alentar a las personas a orar por él, su ministerio es genuino. Él no es un ministro falso; tampoco lleva una vida deshonrosa e impura. Por lo tanto, las personas debieran sentirse estimuladas a orar por él. Él también quiere continuar su ministerio con ellos; por ende, él les pide que oren por ese propósito también. Él quiere serles restituido pronto, y necesita la ayuda de Dios para ello. Al parecer algún obstáculo lo mantenía alejado de la iglesia.

Pensamiento 1. Los creyentes deben orar por todos los ministros que viven para Cristo, ya estén presentes o ausentes, ministrándonos a nosotros o en alguna otra parte del mundo.

> "Pero os ruego, hermanos, por nuestro Señor Jesucristo y por el amor del Espíritu, que me ayudéis orando por mí a Dios" (Ro. 15:30).
> "orando en todo tiempo con toda oración y súplica en el Espíritu, y velando en ello con toda perseverancia y súplica por todos los santos; y por mí, a fin de que al abrir mi boca me sea dada palabra para dar a conocer con denuedo el misterio del evangelio" (Ef. 6:18-19).
> "Hermanos, orad por nosotros" (1 Ts. 5:25).
> "Por lo demás, hermanos, orad por nosotros, para

que la palabra del Señor corra y sea glorificada, así como lo fue entre vosotros" (2 Ts. 3:1).
> "Orad por nosotros; pues confiamos en que tenemos buena conciencia, deseando conducirnos bien en todo" (He. 13:18).

3 (13:20-21) *Perfección — Crecimiento — Madurez:* Tenemos el requisito de ser perfeccionados en cada buena obra. Esta es una oración del autor por los creyentes hebreos. Nos proporciona una ilustración significativa de Dios y de Cristo.

1.   Dios es el Dios de paz. Esto quiere decir que Dios es la *Fuente de paz.* Una persona necesita ser *perfeccionada en paz; necesita tener* paz, experimentar la paz día tras días a medida que se abre camino a través de la vida con todas sus pruebas y tentaciones. Pero note: Nadie puede experimentar paz aparte de Dios, porque Dios es la Fuente de paz. Pero si una persona se vuelve hacia Dios, puede experimentar paz no importa cuántos problemas y estrés tenga a su alrededor. A pesar de las circunstancias y la situación, el Dios de paz puede traerle paz a su alma. Lo que el hombre tiene que hacer es volver su vida hacia Dios. Cuando el hombre se vuelve hacia Dios, Dios planta la semilla de la paz en su alma y la paz crece y crece. De hecho, mientras más el hombre riega y alimenta su relación con Dios, más se apodera del hombre la semilla de la paz de Dios. Sucede lo siguiente: Dios es el Dios de paz; por ende, la única esperanza del hombre de tener paz es venir a Dios. Dios y solo Dios puede darle al hombre la paz perfecta en su corazón.

> "Justificados, pues, por la fe, tenemos paz para con Dios por medio de nuestro Señor Jesucristo" (Ro. 5:1).
> "La paz os dejo, mi paz os doy; yo no os la doy como el mundo la da. No se turbe vuestro corazón, ni tenga miedo" (Jn. 14:27).
> "Estas cosas os he hablado para que en mí tengáis paz. En el mundo tendréis aflicción; pero confiad, yo he vencido al mundo" (Jn. 16:33).
> "Porque el ocuparse de la carne es muerte, pero el ocuparse del Espíritu es vida y paz" (Ro. 8:6).
> "porque el reino de Dios no es comida ni bebida, sino justicia, paz y gozo en el Espíritu Santo" (Ro. 14:17).
> "Y el Dios de paz aplastará en breve a Satanás bajo vuestros pies. La gracia de nuestro Señor Jesucristo sea con vosotros" (Ro. 16:20).
> "Porque él es nuestra paz, que de ambos pueblos hizo uno, derribando la pared intermedia de separación" (Ef. 2:14).
> "y por medio de él reconciliar consigo todas las cosas, así las que están en la tierra como las que están en los cielos, haciendo la paz mediante la sangre de su cruz" (Col. 1:20).
> "Por nada estéis afanosos, sino sean conocidas vuestras peticiones delante de Dios en toda oración y ruego, con acción de gracias. Y la paz de Dios, que sobrepasa todo entendimiento, guardará vuestros corazones y vuestros pensamientos en Cristo Jesús" (Fil. 4:6-7).
> "Lo que aprendisteis y recibisteis y oísteis y visteis

en mí, esto haced; y el Dios de paz estará con vosotros" (Fil. 4:9).

"Y el Dios de paz sea con todos vosotros. Amén" (Ro. 15:33).

"Por lo demás, hermanos, tened gozo, perfeccionaos, consolaos, sed de un mismo sentir, y vivid en paz; y el Dios de paz y de amor estará con vosotros" (2 Co. 13:11).

"Y el mismo Dios de paz os santifique por completo; y todo vuestro ser, espíritu, alma y cuerpo, sea guardado irreprensible para la venida de nuestro Señor Jesucristo" (1 Ts. 5:23).

"Y el Dios de paz que resucitó de los muertos a nuestro Señor Jesucristo, el gran pastor de las ovejas, por la sangre del pacto eterno" (He. 13:20).

2. Dios es el Dios de la resurrección y la vida. Él resucitó al Señor Jesucristo de entre los muertos. Él tenía el poder de resucitar a Cristo y de darle una vida nueva, una vida de exaltación y gloria que durará para siempre. Es algo glorioso: Dios es el Dios de la resurrección y la vida. Por lo tanto, si nos volvemos a Él, Él nos resucitará y nos dará una vida nueva, una vida de exaltación y gloria para siempre. Y si hay algo que el hombre necesita, es la vida, una vida que nunca acabe, una vida que sea eterna y que nos dé el privilegio de vivir con Dios para siempre.

"el cual fue entregado por nuestras transgresiones, y resucitado para nuestra justificación" (Ro. 4:25).

"que si confesares con tu boca que Jesús es el Señor, y creyeres en tu corazón que Dios le levantó de los muertos, serás salvo" (Ro. 10:9).

"Además os declaro, hermanos, el evangelio que os he predicado, el cual también recibisteis, en el cual también perseveráis; por el cual asimismo, si retenéis la palabra que os he predicado, sois salvos, si no creísteis en vano. Porque primeramente os he enseñado lo que asimismo recibí: Que Cristo murió por nuestros pecados, conforme a las Escrituras; y que fue sepultado, y que resucitó al tercer día, conforme a las Escrituras" (1 Co. 15:1-4).

"y cuál la supereminente grandeza de su poder para con nosotros los que creemos, según la operación del poder de su fuerza, la cual operó en Cristo, resucitándole de los muertos y sentándole a su diestra en los lugares celestiales" (Ef. 1:19-20).

"Porque si creemos que Jesús murió y resucitó, así también traerá Dios con Jesús a los que durmieron en él. Por lo cual os decimos esto en palabra del Señor: que nosotros que vivimos, que habremos quedado hasta la venida del Señor, no precederemos a los que durmieron. Porque el Señor mismo con voz de mando, con voz de arcángel, y con trompeta de Dios, descenderá del cielo; y los muertos en Cristo resucitarán primero. Luego nosotros los que vivimos, los que hayamos quedado, seremos arrebatados juntamente con ellos en las nubes para recibir al Señor en el aire, y así estaremos siempre con el Señor. Por tanto, alentaos los unos a los otros con estas palabras" (1 Ts. 4:14-18).

"Bendito el Dios y Padre de nuestro Señor Jesucristo, que según su grande misericordia nos hizo renacer para una esperanza viva, por la resurrección de Jesucristo de los muertos" (1 P. 1:3).

3. Jesucristo es el gran pastor de las ovejas. Él es quien pastorea al pueblo de Dios. Él es quien guía, provee y protege al pueblo de Dios. Pero el Señor Jesucristo tiene una cualidad que se destaca muy por encima de las cualidades de todos los pastores. Jesucristo sacrificó su vida por las ovejas; Él murió por las ovejas de Dios y lo hizo por voluntad propia. Por lo tanto, las ovejas de Dios fueron salvas. La vida de cada una de ellas fue salva y se les dio el privilegio glorioso de vivir para siempre en el pasto eterno de Dios. El hombre necesita guía, provisión y protección; y Jesucristo le puede dar esas tres cosas. Pero el hombre también necesita liberación de los lobos feroces del pecado, la muerte y el juicio venidero. Jesucristo, el gran pastor, ha sacrificado su propia vida a fin de proporcionar esta liberación por el hombre también.

"Jehová es mi pastor; nada me faltará. en lugares de delicados pastos me hará descansar; junto a aguas de reposo me pastoreará" (Sal. 23:1-2).

"Como pastor apacentará su rebaño; en su brazo llevará los corderos, y en su seno los llevará; pastoreará suavemente a las recién paridas" (Is. 40:11).

"Yo soy el buen pastor; el buen pastor su vida da por las ovejas" (Jn. 10:11).

"Y el Dios de paz que resucitó de los muertos a nuestro Señor Jesucristo, el gran pastor de las ovejas, por la sangre del pacto eterno" (He. 13:20).

"Porque vosotros erais como ovejas descarriadas, pero ahora habéis vuelto al Pastor y Obispo de vuestras almas" (1 P. 2:25).

4. Jesucristo es quien estableció el pacto eterno entre Dios y el hombre. Un pacto es un acuerdo entre dos personas. El nuevo acuerdo entre Dios y el hombre fue obrado por Jesucristo. Él ha provisto el camino para que nosotros nos acerquemos a Dios. ¿Cuál es ese pacto? ¿Cómo podemos acercarnos ahora a Dios? El pacto es la sangre de Jesucristo y la sangre de Cristo es el camino para acercarnos a Dios. ¿Qué quiere decir esto? Quiere decir que Jesucristo se hizo cargo de nuestros pecados y soportó la culpa y el juicio por nuestros pecados. Cuando murió, Él murió como el sacrificio perfecto e ideal. Él pudo hacer esto porque Él era el Hombre perfecto e ideal. Por lo tanto, cualquier cosa que hiciera era acepto ante Dios. Él estableció un camino nuevo y vivo hasta la presencia de Dios; con su muerte Jesucristo ha establecido un nuevo pacto, un nuevo acuerdo entre Dios y el hombre. Es la voluntad de Dios que el hombre se acerque a Él por medio de la sangre de Cristo, el pacto eterno. De hecho, un hombre es acepto ante Dios solo si se acerca a Dios mediante la sangre de Cristo.

"porque esto es mi sangre del nuevo pacto, que por muchos es derramada para remisión de los pecados" (Mt. 26:28).

"Por lo cual, este es el pacto que haré con la casa de Israel después de aquellos días, dice el Señor: Pondré mis leyes en la mente de ellos, y sobre su corazón las escribiré; y seré a ellos por Dios, y ellos me serán a mí por pueblo" (He. 8:10).

"a Jesús el Mediador del nuevo pacto, y a la sangre rociada que habla mejor que la de Abel" (He. 12:24).

"Por tanto, mirad por vosotros, y por todo el rebaño en que el Espíritu Santo os ha puesto por obispos, para apacentar la iglesia del Señor, la cual él ganó por su propia sangre" (Hch. 20:28).

"Pues mucho más, estando ya justificados en su sangre, por él seremos salvos de la ira" (Ro. 5:9).

"¿cuánto más la sangre de Cristo, el cual mediante el Espíritu eterno se ofreció a sí mismo sin mancha a Dios, limpiará vuestras conciencias de obras muertas para que sirváis al Dios vivo?" (He. 9:14).

"sabiendo que fuisteis rescatados de vuestra vana manera de vivir, la cual recibisteis de vuestros padres, no con cosas corruptibles, como oro o plata, sino con la sangre preciosa de Cristo, como de un cordero sin mancha y sin contaminación" (1 P. 1:18-19).

"pero si andamos en luz, como él está en luz, tenemos comunión unos con otros, y la sangre de Jesucristo su Hijo nos limpia de todo pecado" (1 Jn. 1:7).

"y de Jesucristo el testigo fiel, el primogénito de los muertos, y el soberano de los reyes de la tierra. Al que nos amó, y nos lavó de nuestros pecados con su sangre" (Ap. 1:5).

5. Dios nos perfecciona en cada buena obra. Dios tiene una voluntad para cada uno de nosotros, pero solo hay una manera en la que se puede perfeccionar en nosotros. Note dos elementos:

⇒ La voluntad de Dios no se perfecciona en nosotros por medio de nuestras propias obras y esfuerzos. Podemos intentar una y otra vez aunar fuerzas para hacer la voluntad de Dios, pero solo fracasaremos. Podemos demostrar iniciativa y mucha actividad, pero nuestro trabajo y nuestros propios esfuerzos humanos solo fracasarán. No importa lo que hagamos, nunca podremos perfeccionarnos nosotros mismos. Nuestras obras y esfuerzos finalmente cesarán y desaparecerán.

⇒ La voluntad de Dios solo puede ser perfeccionada en nosotros por el propio Dios. El propio Dios debe obrar en nosotros, estimulándonos y dándonos la energía para hacer lo que es agradable ante su vista. La palabra *obrar* da la idea de energizar. Podemos hacer la voluntad de Dios solo cuando Él obra en nosotros y nos da la energía para hacerla. ¿Qué determina la energía y el poder de Dios en nuestra vida? Una cosa: Nuestro andar y fraternidad con Dios. Si andamos en fraternidad con Dios, en su Palabra y oración, dependiendo y confiando en Él, entonces Él nos estimulará y nos dará el conocimiento, la sabiduría, las ideas y las visiones de lo que quiere que se haga.

Recuerden: Todo esto es una oración. El autor de Hebreos ora porque el pueblo de Dios sea perfeccionado en cada buena obra. Note la oración como un todo, cuán significativa y cargada de poder:

"Y el Dios de paz que resucitó de los muertos a nuestro Señor Jesucristo, el gran pastor de las ovejas, por la sangre del pacto eterno, os haga aptos en toda obra buena para que hagáis su voluntad, haciendo él en vosotros lo que es agradable delante de él por Jesucristo; al cual sea la gloria por los siglos de los siglos. Amén" (He. 13:20-21).

"Por tanto, no desmayamos; antes aunque este nuestro hombre exterior se va desgastando, el interior no obstante se renueva de día en día" (2 Co. 4:16).

"Y a Aquel que es poderoso para hacer todas las cosas mucho más abundantemente de lo que pedimos o entendemos, según el poder que actúa en nosotros" (Ef. 3:20).

"estando persuadido de esto, que el que comenzó en vosotros la buena obra, la perfeccionará hasta el día de Jesucristo" (Fil. 1:6).

"porque Dios es el que en vosotros produce así el querer como el hacer, por su buena voluntad" (Fil. 2:13).

"Pero fiel es el Señor, que os afirmará y guardará del mal" (2 Ts. 3:3).

"Por lo cual asimismo padezco esto; pero no me avergüenzo, porque yo sé a quién he creído, y estoy seguro que es poderoso para guardar mi depósito para aquel día" (2 Ti. 1:12).

"que sois guardados por el poder de Dios mediante la fe, para alcanzar la salvación que está preparada para ser manifestada en el tiempo postrero" (1 P. 1:5).

4 (13:22-25) *Conclusión:* Esta es la conclusión de La Epístola a los Hebreos. Se pueden extraer cuatro lecciones importantes de estos señalamientos.

1. Los creyentes deben prestar atención a la exhortación. El autor de Hebreos le pide al creyente que reciba su palabra de exhortación. Él había escrito la epístola para edificarlos en Cristo y para advertirlos. Él había escrito tanto en tan poco espacio; no obstante, lo que había escrito necesitaba ser recibido y escuchado.

2. Los creyentes deben estar informados y conscientes de la situación de los santos. Él los informa del bienestar de Timoteo. A Timoteo ya lo habían liberado de prisión.

Pensamiento 1. Los creyentes deben mantenerse al tanto de cada uno. Es de la única manera que podemos cuidarnos y ayudarnos y crecer y desarrollarnos mutuamente.

3. Los creyentes se deben saludar unos a otros. El escritor de los creyentes hebreos nos lo ilustra. No hay cabida para el esnobismo en la iglesia, no hay cabida para la antipatía, no hay cabida para los que te dejan de lado. La iglesia es la congregación de la familia de Dios, una familia que tiene amor y fraternidad con Dios y con cada uno.

4. Los creyentes deben recibir y compartir la gracia de Dios mutuamente. Gracia significa el favor y las bendiciones de Dios, favor y bendiciones que no merecemos, pero que Dios nos da. Necesitamos el favor y las bendiciones de Dios; por lo tanto, debemos pagar por ellas, para que Dios nos las conceda a nosotros y a otros.

ÍNDICE DE BOSQUEJOS Y TEMAS
HEBREOS

RECUERDE: Cuando busca un tema o una referencia de las Escrituras, usted no solo tendrá el texto bíblico, sino también un bosquejo y una discusión (comentario) del pasaje de la Biblia y del tema.

Este es uno de los grandes valores de *La Biblia de bosquejos y sermones*. Cuando posea todos los tomos, no solo tendrá todo lo que los otros índices bíblicos le ofrecen; es decir, un listado de todos los temas y sus referencias bíblicas, SINO que también tendrá:

- un bosquejo de *cada* texto y tema de la Biblia.
- una discusión (comentario) de cada texto y tema.
- cada tema respaldado por otros textos de la Biblia o referencias cruzadas.

Descubra el gran valor usted mismo. Dé una mirada rápida al primer tema de este índice.

AARÒN
Sacerdocio de.
>Comparación con s. de Melquisedec. He. 7: 1-24
>Debilidad e insuficiencia de. Consideración del tema. He. 7: 1-24

Busque las referencias. Después los textos bíblicos y el bosquejo de las Escrituras. Luego lea el comentario. De inmediato verá el gran valor de este índice de *la Biblia de bosquejos y sermones*.

AARÓN
Sacerdocio de.
>Comparación con *s*. de Melquisedec. He. 7: 1-24
>Debilidad e insuficiencia de. Consideración del tema. He. 7: 1-24

ABRAHAM
Ejemplo de. Fe y resistencia. He. 6: 12-15
Fe de.
>Una fe obediente, confiada He. 11:8-10
>Creyó en las promesas de Dios. He. 11:17-19
>Ofrendó a Isaac. He. 11:17-19
>Fe expiatoria. Consideración del tema. He. 11:17-19
>Lo que él creyó. Cuatro cosas. He. 11:8-10

ACERCAMIENTO
A Dios. Viejo frente a nuevo *a*. He. 12:18-24

ACERCARSE
A Dios. Deber. Acercarse a Dios. He. 10:22-25

ADORACIÓN
Deber. No abandonar el *a*. He. 10:25
De la tierra. La *a*. terrenal es inadecuada. Consideración del tema. He. 9:1-10

ADULTERIO
Resultados. En juicio. Dios juzgará. He. 13:4

ADVERSIDAD
Ministerio *a*. Consideración del tema. He. 13:3

ADVERTENCIA
Contra la apostasía y alejarse de Cristo y otros creyentes. He. 10:26-39
Contra la caída del estado de gracia. He. 6:4-8
Precauciones contra. He. 6:9-20
Contra cuatro peligros. He. 12:15-17
Contra perder el descanso de Dios. Cinco razones. He. 4: 1-13
Contra descuidar y alejarse de la salvación. He. 2: 1-4

Contra rehusarse a escuchar a Jesucristo, de taparse los oídos al llamado de su sangre. He. 12:25-29
Contra la inmadurez espiritual o la caída del estado de gracia. He. 5: 11-6:2
Contra enseñanza extraña. He. 13:9-16
Contra la incredulidad, contra el endurecimiento del corazón. He. 3:7-19
De la Epístola a los hebreos. Cuatro interpretaciones de. He. 6:4-8

AMARGO — AMARGURA
>Significado. He. 12:15-17

AMOR
Tipos. Fraternal. Significado. He. 13:1

ÁNGELES
Consideración del tema. He. 1:4-14
Error en cuanto a.
>Los hombres exaltan a los *a*. Y no a Cristo. He. 1:4-14
>Los hombres buscan a los *a*. como intermediarios y mediadores para alcanzar a Dios. He. 1:4-14
>Los hombres buscan experiencias con los *a*. He. 1:4-14
>Palabra. Ministrar a los herederos de la salvación. He. 1:14

APOSTASÍA
Consideración del tema. He. 10:26-39
En qué consiste. El gran pecado de. He. 10:28-29

AUTOR
Título. De Jesucristo. He. 12:2

AYUDA, AYUDADOR
De Dios. Consideración del tema. He. 13:5-6

BARAC
Fe de. Consideración del tema. He. 11:32

CAÍDA DEL ESTADO DE GRACIA (VER RECAÍDA)
Consideración del tema. He. 5:11—6:3
Significado. He. 6:6
Precauciones contra. Seis *p*. He. 6:9-20

CARNE
Liberación de. Por medio de la muerte de Cristo. He. 2: 14-16

CARRERA CRISTIANA
Comparación — otras tres carreras de la vida. He. 12:18-24
Consideración del tema. He. 12:1-4
Inspiración de. Nube de testigos. He. 12:1

CASTIGO
Consideración del tema. He. 12:5-13
Significado. He. 12:5-13

CIELO
Consideración del tema. Tabernáculo de santuario. Adoración de. He. 9: 1-14
Buscar. He. 13:13-16
>Abraham buscó. He. 11:10
>Patriarcas buscaron. He. 11:13-16
Ministro de. Ministro Supremo es Jesucristo. He. 8: 1-5; 8:1-9:28
Simbolizado por. Tierra prometida. He. 11:l0; 11:13-16

CIELOS
Elemento. Será conmovido y creado nuevamente como un nuevo *c*. He. 12:26-27

CODICIAR — CODICIA
Consideración del tema. He. 13:5

COMPASIÓN
De Cristo.
Consideración del tema. He. 4: 14-16
Siente por el hombre. Siente con cada prueba y herida. He. 4: 14-16

CONOCIMIENTO
De Dios. Consideración del tema. He. 8:l0-12; 10:19-20; 10:21

CONSIDERAR
Significado. He. 3:1; 10:24

CONSUMADOR
Título. de Jesucristo. He. 123

CONTENTO — CONTENTAMIENTO
Consideración del tema. He. 13:5

Deber. Estar *c*. He. 13:5

CORAZÓN
Deber. Tener un *c*. renovado He. 8: 10-12
Noble de.
      c. perverso de incredulidad. He. 3: 12
      c. endurecido He. 3:7-1 1
      c. sincero. Significado. He. 10:22

CREACIÓN
Por Dios.
      Él solo creó todas las cosas. He. 2:9-13
      Cómo sabemos que Dios creó los mundos. He. 11:3
      Vs. humanismo y evolución. He. 11:3
      Cuadro comparando criterios. He. 11:3
Del hombre. Propósito y plan para el hombre. He. 2:6-8

CRECIMIENTO, ESPIRITUAL
Consideración del tema. He. 5:11—6:3

CREYENTES
Deber.
      Cuatro. He. 10:22-25; 13:13-16
      No endurecer el corazón de la persona. He. 3:7-1 1
      Siete requisitos de los creyentes. He. 13:1-8
      Exhortarse unos a otros diariamente. Ocho razones. He. 3:13-19
      Fijar su atención en Cristo. He. 3: 1
      Seguir la paz y la santidad. He. 12:14
      Protegerse de la inmadurez y la caída del estado de gracia. He. 5:11-6:2
      Cuidar y estimular a otros creyentes. He. 10:24
      Estimular a otros creyentes a amar y hacer buenas obras. He. 10:24
      Estudiar y superar las enseñanzas elementales del mundo de Dios. He. 5: 11-6:2
      Prestar atención y cuidarse de la incredulidad. He. 3: 12
Vida- Conducta. Motivo para. Nube de testigos a su alrededor. He. 12:1
Privilegios. Consideración del tema. Cinco *p*. He. 6:4-5

CRISTIANISMO
Deber. hacia. Superar las enseñanzas elementales de. He. 6: 1-2
Enseñanzas de. *e*. elementales. Seis *e*. He. 6:1-2

DAVID
Fe de. Consideración del tema. He. 11:32

DESAMAYAR
Significado. He. 12:5-7

DESCANSO
De los creyentes, Consideración del tema. He. 4:1-3
Significado. He. 4:1
Prueba de. Seis pruebas. He. 4:3-10

DESOBEDIENCIA
Significado. He. 2: 1-2

DESPRECIO
Significado. He. 12:5-7

DESPOJARSE
Significado. He. 12:2

DILIGENCIA
Deber. Ser *d*. Y no perezoso. He. 6: 11-12

DIOS
Acceso *a*. Consideración del tema. He. 10:19-21; 10:22-25
Acercamiento. Consideración del tema. He. 12:18-24
Descrito. Como fuego consumidor. He. 12:28-29
Disciplina de. (Véase *DISCIPLINA DE DIOS*) He. 10:19-21
Concepción errónea de. Tres *c*.
Naturaleza. Cómo Dios revela su naturaleza. En Cristo. He. 2:9-13
Providencia de. Y no el mundo. He. 2:5-13
Revelación de.
      Es Jesucristo. Consideración del tema. He. 1:1-3
      Cómo Dios se revela a sí mismo. En Cristo. He. 2:9-13
Títulos — Nombres.
Dios de paz. He. 13:20

DISCIPLINA
De Dios. Consideración del tema. He. 12:5-13

ENSEÑANZA, FALSA
Peligros de. Cuatro. He. 13:9-11
Deber. Protegerse de la enseñanza extraña. He. 13:9-16

ENSEÑANZAS ELEMENTALES
Deber. Superar ~ elementales. Y proseguir y madurar. He. 5:11-6:3

ESCAPE, NO
Razón. Porque una persona se rehúsa a escuchar a Cristo. He. 12:25

ESPERANZA
Descrita. Como refugio y ancla del alma. He. 6:18-20
Consideración del tema. He. 6: 18-20; 12: 1-4

ESPÍRITU SANTO
Pecados contra. Despreciar las obras y convicción del Espíritu
En el corazón. He. 10:28-29
Obra de. Dar testimonio al creyente. Atestiguar cuatro cosas. He. 8: 10-12; 10:15-18

ESTUDIAR
Deber.
      No ser holgazán y displicente al *e*. He. 5: 11-12
      Superar las enseñanzas elementales y crecer. He. 5: 11-12

EXHORTAR — EXHORTACIÓN
Deber. Deben ~. Ocho razones. He. 3: 13-19
Significado. He. 3:13-19

EXPIACIÓN, DÍA DE
Consideración del tema. He. 9: 1-10

FE
Descripción de. Consideración del tema. He. 11: l-6
Consideración del tema. He. 1l:1-6
      De Abraham. Una *f*. obediente, confiada He. 11:8-10
      De un gran creyente.
          Una *f*. heroica. He. 11:32-34
          Una *f*. resistente. He. 11:35-40; He. 11:32
      De Barac. He. 11:32
      De David. He. 11:32
      De Gedeón. He. 11:20
      De Isaac. Una *f*. De arrepentimiento
      De Israel.
          Una *f*. conquistadora He. 11:30
      Una *f*. de liberación He. 11:29
      De Jacob. Una *f*. de adoración He. 11:21
      De Jefté. He. 11:32
      De José. Una *f*. imperecedera He. 11:22
      De los padres de Moisés. Una *f*. audaz y adorable He. 11:23
      De Noé. Una *f*. temerosa, reverente He. 11:7
      De los profetas. He. 11:32
      De Rahab. Una *f*. salvadora He. 11:31
      De Sansón. He. 11:32
      De Samuel He. 11:32
      De Sara. Una *f*. imposible…He. 11:11-12
      Fuente. Jesucristo. Fe nueva y viva. He. 10:19-21
Autor supremo de la fe. Jesucristo, El Hijo de Dios. He. 10:19-11:40
Elementos Esenciales para la *f*. Dos creencias esenciales. He. 11:6
Elemento. Imposible agradar a Dios sin *f*. He. 11:6
Significado. He. 11:1-6
Resultados de. Considerado justo y liberado de la muerte. He. 11:4
Obra de. poder espiritual de. He. 11:4-5

FORNICACIÓN
Significado. He. 12:15-17

FORNICARIOS
Resultados. Ser juzgado. Dios juzgará. He. 13:4

GEDEÓN
Fe de. Consideración del tema. He. 11:32

GRACIA
Comparación ley. He. 12:18-24
Deber. Pedirle a Dios *g*. En necesidad. He. 4:15-16
Caída del estado de *g*. Consideración del tema. He. 12:15-17

HABLAR
Significado. He. 12:25

HERMANDAD
Consideración del tema. He. 13:1

HISTORIA
El plan de Dios para. Consideración del tema. He. 2:5-13

HOMBRE
Creación del. Propósito. Tener dominio sobre la tierra. He. 2:5-13
Caída del. Consideración del tema. He. 2:5-13
Nombres — Títulos. Hijo de hombre. He. 2:5-13
Propósito. Consideración del tema. He. 2:5-13

HOSPITALIDAD
Consideración del tema. He. 13:2

IGLESIA
Deber hacia. No abandonar la adoración. He. 10:25

INCREDULIDAD
Peligro de. Consideración del tema. He. 3:7-19

INMADUREZ, ESPIRITUAL
Consideración del tema. He. 5:1l-6:3

ISAAC
Fe de. Una fe de arrepentimicnto. Hc. 11:20
Simbolizada. Muerte y resurrección de Cristo. He. 11:17-19

ISRAEL
Fracaso de.
      Corazón duro. He. 3:7-1 1

Incredulidad. Consideración del tema. He. 3:7-1 1|

Fe de.
Una fe conquistadora. He. 11:30
Una fe de liberación. He. 11:29

JACOB
Fe de. Una fe de adoración. He. 11:21

JEFTÉ
Fe de. Consideración del tema. He. 11:32

JERUSALÉN, NUEVA
Deber. Buscar. He. 11:10; 11:13-16; 13:13-16

JESUCRISTO
Sangre de.
Considerada grosera y repulsiva. He. 10:28-19
Negada. He. 10:28-29
Consideración del tema. He. 9:11-14; 9:15; 9:15-22; 9:23-28; 10:19-21
Muerte.
Sacrificio perfecto de. Consideración del tema. He. 10: l-18; 10:5-10; 13:20
Propósito.
Convertirse en el Autor y Fuente de salvación eterna. He. 5:5-l0
Ser el sacrificio por los pecados del hombre. He. 7:27
Morir como nuestro sustituto. He. 2:9-13
Probar. He. 2:9-13
Sacrificio de.
Consideración del tema. He. 9:11-14; 9:15-22; 9:23-28; 10:1-18; 10:19-21
Cubre todas las cosas en el cielo y la tierra. He. 9: 12-24
Fue el perfecto y. IIe. 9:23-28; 10:1-18; 10:19-21
Sustituidor.
Consideración del tema. He. 9:11-14; 9:15; 9:15-22; 9:23-28; 10:5-10
Dio su vida como el sacrificio por los pecados del hombre. He. 7:27
Simbolizado. Velo del tabernáculo y templo. He. 10:19-21
Murió por voluntad propia. He. 5:5-l0
Deidad.
Llamó a Dios, Dios Padre. He. l:7-9
Consideración del tema. Ocho elementos. He. 1:1-3
Eterno. He. 1:10-12
Mediador. Consideración del tema. He. 8:6; 9:15
inconmovible. He. 1:10-12
Exaltación.
Consideración del tema. He. 1:1-3; 1:4-14
A la diestra del trono de Dios. He. 8: 1
Sumo Sacerdocio de.
Consideración del tema. He. 2:17-18; 3:1; 4:14-16; 5:1-10
Ministerio de ofrenda de sangre expiatoria. He. 10:19-21
Encarnación. Propósito. Consideración del tema. He. 10:5-10
Liberar a los hombres del temor de la muerte. He. 2:14-16
Herencia. Consideración del tema. He. 2: 14-15
Mediador. Consideración del tema. He. 8:6; 9:15
Ministerio de. Mismo ayer, hoy, y por los siglos. He. 13:8

Nombres — Títulos.
Apóstol de Dios. He. 3: 1
Autor de nuestra fe. He. 12:2
Consumador de nuestra fe. He. 12:2
Precursor. He. 6: 18-20
Gran Pastor de las ovejas. He. 13:20
Sumo sacerdote. He. 2:17-18; 3:1
Mediador. He. 8:6; 9:15
Hijo de Dios. He. 4: 14
Naturaleza.
Impecable, perfecto. He. 7:25-28; 7:26
Participó de carne y sangre. He. 2: 14-16
Persona.
Creador He. 1:2; 4:10-12
Consideración del tema. Ocho elementos. He. 1:1-3
Imagen expresa de Dios. He. l:3
Gloria de Dios. He. l:3
Heredero de todas las cosas. He. l:3; 4:8-9
Sumo sacerdote.
Según el orden de Melquisedec. He. 6: 18-20; 7:1-24
Consideración del tema. He. 2:17-18; 4:14-16; 5:1-10
De hombres. He. 3: l; 4:14-16
Intercesor. He. l:3; 7:25
Mediador. He. l:3; 4:4-14; 7:25
Ministro.
De un santuario celestial. He. 9: 11-14
De un ministro espiritual y celestial. He. 8: 1-5
De un pacto superior. He. 8:6-13
Ministro supremo. He. 8: 1-9:28
Sumo sacerdote perfecto. He. 7:25-28; 10:21
Redentor. He. l:3
El mismo ayer, hoy, y por los siglos. He. 13:8
Vocero de Dios. He. 1: 1
Superior a los ángeles. He. 1:4-14
Superior a Moisés. He. 3: l-6
Superior a los profetas. He. 1:1-3
Sustentador del universo. He. l:3
Sacerdocio.
Sumo sacerdote según el orden de Melquisedec. He. 6: 18-20; 7:1-24
Predicho. He. 5:5-10
Requisitos para el s. celestial. Cumplidos por Cristo. He. 8: 1-5
Propósito.
Restaurar al hombre a su estado exaltado. He. 2:5-13
Asegurar la supremacía para el hombre. He. 2:5- 13
Revelación de Dios. Consideración del tema. He. 1: l-3
Obra.
Convertirse en el Sumo sacerdote para el hombre. He. 2:17-18
Ser el Ministro del santuario celestial. He. 9: 11-14
Ser el Ministro del pacto superior. He. 8:6-13
Ser el Sumo sacerdote compasivo. He. 4: 14-16
Traer perfección al hombre y su adoración. He. 9: 11-14
Liberar a los hombres del temor de la muerte. He. 2: 14-16

Destruir el poder del diablo. He. 2: 14-18
Cumplir los requisitos del sacerdocio perfectamente. He. 5: 1-10
Identificarse perfectamente con el hombre. He. 4: 15-16
Vivir y sufrir las experiencias de los hombres. He. 4: 14-16
Hacer la propiciación para el hombre. He. 2:17-18
Cumplir los requisitos celestiales del Sumo sacerdote. He. 8: 1-5
Ministrar en el cielo para el hombre. He. 8: 1-5
Socorrer al hombre. He. 2: 17-18

JOSÉ
Fe de. Una fe imperecedera. He. 11:20

JUICIO
Consideración del tema. He. 10:26-39
Elemento. Ser mucho más severo según Cristo que según la ley. He. 2: 1-4
De qué. De los cielos y la tierra. Ser destruido y recreado. He. 12:26-27

LEY
Comparación gracia. He. 12:18-24
Impotencia de. Consideración del tema. He. 10: l-4; 12:18-21

LIBERTAD
Significado. He. 10:19-20

LÍDERES
Deber.
Obedecer y someterse a. He. 13:17-25
Orar por los l. He. 13:18-19
Recordar a los l. Y seguirlos. He. 13:7

MATRIMONIO
Deber.
Mantener lecho sin mancilla. He. 13:4
Mantener el m. puro. He. 13:4

MEDIADOR
Identidad. Es Jesucristo. He. 8:6; 9:15
Significado. He. 8:6; 9:15

MELQUISEDEC
Sacerdocio de.
Comparación sacerdocio de Aarón o Leví. He. 7: 1-24
Tipo del ~ de Cristo. He. 5:5-10; 6:18-20; 7:1-24

MENOSPRECIAR, FÁCILMENTE
Significado. He. 12:2

MENTE
Deber.
Mantener la m. en Cristo. He. 3: 1
Tener una m. renovada He. 8: 10-12

MISERICORDIA
Deber. Acercarse a Dios confiadamente. He. 4: 15-16

MOISÉS
Comparación Cristo. Consideración del tema. He. 3:1-6
Elementos sobre. No tan grande como Cristo. He. 3: 1-6
Fe de.
Abnegación de. He. 11:24-28
Rechazó las riquezas de Egipto y los placeres del pecado por Dios. He. 11:24-28
Vida de. Consideración del tema. He. 3:2

MUERTE
Causa de *m.* Pecado e imperfección. He. 2: 14-16
Liberación de. Mediante la muerte de Jesucristo.
He. 2: 14-16
Consideración del tema. He. 2: 14-16
El dolor de la *m.* para el incrédulo es terrible. He.
2: 14-16

MUNDO
Antes del diluvio. He. 11:7
Destrucción del. He. 11:7
Naturaleza.
Cambiante. He. 1:10-12
Es mortal, envejecido. He. 1:10-12
Propósito de. Consideración del tema. He. 2:5

NOÉ
Fe de.
f. reverente He. 1l:7
Vindicada. He. 11:7

OBEDECER — OBEDIENCIA
Deber. *o.* a los líderes. He. 13:17

ORAR — ORACIÓN
Deber.
Acercarse a Dios confiadamente. He. 4:
15-16
o. por los líderes. He. 13:18-19

PACTO, NUEVO
Comparación viejo pacto. He. 8:6-13; 9:15-22;
12:18-24
Consideración del tema. He. 8:6-13; 9:15-22;
9:23-28; 12:18-24
Significado. He. 8:6; 12:18-24; 12:22-24
Ministro del nuevo pacto. Consideración del
tema. He. 8:6-13; 9:15-22; 9:23-28
Naturaleza. Es mejor que el viejo pacto. He. 8:6;
8:6-13; 12:18-24
Poder de. Consideración del tema. He. 8:6; 8:10-
12; 12:22-24

PACTO, VIEJO
Comparación con el nuevo pacto. He. 10:11-14;
12:18-24
Impotencia de. Consideración del tema. He.
10:1-5; 10:11-14; 12:18-21
Debilidades de. Consideración del tema. He. 8:6;
8:7-9; 9:15-22; 9:23-28; 12:18-21

PALABRA DE DIOS
Consideración del tema. Poder de. He. 4:12
Deber.
No ser holgazán y aletargado para estudi-
ar. He. 5:11
Estudiar — superar las enseñanzas bási-
cas y crecer. He. 5: 11-6:3
Efectos en las vidas. Hace crecer y madurar a las
personas. He. 5: 11-6:2

PALAPADO
Significado. He. 4: 15-16

PARTICIPANTE
Significado. He. 6:4-5

PATRIARCAS
Fe de. una *f.* de peregrino. Consideración del
tema. He. 11:13-16

PAZ
Consideración del tema. He. 12:14
Deber. Es el gran deber de los creyentes. He.
12:14

PECADOS
Descrito.

Considerar la sangre de Cristo como
inmunda. He. 10:28-29
Como pecado deliberado y premeditado.
He. 10:26-17
Considerar la sangre de Cristo como
repulsiva. He. 10:28-29
Negar la sangre de Cristo. He. 10:28-29
Perdón de. (Véase *PERDÓN, ESPIRITUAL*)

PERDÓN
Deber. Estar limpio y lavado de los pecados. He.
10:22

PEREZOSO
Deber. Ser diligente y no *p.* He. 6:11-12

PERFECCIONADO — PERFECCIÓN
Consideración del tema. He. 7: 1-24
Deber. Ser *p.* Por Dios y Cristo. He. 13:20-21
Cómo somos *p.* Mediante la sangre de Cristo.
He. 13:20-21
Necesidad de p.
Por parte del hombre. Consideración del
tema. He. 7: 1-24
Suplida por Cristo. He. 7: l-24; 7:11-24;
7:25-28

PESO
Significado. He. 12:2

PODER
De fe. Consideración del tema. He. 11:4-5

PRESOS
Ministerio a. Consideración del tema. He. 13:3

PRIMEROS PRINCIPIOS
Deber. Superar los primeros *p.* de la Palabra de
Dios y proseguir y crecer. He. 5:11—6:3

PROBADO
Significado. He. 3:7-1 1

PROBAR — PROBADO
Significado. He. 6:4-5

PROFANO
Significado. He. 12:15-17

PROFESIÓN
Deber. Mantenernos firmes a nuestra *p.* en
Cristo. He. 10:23

PROMESA
De Dios. Garantizada. Asegurada por el juramento de Dios. He. 6:16-18

PROPICIACIÓN
Consideración del tema. He. 2: 17-18

RAHAB
Fe de. Una fe salvadora. He. 11:31

RECAÍDA.
Advertencia contra. Consideración del tema. He.
10:26-39
En qué consiste. El gran pecado de. He. 10:28-29

RECHAZO
De Jesucristo. Advertencia contra. Tres razones.
He. 12:25-29

REDENCIÓN
Descrita. Como una *r.* eterna He. 9:11-14; 9:15
Consideración del tema. He. 9:11-14; 9:15
Fuente. Jesucristo. He. 9:11-14; 9:15

REHUSARSE
Significado. He. 12:11

RELIGIÓN
Debilidades de. Énfasis en el ritual y la ceremonia. He. 13:9-11

RESURRECCIÓN
Simbolizada. Por Abraham sacrificando a Isaac.
He. 11:17-19

REVELACIÓN
De Dios. *r.* suprema Jesucristo. He. 1: l-3

RITUAL
Debilidades de. Énfasis y no en Cristo. He. 13:9-
11

SACERDOCIO
De Aarón. Debilidad e insuficiencia de.
Consideración del tema. He. 7: 1-24
De Cristo. Consideración del tema. He. 2:17-18;
3:1; 4:14-16; 5:1-10; 7:1-24
Del cielo.
Jesucristo es el Sacerdote supremo del
cielo. He. 8: 1-5
Requisitos de. He. 8: 1-5
De Melquisedec. Tipo de *s.* de Cristo. He. 7: 1-24
De hombres. Consideración del tema. He. 7: 1-24

SACRIFICIO DE ANIMALES (Véase
SACRIFICIO. ANIMAL)

SACRIFICIO, ANIMAL
Impotencia de. Consideración del tema. He.
9:25-26; 10:1-4

SALVACIÓN
Descrita. Como una *s.* tan grande. He. 2:3-4
Consideración del tema. He. 7:25
Deber. No deben descuidar ni alejarse de. He. 2:
1-4
Resultados. Salvos al máximos. He. 7:25

SAMUEL
Fe de. Consideración del tema. He. 11:32

SANSÓN
Fe de. Consideración del tema. He. 11:32

SANTIDAD
Consideración del tema. He. 12:14
Deber. Es el gran deber de los creyentes. He.
12:14

SANTO DE LOS SANTOS
Entrada al. Por Jesucristo. He. 10:19-21
Velo de. Simbolizaba la muerte de Jesucristo. He.
10:19-21

SANTUARIO
Y adoración. *s.* Terrenal
Consideración del tema. He. 9: 1-10
Debilidad de. He. 9:1-10
s. Celestial
Consideración del tema. He. 9: 1-14
Comparación *s.* terrenal He. 9: 1-14
Del cielo. Ministro del *s.* es Jesucristo. He. 8:2;
8:3; 8:4-5

SARA
Fe de. Una fe imposible. He. 11:11-12

SATANÁS
Poder de. Sobre la muerte.
Destruida. He. 2: 14-16
Cómo *s.* controla la muerte. He. 2: 14-16

SEGURIDAD
Significado. He. 10:22

SINAÍ, MONTE.
Lugar donde se dio la ley. Entrega de la ley anali-
zada. He. 12:18-24

SUFRIMIENTO
De los creyentes recién convertidos.
        Consideración del tema. He. 11:32-34;
        11:35-40
Ministrar a. Consideración del tema. He. 13:3

SUMO SACERDOCIO
De Jesucristo.
        Consideración del tema. He. 2:17-18; 3:1
        Ministro de ofrenda de sangre expiatoria
            por los pecados. He. 10:19-21
        Obra de. Cuatro obras. He. 2: 17-18

SUMO SACERDOTE
Consideración del tema. He. 3: 1

TABERNÁCULO
Terrenal. Modelado según el *t.* celestial He. 8:3;
        8:4-5
Celestial.
        Comparación. *t.* terrenal He. 9: 1-14
        Consideración del tema. He. 9: 1-14
Santuarios de. Lugar santo y Lugar santísimo.
        He. 9: 1-10
t. espiritual

Ministro de es Jesucristo. He. 8:2; 8:3;
        8:4-5
Fue el modelo para el *t.* terrenal He. 8:2;
        8:3; 8:4-5

TARDO — LENTITUD
Significado. He. 5:11

TEMOR
Deber. Debe temer. Razón. He. 4:1

TENTADO
Significado. He. 3:7-1 1

TESTAMENTO (Véase *PACTO, NUEVO*)
Consideración del tema. He. 8:6-13; 9:15-22

TESTIGOS, NUBE DE
Significado. He. 12:1

TIERRA PROMETIDA
Simbolizada. Cielo. He. 11:10; 11:13-16

TIERRA
Elemento. Ser conmovida y creada nuevamente.
        He. 12:26-27

TIMOTEO
Liberado de prisión. He. 13:23

TRANSGRESIÓN
Significado. He. 2: 1-2

ÚLTIMA VOLUNTAD Y TESTAMENTO
(Véase *PACTO*)
        Consideración del tema. He. 8:6-13; 9:15-
        22

VELO
Del Lugar santísimo. Simbolizado en la muerte
        de Jesucristo. He. 10:19-21

VER
Significado. He. 12:25-29

VIDA
Descrita. Como una carrera. Cuatro descrip-
        ciones. He. 12:18-24

VOLUNTAD, ÚLTIMA VOLUNTAD y TESTA-
        MENTO
Consideración del tema. He. 8:6-13; 9:15-22

LA EPÍSTOLA DE SANTIAGO

LA EPÍSTOLA DE SANTIAGO

INTRODUCCIÓN

AUTOR: Incierto. Probablemente Jacobo el hermano del Señor. Note estos elementos.

1. En el Nuevo Testamento se mencionan otros tres hombres llamados Jacobo.

⇒ Estaba el apóstol Jacobo, el hijo de Zebedeo y hermano del apóstol Juan. Resulta casi imposible que él pueda haber sido el autor, porque Herodes Agripa lo mató cerca del 44 d.C. Esto fue algunos años antes de que se escribiera la *Epístola de Santiago*.

⇒ Estaba el apóstol Jacobo el menor, el hijo de Alfeo y también primo de Jesús. Él representa una posibilidad, pero se conoce tan poco de él que resulta muy improbable que él sea el autor.

⇒ Estaba Jacobo, el hermano del apóstol Judas (Lc. 6:16). No se conoce nada más acerca de este Jacobo.

2. Jacobo, el hermano del Señor, era bien conocido por todos los creyentes en todas partes. Ser el hermano del Señor bastaba para darle una reputación mundial entre los creyentes. Además, era el pastor de la gran iglesia de Jerusalén que era la iglesia madre del cristianismo. Note en el versículo uno que sencillamente se hace llamar Santiago. No necesitaba ninguna otra identificación; todos conocían al Santiago que escribía la epístola. Sucede lo siguiente:

⇒ A Santiago el hermano del Señor lo conocían tan bien que cualquier otro Santiago habría tenido que identificarse para evitar que lo confundieran con Santiago el hermano del Señor.

3. Algunos argumentan que si el autor fuera realmente Santiago el hermano del Señor, él lo habría mencionado. A. T. Robertson tiene una respuesta excelente a esta posición:

"Si se insistiera en que el autor de la epístola, de estar emparentado con Jesús, lo habría mencionado, se puede responder que un delicado sentido de propiedad puede haber tenido precisamente el efecto opuesto. El propio Jesús había hecho énfasis en que era más importante su parentesco espiritual con todos los creyentes (Mt. 12:48-50). Que Santiago durante el ministerio de Jesús no le diera todo su apoyo a su obra también serviría como una restricción sobre él mismo. El hermano de Jesús (vea también Jud. 1) naturalmente desearía hacer su llamamiento en el mismo plano que los maestros del evangelio. Él se regocija en el título de 'siervo de Dios y del Señor Jesucristo', tal como hizo luego Pablo (Ro. 1:1; Fil. 1:1; Tit. 1:1) y como hizo Judas, el hermano de Jacobo (Jud. 1)" (*Estudios sobre la Epístola de Santiago,* Nashville, TN: Broadman Press, p. 2).

4. La iglesia, desde el inicio de su tradición, ha sostenido que el autor era Santiago el hermano del Señor. Según plantea RVG Tasker,

"La tradición que quedó establecida en la Iglesia de que la epístola no solo era apostólica, sino que se le debía atribuir a Santiago, el líder de la primera iglesia

de Jerusalén, sin duda alguna debe aceptarse como cierta. Además de que no se puede refutar científicamente, cuenta con una probabilidad intrínseca muy alta" (*La epístola universal de Santiago,* "Comentarios de Tyndale sobre el Nuevo Testamento," editado por RVG Tasker, Grand Rapids, MI: Eerdmans, 1956, p. 21).)

5. Los elementos acerca de Santiago el hermano del Señor apuntan a su autoría.

⇒ Él era hermano del Señor (Mt. 13:55; Mr. 6:3).

⇒ Él fue testigo ocular del Señor resucitado. De hecho, el Señor se le apareció en una conversación privada (1 Co. 15:7). Él se encontraba entre aquellos que esperaban la venida del Espíritu al Aposento Alto (Hch. 1:14).

⇒ Él era apóstol. Probablemente fuera nombrado después de su encuentro privado con el Señor resucitado (Gá. 1:19).

⇒ Él se convirtió en el pastor de la gran iglesia de Jerusalén. Probablemente asumió sus deberes cuando Pedro partió en sus viajes misioneros (Hch. 12:17 y más). A partir de entonces, él es la personalidad más importante de la iglesia de Jerusalén.

⇒ A él fue al primero que le dijeron de la liberación de Pedro de prisión (Hch. 12:17).

⇒ Él era el funcionario que presidía en el Gran Concilio de Jerusalén (Hch. 15).

⇒ Se le denominaba pilar de la iglesia conjuntamente con Pedro y Juan. Pablo se vio obligado a discutir su ministerio entre los gentiles con él así como con Pedro y Juan (Gá. 1:19; 2:9).

⇒ Él fue quien recibió las ofrendas traídas por Pablo de las iglesias gentiles para ayudar a los santos de Jerusalén (Hch. 21:18-25).

⇒ Él era bien versado en el Antiguo Testamento (cp. Hch. 15:15f; *Epístola de Santiago*).

⇒ Él estaba familiarizado con las enseñanzas de Jesús. La epístola cuenta con alrededor de veinte citas del Sermón del Monte solamente.

FECHA: Incierta. Probablemente del 45 al 50 d.C.

Se debate la cuestión de la fecha. Algunos plantean que es una de las primeras escrituras, quizá la primera. Otros plantean que es una escritura más tardía. Sin embargo, al parecer los argumentos a favor de la fecha más temprana coinciden perfectamente con la epístola.

1. La iglesia aún se describe en su forma primitiva. Se usa la palabra "congregación" (griego, *sinagoga*) en vez de *iglesia* (Stg. 2:2) y se mencionan a los ancianos de la iglesia, pero no a los diáconos ni a los obispos (Stg. 5:14).

2. No se hace mención de la controversia judío-gentil ni del gran Concilio de la iglesia en *Jerusalén* en el 50 d.C. (Hch. 15).

3. La epístola constituye una ilustración de lo que sig-

nificaba el cristianismo primitivo para un judío convertido a Cristo. Nos deja con una sensación de *dolores de parto,* de una gran transición de un modo de vida judío a un modo de vida cristiano.

A QUIÉN SE ESCRIBIÓ: "A las doce tribus que están en la dispersión". Se escribió para los cristianos de la dispersión (diáspora). La palabra dispersión significa sencillamente a los judíos dispersos por el mundo.

PROPÓSITO: Santiago tenía dos propósitos para escribir.

1. Corregir una fe corrupta que rápidamente calaba la iglesia. Muchos profesaban fe en Cristo, pero llevaban una vida inmoral e injusta. Su fe era solo profesión, una fe licenciosa con poca restricción o sin restricción alguna sobre la conducta.

2. Presentar la verdadera fe de Cristo. Una fe de corazón, una fe que produce fruto externo. El objetivo de Santiago es muy sencillo: Se sabe que una persona es cristiana solo por su conducta. Lo que hace demuestra una de dos cosas: Demuestra que la persona es cristiana o demuestra que la persona no es cristiana.

CARACTERÍSTICAS ESPECIALES:

1. Santiago es "una epístola universal o católica". Es decir, no está escrita para un individuo o iglesia específica, sino más bien, está escrita para todos los creyentes cristianos. La *Epístola de Santiago* está escrita fundamentalmente para todos los conversos judíos.

2. Santiago es "La Epístola de la ley real". Es decir, es la epístola que enfatiza la necesidad de amar al prójimo como a uno mismo. La ley de Moisés se denomina la ley de la libertad (Stg. 2:8-12).

3. Santiago es "La epístola de las notas del sermón". Las características de los sermones judíos y griegos de ese día se encuentran a lo largo de Santiago. La epístola parece ser una recopilación de notas de sermones alrededor del tema de las pruebas y las tentaciones.

4. Santiago es "La epístola de la vida práctica" o "La epístola de la segunda etapa". Su objetivo es la vida del creyente después que se ha convertido en cristiano y ha asegurado su salvación. La idea central es el crecimiento del cristiano.

BOSQUEJO DE SANTIAGO

LA BIBLIA DE BOSQUEJOS Y SERMONES es *única.* Difiere de todo otro material de estudios bíblicos y recursos de sermones en cuanto a que cada pasaje y tema es bosquejado justo al lado de las Escrituras correspondientes. Cuando usted elija cualquier tema mencionado más adelante y se remita a la referencia, no solo contará con el pasaje de las Escrituras, sino que también descubrirá el pasaje de las Escrituras y el tema *ya bosquejado para usted, versículo por versículo.*

A modo de ejemplo rápido, escoja uno de los temas mencionados más adelante y remítase a las Escrituras y hallará esta maravillosa ayuda para un empleo más rápido, más sencillo y más preciso.

Además, cada punto de las Escrituras y el tema está total- mente desarrollado en un Comentario con un pasaje de apoyo de las Escrituras en el final de la página.

Note algo más: los temas de Santiago tienen títulos que son a la vez bíblicos y prácticos. Los títulos prácticos a veces tienen más atracción para la gente. Este beneficio se ve claramente en el empleo de folletos, boletines, comunicados de la iglesia, etc.

Una sugerencia: para una visión más rápida de Santiago, primero lea todos los títulos principales (I, II, III, etc.), y luego vuelva y lea los subtítulos.

BOSQUEJO DE SANTIAGO

SALUTACIÓN: EL SIERVO DE DIOS SE DIRIGE A LOS CREYENTES DE TODO EL MUNDO, 1:1

I. TENTACIONES Y PRUEBAS: LOS ELEMENTOS BÁSICOS, 1:2-27
   A. **La actitud esencial ante las pruebas y tentaciones: Gozo, 1:2-4**
   B. **El camino para vencer las pruebas y tentaciones, 1:5-12**
   C. **El origen de las pruebas y tentaciones, 1:13-18**
   D. **Los preparativos necesarios para soportar las pruebas y tentaciones, 1:19-27**

II. TENTACIONES Y PRUEBAS: COMUNES PARA TODOS LOS CREYENTES CRISTIANOS, 2:1-26
   A. **Tentación 1: Mostrar parcialidad y favoritismo, 2:1-13**
   B. **Tentación 2: Profesar la fe sin obras, 2:14-26**

III. TENTACIONES Y PRUEBAS: COMUNES PARA TODOS, PERO FUNDAMENTALMENTE PARA LOS MAESTROS, 3:1-18
   A. **Tentación 1: El mal uso de la lengua, 3:1-12**
   B. **Tentación 2: La mala interpretación y tergiversación de la sabiduría verdadera, 3:13-18**

IV. TENTACIONES Y PRUEBAS: VENCIDAS CON ÉXITO, 4:1-10
   A. **Las causas de la tentación y las malas obras, 4:1-6**
   B. **El camino para vencer la tentación, 4:7-10**

V. TENTACIONES Y PRUEBAS: COMUNES PARA TODOS, PERO FUNDAMENTALMENTE PARA LOS DOTADOS, 4:11—5:6
   A. **Tentación 1: El juez, juzgando a otros, 4:11-12**
   B. **Tentación 2: El humanista, gloriarse de autosuficiencia, 4:13-17**
   C. **Tentación 3: El rico, acumulando riquezas, 5:1-6**

VI. TENTACIONES Y PRUEBAS: COMBATIDAS PASO A PASO, 5:7-20
   A. **Paso 1: Sean pacientes, resistan, manténganse centrados en el regreso del Señor, 5:7-11**
   B. **Paso 2: Enfrenten cada circunstancia y respondan apropiadamente, 5:12-20**

	CAPÍTULO 1
	SALUTACIÓN: EL SIER-VO DE DIOS SE DIRIGE A LOS CREYENTES DE TODO EL MUNDO, 1:1
1 Este es el siervo de Dios **2 Estos son los creyentes de todo el mundo**	1 Santiago, siervo de Dios y del Señor Jesucristo, a las doce tribus que están en la dispersión: Salud.

SALUTACIÓN: EL SIERVO DE DIOS SE DIRIGE A LOS CREYENTES DE TODO EL MUNDO, 1:1

(1:1) *Introducción:* Este es un pasaje muy interesante de las Escrituras. Nos habla acerca de algunos elementos de uno de los hermanos del Señor Jesús, algunos elementos sobre una persona que vivió con Jesús día a día y tuvo la oportunidad de percibir qué tipo de vida llevaba Él. El pasaje también constituye un reto dinámico para nosotros. Note dos elementos.

    1.   Este es el siervo de Dios (v. 1).
    2.   Estos son los creyentes de todo el mundo (v. 1).

1 (1:1) *Santiago — Esclavo — Jesucristo, deidad:* Está el siervo de Dios. ¿Quién es él? Se hace llamar Santiago solamente. Al parecer era tan conocido entre los creyentes de todo el mundo que no necesitaba otro título que su nombre. Esto apunta fuertemente a que sea Santiago, el hermano del Señor. Note dos elementos importantes y conmovedores sobre lo que plantea Santiago.

    1.   Se hace llamar Santiago solamente, "un siervo de Dios y del Señor Jesucristo". Es un líder entre el pueblo de Dios, un líder de renombre mundial. Aún así su gloria no está en el título de su posición, sino en el hecho de que él es un siervo de Dios y de Cristo. A pesar de su posición, y su reputación a nivel mundial, lo que más le importa es la intimidad de su relación con Dios y su Señor. Esto se ve claramente en la palabra *siervo*, porque el significado de la palabra demuestra que Santiago escogió deliberadamente la palabra para describir su relación con el Señor.

La palabra "siervo" (doulos) en griego quiere decir mucho más que un simple siervo. Quiere decir un esclavo poseído totalmente por el amo. Quiere decir un *siervo* que por ley se debe a su amo. Una ojeada al mercado esclavista de la época de Santiago demuestra de forma más clara lo que Santiago quiso decir cuando dijo que era un "esclavo de Jesucristo".

    a.   El amo era dueño del esclavo; el amo poseía totalmente a su siervo. Esto es lo que quiso decir Santiago. Cristo, el Hijo del Dios vivo, había comprado y poseía a Santiago, Cristo lo había advertido y había visto su condición de necesitado y de rebelde. Y cuando Cristo lo advirtió, sucedió lo más maravilloso: Cristo lo amó y lo compró; por ende, a Cristo pertenecía.

    b.   El esclavo existía para su amo y no había ninguna otra razón para su existencia. No tenía derechos personales de ningún tipo. Con Santiago sucedió lo mismo: Él existía solo para Cristo. Sus derechos eran solo los derechos de Cristo.

    c.   El esclavo servía a su amo y solo existía para el propósito de su servicio. Se encontraba a la disposición de su amo a cualquier hora del día. Así era con Santiago: Él vivía sólo para servir a Cristo, hora tras hora y día tras día.

    d.   La voluntad del esclavo pertenecía a su amo. No se le permitía otra voluntad y ambición que la voluntad y ambición del amo. Estaba completamente supeditado al amo y debía total obediencia a la voluntad del amo. Santiago le pertenecía a Cristo. De hecho, él luchó y batalló para llevar "cautivo todo pensamiento a la obediencia a Cristo" (2 Co. 10:3-5, fundamentalmente 5).

    e.   Hay un quinto elemento muy importante que Santiago dio a entender con "un esclavo de Jesucristo". Él quiso decir que él tenía la profesión más importante y más honrada y majestuosa del mundo. Los hombres de Dios, los hombres más grandes de la historia, siempre se han hecho llamar "los siervos de Dios". Era el título honorífico más alto. La esclavitud del creyente hacia Jesucristo no es el sometimiento cobarde, rastrero y vergonzoso. Es la posición de honor, el honor que le confiere a un hombre los privilegios y responsabilidades de servir al Rey de reyes y Señor de señores.

⇒ Moisés fue esclavo de Dios (Dt. 34:5; Sal. 105:26; Mal. 4:4).
⇒ Josué fue esclavo de Dios (Jos. 24:29).
⇒ David fue esclavo de Dios (2 S. 3:18; Sal. 78:70).
⇒ Pablo fue esclavo de Jesucristo (Ro. 1:1; Fil. 1:1; Tit. 1:1).
⇒ Santiago fue esclavo de Dios (Stg. 1:1).
⇒ Judas fue esclavo de Dios (Jud. 1).

⇒ Los profetas fueron esclavos de Dios (Am. 3:7; Jer. 7:25).

⇒ Se dice que los creyentes cristianos son esclavos de Jesucristo (Hch. 2:18; 1 Co. 7:22; Ef. 6:6; Col. 4:12; 2 Ti. 2:24).

"Si alguno me sirve, sígame; y donde yo estuviere, allí también estará mi servidor. Si alguno me sirviere, mi Padre le honrará" (Jn. 12:26; cp Ro. 12:1; 1 Co1. 5:58).

"no sirviendo al ojo, como los que quieren agradar a los hombres, sino como siervos de Cristo, de corazón haciendo la voluntad de Dios; sirviendo de buena voluntad, como al Señor y no a los hombres" (Ef. 6:6-7).

"Y todo lo que hagáis, hacedlo de corazón, como para el Señor y no para los hombres; sabiendo que del Señor recibiréis la recompensa de la herencia, porque a Cristo el Señor servís" (Col. 3:23-24).

"Así que, recibiendo nosotros un reino inconmovible, tengamos gratitud, y mediante ella sirvamos a Dios agradándole con temor y reverencia" (He. 12:28).

"Mas a Jehová vuestro Dios serviréis, y él bendecirá tu pan y tus aguas; y yo quitaré toda enfermedad de en medio de ti" (Éx. 23:25).

"Ahora, pues, Israel, ¿qué pide Jehová tu Dios de ti, sino que temas a Jehová tu Dios, que andes en todos sus caminos, y que lo ames, y sirvas a Jehová tu Dios con todo tu corazón y con toda tu alma" (Dt. 10:12).

"Servid a Jehová con temor, y alegraos con temblor" (Sal. 2:11).

"Servid a Jehová con alegría; venid ante su presencia con regocijo" (Sal. 100:2).

2. Santiago dice que Jesús, el carpintero de Nazaret, era el Señor Jesucristo.

⇒ Con Señor (kurios) quiso decir Dios. La palabra Señor (kurios) se usa con frecuencia en las Escrituras del Antiguo Testamento para significar Dios, es decir Elohim o Yahweh (A. T. Robertson, *Metáforas del Nuevo Testamento,* vol. 6. Nashville, TN: Broadman Press, 1933, p. 10).

⇒ Con Cristo (Christos) quiso decir el Mesías, el Salvador que Dios había prometido a través de los siglos.

Esto resulta sorprendente y conmovedor, porque Santiago había vivido durante años como el hermano de Jesús. Día tras días, hora tras hora, mes tras mes y año tras año Santiago había jugado, comido, trabajado, dormido e ido a la escuela con Jesús. Él había andado las montañas de los alrededores con Jesús de niño y lo había visto jugar con otros niños y relacionarse con los vecinos y los adultos del vecindario. Santiago había visto cómo su hermano recibía y respondía a las instrucciones, enseñanzas y supervisión de los adultos. Probablemente también haya visto a Jesús hacerse cargo de la familia cuando su padre, José, murió.

Imagínense nada más la comunicación diaria, mensual y anual que tuvo Santiago con Jesús, y aún así lo llamaba…

• el Señor Jesucristo, el Señor y Cristo de las Escrituras del Antiguo Testamento.
• el Señor glorioso (Stg. 2:1).
• el Señor que vuelve otra vez (Stg. 5:7).

• el Señor cuya venida se acerca (Stg. 5:8).

Sucede lo siguiente: Santiago dice que el Señor Jesucristo es Dios, el propio Hijo de Dios que es igual a "Dios el Padre. Él dice que su hermano, Jesús el carpintero de Nazaret, tiene el mismo carácter y naturaleza de Dios, el mismo ser y esencia de Dios.

Pensamiento 1. Este es un elemento sorprendente y extraordinario, una evidencia gloriosa de que Jesucristo es exactamente el que decía ser. Porque Santiago había vivido como medio hermano de Jesús durante algunos años. Él pudo observar la vida de su hermano, y no halló falta alguna en Él. Después de la resurrección del Señor, Santiago pudo aceptar la verdad gloriosa: Su hermano Jesús era sin dudas el Señor de gloria, el Señor Jesucristo, el Salvador del mundo que Dios había prometido desde el principio de los tiempos.

"Y el Señor, después que les habló, fue recibido arriba en el cielo, y se sentó a la diestra de Dios" (Mr. 16:19).

"Pero desde ahora el Hijo del Hombre se sentará a la diestra del poder de Dios (Lc. 22:69).

El que de arriba viene, es sobre todos; el que es de la tierra, es terrenal, y cosas terrenales habla; el que viene del cielo, es sobre todos" (Jn. 3:31).

"Sepa, pues, ciertísimamente toda la casa de Israel, que a este Jesús a quien vosotros crucificasteis, Dios le ha hecho Señor y Cristo" (Hch. 2:36).

"A éste, Dios ha exaltado con su diestra por Príncipe y Salvador, para dar a Israel arrepentimiento y perdón de pecados" (Hch. 5:31).

"que si confesares con tu boca que Jesús es el Señor, y creyeres en tu corazón que Dios le levantó de los muertos, serás salvo" (Ro. 10:9).

"Porque Cristo para esto murió y resucitó, y volvió a vivir, para ser Señor así de los muertos como de los que viven" (Ro. 14:9).

"para nosotros, sin embargo, sólo hay un Dios, el Padre, del cual proceden todas las cosas, y nosotros somos para él; y un Señor, Jesucristo, por medio del cual son todas las cosas, y nosotros por medio de él" (1 Co. 8:6).

"y cuál la supereminente grandeza de su poder para con nosotros los que creemos, según la operación del poder de su fuerza, la cual operó en Cristo, resucitándole de los muertos y sentándole a su diestra en los lugares celestiales" (Ef. 1:19-20).

"el cual, siendo en forma de Dios, no estimó el ser igual a Dios como cosa a que aferrarse, sino que se despojó a sí mismo, tomando forma de siervo, hecho semejante a los hombres; y estando en la condición de hombre, se humilló a sí mismo, haciéndose obediente hasta la muerte, y muerte de cruz. Por lo cual Dios también le exaltó hasta lo sumo, y le dio un nombre que es sobre todo nombre, para que en el nombre de Jesús se doble toda rodilla de los que están en los cielos, y en la tierra, y debajo de la tierra; y toda lengua confiese que Jesucristo es el Señor, para gloria de Dios Padre" (Fil. 2:6-11).

"que decían a gran voz: El Cordero que fue inmolado es digno de tomar el poder, las riquezas, la sabi-

duría, la fortaleza, la honra, la gloria y la alabanza" (Ap. 5:12).

2 (1:1) *Dispersión — Creyentes — Judíos:* Están los creyentes dispersos por todo el mundo. Pero note dos elementos significativos.

1. Primero, Santiago le escribe a un grupo específico de creyentes: a los creyentes de las doce tribus de Israel. ¿Cómo puede ser esto cuando las doce tribus habían estado dispersas por todo el mundo y habían perdido su identidad?

Este mismo elemento nos da la respuesta. Santiago no está escribiéndole a *cada una de las tribus* de Israel; él le escribe a *todas las tribus* de Israel, a todos los judíos dondequiera que estén y no importa a qué tribu pertenezcan. Santiago utiliza el título "las doce tribus de Israel" como un término general. Él se refiere a todo Israel, sin querer que un solo judío se sienta excluido de su mensaje. Como hermano del Señor Jesucristo y como pastor de la gran iglesia de Jerusalén, era de necesidad imperiosa que todos los judíos lo escucharan y acataran lo que tenía que decirles. Aunque un judío ya no estuviera en Palestina y no pudiera rastrear sus raíces hasta ninguna tribu en particular, Santiago quería que la persona supiera que él le escribía a ella. Al utilizar el término "las doce tribus" Santiago no dejó duda alguna de que él escribía a cada uno de los judíos no importa dónde se encontraran.

2. Segundo, Santiago amaba a su pueblo con un amor inusual. Ellos se encontraban profundamente arraigados en su corazón, y sintió una vocación muy fuerte a ayudarlos y exhortarlos en el Señor. Esta es la razón misma por la que él les escribía a ellos. Imagínense nada más cuán imponente debe haber sido la tarea de formular los planes para hacer llegar su epístola de iglesia a iglesia y de sinagoga a sinagoga de todo el mundo. Santiago formuló los planes y se ocupó de que los planes se llevaran a cabo o bien el Espíritu Santo le dio la seguridad de que su epístola llegaría a todos los judíos dispersos por todo el mundo. Santiago tuvo algún indicio de que su mensaje llegaría a todos los judíos, las doce tribus dispersas por el mundo. Su corazón añoraba llegar a los millones que se encontraban en la *diáspora*. Diáspora es sencillamente una palabra griega que significa todos los millones de judíos que se encuentran dispersos por todo el mundo.

Lo que se debe tener en cuenta es el amor y el sentimiento evangelizador que Santiago tenía por su pueblo. Cierto es que él escribe primeramente para todos los creyentes judíos, pero también hace lo que dice: enviar saludos a las doce tribus de la diáspora, todos los millones que están dispersos por todo el mundo. Lo que dice se aplica a todos los creyentes de todas las generaciones.

Pensamiento 1. Qué ejemplo tan dinámico de amor y evangelismo para nosotros. ¿Qué sucedería si nuestro corazón latiera con el mismo grado de amor y evangelismo, la compasión de ayudar a las personas de nuestras comunidades, ciudades y naciones que sufren y se encuentran perdidas?

Pensamiento 2. Observe la compasión mundial de Santiago. Intentaba llegar a su pueblo que se encontraba disperso por todo el mundo. ¿Dónde está el amor por las misiones hoy día? ¿Dónde está la persona que entregará su corazón por completo al evangelismo y a las misiones mundiales?

"y que se predicase en su nombre el arrepentimiento y el perdón de pecados en todas las naciones, comenzando desde Jerusalén" (Lc. 24:47).

"Por tanto, id, y haced discípulos a todas las naciones, bautizándolos en el nombre del Padre, y del Hijo, y del Espíritu Santo; enseñándoles que guarden todas las cosas que os he mandado; y he aquí yo estoy con vosotros todos los días, hasta el fin del mundo. Amén" (Mt. 28:19-20).

"Y les dijo: Id por todo el mundo y predicad el evangelio a toda criatura" (Mr. 16:15).

"Entonces Jesús les dijo otra vez: Paz a vosotros. Como me envió el Padre, así también yo os envío" (Jn. 20:21; cp. 19:10).

"pero recibiréis poder, cuando haya venido sobre vosotros el Espíritu Santo, y me seréis testigos en Jerusalén, en toda Judea, en Samaria, y hasta lo último de la tierra" (Hch. 1:8).

"Pídeme, y te daré por herencia las naciones, y como posesión tuya los confines de la tierra" (Sal. 2:8).

"Proclamad entre las naciones su gloria, en todos los pueblos sus maravillas" (Sal. 96:3).

	I. TENTACIONES Y PRUE-BAS: LOS ELEMENTOS BÁSICOS, 1:2-27 A. La actitud esencial ante las pruebas y tentaciones: Gozo, 1:2-4

1 El hecho: Tendremos muchas pruebas y tentaciones
2 La actitud necesaria: Gozo
  a. Al saber algo: Las pruebas y las tenta-ciones producen paciencia
  b. Al hacer algo: Perseverar
3 El resultado: Nos hace perfectos y cabales
	2 Hermanos míos, tened por sumo gozo cuando os halléis en diversas pruebas,
	
	3 sabiendo que la prueba de vuestra fe produce paciencia.
	
	4 Mas tenga la paciencia su obra completa, para que seáis perfectos y cabales, sin que os falte cosa alguna.

DIVISIÓN I

TENTACIONES Y PRUEBAS: LOS ELEMENTOS BÁSICOS, 1:2-27

A. La actitud esencial ante las pruebas y tentaciones: Gozo, 1:2-4

(1:2-4) *Introducción:* La senda de la vida no es una senda fácil de transitar. Está llena de todo tipo de pruebas y tentaciones, pruebas como enfermedades, padecimientos, accidentes, decepciones, pesares, sufrimientos y la muerte; y tentaciones como todas las seducciones al pecado y el mal. Lo que necesitamos es un camino garantizado para vencer todas las pruebas y tentaciones de la vida. Este es el mensaje glorioso de este pasaje: Hay un camino para vencer y triunfar en esta vida, no importa cuan severa sea la tentación o la prueba. ¿Cuál es el camino? Es la posesión de un espíritu de gozo y perseverancia al enfrentar las pruebas y tentaciones de la vida.

1. El hecho: Tendremos muchas pruebas y tentaciones (v. 2).
2. La actitud necesaria: Gozo (vv. 2-4).
3. El resultado: Nos hace perfectos y cabales (v. 4).

(1:3-8) *Otro subíndice:* Resistencia. Hay un estudio sorprendente sobre la resistencia.

1. La fuente: Pruebas y tentaciones (v. 3).
2. La condición: Debemos dejar que las pruebas hagan su obra (v. 4).
3. El propósito y los resultados (v. 4).
  a. Nos hace perfectos.
  b. Nos hace cabales.
4. El camino para la resistencia (v. 5).
  a. Pedirle sabiduría a Dios.

    1) Dios da abundantemente.
    2) Dios da sin reproche.
  b. Pedir con fe, sin dudar nada (v. 6).
    1) La duda ilustrada.
    2) La duda no recibe nada (v. 7).
    3) La duda muestra inconstancia, en todas las cosas (v. 8).

1 (1:2) *Pruebas — Tentación:* Esto es cierto, tendremos muchas pruebas y tentaciones. La palabra griega usada para significar tentaciones o pruebas en todo Santiago es *peirasmos*. Significa tentar, probar, evaluar, poner a prueba. En toda la Biblia se usa la palabra peirasmos y sus varias formas para referirse a las tentaciones y pruebas de la vida. Pero note que la palabra quiere decir mucho más que tentar nada más; quiere decir…

- evaluar
- probar
- poner a prueba

Es decir, las tentaciones y pruebas de la vida deben ponernos a prueba: Tienen un propósito beneficioso. Son permitidas por Dios por un buen propósito (W. E. Vine, *Diccionario expositivo de las palabras del Nuevo Testamento,* p. 116). ¿Cuál es ese propósito? Hacernos más fuertes y más puros.

⇒ Cuando vencemos la tentación, nos volvemos personas mucho más puras, más santas, rectas y justas.
⇒ Cuando atravesamos triunfantes las pruebas de la vida, nos personas más fuertes, más constantes, resistentes y perseverantes.
⇒ Cuando les hacemos frente a las pruebas y las tentaciones, nos convertimos en un testimonio dinámico para todos aquellos que nos ven: Demostramos el

poder y presencia viva de Cristo, que Él sí vive realmente en nuestro corazón y nuestra vida y que nos va a dar vida eterna.

Según se ha dicho, Dios permite las tentaciones y pruebas por un propósito bueno y beneficioso: para examinarnos, para hacernos mucho más fuertes y mucho más puros y justos. Dios quiere que le hagamos frente a las tentaciones y pruebas de la vida y que las venzamos, y que al vencerlas nos parezcamos más a Cristo y demos a conocer más su nombre al mundo.

Note otro planteamiento de Santiago: Él plantea que *caeremos en todo tipo* de tentaciones y pruebas. El erudito griego A. T. Robertson expresa, "Es como estar *rodeado* (peri) de pruebas" (*Metáforas del Nuevo Testamento,* vol. 6, p. 11). Da la idea de muchas pruebas y tentaciones, de toda suerte y todo tipo de tentaciones y pruebas. Pero siempre debemos recordar: "No importa cuál sea la prueba o la tentación, es por nuestro bien y por nuestro beneficio". Es para ayudarnos. Es para probarnos, para hacernos más fuertes y mucho más puros y justos. Para convertirnos en testimonios mucho más dinámicos para Cristo. Dios permite las pruebas y las tentaciones para que nos parezcamos cada vez más a Jesús.

> "Por tanto, nosotros todos, mirando a cara descubierta como en un espejo la gloria del Señor, somos transformados de gloria en gloria en la misma imagen, como por el Espíritu del Señor" (2 Co. 3:18).
>
> "Porque esta leve tribulación momentánea produce en nosotros un cada vez más excelente y eterno peso de gloria" (2 Co. 4:17).
>
> "Es verdad que ninguna disciplina al presente parece ser causa de gozo, sino de tristeza; pero después da fruto apacible de justicia a los que en ella han sido ejercitados" (He. 12:11).
>
> "He aquí, tenemos por bienaventurados a los que sufren. Habéis oído de la paciencia de Job, y habéis visto el fin del Señor, que el Señor es muy misericordioso y compasivo" (Stg. 5:11).
>
> "Mas también si alguna cosa padecéis por causa de la justicia, bienaventurados sois. Por tanto, no os amedrentéis por temor de ellos, ni os conturbéis, sino santificad a Dios el Señor en vuestros corazones, y estad siempre preparados para presentar defensa con mansedumbre y reverencia ante todo el que os demande razón de la esperanza que hay en vosotros" (1 P. 3:14-15).
>
> "Si sois vituperados por el nombre de Cristo, sois bienaventurados, porque el glorioso Espíritu de Dios reposa sobre vosotros. Ciertamente, de parte de ellos, él es blasfemado, pero por vosotros es glorificado" (1 P. 4:14).
>
> "Yo le dije: Señor, tú lo sabes. Y él me dijo: Estos son los que han salido de la gran tribulación, y han lavado sus ropas, y las han emblanquecido en la sangre del Cordero" (Ap. 7:14).
>
> "Mas él conoce mi camino; me probará, y saldré como oro" (Job 23:10).

2 (1:2-4) *Pruebas — Tentaciones — Gozo:* La actitud necesaria para enfrentar las pruebas y tentaciones de la vida

es asombrosa, es el gozo. Debemos enfrentar las pruebas y las tentaciones con un espíritu de gozo. ¿Cómo es esto posible? ¿Cómo puede sentirse lleno de gozo un creyente…

- cuando enfrenta pruebas como enfermedades, accidentes, dolores, pesares, decepciones, sufrimientos, y la muerte?
- cuando enfrenta las seducciones de las tentaciones?

Por lo general no es gozo lo que llena nuestro corazón cuando nos enfrentamos a estas cosas. Cuando se nos interponen pruebas severas, muy a menudo nos desesperamos y nos sentimos desalentados y derrotados. Con certeza la mayoría de nosotros no nos regocijamos.

Solo hay una forma de enfrentar las pruebas y las tentaciones con un espíritu de gozo: Tenemos que *cambiar nuestro pensamiento;* cambiar por completo nuestra actitud hacia las pruebas y las tentaciones. Tenemos que dejar de pensar negativamente y pensar positivamente. Hay algo de las Escrituras que debemos saber y hacer.

1. Hay algo que debemos saber: Saber que las pruebas y las tentaciones producen paciencia (v. 3). Debemos saber en qué elemento hacer énfasis: que las pruebas y las tentaciones no deben derrotarnos y desalentarnos, sino ponernos a prueba, para hacernos mucho más fuertes y mucho más puros y justos. La palabra "paciencia" (hupomonen) quiere decir ser constante, perseverar, resistir. El creyente debe saber que las pruebas y tentaciones de la vida lo harán más constante, más perseverante y más resistente. Lo harán más fuerte, no más débil. Lo harán fuerte como Jesús y le proporcionarán un carácter puro y justo como el de Jesús. Cuando el creyente recuerda esto, puede enfrentar las pruebas y tentaciones de un modo mucho más positivo. Luego puede comenzar a acercarse al espíritu de vivir gozosamente ante las pruebas y tentaciones.

2. Hay algo que debemos hacer: Debemos dejar que la paciencia obre dentro de nosotros. Según se planteó anteriormente, paciencia significa ser constante, perseverar, y resistir. Pero en griego quiere decir más que eso. Quiere decir mucho más que solo resistir y soportar las pruebas y tentaciones. Quiere decir mucho más que nada más seguir el consejo de la medicina y la psicología: Tomarlo con calma, calmarse, relajarse en situaciones de tensión. Quiere decir mucho más que aprender a negar la existencia de pruebas y tentaciones. Paciencia quiere decir…

- perseverar y continuar perseverando, sin rendirse nunca.
- tomar la iniciativa y ejercer energía y esfuerzo para vencer y ganar la victoria y triunfar sobre las pruebas y tentaciones.

Ahora note lo siguiente: ¿Cómo podemos gozarnos cuando nos confronta una prueba o una tentación? Al saber que nos hará más fuertes y luego al perseverar y vencer. Al saber que es una oportunidad para hacernos más fuertes y más puros como Jesús y al usar la prueba o la tentación para volvernos un poquito más fuertes y un poquito más puros y justos.

Cuando veamos las pruebas y tentaciones como oportunidades, comenzaremos a enfrentarlas con gozo. Y cuando comencemos a perseverar y vencerlas, comenzaremos a atravesarlas en el gozo del Señor.

> "No os ha sobrevenido ninguna tentación que no sea humana; pero fiel es Dios, que no os dejará ser tentados más de lo que podéis resistir, sino que dará también juntamente con la tentación la salida, para que podáis soportar" (1 Co. 10:13).

> "Pues en cuanto él mismo padeció siendo tentado, es poderoso para socorrer a los que son tentados" (He. 2:18).

> "Hermanos míos, tened por sumo gozo cuando os halléis en diversas pruebas, sabiendo que la prueba de vuestra fe produce paciencia" (Stg. 1:2-3).

> "Bienaventurado el varón que soporta la tentación; porque cuando haya resistido la prueba, recibirá la corona de vida, que Dios ha prometido a los que le aman" (Stg. 1:12).

> "Sed sobrios, y velad; porque vuestro adversario el diablo, como león rugiente, anda alrededor buscando a quien devorar" (1 P. 5:8).

> "sabe el Señor librar de tentación a los piadosos, y reservar a los injustos para ser castigados en el día del juicio" (2 P. 2:9).

> "Por cuanto has guardado la palabra de mi paciencia, yo también te guardaré de la hora de la prueba que ha de venir sobre el mundo entero, para probar a los que moran sobre la tierra" (Ap. 3:10).

> "Hijo mío, si los pecadores te quisieren engañar, no consientas" (Pr. 1:10).

> "No entres por la vereda de los impíos, ni vayas por el camino de los malos" (Pr. 4:14).

> "ni tampoco presentéis vuestros miembros al pecado como instrumentos de iniquidad, sino presentaos vosotros mismos a Dios como vivos de entre los muertos, y vuestros miembros a Dios como instrumentos de justicia" (Ro. 6:13).

> "Por tanto, tomad toda la armadura de Dios, para que podáis resistir en el día malo, y habiendo acabado todo, estar firmes" (Ef. 6:13).

> "Así que vosotros, oh amados, sabiéndolo de antemano, guardaos, no sea que arrastrados por el error de los inicuos, caigáis de vuestra firmeza" (2 P. 3:17).

3 (1:4) *Pruebas — Tentaciones — Resistencia:* Los resultados de enfrentar las pruebas y tentaciones pueden ser maravillosos. Sucede algo maravilloso cuando una persona persevera y vence las pruebas y tentaciones de la vida.

Una persona se hace más perfecta (teleioi). La palabra no quiere decir perfecto en el sentido de volverse una persona perfecta. La palabra quiere decir perfección de propósito. Tiene que ver con un fin, una meta, un objetivo, un propósito. Quiere decir en forma, maduro, con pleno desarrollo en una etapa específica del crecimiento. Por ejemplo, un chico con pleno desarrollo es un chico perfecto; ya ha alcanzado su niñez y ha logrado el propósito de la niñez. No quiere decir perfección de carácter, es decir, no tener pecado. Es salud, madurez para la tarea y el propósito. Es el desarrollo pleno, madurez cristiana. (Vea la nota — Ef. 4:12-13; cp. Fil. 3:12; 1 Jn. 1:8, 10.)

Esto al menos significa dos cosas.

1. Primero, cuando una persona hace frente a las pruebas y tentaciones y las vence...

* perfecciona el propósito que Dios tenía planificado. Es decir, se vuelve una persona más fuerte y más pura, una persona que se parece un poquito más a Jesús.
* perfecciona su tarea y propósito de estar en la tierra un poquito más.

Dios tiene dos propósitos para cada creyente: Hacer que se parezca cada vez más a Jesús y llevar a cabo una tarea u obra mientras esté en la tierra. Cuando el creyente persevera y vence las pruebas o tentaciones, perfecciona ambos propósitos un poquito más. Se parece más a Jesús y termina un poco más su tarea.

2. Segundo, una persona se vuelve más cabal en todos los aspectos (A. T. Robertson, *Metáforas del Nuevo Testamento,* vol. 6, p. 12). La persona se vuelve cabal (holoklerian), completamente sana, perfectamente juiciosa, cabal sin debilidad, defectos, ni discapacidades. Esto significa algo maravilloso. Cuando una persona persevera y vence las pruebas y las tentaciones...

* se vuelve más cabal, más sana, más juiciosa, y más completa.
* esa persona elimina más debilidades, más defectos, y más discapacidades.

Día tras día, prueba tras prueba y tentación tras tentación. Cuando una persona persevera y triunfa, se vuelve cada vez más cabal. Se vuelve más fuerte, más pura y justa, se parece más al Señor Jesús. Como dicen las cinco últimas palabras del versículo cuatro, "sin que os falte nada". El creyente que enfrenta pruebas y tentaciones en el gozo de Cristo las vence todas, y no le falta nada.

⇒ Se vuelve cada vez más perfecto, cumpliendo su tarea y propósito de estar en la tierra un poquito más.

⇒ Se vuelve cada vez más cabal y sano, eliminando cada vez más debilidades y defectos en su vida.

A la persona no le falta nada. No carece de nada. Tiene toda la abundancia y plenitud de vida. Anda por la vida venciendo y triunfando sobre todas las pruebas y tentaciones de la vida, sin importar cuán severas y tensas sean. Puede ser incluso la muerte, pero se mantiene firme en su fe y vence la muerte. Y Dios le recompensa con una eternidad de perfección, sanidad, compleción y cumplimiento, para toda la eternidad. El creyente se conforma a la perfección de Jesucristo.

> "Y el Dios de paz aplastará en breve a Satanás bajo vuestros pies. La gracia de nuestro Señor Jesucristo sea con vosotros" (Ro. 16:20).

> "Sed, pues, vosotros perfectos, como vuestro Padre que está en los cielos es perfecto" (Mt. 5:48).

> "Con vuestra paciencia ganaréis vuestras almas" (Lc. 21:19).

> "gozosos en la esperanza; sufridos en la tribulación; constantes en la oración" (Ro. 12:12).

> "Por lo demás, hermanos, tened gozo, perfeccionaos, consolaos, sed de un mismo sentir, y vivid en paz; y el Dios de paz y de amor estará con vosotros" (2 Co. 13:11).

"a fin de perfeccionar a los santos para la obra del ministerio, para la edificación del cuerpo de Cristo, hasta que todos lleguemos a la unidad de la fe y del conocimiento del Hijo de Dios, a un varón perfecto, a la medida de la estatura de la plenitud de Cristo" (Ef. 4:12-13).

"Porque todos ofendemos muchas veces. Si alguno no ofende en palabra, éste es varón perfecto, capaz también de refrenar todo el cuerpo" (Stg. 3:2).

"No que lo haya alcanzado ya, ni que ya sea perfecto; sino que prosigo, por ver si logro asir aquello para lo cual fui también asido por Cristo Jesús" (Fil. 3:12).

"a quien anunciamos, amonestando a todo hom- bre, y enseñando a todo hombre en toda sabiduría, a fin de presentar perfecto en Cristo Jesús a todo hombre" (Col. 1:28).

"Por tanto, dejando ya los rudimentos de la doctrina de Cristo, vamos adelante a la perfección; no echando otra vez el fundamento del arrepentimiento de obras muertas, de la fe en Dios" (He. 6:1).

"porque os es necesaria la paciencia, para que habiendo hecho la voluntad de Dios, obtengáis la promesa" (He. 10:36).

"Por tanto, hermanos, tened paciencia hasta la venida del Señor. Mirad cómo el labrador espera el precioso fruto de la tierra, aguardando con paciencia hasta que reciba la lluvia temprana y la tardía" (Stg. 5:7).

	B. El camino para vencer las pruebas y tentaciones, 1:5-12	9 El hermano que es de humilde condición, gloríese en su exaltación;	**2 Gloriarse en su exaltación**

1 Pedirle sabiduría a Dios
a. Dios da abundantemente
b. Dios da sin reproche
	5 Y si alguno de vosotros tiene falta de sabiduría, pídala a Dios, el cual da a todos abundantemente y sin reproche, y le será dada.	10 pero el que es rico, en su humillación; porque él pasará como la flor de la hierba. 11 Porque cuando sale el sol con calor abrasador, la hierba se seca, su flor se cae, y perece su hermosa apariencia; así también se marchitará el rico en todas sus empresas.	a. Al pobre: Cristo lo exalta
			b. Al rico: Cristo lo humilla
			   1) Un peligro: Una seguridad falsa
			   2) El cuerpo del rico envejece y muere

c. Pedir con fe, sin dudar nada 1) la duda ilustrada	6 Pero pida con fe, no dudando nada; porque el que duda es semejante a la onda del mar, que es arrastrada por el viento y echada de una parte a otra.		3) Las empresas del rico se marchitan
2) la duda no recibe nada	7 No piense, pues, quien tal haga, que recibirá cosa alguna del Señor.	12 Bienaventurado el varón que soporta la tentación; porque cuando haya resistido la prueba, recibirá la corona de vida, que Dios ha prometido a los que le aman.	**3 Recordar la recompensa por resistir: Una corona de vida**
3) la duda muestra inconstancia	8 El hombre de doble ánimo es inconstante en todos sus caminos.		

DIVISIÓN I

TENTACIONES Y PRUEBAS: LOS ELEMENTOS BÁSICOS, 1:2-27

B. El camino para vencer las pruebas y tentaciones, 1:5-12

(1:5-12) *Introducción:* Las pruebas y tentaciones son comunes para todos nosotros. Todos sufrimos pruebas y tentaciones como…

- dolor
- lujuria
- enfermedad
- divorcio
- pérdida
- engaño

- muerte
- padecimiento
- separación
- decepciones
- inmoralidad
- vacío

- heridas
- avaricia
- accidentes
- ira
- soledad
- mentira

¿Cuál es la peor prueba a la que se enfrenta, en este instante? ¿Cuál es la peor tentación, la tentación que ahora lo envuelve y lo gobierna y lo lleva al pecado?

¿Hay alguna vía de escape? ¿Hay alguna manera de superar la prueba? ¿La tentación? ¿Algún camino que pueda garantizar la victoria y la libertad? Este es el tema de este pasaje: *el camino para vencer las pruebas y tentaciones.*

1. Pedirle sabiduría a Dios (vv. 5-8).
2. Gloriarse en su exaltación (vv. 9-11).
3. Recordar la recompensa por resistir: Una corona de vida (v. 12).

1 (1:5-8) *Tentación — Sabiduría:* ¿Cómo puede un creyente vencer las pruebas y tentaciones? Primero, debe pedirle sabiduría a Dios. Sabiduría quiere decir mucho más que conocimiento, mucho más que ser un intelectual de la vida o de alguna área de la vida. El conocimiento es la asimilación de datos, y muchísimas personas del mundo tienen su cabeza llenas de datos.

⇒ Piense nada más en todas las escuelas del mundo: escuelas para niños, escuelas para jóvenes, escuelas para hombres y mujeres, escuelas para trabajadores.

⇒ Piense nada más en los millones de agricultores, científicos, hombres de negocios, obreros, mecánicos, contratistas, médicos y así sucesivamente.

Millones y millones de nosotros somos personas cultas. Las personas llenas de conocimiento son muy comunes. Pero al enfrentar las pruebas y tentaciones de la vida, se necesita algo más que una cabeza llena de datos e información. No basta con ser una persona culta para ser una persona de éxitos y logros en la vida. Se necesita mucho más: "Se necesita sabiduría". ¿Qué es sabiduría? ¿Qué quiere decir la Biblia con sabiduría? Sabiduría no es tener la cabeza llena de datos. No se trata sencillamente de ver y saber todo acerca de la vida, es ver y saber que hacer con respecto a la vida. Sabiduría no es solo ver y saber la verdad, es ver y saber qué hacer con la verdad.

La sabiduría toma las grandes verdades de la vida. Se ocupa de las pruebas y tentaciones que hay alrededor de la vida y la muerte, de Dios y el hombre, del tiempo y la eternidad, del bien y del mal, de las grandes cosas del universo y de Dios. Pero la sabiduría no solo toma estos datos, la sabiduría sabe qué hacer con ellos y lo hace. La sabiduría no solo comprende las pruebas y tentaciones, sino que comprende qué hacer con ellas y cómo hacerlo y lo hace. La sabiduría actúa, triunfa, y vence las pruebas y tentaciones.

Ahora bien, si no contamos con ese tipo de sabiduría, si no comprendemos, si no sabemos cómo vencer a la vida o alguna prueba y tentación, entonces hay un camino seguro para obtener la sabiduría:

"Y si alguno de vosotros tiene falta de sabiduría,

pídala a Dios, el cual da a todos abundantemente y sin reproche, y le será dada" (Stg. 1:5).

El camino para vencer las pruebas y tentaciones de la vida es pedirle sabiduría a Dios. Ahora bien, note dos elementos significativos.

1.   Note las promesas maravillosas que hemos recibido cuando le pedimos sabiduría a Dios.

⇒ Dios nos dará sabiduría.
⇒ Dios nos dará sabiduría en abundancia.
⇒ Dios no nos reprochará ni nos reprenderá, no nos reconvendrá, por no saber cómo manejar la prueba o la tentación. La idea es que Dios ni siquiera nos cuestionará por no tener sabiduría ni por no saber qué hacer.

Dios nos ama: Somos sus hijos. Él es nuestro Padre y Él quiere suplir cada una de nuestras necesidades. Por ende, Dios escuchará nuestra petición y nuestro llamado; Él nos dará la sabiduría para vencer las pruebas y tentaciones de la vida.

> "Cualquiera, pues, que me oye estas palabras, y las hace, le compararé a un hombre prudente, que edificó su casa sobre la roca. Descendió lluvia, y vinieron ríos, y soplaron vientos, y golpearon contra aquella casa; y no cayó, porque estaba fundada sobre la roca. Pero cualquiera que me oye estas palabras y no las hace, le compararé a un hombre insensato, que edificó su casa sobre la arena; y descendió lluvia, y vinieron ríos, y soplaron vientos, y dieron con ímpetu contra aquella casa; y cayó, y fue grande su ruina" (Mt. 7:24-27).

> "porque yo os daré palabra y sabiduría, la cual no podrán resistir ni contradecir todos los que se opongan" (Lc. 21:15).

> "¡Oh profundidad de las riquezas de la sabiduría y de la ciencia de Dios! ¡Cuán insondables son sus juicios, e inescrutables sus caminos!" (Ro. 11:33).

> "y que desde la niñez has sabido las Sagradas Escrituras, las cuales te pueden hacer sabio para la salvación por la fe que es en Cristo Jesús" (2 Ti. 3:15).

> "Y si alguno de vosotros tiene falta de sabiduría, pídala a Dios, el cual da a todos abundantemente y sin reproche, y le será dada" (Stg. 1:5).

> "Pero la sabiduría que es de lo alto es primeramente pura, después pacífica, amable, benigna, llena de misericordia y de buenos frutos, sin incertidumbre ni hipocresía" (Stg. 3:17).

> "Bienaventurado el hombre que halla la sabiduría, y que obtiene la inteligencia; Porque su ganancia es mejor que la ganancia de la plata, y sus frutos más que el oro fino" (Pr. 3:13-14).

> "Porque mejor es la sabiduría que las piedras preciosas; y todo cuanto se puede desear, no es de compararse con ella" (Pr. 8:11).

> "Y dijo al hombre: He aquí que el temor del Señor es la sabiduría, y el apartarse del mal, la inteligencia" (Job 28:28).

> "¿Quién es sabio para que entienda esto, y prudente para que lo sepa? Porque los caminos de Jehová son rectos, y los justos andarán por ellos; mas los rebeldes caerán en ellos" (Os. 14:9).

2.   Note un elemento importante: Tenemos una responsabilidad. Debemos hacer algo, y que Dios nos escuche o no depende de que nosotros hagamos esta única cosa. Si la hacemos, Dios nos escucha y nos da la sabiduría para vencer las pruebas y tentaciones. Si no la hacemos, Dios no puede escucharnos. ¿Qué es lo que debemos hacer? Cuando le pidamos a Dios que nos dé sabiduría para vencer alguna prueba o tentación, *debemos pedir con fe y no dudar.* Debemos creer que Dios nos ama y que Él realmente se preocupa por nosotros y escuchará nuestros llamados y nuestras oraciones y nos suplirá cada una de nuestras necesidades. Al orar y pedir a Dios, no podemos dudar; es decir, no podemos pedir y luego…

•   preguntarnos si Dios existe realmente
•   preguntarnos si Dios nos escuchará realmente
•   preguntarnos si Dios puede hacer realmente lo que le pedimos
•   preguntarnos si realmente conocemos a Dios lo suficiente como para que Él nos escuche
•   preguntarnos si la petición es la voluntad de Dios.

Tal duda Dios no puede escucharla. Dios no puede responder a la oración de una persona que siente dudas. Si lo hiciera, entonces estaría recompensando la duda, recompensando a los que no creen ni confían en Él. Estaría recompensando a los que dudan, ignoran, descuidan, cuestionan y en muchos casos maldicen, niegan, luchan contra Él. Dios no puede escuchar y responder a una persona que duda en su fe. Debemos creer que Dios es, que Dios existe y que Él sí nos ama y se preocupa por nosotros y que nos escuchará y nos responderá cuando le pidamos sabiduría para enfrentar las pruebas y tentaciones de la vida.

Note lo que dicen las Escrituras acerca de la persona que duda en la fe.

a.   Primero, la persona es semejante a la onda del mar, que es arrastrada por el viento y echada de una parte a otra.

b.   Segundo, la persona no recibirá cosa alguna del Señor. ¿Por qué? Porque una persona que flaquea no conoce el valor de los regalos de Dios. Si Dios los diera, la persona no siempre los usaría ni tampoco usaría los regalos como debería usarlos. Si Dios le diera sabiduría a una persona para que venciera las pruebas y tentaciones de la vida, la persona podría o no usarla o podría usarla de modo irregular. No valoraría ni usaría la sabiduría ni ningún otro regalo de Dios, con certeza no al grado que debería hacerlo. Lo usaría incorrectamente, los usaría incorrectamente de un modo terrible y abusaría del mismo. Por ende, la persona que duda en la fe no recibirá cosa alguna de Dios.

c.   Tercero, la persona que duda en la fe es una persona de doble ánimo y es inconstante en todos sus caminos. Una persona que duda en la fe lleva una vida de altas y bajas, de buenas y malas. Toda su conducta es inconstante y no confiable. Es como una persona con dos mentes: no está seguro; es inseguro; piensa que sí y luego piensa que *no*. Comienza a hacer algo y luego se retracta, luego comienza de nuevo. Cree y luego descree, actúa y luego desconfía y se retracta. Es inconstante en su oración y vida con Dios.

Pensamiento 1. Qué ilustración tan descriptiva de tantas personas. Esta es la razón misma por la que muchos de nosotros recibimos tan poco de Dios. No pedimos o de lo contrario cuando pedimos, dudamos al creer que Dios nos escuchará y nos contestará. Cuando nos enfrentamos a las pruebas y tentaciones de la vida, debemos pedirle sabiduría a Dios y creer que Dios nos escuchará y nos mostrará el camino y el poder para vencer. Cuando oremos creyendo, Dios nos escuchará y nos contestará.

> "Y no hizo allí muchos milagros, a causa de la incredulidad de ellos" (Mt. 13:58).

> "Y les dijo: ¿Por qué estáis así amedrentados? ¿Cómo no tenéis fe?" (Mr. 4:40).

> "Ningún siervo puede servir a dos señores; porque o aborrecerá al uno y amará al otro, o estimará al uno y menospreciará al otro. No podéis servir a Dios y a las riquezas" (Lc. 16:13).

> "Procuremos, pues, entrar en aquel reposo, para que ninguno caiga en semejante ejemplo de desobediencia" (He. 4:11).

> "El hombre de doble ánimo es inconstante en todos sus caminos" (Stg. 1:8).

> "Acercaos a Dios, y él se acercará a vosotros. Pecadores, limpiad las manos; y vosotros los de doble ánimo, purificad vuestros corazones" (Stg. 4:8).

2 (1:9-11) *Tentación — La vida, mucho en — La vida, posición:* ¿Cómo puede un creyente vencer las pruebas y tentaciones? Segundo, debe gloriarse en su posición en la vida. No importa si una persona es pobre o rica, saludable o enfermiza, inválida o sana, debe regocijarse en el Señor.

1. Primero, el creyente de una posición humilde debe regocijarse en el Señor. Esto no quiere decir que deba regocijarse porque sea pobre, inválido o esté enfermo. Quiere decir que se regocija en Cristo a pesar de las circunstancias, no importa cuán terribles sean. Cristo ama a la persona humilde. Cristo ha amado al humilde y ha prometido exaltarlo como rey y príncipe para toda la eternidad. Por ende, el creyente de posición humilde debe tener un espíritu fuerte como el espíritu de un rey y un príncipe. Él ahora debe tener el más fuerte de los espíritus, mientras esté en la tierra a pesar de las circunstancias de pobreza o de enfermedad. Jesucristo lo ha exaltado para que reine para toda la eternidad en los cielos nuevos y en la tierra nueva. Por tanto, el creyente de posición humilde en esta tierra debe comportarse como un príncipe y un rey, todo como testimonio para Cristo y su poder de cambiar las vidas. (Vea la nota, *Recompensas* — Lc. 16:10-12.)

> "Él le dijo: Está bien, buen siervo; por cuanto en lo poco has sido fiel, tendrás autoridad sobre diez ciudades" (Lc. 19:17).

> "Pero vosotros sois los que habéis permanecido conmigo en mis pruebas" (Lc. 22:28).

> "¿O no sabéis que los santos han de juzgar al mundo? Y si el mundo ha de ser juzgado por vosotros, ¿sois indignos de juzgar cosas muy pequeñas? ¿O no sabéis que hemos de juzgar a los ángeles? ¿Cuánto más las cosas de esta vida?" (1 Co. 6:2-3).

> "Si sufrimos, también reinaremos con él; si le negáremos, él también nos negará" (2 Ti. 2:12).

> "y de Jesucristo el testigo fiel, el primogénito de los muertos, y el soberano de los reyes de la tierra. Al que nos amó, y nos lavó de nuestros pecados con su sangre, y nos hizo reyes y sacerdotes para Dios, su Padre; a él sea gloria e imperio por los siglos de los siglos. Amén" (Ap. 1:5-6).

> "Al que venciere, le daré que se siente conmigo en mi trono, así como yo he vencido, y me he sentado con mi Padre en su trono" (Ap. 3:21).

> "Por cuanto en mí ha puesto su amor, yo también lo libraré; le pondré en alto, por cuanto ha conocido mi nombre" (Sal. 91:14).

> "Los entendidos resplandecerán como el resplandor del firmamento; y los que enseñan la justicia a la multitud, como las estrellas a perpetua eternidad" (Dn. 12:3).

Pensamiento 1. Con gran frecuencia no sucede esto con los humildes de este mundo. Con gran frecuencia el pobre y el enfermo…

- permiten que las circunstancias entorpezcan, insensibilicen o destruyan su espíritu y gozo en la vida.
- se resienten contra aquellos que tienen más y tratan de quitarles algo de lo que estos tienen.
- desarrollan un sentido de inferioridad e ineptitud y asumen una conducta retraída o servil.

Esto resulta equivocado y destructivo tanto para la persona humilde como para cualquiera que esté involucrado, incluso familiares, amigos, comunidades, la sociedad y el mundo en general. Toda persona humilde que haya sobre la faz de la tierra debe luchar y luchar y nunca dejar de luchar por mejorar su posición en la vida, incluso al punto en el que pueda ayudar a otros. Esta es la enseñanza evidente de las Escrituras (Ef. 4:28). Pero ninguna persona debe permitir que las circunstancias, por terrible que sean, destruyan su gozo o la hagan resentirse o sentirse inferior ni retraída ni servil. Es necesario que todo ser humano, por humilde que sea, haga su contribución a la sociedad y al mundo. Así sucede fundamentalmente con los creyentes. Los creyentes no deben olvidarse nunca de Dios ni de la salvación y exaltación gloriosas a las que Dios los ha llevado. Gloriarse de la posición de uno en la vida, enfrentarla directamente y disponerse a vencerla, es uno de los caminos para vencer las pruebas y tentaciones de la vida. Una persona humilde que no permite que su posición la derrote, sino más bien la vence desarrolla un espíritu muy fuerte. Desarrolla un espíritu así de fuerte que con la sabiduría de Dios puede vencer cualquier prueba o tentación que se le presente.

2. Segundo, el creyente rico o de alta posición en la vida debe regocijarse ya que Dios lo hace humilde. ¿Qué quiere decir esto?

a. Primero, una persona rica o de alta posición no es acepta ante Dios por quién es ni por lo que tiene. Su riqueza y su alta posición no significan nada para Dios. Aunque fuera el gobernador y dueño de toda la tierra, no significaría nada para Dios. ¿Qué significa una posición de riqueza como esa comparada con todo el universo? El rico y el de alta posición deben acercarse a Dios desnudos, como quien no es ni tiene nada, acercarse a Él como un niño, pobre y sin poseer nada. Esa es la única manera en la que Dios acepta a cualquier persona; por consiguiente, el rico y el de alta posición no son mejores que el pobre y el humilde. Todos los hombres, no importa cuál sea su posición en la vida, son iguales ante Dios. Que el rico y el de alta posición se regocijen en Dios y en el hecho de que Dios los acepta, no en su riqueza y en su alta posición.

b. Segundo, una persona rica y de alta posición debe usar todo cuanto tiene y es, todas sus riquezas y sus influencias, para satisfacer las necesidades imperiosas de los hambrientos, los pobres, los enfermos, los desamparados, los pecadores, los que agonizan y los que se encuentran perdidos en este mundo. Esto es algo que se descuida, se ignora, se le encuentra una explicación convincente y en algunos casos se niega. No obstante, sea Dios veraz y todo hombre mentiroso, como dicen las Escrituras. Esa es la enseñanza clara de las Escrituras (vea el subíndice y notas — Mt. 19:16-22; 19:23-26; 19:27-30 para un análisis). El rico y el de alta posición deben dar y vivir en sacrificio al suplir las necesidades de los necesitados y los perdidos del mundo tanto como los de la clase media y baja de la sociedad. Esto no quiere decir que deba haber una sociedad sin clases. No la hay. Una persona de alta posición, un líder o un dirigente de un negocio o un país, necesita más para lidiar con sus homólogos en otros negocios y países, porque la mayoría no están comprometidos con Jesucristo. No negociarán ni respetarán a un líder que dirija el mundo con desdén. Pero cuando una persona, fundamentalmente un creyente, suple sus necesidades, eso es todo lo que debe hacer. No debe acaparar y acumular más de lo necesario para sustentar a su familia. Debe usarlo todo para suplir las necesidades de este mundo, su necesidad imperiosa del evangelio y de alimentación, agua, medicina, educación, ropa y albergue. Note lo que dice este pasaje: el rico y el de alta posición deben recordar algo importante:

"pero el que es rico, en su humillación; porque él pasará como la flor de la hierba. Porque cuando sale el sol con calor abrasador, la hierba se seca, su flor se cae, y perece su hermosa apariencia; así también se marchitará el rico en todas sus empresas" (Stg. 1:10-11).

"cuando no sabéis lo que será mañana. Porque ¿qué es vuestra vida? Ciertamente es neblina que se aparece por un poco de tiempo, y luego se desvanece" (Stg. 4:14).

"Porque: Toda carne es como hierba, y toda la gloria del hombre como flor de la hierba. La hierba se seca, y la flor se cae" (1 P. 1:24).

"Voz que decía: Da voces. Y yo respondí: ¿Qué tengo que decir a voces? Que toda carne es hierba, y toda su gloria como flor del campo. La hierba se seca, y la flor se marchita, porque el viento de Jehová sopló en ella; ciertamente como hierba es el pueblo" (Is. 40:6-7).

"Yo, yo soy vuestro consolador. ¿Quién eres tú para que tengas temor del hombre, que es mortal, y del hijo de hombre, que es como heno?" (Is. 51:12).

"Y mis días fueron más veloces que la lanzadera del tejedor, y fenecieron sin esperanza" (Job 7:6).

"Mis días han sido más ligeros que un correo; huyeron, y no vieron el bien" (Job 9:25).

"He aquí, diste a mis días término corto, y mi edad es como nada delante de ti; ciertamente es completa vanidad todo hombre que vive" (Sal. 39:5).

"Mas el hombre no permanecerá en honra; es semejante a las bestias que perecen" (Sal. 49:12).

"Se acordó de que eran carne, soplo que va y no vuelve" (Sal. 78:39).

"Porque él conoce nuestra condición; se acuerda de que somos polvo. El hombre, como la hierba son sus días; florece como la flor del campo, que pasó el viento por ella, y pereció, y su lugar no la conocerá más" (Sal. 103:14-16).

"Inquieren iniquidades, hacen una investigación exacta; y el íntimo pensamiento de cada uno de ellos, así como su corazón, es profundo" (Sal. 64:6).

3 (1:12) *Tentaciones — Pruebas:* ¿Cómo puede un creyente vencer las pruebas y tentaciones? Tercero, debe recordar la recompensa por resistir. Será bendecido y recibirá una corona de vida. Note exactamente lo que se dice.

1. La persona que se resista a la tentación será "bendecida" (makarios). Esto se refiere a esta vida, al presente. La palabra *bendecida* significa satisfacción y gozo interno y espiritual; una seguridad y confianza interna que hace atravesar todas las pruebas y tentaciones de la vida sin importar el dolor, la pena, la pérdida o el pesar. Dicho de un modo sencillo, la persona está segura en esta vida. Sabe que Dios la cuida y la protege y la va a liberar de toda la corrupción y el mal de esta vida incluso la muerte y le dará vida eterna.

"Semejante es al hombre que al edificar una casa, cavó y ahondó y puso el fundamento sobre la roca; y cuando vino una inundación, el río dio con ímpetu contra aquella casa, pero no la pudo mover, porque estaba fundada sobre la roca" (Lc. 6:48).

"He aquí, tenemos por bienaventurados a los que sufren. Habéis oído de la paciencia de Job, y habéis visto el fin del Señor, que el Señor es muy misericordioso y compasivo" (Stg. 5:11).

"No obstante, proseguirá el justo su camino, y el limpio de manos aumentará la fuerza" (Job 17:9).

2.   La persona recibirá la corona de vida en el próximo mundo. ¿Qué es la corona de vida? En griego a esto se le llama "genitivo de aposición"; es decir, *la propia vida* es la corona (A. T. Robertson, *Metáforas del Nuevo Testamento*, vol. 6, p. 17). El creyente que resista las tentaciones de la vida será coronado con la propia vida, la vida eterna, una vida que continuará y nunca concluirá. La vida eterna que se le dará al creyente brillará con más resplandor que todas las coronas terrenales que hayan usado todos los gobernantes de este mundo.

Pensamiento 1. Imagínense nada más el momento en el que Cristo nos coronará con la corona de vida. Ser coronado con la corona de vida…

- nos llenará con una alegría y gozo inquebrantables.
- nos conferirá honra y dignidad.
- nos proporcionará un sentimiento profundo y perfecto de victoria y triunfo.
- nos conformará a la imagen de la realeza eterna.

    "No se turbe vuestro corazón; creéis en Dios, creed también en mí. En la casa de mi Padre muchas moradas hay; si así no fuera, yo os lo hubiera dicho; voy, pues, a preparar lugar para vosotros" (Jn. 14:1-2).
    "Porque esta leve tribulación momentánea produce en nosotros un cada vez más excelente y eterno peso de gloria" (2 Co. 4:17).
    "Mas nuestra ciudadanía está en los cielos, de donde también esperamos al Salvador, al Señor Jesucristo; el cual transformará el cuerpo de la humillación nuestra, para que sea semejante al cuerpo de la gloria suya, por el poder con el cual puede también sujetar a sí mismo todas las cosas" (Fil. 3:20-21).
    "Amados, no os sorprendáis del fuego de prueba que os ha sobrevenido, como si alguna cosa extraña os aconteciese, sino gozaos por cuanto sois participantes de los padecimientos de Cristo, para que también en la revelación de su gloria os gocéis con gran alegría" (1 P. 4:12-13).
    "Y esta es la promesa que él nos hizo, la vida eterna" (1 Jn. 2:25).

3.   La persona que resiste las pruebas y tentaciones es la persona que será bendecida y recibirá la corona de vida. La resistencia es un elemento absolutamente esencial (vea la nota 2, punto 1 — Stg. 1:2 para un análisis). La persona tiene que hacerle frente a las pruebas y tentaciones con el espíritu de un vencedor; tiene que…

- resistir
- perseverar
- ser constante
- mantenerse firme

Tiene que vencer y triunfar por medio de Cristo Jesús nuestro Señor y luego recibirá las promesas de Dios. A las personas hay que ponerlas a pruebas y examinarlas y tienen que demostrar su fidelidad. Tienen que resistir hasta el final para ser salvas y heredar la corona de vida.

Pensamiento 1. El débil se rinde. Por lo tanto, no experimenta la sensación de ser bendecido. No tiene la confianza y seguridad de la presencia y amor de Dios ni de la eternidad. No está seguro de que recibirá la corona de vida. Y las Escrituras dicen que no la recibirá.

    "Y seréis aborrecidos de todos por causa de mi nombre; mas el que persevere hasta el fin, éste será salvo" (Mt. 10:22).
    "Así que, hermanos míos amados, estad firmes y constantes, creciendo en la obra del Señor siempre, sabiendo que vuestro trabajo en el Señor no es en vano" (1 Co. 15:58).
    "No nos cansemos, pues, de hacer bien; porque a su tiempo segaremos, si no desmayamos" (Gá. 6:9).
    "Bienaventurado el varón que soporta la tentación; porque cuando haya resistido la prueba, recibirá la corona de vida, que Dios ha prometido a los que le aman" (Stg. 1:12).
    "Por tanto, ceñid los lomos de vuestro entendimiento, sed sobrios, y esperad por completo en la gracia que se os traerá cuando Jesucristo sea manifestado" (1 P. 1:13).
    "Porque esto merece aprobación, si alguno a causa de la conciencia delante de Dios, sufre molestias padeciendo injustamente" (1 P. 2:19).
    "He aquí, yo vengo pronto; retén lo que tienes, para que ninguno tome tu corona" (Ap. 3:11).
    "Tú has probado mi corazón, me has visitado de noche; me has puesto a prueba, y nada inicuo hallaste; he resuelto que mi boca no haga transgresión" (Sal. 17:3).

4.   La persona que ama al Señor es la persona que resiste. Es la persona que es fiel al Señor. Esa persona sigue y obedece al Señor, al hacer todo lo que el Señor ordena. Sigue a Cristo, obedeciendo sus mandamientos y resistiendo todas las pruebas y tentaciones de esta vida.

    "El que tiene mis mandamientos, y los guarda, ése es el que me ama; y el que me ama, será amado por mi Padre, y yo le amaré, y me manifestaré a él" (Jn. 14:21).
    "Si guardareis mis mandamientos, permaneceréis en mi amor; así como yo he guardado los mandamientos de mi Padre, y permanezco en su amor… Vosotros sois mis amigos, si hacéis lo que yo os mando" (Jn. 15:10, 14).
    "No os ha sobrevenido ninguna tentación que no sea humana; pero fiel es Dios, que no os dejará ser tentados más de lo que podéis resistir, sino que dará también juntamente con la tentación la salida, para que podáis soportar" (1 Co. 10:13).
    "Y aunque era Hijo, por lo que padeció aprendió la obediencia" (He. 5:8).
    "Por cuanto has guardado la palabra de mi paciencia, yo también te guardaré de la hora de la prueba que ha de venir sobre el mundo entero, para probar a los que moran sobre la tierra" (Ap. 3:10).

	C. El origen de las pruebas y tentaciones, 1:13-18	cebido, da a luz el pecado; y el pecado, siendo consumado, da a luz la muerte.	y el nacimiento del pecado
1 La tentación no es de Dios a. Dios no puede ser tentado b. Dios no tienta a nadie **2 La tentación es del hombre, de su propia concupiscencia** a. Está la concupiscencia y el deseo b. Está la concepción de la concupiscencia	13 Cuando alguno es tentado, no diga que es tentado de parte de Dios; porque Dios no puede ser tentado por el mal, ni él tienta a nadie; 14 sino que cada uno es tentado, cuando de su propia concupiscencia es atraído y seducido. 15 Entonces la concupiscencia, después que ha con-	16 Amados hermanos míos, no erréis. 17 Toda buena dádiva y todo don perfecto desciende de lo alto, del Padre de las luces, en el cual no hay mudanza, ni sombra de variación. 18 El, de su voluntad, nos hizo nacer por la palabra de verdad, para que seamos primicias de sus criaturas.	c. Está el resultado: La muerte **3 La tentación no proviene de la naturaleza de Dios** a. Dios es solo bondad b. Dios solo da buenos regalos c. Dios solo quiere vernos renacer

DIVISIÓN I

TENTACIONES Y PRUEBAS: LOS ELEMENTOS BÁSICOS, 1:2-27

C. El origen de las pruebas y tentaciones, 1:13-18

(1:13-18) *Introducción — Tentación:* ¿De dónde proviene la tentación? A veces se vuelven casi insoportables el deseo y el anhelo de cosas en la tierra. Vemos algo y sabemos que es malo, que no deberíamos tenerlo ni hacerlo, pero el deseo y el anhelo se vuelven tan fuertes que apenas podemos soportarlo. Podemos anhelar cosas como por ejemplo…

- hacer nuestra voluntad
- hacer lo que se nos antoja
- alimento
- sexo inmoral
- posesiones
- reconocimiento o autoridad
- alcohol
- cigarrillos
- pornografía
- ropas
- posición o mejora

En esto consiste la tentación: El deseo y anhelo por cosas incorrectas, cosas que Dios prohíbe y que son dañinas para nuestro cuerpo y espíritu humano. No importa lo que sea, aunque el hombre lo justifique y diga que es correcto, es pecado si Dios dice que es dañino y si daña nuestro cuerpo y espíritu. Por lo tanto, cuando sentimos deseo o anhelo por cosas así, se nos está tentando y hay que alejarse de la tentación.

Ahora bien, ¿de dónde proviene la tentación? Por ejemplo, una de las cosas mencionadas anteriormente, ¿por qué las deseamos y las anhelamos? ¿Qué nos provoca ese deseo? Conocer el origen de la tentación nos ayudará tremendamente para vencer las pruebas y tentaciones de la vida.

1. La tentación no es de Dios (v. 13).
2. La tentación es del hombre, de su propia concupiscencia (vv. 14-16).
3. La tentación no proviene de la naturaleza de Dios (vv. 17-18).

1 (1:13) *Tentación:* La tentación no es de Dios. El hombre siempre culpa a otra persona por tentarlo y hacerlo pecar. Cuando Adán y Eva cayeron en pecado, Dios buscó a Adán y

le preguntó lo que había sucedido. Adán, tratando de evadir la culpa, hizo exactamente lo que todos tendemos a hacer: Él dijo: "la mujer que *me diste* me tentó" (Gn. 3:12). Luego cuando Dios se volvió hacia Eva, Eva le dijo: "la serpiente me engañó" (Gn. 3:13). Sucede lo siguiente: Casi nunca el hombre asume la responsabilidad por haber obrado mal.

⇒ El hombre culpa a la mujer y la mujer culpa al hombre.
⇒ El cónyuge culpa al cónyuge.
⇒ El niño culpa al padre y el padre culpa al niño.
⇒ El estudiante culpa al maestro y el maestro culpa a la escuela.
⇒ Compañero culpa a compañero.
⇒ El empleador culpa al empleado y el empleado culpa al empleador.

El hombre hasta bromea sobre la tentación y el pecado con expresiones como, "si no hubiese estado allí, no lo habría hecho". Puede ser una segunda ración de comida o una mujer atractiva o algo que luce demasiado atractivo, pero casi nunca asumimos la responsabilidad por haberlo tomado. Lo que hacemos es justificar nuestra conducta y tratar de calmar nuestra conciencia culpando a nuestra esposa, esposo, empleadores, alguien que no seamos nosotros mismos. Pero note lo que hemos hecho: Hemos culpado a Dios. ¿Cómo?

⇒ Al preguntarnos por qué Dios dejó que algo así nos sucediera: Casarnos con una pareja así, tener un accidente tan terrible y un gran número de cosas que nos suceden.
⇒ Al pensar que Dios nos creó con deseos y pasiones; por ende, cada vez que fallemos, Él nos comprenderá y perdonará.
⇒ Al pensar que Dios hizo al mundo tal como es, con todo lo que hay en él; por ende, si nos permitimos algo, él nos comprenderá y perdonará. Puede ser una segunda ración, o un segundo trago o una segunda mirada a una mujer vestida con descuido, pero nos justificamos con el pensamiento de que Dios comprende la indulgencia.

Claro está, Dios sí creó todas las cosas en su forma original, y Él nos creó con deseos y anhelos. Dios creó el alimento y nos dio el deseo por los alimentos de modo que comiéramos y cuidáramos de nuestro cuerpo. Dios le dio la mujer al hombre y el hombre a la mujer para que perpetuaran la raza humana y edificaran compañía, confianza, familia y un mundo de amor, paz, gozo y de adoración y servicio a Dios. Pero Dios no nos hizo…

• para desear y luego desear cada vez más.
• para anhelar y luego anhelar cada vez más.

Dios no es la persona que despierta deseos y anhelos concupiscentes dentro de nosotros. Note lo que dice este versículo:

"Cuando alguno es tentado, no diga que es tentado de parte de Dios; porque Dios no puede ser tentado por el mal, ni él tienta a nadie" (Stg. 1:13).

1. Primero, Dios no puede ser tentado por el mal. Dios es santo, justo y puro. Por ende, por su propia naturaleza Dios no puede tener absolutamente nada que ver con el mal ni la tentación. Tentar a una persona es una cosa mala. Se necesita una persona mala, egoísta, concupiscente, lujuriosa, carente, vacía, carnal e interesada para que trate de atraer y seducir a otra persona a que haga lo prohibido. Y Dios no es así. Dios es todo lo contrario. La santidad de Dios no le permite ser tentado por el mal; Él no puede ser tentado a tentar al hombre, a hacer una cosa tan horrible y profana.

2. Segundo, no solo puede Dios no ser tentado por el mal, sino que Dios *no tienta* a ninguna persona. Dios ama, cuida y trata de salvar al hombre, no trata de dañar o destruir su cuerpo y su espíritu. Cuando una persona es tentada a hacer lo prohibido o lo malo, el deseo y el anhelo no son de Dios. Él quiere que la persona se aleje y huya de la tentación, no que se desmorone y sucumba a ella.

"No os ha sobrevenido ninguna tentación que no sea humana; pero fiel es Dios, que no os dejará ser tentados más de lo que podéis resistir, sino que dará también juntamente con la tentación la salida, para que podáis soportar" (1 Co. 10:13).

"Seguid la paz con todos, y la santidad, sin la cual nadie verá al Señor" (He. 12:14).

"¿De dónde vienen las guerras y los pleitos entre vosotros? ¿No es de vuestras pasiones, las cuales combaten en vuestros miembros? Codiciáis, y no tenéis; matáis y ardéis de envidia, y no podéis alcanzar; combatís y lucháis, pero no tenéis lo que deseáis, porque no pedís. Pedís, y no recibís, porque pedís mal, para gastar en vuestros deleites" (Stg. 4:1-3).

"porque escrito está: Sed santos, porque yo soy santo" (1 P. 1:16).

"sabe el Señor librar de tentación a los piadosos, y reservar a los injustos para ser castigados en el día del juicio" (2 P. 2:9).

"¿Quién no te temerá, oh Señor, y glorificará tu nombre? pues sólo tú eres santo; por lo cual todas las naciones vendrán y te adorarán, porque tus juicios se han manifestado" (Ap. 15:4).

"Nubes y oscuridad alrededor de él; justicia y juicio son el cimiento de su trono" (Sal. 97:2).

"Exaltad a Jehová nuestro Dios, y postraos ante su santo monte, porque Jehová nuestro Dios es santo" (Sal. 99:9).

"Justo es Jehová en todos sus caminos, y misericordioso en todas sus obras" (Sal. 145:17).

"Y el uno al otro daba voces, diciendo: Santo, santo, santo, Jehová de los ejércitos; toda la tierra está llena de su gloria" (Is. 6:3).

"En sus días será salvo Judá, e Israel habitará confiado; y este será su nombre con el cual le llamarán: Jehová, justicia nuestra" (Jer. 23:6).

2 (1:14-16) *Tentación:* La tentación es del hombre, de su propia concupiscencia. Hay tres pasos significativos en la tentación y el pecado, tres pasos que debemos comprender si vamos a vencer consecuentemente la tentación.

1. Está la concupiscencia y la seducción. Todo hombre, sin excepciones, es tentado cuando es atraído y seducido por su propia concupiscencia. La palabra "lujuria" (epithumia) quiere decir anhelar tanto el bien como el mal. Hay buenos deseos y malos deseos. La palabra "atraído" (deleazomenos) quiere decir seducir o cebar como mismo una persona seduce o ceba a un pez.

La ilustración es la siguiente: El hombre tiene buenos deseos, deseos naturales y normales. Por ende, cuando comienza a pensar en algo o se fija en algo, naturalmente lo desea. Su deseo es una conducta normal. El problema surge cuando lo que se piensa o lo que se mira es algo prohibido y dañino. Si se fija en algo y piensa en algo prohibido y dañino, comienza a desear y sentirse atraído o seducido a ir tras eso. Esta es la etapa inicial misma de la tentación. El hombre toma su deseo y lo centra en lo prohibido y lo dañino. Comienza a prestarle atención a lo que no debería prestarle atención; comienza a pensar en las cosas de la carne y del mundo. Por consiguiente es tentado y alejado por sus propios deseos y atracciones.

2. Está la concepción de la concupiscencia y el nacimiento del pecado. El punto anterior, el punto uno, es lo que se denomina la concepción de la concupiscencia. Es una ilustración del nacimiento. Cuando una persona comienza realmente a fijarse y pensar en lo prohibido, el deseo y la concupiscencia son *concebidos* en su mente. Se imagina el placer del deseo; es decir, el pecado nace realmente. Imaginárselo, fijarse y pensar en el deseo, es el pecado. Esto es exactamente lo que dice el propio Cristo:

"Pero yo os digo que cualquiera que mira a una mujer para codiciarla, ya adulteró con ella en su corazón" (Mt. 5:28).

Debe tenerse en cuenta lo siguiente: La tentación comienza con los deseos normales y naturales del hombre y con sus pensamientos. Una persona ve, olfatea, saborea, escucha, palpa o piensa en algo, algo que es prohibido, dañino y no se aleja y huye de eso. Puede ser algo tan sencillo como oír o escuchar la música provocativa, música sobre la intimidad de una relación. En lugar de huir, la persona permite que la mente lo conciba. Se imagina el placer y comienza a sentir deseo y lujuria por eso. Nace el pecado; se comete el mal justo en su mente. Su corazón se centra en lo prohibido. Puede que nunca lo haga, pero lo haría si tuviera la oportunidad y el coraje. Una vez más Cristo dijo:

> "Pero yo os digo que cualquiera que mira a una mujer para codiciarla, ya adulteró con ella en su corazón" (Mt. 5:28).

> "pero los afanes de este siglo, y el engaño de las riquezas, y las codicias de otras cosas, entran y ahogan la palabra, y se hace infructuosa" (Mr. 4:19).

> "Por esto Dios los entregó a pasiones vergonzosas; pues aun sus mujeres cambiaron el uso natural por el que es contra naturaleza, y de igual modo también los hombres, dejando el uso natural de la mujer, se encendieron en su lascivia unos con otros, cometiendo hechos vergonzosos hombres con hombres, y recibiendo en sí mismos la retribución debida a su extravío" (Ro. 1:26-27).

> "Porque mientras estábamos en la carne, las pasiones pecaminosas que eran por la ley obraban en nuestros miembros llevando fruto para muerte" (Ro. 7:5).

> "Digo, pues: Andad en el Espíritu, y no satisfagáis los deseos de la carne. Porque el deseo de la carne es contra el Espíritu, y el del Espíritu es contra la carne; y éstos se oponen entre sí, para que no hagáis lo que quisiereis" (Gá. 5:16-17).

> "Haced morir, pues, lo terrenal en vosotros: fornicación, impureza, pasiones desordenadas, malos deseos y avaricia, que es idolatría" (Col. 3:5).

> "que cada uno de vosotros sepa tener su propia esposa en santidad y honor; no en pasión de concupiscencia, como los gentiles que no conocen a Dios" (1 Ts. 4:4-5).

> "Entonces la concupiscencia, después que ha concebido, da a luz el pecado; y el pecado, siendo consumado, da a luz la muerte" (Stg. 1:15).

> "¿De dónde vienen las guerras y los pleitos entre vosotros? ¿No es de vuestras pasiones, las cuales combaten en vuestros miembros? Codiciáis, y no tenéis; matáis y ardéis de envidia, y no podéis alcanzar; combatís y lucháis, pero no tenéis lo que deseáis, porque no pedís. Pedís, y no recibís, porque pedís mal, para gastar en vuestros deleites. ¡Oh almas adúlteras! ¿No sabéis que la amistad del mundo es enemistad contra Dios? Cualquiera, pues, que quiera ser amigo del mundo, se constituye enemigo de Dios" (Stg. 4:1-4).

> "Amados, yo os ruego como a extranjeros y peregrinos, que os abstengáis de los deseos carnales que batallan contra el alma" (1 P. 2:11).

> "Porque todo lo que hay en el mundo, los deseos de la carne, los deseos de los ojos, y la vanagloria de la vida, no proviene del Padre, sino del mundo" (1 Jn. 2:16).

Pensamiento 1. El camino para vencer la tentación tiene en esencia dos aspectos.

1) Si la tentación ataca nuestros pensamientos, entonces debemos alejar ese pensamiento maligno de nuestra mente y luego comenzar de inmediato a centrar nuestros pensamientos en Cristo y algún pasaje de las Escrituras.

2) Si la tentación proviene de alguna atracción a nuestros sentidos, vista, audición, gusto y tacto, entonces debemos alejar nuestra mente o cuerpo y huir de la tentación. Luego de inmediato debemos centrarnos en Jesucristo y en la oración y revisar algún pasaje de las Escrituras.

3. Tenemos el resultado de la concupiscencia y la atracción: la muerte. El hombre muere físicamente, espiritualmente y eternamente por el pecado. Cuando Dios creó al hombre, Él no creó al hombre para que muriera. El hombre ha decidido morir, y muere por el pecado (vea el *Estudio a fondo 1, Muerte* — He. 9:27 para un análisis y los versículos).

Pensamiento 1. William Barclay tiene un pensamiento sobre la tentación que debería exhortarnos a volcar todo nuestro ser hacia Cristo. Tenemos los planteamientos en forma de subíndice para darles énfasis:

"Ahora bien, el deseo es algo que puede alimentarse o reprimirse. Un hombre puede… por la gracia de Dios, eliminar el deseo si le hace frente y lidia con él de una vez. Pero…

- *Él puede permitir que sus pasos lo lleven a ciertos lugares y a cierta compañía.*
- *Él puede alentar a sus ojos a entretenerse con ciertas cosas prohibidas.*
- *Él puede pasarse su vida fomentando el deseo.*
- *Él puede usar la mente, el corazón, los ojos, los pies y los labios para alimentar el deseo.*

"[Sin embargo, un hombre] puede entregarse a Cristo y al Espíritu de Cristo para que se limpie de todo deseo maligno. Él puede estar tan inmerso en buenas cosas que no hay tiempo ni cabida para el deseo. Es para los ociosos para quienes Satanás encuentra cosas malas que hacer; y es la mente no ejercitada la que juega con el deseo, y un corazón no comprometido es el que es vulnerable al llamado de la concupiscencia.

"Si un hombre alimenta y alienta el deseo lo suficiente, hay una consecuencia inevitable. El deseo se convierte en acción. Si un hombre piensa en algo lo suficiente, si se permite desearlo lo suficiente, todas las probabilidades van a favor de que lo haga. El deseo en el corazón finalmente engendra el pecado en la acción" (*Las epístolas de Santiago y Pedro*, "The Daily Study Bible/La Biblia de estudio diario/Biblia devocional de estudio", Philadelphia, PA: The Westminister Press, 1958, p. 61f).

3 (1:17-18) ***Tentación — Dios:*** La tentación no proviene de la naturaleza de Dios. Note tres aspectos significativos sobre Dios y la tentación.

1. Dios es bueno y perfecto. No es Dios si no es bueno y perfecto. Cuando decimos *Dios,* damos a entender el Ser Supremo y Majestuoso del universo, el Ser que es el Creador, el Ser que es bueno y perfecto, quién es la Fuente de todos los regalos buenos y perfectos. Al ser bueno y perfecto, Dios no puede tener nada absolutamente que ver con la tentación y el pecado. Por consiguiente, Él no es quien tienta al hombre. Dios es quien da al hombre todo lo bueno y perfecto que el hombre recibe.

"El es la Roca, cuya obra es perfecta, porque todos sus caminos son rectitud; Dios de verdad, y sin ninguna iniquidad en él; es justo y recto" (Dt. 32:4).

"En cuanto a Dios, perfecto es su camino, y acrisolada la palabra de Jehová; escudo es a todos los que en él esperan" (Sal. 18:30).

"He entendido que todo lo que Dios hace será perpetuo; sobre aquello no se añadirá, ni de ello se disminuirá; y lo hace Dios, para que delante de él teman los hombres" (Ec. 3:14).

"Sed, pues, vosotros perfectos, como vuestro Padre que está en los cielos es perfecto" (Mt. 5:48).

"Bueno y recto es Jehová; por tanto, él enseñará a los pecadores el camino" (Sal. 25:8).

"Gustad, y ved que es bueno Jehová; dichoso el hombre que confía en él" (Sal. 34:8).

"Jehová es bueno, fortaleza en el día de la angustia; y conoce a los que en él confían" (Nah. 1:7).

"El le dijo: ¿Por qué me llamas bueno? Ninguno hay bueno sino uno: Dios. Mas si quieres entrar en la vida, guarda los mandamientos" (Mt. 19:17).

"¿O menosprecias las riquezas de su benignidad, paciencia y longanimidad, ignorando que su benignidad te guía al arrepentimiento?" (Ro. 2:4).

2.   Dios es el Padre de las luces y Él es invariable. La tentación lleva a los hombres a las tinieblas, a las tinieblas de la culpa y la vergüenza, de la acusación y la decepción personal, de herir y dañar a otros, de la destrucción y la muerte, de los asuntos ocultos y secretos, de la noche y las puertas cerradas, de actos secretos y ocultos. Es la tentación la que lleva a los hombres a un mundo de tinieblas como ese, no Dios. Dios es el Padre de las luces, el Creador del sol, la luna, las estrellas y la luz misma. Y todos son invariables. Por su propia naturaleza cada uno da y refleja su luz. Así sucede con Dios, excepto que un poco más. Dios es luz, luz perfecta. Tan perfecta que ni siquiera hay mudanza ni sombra de variación en Dios. La hay cn las luces celestiales, pero no en Dios. Dios es invariable. Él es el Dios de las luces. Dios siempre nos da las cosas que estarán en la luz, cosas…

* que nos dan gozo.
* que son buenas para nosotros.
* que no nos avergüenzan.
* que pueden edificarnos, perfeccionarnos y madurarnos.
* que nos dan seguridad y confianza.
* que nos hacen seguros.
* que nos traen amor, gozo y paz.
* que muestran a Cristo y a Dios.

Y note: Se dice que Dios es "el Padre de las luces". Él es *nuestro Padre;* Él nunca nos deja en la oscuridad, buscando a tientas conocer la verdad. Él siempre nos da acceso a la luz de la verdad. Él nos da todos los regalos buenos y perfectos porque Él es el Padre de las luces.

"Jehová es mi luz y mi salvación; ¿de quién temeré? Jehová es la fortaleza de mi vida; ¿de quién he de atemorizarme?" (Sal. 27:1).

"Porque sol y escudo es Jehová Dios; gracia y gloria dará Jehová. No quitará el bien a los que andan en integridad (Sal" 84:11).

"Tú, enemiga mía, no te alegres de mí, porque aunque caí, me levantaré; aunque more en tinieblas, Jehová será mi luz" (Mi. 7:8).

"Este es el mensaje que hemos oído de él, y os anunciamos: Dios es luz, y no hay ningunas tinieblas en él" (1 Jn. 1:5).

"No habrá allí más noche; y no tienen necesidad de luz de lámpara, ni de luz del sol, porque Dios el Señor los iluminará; y reinarán por los siglos de los siglos" (Ap. 22:5).

"Pues si vosotros, siendo malos, sabéis dar buenas dádivas a vuestros hijos, ¿cuánto más vuestro Padre celestial dará el Espíritu Santo a los que se lo pidan?" (Lc. 11:13).

"y yo les doy vida eterna; y no perecerán jamás, ni nadie las arrebatará de mi mano" (Jn. 10:28).

"Pero tú eres el mismo, y tus años no se acabarán" (Sal. 102:27).

"Y como un vestido los envolverás, y serán mudados; pero tú eres el mismo, y tus años no acabarán" (He. 1:12).

"Orad por nosotros; pues confiamos en que tenemos buena conciencia, deseando conducirnos bien en todo" (He. 13:18).

"Toda buena dádiva y todo don perfecto desciende de lo alto, del Padre de las luces, en el cual no hay mudanza, ni sombra de variación" (Stg. 1:17).

3.   Dios solo quiere vernos renacer. Él quiere que nosotros conozcamos la Palabra de verdad. Si alguna vez creemos la palabra de error, no es de Dios. Todas las enseñanzas humanistas y falsas sobre la verdad no son de Dios. Son de otro origen, otra fuente que existe para tentar al hombre a alejarse de Dios y su verdad. Dios quiere que el hombre renazca. El hombre ha nacido físicamente, todo hombre, y el camino del nacimiento físico es la muerte. Toda persona humana morirá. Pero la verdad de Dios es lo que proclama la Palabra de la verdad: que el hombre puede *nacer nuevamente.* Él puede experimentar un renacimiento espiritual y vivir para siempre con Dios en los cielos nuevos y la tierra nueva. Todos podemos convertirnos en una de sus nuevas criaturas, en un *nuevo hombre* que va a ser perfeccionado y vivirá para siempre. Todos podemos ser como los primeros frutos de la vid, un fruto nuevo, una criatura nueva que no es como la criatura física que somos sobre esta tierra material. Podemos convertirnos en una de las nuevas criaturas de Dios, convertidos en un ser perfecto que vivirá para siempre para adorar y servir a Dios en los cielos nuevos y la tierra nueva.

"Mas a todos los que le recibieron, a los que creen en su nombre, les dio potestad de ser hechos hijos de Dios; los cuales no son engendrados de sangre, ni de voluntad de carne, ni de voluntad de varón, sino de Dios" (Jn. 1:12-13).

"Respondió Jesús y le dijo: De cierto, de cierto te digo, que el que no naciere de nuevo, no puede ver el reino de Dios. Respondió Jesús: De cierto, de cierto te digo, que el que no naciere de agua y del Espíritu, no puede entrar en el reino de Dios. Lo que es nacido de la carne, carne es; y lo que es nacido del Espíritu, espíritu es" (Jn. 3:3, 5-6).

"De modo que si alguno está en Cristo, nueva

criatura es; las cosas viejas pasaron; he aquí todas son hechas nuevas" (2 Co. 5:17).

"y vestíos del nuevo hombre, creado según Dios en la justicia y santidad de la verdad" (Ef. 4:24).

"y revestido del nuevo, el cual conforme a la imagen del que lo creó se va renovando hasta el conocimiento pleno" (Col. 3:10).

"nos salvó, no por obras de justicia que nosotros hubiéramos hecho, sino por su misericordia, por el lavamiento de la regeneración y por la renovación en el Espíritu Santo" (Tit. 3:5).

"siendo renacidos, no de simiente corruptible, sino de incorruptible, por la palabra de Dios que vive y permanece para siempre" (1 P. 1:23).

"Todo aquel que cree que Jesús es el Cristo, es nacido de Dios; y todo aquel que ama al que engendró, ama también al que ha sido engendrado por él" (1 Jn. 5:1).

	D. Los preparativos necesarios para soportar las pruebas y tentaciones, 1:19-27	de ella, éste es semejante al hombre que considera en un espejo su rostro natural.	a. Un oidor solo se engaña a sí mismo
1 Preparativo 1: Sean prontos para oír la Palabra de Dios	19 Por esto, mis amados hermanos, todo hombre sea pronto para oír, tardo para hablar, tardo para airarse;	24 Porque él se considera a sí mismo, y se va, y luego olvida cómo era.	b. Un oidor solo olvida lo que oyó
a. Siendo tardo para hablar	20 porque la ira del hombre no obra la justicia de Dios.	25 Mas el que mira atentamente en la perfecta ley, la de la libertad, y persevera en ella, no siendo oidor olvidadizo, sino hacedor de la obra, éste será bienaventurado en lo que hace.	c. El hacedor de la Palabra es bendecido
b. Siendo tardo para airarse: un hombre airado no hace lo que Dios hace			
c. Desechando toda inmundicia	21 Por lo cual, desechando toda inmundicia y abundancia de malicia, recibid con mansedumbre la palabra implantada, la cual puede salvar vuestras almas.	26 Si alguno se cree religioso entre vosotros, y no refrena su lengua, sino que engaña su corazón, la religión del tal es vana.	**3 Preparativo 3: Refrenen y controlen la lengua**
d. Desechando toda malicia			
e. Recibiendo la Palabra de mansedumbre		27 La religión pura y sin mácula delante de Dios el Padre es esta: Visitar a los huérfanos y a las viudas en sus tribulaciones, y guardarse sin mancha del mundo.	**4 Preparativo 4: Practiquen la religión pura, visiten al necesitado y guárdense sin mancha del mundo**
2 Preparativo 2: Sean hacedores de la Palabra y no solamente oidores	22 Pero sed hacedores de la palabra, y no tan solamente oidores, engañándoos a vosotros mismos.		
	23 Porque si alguno es oidor de la palabra pero no hacedor		

DIVISIÓN I

TENTACIONES Y PRUEBAS: LOS ELEMENTOS BÁSICOS, 1:2-27

D. Los preparativos necesarios para soportar las pruebas y tentaciones, 1:19-27

(1:19-27) *Introducción:* Este es un gran pasaje de las Escrituras, un pasaje muy descriptivo. En términos nada inciertos hay varios preparativos que se deben llevar a cabo para vencer la tentación. Sin estos preparativos, nunca se puede vencer la tentación.

1. Preparativo 1: Sean prontos para oír la Palabra de Dios (vv. 19-21).
2. Preparativo 2: Sean hacedores de la Palabra y no tan solamente oidores (vv. 22-25).
3. Preparativo 3: Refrenen y controlen la lengua (v. 26).
4. Preparativo 4: Practiquen la religión pura, visiten al necesitado y guárdense sin mancha del mundo (v. 27).

1 (1:19-21) *Palabra de Dios — Oír:* Preparativo número uno, sean prontos para oír la Palabra de Dios. La idea central de estos tres versículos se ve en el versículo 21: recibiendo la Palabra de modo que el alma de una persona sea salva. La tentación más grande del mundo es que una persona ande por la vida haciendo lo que quiere y lo que le place y por ende ignorando, descuidando, y rechazando a Dios. El resultado es la muerte (Stg. 1:15). Por consiguiente, si una persona debe ser salva, si debe ser librada de la gran tentación que mal-

decirá su alma, debe prepararse. Debe ser pronta para oír la Palabra de Dios. Debe asegurarse de que oiga la Palabra de Dios. ¿Cómo puede una persona asegurarse de escuchar la Palabra de Dios? ¿Asegurarse de que pueda recibir la Palabra y salvar su alma? Este pasaje dice que tiene que hacer cinco cosas.

1. Debe ser tarda para hablar. Quiere decir que una persona debe estar dispuesta a escuchar en lugar de expresar sus propias ideas sobre el bien y el mal y sobre cómo una persona es salva. Debe sentarse a escuchar en lugar de aferrarse a sus propias ideas; esa persona debe estar dispuesta a escuchar la Palabra de Dios en vez de insistir en lo que ella piensa.

2. Debe ser tarda para airarse o enojarse. Esto al menos quiere decir dos cosas.

⇒ Una persona no debe reaccionar contra lo que Dios dice sobre la tentación y el pecado ni lo que Dios dice sobre la salvación. Si una persona reacciona contra el plan de salvación de Dios y sigue su propio plan, se está maldiciendo a sí misma. Ninguna persona puede ser salva ni vencer la tentación si reacciona con ira contra la Palabra de salvación y justicia de Dios.

⇒ Una persona no debe enojarse ni actuar contra otros con ira. La ira y el enojo perturban y distraen. Una persona enojada no puede centrar sus pensamientos y espíritu en la Palabra de Dios, no lo suficiente para escuchar lo que dice la Palabra. Una persona airada no puede hacer lo que Dios dice; no puede vivir justamente ni recibir la justicia de la salvación de Dios (v. 20).

3.	Debe desechar toda *inmundicia*. La idea es la de *quitarse* una ropa sucia y echarla a un lado. Una persona debe despojarse de toda cosa sucia y echarla lejos de sí. Si disfruta la suciedad y la inmundicia, entonces tendrá la mente puesta en ellas. Su mente no estará clara, no lo suficiente para escuchar la Palabra de Dios. William Barclay señala que el equivalente griego para "inmundicia" (ruparia) se toma de la palabra griega *rupos*. La palabra se usa en ocasiones para referirse a *cera en los oídos* (*Las epístolas de Santiago y Pedro*, p. 66). La idea es descriptiva: Una persona con cera en los oídos no puede escuchar la Palabra de Dios, no de un modo claro. Por ende, debe quitarse la cera de sus oídos o de lo contrario será sordo a la Palabra de Dios.

4.	Debe desechar todo resto de malicia, perversidad y maldad. La idea es la siguiente: incluso después de desechar toda la inmundicia, quedará alguna malicia o perversidad que aflorará en nosotros. Por consiguiente, debemos mantenernos alertas a estos alzamientos y apagarlos, y también echarlos a un lado. Debemos estar completamente limpios y puros de toda inmundicia y malicia para escuchar la Palabra de Dios.

5.	Debemos recibir la Palabra de Dios con mansedumbre. Debemos ser *como un niño* ante Dios nuestro Padre, es decir, sentarnos ante Él con mansedumbre como lo hace un niño con su padre. La idea es que debemos ser humildes, discretos, callados y atentos al escuchar la Palabra de Dios. Debemos escuchar pacientemente con un corazón abierto listo para escuchar exactamente lo que dice nuestro Padre.

La persona que se sienta ante Dios así descubre algo bien maravilloso. Note la palabra "injertado" (emphuton). Quiere decir implantar; nacer dentro de. Cuando una persona escucha y oye la Palabra de Dios, esta se siembra dentro de su corazón y de su vida. Lo que Dios dice en realidad nace en el corazón, y el hombre oye exactamente lo que Dios dice. La Palabra de Dios nace en su corazón y en su vida y el alma de esta persona se salva. Triunfa y vence toda tentación, incluso la terrible tentación de rechazar a Dios y hacer lo que le place y vivir como quiere. Es salvo para vivir eternamente con Dios. Este es el primer preparativo que una persona debe llevar a cabo para soportar la tentación: Debe ser pronta para oír la Palabra de Dios.

"Mas el que fue sembrado en buena tierra, éste es el que oye y entiende la palabra, y da fruto; y produce a ciento, a sesenta, y a treinta por uno" (Mt. 13:23).

"Esta tenía una hermana que se llamaba María, la cual, sentándose a los pies de Jesús, oía su palabra" (Lc. 10:39).

"Así que, los que recibieron su palabra fueron bautizados; y se añadieron aquel día como tres mil personas" (Hch. 2:41).

"Y éstos eran más nobles que los que estaban en Tesalónica, pues recibieron la palabra con toda solicitud, escudriñando cada día las Escrituras para ver si estas cosas eran así" (Hch. 17:11).

"Por lo cual también nosotros sin cesar damos gracias a Dios, de que cuando recibisteis la palabra de Dios que oísteis de nosotros, la recibisteis no como palabra de hombres, sino según es en verdad, la pala-

bra de Dios, la cual actúa en vosotros los creyentes" (1 Ts. 2:13).

"Pero bienaventurados vuestros ojos, porque ven; y vuestros oídos, porque oyen" (Mt. 13:16).

"Mas la que cayó en buena tierra, éstos son los que con corazón bueno y recto retienen la palabra oída, y dan fruto con perseverancia" (Lc. 8:15).

"Por esto, mis amados hermanos, todo hombre sea pronto para oír, tardo para hablar, tardo para airarse" (Stg. 1:19).

"El oído que escucha las amonestaciones de la vida, Entre los sabios morará" (Pr. 15:31).

"El corazón del entendido adquiere sabiduría; y el oído de los sabios busca la ciencia" (Pr. 18:15).

"Cuando fueres a la casa de Dios, guarda tu pie; y acércate más para oír que para ofrecer el sacrificio de los necios; porque no saben que hacen mal" (Ec. 5:1).

2 (1:22-25) *Palabra de Dios — Obras — Fidelidad:* Preparativo número dos, sean hacedores de la palabra de Dios, no solamente oidores. A diferencia de lo que piensa la mayoría de las personas, no basta con oír y conocer la Palabra de Dios; debemos vivir y practicar la Palabra de Dios. Note tres elementos.

1.	La persona que solo oye y conoce la Palabra se engaña a sí misma. Si alguien cree que puede oír y aprender la Palabra de Dios y luego salir y vivir como quiere, se engaña a sí mismo.

Pensamiento 1. Hay muchos que se sientan bajo la Palabra de Dios semana tras semana, y aprenden y conocen tanto de la Palabra como cualquiera. Ellos creen que oír y aprender los hace aceptos ante Dios, que les proporciona salvación y seguridad. Cuando caen en pecado, creen que pueden pedirle perdón a Dios y que Él los perdonará. Creen sencillamente que Dios nunca los rechazará. Pero note algo, el elemento más importante: Dios no nos acepta por oír y conocer la Palabra ni por confesar nuestros pecados. Cada una de estas cosas es necesaria y muy importante, pero no bastan.

⇒	Dios nos acepta porque nos *confesamos y nos arrepentimos*. Arrepentimiento quiere decir que nos alejamos de nuestros pecados y nos volvemos a Dios. Dios nos acepta por volvernos hacia Él y por vivir para Él. Cuando creemos en Dios, cuando realmente creemos en Él, entonces es que confiamos en Él y lo seguimos, haciendo exactamente lo que Él dice.

2.	La persona que solo oye y conoce la Palabra pronto olvida lo que ha oído. Si una persona no pone en práctica lo que aprende, pronto lo olvida. Esto sencillamente se olvida, y nunca más forma parte de la vida de la persona. Es como la persona que se mira al espejo para ver si necesita retocar algo en su apariencia, luego se va y piensa en otra cosa y se olvida del grano o del peinado que debió atender.

Pensamiento 1. Con qué frecuencia suceden cosas así. Oímos la Palabra y reconocemos algún defecto, alguna deficiencia, algún fracaso que necesitamos erradicar. Pero tan pronto nos alejamos de la Palabra, nos distraemos con el mundo y sus asuntos y pronto nos olvidamos de hacer lo que la Palabra de Dios nos dijo que hiciéramos.

3. La persona que oye y hace la Palabra de Dios es bendecida. Note que a la Palabra de Dios se le denomina la *ley perfecta de la libertad.* Esto quiere decir que la Palabra de Dios liberará a una persona de las ataduras del pecado y la muerte. La Palabra de Dios librará a una persona de todas las tentaciones de esta vida y le dará la vida plena y victoriosa que su alma anhela, una vida que continuará eternamente con Dios.

Una persona que actúa y vive según la Palabra de Dios se dará cuenta que es librada de todo aquello que esclaviza su alma en la tierra. Descubrirá amor, gozo, y paz, un alma que se alza con una sensación de…

- libertad y liberación • gozo y regocijo
- propósito y significado • convicción y confianza
- garantía y seguridad • vida y no muerte
- victoria sobre la tentación • liberación del pecado

La Palabra de Dios es la ley de la libertad, la ley que libera a un hombre para que conozca y se relacione con Dios para siempre. Pero note un elemento importante: Debemos continuar en la Palabra de Dios. Debemos continuar viviendo como dice la Palabra. Si lo hacemos, entonces seremos bendecidos, y recibiremos felicidad abundante y eterna.

> "No todo el que me dice: Señor, Señor, entrará en el reino de los cielos, sino el que hace la voluntad de mi Padre que está en los cielos" (Mt. 7:21).
>
> "Porque todo aquel que hace la voluntad de mi Padre que está en los cielos, ése es mi hermano, y hermana, y madre" (Mt. 12:50).
>
> "¿Por qué me llamáis, Señor, Señor, y no hacéis lo que yo digo? Todo aquel que viene a mí, y oye mis palabras y las hace, os indicaré a quién es semejante. Semejante es al hombre que al edificar una casa, cavó y ahondó y puso el fundamento sobre la roca; y cuando vino una inundación, el río dio con ímpetu contra aquella casa, pero no la pudo mover, porque estaba fundada sobre la roca. Mas el que oyó y no hizo, semejante es al hombre que edificó su casa sobre tierra, sin fundamento; contra la cual el río dio con ímpetu, y luego cayó, y fue grande la ruina de aquella casa" (Lc. 6:46-49).
>
> "Si sabéis estas cosas, bienaventurados seréis si las hiciereis" (Jn. 13:17).
>
> "porque no son los oidores de la ley los justos ante Dios, sino los hacedores de la ley serán justificados" (Ro. 2:13).
>
> "Pero sed hacedores de la palabra, y no tan solamente oidores, engañándoos a vosotros mismos" (Stg. 1:22).
>
> "Y el mundo pasa, y sus deseos; pero el que hace la voluntad de Dios permanece para siempre" (1 Jn. 2:17).
>
> "Bienaventurados los que lavan sus ropas, para tener derecho al árbol de la vida, y para entrar por las puertas en la ciudad" (Ap. 22:14).

3 (1:26) *Lengua — Tentación:* Preparativo número tres, refrenar y controlar la lengua. Si una persona cree que es religiosa, es decir, acepta ante Dios, y no refrena su lengua, se

engaña a sí misma. No importa lo que piense o profese, su religión es vana. Y note: La palabra religioso (threskos) y religión (threskeia) describe a una persona que es muy religiosa, que le presta gran atención a la religión (RVG Tasker, *La Epístola de Santiago,* "Comentarios de Tyndale sobre el Nuevo Testamento", p. 54). La persona es religiosa de modo activo, muy fiel en su adoración y servicio religiosos. Pero no refrena su lengua…

- interrumpiendo y dominado la conversación
- dejándose provocar fácilmente y arremetiendo contra otros
- chismeando y diciendo mentiras
- criticando y murmurando
- juzgando y condenando a otros
- usando jerga y maldiciendo
- participando en conversaciones provocativas y malsanas
- hablando de otros y atropellándolos

Según se ha planteado, no importa lo que una persona piense, no importa cuán religiosa sea, si no refrena su lengua, se engaña a sí misma. Su religión está vacía. No agrada a Dios y por ende no es acepta ante Dios. Para que una persona soporte y venza la tentación, debe refrenar su lengua. Este es el tercer preparativo necesario para vencer las tentaciones.

> "Quítense de vosotros toda amargura, enojo, ira, gritería y maledicencia, y toda malicia" (Ef. 4:31).
>
> "Recuérdales que se sujeten a los gobernantes y autoridades, que obedezcan, que estén dispuestos a toda buena obra. Que a nadie difamen, que no sean pendencieros, sino amables, mostrando toda mansedumbre para con todos los hombres" (Tit. 3:1-2).
>
> "Y la lengua es un fuego, un mundo de maldad. La lengua está puesta entre nuestros miembros, y contamina todo el cuerpo, e inflama la rueda de la creación, y ella misma es inflamada por el infierno" (Stg. 3:6).
>
> "Hermanos, no murmuréis los unos de los otros. El que murmura del hermano y juzga a su hermano, murmura de la ley y juzga a la ley; pero si tú juzgas a la ley, no eres hacedor de la ley, sino juez" (Stg. 4:11).
>
> "Desechando, pues, toda malicia, todo engaño, hipocresía, envidias, y todas las detracciones" (1 P. 2:1).
>
> "Guarda tu lengua del mal, y tus labios de hablar engaño" (Sal. 34:13).
>
> "El que guarda su boca guarda su alma; mas el que mucho abre sus labios tendrá calamidad" (Pr. 13:3).
>
> "El que guarda su boca y su lengua, su alma guarda de angustias" (Pr. 21:23).
>
> "Si alguno se cree religioso entre vosotros, y no refrena su lengua, sino que engaña su corazón, la religión del tal es vana" (Stg. 1:26).
>
> "El que quiere amar la vida y ver días buenos, refrene su lengua de mal, y sus labios no hablen engaño" (1 P. 3:10).

4 (1:27) *Religión — Creyente:* Preparativo número cuatro, practicar la religión pura, visitar a los necesitados y guardarse sin mancha del mundo. Se dice que en este preparativo hay dos cosas necesarias.

1. Una persona debe visitar a los huérfanos y las viudas en su aflicción. Esto con toda certeza se aplica a visitar a todos los necesitados dentro de una comunidad, aquellos que son…

- huérfanos
- recién llegados
- solitarios
- viudos
- perdidos o no salvos
- afligidos
- encerrados
- sin padre o madre

Cualquiera que sea la necesidad, Dios espera que los visitemos. Él espera que extendamos nuestra mano a cada uno de los miembros de la comunidad, y la tarea no es del todo difícil, no en un país donde casi hay una iglesia en cada comunidad. Piense nada más en una iglesia dentro de una comunidad rodeada de numerosas casas. El pastor y los miembros pueden visitar fácilmente todas las casas con solo planificar varias horas de visitación y sencillamente yendo de casa en casa. Al ir, todo cuanto tienen que hacer es decir que están haciendo una visita por Cristo y la iglesia con la intención de ser de alguna ayuda para esa familia. Hacerle saber a la comunidad que uno realmente se preocupa hará que muchos apelen a los creyentes de la iglesia cuando la crisis aseste el golpe, y ciertamente esto ocurrirá, porque a todos nos sucede. Además de esto, cada iglesia debe tener, obviamente, un cuerpo de creyentes genuinos que puedan hablarle de Cristo a los que se encuentran perdidos. Note ahora lo siguiente:

"La religión pura y sin mácula delante de Dios el Padre es esta: Visitar a los huérfanos y a las viudas en sus tribulaciones, y guardarse sin mancha del mundo" (v. 27).

"Y al entrar en la casa, saludadla. Y si la casa fuere digna, vuestra paz vendrá sobre ella; mas si no fuere digna, vuestra paz se volverá a vosotros. Y si alguno no os recibiere, ni oyere vuestras palabras, salid de aquella casa o ciudad, y sacudid el polvo de vuestros pies" (Mt. 10:12-14).

"Y en cualquier casa donde entréis, quedad allí, y de allí salid. Y dondequiera que no os recibieren, salid de aquella ciudad, y sacudid el polvo de vuestros pies en testimonio contra ellos" (Lc. 9:4-5).

"como el Hijo del Hombre no vino para ser servido, sino para servir, y para dar su vida en rescate por muchos" (Mt. 20:28).

"Entonces el Rey dirá a los de su derecha: Venid, benditos de mi Padre, heredad el reino preparado para vosotros desde la fundación del mundo. Porque tuve hambre, y me disteis de comer; tuve sed, y me disteis de beber; fui forastero, y me recogisteis; estuve desnudo, y me cubristeis; enfermo, y me visitasteis; en la cárcel, y vinisteis a mí" (Mt. 25:34-36).

"Por tanto, id, y haced discípulos a todas las naciones, bautizándolos en el nombre del Padre, y del Hijo, y del Espíritu Santo; enseñándoles que guarden todas las cosas que os he mandado; y he aquí yo estoy con vosotros todos los días, hasta el fin del mundo. Amén" (Mt. 28:19-20).

"Y les dijo: Id por todo el mundo y predicad el evangelio a toda criatura" (Mr. 16:15).

"¿Está alguno enfermo entre vosotros? Llame a los ancianos de la iglesia, y oren por él, ungiéndole con aceite en el nombre del Señor" (Stg. 5:14).

"Hospedaos los unos a los otros sin murmuraciones" (1 P. 4:9).

"Así que, los que somos fuertes debemos soportar las flaquezas de los débiles, y no agradarnos a nosotros mismos" (Ro. 15:1).

"Sobrellevad los unos las cargas de los otros, y cumplid así la ley de Cristo" (Gá. 6:2).

"Acordaos de los presos, como si estuvierais presos juntamente con ellos; y de los maltratados, como que también vosotros mismos estáis en el cuerpo" (He. 13:3).

2. Una persona debe guardarse sin mancha del mundo. La religión pura no se corrompe con falsas creencias ni con una falsa religión. Se aferra a la pureza del evangelio y a la Palabra de Dios. La religión pura no se centra en la forma, el ritual, ni la ceremonia. Se centra en el poder de Dios para cambiar vidas eternamente y extiende su mano para cambiar la vida de las personas visitándolas.

La religión pura no se corrompe moralmente; no se enreda con los asuntos y placeres de este mundo. La religión verdadera alienta a las personas a separarse de las cosas de este mundo que despiertan sus anhelos y deseos carnales. Los creyentes verdaderos se guardan sin manchas de los deseos de los ojos, los deseos de la carne, y el orgullo de la vida, todos de este mundo. Este es un preparativo necesario si una persona va a vencer las tentaciones y pecados de este mundo.

"Bienaventurados los de limpio corazón, porque ellos verán a Dios" (Mt. 5:8).

"Si fuerais del mundo, el mundo amaría lo suyo; pero porque no sois del mundo, antes yo os elegí del mundo, por eso el mundo os aborrece" (Jn. 15:19).

"Y con otras muchas palabras testificaba y les exhortaba, diciendo: Sed salvos de esta perversa generación" (Hch. 2:40).

"No os conforméis a este siglo, sino transformaos por medio de la renovación de vuestro entendimiento, para que comprobéis cuál sea la buena voluntad de Dios, agradable y perfecta" (Ro. 12:2).

"y los que disfrutan de este mundo, como si no lo disfrutasen; porque la apariencia de este mundo se pasa" (1 Co. 7:31).

"Por lo cual, salid de en medio de ellos, y apartaos, dice el Señor, y no toquéis lo inmundo; y yo os recibiré, y seré para vosotros por Padre, y vosotros me seréis hijos e hijas, dice el Señor Todopoderoso" (2 Co. 6:17-18).

"Pero os ordenamos, hermanos, en el nombre de nuestro Señor Jesucristo, que os apartéis de todo hermano que ande desordenadamente, y no según la enseñanza que recibisteis de nosotros" (2 Ts. 3:6).

"Pues el propósito de este mandamiento es el amor nacido de corazón limpio, y de buena conciencia, y de fe no fingida" (1 Ti. 1:5).

"Ninguno que milita se enreda en los negocios de la vida, a fin de agradar a aquel que lo tomó por soldado" (2 Ti. 2:4).

"Habiendo purificado vuestras almas por la obediencia a la verdad, mediante el Espíritu, para el amor fraternal no fingido, amaos unos a otros entrañablemente, de corazón puro" (1 P. 1:22).

"No améis al mundo, ni las cosas que están en el mundo. Si alguno ama al mundo, el amor del Padre no está en él. Porque todo lo que hay en el mundo, los deseos de la carne, los deseos de los ojos, y la vanagloria de la vida, no proviene del Padre, sino del mundo" (1 Jn. 2:15-16).

"Apartaos, apartaos, salid de ahí, no toquéis cosa inmunda; salid de en medio de ella; purificaos los que lleváis los utensilios de Jehová" (Is. 52:11).

"Y no participéis en las obras infructuosas de las tinieblas, sino más bien reprendedlas" (Ef. 5:11).

	CAPÍTULO 2	heredos del reino que ha	

CAPÍTULO 2

II. TENTACIONES Y PRUEBAS: COMUNES PARA TODOS LOS CREYENTES CRISTIANOS, 2:1-26

A. Tentación 1: Mostrar parcialidad y favoritismo, 2:1-13

1 La amonestación contra la parcialidad

2 La ilustración de la parcialidad: Dos incrédulos visitan la iglesia
  a. Uno rico, uno pobre

  b. Parcialidad por el rico

3 Lo malo de la parcialidad
  a. Hace juzgar
  b. Revela los malos pensamientos
  c. Discrimina a los pobres: Un pueblo en particular amado por Dios

1 Hermanos míos, que vuestra fe en nuestro glorioso Señor Jesucristo sea sin acepción de personas.
2 Porque si en vuestra congregación entra un hombre con anillo de oro y con ropa espléndida, y también entra un pobre con vestido andrajoso,
3 y miráis con agrado al que trae la ropa espléndida y le decís: Siéntate tú aquí en buen lugar; y decís al pobre: Estate tú allí en pie, o siéntate aquí bajo mi estrado;
4 ¿no hacéis distinciones entre vosotros mismos, y venís a ser jueces con malos pensamientos?

5 Hermanos míos amados, oíd: ¿No ha elegido Dios a los pobres de este mundo, para que sean ricos en fe y

herederos del reino que ha prometido a los que le aman?
6 Pero vosotros habéis afrentado al pobre. ¿No os oprimen los ricos, y no son ellos los mismos que os arrastran a los tribunales?
7 ¿No blasfeman ellos el buen nombre que fue invocado sobre vosotros?
8 Si en verdad cumplís la ley real, conforme a la Escritura: Amarás a tu prójimo como a ti mismo, bien hacéis;
9 pero si hacéis acepción de personas, cometéis pecado, y quedáis convictos por la ley como transgresores.
10 Porque cualquiera que guardare toda la ley, pero ofendiere en un punto, se hace culpable de todos.
11 Porque el que dijo: No cometerás adulterio, también ha dicho: No matarás. Ahora bien, si no cometes adulterio, pero matas, ya te has hecho transgresor de la ley.
12 Así hablad, y así haced, como los que habéis de ser juzgados por la ley de la libertad.
13 Porque juicio sin misericordia se hará con aquel que no hiciere misericordia; y la misericordia triunfa sobre el juicio.

  d. Muestra una actitud vergonzosa
  e. Muestra una conducta tonta: Honra a aquellos que oprimen tanto y blasfeman el nombre de Cristo

4 La advertencia contra la parcialidad
  a. Es pecado; viola la ley real del amor
  b. Hace sentir culpable de toda la ley

  c. Es tan grave como el adulterio y el asesinato

5 Las motivaciones para no caer en la parcialidad
  a. Seremos juzgados
  b. Recibiremos exactamente lo que hayamos hecho: Un juicio recíproco

DIVISIÓN II

TENTACIONES Y PRUEBAS: COMUNES PARA TODOS LOS CREYENTES CRISTIANOS, 2:1-26

A. Tentación 1: Mostrar parcialidad y favoritismo, 2:1-13

(2:1-13) *Introducción:* Este pasaje da comienzo a una nueva sección de Santiago, un análisis de varias tentaciones y pruebas que son comunes para todos los creyentes. Hay ciertas tentaciones y pruebas que constantemente nos hacen frente. Una de las más fuertes es la de la parcialidad o el favoritismo, la de discriminar a las personas.

  1. La amonestación contra la parcialidad (v. 1).
  2. La ilustración de la parcialidad: Dos incrédulos visitan la iglesia (vv. 2-3).
  3. Lo malo de la parcialidad (vv. 4-7).
  4. La advertencia contra la parcialidad (vv. 8-11).

  5. Las motivaciones para no caer en la parcialidad (vv. 12-13).

1 (2:1) *Parcialidad — Favoritismo:* La amonestación contra la parcialidad. ¿Qué quiere decir mostrar parcialidad? Quiere decir favorecer a unas personas más que a otras o prestarle especial atención a una persona por su riqueza, condición social, posición, autoridad, popularidad, apariencia o influencia. Note que esta amonestación se les da a los creyentes…

  • a los hermanos
  • a los que tienen fe en nuestro Señor Jesucristo que es el Señor de gloria

De todas las personas que habitan la tierra, los creyentes en particular no debemos mostrar parcialidad. La razón se plantea claramente en el versículo uno.

  1. Todo el que está en la iglesia es un hermano, todos

estamos a la misma altura ante el Señor Jesucristo. La riqueza, el estado, condición social, posición, apariencia, nada importa excepto que todos venimos ante el Señor Jesucristo y lo adoramos.

2.   Todo el que tiene fe en nuestro Señor Jesucristo se inclina ante Él como su Señor. Esto quiere decir que la persona se inclina ante Cristo como siervo o esclavo. Todos vamos a Él a la misma altura; nadie es más alto ni más acepto otra persona. Todos somos sus siervos o esclavos. Note exactamente quién es Jesucristo: Él es *el Señor de gloria.*

⇒ Jesucristo es el Señor que gobierna y reina en gloria, en majestuosidad y perfección, dominio y poder de Dios mismo. Su gloria es tan majestuosa que la apariencia del hombre cae en un olvido total, en un nada absoluto, ante Él. Por consiguiente, cualquier persona que se pare ante Él no está considerando su propia valía y preferencia, sino en la de la gloria del Señor. La persona que cree y adora al Señor de gloria, no importa cuál sea su condición, se da cuenta de que él como todos los hombres es nada. Por lo tanto, no se eleva a sí mismo ni eleva a nadie más por encima de otras personas, no importa cuán pobres o humildes puedan ser.

⇒ Jesucristo es el Señor que dejó la gloria del cielo y vino a este mundo corruptible a salvar a todos los hombres. Él se humilló, dejó a un lado la posición más alta de exaltación y el supremo honor de Dios mismo. Él dejó a un lado toda la gloria, la majestuosidad, la brillantez y el esplendor del cielo y vino en total pobreza y humillación a esta tierra con el fin de salvarnos. Si el Señor de gloria nos amó tanto, entonces todos los que lo creen y lo siguen deben humillarse y amar de la misma manera a los pobres y los humildes de esta tierra. Todos los creyentes deben hacer justamente lo que hizo el Señor de gloria: Humillarse y extender su mano para atraer a todos los hombres al Señor Jesucristo para que sean salvos, extender su mano al pobre y al humilde de la misma manera que al rico y al de alta posición.

La amonestación está clara: Los creyentes, los que verdaderamente creemos en el Señor Jesucristo, el Señor de gloria, no debemos mostrar parcialidad ni favoritismo. Está estrictamente prohibido.

"No harás injusticia en el juicio, ni favoreciendo al pobre ni complaciendo al grande; con justicia juzgarás a tu prójimo" (Lv. 19:15).

"El os reprochará de seguro, si solapadamente hacéis acepción de personas" (Job 13:10).

"Te encarezco delante de Dios y del Señor Jesucristo, y de sus ángeles escogidos, que guardes estas cosas sin prejuicios, no haciendo nada con parcialidad" (1 Ti. 5:21).

"¿no hacéis distinciones entre vosotros mismos, y venís a ser jueces con malos pensamientos?" (Stg. 2:4).

"También estos son dichos de los sabios: Hacer acepción de personas en el juicio no es bueno" (Pr. 24:23).

2 (2:2-3) *Parcialidad — Favoritismo:* La ilustración de la parcialidad está clara. No debe haber equivocación alguna en cuanto a lo que significa parcialidad. Dos incrédulos visitan la iglesia. Uno está vestido impecablemente, de tal manera que de inmediato se nota que es rico. Lleva puestas las ropas más finas y una sortija de oro costosa. El otro está vestido pobremente y de inmediato se nota que es muy pobre. La palabra griega para el tipo de ropa que lleva significa sucia y mugrienta. El hombre es tan pobre que en verdad es un mendigo sucio y mugriento o un marginado salido de las calles.

Sucede lo siguiente: ¿Qué ocurre cuando estos dos hombres visitan la iglesia? Lo que las Escrituras tratan de demostrar es la parcialidad por el rico. Al rico se le escolta hasta un buen asiento. Pero al pobre se le dice que se quede en pie o se le dice que se siente lejos del resto. Se le trata como si fuera menos importante que el resto de nosotros. No se le trata mejor que a un siervo que se sienta bajo nuestro estrado.

Pensamiento 1. Note que los dos hombres representan los extremos de la riqueza y la pobreza. Si no se mostrara parcialidad en este caso, no se mostraría nunca. No debe existir absolutamente ninguna distinción dentro de la iglesia, ninguna distinción de clase social, condición, posición, riqueza, prestigio o reconocimiento.

Pensamiento 2. ¿Con qué frecuencia un pobre ha visitado la iglesia y no se le ha recibido con los brazos abiertos? ¿Cuántos de nosotros…
• se ha sentido incómodo junto a él?
• lo ha ignorado, rechazado o le ha rehuido?
• no lo ha saludado ni le ha dado la bienvenida
  Eso no es lo que quiere Cristo. Eso está mal hecho.

"Defended al débil y al huérfano; Haced justicia al afligido y al menesteroso" (Sal. 82:3).

3 (2:4-7) *Parcialidad — Favoritismo:* La parcialidad y el favoritismo tienen cinco aspectos negativos.

1.   La parcialidad nos hace juzgar a los hombres (v. 4). Nos hace sentirnos Dios; decide quién puede adorar a Dios y quien no, quién es acepto ante Dios y quién no. Solo el propio Dios puede determinar a quién aceptará o a quién no aceptará.

"No juzguéis, para que no seáis juzgados" (Mt. 7:1).

"¿Tú quién eres, que juzgas al criado ajeno? Para su propio señor está en pie, o cae; pero estará firme, porque poderoso es el Señor para hacerle estar firme" (Ro. 14:4).

"Así que, ya no nos juzguemos más los unos a los otros, sino más bien decidid no poner tropiezo u ocasión de caer al hermano" (Ro. 14:13).

"Así que, no juzguéis nada antes de tiempo, hasta que venga el Señor, el cual aclarará también lo oculto de las tinieblas, y manifestará las intenciones de los corazones; y entonces cada uno recibirá su alabanza de Dios" (1 Co. 4:5).

"Uno solo es el dador de la ley, que puede salvar y

perder; pero tú, ¿quién eres para que juzgues a otro?" (Stg. 4:12).

2. La parcialidad revela los malos pensamientos (v. 4). La persona que muestra parcialidad se centra en cosas mundanas y variables, como las ropas, los autos, las viviendas y todas las cosas externas que cambian, se desgastan, se pudren y se descomponen tan rápidamente. Tales pensamientos son corruptos porque se centran en las cosas corruptibles y descuidan a la persona por completo. Argumenta que las cosas materiales como las ropas y los autos son más importantes que la persona misma. Esto, claro está, es una tontería. No obstante es así como se comporta la mayoría de las personas, porque la mayoría de las personas en el mundo muestran parcialidad.

Los creyentes nunca deben mostrar parcialidad, ni a una sola alma. Debemos fijarnos en la persona en sí. Lo que importa es su vida, su salud y su alma, su cuerpo y su espíritu. Lo que importa es que sea salva y llegue a conocer el amor, el gozo y la paz que solo Cristo le puede dar. Así y solo así se puede convertir en una personalidad dinámica que puede servir a Dios y al hombre con toda su capacidad. Así y solo así puede cumplir su propósito de estar en la tierra y hacer la contribución más completa posible a la sociedad y a Cristo. Pero de la única manera que lo puede lograr es que los creyentes dejen de discriminarlo y comiencen a amarlo y lo acojan en Cristo.

"Jesús le dijo: Si quieres ser perfecto, anda, vende lo que tienes, y dalo a los pobres, y tendrás tesoro en el cielo; y ven y sígueme. Oyendo el joven esta palabra, se fue triste, porque tenía muchas posesiones" (Mt. 19:21-22).

"Ninguno busque su propio bien, sino el del otro" (1 Co. 10:24).

"no mirando cada uno por lo suyo propio, sino cada cual también por lo de los otros" (Fil. 2:4).

3. La parcialidad discrimina a los pobres y a los humildes, a un pueblo amado por Dios (v. 5). Este versículo no dice que Dios no ame y quiera a los ricos y a los de alta posición. Él sí los ama, pero también quiere y ama a los pobres y a los humildes. Y la historia demuestra que Dios ha elegido a los pobres y a los humildes para que sean ricos en fe y hereden el cielo. De hecho, ellos han sido los que han encontrado mucha esperanza en el evangelio y se han vuelto al evangelio por multitudes. Por ende, no se les debe discriminar. Los creyentes no debemos rechazarlos ni marginarlos de la iglesia.

"Por la opresión de los pobres, por el gemido de los menesterosos, ahora me levantaré, dice Jehová; pondré en salvo al que por ello suspira" (Sal. 12:5).

"Del consejo del pobre se han burlado, pero Jehová es su esperanza" (Sal. 14:6).

"Yo sé que Jehová tomará a su cargo la causa del afligido, y el derecho de los necesitados" (Sal. 140:12).

"Porque fuiste fortaleza al pobre, fortaleza al menesteroso en su aflicción, refugio contra el turbión, sombra contra el calor; porque el ímpetu de los violentos es como turbión contra el muro" (Is. 25:4).

4. La parcialidad muestra una actitud vergonzosa (v. 6a). La parcialidad deshonra, humilla, avergüenza e insulta al pobre y al humilde. Piensen nada más en la laceración y el dolor que sufre en el corazón la persona que es discriminada públicamente, el dolor y la laceración cuando nos ve rechazarlo, esquivarlo, ignorarlo y alejarnos de él. Ningún creyente debe hacer que una persona se sienta mal recibida o de poco valor.

Pensamiento 1. Los creyentes debemos tener los brazos y el corazón abiertos, recibiendo a todos por igual. Los creyentes, todos los creyentes, debemos vivir como vivió Cristo: Amar y querer a todos y extenderles nuestras manos a todos.

"Bienaventurados los pobres en espíritu, porque de ellos es el reino de los cielos" (Mt. 5:3).

"Los ciegos ven, los cojos andan, los leprosos son limpiados, los sordos oyen, los muertos son resucitados, y a los pobres es anunciado el evangelio" (Mt. 11:5).

"El Espíritu del Señor está sobre mí, por cuanto me ha ungido para dar buenas nuevas a los pobres; me ha enviado a sanar a los quebrantados de corazón; a pregonar libertad a los cautivos, y vista a los ciegos; a poner en libertad a los oprimidos" (Lc. 4:18).

"Pero vosotros habéis afrentado al pobre. ¿No os oprimen los ricos, y no son ellos los mismos que os arrastran a los tribunales?" (Stg. 2:6).

"El pobre es odioso aun a su amigo; pero muchos son los que aman al rico" (Pr. 14:20).

"Todos los hermanos del pobre le aborrecen; ¡cuánto más sus amigos se alejarán de él! buscará la palabra, y no la hallará" (Pr. 19:7).

"Entonces dije yo: Mejor es la sabiduría que la fuerza, aunque la ciencia del pobre sea menospreciada, y no sean escuchadas sus palabras" (Ec. 9:16).

5. La parcialidad muestra una conducta tonta (v. 6b-7). Se dicen dos cosas sobre el rico a las que se les debe prestar atención.

⇒ Por lo general el rico y el de alta posición oprimen al pobre y fácilmente toman todo cuanto pueden, usando las leyes mismas del territorio para hacerlo. La idea es que ellos usan la ley injustamente con el fin de proteger e incrementar sus riquezas y su poder.

⇒ El rico y el de alta posición por lo general blasfeman el nombre de Cristo. Ellos blasfeman su nombre negándolo, burlándose, ridiculizándolo, persiguiéndolo, descuidándolo, ignorándolo y rechazándolo como el Salvador del mundo.

Planteado de un modo sencillo, el rico y el de alta posición por lo general se sienten autosuficientes. Hay una razón: Tienen todo cuanto necesitan en la tierra, alimento, ropa, abrigo, placer, posesiones, posición, reconocimiento y varios grados de autoridad. Por ende, no piensan mucho en que puedan necesitar algo. Ellos olvidan dos cosas:

⇒ Que todo lo que tienen desaparece tan rápidamente, incluso su salud, su cuerpo y su vida; olvidan que se encuentran sujetos a accidentes, enfermedades y a la muerte y que a lo sumo se encuentran al doblar de la esquina.

⇒ Que deben enfrentarse a algo o alguien que yace más

allá de este mundo y esta vida: El propio Dios.

Sucede lo siguiente: ¿Por qué la iglesia y sus creyentes mostrarían parcialidad por tales personas dejando a un lado a los pobres de esta tierra? No hay duda alguna, se podría enumerar y analizar una lista de pecados también sobre los pobres. Pero por qué mostrar parcialidad por los ricos que son los que oprimen a los necesitados del mundo acaparando y acumulando y a menudo arreglándoselas para conseguir lo que quieren, confabulándose, ignorando y descuidando. La iglesia y los creyentes no deben discriminar y mostrar parcialidad y favoritismo hacia nadie.

> "Cuando haya en medio de ti menesteroso de alguno de tus hermanos en alguna de tus ciudades, en la tierra que Jehová tu Dios te da, no endurecerás tu corazón, ni cerrarás tu mano contra tu hermano pobre" (Dt. 15:7).

> "Jehová está en su santo templo; Jehová tiene en el cielo su trono; sus ojos ven, sus párpados examinan a los hijos de los hombres" (Sal. 11:4).

> "Bienaventurado el que piensa en el pobre; en el día malo lo librará Jehová" (Sal. 41:1).

> "Porque él se pondrá a la diestra del pobre, para librar su alma de los que le juzgan" (Sal. 109:31).

> "A Jehová presta el que da al pobre, y el bien que ha hecho, se lo volverá a pagar" (Pr. 19:17).

4 (2:8-11) *Parcialidad — Favoritismo — Amor:* La advertencia contra la parcialidad es fuerte. Hay tres advertencias.

1. Mostrar parcialidad es pecado; viola la ley real de amor (v. 8-9). La gran ley de Dios es la ley de amor:

> "No te vengarás, ni guardarás rencor a los hijos de tu pueblo, sino amarás a tu prójimo como a ti mismo. Yo Jehová" (Lv. 19:18; cp. Lc. 10:29-37).

Note cuán importante es esta ley: Se dice que sea la gran "ley real según las Escrituras". Es real por al menos tres razones.

    a. Es la ley real del reino de Dios. Fue dado por el propio Dios y reafirmada por su Hijo, el Señor Jesucristo, cuando vino a la tierra.

> "Y el segundo es semejante: Amarás a tu prójimo como a ti mismo" (Mt. 22:39; cp. Lc. 10:25-27).

    b. Es la gran ley que recoge o incluye a todas las otras leyes. Es decir, si una persona ama a Dios y ama a su prójimo como a sí mismo, automáticamente obedecerá todas las otras leyes.

> "Y el segundo es semejante: Amarás a tu prójimo como a ti mismo. No hay otro mandamiento mayor que éstos" (Mr. 12:31).

> "No debáis a nadie nada, sino el amaros unos a otros; porque el que ama al prójimo, ha cumplido la ley. Porque: No adulterarás, no matarás, no hurtarás, no dirás falso testimonio, no codiciarás, y cualquier otro mandamiento, en esta sentencia se resume: Amarás a tu prójimo como a ti mismo. El amor no hace mal al prójimo; así que el cumplimiento de la ley es el amor" (Ro. 13:8-10).

> "Porque toda la ley en esta sola palabra se cumple: Amarás a tu prójimo como a ti mismo" (Gá. 5:14).

    c. Es el mandamiento mismo que conduce a la vida eterna.

> "Aquél, respondiendo, dijo: Amarás al Señor tu Dios con todo tu corazón, y con toda tu alma, y con todas tus fuerzas, y con toda tu mente; y a tu prójimo como a ti mismo. Y le dijo: Bien has respondido; haz esto, y vivirás" (Lc. 10:27-28).

> "Y este es su mandamiento: Que creamos en el nombre de su Hijo Jesucristo, y nos amemos unos a otros como nos lo ha mandado" (1 Jn. 3:23).

> "Amados, amémonos unos a otros; porque el amor es de Dios. Todo aquel que ama, es nacido de Dios, y conoce a Dios. El que no ama, no ha conocido a Dios; porque Dios es amor. En esto se mostró el amor de Dios para con nosotros, en que Dios envió a su Hijo unigénito al mundo, para que vivamos por él. En esto consiste el amor: no en que nosotros hayamos amado a Dios, sino en que él nos amó a nosotros, y envió a su Hijo en propiciación por nuestros pecados. Amados, si Dios nos ha amado así, debemos también nosotros amarnos unos a otros. Nadie ha visto jamás a Dios. Si nos amamos unos a otros, Dios permanece en nosotros, y su amor se ha perfeccionado en nosotros" (1 Jn. 4:7-12).

> "Y nosotros hemos conocido y creído el amor que Dios tiene para con nosotros. Dios es amor; y el que permanece en amor, permanece en Dios, y Dios en él" (1 Jn. 4:16).

Sucede lo siguiente: Los creyentes debemos amar a las personas, no mostrar parcialidad, ni discriminar a nadie. Mostrar parcialidad es pecado y nos hace transgresores de la ley.

2. Mostrar parcialidad hace a una persona culpable de toda la ley de Dios (v. 10). ¿Cómo es esto posible? ¿Cómo puede una persona ser culpable de todas las leyes si viola solo una ley? Los hombres siguen a Dios o no siguen a Dios. No hay forma de quitar las leyes que a uno le agradan y dejar las leyes que a uno le gustan. Dios ha dado todas las leyes. Todas forman un patrón completo, un estilo de vida completo. Todas son necesarias para conducirnos en la dirección adecuada y lograr el objetivo adecuado.

Por eso, violar un punto o quebrantar alguna ley no nos permite lograr el objetivo adecuado. Uno se hace a un lado de la dirección adecuada. Se aleja de toda la ley de Dios y se vuelve culpable de toda la ley.

De un modo sencillo, si una persona quebranta una ley, ha violado la ley de Dios, todo el grupo de leyes que conforman la ley de Dios. Aunque haya quebrantado una sola ley, aún así es culpable; aún así es transgresor. Aún así ha quebrantado la ley de Dios. No es menos culpable que si hubiera quebrantado todas las leyes. Ante Dios es transgresor y debe ser perdonado por Dios tanto como cualquier otro transgresor.

Resulta significativo que nos fijemos en esto y le prestemos atención, porque quiere decir…

• que no podemos escoger y decidir cuáles leyes cumpliremos y cuáles leyes violaremos.

- que no podemos crear un sistema de méritos con Dios por cumplir la mayoría de las leyes y que se nos permita quebrantar unas cuantas leyes.
- que no podemos volvernos más aceptos ante Dios porque cumplamos la mayoría de las leyes y violemos solo unas cuantas.
- que no somos más justos que otras personas porque cumplamos más leyes que ellas y quebrantemos menos de aquellas a las que los hombres denominan leyes más significativas.

Sucede lo siguiente: Mostrar parcialidad convierte a la persona en un terrible infractor de la ley, el transgresor más grande que se pueda imaginar.

⇒ Somos culpables de quebrantar la gran ley real de Dios, la ley de amor, la ley básica misma del reino de Dios.
⇒ Somos culpables de quebrantar todas las leyes de Dios. Somos tan culpables como el transgresor más vil de la santa ley de Dios, y estamos tan propensos y sujetos al castigo como cualquier otro transgresor.

> "Peca el que menosprecia a su prójimo; mas el que tiene misericordia de los pobres es bienaventurado" (Pr. 14:21).
> "El pensamiento del necio es pecado, y abominación a los hombres el escarnecedor" (Pr. 24:9).
> "y al que sabe hacer lo bueno, y no lo hace, le es pecado" (Stg. 4:17).
> "Todo aquel que comete pecado, infringe también la ley; pues el pecado es infracción de la ley" (1 Jn. 3:4).
> "Toda injusticia es pecado; pero hay pecado no de muerte" (1 Jn. 5:17).

3. Mostrar parcialidad es un pecado tan grave como el adulterio y el asesinato (v. 11). Esto solo da un ejemplo de lo que se ha dicho. Pero note: El versículo también puede querer decir que la parcialidad es *igual al asesinato*. La parcialidad es un pecado que selecciona y favorece a una persona y no a otra. Ignora y descuida a una persona. La lanza al olvido, la elimina; la trata como si no fuera nada, como si estuviera ausente o no existiera. Por eso, es comparable al asesinato. Es el mismo origen, la misma causa, el mismo egoísmo, el mismo deseo, el mismo pecado que el asesinato.

Esto enfatiza la gravedad de mostrar parcialidad. Las Escrituras son claras en sus advertencias: La iglesia y los creyentes no deben mostrar parcialidad ni favoritismo hacia nadie. Debemos amar a todas las personas no importa cuáles sean sus riquezas ni su posición social.

> "El amor sea sin fingimiento. Aborreced lo malo, seguid lo bueno" (Ro. 12:9).
> "El amor no hace mal al prójimo; así que el cumplimiento de la ley es el amor" (Ro. 13:10).
> "Así que, los que somos fuertes debemos soportar las flaquezas de los débiles, y no agradarnos a nosotros mismos. Cada uno de nosotros agrade a su prójimo en lo que es bueno, para edificación" (Ro. 15:1-2).
> "Porque toda la ley en esta sola palabra se cumple: Amarás a tu prójimo como a ti mismo" (Gá. 5:14).
> "Si en verdad cumplís la ley real, conforme a la

Escritura: Amarás a tu prójimo como a ti mismo, bien hacéis" (Stg. 2:8).

5 (2:12-13) *Parcialidad — Favoritismo:* Las motivaciones para no caer en la parcialidad. Hay dos cosas que nos deben alentar a amar y querer a todas las personas, sin mostrar favoritismo alguno.

1. Enfrentaremos el juicio de Dios (v. 12). Por ende, debemos *hablar y actuar* como personas que se pararán ante Dios y le darán cuenta de lo que han hecho.

⇒ Debemos hablarles de amor y bondad a todas las personas.
⇒ Debemos obrar o mostrar amor y bondad a todas las personas.

Quien sea una persona, su posición social y riquezas, ropas, y apariencias, no deben provocar efecto de ningún tipo en nosotros. Debemos recibir a las personas, en realidad debemos llegar a ellas por medio de nuestra conducta y nuestras conversaciones, no importa quiénes sean. Dios nos va a juzgar sobre la base de cómo hayamos amado y llegado a las personas, sin tener en cuenta quienes sean.

> "y a vosotros que sois atribulados, daros reposo con nosotros, cuando se manifieste el Señor Jesús desde el cielo con los ángeles de su poder, en llama de fuego, para dar retribución a los que no conocieron a Dios, ni obedecen al evangelio de nuestro Señor Jesucristo; los cuales sufrirán pena de eterna perdición, excluidos de la presencia del Señor y de la gloria de su poder, cuando venga en aquel día para ser glorificado en sus santos y ser admirado en todos los que creyeron (por cuanto nuestro testimonio ha sido creído entre vosotros)" (2 Ts. 1:7-10).
> "y la maldición, si no oyereis los mandamientos de Jehová vuestro Dios, y os apartareis del camino que yo os ordeno hoy, para ir en pos de dioses ajenos que no habéis conocido" (Dt. 11:28).
> "Mas si no oyereis la voz de Jehová, y si fuereis rebeldes a las palabras de Jehová, la mano de Jehová estará contra vosotros como estuvo contra vuestros padres" (1 S. 12:15).
> "Nadie os engañe con palabras vanas, porque por estas cosas viene la ira de Dios sobre los hijos de desobediencia" (Ef. 5:6).
> "en llama de fuego, para dar retribución a los que no conocieron a Dios, ni obedecen al evangelio de nuestro Señor Jesucristo" (2 Ts. 1:8).
> "Porque si la palabra dicha por medio de los ángeles fue firme, y toda transgresión y desobediencia recibió justa retribución, ¿cómo escaparemos nosotros, si descuidamos una salvación tan grande? La cual, habiendo sido anunciada primeramente por el Señor, nos fue confirmada por los que oyeron" (He. 2:2-3).

2. Recibiremos una recompensa recíproca por nuestra conducta. Dios nos va a tratar exactamente como hayamos tratado a otros. Si hemos mostrado misericordia, entonces Él nos mostrará misericordia; si no hemos mostrado misericordia, entonces Él no nos mostrará misericordia. Y note: Solo hay una cosa que se regocijará victoriosamente sobre el juicio y es la misericordia. El juicio de Dios hará caer y consumirá a aquella persona que no haya mostrado misericordia.

Nuestra única esperanza contra el fuego consumidor del juicio de Dios es la misericordia. Por ende, debemos ser misericordiosos a fin de evadir el juicio terrible de Dios.

"**Bienaventurados los misericordiosos, porque ellos alcanzarán misericordia**" (Mt. 5:7).

"**Porque si perdonáis a los hombres sus ofensas, os perdonará también a vosotros vuestro Padre celestial; mas si no perdonáis a los hombres sus ofensas, tampoco vuestro Padre os perdonará vuestras ofensas**" (Mt. 6:14-15).

"**No juzguéis, para que no seáis juzgados. Porque con el juicio con que juzgáis, seréis juzgados, y con la medida con que medís, os será medido**" (Mt. 7:1-2).

"**Así también mi Padre celestial hará con vosotros si no perdonáis de todo corazón cada uno a su hermano sus ofensas**" (Mt. 18:35).

	B. Tentación 2: Profesar la fe sin obras, 2:14-26	demonios creen, y tiemblan.	Pero los demonios también creen y tiemblan
1 Dos preguntas a. ¿Puede un hombre tener fe y no hacer buenas obras? b. ¿Puede la fe sin buenas obras salvar a un hombre?	14 Hermanos míos, ¿de qué aprovechará si alguno dice que tiene fe, y no tiene obras? ¿Podrá la fe salvarle?	20 ¿Mas quieres saber, hombre vano, que la fe sin obras es muerta? 21 ¿No fue justificado por las obras Abraham nuestro padre, cuando ofreció a su hijo Isaac sobre el altar?	b. Conclusión: La fe sin obras es una fe vacía **5 El hombre que demostró su fe con obras: Abraham** a. Ofreció a Isaac
2 El creyente cristiano necesitado a. Asegura tener fe, aún así se niega a ayudar a los necesitados	15 Y si un hermano o una hermana están desnudos, y tienen necesidad del mantenimiento de cada día, 16 y alguno de vosotros les dice: Id en paz, calentaos y saciaos, pero no les dais las cosas que son necesarias para el cuerpo, ¿de qué aprovecha?	22 ¿No ves que la fe actuó juntamente con sus obras, y que la fe se perfeccionó por las obras? 23 Y se cumplió la Escritura que dice: Abraham creyó a Dios, y le fue contado por justicia, y fue llamado amigo de Dios.	b. Su fe y sus obras eran interactivas c. Su fe cumplió con las Escrituras
b. Conclusión: Su fe sin obras es muerta	17 Así también la fe, si no tiene obras, es muerta en sí misma.	24 Vosotros veis, pues, que el hombre es justificado por las obras, y no solamente por la fe.	d. Conclusión: Su fe y sus obras lo justificaron
3 Los dos hombres arrogantes a. Uno asegura tener fe; el otro asegura tener obras b. Conclusión: La fe se demuestra con las obras	18 Pero alguno dirá: Tú tienes fe, y yo tengo obras. Muéstrame tu fe sin tus obras, y yo te mostraré mi fe por mis obras.	25 Asimismo también Rahab la ramera, ¿no fue justificada por obras, cuando recibió a los mensajeros y los envió por otro camino? 26 Porque como el cuerpo sin espíritu está muerto, así también la fe sin obras está muerta.	**6 La mujer que demostró su fe con obras: Rahab** a. Demostró su fe recibiendo a los mensajeros b. Conclusión: Un cuerpo sin espíritu es muerto; por tanto la fe sin obras es muerta
4 El religioso ortodoxo a. Cree que Dios es uno,	19 Tú crees que Dios es uno; bien haces. También los		

DIVISIÓN II

TENTACIONES Y PRUEBAS: COMUNES PARA TODOS LOS CREYENTES CRISTIANOS, 2:1-26

B. Tentación 2: Profesar la fe sin obras, 2:14-26

(2:14-26) *Introducción:* La tragedia más grande de la iglesia en la actualidad la constituyen las personas que profesan a Cristo y aún así no viven para Cristo. Millones de personas profesan a Cristo y son bautizadas, confirmados y hechos miembros de la iglesia, pero no siguen ni viven para Cristo. No llevan una vida pura y justa, tampoco dan todo cuanto son y cuanto tienen para ayudar a los perdidos y necesitados del mundo. ¿Son salvos? ¿Tienen una fe genuina? En eso consiste el análisis de este pasaje. Esta es la segunda tentación que resulta común para todos los creyentes cristianos: La tentación de profesar la fe sin obras.

1. Dos preguntas (v. 14).
2. El creyente cristiano necesitado (vv. 15-17).
3. Los dos hombres arrogantes (v. 18).
4. El religioso ortodoxo (vv. 19-20).
5. El hombre que demostró su fe con obras: Abraham (vv. 21-24).
6. La mujer que demostró su fe con obras: Rahab (vv. 25-26).

[1] (2:14) *Fe, muerta — Obras:* Hay dos preguntas que todo creyente necesita hacerse.

⇒ ¿Puede un hombre tener fe y no hacer buenas obras?
⇒ ¿Puede la fe sin buenas obras salvar a un hombre?

Toda persona inteligente que sea honesta sabe que la respuesta a estas dos preguntas es un, "¡No!" enfático. Una persona que realmente crea en algo hace algo; actúa. Así y todo esta es la *maldición* del cristianismo y de la iglesia. Millones de personas profesan la fe en Cristo y pertenecen a la iglesia, aún así no viven para Cristo. Viven para el mundo y para sí mismas. Las han bautizado y confirmado, se han sumado a la iglesia y asisten a cultos de adoración, pero hacen lo que quieren cuando quieren. Sencillamente viven como todos los demás del mundo. La única diferencia entre la vida de cada una de esas personas y la de los incrédulos es que en ocasiones se levantan el domingo por la mañana y asisten a la iglesia. Hay poca diferencia si es que hay alguna entre su conducta y sus conversaciones durante la semana.

Santiago hace una pregunta penetrante: "¿De qué le sirve a un hombre que diga que tiene fe y no haga buenas obras? ¿Su fe puede salvarlo?" Note dos elementos significativos.

1.   El hombre *dice* que tiene fe. Pero es *solo lo que dice él;* él no hace nada para demostrar que realmente cree en Cristo. Él no vive para Cristo; él no vive de un modo justo y piadoso en este mundo actual, buscando la aparición gloriosa del gran Dios y nuestro Salvador, Jesucristo. Su fe es solo una fe de discurso, no de conducta y de vida. Su fe es solo una fe de profesión, no de posesión. Su fe es solo una profesión falsa. Fíjese en el versículo 17 y verá cómo las Escrituras denominan su fe: Una *fe muerta.*

2.   Note que se le llama *fe muerta* tres veces en este pasaje (Stg. 2:17, 20, 26). La fe de una profesión falsa es…

*   una *fe muerta* (Stg. 2:17, 20, 26).
*   una *fe sin provecho* (Stg. 2:14).
*   una *fe vana, vacía* (1 Co. 15:2).
*   una *fe hueca* (A. T. Robertson, *Estudios sobre la Epístola de Santiago,* p. 94).
*   una *fe verbosa* (RVG Tasker, *La Epístola de Santiago,* "Comentarios de Tyndale sobre el Nuevo Testamento", p. 63).
*   una *fe espuria.*
*   una *fe sin Cristo.*

Probablemente la mejor descripción sea la de las Escrituras: Es una *fe muerta.* No es más que una *fe vana, vacía, una fe sin provecho,* una fe que toma provecho de nada en lo absoluto. No basta con asegurar que tenemos fe y no vivir para Cristo. Debemos creer en Cristo, realmente creer, que Él es el Salvador y Señor de la vida. Si realmente creemos, haremos lo que dice Cristo. Viviremos para Cristo y haremos las obras que agraden a Cristo. Llevaremos una *vida centrada en Cristo, no una vida sin Cristo.* Se dan cinco ejemplos para ilustrar este punto.

2 (2:15-17) *Fe, muerta — Obras:* Tenemos el ejemplo de un creyente cristiano necesitado. Note cómo el ejemplo realmente nos reconviene, reconviene a la mayoría de los creyentes y a la mayoría de las iglesias del mundo. Y note, el ejemplo trata de creyentes, de hermanos y hermanas en el Señor.

Un hermano o hermana enfrenta algún problema o necesidad que los hacen necesitados. No pueden vestirse apropiadamente, pasan frío y no logran garantizar alimentos para todos los días. Los vemos y les damos consuelo. Les hablamos de la paz y en ocasiones les damos unos cuantos artículos para ayudarlos con su necesidad mientras tratan de resolver su problema de frío y hambre.

Note lo siguiente: La mayoría de los creyentes y las iglesias llegan hasta aquí. Cuando un hermano o hermana tiene alguna necesidad, lo visitamos, lo consolamos y le deseamos bien. Pero con esto no basta. ¿De qué aprovechará si no *les damos las cosas que necesitan?*

Sucede lo siguiente: La fe, si no hace buenas obras, es muerta. La fe verdadera ama y quiere y es compasiva y ayuda a los necesitados. Una persona puede hablar de creer en Jesucristo en repetidas ocasiones, pero si no extiende su mano y ayuda a los necesitados del mundo tal como lo hizo Jesús, su fe es muerta, completamente sin sentido. Ninguna persona realmente cree en Jesucristo a menos que siga a Jesucristo y haga las obras de amor y justicia que hizo Cristo. La fe verdadera es una fe vigente, una fe que realmente obra. Por consiguiente, si realmente creemos en Cristo, seguiremos a Cristo: Tomaremos todo cuanto *somos y tenemos* más allá de nuestras necesidades y lo entregaremos para satisfacer las necesidades de las hermanas y los hermanos necesitados de todo el mundo.

"**Jesús le dijo: Si quieres ser perfecto, anda, vende lo que tienes, y dalo a los pobres, y tendrás tesoro en el cielo; y ven y sígueme. Oyendo el joven esta palabra, se fue triste, porque tenía muchas posesiones**" **(Mt. 19:21-22).**

"**Entonces Pedro comenzó a decirle: He aquí, nosotros lo hemos dejado todo, y te hemos seguido**" **(Mr. 10:28).**

"**Entonces dirá también a los de la izquierda: Apartaos de mí, malditos, al fuego eterno preparado para el diablo y sus ángeles. Porque tuve hambre, y no me disteis de comer; tuve sed, y no me disteis de beber; fui forastero, y no me recogisteis; estuve desnudo, y no me cubristeis; enfermo, y en la cárcel, y no me visitasteis. Entonces también ellos le responderán diciendo: Señor, ¿cuándo te vimos hambriento, sediento, forastero, desnudo, enfermo, o en la cárcel, y no te servimos? Entonces les responderá diciendo: De cierto os digo que en cuanto no lo hicisteis a uno de estos más pequeños, tampoco a mí lo hicisteis. E irán éstos al castigo eterno, y los justos a la vida eterna**" **(Mt. 25:41-46).**

"**Y decía a todos: Si alguno quiere venir en pos de mí, niéguese a sí mismo, tome su cruz cada día, y sígame**" **(Lc. 9:23).**

"**Dijo el señor al siervo: Ve por los caminos y por los vallados, y fuérzalos a entrar, para que se llene mi casa**" **(Lc. 14:23).**

"**Si alguno viene a mí, y no aborrece a su padre, y madre, y mujer, e hijos, y hermanos, y hermanas, y aun también su propia vida, no puede ser mi discípulo. Y el que no lleva su cruz y viene en pos de mí, no puede ser mi discípulo**" **(Lc. 14:26-27).**

"**Había entonces en Jope una discípula llamada Tabita, que traducido quiere decir, Dorcas. Esta abundaba en buenas obras y en limosnas que hacía**" **(Hch. 9:36).**

"**A los ricos de este siglo manda que no sean altivos, ni pongan la esperanza en las riquezas, las cuales son inciertas, sino en el Dios vivo, que nos da todas las cosas en abundancia para que las disfrutemos. Que hagan bien, que sean ricos en buenas obras, dadivosos, generosos**" **(1 Ti. 6:17-18).**

"**Y de hacer bien y de la ayuda mutua no os olvidéis; porque de tales sacrificios se agrada Dios**" **(He. 13:16).**

3 (2:18) *Fe, muerta — Obras:* Tenemos el ejemplo de dos hombres arrogantes. Santiago hace una ilustración de dos hombres, pero solo un hombre habla y lo que dice es solo una oración. El hombre le dice al otro hombre imaginario: "Tú tienes fe y yo tengo obras". La ilustración es la de dos hombres arrogantes.

⇒ El hombre imaginario tiene fe. Él cree que es salvo por fe, que Dios lo acepta porque él cree en Jesucristo aunque no viva para Cristo. Una vez que haya creído en Cristo, lo haya profesado y haya sido bautizado y se haya sumado a la iglesia, Dios lo ha aceptado y lo llevará al cielo cuando muera.

> "No todo el que me dice: Señor, Señor, entrará en el reino de los cielos, sino el que hace la voluntad de mi Padre que está en los cielos" (Mt. 7:21).

> "Respondiendo él, les dijo: Hipócritas, bien profetizó de vosotros Isaías, como está escrito: Este pueblo de labios me honra, mas su corazón está lejos de mí" (Mr. 7:6).

> "Profesan conocer a Dios, pero con los hechos lo niegan, siendo abominables y rebeldes, reprobados en cuanto a toda buena obra" (Tit. 1:16).

⇒ El personaje imaginario que habla asegura tener obras, que Dios lo acepta porque él hace buenas obras y lleva una vida tan buena como puede. Él cree que lo importante para Dios es ser religioso y hacer todo lo bueno que una persona pueda hacer. Si una persona puede hacer esto, Dios nunca la rechazará; Dios la aceptará no importa quién sea y no importa qué religión profese.

> Muchos me dirán en aquel día: Señor, Señor, ¿no profetizamos en tu nombre, y en tu nombre echamos fuera demonios, y en tu nombre hicimos muchos milagros? (Mt. 7:22).

Note que Santiago no se anda con miramientos: No se trata de fe ni obras. Decir que se tiene fe y profesar solo la fe no salvará a una persona, y hacer obras para hacerse acepto ante Dios no salvará a una persona. Santiago maneja a los dos hombres arrogantes con un planteamiento claro: "Muéstrame tu fe sin tus obras, y yo te mostraré mi fe *por mis obras*".

Una persona que realmente cree en Cristo obra para Cristo. Sigue y vive para Cristo. Una persona que solo profesa a Cristo vive para sí misma, haciendo lo que quiere cuando quiere. No lleva una vida de separación del mundo, una vida de justicia y pureza, tampoco da todo cuanto tiene para satisfacer las necesidades imperiosas de este mundo. Esa persona profesa a Cristo, pero vive para el placer y las cosas del momento. No sabe nada de la vida de Cristo, de las dádivas y la vida de sacrificio que vivió y exige Cristo.

Nota: Puede que uno prefiera ver este versículo como un verdadero creyente conversando con un hombre de fe falsa. El creyente dice:

⇒ "Tú profesas tener fe, pero ¿dónde está la prueba? La fe verdadera debe tener pruebas; debe estar respaldada; tú debes mostrar y demostrar que tú crees. Yo tengo obras que respaldan lo que yo profeso. Muéstrame tu fe sin obras, y yo te mostraré mi fe *por mis obras*. Tu fe no se ve; solo tengo tu palabra. No hay cambio alguno en tu vida. Pero tú puedes ver mi fe *por mis obras*".

> "Así alumbre vuestra luz delante de los hombres, para que vean vuestras buenas obras, y glorifiquen a vuestro Padre que está en los cielos" (Mt. 5:16).

> "Él dijo: El que usó de misericordia con él. Entonces Jesús le dijo: Ve, y haz tú lo mismo" (Lc. 10:37).

> "Mas yo tengo mayor testimonio que el de Juan; porque las obras que el Padre me dio para que cumpliese, las mismas obras que yo hago, dan testimonio de mí, que el Padre me ha enviado" (Jn. 5:36).

> "Pero alguno dirá: Tú tienes fe, y yo tengo obras. Muéstrame tu fe sin tus obras, y yo te mostraré mi fe por mis obras" (Stg. 2:18).

> "manteniendo buena vuestra manera de vivir entre los gentiles; para que en lo que murmuran de vosotros como de malhechores, glorifiquen a Dios en el día de la visitación, al considerar vuestras buenas obras" (1 P. 2:12).

> "No todo el que me dice: Señor, Señor, entrará en el reino de los cielos, sino el que hace la voluntad de mi Padre que está en los cielos. Muchos me dirán en aquel día: Señor, Señor, ¿no profetizamos en tu nombre, y en tu nombre echamos fuera demonios, y en tu nombre hicimos muchos milagros? Y entonces les declararé: Nunca os conocí; apartaos de mí, hacedores de maldad" (Mt. 7:21-23).

> "Respondiendo él, les dijo: Hipócritas, bien profetizó de vosotros Isaías, como está escrito: Este pueblo de labios me honra, mas su corazón está lejos de mí" (Mr. 7:6).

> "Profesan conocer a Dios, pero con los hechos lo niegan, siendo abominables y rebeldes, reprobados en cuanto a toda buena obra" (Tit. 1:16).

4 (2:19-20) *Fe, muerta — Obras — Espíritus malignos:* Tenemos el ejemplo los religiosos ortodoxos. Un verdadero hombre de religión cree en un Dios: No es ateo ni agnóstico. Es creyente, y note: Se dice que su creencia en Dios es algo bueno. El hombre hace bien en creer en Dios. Pero no basta con creer en Dios. Hay una *creencia muerta y una creencia viva,* una creencia que no conduce a la salvación y una creencia que sí conduce a la salvación.

⇒ Consideren los demonios y los espíritus malignos. Ellos creen en Dios; ellos hasta saben que Dios existe. Ellos hasta creen en la deidad de Cristo. En una ocasión le gritaron a Jesús, "¿Qué tienes con nosotros, Jesús, Hijo de Dios?" (Mt. 8:29). Pero los demonios no son salvos. Su creencia no ha afectado su vida ni su conducta en lo más mínimo.

Por consiguiente, fíjese en esto, fíjese exactamente en lo que dice el versículo 20: "¿Mas quieres saber, hombre vano, que la fe sin obras es muerta". No sean vanos [vacíos, inútiles, tontos], la fe verdadera es una fe viva, un fe que obra, una fe que alienta a la persona a vivir para Cristo, a llevar una vida pura y justa y a dar todo cuanto es y tiene para ayudar a un mundo perdido y desesperado.

> "Así alumbre vuestra luz delante de los hombres, para que vean vuestras buenas obras, y glorifiquen a vuestro Padre que está en los cielos" (Mt. 5:16).

> "Porque la gracia de Dios se ha manifes... salvación a todos los hombres, enseñando...

renunciando a la impiedad y a los deseos mundanos, vivamos en este siglo sobria, justa y piadosamente, aguardando la esperanza bienaventurada y la manifestación gloriosa de nuestro gran Dios y Salvador Jesucristo, quien se dio a sí mismo por nosotros para redimirnos de toda iniquidad y purificar para sí un pueblo propio, celoso de buenas obras. Esto habla, y exhorta y reprende con toda autoridad. Nadie te menosprecie" (Tit. 2:11-15).

"Mantengamos firme, sin fluctuar, la profesión de nuestra esperanza, porque fiel es el que prometió. Y considerémonos unos a otros para estimularnos al amor y a las buenas obras" (He. 10:23-24).

"Así también la fe, si no tiene obras, es muerta en sí misma. Pero alguno dirá: Tú tienes fe, y yo tengo obras. Muéstrame tu fe sin tus obras, y yo te mostraré mi fe por mis obras" (Stg. 2:17-18).

"Amados, yo os ruego como a extranjeros y peregrinos, que os abstengáis de los deseos carnales que batallan contra el alma, manteniendo buena vuestra manera de vivir entre los gentiles; para que en lo que murmuran de vosotros como de malhechores, glorifiquen a Dios en el día de la visitación, al considerar vuestras buenas obras" (1 P. 2:11-12).

5 (2:21-24) *Fe, muerta — Obras — Abraham:* Tenemos el ejemplo de Abraham que demostró su fe con sus obras. Note exactamente lo que dice el versículo 21:

"¿No fue justificado por las obras Abraham nuestro padre, cuando ofreció a su hijo Isaac sobre el altar?" (v. 21).

Este es un versículo que ocasiona grandes problemas a algunas personas, porque al parecer dice que cuando Abraham ofreció a Isaac en obediencia a la orden de Dios, fue justificado. Es decir, Abraham fue justificado por sus obras. ¿Un hombre es justificado por sus obras? ¿Es eso lo que quiere decir? ¡No! Lo que Santiago expresa es que Abraham demostró que él estaba justificado; él demostró que estaba justificado por lo que hizo, por sus obras. En cuanto a la fe de Abraham se demostró que era una fe verdadera y viva por sus obras. ¿Cómo sabemos que eso es lo que Santiago quiso decir en realidad? Porque Santiago lo dice. Note lo que dice Santiago:

⇒ La fe de Abraham actuó juntamente con sus obras (v. 22). Es decir, su fe actuó y fue demostrada por sus obras.

⇒ Por sus obras se perfeccionó la fe de Abraham (eteleiothe), es decir, terminada, completada, llevada hasta el final (v. 22). Se probó la fe de Abraham, se demostró que era una fe completa. Una fe verdadera y viva obra: Completa y termina su trabajo. Si una fe no obra, actúa, completa, ni termina su trabajo, es una fe muerta, una fe incompleta, no terminada, no demostrada.

⇒ La fe de Abraham cumplió con las escrituras. ¿Cuáles Escrituras? Las Escrituras que decían "Abraham creyó a Jehová; y le fue contado por justicia" (Gn. 15:6). Estas palabras se declararon unos treinta años antes de que Abraham ofreciera a Isaac.

Dios pronunció que Abraham fue justificado y salvo treinta años antes de este suceso al que se refiere Santiago. Santiago declara sencillamente que cuando Abraham ofreció a Isaac estaba demostrando su fe. De hecho, no hay posibilidad alguna de que Abraham hubiera ofrecido a Isaac a menos que ya creyera en Dios. La razón por la que Abraham ofreció a Isaac fue porque él sí creía en Dios. Él creyó; por consiguiente, hizo lo que Dios dijo. Así sucede con cualquier persona. Si una persona cree en Cristo, hace lo que Cristo dice; sigue a Cristo. Si una persona no cree en Cristo, no hace lo que Cristo dice. Hace lo que le place; no sigue a Cristo.

Note que a Abraham se le llamó "el amigo de Dios". Esto quiere decir que Abraham tenía una gran relación con Dios; Él creyó en Dios y anduvo en comunión y fraternidad con Dios, siguiendo a Dios y viviendo para Dios. Está claro:

"Vosotros veis, pues, que el hombre [prueba que] es justificado por las obras, y no solamente por la fe" (v. 24).

La fe sola es una fe muerta, una fe inactiva y sin valor. La fe verdadera es una fe activa y viva, una fe que se prueba por sí sola viviendo para Cristo y obrando para Cristo.

"Así alumbre vuestra luz delante de los hombres, para que vean vuestras buenas obras, y glorifiquen a vuestro Padre que está en los cielos" (Mt. 5:16).

"sirviendo de buena voluntad, como al Señor y no a los hombres" (Ef. 6:7).

"acordándonos sin cesar delante del Dios y Padre nuestro de la obra de vuestra fe, del trabajo de vuestro amor y de vuestra constancia en la esperanza en nuestro Señor Jesucristo" (1 Ts. 1:3).

"Así que, recibiendo nosotros un reino inconmovible, tengamos gratitud, y mediante ella sirvamos a Dios agradándole con temor y reverencia" (He. 12:28).

"Servid a Jehová con temor, y alegraos con temblor" (Sal. 2:11).

"Ahora, pues, Israel, ¿qué pide Jehová tu Dios de ti, sino que temas a Jehová tu Dios, que andes en todos sus caminos, y que lo ames, y sirvas a Jehová tu Dios con todo tu corazón y con toda tu alma" (Dt. 10:12).

6 (2:25-26) *Fe, muerta — Obras — Rahab:* Tenemos el ejemplo de Rahab, la ramera convertida que demostró su fe con obras. ¿Por qué mencionar a Rahab y no terminar el análisis con Abraham? El punto se ha demostrado claramente con Abraham: Una fe viva se demuestra a sí misma con obras. ¿Por qué entonces analizar a Rahab la ramera? Porque ella fue una ramera, lo más bajo de la sociedad. Incluso la persona más baja que asegura creer en Dios debe hacer buenas obras. Estas personas deben limpiar su vida y seguir a Dios. Rahab lo hizo. Cuando los espías de Israel eran perseguidos por los soldados de Jericó, ella los escondió. ¿Por qué traicionaría ella a su nación y protegería a los espías israelitas? Porque ella creyó en Dios y en sus promesas. Ella dijo a los espías:

"Sé que Jehová os ha dado esta tierra; porque el temor de vosotros ha caído sobre nosotros, y todos los moradores del país ya han desmayado por causa de vosotros… Oyendo esto, ha desmayado nuestro corazón; ni ha quedado más aliento en hombre alguno por causa de vosotros, porque Jehová vuestro Dios es Dios arriba en los cielos y abajo en la tierra" (Jos. 2:9, 11).

Ella creyó en Dios, por lo tanto, ella actuó. Ella puso su fe en la obra. La conclusión es descriptiva:

"Porque como el cuerpo sin espíritu está muerto, así también la fe sin obras está muerta" (v. 26).

Un cuerpo sin espíritu ni aliento es muerto. No se mueve, actúa, vive, ni obra. Es vacío, totalmente inútil y sin valor. Es un cuerpo muerto. Lo mismo sucede con la fe: La fe sin obras es muerta. No se mueve, actúa, vive, ni obra. La fe sin obras es muerta, totalmente inútil y sin sentido. No vive para Cristo, no lo sigue en justicia ni pureza y tampoco obra para Él ayudando a las personas y supliendo las necesidades de un mundo necesitado.

"como el Hijo del Hombre no vino para ser servido, sino para servir, y para dar su vida en rescate por muchos" (Mt. 20:28).

"Y decía a todos: Si alguno quiere venir en pos de mí, niéguese a sí mismo, tome su cruz cada día, y sígame" (Lc. 9:23).

"Entonces Jesús les dijo otra vez: Paz a vosotros. Como me envió el Padre, así también yo os envío" (Jn. 20:21).

"Volvió a decirle la segunda vez: Simón, hijo de Jonás, ¿me amas? Pedro le respondió: Sí, Señor; tú sabes que te amo. Le dijo: Pastorea mis ovejas" (Jn. 21:16).

"Sobrellevad los unos las cargas de los otros, y cumplid así la ley de Cristo" (Gá. 6:2).

"Así que, según tengamos oportunidad, hagamos bien a todos, y mayormente a los de la familia de la fe" (Gá. 6:10).

"A los ricos de este siglo manda que no sean altivos, ni pongan la esperanza en las riquezas, las cuales son inciertas, sino en el Dios vivo, que nos da todas las cosas en abundancia para que las disfrutemos. Que hagan bien, que sean ricos en buenas obras, dadivosos, generosos" (1 Ti. 6:17-18).

"y al que sabe hacer lo bueno, y no lo hace, le es pecado" (Stg. 4:17).

	CAPÍTULO 3		**4 La lengua es un fuego, un mundo de maldad**
	III. TENTACIONES Y PRUEBAS: COMUNES PARA TODOS, PERO FUNDAMENTALMENTE PARA LOS MAESTROS, 3:1-18	enciende un pequeño fuego! 6 Y la lengua es un fuego, un mundo de maldad. La lengua está puesta entre nuestros miembros, y contamina todo el cuerpo, e inflama la rueda de la creación, y ella misma es inflamada por el infierno.	a. Contamina todo el cuerpo b. Inflama toda la rueda de la creación c. Tiene una fuente: El infierno
	A. Tentación 1: El mal uso de la lengua, 3:1-12		**5 La lengua es un mal incontenible**
1 No muchos deben hacerse maestros, porque los maestros recibirán mayor condenación	1 Hermanos míos, no os hagáis maestros muchos de vosotros, sabiendo que recibiremos mayor condenación.	7 Porque toda naturaleza de bestias, y de aves, y de serpientes, y de seres del mar, se doma y ha sido domada por la naturaleza humana;	a. Es la única criatura descontrolada b. No puede ser domada por el hombre c. Es rebelde, incontrolable
2 La lengua nos es tropiezo y peca a menudo	2 Porque todos ofendemos muchas veces. Si alguno no ofende en palabra, éste es varón perfecto, capaz también de refrenar todo el cuerpo.	8 pero ningún hombre puede domar la lengua, que es un mal que no puede ser refrenado, llena de veneno mortal. 9 Con ella bendecimos al Dios y Padre, y con ella maldecimos a los hombres, que están hechos a la semejanza de Dios.	1) Llena de veneno letal 2) Bendice a Dios y maldice al hombre
3 La lengua es un miembro pequeño, pero se jacta de grandes cosas a. Dos ilustraciones: Caballos y naves	3 He aquí nosotros ponemos freno en la boca de los caballos para que nos obedezcan, y dirigimos así todo su cuerpo. 4 Mirad también las naves; aunque tan grandes, y llevadas de impetuosos vientos, son gobernadas con un muy pequeño timón por donde el que las gobierna quiere.	10 De una misma boca proceden bendición y maldición. Hermanos míos, esto no debe ser así. 11 ¿Acaso alguna fuente echa por una misma abertura agua dulce y amarga? 12 Hermanos míos, ¿puede acaso la higuera producir aceitunas, o la vid higos? Así también ninguna fuente puede dar agua salada y dulce.	d. Debe ser controlada 1) Porque su conducta es inconsecuente 2) Porque su conducta contradice nuestra naturaleza
b. La idea: Controle la lengua y se controlará todo el cuerpo	5 Así también la lengua es un miembro pequeño, pero se jacta de grandes cosas. He aquí, ¡cuán grande bosque		

DIVISIÓN III

TENTACIONES Y PRUEBAS: COMUNES PARA TODOS, PERO FUNDAMENTALMENTE PARA LOS MAESTROS, 3:1-18

A. Tentación 1: El mal uso de la lengua, 3:1-12

(3:1-12) *Lengua — Tentación — Maestros:* Este capítulo da comienzo a un nuevo análisis, las tentaciones y pruebas comunes para todos, pero fundamentalmente para los maestros. A los maestros se les señala que están fundamentalmente sujetos…

• a los pecados de la lengua (vv. 1-12, fundamentalmente 1).
• a la interpretación equívoca de la sabiduría verdadera (vv. 13-18, fundamentalmente v. 13).

Se les habla a los maestros de un modo especial. Note el versículo 1 donde se usa la palabra maestro (didaskaloi), y el versículo donde Santiago, que es maestro, dice *nosotros* todos

somos culpables de pecado, fundamentalmente el pecado de la lengua, y los versículos 13-18 donde se le habla al hombre sabio (maestro) de conocimiento que se encuentra en la iglesia.

¿Cuál es la primera tentación común para todos nosotros, pero fundamentalmente para los maestros? La del mal uso de la lengua.

1. No muchos deben hacerse maestros, porque los maestros recibirán mayor condenación (v. 1).
2. La lengua nos es tropiezo y peca a menudo (v. 2).
3. La lengua es un miembro pequeño, pero se jacta de grandes cosas (vv. 3-5).
4. La lengua es un fuego, un mundo de maldad (vv. 5-6).
5. La lengua es un mal incontenible (vv. 7-12).

1 (3:1) *Maestros:* No muchos creyentes deben hacerse maestros porque los maestros recibirán mayor condenación de Dios. Un maestro siempre está diciéndoles a los otros cómo vivir y siempre está corrigiéndolos cuando fracasan. De hecho, un maestro es responsable de la vida y el crecimiento espiritual de los que se encuentran bajo su asesoría. Dios lo tiene como responsable. Por ende, si el maestro no lleva a la práctica lo que enseña, recibirá mayor juicio y condenación. El maestro deberá vivir lo que predica y enseña. Note tres elementos.

1. Este versículo hace énfasis en una verdad directa: Una persona debe entregar su vida a la enseñanza solo si no puede evitar enseñar. La enseñanza es una vocación grande, una de las vocaciones más grandes. Está en un segundo rango solo para los apóstoles y los profetas (Hch. 13:1; 1 Co. 12:28; Ef. 4:11). Por ende, tiene una gran responsabilidad y debe recibir la condenación más grande de Dios.

2. Sin embargo, una persona no debe temerle a esta responsabilidad y descuidar el don de la enseñanza. Si esa persona es llamada y tiene el don para enseñar, entonces debe enseñar. La gran responsabilidad y condenación potencial realza su gran dignidad.

3. La gran herramienta de un maestro para su trabajo es el discurso y la lengua. Por consiguiente, es la lengua y su uso la que tendrá mucho que ver con la condenación del maestro. La lengua es por donde la primera gran tentación ataca a los maestros, la tentación del mal uso de la lengua. Hay cuatro cosas sobre la lengua que los creyentes deben saber, pero fundamentalmente para los maestros.

2 (3:2) *Lengua — Maestros:* La lengua nos es tropiezo y peca a menudo, nos es tropiezo palabra por palabra. Nota: "Todos ofendemos" (tropezamos, caemos, pecamos). Esto incluye tanto a los maestros como a los otros creyentes. Ningún creyente, no importa cuán buen maestro sea ni quién sea, está exento de tropezar y caer. De hecho, note lo que dice el versículo: Todos ofendemos "muchas veces". No solo caemos y pecamos de un modo ocasional; siempre estamos fallando ante Dios. Y esto incluye a todos los maestros o predicadores al igual que al resto de los creyentes. ¿Cuál es la prueba de esto? Cuando algunos creyentes llevan una vida pura y justa y andan tan fielmente entre nosotros, ¿Cómo pueden decir las Escrituras que ellos siempre están ofendiendo y tropezando? Fíjense en la lengua; la lengua nos lo muestra. Está nuestra lengua siempre mostrando que...

- somos pacientes y resignados
- somos amables
- nos regocijamos en la verdad
- soportamos todo
- creemos en Dios en todas las cosas
- tenemos esperanza en Dios en todas las cosas
- resistimos todas las cosas por Dios
- no presumamos
- no somos engreídos
- no somos celosos
- no somos groseros
- no nos dejamos provocar
- no tenemos pensamientos malignos ni pensamos en cosas malévolas

Solo puede decir una cosa: ¡Cuánto carecemos de la gloria de Dios! En términos nada inciertos, la lengua nos muestra que siempre estamos tropezando y fallando. No es para justificarnos ni para decir que no debemos controlar la lengua. Dios nos responsabiliza por cada palabra que decimos. Por lo tanto, debemos aprender a controlar nuestra lengua. Note por qué:

⇒ La lengua es la manera de volverse una persona perfecta (teleios) o madura o en pleno desarrollo. La madurez de una persona puede medirse por el control de su lengua.

⇒ La lengua es la vía por la que podemos aprender a controlar todo el cuerpo con todos los apetitos y pasiones. Si una persona aprende a controlar su lengua, puede aprender a controlar cualquier pasión o apetito del cuerpo.

Pensamiento 1. La lengua habla lo que hay en el corazón o la mente y es la lengua la que nos justificará o condenará ante Dios. Esto es exactamente lo que decía Jesús:

> "¡Generación de víboras! ¿Cómo podéis hablar lo bueno, siendo malos? Porque de la abundancia del corazón habla la boca. El hombre bueno, del buen tesoro del corazón saca buenas cosas; y el hombre malo, del mal tesoro saca malas cosas. Mas yo os digo que de toda palabra ociosa que hablen los hombres, de ella darán cuenta en el día del juicio. Porque por tus palabras serás justificado, y por tus palabras serás condenado" (Mt. 12:34-37).

Resulta sorprendente; no obstante, es una advertencia hecha por el Señor Jesucristo. Debemos recordar siempre que la guerra del creyente es espiritual y mental:

> "Pues aunque andamos en la carne, no militamos según la carne; porque las armas de nuestra milicia no son carnales, sino poderosas en Dios para la destrucción de fortalezas, derribando argumentos y toda altivez que se levanta contra el conocimiento de Dios, y llevando cautivo todo pensamiento a la obediencia a Cristo" (2 Co. 10:3-5).

3 (3:3-5) *Lengua:* La lengua es un miembro pequeño que se jacta de grandes cosas. Se dan dos ilustraciones.

⇒ Considérense las riendas que se colocan en la boca del caballo para guiar y manejar el cuerpo del caballo. Las riendas son muy pequeñas.

⇒ Considérese el pequeño timón que guía la nave por los vientos de una fuerte tormenta. Note cuán pequeño es.

Sucede lo mismo con la lengua. Es solo un pequeño miembro del cuerpo, pero su poder destructivo es grande. Puede jactarse de grandes cosas. Es la idea de hacer planteamientos que enfaticen...

- la habilidad de alguien
- los talentos de alguien
- la autosuficiencia de alguien
- los triunfos de alguien
- las posesiones de alguien
- la posición de alguien
- la espiritualidad de alguien
- los logros de alguien

Una persona puede presumir de algo y puede hacerlo en

silencio y sin pretensiones o presumir *con alardes*. Pero no importa cómo se presuma, es destructivo: Degrada la imagen de una persona a los ojos de otros por sus presunciones o igualmente hace que el oyente se sienta inferior o sienta que una persona sea inferior al que presume. Presumir no es más que fanfarronear, pero su poder destructivo no debe subestimarse jamás.

"**Porque el malo se jacta del deseo de su alma, bendice al codicioso, y desprecia a Jehová**" (Sal. 10:3).

"**Los que confían en sus bienes, y de la muchedumbre de sus riquezas se jactan, ninguno de ellos podrá en manera alguna redimir al hermano, ni dar a Dios su rescate**" (Sal. 49:6-7).

"**Como nubes y vientos sin lluvia, así es el hombre que se jacta de falsa liberalidad**" (Pr. 25:14).

"**No te jactes del día de mañana; porque no sabes qué dará de sí el día**" (Pr. 27:1).

"**Pero ahora os jactáis en vuestras soberbias. Toda jactancia semejante es mala**" (Stg. 4:16).

4 (3:5-6) *Lengua:* La lengua es un fuego, un mundo de maldad. La palabra "materia" (hulen) significa madera o bosque, de ahí el material o la materia prima de una cosa (Marvin Vincent, *Estudios lexicológicos del Nuevo Testamento,* vol. 1. Grand Rapids, MI: Eerdmans, 1969, p. 747s). Por lo tanto, el significado es que se incendia un gran bosque con solo una pequeña chispa. Así sucede con la lengua. La lengua es un fuego que puede incendiar todo un bosque de vidas y relaciones, consumiendo y destruyendo todo lo que se encuentra a su paso. Es un mundo de maldad; puede causar lo que al parecer es un mundo de pecado y destrucción cuando se enciende. Piense nada más en el daño grande y terrible que ha provocado el fuego de las palabras, los rumores, los embustes y los comentarios cortantes e hirientes. Piense en…

- los matrimonios destruidos
- los niños perturbados
- las amistades dañadas
- las reputaciones arruinadas
- las guerras peleadas
- las peleas creadas
- las injurias provocadas
- los cuerpos mutilados
- las promociones denegadas

La lista podría ser interminable, pero se ha logrado bien el objetivo. La lengua puede ser un pequeño fuego que incendia y consume un bosque de personas y relaciones.

Note lo que hace el fuego de la lengua. Contamina todo el cuerpo e incendia toda la naturaleza o la vida de un hombre. La frase "el curso de la naturaleza" (ton trochon geneseos) es una frase descriptiva, y muy pintoresca. En griego quiere decir la rueda de la naturaleza, la rueda de la vida, el lapso interminable desde el nacimiento hasta la muerte (A. T. Robertson, *Metáforas del Nuevo Testamento,* vol. 6, p. 43). Por ende, la lengua puede hacer justamente lo que dice este versículo: Contaminar y ensuciar todo el cuerpo y la vida de un hombre, toda la rueda de su vida. ¿Cómo es posible esto? Piense un momento cómo todo el mal del mundo halla expresión en nuestras palabras…

- palabras que conducen a la inmoralidad
- palabras que conducen a la perversidad
- palabras que son malintencionadas
- palabras que son envidiosas
- palabras que expresan lujuria
- palabras que maldicen y blasfeman
- palabras que demuestran codicia
- palabras que conducen a la idolatría
- palabras que conducen al asesinato
- palabras que expresan ira
- palabras que provocan división

Para cualquier pecado las palabras se involucran ya sea mediante pensamientos en su mente o por el verbo mediante la lengua.

Note la fuente de una lengua abrasadora: El infierno. El propio Satanás es quien enciende una lengua abrasadora; por ende, cualquier persona que encienda su lengua está siguiendo la lengua de Satanás, del fuego del propio infierno. Esta persona muestra un corazón satánico e infernal y no el corazón de Cristo. El fuego del infierno, no debe verse nunca en la vida de un creyente. La lengua de un creyente no debe hablar nunca las palabras destructivas de las llamas abrasadoras del infierno, palabras que son feas, de maldición, inmundas, iracundas, divisivas, groseras, provocativas o embusteras.

"**Quítense de vosotros toda amargura, enojo, ira, gritería y maledicencia, y toda malicia**" (Ef. 4:31).

"**Recuérdales que se sujeten a los gobernantes y autoridades, que obedezcan, que estén dispuestos a toda buena obra. Que a nadie difamen, que no sean pendencieros, sino amables, mostrando toda mansedumbre para con todos los hombres**" (Tit. 3:1-2).

"**Y la lengua es un fuego, un mundo de maldad. La lengua está puesta entre nuestros miembros, y contamina todo el cuerpo, e inflama la rueda de la creación, y ella misma es inflamada por el infierno**" (Stg. 3:6).

"**Hermanos, no murmuréis los unos de los otros. El que murmura del hermano y juzga a su hermano, murmura de la ley y juzga a la ley; pero si tú juzgas a la ley, no eres hacedor de la ley, sino juez**" (Stg. 4:11).

"**Desechando, pues, toda malicia, todo engaño, hipocresía, envidias, y todas las detracciones**" (1 P. 2:1).

"**Porque oigo la calumnia de muchos; el miedo me asalta por todas partes, mientras consultan juntos contra mí e idean quitarme la vida**" (Sal. 31:13).

"**Al que solapadamente infama a su prójimo, yo lo destruiré; no sufriré al de ojos altaneros y de corazón vanidoso**" (Sal. 101:5).

"**El que encubre el odio es de labios mentirosos; y el que propaga calumnia es necio**" (Pr. 10:18).

"**El hipócrita con la boca daña a su prójimo; mas los justos son librados con la sabiduría**" (Pr. 11:9).

"**Guárdese cada uno de su compañero, y en ningún hermano tenga confianza; porque todo hermano engaña con falacia, y todo compañero anda calumniando**" (Jer. 9:4).

"**Porque vuestras manos están contaminadas de sangre, y vuestros dedos de iniquidad; vuestros labios pronuncian mentira, habla maldad vuestra lengua**" (Is. 59:3).

"Seguid la paz con todos, y la santidad, sin la cual nadie verá al Señor. Mirad bien, no sea que alguno deje de alcanzar la gracia de Dios; que brotando alguna raíz de amargura, os estorbe, y por ella muchos sean contaminados" (He. 12:14-15).

5 (3:7-12) *Lengua:* La lengua es un mal incontenible. Nota: Los elementos del subíndice anterior lo demuestran con claridad.

1. La lengua es la única criatura que no se puede domar (v. 7). Los hombres han domado todo tipo de criaturas existentes: algunas bestias, aves, serpientes, y algunas criaturas del mar.

2. Ningún hombre puede domar completamente la lengua (v. 8), la idea es que esté domada completa y plenamente. Note que el versículo dice que *ningún hombre* puede domar la lengua. Pero Dios sí puede. Lehman Strauss expresa:

"Ningún hombre puede domar la lengua, pero hay uno que sí puede. El Señor para nada es incapaz de controlar una lengua mentirosa, blasfema, calumniosa, murmuradora tal como puede liberar al alcohólico del alcohol, al jugador de la mesa de juego, al drogadicto de las drogas, o al concupiscente del adulterio" (James Your Brother/Santiago su hermano, Neptune, NJ: Loizeaux Brothers, 1956, p. 134).

Matthew Henry expresa:

"Ningún hombre puede domar la lengua sin asistencia y gracia sobrenatural'. El apóstol no pretende representarlo como algo imposible, sino como algo extremadamente difícil, lo que por consiguiente requerirá de una gran atención, dedicación y oración" (Comentario de Matthew Henry, vol. 6, p. 985).

Sucede lo siguiente: Ningún hombre puede domar su propia lengua, no plenamente, no completamente, no apropiadamente, no lo suficiente para agradar a Dios. Solo Cristo puede controlar la lengua de un hombre, controlarla de modo que estando controlada de tal manera agrade a Dios.

3. La lengua es rebelde (akatastaton), es decir, incontrolable, inquieta, inestable, siempre rondando de un lugar a otro (vv. 8-10). Y está llena de veneno letal. Puede bendecir a Dios en un instante y maldecir a los hombres en el próximo, hombres que son hechos a imagen y semejanza de Dios. Note cuán inconsecuente es la lengua: Bendice a Dios y maldice a los hombres. ¡Imagínense! La misma lengua que bendice es la misma lengua que maldice. ¿Cuántas personas se sientan en la iglesia el domingo o al cenar bendiciendo a Dios y luego el lunes cambian y maldicen o usan un lenguaje obsceno o grosero? Es la misma lengua la que hace las dos cosas. ¡Cuán incontrolable es! Es que sencillamente resulta difícil controlar la lengua, y cuando habla, es tan probable que hable una maldición como lo es que hable una bendición.

4. La lengua debe ser controlada por los creyentes. "Hermanos, todos los que son hermanos de Santiago, hermanos del Señor, estas cosas no deben suceder". No es apropiado ni correcto que la lengua de un creyente sea indómita.

⇒ Resulta totalmente inconsecuente que la lengua de un creyente sea indómita. Un creyente es justamente como una fuente, una fuente para Dios. ¿La fuente que debe dar agua dulce da agua amarga?

⇒ Tener una lengua indómita contradice la naturaleza de los creyentes. Un creyente es como una higuera. ¿La higuera acaso produce aceitunas? ¿O la vid higos? Ninguna fuente puede dar agua dulce y salada. Ninguna buena lengua produce palabras de bendición y palabras de maldición. Eso solo lo puede hacer una lengua maligna.

"Guarda tu lengua del mal, y tus labios de hablar engaño" (Sal. 34:13).

"El que guarda su boca guarda su alma; mas el que mucho abre sus labios tendrá calamidad" (Pr. 13:3).

"El que guarda su boca y su lengua, su alma guarda de angustias" (Pr. 21:23).

"Si alguno se cree religioso entre vosotros, y no refrena su lengua, sino que engaña su corazón, la religión del tal es vana" (Stg. 1:26).

"Porque: El que quiere amar la vida y ver días buenos, refrene su lengua de mal, y sus labios no hablen engaño" (1 P. 3:10).

"¿Por qué me llamáis, Señor, Señor, y no hacéis lo que yo digo?" (Lc. 6:46).

"Tú, pues, que enseñas a otro, ¿no te enseñas a ti mismo? Tú que predicas que no se ha de hurtar, ¿hurtas?" (Ro. 2:21).

"Profesan conocer a Dios, pero con los hechos lo niegan, siendo abominables y rebeldes, reprobados en cuanto a toda buena obra" (Tit. 1:16).

"De una misma boca proceden bendición y maldición. Hermanos míos, esto no debe ser así" (Stg. 3:10).

	B. Tentación 2: La mala interpretación y tergiversación de la sabiduría verdadera, 3:13-18	15 porque esta sabiduría no es la que desciende de lo alto, sino terrenal, animal, diabólica.	b. Su fuente: No proviene de Dios, Sino de lo terrenal, lo sensual y lo diabólico
1 El maestro o el hombre sabio y entendido a. Muestra buena conducta b. Muestra mansedumbre	13 ¿Quién es sabio y entendido entre vosotros? Muestre por la buena conducta sus obras en sabia mansedumbre.	16 Porque donde hay celos y contención, allí hay perturbación y toda obra perversa. 17 Pero la sabiduría que es de lo alto es primeramente pura, después pacífica, amable, benigna, llena de misericordia y de buenos frutos, sin incertidumbre ni hipocresía.	c. Sus efectos: Confusión y obras malignas **3 La sabiduría verdadera** a. Su fuente: Proviene de Dios b. Su descripción: Pura…
2 La sabiduría falsa a. Su descripción: Despierta envidia, ambición egoísta, orgullo, e inconsistencia	14 Pero si tenéis celos amargos y contención en vuestro corazón, no os jactéis, ni mintáis contra la verdad;	18 Y el fruto de justicia se siembra en paz para aquellos que hacen la paz.	c. Sus efectos: el fruto de justicia

DIVISIÓN III

TENTACIONES Y PRUEBAS: COMUNES PARA TODOS, PERO FUNDAMENTALMENTE PARA LOS MAESTROS, 3:1-18

B. Tentación 2: La mala interpretación y tergiversación de la sabiduría verdadera, 3:13-18

(3:13-18) *Introducción:* ¿Qué es la sabiduría, la sabiduría verdadera? Interpretar equívocamente la sabiduría es una tentación que ataca a todos los hombres, pero fundamentalmente a los maestros. Los líderes de este mundo, políticos, filósofos, predicadores y maestros, son todos culpables de tergiversar y ajustar la sabiduría para dar a entender lo que quieren. ¿Pero cuál es la sabiduría verdadera, el tipo de sabiduría que conduce a la vida buena, el tipo de vida y el tipo de mundo que deberíamos tener? ¿Hay una sabiduría que puede darnos un mundo en el que todos los hombres puedan vivir en amor, gozo, y paz y tener todas sus necesidades cubiertas, incluso la necesidad de vencer la muerte y de tener la fuente de la juventud? Una de las tentaciones más grandes que confrontan los maestros es la tentación de tergiversar la sabiduría verdadera.

1. El maestro o el hombre sabio y entendido (v. 13).
2. La sabiduría falsa (vv. 14-16).
3. La sabiduría verdadera (vv. 17-18).

1️⃣ (3:13) *Sabio — Sabiduría — Mansedumbre:* Tenemos al hombre sabio y entendido. Note la pregunta, "¿Quién es sabio y entendido entre vosotros?" El término "sabio" (sophos) se refiere al maestro; *conocimiento* se refiere al experto, al especializado, al científico, o al conocedor (A. T. Robertson, *Metáforas del Nuevo Testamento,* vol. 6, p. 45). Por maestro, claro está, se entiende a cualquiera de nosotros que enseñe la Palabra de Dios incluso los ministros y los maestros. ¿Quiénes son los maestros y líderes de nuestra iglesia? ¿Quién es entendido y conocedor entre nosotros? Otra pregunta. ¿Qué maestro de nosotros quiere ser insensato e ignorante? ¿Hay alguno? Claro que no. Se hace énfasis en lo

siguiente: "¿Quiere usted ser un maestro sabio? ¿Quiere ser un maestro conocedor? Pues aquí le explicamos cómo lograrlo. Debe hacer ciertas cosas".

Pero note lo siguiente: Algunos de los maestros a los que Santiago les escribía no entendieron el significado del conocimiento y la sabiduría verdadera. Algunos de ellos actuaban de modo muy insensato y eran tan cabezas huecas como se podía ser; aún así se creían sabios y conocedores. Con demasiada frecuencia la misma conducta insensata ha caracterizado a los ministros y a los maestros a través de los siglos, incluso en la actualidad. Esta es la razón misma de este pasaje: Alentar a los ministros y a los maestros a pensar cuán sabios y conocedores son realmente. Un maestro sabio y conocedor mostrará dos rasgos.

Note las palabras "que muestre" (deixato). Son una sola palabra en griego y es enfática, lleva mucho énfasis. Esto quiere decir que el maestro sabio mostrará con mucha fuerza estos rasgos. Estos dos rasgos se verán claramente en la vida de un maestro sabio.

1. Tenemos el rasgo de la buena conducta y el buen comportamiento. Esto quiere decir que el maestro sabio se comporta exactamente como debe. La sabiduría y el conocimiento tienen que ver con cómo se comporta y conduce una persona, no solo con conocer datos y ser un erudito. Una persona debe tomar los datos y aplicarlos. Esto es así en cualquier campo o profesión, pero es así fundamentalmente en el campo de la enseñanza bíblica. Un maestro bíblico debe llevar a la práctica lo que enseña y predica. Él debe predicar sobre…

- moralidad y pureza
- rectitud y justicia
- ayuda y aliento
- fuerza y edificación
- ministerio y estímulo
- salvación y liberación
- esperanza y vida

Pero a medida que imparta lecciones como estas de la vida, deberá llevar una vida de *buena conducta y comporta-*

miento. Debe ser una persona buena y poner en la práctica lo que enseña y predica. Debe llevar una vida moral y pura, recta y justa; y debe salir a ministrar a los necesitados de su comunidad y del mundo. El maestro sabio sabe que no puede enseñar una cosa y hacer otra.

Pensamiento 1. Note un elemento importante: A los ojos de las Escrituras el maestro verdaderamente sabio y conocedor no es una persona que posee todo tipo de información y teorías, especulaciones y conceptos. Es más bien un maestro que es una persona buena, una persona justa y moral, una persona cariñosa, una persona que lleva a la práctica lo que sabe y enseña, que muestra una buena conducta en todas sus obras.

> "Cualquiera, pues, que me oye estas palabras, y las hace, le compararé a un hombre prudente, que edificó su casa sobre la roca. Descendió lluvia, y vinieron ríos, y soplaron vientos, y golpearon contra aquella casa; y no cayó, porque estaba fundada sobre la roca. Pero cualquiera que me oye estas palabras y no las hace, le compararé a un hombre insensato, que edificó su casa sobre la arena; y descendió lluvia, y vinieron ríos, y soplaron vientos, y dieron con ímpetu contra aquella casa; y cayó, y fue grande su ruina" (Mt. 7:24-27).

> "El que quiera hacer la voluntad de Dios, conocerá si la doctrina es de Dios, o si yo hablo por mi propia cuenta" (Jn. 7:17).

> "Dijo entonces Jesús a los judíos que habían creído en él: Si vosotros permaneciereis en mi palabra, seréis verdaderamente mis discípulos; y conoceréis la verdad, y la verdad os hará libres" (Jn. 8:31-32).

> "Y esta es la vida eterna: que te conozcan a ti, el único Dios verdadero, y a Jesucristo, a quien has enviado" (Jn. 17:3).

> "Solamente que os comportéis como es digno del evangelio de Cristo, para que o sea que vaya a veros, o que esté ausente, oiga de vosotros que estáis firmes en un mismo espíritu, combatiendo unánimes por la fe del evangelio" (Fil. 1:27).

> "También es necesario que tenga buen testimonio de los de afuera, para que no caiga en descrédito y en lazo del diablo" (1 Ti. 3:7).

> "Ninguno tenga en poco tu juventud, sino sé ejemplo de los creyentes en palabra, conducta, amor, espíritu, fe y pureza" (1 Ti. 4:12).

> "y que desde la niñez has sabido las Sagradas Escrituras, las cuales te pueden hacer sabio para la salvación por la fe que es en Cristo Jesús" (2 Ti. 3:15).

> "Sean vuestras costumbres sin avaricia, contentos con lo que tenéis ahora; porque él dijo: No te desampararé, ni te dejaré" (He. 13:5).

> "¿Quién es sabio y entendido entre vosotros? Muestre por la buena conducta sus obras en sabia mansedumbre" (Stg. 3:13).

> "manteniendo buena vuestra manera de vivir entre los gentiles; para que en lo que murmuran de vosotros como de malhechores, glorifiquen a Dios en el día de la visitación, al considerar vuestras buenas obras" (1 P. 2:12).

> "Asimismo vosotras, mujeres, estad sujetas a vuestros maridos; para que también los que no creen a la palabra, sean ganados sin palabra por la conducta de sus esposas, considerando vuestra conducta casta y respetuosa" (1 P. 3:1-2).

> "Pero el día del Señor vendrá como ladrón en la noche; en el cual los cielos pasarán con grande estruendo, y los elementos ardiendo serán deshechos, y la tierra y las obras que en ella hay serán quemadas. Puesto que todas estas cosas han de ser deshechas, ¡cómo no debéis vosotros andar en santa y piadosa manera de vivir, esperando y apresurándoos para la venida del día de Dios, en el cual los cielos, encendiéndose, serán deshechos, y los elementos, siendo quemados, se fundirán! Pero nosotros esperamos, según sus promesas, cielos nuevos y tierra nueva, en los cuales mora la justicia" (2 P. 3:10-13).

> "Y dijo al hombre: He aquí que el temor del Señor es la sabiduría, y el apartarse del mal, la inteligencia" (Job 28:28).

> "¿Quién es sabio para que entienda esto, y prudente para que lo sepa? Porque los caminos de Jehová son rectos, y los justos andarán por ellos; mas los rebeldes caerán en ellos" (Os. 14:9).

2. Tenemos el rasgo de la mansedumbre. El maestro verdaderamente sabio y conocedor mostrará "mansedumbre" (prauteti). La palabra quiere decir ser delicado, tierno, humilde, suave, considerado, pero con fuerza. La mansedumbre tiene la fuerza para controlar y disciplinar, y lo hace en el momento justo.

   a. La mansedumbre implica un *estado de ánimo humilde.* Pero esto no quiere decir que el maestro sea débil, cobarde, y servil. El maestro manso sencillamente ama a las personas y ama a la paz; por ende, él anda humildemente entre los hombres sin tener en cuenta su condición ni las circunstancias de su vida. Relacionarse con los pobres y los humildes de esta tierra no le causa molestia al maestro manso. Desea ser amigo de todos y ayudar a todos tanto como le sea posible.

   b. La mansedumbre implica *un estado de ánimo fuerte.* Los problemas no le pasan desapercibidos y quiere que se haga el bien y la justicia. Es la mente débil la que ignora y descuida el mal y lo mal hecho, el maltrato y el sufrimiento.

     ⇒ Si alguien sufre, aflora la mansedumbre y hace lo que puede para ayudar.

     ⇒ Si se hace mal, la mansedumbre hace lo que puede para detenerlo y corregirlo.

     ⇒ Si el mal se esparce permisiva y desenfrenadamente, la mansedumbre estalla en ira. Sin embargo, note algo crucial: La ira siempre aparece en el momento justo y oponiéndose a lo que debe oponerse.

   c. La mansedumbre implica *un autocontrol fuerte.* El maestro manso controla su espíritu y su mente. Controla los deseos de su carne. No deja espacio para el mal humor, la represalia, la pasión, la indulgencia, ni la licencia. El maestro manso muere para sí mismo, para lo que su carne quisiera hacer, y hace lo correcto, exactamente lo que Dios quiere que haga.

En resumen, el hombre manso anda en un estado de ánimo humilde, tierno, pero fuerte; se niega a sí mismo, considerando al máximo a otros. Muestra un control y una ira justa contra el mal y la injusticia. Un hombre manso olvida y vive para otros por lo que Cristo ha hecho por él.

"Hermanos, si alguno fuere sorprendido en alguna falta, vosotros que sois espirituales, restauradle con espíritu de mansedumbre, considerándote a ti mismo, no sea que tú también seas tentado" (Gá. 6:1).

"Yo pues, preso en el Señor, os ruego que andéis como es digno de la vocación con que fuisteis llamados, con toda humildad y mansedumbre, soportándoos con paciencia los unos a los otros en amor, solícitos en guardar la unidad del Espíritu en el vínculo de la paz" (Ef. 4:1-3).

"que con mansedumbre corrija a los que se oponen, por si quizá Dios les conceda que se arrepientan para conocer la verdad" (2 Ti. 2:25).

"Que a nadie difamen, que no sean pendencieros, sino amables, mostrando toda mansedumbre para con todos los hombres" (Tit. 3:2).

"Por lo cual, desechando toda inmundicia y abundancia de malicia, recibid con mansedumbre la palabra implantada, la cual puede salvar vuestras almas" (Stg. 1:21).

"¿Quién es sabio y entendido entre vosotros? Muestre por la buena conducta sus obras en sabia mansedumbre" (Stg. 3:13).

"sino el interno, el del corazón, en el incorruptible ornato de un espíritu afable y apacible, que es de grande estima delante de Dios" (1 P. 3:4).

2 (3:14-16) *Sabiduría, falsa:* Tenemos la sabiduría falsa y la enseñanza equívoca de este mundo. Esta es una ilustración muy trágica. De inmediato nos muestra que hay maestros, ministros y laicos, que siguen la sabiduría falsa del mundo.

1. Note la descripción de sabiduría falsa y la enseñanza equívoca.

   a. La sabiduría falsa y la enseñanza equívoca despiertan envidia y celos amargos. Hay maestros, ministros y laicos, que sienten celos y envidia de otros, de su...
- iglesia y posición
- habilidad para predicar y enseñar
- reconocimiento y liderazgo
- carisma y atención
- asociados y amigos

Muchos ministros y maestros envidian a otros por estas cosas. Además de todo esto, al maestro a menudo se le compara con otros maestros anteriores y la comparación hiere y duele. Por tanto, queda sujeta a crear una envidia amarga contra el maestro anterior.

Es necesario también hacer referencia a otra situación. Cuando un maestro comienza a enseñar alguna doctrina falsa o a llevar una vida profana, debe ser corregido por aquellos que

siguen la verdad de la Palabra de Dios. Cuando se le corrige, siempre queda la tentación para él de reaccionar y guardar resentimientos contra aquellos que siguen siendo fieles a la Palabra de Dios.

Sucede lo siguiente: La sabiduría falsa o la enseñanza equívoca despiertan envidia y celos amargos. Provoca una terrible división entre los siervos de Dios y las iglesias. Ningún maestro o predicador...
- deberá envidiar la habilidad, la iglesia, la posición, ni el reconocimiento de otra persona.
- deberá envidiar ni guardar resentimientos amargos contra maestros o ministros anteriores.
- deberá reaccionar en contra de una corrección por sus ideas nuevas o su conducta equívoca.

La amargura, la envidia y el celo, son todas malas. No tienen cabida entre aquellos que enseñan la sabiduría verdadera de Dios. Les despierta una sabiduría falsa y una enseñanza equívoca.

"Y al recibirlo, murmuraban contra el padre de familia, diciendo: Estos postreros han trabajado una sola hora, y los has hecho iguales a nosotros, que hemos soportado la carga y el calor del día" (Mt. 20:11-12).

"El amor es sufrido, es benigno; el amor no tiene envidia, el amor no es jactancioso, no se envanece" (1 Co. 13:4).

"envidias, homicidios, borracheras, orgías, y cosas semejantes a estas; acerca de las cuales os amonesto, como ya os lo he dicho antes, que los que practican tales cosas no heredarán el reino de Dios" (Gá. 5:21).

"Algunos, a la verdad, predican a Cristo por envidia y contienda; pero otros de buena voluntad. Los unos anuncian a Cristo por contención, no sinceramente, pensando añadir aflicción a mis prisiones; pero los otros por amor, sabiendo que estoy puesto para la defensa del evangelio" (Fil. 1:15-17).

"No envidies al hombre injusto, ni escojas ninguno de sus caminos" (Pr. 3:31).

"Peca el que menosprecia a su prójimo; mas el que tiene misericordia de los pobres es bienaventurado" (Pr. 14:21).

"No tenga tu corazón envidia de los pecadores, antes persevera en el temor de Jehová todo el tiempo" (Pr. 23:17).

   b. La sabiduría falsa y la enseñanza equívoca despiertan un espíritu de conflicto en el corazón. La palabra "conflicto" (erithian) quiere decir fricción o con mayor exactitud, ambición egoísta. Lamentablemente, muchas de las personas de Dios, incluso maestros y predicadores, son ambiciosas de un modo egoísta. Muchos quieren...
- ir a la delantera, ser reconocidos, admitidos, y honrados.
- ser conocidos como sabios y conocedores.

- ser vistos como *el maestro, el predicador, el líder.*
- ser el que edifica, crea, funda, origina una idea, posición, o movimiento nuevo.

Además de todo esto, tenemos aquellos que tratan de reunir camarillas o partidos en torno de su posición o creencia. Ambicionan ser el líder y que las personas los reconozcan como el líder, aunque implique oponerse al ministro de Dios.

Note cuánta inquietud tiene el alma en todo esto. El alma no tiene paz consigo misma ni con otros. No está satisfecha y ambiciona para sí, no para la causa de Cristo ni para el pueblo de Cristo. Así obran la sabiduría falsa y la enseñanza equívoca: Despiertan conflictos y ambición egoísta.

"Nada hagáis por contienda o por vanagloria; antes bien con humildad, estimando cada uno a los demás como superiores a él mismo; no mirando cada uno por lo suyo propio, sino cada cual también por lo de los otros" (Fil. 2:3-4).

"Recuérdales esto, exhortándoles delante del Señor a que no contiendan sobre palabras, lo cual para nada aprovecha, sino que es para perdición de los oyentes" (2 Ti. 2:14).

"Porque el siervo del Señor no debe ser contencioso, sino amable para con todos, apto para enseñar, sufrido" (2 Ti. 2:24).

"No tengas pleito con nadie sin razón, si no te han hecho agravio" (Pr. 3:30).

"El que ama la disputa, ama la transgresión; y el que abre demasiado la puerta busca su ruina" (Pr. 17:19).

"Los labios del necio traen contienda; y su boca los azotes llama" (Pr. 18:6).

"Honra es del hombre dejar la contienda; mas todo insensato se envolverá en ella" (Pr. 20:3).

"No entres apresuradamente en pleito, no sea que no sepas qué hacer al fin, después que tu prójimo te haya avergonzado" (Pr. 25:8).

"El carbón para brasas, y la leña para el fuego; y el hombre rencilloso para encender contienda" (Pr. 26:21).

c. La sabiduría y la enseñanza falsa despiertan un espíritu de presunción y vanagloria propia. Presumir no quiere decir necesariamente que la persona ande presumiendo en voz alta. Más bien se refiere a lo que una persona siente en su corazón. Si una persona sigue la enseñanza y sabiduría falsas, se centra en sí misma. Sus pensamientos están centrados en…

- predicar un buen sermón, no en llegar a las personas por Cristo.
- ser reconocido, no edificar a las personas.
- asegurar una posición, no ocuparse de las necesidades.

De un modo muy sencillo, trata de enorgullecerse o siente orgullo de su creencia diferente o de la posición que tiene. Puede ostentarla públicamente, dando a conocer sus ideas o su posición o puede guardárselas para sí en silencio. En ambos casos, su creencia y su posición se oponen a la sabiduría y la enseñanza de la Palabra de Dios. Ha permitido que la sabiduría falsa y la enseñanza equívoca despierten un espíritu de orgullo y de vanagloria propia en él.

"Porque el que se enaltece será humillado, y el que se humilla será enaltecido" (Mt. 23:12).

"Ellos le dijeron: Concédenos que en tu gloria nos sentemos el uno a tu derecha, y el otro a tu izquierda" (Mr. 10:37).

"Unánimes entre vosotros; no altivos, sino asociándoos con los humildes. No seáis sabios en vuestra propia opinión" (Ro. 12:16).

"Y si alguno se imagina que sabe algo, aún no sabe nada como debe saberlo" (1 Co. 8:2).

"Porque el que se cree ser algo, no siendo nada, a sí mismo se engaña" (Gá. 6:3).

"Así también la lengua es un miembro pequeño, pero se jacta de grandes cosas. He aquí, ¡cuán grande bosque enciende un pequeño fuego!" (Stg. 3:5).

"Pero ahora os jactáis en vuestras soberbias. Toda jactancia semejante es mala" (Stg. 4:16).

"Porque todo lo que hay en el mundo, los deseos de la carne, los deseos de los ojos, y la vanagloria de la vida, no proviene del Padre, sino del mundo" (1 Jn. 2:16).

"Porque tú dices: Yo soy rico, y me he enriquecido, y de ninguna cosa tengo necesidad; y no sabes que tú eres un desventurado, miserable, pobre, ciego y desnudo" (Ap. 3:17).

"Porque el malo se jacta del deseo de su alma, bendice al codicioso, y desprecia a Jehová" (Sal. 10:3).

"Los que confían en sus bienes, y de la muchedumbre de sus riquezas se jactan, ninguno de ellos podrá en manera alguna redimir al hermano, ni dar a Dios su rescate" (Sal. 49:6-7).

"Cuando viene la soberbia, viene también la deshonra; Mas con los humildes está la sabiduría" (Pr. 11:2).

"Mejor es lo poco con justicia que la muchedumbre de frutos sin derecho" (Pr. 16:8).

"El que ama la disputa, ama la transgresión; y el que abre demasiado la puerta busca su ruina" (Pr. 17:19).

"Altivez de ojos, y orgullo de corazón, pensamiento de impíos, son pecado" (Pr. 21:4).

"Como nubes y vientos sin lluvia, así es el hombre que se jacta de falsa liberalidad" (Pr. 25:14).

"No te jactes del día de mañana; porque no sabes qué dará de sí el día" (Pr. 27:1).

"El altivo de ánimo suscita contiendas; mas el que confía en Jehová prosperará" (Pr. 28:25).

"Tú que decías en tu corazón: Subiré al cielo; en lo alto, junto a las estrellas de Dios, levantaré mi trono, y en el monte del testimonio me sentaré, a los lados del norte; sobre las alturas de las nubes subiré, y seré semejante al Altísimo" (Is. 14:13-14).

"Si te remontares como águila, y aunque entre las estrellas pusieres tu nido, de ahí te derribaré, dice Jehová" (Abd. 4).

d. La sabiduría falsa y la enseñanza equívoca levantan una mentira contra la verdad. Esto quiere decir al menos dos cosas.

⇒ Primero, que el maestro falso es inconsecuente con la Palabra de Dios. No pone en práctica ni enseña la verdad. Lo que pone en práctica es una mentira y enseña una mentira, alguna doctrina falsa, alguna conducta falsa.

⇒ Segundo, el maestro falso es inconsecuente en lo que enseña y en lo que hace. Él enseña la verdad, pero no pone en práctica la verdad.

"No todo el que me dice: Señor, Señor, entrará en el reino de los cielos, sino el que hace la voluntad de mi Padre que está en los cielos" (Mt. 7:21).

"Respondiendo él, les dijo: Hipócritas, bien profetizó de vosotros Isaías, como está escrito: Este pueblo de labios me honra, mas su corazón está lejos de mí" (Mr. 7:6).

"Tú, pues, que enseñas a otro, ¿no te enseñas a ti mismo? Tú que predicas que no se ha de hurtar, ¿hurtas? Tú que dices que no se ha de adulterar, ¿adulteras? Tú que abominas de los ídolos, ¿cometes sacrilegio? Tú que te jactas de la ley, ¿con infracción de la ley deshonras a Dios?" (Ro. 2:21-23).

"Profesan conocer a Dios, pero con los hechos lo niegan, siendo abominables y rebeldes, reprobados en cuanto a toda buena obra" (Tit. 1:16).

"Hijitos míos, no amemos de palabra ni de lengua, sino de hecho y en verdad" (1 Jn. 3:18).

"Y vendrán a ti como viene el pueblo, y estarán delante de ti como pueblo mío, y oirán tus palabras, y no las pondrán por obra; antes hacen halagos con sus bocas, y el corazón de ellos anda en pos de su avaricia. Y he aquí que tú eres a ellos como cantor de amores, hermoso de voz y que canta bien; y oirán tus palabras, pero no las pondrán por obra" (Ez. 33:31-32).

2. Note la fuente de la sabiduría falsa y la enseñanza equívoca: No provienen de Dios, sino de lo terrenal, de lo sensual, lo maligno y lo diabólico

a. La sabiduría falsa proviene de la tierra: Se centra en la tierra…

• sigue la naturaleza de los hombres, de los hombres de la tierra, en vez de la de Dios y su Palabra.

• enseña los grandes principios e ideas de la tierra en vez de los de Dios y su Palabra.

• estimula a las personas a cumplir los objetivos de la tierra y sus líderes en vez de los objetivos de Dios y de su Palabra.

• se centra en la vida en ese momento. la vida en la tierra y descuida la vida eterna.

No quiere decir que todas las grandes ideas y objetivos de la tierra y sus líderes sean equívocas. No es así. Hay grandes líderes en la tierra tal como hay líderes malignos y tontos. Y las ideas y objetivos de los grandes líderes con frecuencia están dirigidos al mejoramiento del

hombre y de la tierra. Por consiguiente, debemos hacer todo cuanto podamos para ayudar a estos líderes. La idea es que la sabiduría celestial, la sabiduría de Dios y su Palabra (la Biblia) son el fundamento de la sabiduría verdadera. Por consiguiente, cualquier sabiduría que descuide la sabiduría celestial tiene un grave defecto y deficiencia. Ningún maestro, ministro ni laico, debe olvidar esto jamás. La sabiduría falsa y la enseñanza equívoca se centran en la tierra y descuidan la sabiduría de lo alto, de Dios y su Palabra.

b. La sabiduría falsa y la enseñanza equívoca son sensuales, es decir, animales y diabólicas. Provienen del hombre mismo y se centran en el hombre como un animal y descuidan el hecho de que es un ser espiritual. Se centran en el hombre como un ser físico y mental. Enfatizan el humanismo, la educación, la tecnología, la ciencia, la salud, la comodidad, y la paz. Tienden a mejorar la vida del hombre en la tierra e ignoran y descuidan y niegan que el hombre es espíritu. No creen o como mucho creen de un modo vago en la vida después de este mundo.

c. La sabiduría falsa y la enseñanza equívoca son malignas y demoníacas. Cosas como el orgullo, la ambición egoísta, la amargura, la envidia, el conflicto, crear incomodidad y división y la enseñanza de doctrinas falsas no provienen de Dios. Provienen del maligno, de Satanás. Cualquier maestro que procure egoístamente promoverse a sí mismo y haga estas cosas está siguiendo y actuando de la misma manera que lo hace el propio diablo.

"por tanto, he aquí que nuevamente excitaré yo la admiración de este pueblo con un prodigio grande y espantoso; porque perecerá la sabiduría de sus sabios, y se desvanecerá la inteligencia de sus entendidos" (Is. 29:14).

"Porque mi pueblo es necio, no me conocieron; son hijos ignorantes y no son entendidos; sabios para hacer el mal, pero hacer el bien no supieron" (Jer. 4:22).

"Profesando ser sabios, se hicieron necios" (Ro. 1:22).

"Porque la sabiduría de este mundo es insensatez para con Dios; pues escrito está: El prende a los sabios en la astucia de ellos. Y otra vez: El Señor conoce los pensamientos de los sabios, que son vanos" (1 Co. 3:19-20).

"porque esta sabiduría no es la que desciende de lo alto, sino terrenal, animal, diabólica" (Stg. 3:15).

3. Note los terribles efectos de la sabiduría falsa y la enseñanza equívoca. La persona que sigue la sabiduría falsa del mundo, que de un modo egoísta busca posición, reconocimiento, riquezas, y autoridad, que procura reconocimiento por alguna idea o doctrina nueva que tenga, que envidia y contiende con otros, esa persona es un maestro falso y causa

confusión y obras malignas. Cuando se es maestro o ministro de la iglesia…

- provoca confusión y mal en la iglesia: Las personas se perturban, se dividen, forman camarillas y comienzan a murmurar. Se enojan y guardan resentimientos contra otros y algunos hasta abandonan la iglesia y abandonan a Dios.
- provoca confusión y mal en las familias: Varios miembros dudan, cuestionan y difieren con otros miembros de la familia. Dejan de crecer y regresan al mundo.
- hace que el débil vuelva al mundo y abandone a Dios y su Palabra: El débil renuncia a Cristo como el Hijo verdadero de Dios y solo Cristo puede salvar al hombre.
- hace que las personas supediten la vida de cada una de ellas a una religión terrenal de ritual, ceremonia y moralidad, los cuales mueren en la tumba. El maestro falso condena a la persona a una eternidad separada del Hijo de Dios, de Jesucristo nuestro Señor que es el Salvador del mundo.

La confusión y el mal causados por la sabiduría falsa y la enseñanza equívoca, por maestros que ponen en práctica y enseñan todo lo contrario a Dios y su Palabra, son interminables. Pero es necesario decir esto: Los efectos de la enseñanza equívoca, de seguir la sabiduría falsa de este mundo, deben hacer que todo ministro y maestro de la iglesia despierte y escudriñe su vida, sus creencias y su ministerio. Los efectos deberán estimular a muchos de nosotros al arrepentimiento y la confesión ante Dios.

> "Así que, hermanos, cuando fui a vosotros para anunciaros el testimonio de Dios, no fui con excelencia de palabras o de sabiduría. Pues me propuse no saber entre vosotros cosa alguna sino a Jesucristo, y a éste crucificado. Y estuve entre vosotros con debilidad, y mucho temor y temblor; y ni mi palabra ni mi predicación fue con palabras persuasivas de humana sabiduría, sino con demostración del Espíritu y de poder, para que vuestra fe no esté fundada en la sabiduría de los hombres, sino en el poder de Dios" (1 Co. 2:1-5).

> "pues Dios no es Dios de confusión, sino de paz. Como en todas las iglesias de los santos" (1 Co. 14:33).

> "Porque donde hay celos y contención, allí hay perturbación y toda obra perversa" (Stg. 3:16).

> "sino que según fuimos aprobados por Dios para que se nos confiase el evangelio, así hablamos; no como para agradar a los hombres, sino a Dios, que prueba nuestros corazones. Porque nunca usamos de palabras lisonjeras, como sabéis, ni encubrimos avaricia; Dios es testigo" (1 Ts. 2:4-5).

> "Diles: Vivo yo, dice Jehová el Señor, que no quiero la muerte del impío, sino que se vuelva el impío de su camino, y que viva. Volveos, volveos de vuestros malos caminos; ¿por qué moriréis, oh casa de Israel?" (Ez. 33:11).

Pensamiento 1. Nos encontramos en una época en la que se necesita humildad ante Dios y su Palabra. ¿Por qué? Porque hay mucho seguimiento de falsa sabiduría y

enseñanza equívoca. Necesitamos desesperadamente regresar a la adoración y ministerio de Dios y su Palabra solamente. Debemos dejar de adorarnos a nosotros mismos, dejar de seguir nuestras propias ambiciones egoístas. Debemos dejar de buscar posición, reconocimiento, ideas nuevas y las comodidades y facilidades humanas de esta vida. Nuestro llamado como ministros y maestros de Dios es a proclamar su Palabra y a ocuparnos de las necesidades de las personas de todo el mundo. La confusión y el mal del mundo solo pueden ser corregidos proclamando solo la verdad de Dios y su Palabra. Eso es lo que debemos hacer. Y el primer paso es enderezarnos a nosotros mismos primero. ¿Cómo? Sometiéndonos humildemente ante Dios en arrepentimiento y confesión de nuestra ambición egoísta y nuestra falta de disciplina, autocomplacencia, y mundanalidad. Debemos arrepentirnos y confesar nuestro fracaso y alejarnos completamente de él. Y luego debemos levantarnos e ir adelante con la fuerza del Espíritu de Dios y proclamar la verdad pura de Dios y su Palabra, proclamar su Palabra y nada más.

> "Venid a mí todos los que estáis trabajados y cargados, y yo os haré descansar" (Mt. 11:28).

> "En el último y gran día de la fiesta, Jesús se puso en pie y alzó la voz, diciendo: Si alguno tiene sed, venga a mí y beba" (Jn. 7:37).

> "Yo soy la vid, vosotros los pámpanos; el que permanece en mí, y yo en él, éste lleva mucho fruto; porque separados de mí nada podéis hacer" (Jn. 15:5).

> "No me elegisteis vosotros a mí, sino que yo os elegí a vosotros, y os he puesto para que vayáis y llevéis fruto, y vuestro fruto permanezca; para que todo lo que pidiereis al Padre en mi nombre, él os lo dé" (Jn. 15:16).

> "Por tanto, id, y haced discípulos a todas las naciones, bautizándolos en el nombre del Padre, y del Hijo, y del Espíritu Santo; enseñándoles que guarden todas las cosas que os he mandado; y he aquí yo estoy con vosotros todos los días, hasta el fin del mundo. Amén" (Mt. 28:19-20).

> "pero recibiréis poder, cuando haya venido sobre vosotros el Espíritu Santo, y me seréis testigos en Jerusalén, en toda Judea, en Samaria, y hasta lo último de la tierra" (Hch. 1:8).

> "El Señor le dijo: Ve, porque instrumento escogido me es éste, para llevar mi nombre en presencia de los gentiles, y de reyes, y de los hijos de Israel" (Hch. 9:15).

> "Porque no me avergüenzo del evangelio, porque es poder de Dios para salvación a todo aquel que cree; al judío primeramente, y también al griego" (Ro. 1:16).

> "Así que, hermanos, cuando fui a vosotros para anunciaros el testimonio de Dios, no fui con excelencia de palabras o de sabiduría. Pues me propuse no saber entre vosotros cosa alguna sino a Jesucristo, y a éste crucificado. Y estuve entre vosotros con debilidad, y mucho temor y temblor; y ni mi palabra ni mi predicación fue con palabras persuasivas de humana sabiduría, sino con demostración del Espíritu y de poder, para que vuestra fe no esté fundada en la sabiduría de los hombres, sino en el poder de Dios" (1 Co. 2:1-5).

> "Pues si anuncio el evangelio, no tengo por qué

gloriarme; porque me es impuesta necesidad; y ¡ay de mí si no anunciare el evangelio!" (1 Co. 9:16).

"que Dios estaba en Cristo reconciliando consigo al mundo, no tomándoles en cuenta a los hombres sus pecados, y nos encargó a nosotros la palabra de la reconciliación. Así que, somos embajadores en nombre de Cristo, como si Dios rogase por medio de nosotros; os rogamos en nombre de Cristo: Reconciliaos con Dios" (2 Co. 5:19-20).

"Porque os acordáis, hermanos, de nuestro trabajo y fatiga; cómo trabajando de noche y de día, para no ser gravosos a ninguno de vosotros, os predicamos el evangelio de Dios. Vosotros sois testigos, y Dios también, de cuán santa, justa e irreprensiblemente nos comportamos con vosotros los creyentes; así como también sabéis de qué modo, como el padre a sus hijos, exhortábamos y consolábamos a cada uno de vosotros, y os encargábamos que anduvieseis como es digno de Dios, que os llamó a su reino y gloria" (1 Ts. 2:9-12).

"Por lo cual también nosotros sin cesar damos gracias a Dios, de que cuando recibisteis la palabra de Dios que oísteis de nosotros, la recibisteis no como palabra de hombres, sino según es en verdad, la palabra de Dios, la cual actúa en vosotros los creyentes" (1 Ts. 2:13).

"También os rogamos, hermanos, que amonestéis a los ociosos, que alentéis a los de poco ánimo, que sostengáis a los débiles, que seáis pacientes para con todos" (1 Ts. 5:14).

"que prediques la palabra; que instes a tiempo y fuera de tiempo; redarguye, reprende, exhorta con toda paciencia y doctrina" (2 Ti. 4:2).

"Porque la palabra de Dios es viva y eficaz, y más cortante que toda espada de dos filos; y penetra hasta partir el alma y el espíritu, las coyunturas y los tuétanos, y discierne los pensamientos y las intenciones del corazón" (He. 4:12).

"Estad quietos, y conoced que yo soy Dios; seré exaltado entre las naciones; enaltecido seré en la tierra" (Sal. 46:10).

"Venid luego, dice Jehová, y estemos a cuenta: si vuestros pecados fueren como la grana, como la nieve serán emblanquecidos; si fueren rojos como el carmesí, vendrán a ser como blanca lana" (Is. 1:18).

"Vosotros sois mis testigos, dice Jehová, y mi siervo que yo escogí, para que me conozcáis y creáis, y entendáis que yo mismo soy; antes de mí no fue formado dios, ni lo será después de mí" (Is. 43:10).

"A todos los sedientos: Venid a las aguas; y los que no tienen dinero, venid, comprad y comed. Venid, comprad sin dinero y sin precio, vino y leche" (Is. 55:1).

"Por tanto, así ha dicho Jehová Dios de los ejércitos: Porque dijeron esta palabra, he aquí yo pongo mis palabras en tu boca por fuego, y a este pueblo por leña, y los consumirá" (Jer. 5:14).

"¿No es mi palabra como fuego, dice Jehová, y como martillo que quebranta la piedra?" (Jer. 23:29).

"Cuando yo dijere al impío: Impío, de cierto morirás; si tú no hablares para que se guarde el impío de su camino, el impío morirá por su pecado, pero su sangre yo la demandaré de tu mano. Y si tú avisares al impío de su camino para que se aparte de él, y él no se apartare de su camino, él morirá por su pecado, pero

tú libraste tu vida" (Ez. 33:8-9).

"Venid y volvamos a Jehová; porque él arrebató, y nos curará; hirió, y nos vendará" (Os. 6:1).

3 (3:17-18) *Sabiduría, verdadera — Enseñanza verdadera:* Tenemos la sabiduría verdadera de Dios. Note tres elementos significativos.

1. La fuente de la sabiduría verdadera es Dios. La sabiduría verdadera proviene de lo alto, no de este mundo. Proviene de Dios, no de los patriarcas y eruditos de esta tierra. La sabiduría verdadera no proviene de buscar el conocimiento y sabiduría de los hombres y de este mundo; proviene de buscar a Dios, de buscar el conocimiento y sabiduría de Dios.

2. Se plantea claramente la descripción de la sabiduría verdadera. ¿Qué es la sabiduría de Dios? ¿Cuál es esta sabiduría que es tan superior a la sabiduría de los patriarcas y los eruditos de este mundo? ¿Cuál es esta sabiduría que los ministros y maestros de Dios deben enseñar? Las Escrituras dicen que tiene ocho cualidades.

   a. La sabiduría verdadera es primero que todo "pura" (hagne). La palabra quiere decir ser pura sin falta ni profanación; significa pureza moral; estar completamente separada de la impureza y lo mal hecho y apartada para Dios. No es mitad buena y mitad mala, sino totalmente pura y limpia (A. T. Robertson, *Metáforas del Nuevo Testamento,* vol. 6, p. 47). Una persona que tiene la sabiduría verdadera lleva una vida limpia y pura.

   ⇒ Una persona verdaderamente sabia mantiene su cuerpo puro. No se hace daño sobrealimentándose, bebiendo, consumiendo drogas, fumando, ni dejándose poner fofo. Se disciplina a sí mismo en todas las cosas y se mantiene en forma con el fin de utilizar su vida al máximo.

   ⇒ Una persona verdaderamente sabia mantiene sus relaciones puras. Lleva una vida moral y justa, protegiendo a su pareja, sus hijos, familiares, seres queridos, el nombre de Cristo y su propio testimonio y ministerio.

   ⇒ Una persona verdaderamente sabia se mantiene pura ante Dios de modo que su relación con Dios sea siempre abierta de manera que Dios lo pueda usar tanto como desee.

   En esto consiste la sabiduría verdadera. Es primeramente pura, y note la palabra *primeramente.* La pureza ocupa el primer lugar en importancia y es lo primero que Dios le da a un hombre que busca la sabiduría verdadera. Un maestro, ministro o laico sabio, es un maestro que lleva una vida pura y enseña que los hombres deben ser puros ante Dios.

   "Bienaventurados los de limpio corazón, porque ellos verán a Dios" (Mt. 5:8).

"Pues el propósito de este mandamiento es el amor nacido de corazón limpio, y de buena conciencia, y de fe no fingida" (1 Ti. 1:5).

"porque escrito está: Sed santos, porque yo soy santo" (1 P. 1:16).

"Habiendo purificado vuestras almas por la obediencia a la verdad, mediante el Espíritu, para el amor fraternal no fingido, amaos unos a otros entrañablemente, de corazón puro" (1 P. 1:22).

"Así que, amados, puesto que tenemos tales promesas, limpiémonos de toda contaminación de carne y de espíritu, perfeccionando la santidad en el temor de Dios" (2 Co. 7:1).

b. La sabiduría verdadera es "pacífica" (eirenike). La palabra significa atar, unir, entretejer. Quiere decir que un maestro sabio está atado, entretejido, y unido…

- a sí mismo
- a Dios
- a sus compañeros

Y el maestro sabio hace todo cuanto puede para mantener la paz y para crear la paz donde se ha quebrantado, ya sea entre dos individuos o dos grupos, una familia, una comunidad o un país. Un maestro sabio, un maestro de la verdadera sabiduría, obra para reconciliar a las personas con Dios y reconciliarlas mutuamente. Obra para acercar más los hombres a Dios y acercarlos mutuamente.

"Si es posible, en cuanto dependa de vosotros, estad en paz con todos los hombres" (Ro. 12:18).

"Seguid la paz con todos, y la santidad, sin la cual nadie verá al Señor" (He. 12:14).

"Pero la sabiduría que es de lo alto es primeramente pura, después pacífica, amable, benigna, llena de misericordia y de buenos frutos, sin incertidumbre ni hipocresía" (Stg. 3:17).

"Por lo cual, oh amados, estando en espera de estas cosas, procurad con diligencia ser hallados por él sin mancha e irreprensibles, en paz" (2 P. 3:14).

c. La sabiduría verdadera es "amable" (epieikes). La palabra es difícil de traducir al español. Otros la traducen como amabilidad, tolerancia, lo razonable, consideración, agrado, cortesía, paciencia y suavidad. Existe la tendencia a decir que tolerancia o amabilidad son la mejor traducción. Quiere decir que hay *algo mejor que la simple justicia,* una amabilidad de gracia. El maestro sabio deber ser amable y tolerante al tratar a otras personas.

Pensamiento 1. Se esclarece bien este punto: Debemos ser amables y tolerantes al tratar a las personas. Lo que menos debemos hacer es criticar, condenar, censurar, descuidar e ignorar a las personas. Debemos ayudar al mundo con el evangelio y debemos tratar a las personas con una *amabilidad adorable.* Debemos ser amables, sin tener absolutamente nada que ver con la crueldad. Muchos de nosotros somos crueles y criticones o des-

cuidados y retraídos. Muchos de nosotros estamos envueltos en una capa de religión y no tenemos nada que ver con ayudar a los que se encuentran perdidos. La necesidad imperiosa del momento es que trasmitamos el evangelio en un espíritu de *amor y amabilidad.*

"con toda humildad y mansedumbre, soportándoos con paciencia los unos a los otros en amor" (Ef. 4:2).

"soportándoos unos a otros, y perdonándoos unos a otros si alguno tuviere queja contra otro. De la manera que Cristo os perdonó, así también hacedlo vosotros" (Col. 3:13).

"Antes fuimos tiernos entre vosotros, como la nodriza que cuida con ternura a sus propios hijos" (1 Ts. 2:7).

"Porque el siervo del Señor no debe ser contencioso, sino amable para con todos, apto para enseñar, sufrido" (2 Ti. 2:24).

"Que a nadie difamen, que no sean pendencieros, sino amables, mostrando toda mansedumbre para con todos los hombres" (Tit. 3:2).

"Pero la sabiduría que es de lo alto es primeramente pura, después pacífica, amable, benigna, llena de misericordia y de buenos frutos, sin incertidumbre ni hipocresía" (Stg. 3:17).

d. La sabiduría verdadera es "benigna" (eupeithes). La palabra quiere decir razonable; dispuesta a escuchar, a razonar y a apelar. Dispuesta a cambiar cuando uno se equivoca. La sabiduría verdadera no es testaruda ni difícil.

⇒ El maestro sabio escucha la voz y el razonamiento de Dios y de sus hermanos creyentes, y cuando se equivoca, cambia su conducta.

"Regocíjate y canta, oh moradora de Sion; porque grande es en medio de ti el Santo de Israel" (1 S. 12:7).

"Así que, hermanos, os ruego por las misericordias de Dios, que presentéis vuestros cuerpos en sacrificio vivo, santo, agradable a Dios, que es vuestro culto racional" (Ro. 12:1).

"Mas yo hablaría con el Todopoderoso, y querría razonar con Dios" (Job 13:3).

"Venid luego, dice Jehová, y estemos a cuenta: si vuestros pecados fueren como la grana, como la nieve serán emblanquecidos; si fueren rojos como el carmesí, vendrán a ser como blanca lana" (Is. 1:18).

e. La sabiduría verdadera es llena de "misericordia" (eleous). La palabra quiere decir tener sentimientos de piedad, compasión, afecto y bondad. Es un deseo a socorrer; de atraer tiernamente hacia uno mismo y querer a alguien. Para tener misericordia hay dos elementos esenciales: Ver una necesidad y poder suplir esa necesidad. Dios ve nuestras necesidades y sufre por nosotros (Ef. 2:1-3). Por consiguiente, Él actúa, Él tiene misericordia de nosotros.

Nota: La misericordia no discrimina; no conoce discriminación alguna. Tiene piedad de todos nosotros, tanto de los santos como de los *pecadores*. El maestro sabio, el maestro de la verdadera sabiduría, extiende su mano para ayudar a los que se encuentran necesitados, no importa cuán humildes sean ni cuán lejos hayan caído. El maestro que pone en práctica y muestra la sabiduría verdadera es el maestro que se conmueve por compasión, tan conmovido que extiende su mano para ayudar a cada ser humano que tiene algún problema y necesidad.

"Bienaventurados los misericordiosos, porque ellos alcanzarán misericordia" (Mt. 5:7).

"Sed, pues, misericordiosos, como también vuestro Padre es misericordioso" (Lc. 6:36).

"y acercándose, vendó sus heridas, echándoles aceite y vino; y poniéndole en su cabalgadura, lo llevó al mesón, y cuidó de él" (Lc. 10:34).

"Yo era ojos al ciego, y pies al cojo. A los menesterosos era padre, y de la causa que no entendía, me informaba con diligencia" (Job 29:15-16).

"Alarga su mano al pobre, y extiende sus manos al menesteroso" (Pr. 31:20).

"Jehová el Señor me dio lengua de sabios, para saber hablar palabras al cansado; despertará mañana tras mañana, despertará mi oído para que oiga como los sabios" (Is. 50:4).

"Oh hombre, él te ha declarado lo que es bueno, y qué pide Jehová de ti: solamente hacer justicia, y amar misericordia, y humillarte ante tu Dios" (Mi. 6:8).

f. La sabiduría verdadera es llena de "buenos frutos" (karpon agathon). Esto quiere decir que el maestro sabio realmente extiende su mano y ayuda a los que se encuentran en problemas. No experimenta sentimientos de compasión y luego los echa fuera de su mente. Él actúa, suple sus necesidades, ayuda al que sufre, al confinado, al prisionero, al que enviuda, al huérfano, al padre soltero y al hijo del padre soltero, al apenado, al pobre, al necesitado, al desamparado, al hambriento, al pecador, al que recae, al perdido, al perverso. El maestro de la verdadera sabiduría ayuda y dirige a sus seguidores para que ayuden a los necesitados de su comunidad, ciudad, estado, país y mundo. El maestro sabio hace todo cuanto puede para suplir la necesidad imperiosa de nuestro mundo. De hecho, él da todo cuanto es y tiene, cada centavo que tiene, sacrificándolo todo más allá de las necesidades de su propia familia, para satisfacer las necesidades de los perdidos y los necesitados de nuestro mundo. El maestro de la verdadera sabiduría se entrega totalmente a las buenas obras y acciones con el fin de ayudar a las personas a acercarse a Cristo y ayudarlas en todos los problemas y situaciones de la vida.

"Porque tuve hambre, y me disteis de comer; tuve sed, y me disteis de beber; fui forastero, y me recogisteis; estuve desnudo, y me cubristeis; enfermo, y me visitasteis; en la cárcel, y vinisteis a mí" (Mt. 25:35-36).

"Mas el fruto del Espíritu es amor, gozo, paz, paciencia, benignidad, bondad, fe, mansedumbre, templanza; contra tales cosas no hay ley" (Gá. 5:22-23).

"Sobrellevad los unos las cargas de los otros, y cumplid así la ley de Cristo" (Gá. 6:2).

"Así que, según tengamos oportunidad, hagamos bien a todos, y mayormente a los de la familia de la fe" (Gá. 6:10).

"(porque el fruto del Espíritu es en toda bondad, justicia y verdad)" (Ef. 5:9).

"presentándote tú en todo como ejemplo de buenas obras; en la enseñanza mostrando integridad, seriedad" (Tit. 2:7).

"Y considerémonos unos a otros para estimularnos al amor y a las buenas obras; no dejando de congregarnos, como algunos tienen por costumbre, sino exhortándonos; y tanto más, cuanto veis que aquel día se acerca" (He. 10:24-25).

g. La sabiduría verdadera es sin "parcialidad" (adiakritos). Esta palabra en griego realmente quiere decir dos cosas.

⇒ El maestro sabio es imparcial; no muestra parcialidad ni favoritismo hacia nadie.

"Te encarezco delante de Dios y del Señor Jesucristo, y de sus ángeles escogidos, que guardes estas cosas sin prejuicios, no haciendo nada con parcialidad" (1 Ti. 5:21).

"¿no hacéis distinciones entre vosotros mismos, y venís a ser jueces con malos pensamientos?" (Stg. 2:4).

"No harás injusticia en el juicio, ni favoreciendo al pobre ni complaciendo al grande; con justicia juzgarás a tu prójimo" (Lv. 19:15).

"El os reprochará de seguro, si solapadamente hacéis acepción de personas" (Job 13:10).

⇒ El maestro sabio es íntegro en sus convicciones y juicios. Conoce la verdad, exactamente lo que dice la Palabra de Dios, y no abrigará ideas ni enseñanzas falsas. Cuenta con un compromiso e integridad totales cuando se trata de seguir y enseñar la Palabra de Dios.

"Pues me propuse no saber entre vosotros cosa alguna sino a Jesucristo, y a éste crucificado" (1 Co. 2:2).

"Pues si anuncio el evangelio, no tengo por qué gloriarme; porque me es impuesta necesidad; y ¡ay de mí si no anunciare el evangelio!" (1 Co. 9:16).

"No que haya otro, sino que hay algunos que os perturban y quieren pervertir el evangelio de Cristo. Mas si aun nosotros, o un ángel del cielo, os anunciare otro evangelio diferente del que os hemos anunciado, sea anatema. Como antes hemos dicho, también ahora lo repito: Si alguno os predica diferente evangelio del que habéis recibido, sea anatema. Pues, ¿busco ahora el favor de los hombres, o el de Dios? ¿O trato de agradar a los hombres? Pues si todavía agradara a los hombres, no sería siervo de Cristo. Mas os hago saber, hermanos, que el evangelio anunciado por mí, no es según hombre" (Gá. 1:7-11).

"prosigo a la meta, al premio del supremo llamamiento de Dios en Cristo Jesús" (Fil. 3:14).

h. La sabiduría verdadera es "sin hipocresía" (anu-pokritos). Esto quiere decir estar libre de insin-ceridad, hipocresía, de dramatizaciones y enmascaramientos. El maestro de la verdadera sabiduría no trata de engañar a las personas; no enseña una cosa y hace otra. No dice ser maes-tro de Dios y enseña otra cosa aparte de la Palabra de Dios; no dice ser maestro de Dios y lleva una vida impura e injusta ni tampoco una vida displicente e indisciplinada.

"Porque nuestra gloria es esta: el testimonio de nuestra conciencia, que con sencillez y sinceridad de Dios, no con sabiduría humana, sino con la gracia de Dios, nos hemos conducido en el mundo, y mucho más con vosotros" (2 Co. 1:12).

"Pues no somos como muchos, que medran falsi-ficando la palabra de Dios, sino que con sinceridad, como de parte de Dios, y delante de Dios, hablamos en Cristo" (2 Co. 2:17).

"Y esto pido en oración, que vuestro amor abunde aun más y más en ciencia y en todo conocimiento, para que aprobéis lo mejor, a fin de que seáis sinceros e irre-prensibles para el día de Cristo" (Fil. 1:9-10).

"presentándote tú en todo como ejemplo de bue-nas obras; en la enseñanza mostrando integridad, seriedad, palabra sana e irreprochable, de modo que el adversario se avergüence, y no tenga nada malo que decir de vosotros" (Tit. 2:7-8).

"Hijitos míos, no amemos de palabra ni de lengua, sino de hecho y en verdad" (1 Jn. 3:18).

3. El efecto de la sabiduría verdadera es el fruto de la justicia, una vida y un mundo de justicia. Pero note cómo se logra la justicia: Al hacer la paz. La justicia, los hombres viviendo como se debe, los hombres tratándose mutuamente y a Dios como se debe, nunca puede lograrse a menos que estemos en paz con los otros y con Dios. Esto significa algo de importancia crucial: *La necesidad más grande del hombre es la paz,* paz con cada uno y paz con Dios. El maestro ver-dadero obrará y obrará por la paz, luchará y luchará por con-seguir que los hombres tengan paz con cada uno y con Dios. Imagínense eso nada más:

⇒ Los hombres en paz con los hombres
⇒ Los hombres en paz con Dios
⇒ Un mundo de paz

El resultado sería una comunidad y un mundo de justicia, hombres y mujeres viviendo como se debe. Todos experi-mentando y llevando una vida de amor, gozo, paz, de cuidarse y protegerse unos a otros. Todas las cosas serían justas, exacta-mente como deberían ser. El mundo sería un mundo de jus-ticia, un mundo tal como el mundo que Dios anhela. ¿Cómo podemos tener un mundo así? Solo si los maestros de Dios, ministros y laicos, se convierten en maestros de la verdadera sabiduría, maestros que hacen la paz y guían al pueblo a hacer la paz con Dios y con cada uno.

"La paz os dejo, mi paz os doy; yo no os la doy como el mundo la da. No se turbe vuestro corazón, ni tenga miedo" (Jn. 14:27).

"Estas cosas os he hablado para que en mí tengáis paz. En el mundo tendréis aflicción; pero confiad, yo he vencido al mundo" (Jn. 16:33).

"porque el reino de Dios no es comida ni bebida, sino justicia, paz y gozo en el Espíritu Santo" (Ro. 14:17).

"Pero ahora en Cristo Jesús, vosotros que en otro tiempo estabais lejos, habéis sido hechos cercanos por la sangre de Cristo. Porque él es nuestra paz, que de ambos pueblos hizo uno, derribando la pared interme-dia de separación" (Ef. 2:13-14).

"y por medio de él reconciliar consigo todas las cosas, así las que están en la tierra como las que están en los cielos, haciendo la paz mediante la sangre de su cruz" (Col. 1:20).

"Y cuando esto corruptible se haya vestido de incorrupción, y esto mortal se haya vestido de inmor-talidad, entonces se cumplirá la palabra que está escri-ta: Sorbida es la muerte en victoria" (1 Co. 15:54).

"llenos de frutos de justicia que son por medio de Jesucristo, para gloria y alabanza de Dios" (Fil. 1:11).

"Sembrad para vosotros en justicia, segad para vosotros en misericordia; haced para vosotros barbe-cho; porque es el tiempo de buscar a Jehová, hasta que venga y os enseñe justicia" (Os. 10:12).

	CAPÍTULO 4 IV. TENTACIONES Y PRUEBAS: VENCIDAS CON ÉXITO, 4:1-10 **A. Las causas de la tentación y las malas obras, 4:1-6**	que deseáis, porque no pedís. 3 Pedís, y no recibís, porque pedís mal, para gastar en vuestros deleites. 4 ¡Oh almas adúlteras! ¿No sabéis que la amistad del mundo es enemistad contra Dios? Cualquiera, pues, que quiera ser amigo del mundo, se constituye enemigo de Dios.	**3 Orar incorrectamente: Orar con el motivo incorrecto** **4 Mundanalidad: Amistad con el mundo**
1 Lujuria: La pasión por el placer y la gratificación que combaten en nuestro cuerpo y sus miembros^{EF1} **2 Desconfianza: Buscar algo y nunca confiar en Dios o pedírselo a Dios**	1 ¿De dónde vienen las guerras y los pleitos entre vosotros? ¿No es de vuestras pasiones, las cuales combaten en vuestros miembros? 2 Codiciáis, y no tenéis; matáis y ardéis de envidia, y no podéis alcanzar; combatís y lucháis, pero no tenéis lo	5 ¿O pensáis que la Escritura dice en vano: El Espíritu que él ha hecho morar en nosotros nos anhela celosamente? 6 Pero él da mayor gracia. Por esto dice: Dios resiste a los soberbios, y da gracia a los humildes".	**5 Conclusión: La cura** a. Saber que el Espíritu de Dios nos anhela celosamente b. Saber que Dios resiste a los soberbios, y da gracia a los humildes

DIVISIÓN IV

TENTACIONES Y PRUEBAS: VENCIDAS CON ÉXITO, 4:1-10

A. Las causas de la tentación y las malas obras, 4:1-6

(4:1-6) *Introducción:* ¿Qué causa la tentación y lo mal hecho? Siempre nos enfrentamos a tentaciones, pruebas y con mucha frecuencia nos vemos cediendo y haciendo lo mal hecho. Este pasaje da comienzo a una nueva división en la *Epístola de Santiago*, el análisis tan importante sobre las tentaciones y pruebas y cómo vencerlas. Pero para que podamos vencer las tentaciones y pruebas, debemos entender qué las provoca. ¿Sencillamente qué es lo que provoca la tentación y lo mal hecho? Este pasaje expresa que la causa la constituyen cuatro elementos.

1. Lujuria: La pasión por el placer y la gratificación que combaten en nuestro cuerpo y sus miembros (v. 1).
2. Desconfianza: Buscar algo y nunca confiar en Dios o pedírselo a Dios (v. 2).
3. Orar incorrectamente: Orar con el motivo incorrecto (v. 3).
4. Mundanalidad: Amistad con el mundo (v. 4).
5. Conclusión: La cura (vv. 5-6).

1 (4:1) *Lujuria — Placer:* ¿Cuál es la causa de la tentación y lo mal hecho? Primera, es la lujuria, la pasión por el placer y la gratificación que combate en nuestros miembros corporales. La palabra "lujuria" (hedonon) quiere decir desear placer, desear gratificación. Las Escrituras dicen que la lujuria por el placer y la gratificación combate en nuestro cuerpo. La idea es la de una guerra constante, la de nuestro cuerpo añorando, anhelando, tirando, instando, deseando y tratando de obtener cualquier cosa que gratifique nuestro placer. Queremos y queremos, deseamos y deseamos y la batal-

la de querer y desear continúa en nuestro cuerpo. Nuestro cuerpo es un campo de batalla de codicias y deseos. Cada persona sabe lo que se siente al experimentar esta guerra, sentir su carne deseando algo. La lujuria es fuerte y difícil de controlar. De hecho, pocas personas la controlan completamente. Unas cuantas personas pueden controlar su lujuria en lo que se denominan los pecados visibles y groseros como por ejemplo, la venganza y el asesinato, pero gratifican su lujuria en cosas aceptables tales como la sobrealimentación y el egoísmo, en comprar y acaparar más de lo que se necesita y en fijarse cuando no se deben fijar.

Sucede lo siguiente: El hombre es una guerra civil andante. Lujuria tras lujuria provoca una guerra dentro de él, buscando la gratificación y el placer. El hombre experimenta deseo tras deseo, queriendo eliminar las restricciones y soltarse para disfrutar del placer de la lujuria. Puede ser la lujuria por…

- cada vez más comida
- cada vez más bebida
- cada vez más drogas
- cada vez más sexo
- cada vez más posesiones
- cada vez más dinero
- cada vez más propiedades
- cada vez más tierra
- cada vez más reconocimiento
- cada vez más popularidad
- cada vez más autoridad
- cada vez más venganza

Según se ha planteado, deseo tras deseo combaten en nuestros miembros persiguiendo el placer y la gratificación. El hombre es una guerra civil de lujurias y deseos, de placer y gratificación combatiendo en nuestro cuerpo y en nuestros miembros.

Note ahora el resultado de nuestra lujuria: "Luchas y

guerras". Recuerden: La necesidad más grande del hombre es la paz. (Vea la nota, punto 3 — Stg. 3:17-18 para un mayor análisis.) Imagínense nada más cómo sería el mundo si los hombres vivieran en paz con cada uno y con Dios. No habría inquietud ni incomodidad en el alma humana ni luchas ni guerras entre los hombres. No se cometerían pecados ni perversidades contra otros, esposa, esposo, vecino, ni ninguna otra persona, porque todos los hombres estarían en paz con Dios y con cada uno. La necesidad más grande del hombre es la paz. Aún así, cuando miramos al mundo, vemos cualquier cosa excepto paz.

⇒ Paz no es lo que existe entre los hombres, sino luchas y guerras.

⇒ Paz no es lo que existe entre los hombres y Dios, sino lujuria que combate en el cuerpo de cada uno de los hombres, lujuria que estalla y se convierte en una conducta mala y destructiva.

¿De dónde provienen estas luchas y guerras? ¿Qué las provoca? A menos que lo sepamos, nunca podremos tratar con ellas y vencerlas. Por consiguiente, debemos prestar atención a las Escrituras: Provienen de la lujuria, la pasión por el placer y la gratificación que combate en el cuerpo humano y sus miembros.

Pensamiento 1. William Barclay cita a varios de los grandes pensadores de la historia antigua que reconocieron esta verdad, la verdad de que la lujuria y el deseo yacen en la raíz misma de los problemas de los hombres. Vale la pena leerlos. (Los planteamientos de cada persona aparecen en párrafos por separados para mayor facilidad de su lectura):

"La causa original de este conflicto incesante y amargo no es otra que el deseo.

⇒ *"Philo señala que los Diez Mandamientos culminan con la prohibición de la codicia que es el deseo, porque el deseo es la peor de todas las pasiones del alma. '¿No es por causa de esta pasión que se rompen las relaciones, y esta buena voluntad natural cambió para convertirse en una enemistad desesperada? ¿Que los países grandes y populosos son desolados por disensiones familiares? ¿Y la tierra y el mar se llenan de nuevos desastres por batallas navales y campañas terrestres? Porque las guerras famosas por su tragedia... todas han tenido un mismo origen, deseo ya sea de dinero, gloria o placer. Por estas cosas enloquece la raza humana'.*

⇒ *"Luciano expresa: 'Todos los males que vienen sobre el hombre, las revoluciones y las guerras, las estratagemas y los asesinatos, surgen del deseo. Todas estas cosas tienen por fuente el deseo de tener más'.*

⇒ *Platón expresa: 'La única causa de las guerras, las revoluciones y las batallas no es otra que el cuerpo y sus deseos'.*

⇒ *Cicerón expresa: 'Son los deseos insaciables los que derriban no solo a los hombres por individual, sino a familias completas y los que hasta degradan al estado. De los deseos surgen el odio, las divisiones,*

las discordias, las sediciones y las guerras'. El deseo se encuentra en el origen de todos los males que arruinan la vida y que dividen a los hombres".

⇒ El propio William Barclay expresa: *"El Nuevo Testamento es claro en que este deseo dominante por los placeres de este mundo siempre constituye un peligro amenazante para la vida espiritual. Son los afanes y riquezas y placeres de esta vida los que se combinan para ahogar la buena simiente (Lc. 8:14). Un hombre puede volverse esclavo de las lujurias y placeres y cuando sucede, la malicia, la envidia y el odio entran en su vida (Tit. 3:3).*

⇒ *"El problema fundamental radica en agradarse a uno mismo o agradar a Dios; y un mundo en el que el primer objetivo de los hombres es agradarse a ellos mismos es un mundo que se convierte en un campo de batalla para la violencia y la división"* (*Las epístolas de Santiago y Pedro,* p. 116).

ESTUDIO A FONDO 1

(4:1-3) *Lujuria — Deseo:* La palabra se usa tres veces en los versículos 1-3. En los versículos 1 y 3 se usa la palabra *hedonon.* Quiere decir por sus placeres sensuales y pecaminosos. En el versículo 2 la palabra usada es epithumeite que significa una pasión vehemente por (A. T. Robertson, *Metáforas del Nuevo Testamento,* vol. 6, p. 49). (Vea el *Estudio a fondo 1, Lujuria* — Jn. 8:44 para un mayor análisis.)

Note que deseo, lujuria, una pasión vehemente no siempre es maligna. En el versículo 5 el Espíritu "anhela celosamente". En Lucas 22:15 Cristo anhela comer la pascua con los apóstoles. ¿Qué es lo que distingue un deseo benigno de un deseo maligno? Al menos dos cosas importantes.

1. Motivo: Si uno desea las necesidades básicas de la vida, su deseo es bueno. Las necesidades básicas, alimento, ropa, abrigo, amor, cariño, son esenciales para la plenitud de la vida. Cuando un hombre busca a Dios para conseguir estas cosas, Dios provee para las necesidades básicas.

2. Avaricia: Desear comida es bueno, pero si uno desea comida para "consumirla por [sus] deseos", es decir, desea comida y cada vez más comida, es una pasión incorrecta. Se vuelve un placer pecaminoso y sensual. Desear amor es bueno, pero si uno desea amor para *consumirlo en sus propios malos deseos,* es una pasión incorrecta (1 Ts. 4:5).

2 (4:2) *Desconfianza — Lujuria — Deseo:* ¿Cuál es la causa de la tentación y lo mal hecho? Segunda, es la desconfianza. El planteamiento de este versículo, "no tenéis lo que deseáis, porque no pedís", quiere decir que el hombre no confía en Dios ni apela a Dios. Sencillamente no conoce a Dios de un modo personal, no lo conoce al extremo de saber que puede pedirle y apelar a Dios para que supla sus necesidades. El hombre no tiene este tipo de confianza valiosa en Dios. El hombre prácticamente desconfía de Dios.

1.   Primero, note lo siguiente: El equivalente de lujuria

o deseo es una palabra diferente del equivalente de lujuria en los versículos del 1 al 3 (vea el *Estudio a fondo 1* — Stg. 4:1-3). La palabra de este versículo quiere decir una pasión o deseo vehemente. En ocasiones el deseo es bueno; en ocasiones es malo. Por ejemplo, desear comida es bueno, pero desear cada vez más comida es malo. Ésta es la idea de este versículo.

Nota: Nuestros deseos no están cumplidos porque no confiamos en Dios para que cumpla nuestros deseos. Nuestros deseos básicos no tienen nada de malo; deben cumplirse. Pero deben cumplirse por medio de nuestra confianza en Dios, reconociéndolo como la Fuente y Proveedor de toda dádiva buena y perfecta. Cuando ignoramos, descuidamos, y negamos a Dios es cuando nuestros deseos se desenfrenan. Cuando desplazamos a Dios es cuando comenzamos a desear y desear al extremo que mentimos, robamos, engañamos, luchamos, matamos y batallamos para gratificar nuestros deseos y placeres.

2.	Segundo, note lo siguiente: Hay diferentes niveles de deseos y codicias. En este versículo se dan tres niveles.

⇒	Codiciáis, y no tenéis.
⇒	Deseáis tener y matáis, y no podéis alcanzar.
⇒	Deseáis tener y combatís y lucháis, pero aún así no tenéis.

a.	Algunos desean y desean, y no tienen. Hacen poco para satisfacer sus deseos más profundos. Piensan poco, planifican poco, obran poco y hacen poco más allá de permitirse los deseos básicos de comodidad. Tienen deseos más grandes y profundos, pero sencillamente no están dispuestos a hacer lo que se necesita para satisfacer estos deseos. Y lo más trágico de todo, no apelan sinceramente a Dios para que los ayude a satisfacer ninguno de estos deseos, ni siquiera los deseos de las necesidades básicas de la vida. Desean y desean, pero no tienen por su falta de iniciativa y por su desconfianza en Dios.

b.	Algunos desean y desean tanto que mienten, roban, engañan y matan para gratificar y poseer lo que desean. El deseo puede ser obtener cosas como una persona, posición, reconocimiento, territorio, poder o cualquier otra cosa en esta tierra. Pero no importa lo que sea y no importa cuánto se obtenga y se posea, no satisface la lujuria y el deseo. La lujuria y el deseo se mantienen y la persona lo anhela cada vez más. Sencillamente la persona no puede obtener lo que quiere aunque mienta, robe, engañe y mate para conseguirlo.

c.	Otros desean y desean tanto que están dispuestos a luchar y combatir para gratificar sus deseos. Quieren tanto algo, algún poder, algún territorio, alguna posición, alguna venganza, que están dispuestos a lanzar a toda una compañía o país en una lucha o guerra con el fin de satisfacer su deseo y gratificar su placer. Imagínense querer algo tanto que uno matará y des-

truirá la vida de otra persona y en el caso de una guerra, la vida de millones de personas con el fin de conseguirlo.

"Pues habiendo conocido a Dios, no le glorificaron como a Dios, ni le dieron gracias, sino que se envanecieron en sus razonamientos, y su necio corazón fue entenebrecido. Profesando ser sabios, se hicieron necios, y cambiaron la gloria del Dios incorruptible en semejanza de imagen de hombre corruptible, de aves, de cuadrúpedos y de reptiles. Por lo cual también Dios los entregó a la inmundicia, en las concupiscencias de sus corazones, de modo que deshonraron entre sí sus propios cuerpos, ya que cambiaron la verdad de Dios por la mentira, honrando y dando culto a las criaturas antes que al Creador, el cual es bendito por los siglos. Amén. Por esto Dios los entregó a pasiones vergonzosas; pues aun sus mujeres cambiaron el uso natural por el que es contra naturaleza, y de igual modo también los hombres, dejando el uso natural de la mujer, se encendieron en su lascivia unos con otros, cometiendo hechos vergonzosos hombres con hombres, y recibiendo en sí mismos la retribución debida a su extravío.

Y como ellos no aprobaron tener en cuenta a Dios, Dios los entregó a una mente reprobada, para hacer cosas que no convienen; estando atestados de toda injusticia, fornicación, perversidad, avaricia, maldad; llenos de envidia, homicidios, contiendas, engaños y malignidades; murmuradores, detractores, aborrecedores de Dios, injuriosos, soberbios, altivos, inventores de males, desobedientes a los padres, necios, desleales, sin afecto natural, implacables, sin misericordia; quienes habiendo entendido el juicio de Dios, que los que practican tales cosas son dignos de muerte, no sólo las hacen, sino que también se complacen con los que las practican" (Ro. 1:21-32).

"entre los cuales también todos nosotros vivimos en otro tiempo en los deseos de nuestra carne, haciendo la voluntad de la carne y de los pensamientos, y éramos por naturaleza hijos de ira, lo mismo que los demás" (Ef. 2:3).

"Codiciáis, y no tenéis; matáis y ardéis de envidia, y no podéis alcanzar; combatís y lucháis, pero no tenéis lo que deseáis, porque no pedís" (Stg. 4:2).

"No améis al mundo, ni las cosas que están en el mundo. Si alguno ama al mundo, el amor del Padre no está en él" (1 Jn. 2:15).

"El alma del que trabaja, trabaja para sí, porque su boca le estimula" (Pr. 16:26).

"El alma del impío desea el mal; su prójimo no halla favor en sus ojos" (Pr. 21:10).

3.	Tercero, note lo siguiente: El deseo nunca se satisface sin contar con Dios. Una persona debe confiar en Dios y apelar a Dios para satisfacer sus deseos: "no tenéis lo que deseáis, porque no pedís". Hay tres razones por las cuales confiar y apelar a Dios es necesario para satisfacer los deseos.

a.	El anhelo más grande e incontrolable del hombre es espiritual. Dios ha hecho al hombre como un ser espiritual, un ser que es inquieto hasta que su espíritu se encuentra en paz con Dios. Puede que el hombre niegue, ignore, descuide y rechace esto. No obstante, la negación de la verdad no hace desaparecer la verdad. Dios ha hecho al hombre un ser espiritual, un ser con un alma que anhela la satisfacción espiritual:

⇒ El hombre anhela a Dios, la fraternidad y comunión, el cuidado y seguridad de su presencia.

⇒ El hombre anhela la vida, la vida que es abundante y eterna.

⇒ El hombre anhela un mundo perfecto.

El hombre desea estas cosas; en lo profundo de su alma desea la satisfacción espiritual, y su espíritu está inquieto, siempre anhelando cada vez más, hasta que el espíritu está satisfecho con el conocimiento de estas cosas.

b. Los anhelos y deseos espirituales del hombre no pueden satisfacerse con las cosas físicas y materiales. La experiencia del hombre es la siguiente: Existe algo dentro del hombre que desea y anhela cada vez más. Y como se obtiene cada vez más, el deseo no disminuye; crece. Aún anhela cada vez más. Los anhelos del hombre nunca se satisfacen. Tienen que ser controlados. Si el hombre alimenta sus anhelos y continúa alimentándolos cada vez más, finalmente termina consumido por sus deseos. El problema es el siguiente: "El hombre interpreta equívocamente aquello que anhela". Es un anhelo interno, un anhelo espiritual que lo atormenta. Por eso, nada físico puede satisfacer ese anhelo espiritual. Algo físico es de la tierra, físico; no es del cielo, espiritual. Solo se puede satisfacer el anhelo espiritual con algo espiritual, solo con el Espíritu de Dios. Las cosas físicas solo dejan al hombre insatisfecho, insaciable, incompleto, aún hambriento y sediento de placer. (Vea la nota — Jn. 4:13-14 para un mayor análisis.) ¿Por qué? Porque no provinieron de Dios. A través de la historia los hombres han deseado desde objetos hasta personas y han utilizado todos los métodos desde la discusión hasta la guerra para conseguir el *objeto o la persona,* aún así nunca han estado satisfechos internamente. ¿Por qué? Porque lo que deseaban nunca lo buscaron por medio de Dios ni provino de Dios.

c. El hombre no es capaz de controlar sus deseos, no completamente y no siempre. El hombre debe contar con la presencia y poder de Dios para controlar todos sus deseos y lujurias. No importa lo que un hombre pueda pensar o argumentar, la historia constituye una evidencia clara de los deseos incontrolables de los hombres. De hecho, cualquier persona sensata y honrada puede dar testimonio de su falta de control y disciplina sobre sus deseos y lujurias. Nosotros corrompemos nuestra mente, nuestros pensamientos, nuestro cuerpo y herimos, afectamos y destruimos a otros por nuestros deseos y lujurias descontrolados. Son nuestros deseos y lujurias descontrolados los que nos llevan a todos a la tumba. La única escapatoria, la única victoria sobre la corrupción de los deseos y las lujurias, es Dios. Debemos confiar en Dios y apelar a Dios. Debemos consultar a Dios acerca de nuestros deseos y anhelos…

• hablar con Él
• pedirle su opinión
• preguntar cuál es su voluntad
• preguntarle si el deseo es bueno o malo
• preguntarle si la necesidad es una necesidad verdadera o sencillamente la lujuria por placer o gratificación

Debemos aprender a tener fraternidad y comunión con Dios, andar en Él, vivir y movernos en Él, buscarlo y pedirle su opinión, su voluntad y su ayuda paso a paso, día tras día. Esto es lo que Dios quiere de todos nosotros, de los líderes y ciudadanos, ministros y laicos. Dios quiere tener fraternidad y comunión con nosotros. Él quiere nuestro reconocimiento, nuestra adoración y honra y alabanza a Él como Señor y Padre del universo.

La fraternidad y la comunión con Dios, confiar y apelar a Él, es la única forma de que podamos satisfacer el deseo más grande de nuestro corazón. Y cuando se satisfaga el anhelo espiritual, se cumplirán y controlarán todos los otros deseos de nuestra vida por medio de la presencia y el poder de Dios en nuestro corazón. La falta de oración, no conocer a Dios y no orar a Dios, es la segunda causa de la tentación y lo mal hecho.

"Así también vosotros consideraos muertos al pecado, pero vivos para Dios en Cristo Jesús, Señor nuestro. No reine, pues, el pecado en vuestro cuerpo mortal, de modo que lo obedezcáis en sus concupiscencias; ni tampoco presentéis vuestros miembros al pecado como instrumentos de iniquidad, sino presentaos vosotros mismos a Dios como vivos de entre los muertos, y vuestros miembros a Dios como instrumentos de justicia" (Ro. 6:11-13).

"porque si vivís conforme a la carne, moriréis; mas si por el Espíritu hacéis morir las obras de la carne, viviréis" (Ro. 8:13).

"Pero los que son de Cristo han crucificado la carne con sus pasiones y deseos" (Gá. 5:24).

"para no vivir el tiempo que resta en la carne, conforme a las concupiscencias de los hombres, sino conforme a la voluntad de Dios" (1 P. 4:2).

"No améis al mundo, ni las cosas que están en el mundo. Si alguno ama al mundo, el amor del Padre no está en él. Porque todo lo que hay en el mundo, los deseos de la carne, los deseos de los ojos, y la vanagloria de la vida, no proviene del Padre, sino del mundo. Y el

mundo pasa, y sus deseos; pero el que hace la voluntad de Dios permanece para siempre" (1 Jn. 2:15-17).

"¡Cuán grande es tu bondad, que has guardado para los que te temen, que has mostrado a los que esperan en ti, delante de los hijos de los hombres!" (Sal. 31:19).

"Confía en Jehová, y haz el bien; y habitarás en la tierra, y te apacentarás de la verdad" (Sal. 37:3).

"Encomienda a Jehová tu camino, y confía en él; y él hará" (Sal. 37:5).

"Esperad en él en todo tiempo, oh pueblos; derramad delante de él vuestro corazón; Dios es nuestro refugio" (Sal. 62:8).

"Fíate de Jehová de todo tu corazón, y no te apoyes en tu propia prudencia. Reconócelo en todos tus caminos, y él enderezará tus veredas" (Pr. 3:5-6).

"Tú guardarás en completa paz a aquel cuyo pensamiento en ti persevera; porque en ti ha confiado. Confiad en Jehová perpetuamente, porque en Jehová el Señor está la fortaleza de los siglos" (Is. 26:3-4).

3 (4:3) *Desconfianza — Oración:* ¿Cuál es la causa de la tentación y lo mal hecho? Tercera, es orar incorrectamente. *Incorrectamente* significa sencillamente orar equívocamente, no orar del modo correcto. Aunque una persona confíe en Dios, conozca y fraternice con Él de un modo personal y quiera que Dios lo ayude a satisfacer sus necesidades, puede pedirle ayuda a Dios del modo incorrecto. Puede orar incorrectamente, y cuando ora incorrectamente, Dios no puede ayudarlo. ¿Qué quiere decir orar incorrectamente? ¿Qué es una oración incorrecta? Las Escrituras nos lo dicen, y esta es la razón por la que con tanta frecuencia nuestras oraciones no son contestadas: Pedimos cosas de modo que podamos gratificar nuestros deseos y placeres. Pedimos con las razones equívocas, con los motivos incorrectos. Pedimos…

- salud para estar más cómodos.
- sanidad para vivir más y mantener nuestra vida cómoda.
- dinero para tener más.
- éxito para ser reconocidos.
- posición para tener autoridad.
- bendición para la familia para continuar gozando de su presencia.

Pedimos esto y mucho más, todo porque queremos gratificar nuestros propios deseos cada vez más. Buscamos las bendiciones de Dios para tener más comodidad, disfrute, mejores alimentos, ropas y ser más aceptados y reconocidos.

¿Cuál es el motivo correcto para la oración? ¿Cómo podemos orar y saber que Dios nos concederá los deseos de nuestro corazón? *Pidiendo la gloria de Dios.* Cuando una persona quiere algo de Dios, debe quererlo de modo que pueda glorificar a Dios. Siempre debemos recordar que lo que Dios busca es comunión y fraternidad con nosotros, que nos acerquemos cada vez más a Él, aprendiendo cada vez más de Él y adorándolo y sirviéndole cada vez más. Así es como Dios se glorifica, andando cerca de Él y honrando y alabando su nombre. Por consiguiente, si queremos algo de Dios, debemos quererlo para poder glorificarlo, para poder acercarnos más a Él y darlo a conocer más a otros.

1. Si una persona quiere salud, vida, fuerza, o un testimonio fuerte, debe ser para poder glorificar a Dios.

"Así alumbre vuestra luz delante de los hombres, para que vean vuestras buenas obras, y glorifiquen a vuestro Padre que está en los cielos" (Mt. 5:16).

"Porque habéis sido comprados por precio; glorificad, pues, a Dios en vuestro cuerpo y en vuestro espíritu, los cuales son de Dios" (1 Co. 6:20).

2. Si una persona quiere fructificar en su vida y en su trabajo, en su iglesia y en su tierra, debe ser para poder glorificar a Dios.

"En esto es glorificado mi Padre, en que llevéis mucho fruto, y seáis así mis discípulos" (Jn. 15:8).

"para que unánimes, a una voz, glorifiquéis al Dios y Padre de nuestro Señor Jesucristo" (Ro. 15:6).

3. Si una persona quiere satisfacer las necesidades básicas de la vida, alimento, ropa, abrigo, propósito, significado, importancia, garantía, confidencia y seguridad, o si quiere más posición, autoridad, dinero, debe ser para poder glorificar a Dios y al Señor Jesucristo en su vida y su testimonio.

"No os afanéis, pues, diciendo: ¿Qué comeremos, o qué beberemos, o qué vestiremos? Porque los gentiles buscan todas estas cosas; pero vuestro Padre celestial sabe que tenéis necesidad de todas estas cosas. Mas buscad primeramente el reino de Dios y su justicia, y todas estas cosas os serán añadidas" (Mt. 6:31-33).

"Por lo cual asimismo oramos siempre por vosotros, para que nuestro Dios os tenga por dignos de su llamamiento, y cumpla todo propósito de bondad y toda obra de fe con su poder, para que el nombre de nuestro Señor Jesucristo sea glorificado en vosotros, y vosotros en él, por la gracia de nuestro Dios y del Señor Jesucristo" (2 Ts. 1:11-12).

"El que hurtaba, no hurte más, sino trabaje, haciendo con sus manos lo que es bueno, para que tenga qué compartir con el que padece necesidad" (Ef. 4:28).

"A los ricos de este siglo manda que no sean altivos, ni pongan la esperanza en las riquezas, las cuales son inciertas, sino en el Dios vivo, que nos da todas las cosas en abundancia para que las disfrutemos. Que hagan bien, que sean ricos en buenas obras, dadivosos, generosos; atesorando para sí buen fundamento para lo por venir, que echen mano de la vida eterna" (1 Ti. 6:17-19).

"Y esta es la confianza que tenemos en él, que si pedimos alguna cosa conforme a su voluntad, él nos oye. Y si sabemos que él nos oye en cualquiera cosa que pidamos, sabemos que tenemos las peticiones que le hayamos hecho" (1 Jn. 5:14-15).

4 (4:4) *Mundanalidad:* ¿Cuál es la causa de la tentación y lo mal hecho? Cuarta, es la mundanalidad. Santiago usa un lenguaje fuerte. Llama a las personas adúlteras. Quiere decir dos cosas.

1. Ser adúltero quiere decir que una persona es culpable de adulterio espiritual. Jesucristo tiene en la más alta estima su relación con nosotros. Nuestra relación con Él debe ser cercana y solo se puede describir con la cercanía e intimidad

del matrimonio. De hecho, nuestra relación con Cristo puede ser incluso más cercana y más significativa que el matrimonio. Debemos conocer, creer y comprender a Cristo tal como debemos conocer, creer y comprender a nuestro cónyuge. Pero con Cristo el lazo y la relación es mayor que los que podemos tener con cada uno de nosotros como hombres y mujeres de la tierra. Jesucristo realmente vive dentro de nuestro cuerpo en la persona del Espíritu Santo. Debemos vivir, movernos y tener nuestro ser en Cristo y a Él en nosotros. Esta es la razón por la que a los creyentes se les llama *la novia de Cristo* (2 Co. 11:1-2; Ef. 5:24-28; Ap. 19:7; 21:9). La relación matrimonial solo se acerca lo mayor posible a la descripción del lazo que Cristo tiene con nosotros.

Sucede lo siguiente: Nuestro lazo con Cristo es tan cercano que cuando nos alejamos de Él y nos acercamos al mundo, es como cometer adulterio espiritual. El adulterio espiritual significa que nos alejamos de Dios y nos acercamos al mundo, que rompemos nuestro compromiso con Dios y nos acercamos a otras cosas; que seguimos las cosas del mundo en lugar de seguir las cosas de Dios, cosas como…

* dinero
* tierras
* posición
* autos
* popularidad
* reconocimiento
* muchachas
* posesiones
* viviendas
* poder
* ropas
* honor
* fama
* muchachos

La ilustración del adulterio espiritual nos muestra sencillamente cuán significativa es para Dios nuestra relación con Cristo: Es una relación de amor, un lazo de amor que puede ser el lazo más cercano del mundo. Si nos alejamos de Cristo y nos acercamos al mundo, laceramos su corazón provocándole un dolor inmenso, un dolor indescriptible, porque Él es Dios y Él siente con sentimientos perfectos. Nunca debemos olvidar que nuestro Señor dio su vida y murió por nosotros. Él ha hecho todo cuanto ha podido para salvarnos y para crear una relación con nosotros. Y le costó un dolor increíble, el dolor de la cruz, el dolor de cargar todos los pecados de todo el mundo. El dolor de cargar la ira de Dios contra esos pecados, el dolor de saber que Dios Padre lo rechazó y lo abandonó cuando cargó nuestros pecados, un dolor tal que no tiene comparación y fue por todos nosotros. Por lo tanto, no debemos herirlo más. No debemos crucificar más a Cristo. No debemos abandonarlo a Él por el mundo. No debemos cometer adulterio espiritual contra Él volviéndonos al mundo.

"¿cómo escaparemos nosotros, si descuidamos una salvación tan grande? La cual, habiendo sido anunciada primeramente por el Señor, nos fue confirmada por los que oyeron" (He. 2:3).

⇒ Adulterio espiritual es no obedecer el mandamiento del Señor.

"pero tampoco oyeron a sus jueces, sino que fueron tras dioses ajenos, a los cuales adoraron; se apartaron pronto del camino en que anduvieron sus padres obedeciendo a los mandamientos de Jehová; ellos no hicieron así" (Jue. 2:17).

⇒ Adulterio espiritual es idolatría, la adoración de otros dioses.

"Pero se rebelaron contra el Dios de sus padres, y se prostituyeron siguiendo a los dioses de los pueblos de la tierra, a los cuales Jehová había quitado de delante de ellos" (1 Cr. 5:25).

"Y los que de vosotros escaparen se acordarán de mí entre las naciones en las cuales serán cautivos; porque yo me quebranté a causa de su corazón fornicario que se apartó de mí, y a causa de sus ojos que fornicaron tras sus ídolos; y se avergonzarán de sí mismos, a causa de los males que hicieron en todas sus abominaciones" (Ez. 6:9).

"Mi pueblo a su ídolo de madera pregunta, y el leño le responde; porque espíritu de fornicaciones lo hizo errar, y dejaron a su Dios para fornicar" (Os. 4:12).

⇒ Adulterio espiritual es las obras inmundas y la conducta pecaminosa.

"Se contaminaron así con sus obras, y se prostituyeron con sus hechos" (Sal. 106:39).

⇒ Adulterio espiritual es entregarse a cosas detestables y abominables.

"Di, pues, a la casa de Israel: Así ha dicho Jehová el Señor: ¿No os contamináis vosotros a la manera de vuestros padres, y fornicáis tras sus abominaciones?" (Ez. 20:30).

⇒ Adulterio espiritual es olvidar a Dios y darle la espalda a Dios.

"Por tanto, así ha dicho Jehová el Señor: Por cuanto te has olvidado de mí, y me has echado tras tus espaldas, por eso, lleva tú también tu lujuria y tus fornicaciones" (Ez. 23:35).

⇒ Adulterio espiritual es rehusarse a acercarse a Dios y a no conocer al Señor.

"No piensan en convertirse a su Dios, porque espíritu de fornicación está en medio de ellos, y no conocen a Jehová" (Os. 5:4).

⇒ Adulterio espiritual es abandonar a Dios.

"El principio de la palabra de Jehová por medio de Oseas. Dijo Jehová a Oseas: Ve, tómate una mujer fornicaria, e hijos de fornicación; porque la tierra fornica apartándose de Jehová" (Os. 1:2).

"El principio de la palabra de Jehová por medio de Oseas. Dijo Jehová a Oseas: Ve, tómate una mujer fornicaria, e hijos de fornicación; porque la tierra fornica apartándose de Jehová" (Os. 4:12).

"No te alegres, oh Israel, hasta saltar de gozo como los pueblos, pues has fornicado apartándote de tu Dios; amaste salario de ramera en todas las eras de trigo" (Os. 9:1).

⇒ Adulterio espiritual es descreer en Cristo.

"La generación mala y adúltera demanda señal; pero señal no le será dada, sino la señal del profeta Jonás. Y dejándolos, se fue" (Mt. 16:4).

⇒ Adulterio espiritual es estar avergonzado de Cristo y su Palabra.

"Porque el que se avergonzare de mí y de mis palabras en esta generación adúltera y pecadora, el Hijo del Hombre se avergonzará también de él, cuando venga en la gloria de su Padre con los santos ángeles" (Mr. 8:38).

2. Ser adúltero quiere decir que una persona en realidad comete adulterio. Las personas de esa época vivían en una generación similar a todas las otras generaciones, una generación donde la inmoralidad y todas las formas de vicios sexuales pululaban. Como dijo Jesús: "Esta es una generación adúltera", una generación que está tan llena de inmoralidad sexual que se puede caracterizar como adúltera. Algunos creyentes habían quedado atrapados en la inmoralidad del mundo, llevando una vida impura. Se les llama adúlteros porque eso es lo que eran. Tenían una relación a puertas cerradas y en anonimato.

3. Note una tercera cosa, la pregunta hecha por las Escrituras: "¿No sabéis que la amistad del mundo es enemistad contra Dios?" ¿Qué quiere decir esto? Exactamente lo que dicen las Escrituras: La persona que es amiga del mundo es enemiga de Dios. ¿Qué quiere decir ser amigo del mundo?

⇒ Quiere decir vivir para este mundo y las cosas de este mundo: Viviendas, tierra, dinero, posición, poder, popularidad, ropas, reconocimiento y cualquier otra cosa de este mundo en el que las personas centren su atención y pongan delante de Dios.

⇒ Quiere decir buscar las cosas de este mundo de tal modo que engañes, mientas, traiciones y robes para conseguirlas.

⇒ Quiere decir buscar los placeres carnales y la diversión de este mundo.

Todo en este mundo desaparece. Este mundo es físico y material; por lo tanto, tiene dentro de sí la simiente de la corrupción. Por eso se opone a Dios. No es eterno, ni santo, ni justo como Dios. Por consiguiente, cualquier persona que sea amiga de este mundo se opone a Dios. Se opone a todo cuanto es Dios.

⇒ Una persona impura es enemiga de la pureza de Dios.

⇒ Una persona profana es enemiga de la santidad de Dios.

⇒ Una persona mentirosa y engañadora es enemiga de la sinceridad de Dios.

⇒ Una persona acaparadora, acumuladora, y codiciosa es enemiga del corazón de Dios que da expiatoriamente.

⇒ Una persona de mentalidad mundana es enemiga de la voluntad de Dios para el hombre.

La lista podría ser interminable, pero se ha esclarecido el planteamiento: La persona que es amiga de este mundo, que se centra en este mundo, es enemiga de Dios.

"Ninguno puede servir a dos señores; porque o aborrecerá al uno y amará al otro, o estimará al uno y menospreciará al otro. No podéis servir a Dios y a las riquezas" (Mt. 6:24).

"Porque ¿qué aprovechará al hombre, si ganare todo el mundo, y perdiere su alma? ¿O qué recompensa dará el hombre por su alma?" (Mt. 16:26).

"Mirad también por vosotros mismos, que vuestros corazones no se carguen de glotonería y embriaguez y de los afanes de esta vida, y venga de repente sobre vosotros aquel día" (Lc. 21:34).

"Por lo cual, salid de en medio de ellos, y apartaos, dice el Señor, y no toquéis lo inmundo; y yo os recibiré, y seré para vosotros por Padre, y vosotros me seréis hijos e hijas, dice el Señor Todopoderoso" (2 Co. 6:17-18).

"Poned la mira en las cosas de arriba, no en las de la tierra" (Col. 3:2).

"enseñándonos que, renunciando a la impiedad y a los deseos mundanos, vivamos en este siglo sobria, justa y piadosamente" (Tit. 2:12).

"¡Oh almas adúlteras! ¿No sabéis que la amistad del mundo es enemistad contra Dios? Cualquiera, pues, que quiera ser amigo del mundo, se constituye enemigo de Dios" (Stg. 4:4).

"Este pueblo de labios me honra; mas su corazón está lejos de mí" (Mt. 15:8).

"Por cuanto los designios de la carne son enemistad contra Dios; porque no se sujetan a la ley de Dios, ni tampoco pueden; y los que viven según la carne no pueden agradar a Dios" (Ro. 8:7-8).

"En aquel tiempo estabais sin Cristo, alejados de la ciudadanía de Israel y ajenos a los pactos de la promesa, sin esperanza y sin Dios en el mundo" (Ef. 2:12).

"No améis al mundo, ni las cosas que están en el mundo. Si alguno ama al mundo, el amor del Padre no está en él. 16 Porque todo lo que hay en el mundo, los deseos de la carne, los deseos de los ojos, y la vanagloria de la vida, no proviene del Padre, sino del mundo" (1 Jn. 2:15-16).

5 (4:5-6) *Conclusión — Espíritu Santo:* ¿Cuál es la causa de la tentación y lo mal hecho? Este pasaje nos ha dicho que hay cuatro causas:

⇒ Lujuria: La pasión por el placer y la gratificación.

⇒ Desconfianza: Desear algo y nunca confiar en Dios o pedírselo a Él.

⇒ Orar incorrectamente: Orar con el motivo incorrecto.

⇒ Mundanalidad: Amistad con el mundo.

Estas son las causas de la tentación y las obras malas. Ahora bien, ¿cuál es la *cura* para la tentación y lo mal hecho? Hay dos curas.

1. Los creyentes deben saber lo siguiente: El Espíritu de Dios nos anhela celosamente. Note que este punto es una pregunta: "¿Piensa usted?" El punto es algo en lo que *debemos pensar y saber.* El Espíritu Santo que mora en los creyentes…

• nos desea, nos codicia, y nos anhela.

• nos anhela con envidia y celo.

¿Cuándo el Espíritu Santo nos anhela celosamente? Todo el tiempo, pero de un modo especial cuando la tentación nos confronta y hacemos lo mal hecho. El Espíritu Santo siempre nos anhela y siempre nos cela. Pero si nos alejamos de Cristo y nos volvemos amigos del mundo, si nos volvemos adúlteros, el Espíritu de Dios no nos abandona y se aleja de nosotros. Él nos ama y nos cuida y quiere salvarnos. Él nos anhela con un celo intenso y profundo, anhela que volvamos a Cristo y le demos toda nuestra devoción.

Sucede lo siguiente: El creyente debe saber que el Espíritu de Dios es exactamente así. Cuando el creyente es tentado fuertemente y hace mal, no es abandonado ni rechazado ni olvidado por Dios. Dios aún ama al creyente, no importa lo que haga. Dios anhela que el creyente vuelva a Él, anhela con un celo intenso y profundo. Cuando el creyente sabe esto, entonces conoce la primera gran cura para la tentación y lo mal hecho. Y puede con mayor facilidad arrepentirse y volver a Dios. ¿Por qué? Porque Dios lo ama tanto, tanto que Dios lo anhela con un amor celoso y envidioso. Y el amor atrae al creyente de vuelta hacia Dios. Las Escrituras declaran sin duda alguna que Dios es un Dios celoso.

> "No te inclinarás a ellas, ni las honrarás; porque yo soy Jehová tu Dios, fuerte, celoso, que visito la maldad de los padres sobre los hijos hasta la tercera y cuarta generación de los que me aborrecen" (Éx. 20:5).

> "Porque no te has de inclinar a ningún otro dios, pues Jehová, cuyo nombre es Celoso, Dios celoso es" (Éx. 34:14).

> "Le despertaron a celos con los dioses ajenos; lo provocaron a ira con abominaciones" (Dt. 32:16).

> "Ellos me movieron a celos con lo que no es Dios; me provocaron a ira con sus ídolos; yo también los moveré a celos con un pueblo que no es pueblo, los provocaré a ira con una nación insensata" (Dt. 32:21).

> "Así ha dicho Jehová de los ejércitos: Celé a Sion con gran celo, y con gran ira la celé" (Zac. 8:2).

Pensamiento 1. Dios ha colocado su Espíritu en el corazón de cada uno de los creyentes para guiarlos a través de todas las tentaciones y pruebas de la vida y para condenarlos y guiarlos al arrepentimiento cuando pequen. El Espíritu Santo anhela y codicia almas; Él no quiere que ningún creyente se aleje de Cristo.

> "Mas el Consolador, el Espíritu Santo, a quien el Padre enviará en mi nombre, él os enseñará todas las cosas, y os recordará todo lo que yo os he dicho" (Jn. 14:26).

> "Pero yo os digo la verdad: Os conviene que yo me vaya; porque si no me fuera, el Consolador no vendría a vosotros; mas si me fuere, os lo enviaré. Y cuando él venga, convencerá al mundo de pecado, de justicia y de juicio. De pecado, por cuanto no creen en mí; de justicia, por cuanto voy al Padre, y no me veréis más; y de juicio, por cuanto el príncipe de este mundo ha sido ya juzgado" (Jn. 16:7-11).

> "Mas vosotros no vivís según la carne, sino según el Espíritu, si es que el Espíritu de Dios mora en vosotros. Y si alguno no tiene el Espíritu de Cristo, no es de él. Pero si Cristo está en vosotros, el cuerpo en verdad está muerto a causa del pecado, mas el espíritu vive a causa de la justicia. Y si el Espíritu de aquel que levantó de los muertos a Jesús mora en vosotros, el que levantó de los muertos a Cristo Jesús vivificará también vuestros cuerpos mortales por su Espíritu que mora en vosotros" (Ro. 8:9-11).

> "porque si vivís conforme a la carne, moriréis; mas si por el Espíritu hacéis morir las obras de la carne, viviréis. Porque todos los que son guiados por el Espíritu de Dios, éstos son hijos de Dios" (Ro. 8:13-14).

> "¿No sabéis que sois templo de Dios, y que el Espíritu de Dios mora en vosotros?" (1 Co. 3:16).

> "¿O ignoráis que vuestro cuerpo es templo del Espíritu Santo, el cual está en vosotros, el cual tenéis de Dios, y que no sois vuestros? Porque habéis sido comprados por precio; glorificad, pues, a Dios en vuestro cuerpo y en vuestro espíritu, los cuales son de Dios" (1 Co. 6:19-20).

> "Digo, pues: Andad en el Espíritu, y no satisfagáis los deseos de la carne. Porque el deseo de la carne es contra el Espíritu, y el del Espíritu es contra la carne; y éstos se oponen entre sí, para que no hagáis lo que quisiereis" (Gá. 5:16-17).

> "Mas el fruto del Espíritu es amor, gozo, paz, paciencia, benignidad, bondad, fe, mansedumbre, templanza; contra tales cosas no hay ley. Pero los que son de Cristo han crucificado la carne con sus pasiones y deseos. Si vivimos por el Espíritu, andemos también por el Espíritu" (Gá. 5:22-25).

> "Y no contristéis al Espíritu Santo de Dios, con el cual fuisteis sellados para el día de la redención" (Ef. 4:30).

> "No apaguéis al Espíritu" (1 Ts. 5:19).

> "Pero la unción que vosotros recibisteis de él permanece en vosotros, y no tenéis necesidad de que nadie os enseñe; así como la unción misma os enseña todas las cosas, y es verdadera, y no es mentira, según ella os ha enseñado, permaneced en él" (1 Jn. 2:27).

2.   Los creyentes deben saber lo siguiente: Dios le da al creyente humilde cada vez más gracia, pero resiste al soberbio. Gracia quiere decir el favor y las bendiciones de Dios, cualquier favor y bendición que Dios dé. Cuando el creyente se enfrenta a la tentación o hace el mal, Dios suple la necesidad del creyente, no importa cuál sea: fuerza, sabiduría, poder, perseverancia, paciencia, perdón. El creyente no merece la gracia y bendición de Dios, pero Dios lo ama. Por ende, Dios le da cualquier cosa que necesite. De hecho, Dios le da más gracia, es decir, gracia sobre gracia, y cada vez más gracia.

Pero note un elemento importante: No todo creyente y no toda persona recibe la gracia de Dios. Que Dios supla nuestras necesidades no es una cuestión automática. No todo el mundo tiene sus necesidades cubiertas. De hecho, lo contrario es cierto. Si una persona es soberbia, si es obstinada, altiva y rebelde contra Dios, Dios resiste a esa persona. Dios quiere verter su gracia sobre la persona, pero si la persona se endurece y rebela contra Dios y continúa viviendo en su pecado, a Dios no le queda otra opción. Dios abandona la vida de la persona; por lo tanto, no recibe la gracia. Dios no puede hacer nada por la persona. Pero note algo más también. Dios tiene que resistir a la persona. Él tiene que considerar a la persona como...

*   un rebelde
*   un maldiciente
*   un antagonista
*   un traidor
*   un enemigo
*   un pecador

Dios tiene que oponerse al pecador y a su mal. Dios tiene que oponérsele y resistirlo y finalmente exponerlo a la vergüenza más terrible.

Pero este es el evangelio glorioso: Dios da cada vez más gracia a los humildes. La persona que se acerca a Dios y se aleja del mundo y sus malas obras recibirá toda la gracia de Dios que pueda necesitar y luego un poco más. Dios protegerá a esa persona y la cuidará como a un niño, amándola, alimentándola, nutriéndola, educándola, vistiéndola, abrigándola, protegiéndola y dándole cada vez más vida para toda la eternidad.

> **"Porque cualquiera que se enaltece, será humillado; y el que se humilla, será enaltecido" (Lc. 14:11).**

> **"Acerquémonos, pues, confiadamente al trono de la gracia, para alcanzar misericordia y hallar gracia para el oportuno socorro" (He. 4:16).**

> **"Pero él da mayor gracia. Por esto dice: Dios resiste a los soberbios, y da gracia a los humildes" (Stg. 4:6).**

> **"Igualmente, jóvenes, estad sujetos a los ancianos; y todos, sumisos unos a otros, revestíos de humildad; porque: Dios resiste a los soberbios, y da gracia a los humildes" (1 P. 5:5).**

> **"Porque Jehová es excelso, y atiende al humilde, mas al altivo mira de lejos" (Sal. 138:6).**

> **"Ciertamente él escarnecerá a los escarnecedores, y a los humildes dará gracia" (Pr. 3:34).**

> **"Mi mano hizo todas estas cosas, y así todas estas cosas fueron, dice Jehová; pero miraré a aquel que es pobre y humilde de espíritu, y que tiembla a mi palabra" (Is. 66:2).**

	B. El camino para vencer la tentación, 4:7-10	vosotros los de doble ánimo, purificad vuestros corazones.	manos limpias
1 Paso 1: Someterse a Dios, resistir al diablo[EF1]	7 Someteos, pues, a Dios; resistid al diablo, y huirá de vosotros.	9 Afligíos, y lamentad, y llorad. Vuestra risa se convierta en lloro, y vuestro gozo en tristeza.	b. Se debe tener un corazón puro
2 Paso 2: Acercarse a Dios y arrepentirse a. Se deben tener las	8 Acercaos a Dios, y él se acercará a vosotros. Pecadores, limpiad las manos; y	10 Humillaos delante del Señor, y él os exaltará.	**3 Paso 3: Ser disciplinados y afligirse y lamentarse profundamente** **4 Paso 4: Humillarse**

DIVISIÓN IV

TENTACIONES Y PRUEBAS: VENCIDAS CON ÉXITO, 4:1-10

B. El camino para vencer la tentación, 4:7-10

(4:7-10) Introducción: La tentación es la experiencia constante del hombre. Primero viene la tentación y luego viene el pecado. Todo pecado es precedido por la tentación. Por consiguiente, si podemos resolver cómo vencer la tentación, podemos eliminar el pecado de la faz de la tierra. Imagínense un mundo sin pecado, sin guerra, asesinato, asalto, divorcio, inmoralidad, odio, ira, arrogancia, altivez, descuido y así sucesivamente. Imagínense un mundo donde se erradique el pecado. La respuesta para vencer el pecado es vencer la tentación. Lidiar con la causa, no con el resultado. ¿Cómo podemos superar y vencer la tentación? En esto consiste el análisis de este pasaje. Debemos hacer cuatro cosas.

1. Paso 1: Someterse a Dios, resistir al diablo (v. 7).
2. Paso 2: Acercarse a Dios y arrepentirse (v. 8).
3. Paso 3: Ser disciplinados y afligirse y lamentarse profundamente (v. 9).
4. Paso 4: Humillarse (v. 10).

1 **(4:7) Tentación — Rendición — Satanás:** ¿Cómo podemos vencer la tentación? Paso uno, someterse a Dios y resistirse al diablo.

⇒ La palabra "someterse" (hupotagete) quiere decir ponerse bajo Dios, bajo su cuidado, poder y fuerza. Ceder ante Dios, ante su voluntad, orden, instrucciones, leyes, conducta y Palabra. Rendirse ante Dios para que Él lo fortalezca y pueda hacer exactamente lo que Él dice.

⇒ La palabra "resistir" (antistete) quiere decir oponerse al diablo; ejercer energía y esfuerzo para hacer oposición y derrotar al diablo y su tentación. Mantenernos centrados en contraatacar y vencer la tentación del diablo.

Ambas palabras son términos militares; por consiguiente, son urgentes e imperativos. Son de nuestro comandante militar, el propio Dios. Cuando la tentación aseste su golpe, sométanse a Dios. Hagan exactamente lo que dice su comandante militar. Él tiene el plan general, todo el armamento y todo el arsenal a su disposición. Su gracia y poder pueden derrotar al enemigo.

Sométanse a Dios y a su orden. Esto quiere decir que centremos nuestra mente en Dios y en su Palabra *de inmediato cuando la tentación aseste su golpe.* Aléjense de la tentación, échenla fuera de su mente y comiencen a pensar en Dios y revisen mentalmente su Palabra. Comience a resistir al diablo poniendo su mente en Dios y en su Palabra. Persevere en seguir la orden de Dios y en resistir al diablo. Cuando lo haga, sucederá lo más maravilloso de su vida. Satanás huirá y la tentación desaparecerá. Recuerden: Esto es exactamente lo que hizo Cristo (cp. Lc. 4:4, 8, 12).

Ahora bien, note lo importante: Debemos someternos a Dios y *resistir al diablo.* Se requieren ambas acciones. Cuando el diablo o la tentación nos confronte, no podremos derrotarlo a él ni a sus huestes del mal…

• haciendo frente y peleando solos
• haciendo nuestra voluntad
• cediendo un poco
• rehusándonos a obedecer la Palabra de nuestro Comandante.

Ni siquiera podemos escuchar la oferta tentadora del enemigo, ni siquiera un momento. Imaginarnos la tentación nos aleja mucho del camino y nos propicia que desertemos y pequemos contra Dios. La única forma de vencer la tentación es someternos de inmediato a Dios e inmediatamente resistir al diablo y su tentación. Puede que tengamos que luchar. Puede que las imágenes de la tentación nos ataquen cada vez más, pero si las combatimos repitiendo una y otra vez en nuestra mente la Palabra de Dios, la tentación huirá.

Pensamiento 1. Las instrucciones de Dios sobre como vencer la tentación funcionan. Aunque uno haya estado esclavizado por algún pecado durante años, someterse a Dios y resistirse al diablo hará que el diablo y la tentación huyan. Pero note lo siguiente: Si una persona ha estado esclavizada por el pecado, drogas, alcohol, sexo ilícito, tabaquismo, pornografía, sobrealimentación o cualquier otra cosa, la tentación continuará atacándolo durante días y quizá semanas y meses. Pero el creyente debe recordar algo: Ahora se encuentra en el ejército de Dios. Ahora es un soldado a las órdenes de Dios. Por consiguiente, cada vez que el enemigo ataque, el creyente se debe someter a Dios y a su Palabra y debe resistir a Satanás. Debe perseverar y seguir perseverando. Someterse a Dios, resistir al diablo, seguir sometiéndose a Dios y resistiendo al diablo y descubrirá algo maravilloso. A medida que pase el tiempo, días, semanas o meses, el diablo y la tentación se alejarán cada vez más y los ataques serán cada vez más esporádicos. El creyente vencerá cada vez más al diablo y su mal. El creyente nunca estará exento de tentación, pero experimentará cada vez más victorias, triunfando cada vez más sobre el mal.

"Airaos, pero no pequéis; no se ponga el sol sobre vuestro enojo, ni deis lugar al diablo" (Ef. 4:26-27).

"Someteos, pues, a Dios; resistid al diablo, y huirá de vosotros" (Stg. 4:7).

"Sed sobrios, y velad; porque vuestro adversario el diablo, como león rugiente, anda alrededor buscando a quien devorar" (1 P. 5:8).

"Venga tu reino. Hágase tu voluntad, como en el cielo, así también en la tierra" (Mt. 6:10).

"Yendo un poco adelante, se postró sobre su rostro, orando y diciendo: Padre mío, si es posible, pase de mí esta copa; pero no sea como yo quiero, sino como tú" (Mt. 26:39).

"Entonces María dijo: He aquí la sierva del Señor; hágase conmigo conforme a tu palabra. Y el ángel se fue de su presencia" (Lc. 1:38).

"ni tampoco presentéis vuestros miembros al pecado como instrumentos de iniquidad, sino presentaos vosotros mismos a Dios como vivos de entre los muertos, y vuestros miembros a Dios como instrumentos de justicia" (Ro. 6:13).

"Enséñame a hacer tu voluntad, porque tú eres mi Dios; tu buen espíritu me guíe a tierra de rectitud" (Sal. 143:10).

"Por tanto, tomad toda la armadura de Dios, para que podáis resistir en el día malo, y habiendo acabado todo, estar firmes" (Ef. 6:13).

"Así que vosotros, oh amados, sabiéndolo de antemano, guardaos, no sea que arrastrados por el error de los inicuos, caigáis de vuestra firmeza" (2 P. 3:17).

"Hijo mío, si los pecadores te quisieren engañar, no consientas" (Pr. 1:10).

"No entres por la vereda de los impíos, ni vayas por el camino de los malos" (Pr. 4:14).

ESTUDIO A FONDO 1

(4:7) *Satanás — Tentación — Creyente, victoria:* El creyente debe resistirse al diablo. Debe vencer *al maligno.* ¿Pero cómo?

⇒ Pidiéndole y orándole a Dios, "líbranos del maligno".

"Y no nos metas en tentación, mas líbranos del mal; porque tuyo es el reino, y el poder, y la gloria, por todos los siglos. Amén" (Mt. 6:13).

⇒ Citando las Escrituras, ayunando y orando.

"Y vino a él el tentador, y le dijo: Si eres Hijo de Dios, di que estas piedras se conviertan en pan. El respondió y dijo: Escrito está: No sólo de pan vivirá el hombre, sino de toda palabra que sale de la boca de Dios" (Mt. 4:3-4).

"y le dijo: Si eres Hijo de Dios, échate abajo; porque escrito está: A sus ángeles mandará acerca de ti, y, en sus manos te sostendrán, para que no tro-

pieces con tu pie en piedra. Jesús le dijo: Escrito está también: No tentarás al Señor tu Dios" (Mt. 4:6-7).

"y le dijo: Todo esto te daré, si postrado me adorares. Entonces Jesús le dijo: Vete, Satanás, porque escrito está: Al Señor tu Dios adorarás, y a él sólo servirás" (Mt. 4:9-10).

"Pero este género no sale sino con oración y ayuno" (Mt. 17:21).

⇒ Ministrando en el nombre de Jesús".

"Volvieron los setenta con gozo, diciendo: Señor, aun los demonios se nos sujetan en tu nombre" (Lc. 10:17).

⇒ Haciendo sesiones especiales de oración.

"Dijo también el Señor: Simón, Simón, he aquí Satanás os ha pedido para zarandearos como a trigo; pero yo he rogado por ti, que tu fe no falte; y tú, una vez vuelto, confirma a tus hermanos" (Lc. 22:31-32).

⇒ Invocando, es decir, aclamando, el nombre y el poder del Dios de paz.

"Y el Dios de paz aplastará en breve a Satanás bajo vuestros pies. La gracia de nuestro Señor Jesucristo sea con vosotros" (Ro. 16:20).

⇒ Perdonando a otros.

"Y al que vosotros perdonáis, yo también; porque también yo lo que he perdonado, si algo he perdonado, por vosotros lo he hecho en presencia de Cristo, para que Satanás no gane ventaja alguna sobre nosotros; pues no ignoramos sus maquinaciones" (2 Co. 2:10-11).

⇒ No dándole cabida al diablo.

"ni deis lugar al diablo" (Ef. 4:27).

⇒ Vistiéndonos de toda la armadura de Dios.

"Por lo demás, hermanos míos, fortaleceos en el Señor, y en el poder de su fuerza. Vestíos de toda la armadura de Dios, para que podáis estar firmes contra las asechanzas del diablo" (Ef. 6:10-11; vv. 12-18).

⇒ Arrepintiéndonos y reconociendo la verdad.

"que con mansedumbre corrija a los que se oponen, por si quizá Dios les conceda que se arrepientan para conocer la verdad, y escapen del lazo del diablo, en que están cautivos a voluntad de él" (2 Ti. 2:25-26; cp. Hch. 13:10).

⇒ Resistiendo al diablo.

"Someteos, pues, a Dios; resistid al diablo, y huirá de vosotros" (Stg. 4:7; cp. 1 P. 5:8-9).

⇒ Naciendo de nuevo.

"Sabemos que todo aquel que ha nacido de Dios, no practica el pecado, pues Aquel que fue engendrado por Dios le guarda, y el maligno no le toca" (1 Jn. 5:18).

⇒ No temiendo y siendo fieles.

> "No temas en nada lo que vas a padecer. He aquí, el diablo echará a algunos de vosotros en la cárcel, para que seáis probados, y tendréis tribulación por diez días. Sé fiel hasta la muerte, y yo te daré la corona de la vida. El que tiene oído, oiga lo que el Espíritu dice a las iglesias. El que venciere, no sufrirá daño de la segunda muerte" (Ap. 2:10-11).

2 (4:8) *Tentación — Arrepentimiento:* ¿Cómo podemos vencer la tentación? Paso #2, acercarse a Dios y arrepentirse. Este es el privilegio más grande de todo el mundo: Tener el privilegio glorioso de acercarse a Dios, la Majestad soberana del universo, el Creador y Señor del universo. Piensen nada más, los creyentes pueden acercarse a Dios y hablar y relacionarse con Él en cualquier momento y lugar. La puerta que da a la presencia de Dios nunca se cierra. Pero note lo que enseñan las Escrituras: La puerta que da a la presencia de Dios no solo se encuentra abierta, sino que a nosotros se nos *alienta e insta fuertemente* a acercarnos a Dios. Nuevamente este versículo constituye un imperativo fuerte: "Acercaos a Dios". La tentación asesta su golpe; es inmediato, inesperado, fiero. ¿Qué podemos hacer? ¿Cuál es nuestra esperanza? Dios, acercarnos a Dios. La idea es más que solo someterse a Dios, es mucho más que eso. *Acercarse* quiere decir acercarse bien, acercarse lo más posible a Dios. Ubicarse junto a Él. Comenzar a hablar y relacionarse con Él. ¿Cómo hacemos esto?

⇒ Leyendo la Palabra de Dios, la Santa Biblia o si no tenemos acceso a la Palabra de Dios cuando la tentación asesta el golpe, revisando mentalmente los versículos de las Escrituras una y otra vez.

⇒ Por medio de la oración, pidiéndole a Dios fuerza y poder, misericordia y gracia. Pero note: La oración debe ser positiva, centrándose en Dios y su fuerza y su Palabra, no en la tentación. No piense en la tentación y piense en Dios.

Céntrese en Dios y solo en Dios. Acérquese a Dios. Acérquese a Dios tanto como le sea posible y tenga en cuenta la promesa gloriosa: Dios se acercará a usted. Se acercará a usted lo abrazará, lo fortalecerá y lo liberará. Esto es exactamente lo que Dios nos ha prometido hacer.

> "No os ha sobrevenido ninguna tentación que no sea humana; pero fiel es Dios, que no os dejará ser tentados más de lo que podéis resistir, sino que dará también juntamente con la tentación la salida, para que podáis soportar" (1 Co. 10:13).
>
> "Pues en cuanto él mismo padeció siendo tentado, es poderoso para socorrer a los que son tentados" (He. 2:18).
>
> "Porque no tenemos un sumo sacerdote que no pueda compadecerse de nuestras debilidades, sino uno que fue tentado en todo según nuestra semejanza, pero sin pecado. Acerquémonos, pues, confiadamente al trono de la gracia, para alcanzar misericordia y hallar gracia para el oportuno socorro" (He. 4:15-16).
>
> "Jehová es mi fortaleza y mi escudo; en él confió mi corazón, y fui ayudado, por lo que se gozó mi corazón, y con mi cántico le alabaré" (Sal. 28:7).
>
> "Aunque afligido yo y necesitado, Jehová pensará

en mí. Mi ayuda y mi libertador eres tú; Dios mío, no te tardes" (Sal. 40:17).

> "Pero en cuanto a mí, el acercarme a Dios es el bien; he puesto en Jehová el Señor mi esperanza, para contar todas tus obras" (Sal. 73:28).
>
> "No temas, porque yo estoy contigo; no desmayes, porque yo soy tu Dios que te esfuerzo; siempre te ayudaré, siempre te sustentaré con la diestra de mi justicia" (Is. 41:10).

Sin embargo, note que el acercamiento a Dios es condicional. Hay una persona a la que Dios no le permite acercarse a Él. ¿Quién? La persona con manos inmundas y pecaminosas y un corazón impuro y dudoso. Una persona debe hacer dos cosas para poder acercarse a Dios.

1. La persona debe limpiar sus manos. Algunos tenían manos inmundas y pecaminosas y Santiago no se anduvo con miramientos. Él los llamó lo que eran: *pecadores*. Si alguno de nosotros tiene manos inmundas, si hemos tocado lo que Dios nos prohíbe tocar, no solo hemos pecado, sino que somos *pecadores*. Un título terrible sumado a nuestros nombres. No obstante, las Escrituras expresan que una persona que toque cuando Dios dice que no se puede tocar es un *pecador*.

Sucede lo siguiente: Nuestras manos deben estar limpias de pecado para poder acercarnos a Dios. Dios no responderá, no se acercará a una persona a menos que sus manos estén limpias de pecado.

> "Lavaos y limpiaos; quitad la iniquidad de vuestras obras de delante de mis ojos; dejad de hacer lo malo" (Is. 1:16).
>
> "Lava tu corazón de maldad, oh Jerusalén, para que seas salva. ¿Hasta cuándo permitirás en medio de ti los pensamientos de iniquidad?" (Jer. 4:14).
>
> "Ahora, pues, ¿por qué te detienes? Levántate y bautízate, y lava tus pecados, invocando su nombre" (Hch. 22:16).
>
> "Así que, amados, puesto que tenemos tales promesas, limpiémonos de toda contaminación de carne y de espíritu, perfeccionando la santidad en el temor de Dios" (2 Co. 7:1).
>
> "Así que, si alguno se limpia de estas cosas, será instrumento para honra, santificado, útil al Señor, y dispuesto para toda buena obra" (2 Ti. 2:21).
>
> "Y todo aquel que tiene esta esperanza en él, se purifica a sí mismo, así como él es puro" (1 Jn. 3:3).

2. La persona debe purificar su corazón y dejar de dudar entre Dios y la tentación. Una persona no puede tener una lealtad dividida entre Dios y el mundo. Dios no permite una lealtad dividida. Dios exige lealtad total o nada. Una persona de doble ánimo, que trate de seguir a Dios algunas veces y otras al mundo, no se puede acercar a Dios. Dios no la acepta ni se acerca a ella. Una persona debe purificar su corazón, entregar su corazón total y completamente al Señor Jesucristo. Un corazón puro, un corazón totalmente comprometido y leal a Jesucristo, es el único corazón que Dios aceptará y al que se acercará.

Sucede lo siguiente: Una persona no puede acercarse a Dios, no puede llegar cerca de Dios, a menos que tenga manos limpias y un corazón puro, un corazón totalmente comprometido con el Señor Jesucristo. Por consiguiente, una persona debe arrepentirse, alejarse del pecado y acercarse a Dios. Si esa persona se acerca, entonces Dios se acercará a ella y se mantendrá disponible para esa persona todo el tiempo.

Pensamiento 1. El creyente que tiene el derecho de acercarse a Dios es el creyente que anda en una fraternidad y comunión abiertas con Dios, que mantiene sus manos limpias y su corazón puro. Que anda en oración todo el día, confesándose y manteniéndose puro. Este es el creyente a quien Dios ama y a quien Dios siempre se acerca. Es el creyente que siempre fraterniza y tiene comunión con Dios y quien triunfa sobre la tentación. El creyente que siempre se acerca a Dios es el creyente que vence las tentaciones y pruebas de la vida. Ese creyente es el gran vencedor de Dios, al que Dios siempre amará.

> **"Bienaventurados los de limpio corazón, porque ellos verán a Dios" (Mt. 5:8).**
>
> **"Y Jesús le dijo: Ninguno que poniendo su mano en el arado mira hacia atrás, es apto para el reino de Dios" (Lc. 9:62).**
>
> **"Ningún siervo puede servir a dos señores; porque o aborrecerá al uno y amará al otro, o estimará al uno y menospreciará al otro. No podéis servir a Dios y a las riquezas" (Lc. 16:13).**
>
> **"No podéis beber la copa del Señor, y la copa de los demonios; no podéis participar de la mesa del Señor, y de la mesa de los demonios" (1 Co. 10:21).**
>
> **"Pues el propósito de este mandamiento es el amor nacido de corazón limpio, y de buena conciencia, y de fe no fingida" (1 Ti. 1:5).**
>
> **"acerquémonos con corazón sincero, en plena certidumbre de fe, purificados los corazones de mala conciencia, y lavados los cuerpos con agua pura" (He. 10:22).**
>
> **"El hombre de doble ánimo es inconstante en todos sus caminos" (Stg. 1:8).**
>
> **"Acercaos a Dios, y él se acercará a vosotros. Pecadores, limpiad las manos; y vosotros los de doble ánimo, purificad vuestros corazones" (Stg. 4:8).**
>
> **"Habiendo purificado vuestras almas por la obediencia a la verdad, mediante el Espíritu, para el amor fraternal no fingido, amaos unos a otros entrañablemente, de corazón puro" (1 P. 1:22).**
>
> **"Está dividido su corazón. Ahora serán hallados culpables; Jehová demolerá sus altares, destruirá sus ídolos" (Os. 10:2).**

3 (4:9) ***Tentación:*** ¿Cómo podemos vencer la tentación? Paso #3, ser resistentes, lamentarse y afligirse profundamente. Note cuán descriptivo es este versículo:

> **"Afligíos, y lamentad, y llorad. Vuestra risa se convierta en lloro, y vuestro gozo en tristeza" (v. 9).**

El equivalente de "estar afligido" (talaiporesate) quiere decir sufrir problemas (A. T. Robertson, *Metáforas del Nuevo Testamento,* vol. 6, p. 53); disciplinarse, y abstenerse voluntariamente (William Barclay, *Las epístolas de Santiago y Pedro,* p. 127). La idea es la siguiente: Cuando la tentación nos golpea, no es hora de…

- reír
- bromear
- estar contento
- sentirse satisfecho
- estar relajado
- estar alegre
- hacer gracias
- no preocuparse
- estar incómodo
- mentir

Tentación es aflicción; por ende, es hora de ser disciplinados y controlar las comodidades y gozos de la vida. La tentación es igual a la hora de la lucha rigurosa, de la batalla y la disciplina y la resistencia en la batalla.

De hecho, note lo siguiente: El conflicto de la tentación con frecuencia resulta inmediato e inesperado. Por lo tanto, debemos dejar inmediatamente lo que estemos haciendo, de inmediato dejar de reírnos y dejar de disfrutar las comodidades y gozos del momento y centrarnos en acercarnos a Dios. Nuestro corazón debe lamentarse y llorar bajo el peso de la tentación y sus ataques, lamentarnos y llorar profundamente ante Dios, pidiéndole y suplicándole que nos dé fuerza y liberación, pidiéndole y suplicándole no sea que decepcionemos e hiramos el corazón de Cristo.

Pensamiento 1. Este es el camino para vencer la tentación, el tercer paso a la victoria. Tan pronto seamos tentados debemos inmediatamente dejar lo que estemos haciendo, la actividad o comodidad, el gozo o la risa y debemos disciplinarnos. Debemos centrar nuestro corazón y nuestra mente en Dios y acercarnos a Él. Debemos…

- ponernos serios
- lamentarnos
- llorar
- pedirle a Dios
- suplicarle a Dios

Cuando tomamos la tentación con esa seriedad, Dios escuchará nuestro llamado y nos librará y nos salvará.

4 (4:10) ***Tentación — Humillación:*** ¿Cómo podemos vencer la tentación? Paso 4: humíllense ante el Señor. Dios nos ve todo el tiempo, incluso cuando somos tentados. Por ende, cuando se nos tienta…

- Dios no debe vernos seguir disfrutando de nuestra actividad y comodidad, risa y gozo del momento. Dios debe vernos acercarnos a Él y lamentarnos y llorar por ser librados.

- Dios no debe ver un espíritu autosuficiente, un espíritu que pase por alto apelar a Él. Dios no debe ver un espíritu que ignore su Palabra, un espíritu que haga frente a la tentación por sí solo, ignorándolo y ni siquiera pensando en Dios y su Palabra y su fuerza. Dios debe vernos venir hacia Él humildemente ante su presencia, apelando a Él y confiando en Él para que nos dé su fuerza y sabiduría para vencer la tentación.

- Dios no debe vernos mirar a la tentación e imaginarnos cuán atractiva y seductora es. Él no debe vernos deleitándonos en los pensamientos de la tentación e imaginándonos cuán agradable sería. Dios no debe vernos entreteniéndonos, pensando e imaginando lo atractivo de cualquier tentación, sea el sabor de una segunda ración de comida o una segunda mirada a un hombre o mujer atractivos o cualquier otro atractivo seductor. Dios debe vernos "llevando cautivo *todo pensamiento* a la obediencia a Cristo" (2 Co. 10:5). ¡Imagínense! Todo *pensamiento* debe ser capturado y llevado a obediencia a Cristo. Imagínense nada más lo que le haría esto a gran parte de la televisión, los libros, momentos de ocio y sueños despiertos indisciplinados. Siempre debemos recordar que la guerra espiritual se lucha en el espíritu y en la mente, en el mismo centro del corazón y la mente. Debemos tomar nuestro corazón y nuestra mente y *centrarlos totalmente* en Cristo y en todo lo que es verdadero, todo lo honesto, todo lo justo, todo lo puro, todo lo amable, todo lo que es de buen nombre; si hay virtud alguna, si algo digno de alabanza (Fil. 4:8). Debemos luchar para sujetar nuestro pensamiento a Cristo, para gozar de una fraternidad y comunión inquebrantables con Él. Nos tomará años incluso para los mejores de nosotros lograr tener tal compromiso y disciplina del espíritu y de la mente, pero puede lograrse y debe lograrse, por el Espíritu de Dios por el amor de Cristo Jesús nuestro Señor. Esta fraternidad y comunión inquebrantables con Cristo es lo que Dios quiere. Es la razón misma por la que nos creó y ahora nos ha salvado.

Sucede lo siguiente: Cuando una persona es tentada, si se humilla ante Dios, Dios la exaltará. Dios suplirá su necesidad, le dará todo cuanto necesita, y la librará del ataque de la tentación.

Pensamiento 1. William Barclay tiene una descripción excelente sobre este punto.

"*Solo cuando un hombre se percate de su propia*

ignorancia podrá pedirle a Dios que lo guíe. Solo cuando un hombre se percate de su propia pobreza en las cosas que importan orará a Dios por las riquezas de la gracia de Dios. Solo cuando un hombre se percate de su debilidad en lo necesario acudirá a Dios para que le dé fuerzas. Solo cuando un hombre se percate de que no puede manejar su vida por sí mismo se arrodillará ante el Señor de toda vida buena. Solo cuando un hombre se percate de su propio pecado se percatará de su necesidad de un Salvador y del perdón de Dios" (*Las epístolas de Santiago y Pedro,* p.129).

"**Porque cualquiera que se enaltece, será humillado; y el que se humilla, será enaltecido**" (Lc. 14:11).

"**Pero él da mayor gracia. Por esto dice: Dios resiste a los soberbios, y da gracia a los humildes**" (Stg. 4:6).

"**Digo, pues, por la gracia que me es dada, a cada cual que está entre vosotros, que no tenga más alto concepto de sí que el que debe tener, sino que piense de sí con cordura, conforme a la medida de fe que Dios repartió a cada uno**" (Ro. 12:3).

"**no mirando cada uno por lo suyo propio, sino cada cual también por lo de los otros. Haya, pues, en vosotros este sentir que hubo también en Cristo Jesús**" (Fil. 2:4-5).

"**Humillaos delante del Señor, y él os exaltará**" (Stg. 4:10).

"**Igualmente, jóvenes, estad sujetos a los ancianos; y todos, sumisos unos a otros, revestíos de humildad; porque: Dios resiste a los soberbios, y da gracia a los humildes**" (1 P. 5:5).

"**Porque Jehová es excelso, y atiende al humilde, mas al altivo mira de lejos**" (Sal. 138:6).

"**Mi mano hizo todas estas cosas, y así todas estas cosas fueron, dice Jehová; pero miraré a aquel que es pobre y humilde de espíritu, y que tiembla a mi palabra**" (Is. 66:2).

	V. TENTACIONES Y PRUEBAS: COMUNES PARA TODOS, PERO FUNDAMENTALMENTE PARA LOS DOTADOS, 4:11—5:6 **A. Tentación 1: El juez, juzgando a otros, 4:11-12**
1 Juzgar a otros es murmurar de los hermanos **2 Juzgar a otros viola la ley de Dios** **3 Juzgar a otros le convierte en juez, dador de la ley** **4 Juzgar a otros usurpa la autoridad y el derecho de Dios**	11 Hermanos, no murmuréis los unos de los otros. El que murmura del hermano y juzga a su hermano, murmura de la ley y juzga a la ley; pero si tú juzgas a la ley, no eres hacedor de la ley, sino juez. 12 Uno solo es el dador de la ley, que puede salvar y perder; pero tú, ¿quién eres para que juzgues a otro?

DIVISIÓN V

TENTACIONES Y PRUEBAS: COMUNES PARA TODOS, PERO FUNDAMENTALMENTE PARA LOS DOTADOS, 4:11—5:6

A. Tentación 1: El juez, juzgando a otros, 4:11-12

(4:11-12) *Introducción:* Dios odia todos los pecados, pero hay unos cuantos pecados que son *constantemente y fuertemente condenados* por las Escrituras. Juzgar a otros, condenar, criticar, chismear, murmurar y hablar de otros, es uno de los pecados que las Escrituras nunca deja de amonestar. El juzgar a otros es condenado severamente. Esta sección de Santiago da comienzo a un nuevo análisis, las tentaciones y pruebas que nos confrontan a todos nosotros, pero fundamentalmente a los dotados. Y note cuál es la primera tentación que confronta a la persona que ha recibido un don particular: Juzgar a otros. Existe una tendencia muy fuerte a que…

- la persona buena juzgue y critique a la persona mala.
- la persona dotada juzgue y critique a la persona menos dotada.
- la persona rica juzgue y critique a la persona pobre.
- la persona enérgica juzgue y critique a la persona menos enérgica.

El malo y el menos dotado, el pobre y el menos enérgico juzgan y critica a otros también. Todos nosotros somos realmente culpables del pecado terrible de murmurar de otras personas, pero la tentación golpea al dotado con mayor frecuencia. Sin embargo, debe recordarse lo siguiente: Las Escrituras condenan constante y fuertemente el juzgar y criticar a otros.

1. Juzgar a otros es murmurar de los hermanos (v. 11).
2. Juzgar a otros viola la ley de Dios (v. 11).
3. Juzgar a otros le convierte en juez, dador de la ley (v. 11).
4. Juzgar a otros usurpa la autoridad y el derecho de Dios (v. 12).

1 (4:11) *Murmuración — Crítica — Juzgar a otros:* Juzgar a otros es murmurar de los hermanos. Note tres elementos significativos.

1. "Murmurar" (katalaleite) quiere decir criticar, juzgar, chismear, censurar, condenar y quejarse de otra persona. Quiere decir hablar de otra persona y destruirla. Decir cosas de otra persona que la laceran y la hieren que degradan su imagen y reputación a los ojos de otros. La palabra por lo general quiere decir hablar de una persona a sus espaldas, cuando no está presente.

2. Note que el hermano ha pecado. Ha violado la ley de Dios, ha fracasado y su fracaso se conoce. Es de conocimiento público, se le está juzgando y criticando por su fracaso. Se habla de él. Se rumora y chismea de él, eso lo lacera y lo hiere, le hace daño cada vez más a los ojos del mundo. Ahora bien, si se nos prohíbe murmurar de una persona que realmente es culpable de pecado, ¿cuánto más se nos prohíbe murmurar de una persona sencillamente porque discrepamos con ella o nos desagrada?

Note lo que dicen las Escrituras: Esto es *murmuración.* Hablar de una persona es *malo.* Es tan malo como el fracaso de la otra persona. Por consiguiente, la persona que juzga es tan culpable como el pecador.

3. La exhortación es fuerte: Los creyentes cristianos no debemos juzgar ni murmurar de otra persona. La razón queda clara: Somos hermanos, hermanos de Cristo y de cada uno. Todos pertenecemos a la familia de Dios. Por tanto:

⇒ Debemos amarnos, querernos y cuidarnos unos a

otros, no destruirnos unos a otros.

⇒ Debemos apoyarnos, alentarnos y edificarnos unos a otros, no derribarnos unos a otros.

⇒ Cuando uno de nosotros cae y tiene un problema, debemos ayudarlo a levantarse, no hundirlo más.

Cuando criticamos a un hermano en Cristo, difamamos de uno de los hijos de Dios. Piensen nada más en eso; en realidad estamos difamando de un hijo de Dios. Eso nada más debiera evitarnos murmurar de nuestros hermanos en Cristo.

Piensen también en otra cosa: Nunca hay un espíritu maligno hablando en la persona amable y humilde. Solo hay una compasión adorable por otros, fundamentalmente por aquellos que han fracasado y han caído. Por ende, cuando murmuramos de otra persona quiere decir que no somos ni humildes ni amables, sino que somos todo lo contrario: Orgullosos y odiosos. Somos murmuradores.

Pensamiento 1. Hay ciertas razones por las que las personas tienden a juzgar y a criticar.

1) La crítica incentiva nuestra propia imagen. Señalar el fracaso de otra persona y destruirla nos hace parecer un poco mejor, al menos ante nuestros propios ojos. Eso engrandece nuestro propio orgullo, ego e imagen.

2) La crítica sencillamente se disfruta. Hay una tendencia en la naturaleza humana a encontrarle placer a escuchar y contar malas noticias y defectos sobre otros.

3) La crítica nos hace sentir que nuestra propia vida (moralidad y conducta) son mejores que la persona que ha fallado.

4) La crítica nos ayuda a justificar las decisiones que hemos hecho y las cosas que hemos hecho durante nuestra vida. Racionalizamos nuestras decisiones y nuestros actos señalando los fracasos de otros.

5) La crítica le señala a nuestros amigos cuán fuerte somos. La crítica da buenos sentimientos porque nuevamente demuestra nuestras *creencias rígidas y vida fuerte*. ¿Cómo se demuestra? Por el fracaso de nuestro hermano.

6) La crítica es una salida al dolor y la venganza. Creemos que *se lo merece*. De modo inconsciente, si no de un modo consciente, pensamos: "Ella me hizo daño así que se merece que le hagan daño, también". Y así criticamos a la persona que fracasó.

"Pues me temo que cuando llegue, no os halle tales como quiero, y yo sea hallado de vosotros cual no queréis; que haya entre vosotros contiendas, envidias, iras, divisiones, maledicencias, murmuraciones, soberbias, desórdenes" (2 Co. 12:20).

"Quítense de vosotros toda amargura, enojo, ira, gritería y maledicencia, y toda malicia" (Ef. 4:31).

"Hermanos, no murmuréis los unos de los otros. El que murmura del hermano y juzga a su hermano, murmura de la ley y juzga a la ley; pero si tú juzgas a la ley, no eres hacedor de la ley, sino juez" (Stg. 4:11).

"Desechando, pues, toda malicia, todo engaño, hipocresía, envidias, y todas las detracciones" (1 P. 2:1).

"Al que solapadamente infama a su prójimo, yo lo destruiré; no sufriré al de ojos altaneros y de corazón vanidoso" (Sal. 101:5).

2 (4:11) *Juzgar a otros — Crítica:* Juzgar a otros viola la ley de Dios. Note exactamente lo que dicen las Escrituras:

"Hermanos, no murmuréis los unos de los otros. El que murmura del hermano y juzga a su hermano, murmura de la ley y juzga a la ley; pero si tú juzgas a la ley, no eres hacedor de la ley, sino juez" (v. 11).

Este es un planteamiento sorprendente: Hablar y difamar de un hermano es murmurar de la ley. ¿Qué quiere decir esto? Cuando una persona habla y condena a otros, viola la más grande de las leyes, la ley real de amor, la ley que sencillamente declara que debemos amar al prójimo como a nosotros mismos (Stg. 2:8). Quien critica y murmura es culpable de transgresión, y su transgresión viola la más grande de las leyes, la ley que nos ordena amarnos unos a otros. De hecho, el que critica y murmura hace más daño que la persona a la que juzga. El que critica y habla mal murmura de la ley; es decir, condena a otra persona por algún fracaso mientras que él mismo viola la ley. Él habla de otra persona y viola la ley al mismo tiempo. Él dice que la ley de amor no es tan importante; en ocasiones se puede ignorar, descuidar, abusar de ella y violar. La persona que habla sobre otros es culpable de doble pecado: No solo viola la ley de amor, habla y critica a otros por violar algún mandamiento o por fracasar en alguna esfera de la vida. Es hipócrita doblemente: No solo ignora la ley de amor al hablar de otros, difama de otros por su fracaso. Es culpable de difamar de otros y de usar la ley para difamar de ellos. Según dicen las Escrituras, murmura de la ley. Su murmuración contra su hermano no respeta la ley de amor; murmura de la ley de amor y la destruye.

"No juzguéis, para que no seáis juzgados. Porque con el juicio con que juzgáis, seréis juzgados, y con la medida con que medís, os será medido. ¿Y por qué miras la paja que está en el ojo de tu hermano, y no echas de ver la viga que está en tu propio ojo? ¿O cómo dirás a tu hermano: Déjame sacar la paja de tu ojo, y he aquí la viga en el ojo tuyo? ¡Hipócrita! saca primero la viga de tu propio ojo, y entonces verás bien para sacar la paja del ojo de tu hermano" (Mt. 7:1-5).

"Jesús le respondió: El primer mandamiento de todos es: Oye, Israel; el Señor nuestro Dios, el Señor uno es. Y amarás al Señor tu Dios con todo tu corazón, y con toda tu alma, y con toda tu mente y con todas tus fuerzas. Este es el principal mandamiento. Y el segundo es semejante: Amarás a tu prójimo como a ti mismo. No hay otro mandamiento mayor que éstos" (Mr. 12:29-31).

"Un mandamiento nuevo os doy: Que os améis unos a otros; como yo os he amado, que también os améis unos a otros. En esto conocerán todos que sois mis discípulos, si tuviereis amor los unos con los otros" (Jn. 13:34-35).

"Por lo cual eres inexcusable, oh hombre, quienquiera que seas tú que juzgas; pues en lo que juzgas a otro, te condenas a ti mismo; porque tú que juzgas haces lo mismo" (Ro. 2:1).

"No debáis a nadie nada, sino el amaros unos a otros; porque el que ama al prójimo, ha cumplido la ley. Porque: No adulterarás, no matarás, no hurtarás, no dirás falso testimonio, no codiciarás, y cualquier otro mandamiento, en esta sentencia se resume: Amarás a tu prójimo como a ti mismo. El amor no hace mal al prójimo; así que el cumplimiento de la ley es el amor" (Ro. 13:8-10).

"Porque toda la ley en esta sola palabra se cumple: Amarás a tu prójimo como a ti mismo" (Gá. 5:14).

"Si en verdad cumplís la ley real, conforme a la Escritura: Amarás a tu prójimo como a ti mismo, bien hacéis" (Stg. 2:8).

3 (4:11) *Juzgar a otros:* Juzgar a otros convierte a uno en juez o dador de la ley. Una vez más, note exactamente lo que dicen las Escrituras:

"El que murmura del hermano y juzga a su hermano… *juzga a la ley*".

¿Cómo es esto? ¿Cómo es que criticar, murmurar y juzgar a un hermano nos convierte en jueces de la ley? Cuando criticamos a un hermano, decimos que la ley que él violó es importante, muy importante. Tan importante que debía no haberla violado, pero la ley de amor no es tan importante como para lograr que no le critiquemos. Juzgamos la ley que ha violado de importante y la ley de amor de no tan importante. Nota: Esta es una costumbre común de las personas, una costumbre muy común. Decidimos qué ley debe respetarse y qué ley debe violarse de modo ocasional. Puede que sean las leyes que rigen la gula, la ira, la adoración, el sexo, el control de lo que se mira y lo que se desea, la embriaguez, la codicia o la gran ley de amor que se analiza en este pasaje. Pero no importa cuál sea la ley, juzgamos la ley cuando *elegimos y decidimos…*

• cuáles leyes son importantes y cuáles leyes no son tan importantes.
• cuáles leyes hay que cumplir y cuáles leyes no hay que cumplir con tanto rigor.
• cuáles leyes merecen nuestra atención máxima y cuáles leyes no merecen tanto nuestra atención.
• cuáles leyes deben cumplirse y cuáles leyes pueden violarse de modo ocasional.

Cuando elegimos y decidimos, nos vamos por encima de la ley de Dios. Nos volvemos jueces de la ley; nos volvemos dadores de la ley. Y note: Esta no es nuestra función. Las Escrituras declaran con claridad que nuestro deber es obedecer la ley, no ser juez de la ley. Esto es exactamente lo que dice el final del versículo 11: "si tú juzgas a la ley, no eres hacedor de la ley, sino juez" (griego).

La persona que habla y juzga a un hermano no está cumpliendo la ley, está juzgando la ley. Él dice que su hermano se ha equivocado, y que él tiene el derecho de difamar de su hermano porque se ha equivocado. Juzga el gran mandamiento de amor como si tuviera tan poca importancia que se puede violar y difamar de su hermano. Las Escrituras son claras: El que critica no tiene el derecho de juzgar a su hermano. No tiene derecho alguno de juzgar la ley de amor como si no fuera importante. Su único derecho es hacer la ley. Su único deber

es cumplir y obedecer la ley. Él no es juez, la persona que formula y da la ley. Por consiguiente, no debe criticar a su hermano. Por el contrario, debe hacer lo mismo que debe hacer su hermano: "Cumplir la ley de Dios".

"¿Y por qué miras la paja que está en el ojo de tu hermano, y no echas de ver la viga que está en tu propio ojo?" (Mt. 7:3).

"No todo el que me dice: Señor, Señor, entrará en el reino de los cielos, sino el que hace la voluntad de mi Padre que está en los cielos" (Mt. 7:21).

"¿Y piensas esto, oh hombre, tú que juzgas a los que tal hacen, y haces lo mismo, que tú escaparás del juicio de Dios?" (Ro. 2:3).

"porque no son los oidores de la ley los justos ante Dios, sino los hacedores de la ley serán justificados" (Ro. 2:13).

"Así que, ya no nos juzguemos más los unos a los otros, sino más bien decidid no poner tropiezo u ocasión de caer al hermano" (Ro. 14:13).

"Pero sed hacedores de la palabra, y no tan solamente oidores, engañándoos a vosotros mismos" (Stg. 1:22).

"Hermanos, no murmuréis los unos de los otros. El que murmura del hermano y juzga a su hermano, murmura de la ley y juzga a la ley; pero si tú juzgas a la ley, no eres hacedor de la ley, sino juez" (Stg. 4:11).

"Y el mundo pasa, y sus deseos; pero el que hace la voluntad de Dios permanece para siempre" (1 Jn. 2:17).

"Bienaventurados los que lavan sus ropas, para tener derecho al árbol de la vida, y para entrar por las puertas en la ciudad" (Ap. 22:14).

4 (4:12) *Juzgar a otros:* Juzgar a otros usurpa la autoridad y el derecho de Dios. Este versículo es claro y contundente, es una advertencia bien fuerte al que critica y murmura.

"Uno solo es el dador de la ley, que puede salvar y perder; pero tú, ¿quién eres para que juzgues a otro?" (v. 12).

Dios únicamente es el gran dador de la ley y las Escrituras declaran: "Uno solo es el dador de la ley". Él y solo Él es dador de las leyes que juzgan y condenan a nuestro prójimo. Note lo siguiente: Cuando juzgamos, criticamos y murmuramos de nuestros hermanos, estamos usurpando el derecho de Dios de juzgar al hombre. Estamos poniéndonos nosotros mismos en el lugar de Dios, haciéndonos Dios nosotros mismos, reclamando el derecho de enjuiciar a nuestros hermanos. Nadie, ni uno de nosotros tiene el derecho de sentarse en el trono del juicio de Dios. El juicio y la condenación, criticar, comentar y destacar las deficiencias y fracasos de algún hermano, es derecho de Dios y solo de Él. Nadie tiene derecho a juzgar, sino Dios mismo.

Esto resulta severo, muy severo, pero Dios no le tolerará a ninguna persona que se erija a sí misma como juez, como Dios mismo, por sobre otro, no cuando ese que juzga no es, sino un simple hombre pecador que es también deficiente.

Note también otro elemento: Juzgar, condenar, criticar y hablar de una persona la destruye. Esto es exactamente lo que dice este versículo. Existe solo una persona que puede salvar o destruir. Solo una persona que puede juzgar o criticar a otra persona como bueno o malo, como merecedor de salvación o destrucción, y esa persona es Dios. Dios y solo Dios puede salvar y destruir, no el hombre. Ni uno solo de nosotros puede conocer y juzgar toda la verdad sobre una persona. Por tanto, "¿quién eres para que juzgues a otro?" ¿Quién piensas que eres? ¿Acaso Dios?

Pensamiento 1. Hay ciertas razones por las que no debemos criticar a otra persona.

1) Nunca se saben todas las circunstancias ni todos los hechos. Sencillamente no se sabe qué sucedió ni por qué sucedió. Siempre hay muchos detalles ocultos. Hijos y padres, esposa y esposo, empleador y empleado, amigo y amigo. Las cosas suceden cuando están solos a puertas cerradas. Y lamentablemente hay algo que raras veces se recuerda: "Cuando las personas salen de las puertas cerradas y entran a la luz pública, el que habla no siempre revela la verdad. El espíritu de hablar a otros es el espíritu de la autojustificación. El espíritu de silencio es el espíritu de amor y compasión. El espíritu de silencio es siempre el espíritu que no desea heridas para otros, al menos no más dolor del que se debe sufrir.

2) Todas las personas, religiosas y no religiosas, se equivocan, fallan y caen. Y todos nosotros pecamos a menudo (1 Jn. 1:8, 10). Nadie está exento de pecado. Cuando criticamos y juzgamos, tenemos un problema: Olvidamos que somos pecadores. Cuando reconocemos nuestra propia condición verdadera, actuamos con amor y compasión hacia todos los que se equivocan. Ellos fallaron ahora, nosotros fallamos antes. Nuestro amigo fallará después. Nadie estará exento nunca de pecado. Es un ciclo constante que es la caída de la humanidad. El creyente debe siempre recordar que su justicia es Jesucristo y *siempre* dependerá de la justicia de Cristo (2 Co. 5:21; Fil. 3:8-16). Siempre debe buscar el perdón de Dios y olvidar las cosas pasadas… (1 Jn. 1:9; Fil. 3:13-14).

Ahora bien, esto no quiere decir que tengamos permiso para pecar ni que nuestro pecado sea perdonado. No debemos continuar en el pecado, ni criticando ni haciendo ningún otro mal. Pero debemos reconocer nuestra debilidad y recordar que la persona que realmente conoce a Dios es la persona que busca a Dios. "es necesario que el que se acerca a

Dios crea que le hay, y que es galardonador de los que le buscan" (He. 11:6).

3) Nunca se sabe todo lo que hay que saber de una persona. ¿Cómo entonces nosotros podemos criticar? Piensen en la niñez un instante. Dieciocho años es mucho tiempo. Día tras día hacen una semana y semana tras semana hacen un mes y luego, mes tras mes llega un año. Y año tras año es mucho, mucho tiempo para que un niño se moldee a la vida. ¿Qué tipo de madre, qué tipo de padre, qué tipo de amigos tenía la *persona que fallaba* que la influyera y la moldeara? ¿Qué tipo de genes y temperamento ha heredado y desarrollado: fiero, sereno, inferior, estricto, fuerte, adorable, tímido? Hay tantas cosas que influyen en una vida humana que solo Dios puede conocer a una persona, conocerla lo suficientemente bien para juzgarla. Ciertamente nunca podremos conocernos unos a otros lo suficientemente bien como para juzgar.

4) Juzgar a otros usurpa la autoridad de Dios. Cuando una persona critica a otra, está diciendo que es digno y que tiene el derecho de ser *el juez* de la vida de otras personas. Asegura tener el derecho de ser Dios, lo que resulta ridículo. Aún así la mayoría aseguran tener el derecho en un momento u otro y algunos aseguran tener el derecho de juzgar todo el tiempo.

Note lo que dicen las Escrituras: "¿Tú quién eres, que juzgas al criado ajeno? Para su propio señor [Dios] está en pie, o cae; pero estará firme, porque poderoso es el Señor para hacerle estar firme" (Ro. 14:4; cp. Stg. 4:11-12).

"No juzguéis, para que no seáis juzgados" (Mt. 7:1).

"Por lo cual eres inexcusable, oh hombre, quienquiera que seas tú que juzgas; pues en lo que juzgas a otro, te condenas a ti mismo; porque tú que juzgas haces lo mismo. Mas sabemos que el juicio de Dios contra los que practican tales cosas es según verdad" (Ro. 2:1-2).

"sí que, no juzguéis nada antes de tiempo, hasta que venga el Señor, el cual aclarará también lo oculto de las tinieblas, y manifestará las intenciones de los corazones; y entonces cada uno recibirá su alabanza de Dios" (1 Co. 4:5).

"Uno solo es el dador de la ley, que puede salvar y perder; pero tú, ¿quién eres para que juzgues a otro?" (Stg. 4:12).

	B. Tentación 2: El humanista, gloriarse de autosuficiencia, 4:13-17	neblina que se aparece por un poco de tiempo, y luego se desvanece.	
1 La autosuficiencia es planificar sin contar con Dios	13 ¡Vamos ahora! los que decís: Hoy y mañana iremos a tal ciudad, y estaremos allá un año, y traficaremos, y ganaremos;	15 En lugar de lo cual deberíais decir: Si el Señor quiere, viviremos y haremos esto o aquello.	**3 La autosuficiencia es no reconocer a Dios**
2 La autosuficiencia es no reconocer la incertidumbre de la vida	14 cuando no sabéis lo que será mañana. Porque ¿qué es vuestra vida? Ciertamente es	16 Pero ahora os jactáis en vuestras soberbias. Toda jactancia semejante es mala; 17 y al que sabe hacer lo bueno, y no lo hace, le es pecado.	**4 La autosuficiencia es presumir, gloriarse y ser arrogante** **5 La autosuficiencia es pecado**

DIVISIÓN V

TENTACIONES Y PRUEBAS: COMUNES PARA TODOS, PERO FUNDAMENTALMENTE PARA LOS DOTADOS, 4:11—5:6

B. Tentación 2: El humanista, gloriarse de autosuficiencia, 4:13-17

(14:13-17) *Introducción:* La autosuficiencia es un pecado terrible a los ojos de Dios. Y la razón es porque el hombre es tan frágil, enfermo, corruptible, está sujeto a enfermedades, accidentes, infartos cardiacos y a la muerte al chasquido de un dedo. Aún así, a pesar de su fragilidad y la incertidumbre de su vida, el hombre todavía ignora a Dios y anda por la tierra como si su futuro estuviera en sus manos totalmente. Esta es la filosofía del humanismo, la presunción de que el hombre es el ser máximo que controla su vida y su destino. Una presunción como esa es una total tontería cuando el hombre no es más que una partícula ante la mente omnisciente (todo lo sabe) y omnipotente (todo lo puede) que creó un universo que es tan vasto como nosotros. El humanismo o la autosuficiencia son tan poco razonables e ilógicos que son totalmente indignos de un ser sensato y honesto. Aún así es la posición y filosofía mismas, el estilo de vida mismo escogido por tantas personas. Este es el tema de este pasaje, el pecado terrible del humanismo, de la autosuficiencia presumida, la tentación que golpea a tantas personas dotadas de esta tierra.

1. La autosuficiencia es planificar sin contar con Dios (v. 13).
2. La autosuficiencia es no reconocer la incertidumbre de la vida (v. 14).
3. La autosuficiencia es no reconocer a Dios (v. 15).
4. La autosuficiencia es presumir, gloriarse y ser arrogante (v. 16).
5. La autosuficiencia es pecado (v. 17).

1 (4:13) *Autosuficiencia:* La autosuficiencia es planificar sin contar con Dios. No tiene nada de malo hacer planes. Debemos planificarnos y prepararnos para el futuro. De hecho, nunca debemos dejar de tomarnos un tiempo para planificar. Las Escrituras son muy claras sobre esto: "no debemos ser perezosos en las empresas ni en ninguna diligencia" (Ro. 12:11). Los creyentes debemos planificar y pensar nues-

tras operaciones y nuestra conducta antes de actuar. De hecho, con frecuencia no planificamos lo suficiente; por lo tanto, nos equivocamos mucho y todo resulta en malas decisiones. Planificarnos antes de actuar no es a lo que se refiere este pasaje de las Escrituras; nos advierte a *no planificar sin tener en cuenta a Dios*.

Aún así, a pesar de la advertencia de las Escrituras y las Escrituras hacen varias advertencias, la mayoría de los hombres planifican su vida sin tener en cuenta a Dios. Planifican como si su propia voluntad y sus deseos controlaran el destino de la vida. Note el ejemplo de las Escrituras (v. 13): Cuántos planifican ir a la ciudad o a cualquier lugar donde puedan obtener ganancias, donde puedan…

- obtener un trabajo
- hacer un negocio
- establecer una profesión
- hacer una carrera
- tener éxito
- ganarse la vida
- ser famosos
- obtener reconocimiento
- hacerse importantes

Aún así, en toda su planificación no consideran a Dios, no al punto de asegurarse de que es su voluntad y asegurarse de que ellos lo reconozcan de todas las formas. ¿Pero por qué no? ¿Por qué el hombre no reconoce a Dios al hacer sus planes y revisar sus planes? Por la autosuficiencia. La mayoría de las personas sienten poca necesidad de Dios. Creen que su destino está en sus manos; que ellas controlan su futuro. Creen que su futuro y el futuro de todos los hombres está en…

- la capacidad
- la tecnología
- los planes
- la ciencia
- la energía
- la industria
- el esfuerzo
- la educación
- las obras
- la capacitación
- la disciplina
- la producción
- la confianza
- la economía
- la imagen
- el empleo

del propio hombre.

Sucede lo siguiente: El hombre se siente autosuficiente, perfectamente capaz de manejar su propia vida y obra. Por ende, vive y obra con poca confianza puesta en Dios. El hombre no siente mucha necesidad de Dios si es que siente alguna. Note el versículo 13: ilustra la actitud del hombre de un modo descriptivo. El hombre se siente tan autosuficiente que…

- planifica el día de su partida: *hoy o mañana*.
- planifica buscar su futuro en una ciudad particular.
- hasta planifica cuánto tiempo se esforzará tras el éxito: *un año*.
- planifica los detalles de su diligencia y su obra: planifica *comprar y vender*.
- planifica y proyecta sus costos y sus ganancias, la ganancia misma que espera para finales del año.

Una vez más, esto no está mal. No solo debería planificarse, sino que tiene que planificar su vida y obra mientras esté en la tierra. Es de la única manera que puede cumplir su propósito de estar en la tierra. Pero debe buscar la voluntad y guía de Dios, su ayuda y cuidado y debe reconocer a Dios a medida que se planifique y lleve a la práctica sus planes. Este es el gran error de la persona autosuficiente, la persona que cree que el hombre es el fin máximo y supremo de la vida, que el hombre puede manejar sus propios asuntos y su vida sin Dios.

Pensamiento 1. Note el gran error de la autosuficiencia, de hacer planes sin contar con Dios. ¿Cómo puede una persona estar tan segura…

- de que llegará a la ciudad o al lugar planificado?
- de que no tendrá un accidente ni será azotado con alguna enfermedad?
- de que algo no truncará sus planes?
- de que se podrá mantener en la ciudad o lugar decidido?
- de que las personas reconocerán, apoyarán y auspiciarán su obra y sus esfuerzos?
- de que la economía, el dinero y el negocio se mantendrán y seguirá teniendo éxito?

Existen mil posibilidades; mil cosas pueden sucederle a nuestros planes. La destrucción completa de nuestro futuro no está a más de medio segundo en un accidente automovilístico o en el examen rutinario del médico. El futuro de cada persona en la tierra es un pequeño bote en el tormentoso e incierto mar de la vida.

No te jactes del día de mañana; porque no sabes qué dará de sí el día" (Pr. 27:1).

"Con tu sabiduría y con tu prudencia has acumulado riquezas, y has adquirido oro y plata en tus tesoros. Con la grandeza de tu sabiduría en tus contrataciones has multiplicado tus riquezas; y a causa de tus riquezas se ha enaltecido tu corazón" (Ez. 28:4-5).

"No os hagáis tesoros en la tierra, donde la polilla y el orín corrompen, y donde ladrones minan y hurtan; sino haceos tesoros en el cielo, donde ni la polilla ni el orín corrompen, y donde ladrones no minan ni hurtan" (Mt. 6:19-20).

"Mas buscad primeramente el reino de Dios y su justicia, y todas estas cosas os serán añadidas" (Mt. 6:33).

"Estos son los que fueron sembrados entre espinos: los que oyen la palabra, pero los afanes de este siglo, y el engaño de las riquezas, y las codicias de otras cosas, entran y ahogan la palabra, y se hace infructuosa" (Mr. 4:18-19).

"Poned la mira en las cosas de arriba, no en las de la tierra" (Col. 3:2).

"porque nada hemos traído a este mundo, y sin duda nada podremos sacar" (1 Ti. 6:7).

2 (4:14) *Autosuficiencia — Vida, incierta:* La autosuficiencia es no reconocer la incertidumbre de la vida. Hay dos razones por las que el mañana es incierto.

1. Nuestra mente y nuestra naturaleza están limitadas. Sencillamente no podemos saber el futuro. No importa lo que podamos planificar o pensar, no sabemos qué sucederá mañana; nos encontramos completamente en la oscuridad. Piensen un momento: ¿Qué sucederá mañana?

- Un accidente
- Alguna enfermedad
- Una relación destruida
- Alguna mala noticia
- Alguna buena noticia
- La muerte
- Un accidente de avión
- Dinero perdido
- Un incendio grande
- Una alza o baja de bolsa de valores
- Una crisis de la bolsa

No sabemos qué sucederá mañana. De hecho, no sabemos qué sucederá dentro de una hora. Sucede lo siguiente: Olvidamos e ignoramos nuestra naturaleza, quiénes somos, cuán limitados realmente estamos, cuán incierta es realmente la vida con todos sus sucesos y hechos. Hay una tendencia en el hombre a ignorar el hecho de su fragilidad y debilidad. Con todo el orgullo y arrogancia de su alma, quiere controlar su propia vida y destino, quiere ser completamente autosuficiente. No quiere necesitar a Dios de ninguna manera. Pero esto es una gran tontería, porque el hombre no puede saber lo que sucederá mañana. Su propia naturaleza está limitada, tan limitada que no puede saber mucho acerca de lo que está sucediendo ahora y muy poco de lo que sucedió en el pasado. Él no sabe y no puede saber acerca de mañana.

2. Nuestra vida es solo como una neblina que aparece por un período breve y luego se desvanece. Cuando nacemos en este mundo, lo único que podemos saber con seguridad es que moriremos; más tarde o más temprano *moriremos*.

La vida es como una neblina: Aparece y se puede ver, pero no es sólida ni sustancial ni permanente. Se cambia, se sacude y desaparece muy pronto, todo por su naturaleza y los cambios de su medio. Así sucede con la vida: Aparece y luego desaparece, se esfuma. El fin de la vida nos llegará a todos nosotros y nada puede evitarlo. Puede llegar hoy o mañana, pero llegará. Puede ser debido a…

- un tornillo o neumático defectuoso
- alguien que se quede dormido en los controles
- un accidente
- una enfermedad
- un ladrón
- un infarto cardíaco
- un incendio
- un ahogo
- la vejez

Raras veces sabemos cuándo llegará la muerte y cómo

será. Pero llegará y cuando llegue, seremos arrebatados y llevados a la eternidad para nunca más regresar a esta vida. Desapareceremos para siempre. La vida es incierta, totalmente incierta. Ni siquiera para hoy es cierta, mucho menos para mañana. Por lo tanto, rehusarse a aceptar esta verdad es una total tontería.

⇒ Llevar una vida autosuficiente lejos de Dios es el colmo de la tontería.

⇒ Planificar el futuro sin planificar el futuro eterno es el colmo de la tontería.

"Por tanto, como el pecado entró en el mundo por un hombre, y por el pecado la muerte, así la muerte pasó a todos los hombres, por cuanto todos pecaron" (Ro. 5:12).

"Y de la manera que está establecido para los hombres que mueran una sola vez, y después de esto el juicio" (He. 9:27).

"pero el que es rico, en su humillación; porque él pasará como la flor de la hierba" (Stg. 1:10).

"cuando no sabéis lo que será mañana. Porque ¿qué es vuestra vida? Ciertamente es neblina que se aparece por un poco de tiempo, y luego se desvanece" (Stg. 4:14).

"Porque: Toda carne es como hierba, y toda la gloria del hombre como flor de la hierba. La hierba se seca, y la flor se cae" (1 P. 1:24).

"Porque de cierto morimos, y somos como aguas derramadas por tierra, que no pueden volver a recogerse; ni Dios quita la vida, sino que provee medios para no alejar de sí al desterrado" (2 S. 14:14).

"Y mis días fueron más veloces que la lanzadera del tejedor, y fenecieron sin esperanza" (Job 7:6).

"Mis días han sido más ligeros que un correo; huyeron, y no vieron el bien" (Job 9:25).

"Porque yo sé que me conduces a la muerte, y a la casa determinada a todo viviente" (Job 30:23).

"He aquí, diste a mis días término corto, y mi edad es como nada delante de ti; ciertamente es completa vanidad todo hombre que vive" (Sal. 39:5).

"Mas el hombre no permanecerá en honra; es semejante a las bestias que perecen" (Sal. 49:12).

"Los arrebatas como con torrente de aguas; son como sueño, como la hierba que crece en la mañana. En la mañana florece y crece; a la tarde es cortada, y se seca" (Sal. 90:5-6).

"Porque él conoce nuestra condición; se acuerda de que somos polvo. El hombre, como la hierba son sus días; florece como la flor del campo, que pasó el viento por ella, y pereció, y su lugar no la conocerá más" (Sal. 103:14-16).

"No hay hombre que tenga potestad sobre el espíritu para retener el espíritu, ni potestad sobre el día de la muerte; y no valen armas en tal guerra, ni la impiedad librará al que la posee" (Ec. 8:8).

"Dejaos del hombre, cuyo aliento está en su nariz; porque ¿de qué es él estimado?" (Is. 2:22).

"Mi morada ha sido movida y traspasada de mí, como tienda de pastor. Como tejedor corté mi vida; me cortará con la enfermedad; me consumirás entre el día y la noche" (Is. 38:12).

"Voz que decía: Da voces. Y yo respondí: ¿Qué tengo que decir a voces? Que toda carne es hierba, y toda su gloria como flor del campo. La hierba se seca, y la flor se marchita, porque el viento de Jehová sopló en ella; ciertamente como hierba es el pueblo" (Is. 40:6-7).

"No tendrán hambre ni sed, ni el calor ni el sol los afligirá; porque el que tiene de ellos misericordia los guiará, y los conducirá a manantiales de aguas" (Is. 49:10).

"Yo, yo soy vuestro consolador. ¿Quién eres tú para que tengas temor del hombre, que es mortal, y del hijo de hombre, que es como heno?" (Is. 51:12).

"Si bien todos nosotros somos como suciedad, y todas nuestras justicias como trapo de inmundicia; y caímos todos nosotros como la hoja, y nuestras maldades nos llevaron como viento" (Is. 64:6).

3 (4:15) *Autosuficiencia:* La autosuficiencia es no reconocer a Dios. Una persona debe consultar a Dios para sus planes y su vida, pero la mayoría, la gran mayoría, no lo hacen. La mayoría de las personas viven como quieren; raras veces consideran a Dios. Pero así no es como se debe vivir la vida. Una persona debe reconocer a Dios y confesar su dependencia de Dios. Note que se dice que el hombre depende de Dios por dos cosas.

1. El hombre depende de Dios para la vida: él debería decir, "Si el Señor quiere, viviré". Esto quiere decir que viva o no y cómo viva está en las manos de Dios. Por lo tanto, un hombre debe depender de Dios para la vida; debe orar y discutir su vida con Dios, cosas como...

- sus riquezas
- protección
- seguridad
- vivienda
- logros
- gozo
- su bienestar
- provisiones
- alimentos
- ropas
- amor
- paz

Todo lo concerniente a la vida misma, si vivimos o morimos y cuán bien vivimos, debe analizarse con Dios. Él y solo Él está a cargo de la vida y de cuánto tiempo estaremos en esta tierra. Él nos ama y quiere cuidarnos y protegernos. Pero debemos confiar en Él y depender de Él, tener fraternidad y comunión con Él día tras día y a cada instante o de lo contrario no puede ayudarnos. ¡Piensen nada más! Podemos contar con el amor y la presencia, la provisión y la protección de Dios. Nuestra vida puede estar en la voluntad perfecta de Dios. Podemos vivir y andar por la tierra orando y proclamando al mundo: "Si Él quiere, viviré, mi vida, futuro y destino están en las manos, provisión y protección de Dios, total y completamente a su cuidado".

2. El hombre depende de Dios para todo lo que hace: Debería decir: "Si el Señor quiere, haré esto o aquello". Esto quiere decir que el hombre no puede hacer lo que planifique a menos que Dios lo quiera, ni una sola cosa. Miles de cosas pueden suceder que impidan que llevemos a cabo nuestros planes, incluso en la próxima hora, mucho menos mañana. Por lo tanto, una persona debe confiar en Dios, orar y hablar en todo momento con Dios...

- en todo el trabajo, cada una de las actividades del día.
- en todo el día, en cada uno de los instantes del día.

- en todas sus relaciones, cada una de las relaciones del día.

No importa lo que una persona haga, la persona debe reconocer a Dios de todas sus formas. Debe andar y orar todo el día, reconociendo a Dios en todas sus formas: Orar por la voluntad de Dios cuando haga esto a aquello.

> "Reconócelo en todos tus caminos, y él enderezará tus veredas" (Pr. 3:6).

> "No os conforméis a este siglo, sino transformaos por medio de la renovación de vuestro entendimiento, para que comprobéis cuál sea la buena voluntad de Dios, agradable y perfecta" (Ro. 12:2).

> "sino que se despidió de ellos, diciendo: Es necesario que en todo caso yo guarde en Jerusalén la fiesta que viene; pero otra vez volveré a vosotros, si Dios quiere. Y zarpó de Efeso" (Hch. 18:21).

> "Pero iré pronto a vosotros, si el Señor quiere, y conoceré, no las palabras, sino el poder de los que andan envanecidos" (1 Co. 4:19).

> "Porque no quiero veros ahora de paso, pues espero estar con vosotros algún tiempo, si el Señor lo permite" (1 Co. 16:7).

> "Venga tu reino. Hágase tu voluntad, como en el cielo, así también en la tierra" (Mt. 6:10).

> "Porque todo aquel que hace la voluntad de mi Padre que está en los cielos, ése es mi hermano, y hermana, y madre" (Mt. 12:50).

> "Yendo un poco adelante, se postró sobre su rostro, orando y diciendo: Padre mío, si es posible, pase de mí esta copa; pero no sea como yo quiero, sino como tú" (Mt. 26:39).

> "Entonces María dijo: He aquí la sierva del Señor; hágase conmigo conforme a tu palabra. Y el ángel se fue de su presencia" (Lc. 1:38).

> "El que quiera hacer la voluntad de Dios, conocerá si la doctrina es de Dios, o si yo hablo por mi propia cuenta" (Jn. 7:17).

> "no sirviendo al ojo, como los que quieren agradar a los hombres, sino como siervos de Cristo, de corazón haciendo la voluntad de Dios" (Ef. 6:6).

> "ni tampoco presentéis vuestros miembros al pecado como instrumentos de iniquidad, sino presentaos vosotros mismos a Dios como vivos de entre los muertos, y vuestros miembros a Dios como instrumentos de justicia" (Ro. 6:13).

> "Someteos, pues, a Dios; resistid al diablo, y huirá de vosotros" (Stg. 4:7).

> "Enséñame a hacer tu voluntad, porque tú eres mi Dios; tu buen espíritu me guíe a tierra de rectitud" (Sal. 143:10).

> "En paz me acostaré, y asimismo dormiré; porque solo tú, Jehová, me haces vivir confiado" (Sal. 40:8).

> "En lugar de lo cual deberíais decir: Si el Señor quiere, viviremos y haremos esto o aquello" (Stg. 4:15).

4 (4:16) *Autosuficiencia — Presunción:* La autosuficiencia es presumir, gloriarse, y ser arrogante. La palabra "presunciones" (alazoniais) quiere decir un tonto presumido (A. T. Robertson, *Metáforas del Nuevo Testamento,* vol. 6, p. 56). Es decir, es una persona que presume sobre algo que cree tener, pero en realidad no lo tiene. Vive en un mundo irreal. Cualquier persona que ande por la vida sin Dios es así. Vive

y planifica, creyendo que él controla su vida y su futuro. Su vida es una gran presunción de autosuficiencia y eso es incorrecto, totalmente incorrecto. Miles de cosas pueden suceder para cambiar sus planes, herirlo o cambiar de un modo radical su vida y su trabajo o quitarle la vida de este mundo.

La mayoría de las personas presumen, laicos y ministros, presumen de su obra, de lo que han hecho, de su capacidad y de sus posesiones. Pero note algo en lo que raras veces se piensa: La mayor parte de la presunción se hace verbalmente. Se hace por la forma en la que vivimos. Presumimos ostentando de nuestras capacidades y éxitos a través de nuestras posesiones y actividades como por ejemplo autos, viviendas, ropas costosas, recreación, clubes y amistades exclusivas.

Tenemos un instinto, una tendencia a presumir y a ser vistos y reconocidos como mejores y con más éxito que los demás. Y note lo que dicen las Escrituras: Nos regocijamos en nuestras presunciones, de que tenemos más éxito en nuestro trabajo que otros. Pero tales presunciones, como el orgullo y la arrogancia, son malignas. ¿Por qué? Porque la capacidad y la vida de un hombre se deben a Dios y descansan en las manos de Dios. Y además de esto: El futuro, mañana o incluso dentro de una hora, está en las manos de Dios. Puede ser un infarto cardíaco, puede ser un ladrón, puede ser un accidente, todo está en las manos de Dios. Lo que una persona necesita hacer es confiar en Dios y entregar todo en las manos de Dios, reconociéndolo en todas las cosas y en cada momento del día.

> "Así que, no os afanéis por el día de mañana, porque el día de mañana traerá su afán. Basta a cada día su propio mal" (Mt. 6:34).

> "También les refirió una parábola, diciendo: La heredad de un hombre rico había producido mucho. Y él pensaba dentro de sí, diciendo: ¿Qué haré, porque no tengo dónde guardar mis frutos? Y dijo: Esto haré: derribaré mis graneros, y los edificaré mayores, y allí guardaré todos mis frutos y mis bienes; y diré a mi alma: Alma, muchos bienes tienes guardados para muchos años; repósate, come, bebe, regocíjate. Pero Dios le dijo: Necio, esta noche vienen a pedirte tu alma; y lo que has provisto, ¿de quién será? Así es el que hace para sí tesoro, y no es rico para con Dios" (Lc. 12:16-21).

> "Porque el malo se jacta del deseo de su alma, bendice al codicioso, y desprecia a Jehová" (Sal. 10:3).

> "Los que confían en sus bienes, y de la muchedumbre de sus riquezas se jactan, ninguno de ellos podrá en manera alguna redimir al hermano, ni dar a Dios su rescate" (Sal. 49:6-7).

> "Como nubes y vientos sin lluvia, así es el hombre que se jacta de falsa liberalidad" (Pr. 25:14).

> "No te jactes del día de mañana; porque no sabes qué dará de sí el día" (Pr. 27:1).

> "Pero ahora os jactáis en vuestras soberbias. Toda jactancia semejante es mala" (Stg. 4:16).

5 (4:17) *Autosuficiencia:* La autosuficiencia es pecado. Esta es una definición sorprendente del pecado: Saber que debemos hacer algo y rehusarnos a hacerlo es pecado. Planteado de la forma más sencilla posible: "Cuando sabemos hacer bien y nos rehusamos a hacer bien, es pecado".

Una persona debe confiar y reconocer a Dios, orar y pedir a Dios que le dé su presencia, guía, ayuda, cuidado y fuerza...

- cuando planifique para hoy y para mañana.
- cuando vaya a una ciudad.
- cuando permanezca en la ciudad.
- cuando compre y venda.
- cuando obtenga ganancia.
- cuando haga esto y aquello.

Una persona debe andar en fraternidad y comunión con Dios día tras día y a cada momento, reconociéndolo de todas sus formas. Debe entregar su vida, en todas sus formas, al Señor. Rehusarse a hacer eso es pecado, y el pago por el pecado es la muerte. La muerte espiritual y eterna.

> "Pero cualquiera que me oye estas palabras y no las hace, le compararé a un hombre insensato, que edificó su casa sobre la arena; y descendió lluvia, y vinieron ríos, y soplaron vientos, y dieron con ímpetu contra aquella casa; y cayó, y fue grande su ruina" (Mt. 7:26-27).

> "Aquel siervo que conociendo la voluntad de su señor, no se preparó, ni hizo conforme a su voluntad, recibirá muchos azotes" (Lc. 12:47).

> "Hermanos míos, ¿de qué aprovechará si alguno dice que tiene fe, y no tiene obras? ¿Podrá la fe salvarle?" (Stg. 2:14).

> "y al que sabe hacer lo bueno, y no lo hace, le es pecado" (Stg. 4:17).

> "Porque la paga del pecado es muerte, mas la dádiva de Dios es vida eterna en Cristo Jesús Señor nuestro" (Ro. 6:23).

> "Porque el ocuparse de la carne es muerte, pero el ocuparse del Espíritu es vida y paz" (Ro. 8:6).

> "Escribe al ángel de la iglesia en Sardis: El que tiene los siete espíritus de Dios, y las siete estrellas, dice esto: Yo conozco tus obras, que tienes nombre de que vives, y estás muerto" (Ap. 3:1).

> "He aquí que todas las almas son mías; como el alma del padre, así el alma del hijo es mía; el alma que pecare, esa morirá" (Ez. 18:4).

> "El hombre que se aparta del camino de la sabiduría vendrá a parar en la compañía de los muertos" (Pr. 21:16).

	CAPÍTULO 5	4 He aquí, clama el jornal de los obreros que han cosecha-do vuestras tierras, el cual por engaño no les ha sido pagado por vosotros; y los clamores de los que habían segado han entrado en los oídos del Señor de los ejércitos.	c. Se les guardará para juicio contra ustedes
1 Una amonestación fuerte, lloren y aúllen si acaparan riquezas	**C. Tentación 3: El rico, acu-mulando riquezas, 5:1-6**		**4 Amonestación 3: Lloren y aúllen por la forma en la que viven**
2 Amonestación 1: Lloren y aúllen porque las riquezas no son eternas	1 ¡Vamos ahora, ricos! Llorad y aullad por las mise-rias que os vendrán.		a. Han engañado, roba-do y estafado
3 Amonestación 2: Lloren y aúllen porque por acaparar riquezas serán condenados	2 Vuestras riquezas están podridas, y vuestras ropas están comidas de polilla.		
a. Testificará en contra suya	3 Vuestro oro y plata están enmohecidos; y su moho tes-tificará contra vosotros, y devorará del todo vuestras carnes como fuego. Habéis acumulado tesoros para los días postreros.	5 Habéis vivido en deleites sobre la tierra, y sido disolu-tos; habéis engordado vues-tros corazones como en día de matanza.	b. Han vivido egoís-tamente, en deleites
b. Los consumirá como fuego		6 Habéis condenado y dado muerte al justo, y él no os hace resistencia.	c. Han engordado para el juicio d. Han condenado y matado a los justos

DIVISIÓN V

TENTACIONES Y PRUEBAS: COMUNES PARA TO-DOS, PERO FUNDAMENTALMENTE PARA LOS DO-TADOS, 4:11—5:6

C. Tentación 3: El rico, acumulando riquezas, 5:1-6

(5:1-6) *Introducción:* El rico enfrenta una tentación feroz, una tentación tan feroz que lo consumirá a menos que viva muy cerca del Señor. ¿Cuál es la tentación que tan ferozmente ataca al rico? La tentación de acaparar y acumular dinero en vez de usarlo para suplir las necesidades de los desesperados y los moribundos de este mundo. La Biblia nunca condena a los ricos. Solo condena al rico que acumula su riqueza en vez de usarla para ayudar a los perdidos, alimentar a los ham-brientos, vestir a los desnudos, abrigar a los que pasan frío y a los desamparados, atender a los enfermos y para dar a cono-cer la buena nueva gloriosa de salvación por todo el mundo. En este mundo, un mundo que gira bajo el peso de nece-sidades imperiosas, ¿cómo puede alguien guardar un centavo más del que necesita? ¿Cómo puede alguien no comprometer todo cuanto es y tiene para ayudar y ministrar a las personas? ¿Cómo puede alguien no vivir y no dar en sacrificio para suplir las necesidades de los necesitados? Dios sabe que no tenemos justificación. Este es el motivo de este pasaje, adver-tir a los ricos de este mundo, todos aquellos que guardan más de lo que necesitan.

1. Una amonestación fuerte: Lloren y aúllen si aca-paran riquezas (v. 1).
2. Amonestación 1: Lloren y aúllen porque las riquezas no son eternas (vv. 2-3).
3. Amonestación 2: Lloren y aúllen porque por aca-parar riquezas serán condenados (v. 3).
4. Amonestación 3: Lloren y aúllen por la forma en la que viven (vv. 4-6).

1 (5:1) *Fortuna — Riqueza — Juicio:* Esta es una amones-tación fuerte a los ricos.

"Llorad y aullad" (klausate ololuzontes) quiere decir romper a llorar y aullar con aflicción si acaparan dinero (A. T. Robertson, *Metáforas del Nuevo Testamento,* vol. 6, p. 57). ¿Por qué? Porque se avecinan *miserias* hacia ustedes, mise-rias tales que son tan terribles que necesitan comenzar a llo-rar y aullar ahora mismo. Habrá…

- miserias de aflicciones
- miserias de vacío
- miserias de soledad
- miserias de falta de propósito
- miserias mentales
- miserias de inseguridad
- miserias de pasión
- miserias de este mundo
- miserias en la eternidad
- miserias de juicio
- miserias del infierno

Las riquezas acaparadas harán que una persona falle; no darán satisfacción y condenarán a una persona. Le traerán a la persona todo tipo de miserias. Por lo tanto, sopesen la amo-nestación de Dios.

2 (5:2-3) *Fortuna — Riquezas:* Primera amonestación de Dios, lloren y aúllen porque las riquezas no son eternas. Note los tres elementos mencionados.

⇒ Hay fortunas que son corruptas (sesepen): La palabra corrupta quiere decir podrida. Esto se refiere a cosas como por ejemplo, productos agrícolas como el trigo y los vegetales o productos de construcción como madera. Muchas personas llevan una vida cómoda y pródiga y en algunos casos las riquezas se obtienen de la agricultura o la construcción o de alguna otra industria cuyos productos finalmente se pudren.

⇒ Hay ropas que son comidas por polillas. Esto incluye las industrias textil y ligera. Muchos se ganan la vida o llevan estilos de vida pródigos u obtienen riquezas a través de estas industrias.

⇒ Tenemos el oro y la plata que se enmohecen o se oxidan. Esto se refiere a los intereses mineralógicos, metalúrgicos, químicos y mineros de la economía. Ahora bien, Santiago sabía que el oro y la plata no se oxidan, no en el sentido ordinario de la palabra. ¿Qué quiere decir entonces? Quiere decir que si los minerales no son utilizados se recubrirán de mugre, perderán el brillo, se corroerán y finalmente se desgastarán.

Sucede lo siguiente: Si no se utilizan los productos agrícolas o de construcción, se pudren. Si las ropas no se usan, son comidas por polillas. Si el oro y la plata no se usan, se recubren de mugre y finalmente se corroen y se desgastan. Resulta sorprendente, porque es algo que raras veces se tiene en cuenta. Si las riquezas, dinero o cualquier otra cosa, se acapara, se vuelve inútil. No hace nada más que quedar inutilizado y finalmente desaparecerá. Nunca se utilizará para el bien que pueda hacer. El rico que lo posee le dará nada a su generación excepto…

• productos y construcciones que se pudren.
• ropa comida por polillas.
• oro y plata que se desgastan.

¡Qué tragedia tan terrible! No haber hecho nada que dejarle al mundo las cosas materiales que envejecen, se corrompen, se deterioran, se pudren, se descomponen y desaparecen para la eternidad. Las riquezas, fortunas y cosas físicas y materiales, no son eternas.

> "Los renuevos de su casa serán transportados; serán esparcidos en el día de su furor" (Job 20:28).
>
> "Pues verá que aun los sabios mueren; que perecen del mismo modo que el insensato y el necio, y dejan a otros sus riquezas" (Sal. 49:10).
>
> "¿Has de poner tus ojos en las riquezas, siendo ningunas? Porque se harán alas como alas de águila, y volarán al cielo" (Pr. 23:5).
>
> "Porque las riquezas no duran para siempre; ¿y será la corona para perpetuas generaciones?" (Pr. 27:24).
>
> "Asimismo aborrecí todo mi trabajo que había hecho debajo del sol, el cual tendré que dejar a otro que vendrá después de mí" (Ec. 2:18).
>
> "Como la perdiz que cubre lo que no puso, es el que injustamente amontona riquezas; en la mitad de sus días las dejará, y en su postrimería será insensato" (Jer. 17:11).
>
> "porque nada hemos traído a este mundo, y sin duda nada podremos sacar" (1 Ti. 6:7).

3 (5:3) *Fortuna — Riquezas:* Segunda amonestación de Dios, lloren y aúllen porque por acaparar riquezas serán condenados. Las riquezas nos condenarán de tres maneras.

1. Las riquezas testificarán contra nosotros. ¿Cuándo? Ahora y el día del juicio. Cuando acaparamos dinero y vivimos de un modo extravagante y pródigo, cuatro personas notan algo:

⇒ Toda persona que se preocupe por las necesidades imperiosas de este mundo ve que llevamos una vida egoísta. Todas esas personas se preocupan y quieren que el rico y el acaparador despierten y se dispongan a cumplir la misión que les corresponde, la misión de suplir las necesidades imperiosas del mundo.

⇒ Toda persona pobre y necesitada ve que llevamos una vida egoísta y acaparadora. Ven que algunos ricos se preocupan y otros no.

⇒ Todas las otras personas del mundo, incluso las que son ricas y acaparan, ven que los ricos llevan una vida egoísta y acaparadora. Pero lo ignoran y no se preocupan lo suficiente para cambiar y cumplir su deber con el mundo y con Dios.

⇒ Dios ve que llevamos una vida egoísta y acaparadora. A veces los ricos tienen que temerles a los pobres, porque en ocasiones los pobres se levantan contra los ricos y amenazan y destruyen la vida de cada uno de ellos. Pero el rico siempre debe temer a Dios, porque Dios es el que puede destruir tanto el cuerpo como el alma en el infierno.

Sucede lo siguiente: Nuestras riquezas y acaparamiento testifican en nuestra contra mientras estemos en la tierra. Pero al testimonio que debemos temer más es el testimonio que llevaremos el día terrible del juicio eterno.

2. Las riquezas consumirán nuestra carne como fuego. Si acaparamos dinero, la pasión de acaparar cada vez más dinero nos quemará por dentro. Mientras más acaparemos, más desearemos acaparar. Deseos y cada vez más deseos nos quemarán por dentro, y la pasión por cada vez más nos consumirá. Nunca estaremos satisfechos ni realizados en la vida. El fuego de la pasión y el deseo por las riquezas nos destruirán ahora y para siempre. Consumirá nuestra carne y se convertirá en el fuego y pasión consumidores de nuestra vida: Arderá cada vez más, y nos consumirá cada vez más hasta que nos destruya eternamente.

> "Y arrojando las piezas de plata en el templo, salió, y fue y se ahorcó" (Mt. 27:5).
>
> "Porque los que quieren enriquecerse caen en tentación y lazo, y en muchas codicias necias y dañosas, que hunden a los hombres en destrucción y perdición; porque raíz de todos los males es el amor al dinero, el cual codiciando algunos, se extraviaron de la fe, y fueron traspasados de muchos dolores" (1 Ti. 6:9-10).
>
> "Vuestro oro y plata están enmohecidos; y su moho testificará contra vosotros, y devorará del todo vuestras carnes como fuego. Habéis acumulado tesoros para los días postreros" (Stg. 5:3).
>
> "El que ama el dinero, no se saciará de dinero; y el que ama el mucho tener, no sacará fruto. También esto es vanidad" (Ec. 5:10).
>
> "¡Ay del que codicia injusta ganancia para su casa, para poner en alto su nido, para escaparse del poder del mal!" (Hab. 2:9).
>
> "Alborota su casa el codicioso; mas el que aborrece el soborno vivirá" (Pr. 15:27).
>
> "Como la perdiz que cubre lo que no puso, es el que injustamente amontona riquezas; en la mitad de

sus días las dejará, y en su postrimería será insensato" (Jer. 17:11).

3. Las riquezas se almacenarán como un tesoro en nuestra contra en los días postreros. Esto se refiere a los días del juicio venidero cuando todos los hombres tendrán que dar cuenta de ellos a Dios. La palabra *acaparar* ilustra trabajar día tras día y hora tras hora para acaparar tesoros en la tierra, y *al mismo tiempo,* la persona acapara ira contra sí mismo para el día terrible del juicio de Dios. Los tesoros de riquezas que se acaparan se convierten en tesoros de ira acaparados, los que caerán despiadadamente sobre los ricos. ¿Por qué? Porque el rico acapara mientras un mundo de personas necesitadas mueren de hambre, frío, enfermedades, y están condenados eternamente.

> "No os hagáis tesoros en la tierra, donde la polilla y el orín corrompen, y donde ladrones minan y hurtan; sino haceos tesoros en el cielo, donde ni la polilla ni el orín corrompen, y donde ladrones no minan ni hurtan" (Mt. 6:19-20).

> "Porque el Hijo del Hombre vendrá en la gloria de su Padre con sus ángeles, y entonces pagará a cada uno conforme a sus obras" (Mt. 16:27).

> "Mas ¡ay de vosotros, ricos! porque ya tenéis vuestro consuelo" (Lc. 6:24).

> "Porque los que quieren enriquecerse caen en tentación y lazo, y en muchas codicias necias y dañosas, que hunden a los hombres en destrucción y perdición" (1 Ti. 6:9).

> "Y de la manera que está establecido para los hombres que mueran una sola vez, y después de esto el juicio" (He. 9:27).

> "Y si invocáis por Padre a aquel que sin acepción de personas juzga según la obra de cada uno, conducíos en temor todo el tiempo de vuestra peregrinación" (1 P. 1:17).

> "De éstos también profetizó Enoc, séptimo desde Adán, diciendo: He aquí, vino el Señor con sus santas decenas de millares, para hacer juicio contra todos, y dejar convictos a todos los impíos de todas sus obras impías que han hecho impíamente, y de todas las cosas duras que los pecadores impíos han hablado contra él. Estos son murmuradores, querellosos, que andan según sus propios deseos, cuya boca habla cosas infladas, adulando a las personas para sacar provecho" (Jud. 14-16).

> "Y vi a los muertos, grandes y pequeños, de pie ante Dios; y los libros fueron abiertos, y otro libro fue abierto, el cual es el libro de la vida; y fueron juzgados los muertos por las cosas que estaban escritas en los libros, según sus obras" (Ap. 20:12).

> "He aquí yo vengo pronto, y mi galardón conmigo, para recompensar a cada uno según sea su obra" (Ap. 22:12).

> "Yo Jehová, que escudriño la mente, que pruebo el corazón, para dar a cada uno según su camino, según el fruto de sus obras" (Jer. 17:10).

4 (5:4-6) *Fortuna — Riquezas:* Tercera amonestación de Dios, lloren y aúllen por la forma en la que viven como ricos. Se dan cuatro descripciones.

1. Algunos ricos engañan, roban y estafan a los obreros. Note lo que sucede por lo general cuando lo hacen: La persona engañada grita a Dios en su sufrimiento. Cuando lo hace, Dios lo escucha. Y note quién es Dios: El Señor de Sabaot. Esta es la palabra hebrea que significa Señor de las huestes o Señor de los ejércitos. Se refiere a la omnipotencia de Dios, su poder ilimitado para ayudar a los pobres, a los desfavorecidos, a los oprimidos. Dios traerá juicio, ira e infierno sobre los opresores. Esto es exactamente lo que Dios hará a los que engañan y estafan a los obreros y trabajadores del mundo. Los ricos pueden tobar y estafar…

- no pagando jornales justos.
- no pagando todo el jornal de una hora o un día.
- no pagando todo el trabajo hecho.
- no teniendo más de lo que debieran.
- añadiéndole a la suma que el obrero debe por suministros.
- añadiéndole peso a las pesas que miden lo que se compra.

La lista de cómo el rico engaña al obrero y al pobre podría ser interminable. Las Escrituras tienen mucho que decir sobre engañar a las personas con sus jornales.

⇒ La persona que miente para obtener riquezas es una persona que busca la muerte.

> "Amontonar tesoros con lengua mentirosa es aliento fugaz de aquellos que buscan la muerte" (Pr. 21:6).

⇒ La persona que oprime al pobre sufrirá un día de necesidad severa.

> "El que oprime al pobre para aumentar sus ganancias, o que da al rico, ciertamente se empobrecerá" (Pr. 22:16).

⇒ La persona que roba para obtener riquezas morirá repentinamente justo a mitad de su día. Demostrará ser un tonto.

> "Como la perdiz que cubre lo que no puso, es el que injustamente amontona riquezas; en la mitad de sus días las dejará, y en su postrimería será insensato" (Jer. 17:11).

⇒ La persona que edifica una propiedad por medios fraudulentos es amonestada y será condenada.

> "¡Ay del que edifica su casa sin justicia, y sus salas sin equidad, sirviéndose de su prójimo de balde, y no dándole el salario de su trabajo!" (Jer. 22:13).

⇒ La persona que obtiene ganancias de modo deshonesto será castigada por la propia mano de Dios.

> "Y he aquí que batí mis manos a causa de tu avaricia que cometiste, y a causa de la sangre que derramaste en medio de ti" (Ez. 22:13).

⇒ Dios nunca olvidará una sola de las obras deshonestas del rico.

> "Oíd esto, los que explotáis a los menesterosos, y arruináis a los pobres de la tierra, diciendo: ¿Cuándo pasará el mes, y venderemos el trigo; y la semana, y abriremos los graneros del pan, y achicaremos la medida, y subiremos el precio, y falsearemos con engaño la

balanza, para comprar los pobres por dinero, y los necesitados por un par de zapatos, y venderemos los desechos del trigo? Jehová juró por la gloria de Jacob: No me olvidaré jamás de todas sus obras" (Am. 8:4-7).

⇒ La persona que oprime al obrero enfrentará el juicio de Dios.

"Y vendré a vosotros para juicio; y seré pronto testigo contra los hechiceros y adúlteros, contra los que juran mentira, y los que defraudan en su salario al jornalero, a la viuda y al huérfano, y los que hacen injusticia al extranjero, no teniendo temor de mí, dice Jehová de los ejércitos" (Mal. 3:5).

Las Escrituras también tienen mucho que decir sobre el trato justo a los obreros. Nadie debe obtener dinero por medio de extorsión ni cobrar más intereses o impuestos de lo que debe.

"para apartar del juicio a los pobres, y para quitar el derecho a los afligidos de mi pueblo; para despojar a las viudas, y robar a los huérfanos!" (Is. 10:2).

"Precio recibieron en ti para derramar sangre; interés y usura tomaste, y a tus prójimos defraudaste con violencia; te olvidaste de mí, dice Jehová el Señor" (Ez. 22:12).

"Por tanto, puesto que vejáis al pobre y recibís de él carga de trigo, edificasteis casas de piedra labrada, mas no las habitaréis; plantasteis hermosas viñas, mas no beberéis el vino de ellas" (Am. 5:11).

"Pero saliendo aquel siervo, halló a uno de sus consiervos, que le debía cien denarios; y asiendo de él, le ahogaba, diciendo: Págame lo que me debes" (Mt. 18:28).

"¡Ay de vosotros, escribas y fariseos, hipócritas! porque limpiáis lo de fuera del vaso y del plato, pero por dentro estáis llenos de robo y de injusticia" (Mt. 23:25).

"Él les dijo: No exijáis más de lo que os está ordenado" (Lc. 3:13).

"No oprimirás al jornalero pobre y menesteroso, ya sea de tus hermanos o de los extranjeros que habitan en tu tierra dentro de tus ciudades. En su día le darás su jornal, y no se pondrá el sol sin dárselo; pues es pobre, y con él sustenta su vida; para que no clame contra ti a Jehová, y sea en ti pecado" (Dt. 24:14-15).

"No oprimirás a tu prójimo, ni le robarás. No retendrás el salario del jornalero en tu casa hasta la mañana" (Lv. 19:13).

"No te niegues a hacer el bien a quien es debido, cuando tuvieres poder para hacerlo. No digas a tu prójimo: Anda, y vuelve, y mañana te daré, cuando tienes contigo qué darle" (Pr. 3:27-28).

2. Note otro elemento. Los ricos que acaparan dinero viven egoístamente en los deleites y placeres de este mundo. Acaparan y conforman cuentas bancarias y edifican propiedades. Viven en los deleites de…

- grandes casas
- grandes autos
- recreación
- alimento
- honra
- fama
- ego
- autoestima
- sexo
- poder
- reconocimiento
- éxito
- posición

Tratan de llevar una vida de placer y gratificación, de ser conocidos y reconocidos como personas de éxito y poder, como personas que pueden tener y disfrutar lo que esta tierra tienen para ofrecerles. Note cómo una vida egoísta olvida a Dios y los llamados de los desesperados y necesitados del mundo.

"Hombre necesitado será el que ama el deleite, y el que ama el vino y los ungüentos no se enriquecerá" (Pr. 21:17).

"Oye, pues, ahora esto, mujer voluptuosa, tú que estás sentada confiadamente, tú que dices en tu corazón: Yo soy, y fuera de mí no hay más; no quedaré viuda, ni conoceré orfandad. Estas dos cosas te vendrán de repente en un mismo día, orfandad y viudez; en toda su fuerza vendrán sobre ti, a pesar de la multitud de tus hechizos y de tus muchos encantamientos" (Is. 47:8-9).

"La que cayó entre espinos, éstos son los que oyen, pero yéndose, son ahogados por los afanes y las riquezas y los placeres de la vida, y no llevan fruto" (Lc. 8:14).

"y diré a mi alma: Alma, muchos bienes tienes guardados para muchos años; repósate, come, bebe, regocíjate" (Lc. 12:19).

"Pero la que se entrega a los placeres, viviendo está muerta" (1 Ti. 5:6).

"Porque como en los días antes del diluvio estaban comiendo y bebiendo, casándose y dando en casamiento, hasta el día en que Noé entró en el arca, y no entendieron hasta que vino el diluvio y se los llevó a todos, así será también la venida del Hijo del Hombre" (Mt. 24:38-39).

"¡Ay de los reposados en Sion, y de los confiados en el monte de Samaria, los notables y principales entre las naciones, a los cuales acude la casa de Israel!… Duermen en camas de marfil, y reposan sobre sus lechos; y comen los corderos del rebaño, y los novillos de en medio del engordadero" (Am. 6:1, 4).

3. Las personas que acaparan su dinero se están engordando para el día de la matanza. Esto es una metáfora; no obstante, es la advertencia de Dios para todos nosotros que acaparamos y acumulamos más de lo que necesitamos. Somos ricos en comparación con los pobres, los necesitados y los moribundos de este mundo. Nuestro acaparamiento nos añade cada vez más peso para el día venidero de la matanza, es decir, para la ira del juicio terrible de Dios.

"Pero por tu dureza y por tu corazón no arrepentido, atesoras para ti mismo ira para el día de la ira y de la revelación del justo juicio de Dios, el cual pagará a cada uno conforme a sus obras" (Ro. 2:5-6).

"sabe el Señor librar de tentación a los piadosos, y reservar a los injustos para ser castigados en el día del juicio" (2 P. 2:9).

"pero los cielos y la tierra que existen ahora, están reservados por la misma palabra, guardados para el fuego en el día del juicio y de la perdición de los hombres impíos" (2 P. 3:7).

"De éstos también profetizó Enoc, séptimo desde Adán, diciendo: He aquí, vino el Señor con sus santas decenas de millares, para hacer juicio contra todos, y dejar convictos a todos los impíos de todas sus obras impías que han hecho impíamente, y de todas las cosas duras que los pecadores impíos han hablado contra él" (Jud. 14-15).

4. Algunos de los ricos condenan y matan a los justos, y los justos no los resisten. Note lo siguiente: La persona que más desagrada a los ricos es la persona que enseña el sacrificio, que debemos dar todo cuanto somos y tenemos para satisfacer las necesidades del mundo. Por consiguiente, el rico rechaza y condena al justo. El rico rechaza el mensaje de sacrificio y dádiva expiatoria que el justo practica y enseña. Además, en una sociedad que se entrega a la codicia y al placer, el rico y el poderoso hasta perseguirán y matarán al justo por su mensaje.

Nota: Los justos no toman represalias. Ellos solos se mantienen proclamando el mensaje del evangelio glorioso de Cristo Jesús. Ellos continúan supliendo las necesidades imperiosas de los hambrientos, los enfermos, los pobres y los necesitados del mundo.

"Bienaventurados sois cuando por mi causa os vituperen y os persigan, y digan toda clase de mal contra vosotros, mintiendo" (Mt. 5:11).

"Y guardaos de los hombres, porque os entregarán a los concilios, y en sus sinagogas os azotarán; y aun ante gobernadores y reyes seréis llevados por causa de mí, para testimonio a ellos y a los gentiles" (Mt. 10:17-18).

"Y seréis aborrecidos de todos por causa de mi nombre; mas el que persevere hasta el fin, éste será salvo" (Mt. 10:22).

"Entonces respondiendo Pedro, le dijo: He aquí, nosotros lo hemos dejado todo, y te hemos seguido; ¿qué, pues, tendremos?" (Mt. 19:27).

"Y decía a todos: Si alguno quiere venir en pos de mí, niéguese a sí mismo, tome su cruz cada día, y sígame" (Lc. 9:23).

"Si el mundo os aborrece, sabed que a mí me ha aborrecido antes que a vosotros. Si fuerais del mundo, el mundo amaría lo suyo; pero porque no sois del mundo, antes yo os elegí del mundo, por eso el mundo os aborrece. Acordaos de la palabra que yo os he dicho: El siervo no es mayor que su señor. Si a mí me han perseguido, también a vosotros os perseguirán; si han guardado mi palabra, también guardarán la vuestra" (Jn. 15:18-20).

"Porque nosotros que vivimos, siempre estamos entregados a muerte por causa de Jesús, para que también la vida de Jesús se manifieste en nuestra carne mortal" (2 Co. 4:11).

	VI. TENTACIONES Y PRUEBAS: COMBATIDAS PASO A PASO, 5:7-20 A. Paso 1: Sean pacientes, resistan, manténganse centrados en el regreso del Señor, 5:7-11	del Señor se acerca. 9 Hermanos, no os quejéis unos contra otros, para que no seáis condenados; he aquí, el juez está delante de la puerta.	b. No se quejen, no sea que sean juzgados
1 Sean pacientes, porque el Señor vendrá de nuevo 2 Sean pacientes como el labrador, porque se acerca la venida del Señor a. Los creyentes deben afirmar su corazón	7 Por tanto, hermanos, tened paciencia hasta la venida del Señor. Mirad cómo el labrador espera el precioso fruto de la tierra, aguardando con paciencia hasta que reciba la lluvia temprana y la tardía. 8 Tened también vosotros paciencia, y afirmad vuestros corazones; porque la venida	10 Hermanos míos, tomad como ejemplo de aflicción y de paciencia a los profetas que hablaron en nombre del Señor. 11 He aquí, tenemos por bienaventurados a los que sufren. Habéis oído de la paciencia de Job, y habéis visto el fin del Señor, que el Señor es muy misericordioso y compasivo.	3 Sean pacientes como los profetas en su sufrimiento, porque creyeron y hablaron en el nombre del Señor 4 Sean tan pacientes como Job al sufrir sus pruebas y tentaciones, porque él vio el fin del Señor, que el Señor estaba lleno de compasión y misericordia

DIVISIÓN VI

TENTACIONES Y PRUEBAS: COMBATIDAS PASO A PASO, 5:7-20

A. Paso 1: Sean pacientes, resistan, manténganse centrados en el regreso del Señor, 5:7-11

(5:7-20) *Revisión de la división: Tentaciones — Pruebas, victoria sobre:* Aquí comienza la última sección de la *Epístola de Santiago,* una epístola que analiza las tentaciones y pruebas que nos confrontan y atacan día tras día. Ha sido un estudio muy útil y esta última sección es igualmente útil. Se deben combatir las tentaciones y pruebas paso a paso con el fin de vencerlas. Si queremos vencer las tentaciones y pruebas de la vida, entonces debemos combatirlas paso a paso. En particular, hay dos pasos que se deben dar.

1. Paso 1: Sean pacientes, resistan, manténganse centrados en el regreso del Señor (Stg. 5:7-11).
2. Paso 2: Enfrenten cada circunstancia y respondan apropiadamente (Stg. 5:12-20).

(5:7-11) *Introducción:* Las tentaciones y pruebas de la vida son enemigos terribles. Si cedemos ante las tentaciones pueden esclavizarnos y destruirnos sin darnos cuenta. Las tentaciones pueden atarnos al mundo y a sus posesiones y placeres o de lo contrario pueden destruir nuestra voluntad, nuestra familia, amistades o trabajos. Las pruebas de la vida pueden desestabilizar y destruir nuestra vida, y si no estamos en guardia, nos pueden destruir en algún accidente, suceso maligno, enfermedad o muerte. ¿Cómo podemos vencer las tentaciones y pruebas, vencer y gozar de una victoria permanente sobre ellas? Hay dos pasos. El primer paso está cubierto en este pasaje: *Sean pacientes, resistan, manténganse centrados en el regreso del Señor.*

1. Sean pacientes, porque el Señor vendrá de nuevo (v. 7).

2. Sean pacientes como el labrador, porque se acerca la venida del Señor (vv. 7-9).

3. Sean pacientes como los profetas en su sufrimiento, porque creyeron y hablaron en el nombre del Señor (v. 10).

4. Sean tan pacientes como Job al sufrir sus pruebas y tentaciones, porque él vio el fin del Señor, que el Señor estaba lleno de compasión y misericordia (v. 11).

1 (5:7) *Paciente — Jesucristo, regreso:* Sean pacientes, porque el Señor vendrá de nuevo. Una y otra vez las Escrituras declaran con términos nada inciertos que Jesucristo vendrá de nuevo y regresará a la tierra.

⇒ Cristo vendrá de nuevo para recompensar a cada persona por su trabajo.

"Porque el Hijo del Hombre vendrá en la gloria de su Padre con sus ángeles, y entonces pagará a cada uno conforme a sus obras" (Mt. 16:27).

⇒ Cristo vendrá de nuevo para separar a sus ovejas de las cabras.

"Cuando el Hijo del Hombre venga en su gloria, y todos los santos ángeles con él, entonces se sentará en su trono de gloria, y serán reunidas delante de él todas las naciones; y apartará los unos de los otros, como aparta el pastor las ovejas de los cabritos" (Mt. 25:31-32).

⇒ Cristo vendrá de nuevo para juzgar tanto a los vivos como a los muertos.

"Te encarezco delante de Dios y del Señor Jesucristo, que juzgará a los vivos y a los muertos en su manifestación y en su reino" (2 Ti. 4:1).

⇒ Cristo vendrá de nuevo para traer juicio sobre los incrédulos y los impíos de la tierra.

"De éstos también profetizó Enoc, séptimo desde Adán, diciendo: He aquí, vino el Señor con sus santas

decenas de millares, para hacer juicio contra todos, y dejar convictos a todos los impíos de todas sus obras impías que han hecho impíamente, y de todas las cosas duras que los pecadores impíos han hablado contra él" (Jud. 14-15).

⇒ Cristo vendrá de nuevo para juzgar a los creyentes.

"Porque es necesario que todos nosotros comparezcamos ante el tribunal de Cristo, para que cada uno reciba según lo que haya hecho mientras estaba en el cuerpo, sea bueno o sea malo" (2 Co. 5:10).

Note también lo que las Escrituras declaran sobre el regreso de Cristo y los creyentes. Declara con suma claridad cómo deben vivir los creyentes.

⇒ Los creyentes deben mantenerse ocupados, ocupados en servir al Señor hasta que regrese.

"Y llamando a diez siervos suyos, les dio diez minas, y les dijo: Negociad entre tanto que vengo" (Lc. 19:13).

⇒ Los creyentes no deben relajarse ni un tanto ni carecer de una sola dádiva hasta que Cristo regrese.

"de tal manera que nada os falta en ningún don, esperando la manifestación de nuestro Señor Jesucristo" (1 Co. 1:7).

⇒ Los creyentes deben ser sin manchas e irreprensibles cuando Cristo regrese.

"que guardes el mandamiento sin mácula ni represión, hasta la aparición de nuestro Señor Jesucristo" (1 Ti. 6:14).

⇒ Los creyentes deben negar la infamia y los deseos mundanos y vivir sensata, justa y piadosamente hasta que Cristo regrese.

"enseñándonos que, renunciando a la impiedad y a los deseos mundanos, vivamos en este siglo sobria, justa y piadosamente, aguardando la esperanza bienaventurada y la manifestación gloriosa de nuestro gran Dios y Salvador Jesucristo" (Tit. 2:12-13).

⇒ Los creyentes deben vivir así para no sentirse avergonzados antes de que Cristo regrese.

"Y ahora, hijitos, permaneced en él, para que cuando se manifieste, tengamos confianza, para que en su venida no nos alejemos de él avergonzados" (1 Jn. 2:28).

Ahora bien, en esto consiste este pasaje. Debemos ser pacientes, resistir todas las tentaciones y pruebas de la vida, no importa cuán fuerte y terrible pueda ser su ataque. Debemos combatir pacientemente su poder esclavista y el espíritu de desaliento y derrota que puede arrasar con nuestra alma sin darnos cuenta. El Señor vendrá y nos recompensará o juzgará. Y se da algo por sentado: Ninguno de nosotros quiere ser condenado cuando Él regrese (v. 9). Por consiguiente, ¿cómo podemos vencer las tentaciones y pruebas de la vida? ¿Cómo podemos vencerlas y estar seguros de que seremos recompensados por el Señor cuando Él regrese? Hay una y solo una manera: Ser pacientes, resistir, mantenernos centrados en el regreso del Señor.

La palabra "paciencia" (makrothumeo) quiere decir resignación, soportar y sufrir mucho tiempo, perseverar, ser constante, firme e imperecedero. Nota: Este es un tipo muy especial de paciencia, una paciencia espiritual que nunca cede; persevera y continúa sufriendo sin importar qué la ataquen. Se necesitan tener en cuenta dos aspectos significativos sobre esta paciencia espiritual.

⇒ Primero, la paciencia espiritual *no es una aceptación pasiva.* No se queda de brazos cruzados y acepta las pruebas y tentaciones como si fueran parte de la vida ante lo cual nada se puede hacer. La paciencia espiritual es una resistencia activa y luchadora que confronta las pruebas y tentaciones y que se dispone a vencerlas. La victoria es el propósito de confrontarlas y mantenerse firmes contra ellas pacientemente. El creyente las confronta pacientemente para vencerlas, no para ser derrotado por ellas.

⇒ Segundo, la paciencia espiritual es *un fruto del Espíritu* (vea la nota, punto 4 — Gá. 5:22-23 para un análisis). Cuando el creyente se enfrenta a alguna prueba o tentación, el Espíritu Santo despierta un instinto a combatir la situación y a vencerla. El despertar o instinto es provocado por el Espíritu de Dios. Depende de nosotros responder y seguir ese instinto del Espíritu y perseverar. Depende de nosotros rehusarnos a ceder a la esclavitud, al desaliento y la derrota. Este tipo de paciencia es una paciencia espiritual, una obra del Espíritu Santo y solo se puede lograr confiando en el Espíritu de Dios. Por lo tanto, el creyente debe confiar en el Espíritu de Dios para que inste su corazón a mantenerse firme contra la tentación y la prueba y luego debe ejercer su propia voluntad y energía para vencer la situación. Cuando el Espíritu Santo hace su parte, el creyente debe hacer la suya. El creyente debe combatir pacientemente la tentación o prueba cuando el Espíritu de Dios inste su corazón. El creyente debe mantenerse firme y no ceder ante el pecado de la tentación o el desaliento de la prueba. Debe pelear y luchar, perseverar y resistir, continuar sufriendo pacientemente la tentación o prueba y mientras tanto, debe mantenerse centrado en la meta y el fin: "El regreso del Señor Jesucristo". Mantenerse centrado en el regreso de su maravilloso Señor hará que el creyente siga la guía y poder del Espíritu Santo combatiendo todas las tentaciones y pruebas.

2 (5:7-9) *Paciencia — Labrador:* Sean pacientes como el labrador, porque la venida del Señor se acerca una vez más. El labrador es un buen ejemplo del tipo de paciencia que los creyentes que aguardan deben tener al esperar *el regreso del Señor.* El labrador siembra su semilla y espera pacientemente que la lluvia temprana germine su semilla y que la lluvia tardía madure el fruto. Note lo siguiente: El labrador anhela el día de la cosecha con gran expectativa, tanto que hace todo cuanto puede para proteger el glorioso día de la cosecha. Combate las pruebas de la sequía y las inundaciones, los insectos y las enfermedades, las malas hierbas y la zarza del mundo. No importa qué lo confronte, el labrador resiste pacientemente la prueba y el combate a cada paso del camino. Hace todo cuanto puede para vencer la prueba. ¿Por qué? ¿Por qué trabaja de modo tan diligente? ¿Resiste de modo tan paciente? Porque está centrado en el gran día de la cosecha.

Este ejemplo es fuerte para los creyentes: "Creyentes, ustedes también sean pacientes, resistan pacientemente como el labrador. Hagan dos cosas".

1.   Los creyentes debemos "afirmar" (sterixate) nuestro corazón. La palabra quiere decir afianzar, fijar, estar firme (W. E. Vine, *Diccionario expositivo de las palabras del Nuevo Testamento,* p. 41). Debemos afirmar nuestro corazón en la venida del Señor, porque se acerca su venida. La idea es que se acerca cada vez más y que puede suceder en cualquier momento. Debemos centrar y afirmar nuestro corazón en su regreso, anhelarlo día tras día tal como el labrador anhela su gran día de cosecha. Anhelar el gran día de redención, el regreso glorioso del Señor, nos instará a combatir la tentación y la prueba paso a paso. Nos instará a resistir pacientemente sin tener en cuenta la situación y al resistir pacientemente venceremos, no importa cuán mala pueda ser la situación.

> "Así que, hermanos míos amados, estad firmes y constantes, creciendo en la obra del Señor siempre, sabiendo que vuestro trabajo en el Señor no es en vano" (1 Co. 15:58).
>
> "Estad, pues, firmes en la libertad con que Cristo nos hizo libres, y no estéis otra vez sujetos al yugo de esclavitud" (Gá. 5:1).
>
> "No nos cansemos, pues, de hacer bien; porque a su tiempo segaremos, si no desmayamos" (Gá. 6:9).
>
> "Solamente que os comportéis como es digno del evangelio de Cristo, para que o sea que vaya a veros, o que esté ausente, oiga de vosotros que estáis firmes en un mismo espíritu, combatiendo unánimes por la fe del evangelio" (Fil. 1:27).
>
> "Por tanto, nosotros también, teniendo en derredor nuestro tan grande nube de testigos, despojémonos de todo peso y del pecado que nos asedia, y corramos con paciencia la carrera que tenemos por delante" (He. 12:1).
>
> "Sed sobrios, y velad; porque vuestro adversario el diablo, como león rugiente, anda alrededor buscando a quien devorar; al cual resistid firmes en la fe, sabiendo que los mismos padecimientos se van cumpliendo en vuestros hermanos en todo el mundo" (1 P. 5:8-9).
>
> "Así que vosotros, oh amados, sabiéndolo de antemano, guardaos, no sea que arrastrados por el error de los inicuos, caigáis de vuestra firmeza" (2 P. 3:17).
>
> "He aquí, yo vengo pronto; retén lo que tienes, para que ninguno tome tu corona" (Ap. 3:11).

2.   Los creyentes no debemos quejarnos unos con otros, murmurar de otros, ni juzgar a otros creyentes. No debemos quejarnos de nuestras situaciones, nuestras pruebas y tentaciones y no debemos culparnos unos a otros por los que nos sucede. Esto es algo que Dios no tolerará. Note las Escrituras: Si nos quejamos, murmuramos y rezongamos, seremos condenados. Y, "He aquí, el juez está delante de la puerta". Esto

es una advertencia, una advertencia fuerte. El Señor juzgará a todos los creyentes que se quejen, murmuren, rezonguen y juzguen a otros en lugar de vencer las pruebas y tentaciones de la vida. Y su juicio está cerca, llamando a la puerta, listo para ejecutarlo contra los hombres.

> "Ni murmuréis, como algunos de ellos murmuraron, y perecieron por el destructor" (1 Co. 10:10).
>
> "Haced todo sin murmuraciones y contiendas" (Fil. 2:14).
>
> "La insensatez del hombre tuerce su camino, y luego contra Jehová se irrita su corazón" (Pr. 19:3).
>
> "¿Por qué se lamenta el hombre viviente? Laméntese el hombre en su pecado" (Lm. 3:39).

3 (5:10) *Paciencia — Profetas:* Sean tan pacientes como los profetas en su sufrimiento y aflicción, porque ellos creyeron y hablaron en el nombre del Señor. Lo que Santiago quiere decir es lo siguiente: "Miren a los profetas. Miren a aquellos que los han antecedido, hombres y mujeres que creyeron y tuvieron esperanza en Dios y dieron testimonio de Dios. Enfrentaron todo tipo de pruebas y tentaciones, pero pacientemente las resistieron, combatieron y vencieron. Miren a los profetas y tendrán un gran ejemplo a seguir de resistencia paciente". Como dice la carta a los hebreos:

> "Otros experimentaron vituperios y azotes, y a más de esto prisiones y cárceles. Fueron apedreados, aserrados, puestos a prueba, muertos a filo de espada; anduvieron de acá para allá cubiertos de pieles de ovejas y de cabras, pobres, angustiados, maltratados; de los cuales el mundo no era digno; errando por los desiertos, por los montes, por las cuevas y por las cavernas de la tierra" (He. 11:36-38).

Los profetas soportaron pacientemente todas las pruebas y tentaciones de la vida. Se mantuvieron firmes, se aferraron a su fe en Dios, combatieron las pruebas y tentaciones a cada paso del camino. Se rehusaron a rendirse y a cuestionar a Dios y quejarse y rezongar contra Él. Por el contrario, continuaron proclamando la salvación y la esperanza de Dios para el mundo. Continuaron creyendo y hablando por Dios a pesar de las pruebas y tentaciones terribles que le venían encima.

> "Y ellos salieron de la presencia del concilio, gozosos de haber sido tenidos por dignos de padecer afrenta por causa del Nombre" (Hch. 5:41).
>
> "Y si hijos, también herederos; herederos de Dios y coherederos con Cristo, si es que padecemos juntamente con él, para que juntamente con él seamos glorificados" (Ro. 8:17).
>
> "escogiendo antes ser maltratado con el pueblo de Dios, que gozar de los deleites temporales del pecado" (He. 11:25).
>
> "Hermanos míos, tomad como ejemplo de aflicción y de paciencia a los profetas que hablaron en nombre del Señor" (Stg. 5:10).
>
> "Pues ¿qué gloria es, si pecando sois abofeteados, y lo soportáis? Mas si haciendo lo bueno sufrís, y lo soportáis, esto ciertamente es aprobado delante de Dios" (1 P. 2:20).
>
> "Mas el Dios de toda gracia, que nos llamó a su gloria eterna en Jesucristo, después que hayáis padeci-

do un poco de tiempo, él mismo os perfeccione, afirme, fortalezca y establezca" (1 P. 5:10).

4 (5:11) *Paciencia — Job:* Sean tan pacientes como Job al sufrir las pruebas y tentaciones, porque él vio el fin del Señor, que el Señor estaba lleno de compasión y misericordia. Pocas personas han sufrido las pruebas y tentaciones de la vida tanto como sufrió Job. Él sufrió una total bancarrota, la pérdida de todas sus propiedades, ganado, y empleados y luego, en el golpe más severo de todos, perdió todos sus hijos en un accidente. Además de todo esto, su esposa le peleaba porque él se negaba a quejarse y maldecir a Dios por destruir la vida de cada uno de ellos. Pero note lo siguiente: Job nunca se rindió ante las pruebas y tentaciones. Nunca abandonó su fe en Dios. Él no comprendía todo lo que le sucedía, pero se negó a volverse en contra de Dios. Se mantuvo firme y resistió pacientemente, luchando para vencer todas las pruebas y vencerlas en el nombre de Dios.

> "He aquí, aunque él me matare, en él esperaré; no obstante, defenderé delante de él mis caminos" (Job 13:15).
> "Mas he aquí que en los cielos está mi testigo, y mi testimonio en las alturas" (Job 16:19).
> "Yo sé que mi Redentor vive, y al fin se levantará sobre el polvo" (Job 19:25).

Sucede lo siguiente: Job se mantuvo centrado en el fin, es decir, en el Señor y la gran esperanza del Señor. El Señor llevó a Job a través de todas sus pruebas y tentaciones bendiciéndolo con la presencia misma del propio Dios, con la compasión y misericordia de Dios. Job resistió; por consiguiente, lo consideramos bendecido o feliz.

Pensamiento 1. El creyente debe soportar las aflicciones de las pruebas y tentaciones centrándose en el fin, es decir, en el regreso del Señor Jesucristo. Cuando lo hagamos, la compasión y misericordia de Dios fluirá sobre y a través de nosotros. Dios nos liberará con su propia presencia. Él nos liberará a través de las pruebas y tentaciones de la vida, concediéndonos la vida más victoriosa que se pueda imaginar.

> "Y seréis aborrecidos de todos por causa de mi nombre; mas el que persevere hasta el fin, éste será salvo" (Mt. 10:22).
> "Bienaventurado el varón que soporta la tentación; porque cuando haya resistido la prueba, recibirá la corona de vida, que Dios ha prometido a los que le aman" (Stg. 1:12).
> "He aquí, tenemos por bienaventurados a los que sufren. Habéis oído de la paciencia de Job, y habéis visto el fin del Señor, que el Señor es muy misericordioso y compasivo" (Stg. 5:11).
> "Por tanto, ceñid los lomos de vuestro entendimiento, sed sobrios, y esperad por completo en la gracia que se os traerá cuando Jesucristo sea manifestado" (1 P. 1:13).
> "Porque esto merece aprobación, si alguno a causa de la conciencia delante de Dios, sufre molestias padeciendo injustamente" (1 P. 2:19).
> "al cual resistid firmes en la fe, sabiendo que los mismos padecimientos se van cumpliendo en vuestros hermanos en todo el mundo" (1 P. 5:9).
> "No obstante, proseguirá el justo su camino, y el limpio de manos aumentará la fuerza" (Job 17:9).

| 1 **Circunstancia 1: Cuando estén afligidos fuertemente, no juren ni maldigan**

2 **Circunstancia 2: Cuando nuestras situaciones cambien de aflicción a alegría, hagamos oración y alabanza**
3 **Circunstancia 3: Cuando estén enfermos, pidan oración de los líderes de la iglesia**
  a. Los pasos
    1) Ungir con aceite
    2) Orar
  b. Los resultados
    1) Restaurado, salvo
    2) Pecados perdonados | **B. Paso 2: Enfrenten cada circunstancia y respondan apropiadamente, 5:12-20**

12 Pero sobre todo, hermanos míos, no juréis, ni por el cielo, ni por la tierra, ni por ningún otro juramento; sino que vuestro sí sea sí, y vuestro no sea no, para que no caigáis en condenación.
13 ¿Está alguno entre vosotros afligido? Haga oración. ¿Está alguno alegre? Cante alabanzas.

14 ¿Está alguno enfermo entre vosotros? Llame a los ancianos de la iglesia, y oren por él, ungiéndole con aceite en el nombre del Señor.

15 Y la oración de fe salvará al enfermo, y el Señor lo levantará; y si hubiere cometido pecados, le serán perdonados. | 16 Confesaos vuestras ofensas unos a otros, y orad unos por otros, para que seáis sanados. La oración eficaz del justo puede mucho.
17 Elías era hombre sujeto a pasiones semejantes a las nuestras, y oró fervientemente para que no lloviese, y no llovió sobre la tierra por tres años y seis meses.
18 Y otra vez oró, y el cielo dio lluvia, y la tierra produjo su fruto.
19 Hermanos, si alguno de entre vosotros se ha extraviado de la verdad, y alguno le hace volver,
20 sepa que el que haga volver al pecador del error de su camino, salvará de muerte un alma, y cubrirá multitud de pecados. | 4 **Circunstancia 4: Cuando hayan pecado, confiésense sus ofensas unos a otros y oren unos por otros**
  a. Porque la oración ferviente y eficaz de un creyente puede mucho
  b. Por el ejemplo dinámico de Elías

5 **Circunstancia 5: Cuando alguien recaiga, búsquelo**
  a. Debe buscarse a la persona
  b. La persona debe convertirse
    1) Salvo de la muerte
    2) Cubiertos sus pecados |

DIVISIÓN VI

TENTACIONES Y PRUEBAS: COMBATIDAS PASO A PASO, 5:7-20

B. Paso 2: Enfrenten cada circunstancia y respondan apropiadamente, 5:12-20

(5:12-20) *Introducción:* ¿Cómo podemos combatir y vencer las tentaciones de la vida? Se deben tomar dos pasos. El primer paso se ha analizado en el pasaje anterior: Ser pacientes y resistir, mantenerse centrados en el regreso del Señor Jesucristo. Ahora bien, se debe tomar el segundo paso: Tomar cada circunstancia y responder apropiadamente.

1. Circunstancia 1: Cuando estén afligidos fuertemente, no juren ni maldigan (v. 12).
2. Circunstancia 2: Cuando nuestras situaciones cambien de aflicción a alegría, hagamos oración y alabanza (v. 13).
3. Circunstancia 3: Cuando estén enfermos, pidan oración de los líderes de la iglesia (vv. 14-15).
4. Circunstancia 4: Cuando hayan pecado, confiésense sus ofensas unos a otros y oren unos por otros (vv. 16-18).
5. Circunstancia 5: Cuando alguien recaiga, búsquelo (vv. 19-20).

1 (5:12) *Jurar — Maldecir:* Tenemos la primera circunstancia. Cuando estén afligidos fuertemente por alguna prueba

o tentación, no juren ni maldigan. Jurar o maldecir es muy común hoy día, tan común que trágicamente se ha vuelto una costumbre aceptable en la sociedad. Es trágico por lo que dicen las Escrituras al respecto. Note exactamente lo que dice el versículo: "Pero sobre todo, hermanos míos, no juréis". Sobre todas las cosas: Las Escrituras ubican jurar y maldecir en el inicio de la lista de sus prohibiciones. No debemos jurar ni maldecir. ¿Por qué? ¿Por qué las Escrituras ubicarían jurar y maldecir al inicio de la lista de las cosas que no se deben hacer? Porque jurar y maldecir son tomar el nombre de Dios en vano o igualmente mostrar lo despreciable que es el hombre. La palabra de un hombre es el reflejo de sí mismo. Es verdadero o falso. Es igualmente digno o indigno de confianza. Si su palabra no es verdadera, él ha perdido su veracidad y valía. Por ende, no debe haber necesidad de juramentos. No debe haber necesidad de reforzamiento de la palabra de un hombre, porque uno no debe fiarse de la palabra de un hombre. Su palabra debe ser independiente, segura y objetiva. Cuando no es así y maldice o jura, muestra un corazón perturbado, carente o maligno. No importa quién pueda ser la persona, cuán alta o humilde su posición en la sociedad, sus palabras revelan la verdad de su corazón: relajado, seguro, apacible, pleno, y bueno o de lo contrario perturbado, inseguro, carente y maligno.

Note tres aspectos significativos. (Vea el subíndice, nota y fundamentalmente *Estudio a fondo 1 — Mt. 5:33-37* para un mayor análisis.)

1. Hay al menos seis formas de jurar.

   a. El *jurar por medio de juramentos.* Jesús fue conjurado por su juramento (Mt. 26:63) y Pablo juró haciendo un juramento (2 Co. 1:23; Gá. 1:20). ¿Qué quiere decir Santiago entonces al decir, "no juréis"? Sencillamente que la palabra de un hombre debe ser digna de confianza en su discurso diario, tan digna de confianza que no es necesario juramento alguno. Su carácter debe ser su garantía, la única garantía que necesite.

   También es posible una segunda explicación. Los hombres son malos, tan indignos de confianza en sus quehaceres diarios que los hombres del mundo requieren de juramentos. Sin embargo, como se planteó anteriormente, la palabra y el carácter del creyente deben ser su garantía.

   b. El *jurar habitual y frívolo.* Se dice que el injusto tiene "su boca llena de maldición y amargura" (Ro. 3:10, 14).

   c. El *jurar hipócrita.* Hay algunos que "bendicen a Dios" en un instante y en el próximo "maldicen a los hombres". "De una misma boca proceden bendición y maldición" (Stg. 3:9-10).

   d. El *jurar silencioso y universal.* Todo hombre está acusado de maldecir en su corazón y en silencio a otros. "Porque tu corazón sabe que tú también dijiste mal de otros muchas veces" (Ec. 7:22).

   e. El *jurar evasivo.* Algunos no usan palabras que son obscenas, sucias, feas, crueles o inapelables. Nunca usarían el nombre de Dios en vano. Más bien, eligen equivalentes, palabras que son comúnmente usadas en las conversaciones diarias, palabras que nunca se considerarían como juramentos. Otros eligen lo que se cree sean palabras más suaves. Al evadir el jurar cruel, creen que su palabra no es tan inapelable. Se creen ellos mismos menos culpables.

   f. El *jurar por ego.* Muchos juran para engrandecer su ego, su hombría ante otros. Sienten tener una identidad con la multitud al cruzar a lo prohibido.

2. Una persona no debe jurar por medio de ningún juramento, ni por el cielo ni por la tierra ni por ningún otro juramento. Esto se dice bien claramente en las Escrituras.

   a. No juren por cielo, porque es el trono de Dios: el lugar donde se manifiesta su gloria (Is. 66:1). Jurar por el cielo o maldecir el cielo es jurar por Dios y maldecir a Dios.

   b. No juren por la tierra, porque la tierra es el estrado de Dios: el lugar que Él gobierna y protege (Is. 66:1; Sal. 24:1). Jurar por la tierra o maldecir la tierra es jurar por Dios y maldecir a Dios.

   c. No juren por ningún otro juramento, porque todo el poder es de Dios. En realidad, ningún hombre tiene poder para hacer nada. Por ejemplo, no puede cambiar su estatura. El poder que tiene se lo dio Dios. De hecho, el poder que el hombre cree tener se le puede quitar en cualquier momento. Por lo tanto, realmente no tiene el poder de cumplir sus juramentos. Puede quedar incapacitado físicamente o desaparecer en cualquier momento. El reconocimiento de esta realidad debería hacer que un hombre viva de un modo tan honrado y tan recto que solo su palabra es aceptable. Los juramentos y las promesas no son necesarios.

Note lo siguiente: Todo el poder pertenece a Dios; por ende, un hombre debería reverenciar a Dios, no maldecirlo. Pero observe lo que con frecuencia se maldice: Dios y las cosas de Dios, las cosas mismas que no deberían maldecirse. Esto dice mucho de la naturaleza egoísta y depravada del hombre. Maldecir a Dios es un pecado tan terrible que es uno de los Diez Mandamientos. Incluso se pronuncia un juicio especial sobre el que maldice (Éx. 20:7). Maldecir no tiene sentido, y resulta desconsiderado e irreverente.

> **"Pero yo os digo: No juréis en ninguna manera; ni por el cielo, porque es el trono de Dios" (Mt. 5:34).**
> **"Su boca está llena de maldición y de amargura" (Ro. 3:14).**
> **"pero ningún hombre puede domar la lengua, que es un mal que no puede ser refrenado, llena de veneno mortal. Con ella bendecimos al Dios y Padre, y con ella maldecimos a los hombres, que están hechos a la semejanza de Dios" (Stg. 3:8-9).**
> **"Pero sobre todo, hermanos míos, no juréis, ni por el cielo, ni por la tierra, ni por ningún otro juramento; sino que vuestro sí sea sí, y vuestro no sea no, para que no caigáis en condenación" (Stg. 5:12).**
> **"No tomarás el nombre de Jehová tu Dios en vano; porque no dará por inocente Jehová al que tomare su nombre en vano" (Éx. 20:7).**
> **"Y no juraréis falsamente por mi nombre, profanando así el nombre de tu Dios. Yo Jehová" (Lv. 19:12).**
> **"Llena está su boca de maldición, y de engaños y fraude; debajo de su lengua hay vejación y maldad" (Sal. 10:7).**
> **"Por el pecado de su boca, por la palabra de sus labios, sean ellos presos en su soberbia, y por la maldición y mentira que profieren" (Sal. 59:12).**
> **"Amó la maldición, y ésta le sobrevino; y no quiso la bendición, y ella se alejó de él" (Sal. 109:17).**
> **"porque tu corazón sabe que tú también dijiste mal de otros muchas veces" (Ec. 7:22).**

3. Una persona debe dejar que su palabra sea bien verdadera y que esa sea su garantía. Su palabra debe ser independiente y ser cierta. Un hombre no debe necesitar ninguna otra palabra para demostrar su carácter o su fuerza, no debe jurar ni maldecir. Un hombre no debe necesitar decir más que "sí, lo haré…" o "no, no lo haré…" Su vida debe ser tan honrada y recta que nadie nunca le cuestionará su palabra. Cuando hable, todos deben saber que se hará, que él se ocupará de que

se haga. De hecho, Jesucristo dijo que cualquier otra palabra que no fuera recta era maligna.

> **"Pero sea vuestro hablar: Sí, sí; no, no; porque lo que es más de esto, de mal procede" (Mt. 5:37).**

Algo que a menudo se pasa por alto es lo siguiente: Jurar y maldecir no dan más credibilidad a un asunto; en realidad vuelven el asunto más digno de sospecha. Una persona jura algo porque su carácter o el asunto es cuestionable. ¡Qué acusación de depravación! Aún así jurar y maldecir son los hábitos aceptables de los hombres.

> **"Vosotros sois la sal de la tierra; pero si la sal se desvaneciere, ¿con qué será salada? No sirve más para nada, sino para ser echada fuera y hollada por los hombres" (Mt. 5:13).**
>
> **"Pero sea vuestro hablar: Sí, sí; no, no; porque lo que es más de esto, de mal procede" (Mt. 5:37).**
>
> **"Sea vuestra palabra siempre con gracia, sazonada con sal, para que sepáis cómo debéis responder a cada uno" (Col. 4:6).**
>
> **"Retén la forma de las sanas palabras que de mí oíste, en la fe y amor que es en Cristo Jesús" (2 Ti. 1:13).**
>
> **"presentándote tú en todo como ejemplo de buenas obras; en la enseñanza mostrando integridad, seriedad, palabra sana e irreprochable, de modo que el adversario se avergüence, y no tenga nada malo que decir de vosotros" (Tit. 2:7-8).**

2 (5:13) *Oración — Alabanza:* Tenemos la segunda circunstancia. Cuando nuestras situaciones cambien de aflicción a alegría, hagamos oración y alabanza. Cuando nos vemos en problemas, nosotros oramos. Cuando no tenemos problemas, alabamos. Esto no quiere decir que no alabemos a Dios en medio de los problemas ni que no oremos a Dios en momentos de alegría. Oramos y alabamos a Dios en todo momento. Pero cuando enfrentamos problemas, Dios quiere primeramente que lo busquemos para darnos poder y liberación y coraje para un gran testimonio de Él al atravesar los problemas. Y cuando no tenemos problemas, Dios quiere principalmente que lo alabemos y nos regocijemos en Él.

1. Las tentaciones y pruebas afligen a todos en la tierra, todo tipo de tentaciones y pruebas.

⇒ Hay tentaciones como la mundanalidad, el deseo y el orgullo.

⇒ Hay pruebas como accidentes, decepciones, infidelidades, malos momentos y malos sentimientos.

Cuando circunstancias como esas nos golpean, debemos combatirlas con oración. Debemos orar y buscar la presencia y guía de Dios, su poder y fuerza para atravesar la prueba. Y debemos pedirle coraje a Dios para ser un testimonio dinámico de Él y su gloriosa salvación.

> **"Buscad a Jehová y su poder; buscad su rostro continuamente" (1 Cr. 16:11).**
>
> **"Pedid, y se os dará; buscad, y hallaréis; llamad, y se os abrirá" (Mt. 7:7).**
>
> **"Velad y orad, para que no entréis en tentación; el espíritu a la verdad está dispuesto, pero la carne es débil" (Mt. 26:41).**

> **"También les refirió Jesús una parábola sobre la necesidad de orar siempre, y no desmayar" (Lc. 18:1).**
>
> **"Hasta ahora nada habéis pedido en mi nombre; pedid, y recibiréis, para que vuestro gozo sea cumplido" (Jn. 16:24).**
>
> **"orando en todo tiempo con toda oración y súplica en el Espíritu, y velando en ello con toda perseverancia y súplica por todos los santos" (Ef. 6:18).**
>
> **"Orad sin cesar" (1 Ts. 5:17).**
>
> **"¿Está alguno entre vosotros afligido? Haga oración. ¿Está alguno alegre? Cante alabanzas" (Stg. 5:13).**

2. La mayoría de las personas en la tierra también tienen períodos en los que se encuentran libres de pruebas y tentaciones. Como se ha dicho, estos son tiempos en los que Dios quiere que andemos fundamentalmente en alabanza y adoración a Él. Esto no quiere decir que debemos andar bulliciosamente, dándole palmadas en la espalda a todo el mundo y actuando como un bromista. Quiere decir que debemos estar *alegres en el Señor,* mostrarle al mundo que hay gozo en el Señor. El gozo de la seguridad y la confianza en la salvación y la vida eterna que Cristo provee. Ese es el tipo de gozo que se le debe mostrar al mundo, el gozo de la seguridad y confianza en el futuro eterno ofrecido por Dios. Esta es la alabanza que debe brotar constantemente de nuestros labios.

> **"Pero no os regocijéis de que los espíritus se os sujetan, sino regocijaos de que vuestros nombres están escritos en los cielos" (Lc. 10:20).**
>
> **"y para que los gentiles glorifiquen a Dios por su misericordia, como está escrito: Por tanto, yo te confesaré entre los gentiles, y cantaré a tu nombre" (Ro. 15:9).**
>
> **"hablando entre vosotros con salmos, con himnos y cánticos espirituales, cantando y alabando al Señor en vuestros corazones" (Ef. 5:19).**
>
> **"La palabra de Cristo more en abundancia en vosotros, enseñándoos y exhortándoos unos a otros en toda sabiduría, cantando con gracia en vuestros corazones al Señor con salmos e himnos y cánticos espirituales" (Col. 3:16).**
>
> **"Así que, ofrezcamos siempre a Dios, por medio de él, sacrificio de alabanza, es decir, fruto de labios que confiesan su nombre" (He. 13:15).**
>
> **"Mas vosotros sois linaje escogido, real sacerdocio, nación santa, pueblo adquirido por Dios, para que anunciéis las virtudes de aquel que os llamó de las tinieblas a su luz admirable" (1 P. 2:9).**
>
> **"Cantad a Jehová, que habita en Sion; publicad entre los pueblos sus obras" (Sal. 9:11).**
>
> **"Te alaben los pueblos, oh Dios; todos los pueblos te alaben" (Sal. 67:3).**

3 (5:14-15) *Saneamiento — Enfermedad, Oración por:* Tenemos la tercera circunstancia. Cuando estemos enfermos, pidamos oración de los líderes de la iglesia.

1. Note los cuatro elementos dados en este pasaje.

a. "¿Está alguno enfermo entre vosotros?" Los enfermos son aquellos que están tan enfermos que están *enclaustrados* y no pueden salir e ir donde los ministros y líderes de la iglesia.

b. "¿Está alguno enfermo entre vosotros? Llame a los ancianos [ministros o líderes] de la iglesia". El enfermo debe estar tan preocupado por su bienestar y tan confiado en Dios que él sabe que Dios puede sanarlo. Él también cree en la oración, que donde dos o tres estén reunidos en el nombre de Cristo, Cristo estará allí con más poder.

c. "Oren [los ancianos] por él, ungiéndole con aceite *en el nombre del Señor*". Los ancianos hacen dos cosas:
⇒ Oran por el enfermo enclaustrado.
⇒ Lo ungen con aceite.

Y hacen ambas cosas *en el nombre del Señor*. Es decir, ellos saben que solo el Señor es el sanador de nuestras enfermedades. No somos sanados por nuestras oraciones ni por el aceite, sino por el Señor. Pero los ancianos también saben dos cosas:
⇒ Primero, Dios nos ha ordenado orar para liberación y sanidad en momentos de aflicción y sufrimiento.
⇒ Segundo, Dios nos ha dicho que unjamos al enfermo con aceite.

d. "La oración de fe salvará al enfermo, y el lo levantará…". El Señor sanará al enfermo y perdonará sus pecados *por la oración de fe*.

2. Segundo, imagínense la escena que se describe en este pasaje. Un hermano o hermana muy querido, alguien muy querido para nosotros, está tan enfermo que se encuentra postrado en cama. Su enfermedad es permanente, tan permanente que si se nos fuera a unir nuevamente en adoración al Señor, el Señor tendría que sanarlo milagrosamente. Nuestro querido hermano se encuentra totalmente postrado en cama y seguirá postrado en cama el resto de su vida. ¿Qué debe hacer? ¿Yacer allí y rendirse a la prueba y tentación de limitar el poder de Dios? ¿Qué deberían hacer los ancianos (ministros y líderes) de la iglesia? ¿Solamente alentar al hermano querido a cargar su aflicción y sufrimiento, yacer allí y aceptar su aflicción sin esperanzas de jamás ser sanado por Dios?

Este pasaje dice enfáticamente "¡no!" Ni el hermano ni los ancianos deberían rendirse ante las pruebas o la enfermedad. Tan sencillo como sea posible, las Escrituras dicen que debería hacer dos cosas:
⇒ Reunirse en torno del enfermo y orar.
⇒ Reunirse entorno del enfermo y ungirlo con aceite.

Pero note: Deben orar con fe, orar sabiendo y esperando que Dios sane al enfermo. Y como ya se ha dicho, la oración de fe salvará al enfermo.

Ahora veamos un par de preguntas.
⇒ ¿Esto funciona? ¿Es esto lo que Dios espera que hagamos cuando uno de nuestros seres amados o hermanos queridos se enfermen? Respondamos estas preguntas haciendo otras preguntas.
⇒ ¿Qué es lo que hay en este pasaje o en esta epístola

que dice que esta no es una instrucción clara de las Escrituras? Parecería que con toda honestidad ante el Señor, sin conceptos preconcebidos, se requeriría que dijéramos que esta instrucción es igual a otra instrucción más de las del Señor que aparecen en la *Epístola de Santiago*.
⇒ ¿Por qué no hacer esto? ¿Qué hay de malo en ir donde un hermano querido, alguien a quien amamos tanto y que ha estado *entre nosotros* como otro de los siervos y adoradores fieles de Dios y poner un poco de aceite en su cabeza y orar a Dios para que lo sane? Es un hermano querido que pena, sufre, aqueja un dolor terrible y a quien no se le ha dado esperanza. ¿Qué hay de malo en que nosotros hagamos todo cuanto podamos por él? ¿Qué hay de malo en orar con toda la fe que podamos despertar en nuestro corazón y nuestra mente?

Todos los creyentes, por supuesto, tenemos que respondernos estas preguntas nosotros mismos; pero en la medida de que nos las respondamos, debemos ser honestos. Honestos con Dios y su Palabra y honestos con nosotros mismos y nuestros seres queridos. No hay duda, absolutamente ninguna duda, de que estas instrucciones están en la Palabra de Dios. Su presencia y sus instrucciones claras no pueden negarse. ¿Entonces qué debemos hacer? ¿Qué quiere Dios que hagamos? A pesar de lo que los hombres digan y hagan, ¿qué quiere Dios realmente que hagan? ¿Qué dice su Palabra?

"No todo el que me dice: Señor, Señor, entrará en el reino de los cielos, sino el que hace la voluntad de mi Padre que está en los cielos" (Mt. 7:21).

"Jesús les dijo: Por vuestra poca fe; porque de cierto os digo, que si tuviereis fe como un grano de mostaza, diréis a este monte: Pásate de aquí allá, y se pasará; y nada os será imposible" (Mt. 17:20).

"Y todo lo que pidiereis en oración, creyendo, lo recibiréis" (Mt. 21:22).

"Jesús le dijo: Si puedes creer, al que cree todo le es posible" (Mr. 9:23).

"conforme a la costumbre del sacerdocio, le tocó en suerte ofrecer el incienso, entrando en el santuario del Señor. Y toda la multitud del pueblo estaba fuera orando a la hora del incienso" (Lc. 1:9-10).

"Si permanecéis en mí, y mis palabras permanecen en vosotros, pedid todo lo que queréis, y os será hecho" (Jn. 15:7).

"orando en todo tiempo con toda oración y súplica en el Espíritu, y velando en ello con toda perseverancia y súplica por todos los santos" (Ef. 6:18).

"¿Está alguno entre vosotros afligido? Haga oración. ¿Está alguno alegre? Cante alabanzas" (Stg. 5:13).

3. Note la instrucción de ungir con aceite. ¿Por qué las Escrituras nos dicen que unjamos al enfermo con aceite? Hay dos razones excelentes.

a. El aceite es un símbolo del Espíritu Santo, de su presencia. El aceite ayuda al enfermo a centrarse y concentrarse en la presencia del Espíritu Santo y su poder. Con frecuencia se le hace difícil al enfermo centrarse y concentrarse. Esto resulta fundamentalmente cierto para aquellos que penan, sufren y aquejan un dolor terrible. También es así para aquellos muy inquietos y con períodos muy cortos de atención. El aceite, su presencia y colocación en el cuerpo, ayuda al enfermo a centrarse y concentrarse en el Espíritu Santo, su presencia y poder.

b. El aceite es un símbolo del cuidado, comodidad y gozo de Dios, de su misericordia con nosotros. Es el aceite de la alegría. Por lo tanto, el aceite realmente centra nuestra atención e insta al enfermo a creer en la voluntad de Dios y su misericordia y en su deseo de llenar el corazón del creyente con alegría.

"Has amado la justicia y aborrecido la maldad; por tanto, te ungió Dios, el Dios tuyo, con óleo de alegría más que a tus compañeros" (Sal. 45:7).

"Has amado la justicia, y aborrecido la maldad, por lo cual te ungió Dios, el Dios tuyo, con óleo de alegría más que a tus compañeros" (He. 1:9).

Pensamiento 1. William Barclay tiene un comentario que vale la pena analizar:

"La iglesia siempre ha cuidado de sus enfermos; y en la iglesia siempre ha residido el don de la sanidad. El evangelio social no es un apéndice del cristianismo; es la esencia misma de la fe y la vida cristiana" (*Las epístolas de Santiago y Pedro,* p. 153).

4 (5:16-18) *Confesión:* Tenemos la cuarta circunstancia. Cuando hayan pecado, confiésense sus ofensas unos a otros y oren unos por otros. ¿Quiere decir esto que los creyentes debemos andar confesando todos nuestros pecados en todas nuestras intimidades y fealdades? ¡No! Esto no es lo que dice este pasaje. Se refiere a ciertos tipos de pecados o a ciertas ocasiones en las que debemos confesar nuestros pecados. Debemos confesar nuestro pecado…

- cuando el pecado ha sido un mal o injusticia hecho contra otra persona.
- cuando hemos confundido o mentido a alguien.
- cuando hemos ofendido a alguien o hemos hecho tropezar y pecar a alguien.
- cuando se debe hacer restitución.
- cuando hemos cometido algún delito públicamente y se requiere del perdón público.
- cuando un ministro o consejero cristiano en el que se confía puede ayudarnos a buscar arrepentimiento y restauración ante Dios y el hombre.

Note por qué debemos confesar nuestras ofensas unos a otros: De modo que podamos orar unos por otros. La oración es de importancia crítica por una razón:

⇒ "La oración ferviente y eficaz, el poder ferviente y trabajador de la oración… puede mucho" (v. 16).

Como ya se ha visto, la oración, una verdadera oración de fe, sana a un creyente enfermo (v. 15). Y ahora en este versículo, la oración que es realmente ferviente es una oración

que obra y sana a un alma enferma de pecado (v. 16).

Elías es un ejemplo excelente del poder de la oración. Él era un hombre igual que nosotros, un ser humano que tenía pasiones, sentimientos como los nuestros y que se enfrentó a las mismas tentaciones y pruebas que nosotros. Aún así Elías oró fervientemente para que no lloviera y no llovió por tres años y seis meses. Luego oró nuevamente para que lloviera y llovió y la tierra produjo sus frutos (cp. 1 R. 17:1s; 18:1s; Lc. 4:25). Sucede lo siguiente: La oración, la oración ferviente, es eficaz, obra. Dios escucha y responde la oración.

"Pedid, y se os dará; buscad, y hallaréis; llamad, y se os abrirá. Porque todo aquel que pide, recibe; y el que busca, halla; y al que llama, se le abrirá" (Mt. 7:7-8).

"Hasta ahora nada habéis pedido en mi nombre; pedid, y recibiréis, para que vuestro gozo sea cumplido" (Jn. 16:24).

"¿Está alguno entre vosotros afligido? Haga oración. ¿Está alguno alegre? Cante alabanzas" (Stg. 5:13).

"Pero este género no sale sino con oración y ayuno" (Mt. 17:21).

"Y todo lo que pidiereis en oración, creyendo, lo recibiréis" (Mt. 21:22).

"Si permanecéis en mí, y mis palabras permanecen en vosotros, pedid todo lo que queréis, y os será hecho" (Jn. 15:7).

"Pero a medianoche, orando Pablo y Silas, cantaban himnos a Dios; y los presos los oían. Entonces sobrevino de repente un gran terremoto, de tal manera que los cimientos de la cárcel se sacudían; y al instante se abrieron todas las puertas, y las cadenas de todos se soltaron" (Hch. 16:25-26).

"Y otra vez oró, y el cielo dio lluvia, y la tierra produjo su fruto" (Stg. 5:18).

5 (5:19-20) *Recaída:* Tenemos la quinta circunstancia. Cuando un creyente ha recaído, búsquenlo. Aquí se habla de los creyentes: *hermanos, si alguno de entre vosotros se ha extraviado de la verdad.* Note que los creyentes pueden…

- extraviarse de la verdad (v. 19).
- andar en el camino del error (v. 20).

Cuando esto suceda, los creyentes de la iglesia deben buscar convertirlo, es decir, llevarlo al arrepentimiento. La palabra *convertir* quiere decir hacer volver, de ahí llevarlo de la mano y guiarlo al arrepentimiento. Qué ilustración tan descriptiva: Amarnos tanto unos a otros de modo que tan pronto un creyente caiga en pecado…

- lo tomemos de la mano.
- lo hagamos volver y lo guiemos al arrepentimiento.

Pensamiento 1. ¡Qué lugar tan diferente sería la iglesia y el mundo si nos amáramos tanto unos a otros que realmente hiciéramos esto! ¡Con cuánta desesperación se necesita hoy día un ministerio así de reclamación y restauración! ¿Qué evitará que los ministros insten a su pueblo a conformar ministerios de reclamación y restauración?

Nota: Si hacemos volver a un creyente de su pecado, salvamos su alma de la muerte y cubrimos una multitud de pecado. ¿Qué se quiere decir aquí por muerte? El gran erudito griego A. T. Robertson dice que la persona salva aquí es un creyente devuelto a Cristo: "el alma del pecador [hamartolon] ganada para Cristo… es la salvación máxima y final dada a entender aquí con el futuro [sosei]", es decir por la palabra "salvará" (*Metáforas del Nuevo Testamento,* vol. 6, p. 67). (Vea las notas — He. 10:26-27, pero fundamentalmente *Estudio a fondo 1* — 1 Jn. 5:16 para un análisis más detallado.) Una vez que se ha salvado el alma de un creyente, restaurada a Cristo, se cubre una multitud de pecados y se perdonan por la sangre de Cristo.

Note lo siguiente sobre la tentación y las pruebas. Buscar a otros para el Señor fortalece a uno contra las tentaciones y pruebas. El testigo cristiano se convierte en estudiante del evangelio y del hombre. Aprende todo cuanto puede acerca de las faltas y necesidades de los hombres y todo cuanto puede acerca de Dios y su provisión. El conocimiento de ambos fortalece su propia fe.

"Bienaventurado aquel cuya transgresión ha sido perdonada, y cubierto su pecado" (Sal. 32:1).

"y dijo: De cierto os digo, que si no os volvéis y os hacéis como niños, no entraréis en el reino de los cielos" (Mt. 18:3).

"Así que, arrepentíos y convertíos, para que sean borrados vuestros pecados; para que vengan de la presencia del Señor tiempos de refrigerio" (Hch. 3:19).

"Arrepiéntete, pues, de esta tu maldad, y ruega a Dios, si quizá te sea perdonado el pensamiento de tu corazón" (Hch. 8:22).

"si se humillare mi pueblo, sobre el cual mi nombre es invocado, y oraren, y buscaren mi rostro, y se convirtieren de sus malos caminos; entonces yo oiré desde los cielos, y perdonaré sus pecados, y sanaré su tierra" (2 Cr. 7:14).

"Deje el impío su camino, y el hombre inicuo sus pensamientos, y vuélvase a Jehová, el cual tendrá de él misericordia, y al Dios nuestro, el cual será amplio en perdonar" (Is. 55:7).

"Mas el impío, si se apartare de todos sus pecados que hizo, y guardare todos mis estatutos e hiciere según el derecho y la justicia, de cierto vivirá; no morirá" (Ez. 18:21).

ÍNDICE DE BOSQUEJOS Y TEMAS
SANTIAGO

RECUERDE: Cuando busca un tema o una referencia de las Escrituras, usted no solo tendrá el texto bíblico, sino también un bosquejo y una discusión (comentario) del pasaje de la Biblia y del tema.

Este es uno de los grandes valores de *La Biblia de bosquejos y sermones*. Cuando posea todos los tomos, no solo tendrá todo lo que los otros índices bíblicos le ofrecen; es decir, un listado de todos los temas y sus referencias bíblicas, SINO que también tendrá:

- un bosquejo de *cada* texto y tema de la Biblia.
- una discusión (comentario) de cada texto y tema.
- cada tema respaldado por otros textos de la Biblia o referencias cruzadas.

Descubra el gran valor usted mismo. Dé una mirada rápida al primer tema de este índice.

ABRAHAM
Fe de. Demostrada con sus obras. 2:21-24

Busque las referencias. Después los textos bíblicos y el bosquejo de las Escrituras. Luego lea el comentario. De inmediato verá el gran valor de este índice de *La Biblia de bosquejos y sermones*.

ABRAHAM
Fe de. Demostrada con sus obras. 2:21-24

ADULTERIO — ADÚLTERA
Tipos de *a.*
a. espiritual. Apostasía hacia Dios. 4:4
(Véase *ADULTERIO ESPIRITUAL)*

ADULTERIO, ESPIRITUAL
Analizado. 4:4
Es mundanalidad. 4:4
Significado. 4:4
Versículos. Lista de. 4:4

ALABANZA
Deber. *a.* para vences las aflicciones. 5:13

ALTA POSICIÓN EN LA VIDA, LA
(Véase *RICO, EL)*
Analizado. 1:9-11

APACIBLE
Significado. 3:17-18

ARROGANCIA
Ilustrado. Dos hombres de *a.* 2:18

AUTO-DEPENDENCIA
Analizado. 4:13-17

AUTO-SUFICIENCIA
Analizado. Son cinco cosas. 4:13-17

CARNE (Véase *CARNAL)*
Significado. La lucha interna y la batalla contra lo que uno debería hacer. 4:2; 4:4

COMPLETO
Significado. 1:1-3

COMPROMISO
Significado. 3:17-18

CONFESAR — CONFESIÓN
Deber. *c.* las ofensas unos a otros. 5:16-18

CONFLICTO
Significado. 3:14-16

CONOCIMIENTO
Significado. 1:5-8; 3:13

CONVERSIÓN
Significado.

Hacer volver del error. 5:19-20
Hacer volver del camino de uno. 5:19-20
Resultados.
    Pecados cubiertos. 5:19-20
    Alma salvada. 5:19-20

CORONA DE VIDA
Significado. 1:12

CRÍTICA
Analizado. 4:11-12
Elemento. Es pecado común para el dotado. 4:11-12
Resultados. Nos condena. 5:9

CHISME
Analizado. 4:11-12

DESCONFIANZA
Resultados.
    Falta de oración. 4:3
    Tentaciones y pruebas. 4:3

DESEO
Significado. 1:14-16

DEVOCIÓN
Deber. Acercarse a Dios. 4:8

DIABLO (Véase *SATANÁS)*

DIOS
Bondad de. Analizado. 1:17-18

DISCRIMINACIÓN
Analizado. 2:1-13

DIVISIÓN — DISENSIÓN (Véase *CRÍTICA; JUZGAR; UNIDAD)*
Descrito como terrenal, sensual, diabólico. 3:14-16

DOBLE — ÁNIMO
Deber. No tener *d.* 1:5-8
Elemento.
    Es inestable. 1:6-8
    Muestra una necesidad de purificar el corazón. 4:8

DONES, ESPIRITUALES
Descrito. Enseñanza. Es un gran don. 3:1

DUDAR — DUDA
Deber. No *d.* 1:5-8

DUDAR — DUDA
Deber. No *d.* 1:5-8

ENFERMO — ENFERMEDAD
Deber. Orar cuando están gravemente *e.* 5:14-15

ENSEÑANZA
Deber. Llevar una vida consecuente — lo que uno enseña. 3:13-18; 3:14-16
Falsa.
    Analizado. 3:14-16
    Contra verdadera. Analizado. 3:13-18

FALTA DE ORACIÓN
Causa. La tentación y las pruebas. 4:3

FAVORITISMO
Analizado. 2:1-13
Tentación de. Analizado. 2:1-13

FE
Analizado. *f.* muerta contra viva. 2:14-26
Deber. No dudar en la *f.* 1:5-8
Etapas — Tipos.
    f. muerta 2:14-26
    f. verdadera contra falsa. 2:14-26
    Dudar. 1:5-8
Contra obras. Analizado. 2:14-26

GENTIL — GENTILEZA
Significado. 3:17-18

GOZO
Esencial. Para combatir la tentación. 1:2-4
Fuente. Cómo tener *g.* en las pruebas. 1:2-4

GUERRA
Analizado. 4:1-3

(HABLAR MAL) MURMURAR
Analizado. 4:11-12
Significado. 4:11-12

HIPOCRESÍA, SIN
Significado. 3:17-18

HOMBRE
Deber. Regocijarse en cualquier estado. 1:9-11

HUMANISMO
Analizado. Son cinco cosas. 4:13-17

HUMILDAD
Deber. Debemos humillarnos. 4:10
Resultados.
Exaltación. 4:10
Dios da gracia al humilde. 4:6

HUMILDE EN LA VIDA, EL
Analizado. 1:9-11

JESUCRISTO
Deidad. Dios, es decir, Elohim y Yahweh 1:1
Elemento. Se acerca. 5:8-9
Regreso. Deber. Mantenerse centrado en Jesús al combatir la tentación y las pruebas. 5:7-11

JOB
Ejemplo de.
Paciencia necesitada para combatir la tentación y las pruebas. 5:11
Paciencia necesitada para esperar el regreso del Señor. 5:11

JUDÍOS
De la diáspora. 1:1

JUICIO
Provocado por. Muestra parcialidad. 2:12-13
Elemento.
Común para los dotados. 4:11-12
Ser recíproco. 2:12-13
Seguridad de. Ser recíproco. 2:12-13

JURAR
Analizado. 5:12
Mal de. 5:12

JUZGAR — JUZGAR A OTROS
Analizado. 4:11-12
Pecado de. Usurpa el derecho de Dios para *j*.
Hace a uno Dios. 4:12

LABRADOR
Ilustrado.
Paciencia necesitada para combatir la tentación y las pruebas. 5:7-9
Paciencia del *l*. Necesitada por el creyente para esperar el regreso del Señor. 5:7-9

LENGUA
Descrito como.
Un mundo de maldad. 3:6
Fuego. 3:6
Murmurar. Analizado. 4:11-12
Mal rebelde. 3:8
Analizado. 1:19-27; 3:1-12
Hablar contra escuchar. 1:19-27
Deber. Refrenar. 1:26
Pecados de.
Uso incorrecto de la *l*. 3:1-12
Jurar. 5:12
Domada solo por Cristo. 3:8

LEY
Elemento. Violar una *l*. Hace a uno culpable de violar todas las *l*. 2:8-11

LIBERTAD (Véase *LICENCIA; SANTIFI-CACIÓN; SEPARACIÓN*)
Descrito. Ley perfecta de libertad. 1:25
Deber. *l*. Cumple la ley. 1:25
Resultados. *l*. Cumple la ley. 1:25

LUJURIA
Analizado. 4:1; 4:1-3; 4:2
Significado. 1:14-16

MADUREZ
Elemento. Se revela por la lengua. 3:1-12

MAESTROS
Deber. Enseñar si son llamados. 3:1
Tentaciones de.
Tentaciones comunes para los maestros. 3:1-18
Uso incorrecto de la lengua. 3:1-12
Obra de. El discurso es la mayor herramienta. 3:1

MALDECIR
Analizado. 5:12

MINISTRO — MINISTROS
Deber. Ungir y orar por los enfermos. 5:14-15

MISERICORDIA
Significado. 3:17-18

MUCHO
Deber. Regocijarse de lo *m*. de uno en la vida. 1:9-11; 4:13; 4:14-16
Posición en la vida. Analizado. 1:9-11

MUERTE
Provocado por. Pecado. Creyente recaído. 5:19-20

MUNDANERÍA
Liberación de. Cómo vencer. 4:4-5
Descrito. Como adúlteros. 4:4
Analizado. 4:4
Resultados.
Provoca tentaciones y pruebas. 4:4
Hace a uno enemigo de Dios. 4:4

MUNDO
Deber. Guardarse sin manchas del *m*. 1:27

MURMURACIÓN
Analizado. 4:11-12

OBRAS
Contra fe. Analizado. 2:14-26

OBRAS, BUENAS
Significado. 3:17-18

ORAR — ORACIÓN
Deber.
o. para ser sanados cuando estemos gravemente enfermos. 5:14-15
o. para vencer las aflicciones. 5:13
Elemento. Es la fuente para recibir todas las cosas. 4:2
Cómo.
Fervientemente. 5:16-18
Perseverar- continuar. 5:16-18
Falta de. (Véase *FALTA DE ORACIÓN*)
Resultados — Seguridad. Es la respuesta *de tener*. 4:2
Cuando. Cuando uno está enfermo. 5:14-15

ORGULLO
Resultados.
Resistencia de Dios. 4:5-6
Presunción. 3:3-5

PACIENCIA
Deber.
Tener *p*. Al combatir la tentación y las pruebas. 5:7-11
Tener *p*., mantenerse centrado en el regreso de Cristo. 5:7-11
Ejemplo de.
Paciencia necesitada para combatir la tentación y las pruebas. 5:10
Paciencia necesitada para esperar el regreso del Señor. 5:10
Significado. 1:3-4

PALABRA DE DIOS
Deber.
Ser hacedor y no solo oidor de la Palabra. 1:22-25
Oír la Palabra. 1:19-21

PARCIALIDAD
Analizado. 2:1-13
Tentación a mostrar *p*. Analizado. 2:1-13

PARCIALIDAD, SIN
Significado. 3:17-18

PECADO
Actos — Conducta de.
Presunción. 4:16
Maldecir — jurar. 5:12
Doble-ánimo. 1:6-8
Rezongar — quejarse. 5:9
Acaparar riquezas. 5:1-6
Humanismo. 4:13-17
Lujuria. 1:14-16; 4:1-6
No entender la sabiduría verdadera. 3:13-18
Parcialidad — favoritismo. 2:1-13
Profesión solamente. 2:14-26
p. hasta la muerte. 5:20
Auto-confianza. 4:13-17
Egoísmo. 4:1-6
La lengua. 3:1-12
Común para los creyentes.
Profesar fe sin obras. 2:14-16
Mostrar parcialidad y favoritismo. 2:1-13
Común para los maestros. 3:1-18
Interpretar incorrectamente la sabiduría verdadera. 3:13-18
Uso incorrecto de la lengua. 3:1-12
Común para los dotados. 4:11-5:16
Presumir de autoconfianza. 4:13-17
Acaparar riquezas. 5:1-6
Juzgar a otros. 4:11-12
Liberación. Se esconde a través de la conversión. 5:19-20
Elemento. No es de la naturaleza de Dios. 1:13-18
Resultados. El *p*. hasta la muerte. 5:19-20
Fuente de. Analizado. 1:14-16

PERDÓN, ESPIRITUAL
Cómo uno lo recibe. Mediante la oración. 5:14-15

PERFECTO
Significado. 1:3-4

PLACER
Analizado. 4:1; 4:1-3; 4:2

PLAN — PLANIFICACIÓN
Sin Dios. 4:13-17

POSICIÓN
En la vida. Deber. Estar contento con. 1:9-11

PRESUNCIONES — PRESUMIDO
Provocado por. Lengua. 3:5
Analizado. 4:16
Elemento. Es pecado. 4:16

PROFESIÓN, FALSA
Analizado. 2:14-26

PRUEBAS
Elementos básicos. Analizado. 1:2-27
Analizado. 1:2
Esencial. Una actitud de gozo. 1:2-4
Cómo vencer. Analizado. 1:12
Propósito. Probarnos y ponernos a prueba. 1:2
Resultados. Dos aspectos. 1:3-4

Recompensas por vencer. Analizado. 1:12
Obra de. Insta a la resistencia. 1:2

PURA
Significado. 3:17-18

RAHAB
Fe de. Demostró su fe con obras. 2:25-26

RAZONABLE — RACIOCINIO
Significado. 3:17-18

RECAÍDA
Deber. Buscar al creyente de la r. 5:19-20

RECOMPENSAS
Descrito. Como una corona de vida. 1:12

RELIGIÓN
Verdadera r.
    Analizado. 1:27
    Es visitar a los necesitados y separarse
      del mundo. 1:27
    Es visitar a los huérfanos y los viudos.
      1:27

RELIGIONISTAS (Véase *FALSOS MAES-TROS; FARISEOS; PROFESIÓN SOLA-MENTE; RELIGIÓN*)
Analizado. 2:14-26

RESIGNACIÓN
Significado. 5:7

RESISTIR — RESISTENCIA
Deber.
    r., combatir la tentación y las pruebas.
      5:7-11
    r., mantenerse centrado en el regreso de
      Cristo. 5:7-11
Subíndice de. 1:3-8

RESISTIR
Significado. 4:7

RICO — RIQUEZAS
Analizado. 5:1-6
Pecado de. Acaparar y acumular. 5:1-6
Advertencia contra. Analizado. 5:1-6

RICO, EL
Analizado. 1:9-11

RIQUEZA
Elemento. Un hombre rico puede conocer a Dios.
    1:9-10
Criterio de. Perspectiva de un cristiano de. 1:7-11

SABIDURÍA
Falsa.
    Analizado. 3:13-18
    Fuente de. 3:14-16
    Contra. Verdadera s. 3:13-18
Significado. 1:5-8; 3:13-18; 3:13
Fuente. Analizado. 1:5-8
Verdadera.
    Analizado. 3:13-18
    Contra s. falsa. 3:13-18

SALVACIÓN — SALVO
Liberación — Propósito. Salva un alma y cubre
    una multitud de pecados. 5:19-20
Cómo un es s. Por una fe que obra y vive. 2:14-26
Resultados. Salva y cubre una multitud de peca-dos. 5:19-20

SANAR — SANEAMIENTO
Deber. Orar por los enfermos cuando estén
    gravemente enfermos. 5:14-15

SANTIAGO, EL HERMANO DE JESÚS
Analizado. 1:1

SATANÁS
Deber. Resistir. 4:7
Cómo combatir a — vencer a. Resistir; no darle
    cabida a. 4:7

SEDUCIR — SEDUCCIÓN
Significado. 1:14-16; 4:1; 4:2

SOMETERSE
Significado. 4:7

SUFRIMIENTO
Liberación a través de. La oración salva al enfer-mo. 5:14-15
Propósito. Enseñar la oración. 5:14-15

TENTACIÓN
Elementos básicos. Analizado. 1:2-27
Causa de. Cuatro *c.* 4:1-6
Analizado. 1:2; 4:1-6

Deber.
    Resistir hasta que Jesús regrese. 5:7-11
    Prepararse para vencer. Tres preparativos.
      1:19-27
Esencial. Una actitud de gozo. 1:2-4
Cómo vencer.
    Combatir paso a paso. 5:7-20
    Analizado. 1:5-12; 4:7-10
    Cuatro formas. 4:7-10
    Debe saber dos cosas. 4:5-6
Tipos de.
    Presumir de autoconfianza. 4:13-17
    Común para todos los creyentes. 2:1-26
    Común para los maestros. 3:1-18
    Común para los dotados. 4:11—5:6
    Acaparar riquezas. 5:1-6
    Juzgar a otros. 4:11-12
    Interpretación incorrecta de la sabiduría
      verdadera. 3:13-18
    Uso incorrecto de la lengua. 3:1-12
    Profesar la fe sin obras. 2:14-26
    Mostrar parcialidad y favoritismo. 2:1-13
Origen.
    Analizado. 1:13-15; 1:13-18; 4:1-3; 4:5
    Lujuria, envidia, orgullo. 4:1-3; 4:5
    No son de la naturaleza de Dios. 1:13-18
Propósito. Probarnos y ponernos a prueba. 1:2
Resultados.
    Muerte. 1:14-16
    Dos aspectos. 1:3-4
    Lo que hace la *t.* 1:2-4
Recompensas por vencer. Analizado. 1:12
Obra de. Insta a la resistencia. 1:2

TESTIGO — TESTIFICAR
Resultados.
    Cubre una multitud de pecados. 5:19-20
    Salva un alma. 5:19-20

TRANSGRESIÓN
De la ley. Violar una ley hace a uno culpable de
    todas las leyes. 2:8-11

VIDA
Elemento. Incierta. 5:7
Posición en la. Analizado. 1:9-11